(사) 한국어문회 주관
한국한자능력검정회 시행

합격, 실력UP

한자漢字 능력검정시험

〈최신 개정판〉

조규남 엮음

- 핵심정리장
- 예상문제

1급

태평양저널

조 규 남 (曺 圭 南)

성균관대학교 문과대학 한문학과 졸업
성균관대학교 대학원 졸업(한문교육전공)
민족문화추진회 국역연수부 졸업
대한민국 미술대전 서예부문 입선(미협)
추사김정희선생추모 전국휘호대회 초대작가
소사벌서예대전 초대작가
도원서예 원장
성균관대학교 강사(「금석서예」지도)
원광대학교 초빙교수

합격보장 **한자능력 검정시험 1급**

2021년 5월 10일 초판 5쇄 인쇄
2021년 5월 20일 제판 5쇄 발행
엮은이 : 조 규 남
펴낸이 : 박 종 수
펴낸곳 : 태평양저널.(서울특별시 영등포구 신길5동 339)
전 화 : (02)834-1806
팩 스 : (02)834-1802
등 록 : 1991. 5. 3.(제03-00468)
ⓒ 조규남2007

정가 20,000원

ISBN 89-90642-87-5 13710

감 수 문 (監 修 文)

우리나라는 한자문화권에 속해 있다.

우리는 수천 년 동안 한자(漢字)와 더불어 생활해왔기 때문에 한자는 알게 모르게 우리의 생활 깊숙이 들어와 있다. 한자가 비록 외국의 문자이긴 하지만 우리 민족은 한자를 맹목적으로 받아들인 것이 아니고 한자를 이용하여 우리의 문화를 풍부하게 하는 슬기를 발휘하였다. 지금 우리들에게 남겨진 찬란한 민족문화의 유산이 바로 그것이다. 그러므로 우리는 좋든 싫든 한자를 떠날 수 없게 되어 있다.

그동안 파행적인 어문정책으로 인하여 학생들의 한자학습에 커다란 어려움을 겪기도 하였으나, 근년에 한자학습의 필요성이 새롭게 인식되어 그 열기가 전국적으로 확산되고 있는 것은 늦은 감이 있으나마 지극히 다행스러운 일이다. 특히 초등학교 학생들의 학습 전반에 걸쳐 한자가 차지하는 비중은 거의 절대적이라 할 수 있다. 각 교과목에 나오는 학습용어(學習用語)들이 대부분 한자어로 되어 있어 한자를 익히면 내용의 절반 이상을 저절로 이해할 수 있기 때문이다. 더구나 표의문자(表意文字)인 한자의 특성상 한자학습은 학생들의 사고력을 증진시키고 조어력(造語力)을 향상시킨다. 또한 이 어지러운 시대에 한자학습은 학생들의 인성교육(人性敎育)에도 커다란 공헌을 하고 있다.

이러한 시대적 요구에 부응하여 조규남군이 이 책을 편찬한 것은 참으로 훌륭한 일이라 하겠다. 조규남군은 성균관대학교 한문학과에서 내가 직접 가르친 제자이다. 조군은 성균관대학교 한문학과를 졸업하고 교육대학원에서 한자교육 연구로 석사학위를 취득했으며, 재능교육에서 다년간 한자 학습지 편찬을 주관하다가 뜻한 바 있어 지금은 아담한 교실을 마련하여 학생들에게 한자와 서예를 지도하고 있다. 항상 단정한 몸가짐으로 선비의 품성을 갖춘 조규남군이, 한문학과에서 공부한 한문학 지식과 대학원에서 연구한 학습이론을 바탕으로 펴낸 이 책이 한자를 공부하려는 학생들에게 등대와 같은 길잡이가 되리라는 것은 믿어 의심치 않는다.

성균관대학교 한문학과 교수 문학박사 송 재 소

◆ (사)한국어문회 전국한자능력검정시험

◆ 응시자격

모든 급수에 누구나 응시가능.

◆ 시험일정

1년에 4회 실시(인터넷 www.hangum.re.kr 및 **주요 일간지 광고면** 참조).

◆ 원서접수

1. 방문접수 : 각 고사장 접수처.
2. 인터넷접수 : www.hangum.re.kr 이용.

◆ 합격자 발표

시험일 한 달 뒤, 인터넷(www.hangum.re.kr)과 ARS(060-800-1100)로 발표함.

◆ **공인급수**는 1급·2급·3급·3급Ⅱ이며, **교육급수**는 4급·4급Ⅱ·5급·5급Ⅱ·6급·6급Ⅱ·7급·7급Ⅱ·8급입니다.

❖ (사)한국어문회 **전국한자능력검정시험 급수구분 및 문제유형에 따른 급수별 출제기준**

문제유형 ＼ 급수구분	8급	7급Ⅱ	7급	6급Ⅱ	6급	5급Ⅱ	5급	4급Ⅱ	4급	3급Ⅱ	3급	2급	1급
독음(讀音)	24	22	32	32	33	35	35	35	32	45	45	45	50
한자(漢字) 쓰기	0	0	0	10	20	20	20	20	20	30	30	30	40
훈음(訓音)	24	30	30	29	22	23	23	22	22	27	27	27	32
완성형(完成型)	0	2	2	2	3	4	4	5	5	10	10	10	15
반의어(反義語)	0	2	2	2	3	3	3	3	3	10	10	10	10
뜻풀이	0	2	2	2	2	3	3	3	3	5	5	5	10
동음이의어(同音異義語)	0	0	0	0	2	3	3	3	3	5	5	5	10
부수(部首)	0	0	0	0	0	0	0	3	3	5	5	5	10
동의어(同義語)	0	0	0	0	2	3	3	3	3	5	5	5	10
장단음(長短音)	0	0	0	0	0	0	0	0	3	5	5	5	10
약자(略字)·속자(俗字)	0	0	0	0	0	3	3	3	3	3	3	3	3
필순(筆順)	2	2	2	3	3	3	3	0	0	0	0	0	0
읽기 배정한자	50	100	150	225	300	400	500	750	1,000	1,500	1,817	2,355	3,500
쓰기 배정한자	–	–	–	50	150	225	300	400	500	750	1,000	1,817	2,005
출제문항(개)	50	60	70	80	90	100	100	100	100	150	150	150	200
합격문항(개)	35	42	49	56	63	70	70	70	70	105	105	105	160
시험시간(분)	50	50	50	50	50	50	50	50	50	60	60	60	90

★ 위 출제기준표는 기본지침자료이며, 출제자의 의도에 따라 차이가 있을 수 있습니다.

*상위급수 한자는 모두 하위급수 한자를 포함하며, 쓰기 배정한자는 바로 아래 급수의 읽기 배정한자이거나 그 범위 내에 있습니다.

이 책의 활용법

- 이 책은 **전국한자능력검정시험**을 위한 수험서입니다.
- 다년간 현장 학습지도(學習指導)로 경험이 많으신 여러 선생님들의 의견을 반영하여 제작하였습니다.

| 학 | 습 | 방 | 법 |

① **한자의 모양**(형)·**뜻**(훈)·**소리**(음)를 잘 살펴본다.
 핵심정리를 통해 글자의 생성과정(字源 풀이)과 중요점을 확인한다.

② **본보기 한자**(漢字)를 쓰는 순서대로 3~5회, 글자 위에 그대로 따라 써 본다.
 다음에 부수(部首)·획수(畫數)·총획(總畫)·훈음(訓音)의 변화 등을 익힌 후,
 빈칸을 채워나간다.

③ 신습한자 칸의 **한자어 독음**(讀音)을 미리 써 본다.
 모두 해당 급수 범위 내의 **출제 가능한 한자어만 선정**했으므로, 아는 한자어의 독음(讀音)을 써 보고 해답은 뒷면의 복습·쓰기장에서 확인한다.

④ 한자어의 첫글자 다음에 **장음**(長音=긴소리. :표시)이 온 경우는, **첫글자의 음**(音)을 여러 번 길게 소리내어 읽어본다.

⑤ **한자어**(漢字語)는 정확한 뜻풀이를 중심으로 익힌다.
 한자는 의미(意味)를 위주로 하는 표의문자(表意文字)이므로, 그 특성을 충분히 살려 성어(成語)나 한문 문구(文句)를 이해하도록 한다.

⑥ **약자**(略字)·**반의어**(反義語)·**유의어**(類義語)·**동음이의어**(同音異義語) 등도 출제빈도가 높으므로 잘 익혀둔다.

⑦ **두음법칙**(頭音法則)·**속음**(俗音)·**사이시옷** 등, 정확한 한글 맞춤법을 알아 둔다.

⑧ **예상문제를 풀어가며 최종 정리**한다.

⑨ **읽기장**은 공부할 때마다 훈음(訓音)을 가리고 입과 눈으로 익힌다.

 이 학습서가 한자학습(漢字學習)의 좋은 길잡이가 되어 공부에 자신감이 생기기를 진심으로 바라는 바입니다.

엮은이　조 규 남 드림

기초 (基礎) 학습

- 육서(六書)
- 한자의 필순(筆順)
- 부수자(部首字)의 이름과 위치
- 부수자의 변형
- 자전(字典)에서 한자찾기

육서(六書)

육서(六書)는 상형문자/지사문자/회의문자/형성문자/전주문자/가차문자를 말하며, 각각 일정한 규칙에 의해 그 구성과 응용 방법에 따라 나누어진 것이다.

문자(文字)라는 말은 육서(六書) 중에서 문(文) 부분은 단독의 뜻을 가지고 있는 상형과 지사를 말하며, 자(字) 부분은 이미 만들어진 문(文)의 의미를 조합하여 기본 글자를 불려나갔으니 회의와 형성이 여기에 해당된다. 따라서 문(文)과 자(字)는 한자를 만드는 원리를 대표하는 말인 셈이다. 그 외에 전주와 가차는 이미 만들어진 문자(文字)를 활용하는 편에 속한다고 할 수 있다.

1. 상형문자(象形文字): 구체적임

구체적인 사물의 모양을 본떠서 만든 글자.
예) 日(해 일), 月(달 월), 馬(말 마), 山(메 산) 등.

2. 지사문자(指事文字): 추상적임

추상적인 생각이나 뜻을 점이나 선, 또는 부호로 나타낸 글자.
예) 一(한 일), 上(위 상), 下(아래 하), 本(근본 본), 末(끝 말) 등.

3. 회의문자(會意文字): 뜻부분(意) + 뜻부분(意)

이미 만들어진 둘 이상의 글자들을 결합하여 그것들로부터 연관되는 새로운 뜻을 가지도록 만들어진 글자.
예) 男[사내 남 → 田:밭 전 + 力:힘 력] ⇒ 논밭(田)의 일터에서 힘써(力) 일하는 '사내'
　　休[쉴 휴 → 亻:사람 인 + 木:나무 목] ⇒ 사람(亻)이 나무(木) 그늘 밑에서 '쉼'

4. 형성문자(形聲文字): 뜻을 포함한 부분(形) + 음부분(聲)

이미 만들어진 글자를 결합하여 새로운 뜻을 나타내되, 일부는 뜻(形)을 나타내고 일부는 음(聲)을 나타내는 글자.
예) 頭[머리 두 ⇒ 頁:머리 혈 + 豆:콩 두], 空[빌 공 ⇒ 穴:구멍 혈 + 工:장인 공] 등.

5. 전주문자(轉注文字): 뜻부분 위주

이미 만들어진 글자를 가지고 그 뜻을 유추(類推)하여 다른 뜻으로 굴리고(轉) 끌어대어(注) 활용하는 글자.
예) 樂(풍류 악/즐길 락/좋아할 요), 老(늙은이 로/익숙할 로) 등.

6. 가차문자(假借文字): 음부분 위주

이미 만들어진 글자를 본래의 뜻에 관계 없이 음만 빌려다가 쓰는 글자.
예) 亞細亞(아세아 : Asia), 佛陀(불타 : Buddha), 丁丁(정정 : 도끼로 나무를 찍는 소리),
　　可口可樂(코카콜라 : Coca cola) 등.

⬛ 한자의 필순(筆順)

　한자의 필순(筆順)은 절대적인 규칙이 있는 것은 아니지만, 오랜 세월동안 여러 사람의 체험을 통해서 붓글씨의 획(劃)을 쓰기위한 일반적인 순서가 갖추어졌다고 할 수 있다. 글자의 모양이 아름다우면서 빠르고 정확하게 쓸 수 있는 방법이 필요했던 것이다. 붓글씨의 획(劃)은 점(點)과 선(線)으로 이루어져있는데, 필순은 이 점과 선으로 구성된 획을 쓰는 순서를 말한다. 특히, 행서(行書)와 초서(草書)의 경우에는 쓰는 순서에 따라 그 한자의 모양새가 달라진다.

　필순(筆順)의 기본원칙(基本原則)은 다음과 같다. 예외적인 경우도 잘 알아두어야 한다.

1. 위에서 아래로 긋는다.

三 ⇨ 一 二 三

2. 왼쪽에서 오른쪽으로 긋는다.

川 ⇨ 丿 刂 川

3. 가로획을 먼저 쓰고 세로획은 나중에 긋는다.

十 ⇨ 一 十　　　　　　田 ⇨ 丨 冂 日 田 田

主 ⇨ 丶 二 三 宇 主　　　佳 ⇨ 丿 亻 亻 宀 佇 佇 佳 佳

馬 ⇨ 丨 厂 厂 丆 丆 馬 馬 馬 馬 馬

4. 삐침(丿)을 파임(乀)보다 먼저 긋는다.

入 ⇨ 丿 入　　　　及 ⇨ 丿 丿 乃 及

・삐침(丿)을 나중에 긋는 경우도 있다.

力 ⇨ 丁 力　　　　方 ⇨ 丶 一 宁 方

5. 좌우(左右)로 대칭일 때는 가운데 획을 먼저 긋는다.

小 ⇨ 丨 小 小　　　　水 ⇨ 刂 扌 扚 水

山 ⇨ 丨 凵 山　　　　出 ⇨ 丨 屮 屮 出 出

雨 ⇨ 一 厂 冂 帀 雨 雨 雨 雨

[예외] 火 ⇨ 丶 丷 少 火　　　來 ⇨ 一 厂 厂 厂 巾 來 來 來

6. 글자 전체를 꿰뚫는 획은 나중에 긋는다.

中 ⇨ 丨 冂 口 中　　車 ⇨ 一 𠂆 冂 百 亘 亘 車

事 ⇨ 一 ㄱ 㔾 𠮛 亊 亊 亊 事

手 ⇨ ノ 二 三 手

子 ⇨ ㄱ 了 子　　女 ⇨ 𡿨 女 女

母 ⇨ ㄴ 𠃑 母 母 母

[예외] 世 ⇨ 一 十 廾 廿 世

7. (오른쪽 위의) 점은 맨 나중에 찍는다.

太 ⇨ 一 ナ 大 太　　寸 ⇨ 一 寸 寸

代 ⇨ ノ 亻 仁 代 代

求 ⇨ 一 十 才 才 求 求 求

8. 안을 둘러싸고 있는 한자는 바깥부분을 먼저 쓰고, 밑부분은 맨 나중에 긋는다.

四 ⇨ 丨 冂 四 四 四

國 ⇨ 丨 冂 冂 冋 冋 冋 冋 國 國 國 國

門 ⇨ 丨 ㄱ ㄱ 戶 門 門 門 門

9. 받침(廴, 辶)은 맨 나중에 긋는다.

建 ⇨ ㄱ ㄱ ヨ 彐 聿 聿 建 建 建

近 ⇨ ノ 厂 斤 斤 近 近 近 近

[예외] 起 ⇨ 一 十 土 丰 丰 走 走 起 起 起

題 ⇨ 丨 冂 日 日 旦 早 早 是 是 是 是 題 題 題 題 題 題 題

▦ 부수(部首)

1. 부수자(部首字)의 위치에 따른 이름

이 름	위 치	해 당 한 자
제부수		手(손 **수**)　日(해 **일**)　月(달 **월**) 人(사람 **인**)　馬(말 **마**) 등.
몸		멀경**몸** – 冊(책 **책**)　再(두 재) 등. 큰입구**몸** – 國(나라 **국**)　因(인할 인) 등. 에운담**몸** – 問(물을 문)　街(거리 가) 등. 위튼입구**몸** – 出(날 **출**)　凶(흉할 흉) 등. 튼입구**몸** – 匠(장인 **장**)　匣(갑 갑) 등. 감출혜**몸** – 區(구역 **구**)　匹(짝 필) 등. 쌀포**몸** – 包(쌀 **포**)　勿(˜하지말 **물**) 등.
머리		돼지머리**해** – 亡(망할 **망**)　交(사귈 교) 등. 민갓**머리** – 冠(갓 관)　冥(어두울 명) 등. 갓**머리** – 家(집 가)　安(편안할 안) 등. 대죽**머리** – 第(차례 제)　笑(웃을 소) 등. 필발**머리** – 發(필 발)　癶(오를 등) 등. 초두**머리** – 花(꽃 화)　草(풀 초) 등.
발		어진사람인**발** – 兄(형 **형**)　兒(아이 아) 등. 천천히걸을쇠**발** – 夏(여름 하) 등. 스물입**발** – 弄(희롱할 롱) 등. 연화**발** – 然(그럴 연) 등.

이 름	위 치	해 당 한 자
좌부변		이수변 – 冷(찰 랭) 凉(서늘할 량) 등. 두인변 – 德(덕 덕) 後(뒤 후) 등. 심방변 – 性(성품 성) 悟(깨달을 오) 등. 재방변 – 投(던질 투) 打(칠 타) 등. 장수장변 – 牀(평상 상) 등. 개사슴록변 – 犯(범할 범) 狗(개 구) 등. 구슬옥변 – 理(다스릴 리) 球(공 구) 등. 죽을사변 – 死(죽을 사) 殃(재앙 앙) 등. 삼수변 – 江(강 강) 海(바다 해) 등. 보일시변 – 神(귀신 신) 社(단체 사) 등. 육달월변 – 肝(간 간) 能(능할 능) 등. 좌부방변 – 防(막을 방) 陵(언덕 릉) 등.
우부방		병부절방 – 印(도장 인) 卵(알 란) 등. 우부방 – 郡(고을 군) 鄕(시골 향) 등.
엄		민엄호 – 原(근원 원) 厄(재앙 액) 등. 주검시엄 – 尾(꼬리 미) 尺(자 척) 등. 엄호 – 庭(뜰 정) 度(법도 도) 등. 기운기엄 – 氣(기운 기) 등. 병질엄 – 病(병들 병) 疾(병 질) 등. 늙을로엄 – 老(늙을 로) 者(놈 자) 등. 범호엄 – 虎(범 호) 號(부르짖을 호) 등.
책받침		민책받침 – 廷(조정 정) 建(세울 건) 등. 책받침 – 近(가까울 근) 道(길 도) 등.

2. 부수자(部首字)의 변형

부수자	변형 부수자	해당 한자
人(사람 **인**)	亻(사람인변)	仁(어질 **인**) 등.
刀(칼 **도**)	刂(선칼도방)	利(이로울 **리**) 등.
川(내 **천**)	巛(개미허리)	巡(순행할 **순**) 등.
彑(돼지머리 **계**)	ヨ 彑(튼가로왈)	彗(비 **혜**) 彘(돼지 **체**) 등.
攴(칠 **복**)	攵(등글월문)	敎(가르칠 **교**) 등.
心(마음 **심**)	忄(심방변)	情(뜻 **정**) 등.
手(손 **수**)	扌(재방변)	指(손가락 **지**) 등.
水(물 **수**)	氵(물수변)	法(법 **법**) 등.
火(불 **화**)	灬(연화발)	熱(더울 **열**) 등.
玉(구슬 **옥**)	王(구슬옥변)	珍(보배 **진**) 등.
示(보일 **시**)	礻(보일시변)	礼(예도 **례**) 등.
絲(실 **사**)	糸(실사변)	結(맺을 **결**) 등.
老(늙을 **로**)	耂(늙을로엄)	考(상고할 **고**) 등.
肉(고기 **육**)	月(육달월변)	肥(살찔 **비**) 등.
艸(풀 **초**)	⺿ ⺾(초두머리)	茶(차 **다**) 등.
衣(옷 **의**)	衤(옷의변)	複(겹칠 **복**) 등.
辵(쉬엄쉬엄갈 **착**)	辶(책받침)	通(통할 **통**) 등.
邑(고을 **읍**)	阝(우부방)－오른쪽에 위치	都(도읍 **도**) 등.
阜(언덕 **부**)	阝(좌부방변)－왼쪽에 위치	限(한정 **한**) 등.

▦ 자전(字典)에서 한자찾기

　‘자전(字典)’ 을 따로 ‘옥편(玉篇)’ 이라고도 한다.
한자의 부수(部首) 214자에 따라 분류한 한자를 획수의 차례로 배열하여 글
자마다 우리말로 훈(뜻)과 음을 써 놓은 책이다.
자전(字典)에서 한자를 찾는 방법은 크게 아래의 세 가지 방법이 있다.

1.「부수 색인(部首索引)」 이용법

　부수한자 214자를 1획부터 17획까지의 획수에 따라 분류해서 만들어 놓
은 「부수 색인(部首索引)」을 이용한다.

> **＜보기＞ ‘地’ 자를 찾는 경우**
> ① ‘地’의 부수인 ‘土’ 가 3획이므로 「부수 색인」 3획에서 ‘土’ 를 찾는다.
> ② ‘土’ 자 옆에 적힌 쪽수에 따라 ‘土(흙 토)’ 부를 찾아 펼친다.
> ③ ‘地’ 자에서 부수를 뺀 나머지 부분(也)의 획이 3획이므로, 다시 3획 난의 한자를
> 　 차례로 살펴 ‘地’ 자를 찾는다.
> ④ ‘地(땅 지)’ 자의 훈과 음을 확인한다.

2.「총획 색인(總畫索引)」 이용법

　「부수 색인(部首索引)」으로 한자를 찾지 못한 경우는 글자의 총획을 세어서 획
수별로 구분하여 놓은 「총획 색인(總畫索引)」을 이용한다.

> **＜보기＞ ‘乾’ 자를 찾는 경우**
> ① ‘乾’ 자의 총획(11획)을 센다.
> ② 총획 색인 11획 난에서 ‘乾’ 자를 찾는다.
> ③ ‘乾’ 자 옆에 적힌 쪽수를 펼쳐서 ‘乾’ 자를 찾는다.
> ④ ‘乾(하늘 건)’ 자의 훈과 음을 확인한다.

3.「자음 색인(字音索引)」 이용법

　한자음을 알고 있을 때는 가나다 순으로 배열된 「자음 색인(字音索引)」을
이용한다.

> **＜보기＞ ‘南’ 자를 찾는 경우**
> ① ‘南’ 자의 음이 ‘남’ 이므로 「자음 색인(字音索引)」에서 ‘남’ 난을 찾는다.
> ② ‘남’ 난에 배열된 한자들 중에서 ‘南’ 자를 찾는다.
> ③ ‘南’ 자 아래에 적힌 쪽수를 찾아 펼친다.
> ④ ‘南(남녘 남)’ 자의 훈과 음을 확인한다.

한자(漢字) 학습

- 1급 배정한자표(配定漢字表)
- 신습한자표(新習漢字表)
- 신습한자 익히기
- 약자(略字)·속자(俗字) 익히기

1級 配定漢字(3,500字)

1급 배정한자 3,500字 = 2급 배정한자 2,355字 + 추가 1145字

* 표시는 쓰기 배정한자 2,005字임.

:, (:) 표시는 장음(長音)을 나타냄.

한자	훈	음
*家	집	가
*歌	노래	가
*價	값	가
*加	더할	가
*可	옳을	가:
*假	거짓	가:
*街	거리	가(:)
*暇	틈 / 겨를	가:
*佳	아름다울	가:
*架	시렁	가:
伽	절	가
柯	가지	가
賈	성 / 장사	가 / 고
軻	수레소리 / 사람이름	가
迦	부처이름	가
呵	꾸짖을	가:
哥	성(姓)	가
嘉	아름다울	가
嫁	시집갈	가
稼	심을	가
苛	가혹할	가:
袈	가사	가
駕	멍에	가(:)
*各	각각	각
*角	뿔	각
*刻	새길	각
*覺	깨달을	각
*脚	다리	각
*閣	집	각
*却	물리칠	각
珏	쌍옥	각
恪	삼갈	각
殼	껍질	각
*間	사이	간(:)
*干	방패	간
*看	볼	간
*簡	대쪽 / 간략할	간(:)
*刊	새길	간
*幹	줄기	간
*懇	간절할	간:
*肝	간	간(:)
*姦	간음할	간:
杆	몽둥이	간
艮	괘이름	간
墾	개간할	간
奸	간사할	간
揀	가릴	간:
澗	산골물	간:
癎	간질	간(:)
竿	낚싯대	간
艱	어려울	간
諫	간할	간:
*渴	목마를	갈
*葛	칡	갈
鞨	오랑캐이름	갈
喝	꾸짖을	갈
竭	다할	갈
褐	갈색 / 굵은베	갈
*感	느낄	감:
*減	덜	감:
*監	볼	감
*敢	감히 / 구태여	감:
*甘	달	감
*鑑	거울	감
勘	헤아릴	감
堪	견딜	감
柑	귤	감
疳	감질	감
瞰	굽어볼	감
紺	감색 / 연보라	감
*憾	섭섭할	감:
*甲	갑옷	갑
岬	곶	갑
鉀	갑옷	갑
匣	갑	갑
閘	수문	갑
*江	강	강
*強	강할	강(:)
*康	편안	강
*講	욀	강:
*降	내릴 / 항복할	강: / 항
*剛	굳셀	강
*綱	벼리	강
*鋼	강철	강
姜	성	강
岡	산등성이	강
崗	언덕	강
彊	굳셀	강
疆	지경	강
慷	슬플	강:
糠	겨	강
腔	속빌	강
薑	생강	강
*開	열	개
*改	고칠	개(:)
*個	낱	개(:)
*介	낄	개:
*概	대개	개:
*慨	슬퍼할	개:
*皆	다	개
*蓋	덮을	개(:)
价	클	개:
塏	높은땅	개:
凱	개선할	개:
愾	성낼	개:
溉	물댈	개:
箇	낱	개(:)
芥	겨자	개
*客	손(나그네)	객
*坑	구덩이	갱
羹	국	갱:
*車	수레	거/차
*去	갈	거:
*擧	들	거:
*居	살	거
*巨	클	거:
*拒	막을	거:
*據	근거	거:
*距	상거할	거:
醵	추렴할	거: / 갹
倨	거만할	거:
渠	개천	거
*件	물건	건

한자	뜻	음	한자	뜻	음	한자	뜻	음	한자	뜻	음
*健	굳셀	건:	*牽	이끌(끌)	견	*頃	이랑	경	*契	맺을	계:
*建	세울	건:		별이름	견		잠깐	경		나라이름	거
*乾	하늘	건	*絹	비단	견	*卿	벼슬	경	*械	기계	계:
	마를	간	*肩	어깨	견	*庚	별	경	*溪	시내	계
鍵	열쇠	건:	*遣	보낼	견:	*徑	지름길	경	*桂	계수나무	계:
	자물쇠	건:	甄	질그릇	견		길	경	*癸	북방	계:
巾	수건	건		성	진	*硬	굳을	경		천간	계:
腱	힘줄	건	繭	고치	견:	*竟	마침내	경:	*繫	맬	계:
虔	공경할	건:	譴	꾸짖을	견:	儆	경계할	경:	悸	두근거릴	계:
*傑	뛰어날	걸	鵑	두견새	견	炅	빛날	경	*古	예	고:
*乞	빌	걸	*決	결단할	결	璟	옥빛	경:	*苦	쓸	고
杰	뛰어날	걸	*結	맺을	결	瓊	구슬	경	*高	높을	고
桀	하왕이름	걸	*潔	깨끗할	결	勁	굳셀	경	*告	고할	고:
*檢	검사할	검:	*缺	이지러질	결	憬	깨달을	경:	*固	굳을	고(:)
*儉	검소할	검:	*訣	이별할	결		동경할	경:	*考	생각할	고(:)
*劍	칼	검:	*兼	겸할	겸	梗	줄기	경:	*故	연고	고(:)
劫	위협할	겁	*謙	겸손할	겸		막힐	경:	*孤	외로울	고
怯	겁낼	겁	*京	서울	경	痙	경련	경	*庫	곳집	고
*憩	쉴	게:	*敬	공경	경:	磬	경쇠	경:	*姑	시어미	고
*揭	높이들	게:	*景	볕	경(:)	脛	정강이	경		고모	고
	걸	게:	*競	다툴	경:	莖	줄기	경	*稿	원고	고
偈	불시(佛詩)	게:	*輕	가벼울	경	頸	목	경		볏짚	고
*格	격식	격	*境	지경	경	鯨	고래	경	*鼓	북	고
*擊	칠	격	*慶	경사	경:	*界	지경	계:	*枯	마를	고
*激	격할	격	*經	지날	경	*計	셀	계:	*顧	돌아볼	고
*隔	사이뜰	격		글	경	*係	맬	계:	皐	언덕	고
檄	격문	격	*警	깨우칠	경:	*季	계절	계:		부르는소리	고
膈	가슴	격	*傾	기울	경	*戒	경계할	계:	*雇	품팔	고
覡	박수	격	*更	고칠	경	*系	이어맬	계:	叩	두드릴	고
*見	볼	견:		다시	갱:	*繼	이을	계:	呱	울	고
	뵈올	현:	*鏡	거울	경:	*階	섬돌	계	拷	칠	고
*堅	굳을	견	*驚	놀랄	경	*鷄	닭	계	敲	두드릴	고
*犬	개	견	*耕	밭갈	경	*啓	열	계:	痼	고질	고

한자	훈	음
股	넓적다리	고
膏	기름	고
袴	바지	고:
辜	허물	고
錮	막을	고
*曲	굽을	곡
	악곡	곡
*穀	곡식	곡
*哭	울	곡
*谷	골	곡
梏	수갑	곡
鵠	고니	곡
	과녁	곡
*困	곤할	곤:
*坤	땅(따)	곤
昆	맏	곤
棍	몽둥이	곤
袞	곤룡포	곤:
*骨	뼈	골
汨	골몰할	골
	물이름	멱
*工	장인	공
*空	빌	공
*公	공평할	공
*共	한가지	공:
*功	공	공
*孔	구멍	공:
*攻	칠	공:
*供	이바지할	공:
	진상할	공:
*恐	두려울	공(:)
*恭	공손할	공
*貢	바칠	공:
拱	팔짱낄	공:
鞏	굳을	공
*果	실과	과:
*科	과목	과
*課	공부할	과(:)
	과정	과(:)
*過	지날	과:
	허물	과:
*寡	적을	과:
	과부	과:
*誇	자랑할	과:
*戈	창	과
*瓜	외	과
*菓	과자	과
顆	낱알	과
*郭	둘레	곽
	외성	곽
廓	둘레	곽
	클	확
槨	외관	곽
藿	콩잎	곽
	미역	곽
*觀	볼	관
*關	관계할	관
	빗장	관
*官	벼슬	관
*管	대롱	관
	주관할	관
*冠	갓	관
*寬	너그러울	관
*慣	익숙할	관
*貫	꿸	관(:)
*館	집	관
串	꿸	관
	땅이름	곶
*款	항목	관:
	도장	관:
琯	옥피리	관
棺	널	관
灌	물댈	관
顴	광대뼈	관
刮	긁을	괄
括	묶을	괄
*光	빛날	광
*廣	넓을	광:
*鑛	쇳돌	광:
*狂	미칠	광
匡	바를	광
壙	뫼구덩이	광:
曠	빌	광:
胱	오줌통	광
*掛	걸	괘
卦	점괘	괘
罫	줄	괘
*壞	무너질	괴:
*怪	괴이할	괴(:)
*塊	흙덩이	괴
*愧	부끄러울	괴
*傀	허수아비	괴:
槐	회화나무	괴
乖	어그러질	괴
拐	후릴	괴
魁	괴수	괴
宏	클	굉
肱	팔뚝	굉
轟	울릴	굉
	수레소리	굉
*敎	가르칠	교:
*校	학교	교:
*交	사귈	교
*橋	다리	교
*巧	공교할	교
*較	비교	교
	견줄	교
*矯	바로잡을	교:
*郊	들	교
*僑	더부살이	교
*絞	목맬	교
*膠	아교	교
咬	물	교
	새소리	교
喬	높을	교
嬌	아리따울	교
攪	흔들	교
狡	교활할	교
皎	달밝을	교
蛟	교룡	교
轎	가마	교
驕	교만할	교
*九	아홉	구
*口	입	구(:)
*區	구분할	구
*球	공	구
*具	갖출	구(:)
*救	구원할	구:
*舊	예	구:
*句	글귀	구
*求	구할	구
*究	연구할	구
*構	얽을	구

한자	훈	음	한자	훈	음	한자	훈	음	한자	훈	음
*久	오랠	구:	衢	네거리	구	眷	돌볼	권:	*劇	심할	극
*拘	잡을	구	謳	노래	구	*厥	그	궐	*克	이길	극
*丘	언덕	구	軀	몸	구	*闕	대궐	궐		능할	극
*俱	함께	구	鉤	갈고리	구	蹶	일어설	궐	剋	이길	극
*懼	두려워할	구	駒	망아지	구		넘어질	궐	戟	창	극
*狗	개	구	鳩	비둘기	구	*軌	바퀴자국	궤:	棘	가시	극
*苟	구차할	구	*國	나라	국	机	책상	궤:	隙	틈	극
*苟	진실로	구	*局	판	국	櫃	궤짝	궤:	*根	뿌리	근
*驅	몰	구	*菊	국화	국	潰	무너질	궤:	*近	가까울	근:
*龜	거북	구/귀	鞠	성	국	詭	속일	궤:	*勤	부지런할	근(:)
	터질	균		국문할	국	几	안석	궤:	*筋	힘줄	근
*歐	구라파	구		기를	국	*貴	귀할	귀:	*僅	겨우	근:
	토할	구	*軍	군사	군	*歸	돌아갈	귀:	*斤	근(무게)	근
玖	옥돌	구	*郡	고을	군:	*鬼	귀신	귀:		날	근
*購	살	구	*君	임금	군	*規	법	규	*謹	삼갈	근:
邱	언덕	구	*群	무리	군	*叫	부르짖을	규	槿	무궁화	근:
*鷗	갈매기	구	窘	군색할	군:	*糾	얽힐	규	瑾	아름다운옥	근:
仇	원수	구	*屈	굽힐	굴		살필	규	覲	뵐	근
嘔	게울	구(:)	*掘	팔	굴	圭	서옥	규	饉	주릴	근:
垢	때	구	*窟	굴	굴	奎	별	규	*金	쇠	금
寇	도적	구	*宮	집	궁	揆	헤아릴	규		성	김
嶇	험할	구	*窮	다할	궁	珪	홀	규	*今	이제	금
廐	마구	구	*弓	활	궁	*閨	안방	규	*禁	금할	금
枸	구기자	구	穹	하늘	궁	硅	규소	규	*琴	거문고	금
柩	널	구	躬	몸	궁	窺	엿볼	규	*禽	새	금
毆	때릴	구	*權	권세	권	葵	아욱	규	*錦	비단	금:
溝	도랑	구	*券	문서	권		해바라기	규		아름다울	금:
灸	뜸	구:	*勸	권할	권:	逵	길거리	규	擒	사로잡을	금
矩	모날	구	*卷	책	권(:)	*均	고를	균	衾	이불	금
	법	구	*拳	주먹	권:	*菌	버섯	균	襟	옷깃	금:
臼	절구	구	*圈	우리	권	橘	귤	귤	*急	급할	급
舅	시아비	구	倦	게으를	권:	*極	극진할	극	*級	등급	급
舅	외삼촌	구	捲	거둘	권		다할	극	*給	줄	급
				말	권						

한자	뜻·음	한자	뜻·음	한자	뜻·음	한자	뜻·음
*及	미칠 급	*飢	주릴 기	喫	먹을 끽	弩	쇠뇌 노
扱	거둘 급	*騎	말탈 기	*那	어찌 나:	駑	둔한말 노
	꽂을 삽	冀	바랄 기	儺	푸닥거리 나	*農	농사 농
汲	물길을 급	岐	갈림길 기	懦	나약할 나:	*濃	짙을 농:
*肯	즐길 긍:	*棋	바둑 기	拏	잡을 나:	膿	고름 농
兢	떨릴 긍:	沂	물이름 기	拿	잡을 나:	*腦	골 뇌
亘	뻗칠 긍:	淇	물이름 기	*諾	허락할 낙		뇌수 뇌
	베풀 선	琦	옥이름 기	*暖	따뜻할 난:	*惱	번뇌할 뇌
矜	자랑할 긍:		기이할 기	*難	어려울 난(:)	*尿	오줌 뇨
*旗	기 기	琪	아름다운옥 기	煖	더울 난:	撓	휠 뇨:
*氣	기운 기	璣	별이름 기	捏	꾸밀 날	訥	말더듬거릴 눌
*記	기록할 기		선기(혼천의) 기	捺	누를 날	紐	맺을 뉴
*基	터 기	箕	키 기	*南	남녘 남	*能	능할 능
*己	몸 기	耆	늙을 기	*男	사내 남	*泥	진흙 니
*技	재주 기	騏	준마 기	*納	들입 납	*尼	여승 니
*期	기약할 기	驥	천리마 기	衲	기울 납	*溺	빠질 닉
*汽	물끓는김 기	麒	기린 기	*娘	계집 낭	匿	숨길 닉
*器	그릇 기	伎	재간 기	囊	주머니 낭	*多	많을 다
*起	일어날 기	嗜	즐길 기	*內	안 내:	*茶	차 다
*奇	기특할 기	妓	기생 기:	*耐	견딜 내:		차 차
*寄	부칠 기	崎	험할 기	*乃	이에(곧) 내:	*短	짧을 단(:)
*機	틀 기	碁	돌 기	*奈	어찌 내	*團	둥글 단
*紀	벼리 기	杞	구기자 기		나락 나	*壇	단 단
*企	꾀할 기	畸	돼기밭 기	*女	계집 녀	*單	홑 단
*其	그 기		불구(不具) 기	*年	해 년	*斷	끊을 단:
*畿	경기 기	綺	비단 기		나이 년	*檀	박달나무 단
*祈	빌 기	羈	굴레 기	撚	비빌 년	*端	끝 단
*幾	몇 기		나그네 기	涅	열반 녈	*段	층계 단
*忌	꺼릴 기	肌	살 기	*念	생각 념	*丹	붉을 단
*旣	이미 기	譏	비웃을 기	*寧	편안 녕	*但	다만 단:
*棄	버릴 기	*緊	긴할 긴	*努	힘쓸 노	*旦	아침 단
*欺	속일 기	*吉	길할 길	*怒	성낼 노:	湍	여울 단
*豈	어찌 기	拮	일할 길	*奴	종 노	*鍛	쇠불릴 단

漢字	뜻	音	漢字	뜻	音	漢字	뜻	音	漢字	뜻	音
簞	소쿠리	단	*代	대신할	대:	*稻	벼	도	乭	이름	돌
緞	비단	단	*對	대할	대:	*跳	뛸	도	*東	동녘	동
蛋	새알	단:	*待	기다릴	대:	*悼	슬퍼할	도	*冬	겨울	동(:)
*達	통달할	달	*帶	띠	대(:)	燾	비칠	도	*動	움직일	동:
撻	때릴	달	*隊	무리	대	堵	담	도	*同	한가지	동
疸	황달	달	*臺	대	대	屠	죽일	도	*洞	골(고을)	동:
*談	말씀	담	*貸	빌릴	대:	掉	흔들	도		밝을	통:
*擔	멜	담		꿀	대:	搗	찧을	도	*童	아이	동(:)
*淡	맑을	담	*垈	집터	대	淘	쌀일	도	*銅	구리	동
*潭	못	담	*戴	일	대:	滔	물넘칠	도	*凍	얼	동:
*膽	쓸개	담:	擡	들	대	濤	물결	도	*桐	오동나무	동
憺	참담할	담	袋	자루	대	睹	볼	도	*棟	마룻대	동
曇	흐릴	담	*德	큰	덕	禱	빌	도	董	바를	동:
澹	맑을	담	悳	큰	덕	萄	포도	도	憧	동경할	동
痰	가래	담:	*道	길	도:	賭	내기	도	疼	아플	동
譚	클	담	*圖	그림	도	蹈	밟을	도	瞳	눈동자	동:
	말씀	담	*度	법도	도(:)	鍍	도금할	도:	胴	큰창자	동
*答	대답	답		헤아릴	탁	*讀	읽을	독		몸통	동
*踏	밟을	답	*到	이를	도:	*讀	구절	두	*頭	머리	두
*畓	논	답	*島	섬	도	*獨	홀로	독	*斗	말	두
遝	뒤섞일	답	*都	도읍	도	*毒	독	독	*豆	콩	두
*堂	집	당	*導	인도할	도:	*督	감독할	독	杜	막을	두
*當	마땅	당	*徒	무리	도	*篤	도타울	독	兜	투구	두
*黨	무리	당	*盜	도둑	도(:)	瀆	도랑	독		도솔천	두
*唐	당나라	당(:)	*逃	도망할	도		더럽힐	독	痘	역질	두
	당황할	당(:)	*刀	칼	도	禿	대머리	독	*屯	진칠	둔
*糖	엿	당	*途	길	도:	*敦	도타울	돈	*鈍	둔할	둔:
	사탕	탕	*陶	질그릇	도	*豚	돼지	돈	臀	볼기	둔
塘	못	당	*倒	넘어질	도:	惇	도타울	돈	遁	숨을	둔:
撞	칠	당	*塗	칠할	도	燉	불빛	돈	*得	얻을	득
棠	아가위	당	*挑	돋울	도	頓	조아릴	돈:	*登	오를	등
螳	버마재비	당	*桃	복숭아	도	沌	엉길	돈	*等	무리	등:
*大	큰	대(:)	*渡	건널	도	*突	갑자기	돌		등급	등:

漢字	뜻	음
*燈	등	등
*騰	오를	등
*藤	등나무	등
*謄	베낄	등
鄧	나라이름	등:
橙	귤	등
	걸상	등
*羅	벌릴	라
	벌	라
*裸	벗을	라:
懶	게으를	라:
癩	문둥이	라:
螺	소라	라
邏	순라	라
*樂	즐길	락
	노래	악
	좋아할	요
*落	떨어질	락
*絡	이을	락
	얽을	락
*洛	물이름	락
烙	지질	락
酪	쇠젖	락
駱	낙타	락
*亂	어지러울	란:
*卵	알	란:
*欄	난간	란
*蘭	난초	란
*爛	빛날	란
瀾	물결	란
鸞	난새	란
剌	어그러질	랄
	수라	라
辣	매울	랄
*覽	볼	람
*濫	넘칠	람:
*藍	쪽	람
籃	대바구니	람
*拉	끌	랍
臘	섣달	랍
蠟	밀	랍
*朗	밝을	랑:
*廊	사랑채	랑
*浪	물결	랑(:)
*郎	사내	랑
狼	이리	랑:
*來	올	래(:)
萊	명아주	래
*冷	찰	랭:
*略	간략할	략
	약할	략
*掠	노략질할	략
*良	어질	량
*量	헤아릴	량
*兩	두	량:
*糧	양식	량
*涼	서늘할	량
*梁	들보	량
	돌다리	량
*諒	살펴알	량
	믿을	량
亮	밝을	량
樑	들보	량
*輛	수레	량:
倆	재주	량
粱	기장	량
*旅	나그네	려
*麗	고울	려
*慮	생각할	려:
*勵	힘쓸	려:
呂	성	려:
	법칙	려:
廬	농막집	려
礪	숫돌	려
驪	검은말	려
侶	짝	려:
戾	어그러질	려:
濾	거를	려:
閭	마을	려
黎	검을	려
*力	힘	력
*歷	지날	력
*曆	책력	력
瀝	스밀	력
礫	조약돌	력
*練	익힐	련:
*連	이을	련
*戀	그리워할	련:
	그릴	련:
*聯	연이을	련
*鍊	쇠불릴	련:
	단련할	련:
*憐	불쌍히여길	련
*蓮	연꽃	련
漣	잔물결	련
*煉	달굴	련
輦	가마	련
*列	벌릴	렬
*烈	매울	렬
*劣	못할	렬
*裂	찢어질	렬
*廉	청렴할	렴
濂	물이름	렴
斂	거둘	렴:
殮	염할	렴:
簾	발	렴
*獵	사냥	렵
*令	하여금	령(:)
	명령할	령(:)
*領	거느릴	령
*嶺	고개	령
*靈	신령	령
*零	떨어질	령
	영	령
玲	옥소리	령
囹	옥	령
逞	쾌할	령
鈴	방울	령
齡	나이	령
*例	법식	례:
*禮	예도	례:
*隷	종(노예)	례:
醴	단술	례:
*老	늙을	로:
*路	길	로:
*勞	일할	로
*爐	화로	로
*露	이슬	로(:)
盧	성	로
蘆	갈대	로
魯	노나라	로
	노둔할	로

鷺 백로	로	*樓 다락	루	勒 굴레	륵	*臨 임할	림
撈 건질	로	*屢 여러	루:	肋 갈빗대	륵	淋 임질	림
擄 노략질할	로	*淚 눈물	루:	凜 찰	름	*立 설	립
虜 사로잡을	로	*漏 샐	루:	*陵 언덕	릉	笠 삿갓	립
*綠 푸를	록	*累 여러	루:	楞 네모질	릉	粒 낟알	립
*錄 기록할	록	자주	루:	凌 업신여길	릉	*馬 말	마:
*祿 녹(봉록)	록	壘 보루	루	稜 모날	릉	*磨 갈	마
*鹿 사슴	록	陋 더러울	루:	綾 비단	릉	*麻 삼	마(:)
碌 푸른돌	록	*流 흐를	류	菱 마름	릉	*摩 문지를	마
麓 산기슭	록	*類 무리	류(:)	*里 마을	리:	*痲 저릴	마
*論 논할	론	*留 머무를	류	*利 이할	리:	*魔 마귀	마
*弄 희롱할	롱:	*柳 버들	류(:)	*李 오얏	리:	*幕 장막	막
*籠 대바구니	롱(:)	劉 죽일	류	성	리:	*漠 넓을	막
壟 밭두둑	롱:	성	류	*理 다스릴	리:	*莫 없을	막
瓏 옥소리	롱	*硫 유황	류	*離 떠날	리:	*膜 막	막
聾 귀먹을	롱	*謬 그르칠	류	*吏 관리(벼슬아치)	리:	寞 고요할	막
*賴 의뢰할	뢰:	溜 처마물	류	*履 밟을	리:	*萬 일만	만:
*雷 우레	뢰	琉 유리	류	*裏 속	리:	*滿 찰	만(:)
傀 꼭두각시	뢰:	瘤 혹	류:	*梨 배	리	*慢 거만할	만:
牢 우리	뢰	*六 여섯	륙	俚 속될	리:	*晩 늦을	만:
磊 돌무더기	뢰	*陸 뭍(땅)	륙	釐 다스릴	리	*漫 흩어질	만:
賂 뇌물	뢰	戮 죽일	륙	悧 영리할	리	*娩 낳을	만:
*料 헤아릴	료(:)	*輪 바퀴	륜	痢 이질	리:	*灣 물굽이	만
*了 마칠	료:	*倫 인륜	륜	籬 울타리	리	*蠻 오랑캐	만
*僚 동료	료	崙 산이름	륜	罹 걸릴	리	卍 만	만
*療 병고칠	료	淪 빠질	륜	裡 속	리:	彎 굽을	만
遼 멀	료	綸 벼리	륜	*隣 이웃	린	挽 당길	만
寮 동관(同官)	료	*律 법칙	률	麟 기린	린	瞞 속일	만
燎 횃불	료	*栗 밤	률	吝 아낄	린	蔓 덩굴	만
瞭 밝을	료	*率 비율	률	燐 도깨비불	린	輓 끌	만:
聊 애오라지	료	거느릴	솔	躪 짓밟을	린	애도할	만:
寥 쓸쓸할	료	慄 떨릴	률	鱗 비늘	린	饅 만두	만
*龍 용	룡	*隆 높을	륭	*林 수풀	림	鰻 뱀장어	만

*末 끝　　말
靺 말갈　　말
抹 지울　　말
沫 물거품　　말
襪 버선　　말
*亡 망할　　망
*望 바랄　　망:
*妄 망령될　　망:
*忘 잊을　　망
*忙 바쁠　　망
*罔 없을　　망
*茫 아득할　　망
*網 그물　　망
芒 까끄라기　　망
惘 멍할　　망
*每 매양　　매(:)
*買 살　　매:
*賣 팔　　매(:)
*妹 누이　　매
*梅 매화　　매
*埋 묻을　　매
*媒 중매　　매
*枚 낱　　매
*魅 매혹할　　매
寐 잘　　매:
昧 어두울　　매
煤 그을음　　매
罵 꾸짖을　　매:
邁 갈(行)　　매
呆 어리석을　　매
*脈 줄기　　맥
*麥 보리　　맥
貃 맥국　　맥

*孟 맏　　맹(:)
*猛 사나울　　맹:
*盲 소경　　맹
　　눈멀　　맹
*盟 맹세　　맹
萌 움　　맹
覓 찾을　　멱
*面 낯　　면:
*勉 힘쓸　　면:
*眠 잘　　면
*綿 솜　　면
*免 면할　　면:
冕 면류관　　면:
沔 물이름　　면:
俛 힘쓸　　면:
　　숙일(구푸릴)　　부
棉 목화　　면
眄 곁눈질할　　면:
緬 멀　　면(:)
麪 국수　　면
*滅 멸할　　멸
　　꺼질　　멸
*蔑 업신여길　　멸
*名 이름　　명
*命 목숨　　명:
*明 밝을　　명
*鳴 울　　명
*銘 새길　　명
*冥 어두울　　명
暝 저물　　명
溟 바다　　명
皿 그릇　　명:
螟 멸구　　명

酩 술취할　　명:
袂 소매　　몌
*母 어미　　모:
*毛 터럭　　모
*模 본뜰　　모
*慕 그릴　　모:
*謀 꾀　　모
*貌 모양　　모
*侮 업신여길　　모(:)
*冒 무릅쓸　　모
*募 모을　　모
　　뽑을　　모
*暮 저물　　모:
*某 아무　　모:
*帽 모자　　모
牟 성　　모
*矛 창　　모
茅 띠　　모
謨 꾀　　모
摸 더듬을　　모
牡 수컷　　모
耗 소모할　　모
糢 모호할　　모
*木 나무　　목
*目 눈　　목
*牧 칠　　목
*睦 화목할　　목
*沐 머리감을　　목
穆 화목할　　목
*沒 빠질　　몰
歿 죽을　　몰
*夢 꿈　　몽
*蒙 어두울　　몽

*墓 무덤　　묘:
*妙 묘할　　묘:
*卯 토끼　　묘:
*廟 사당　　묘:
*苗 모　　묘:
昴 별이름　　묘
描 그릴　　묘:
杳 아득할　　묘
渺 아득할　　묘
淼 물질펀할　　묘
猫 고양이　　묘
*無 없을　　무
*務 힘쓸　　무:
*武 호반　　무
*舞 춤출　　무
*茂 무성할　　무:
*貿 무역할　　무:
*戊 천간　　무:
*霧 안개　　무:
巫 무당　　무
憮 어루만질　　무:
拇 엄지손가락　　무:
撫 어루만질　　무(:)
毋 말　　무
畝 이랑　　무:/묘:
蕪 거칠　　무
誣 속일　　무:
*默 잠잠할　　묵
*墨 먹　　묵
*門 문　　문
*問 물을　　문:
*文 글월　　문
*聞 들을　　문(:)

漢字	訓	音	漢字	訓	音	漢字	訓	音	漢字	訓	音
*紋	무늬	문	謐	고요할	밀	斑	아롱질	반	幇	도울	방
汶	물이름	문	*朴	성	박	槃	쟁반	반	彷	헤맬	방(:)
*紊	문란할	문	*博	넓을	박	畔	밭두둑	반	昉	밝을	방
	어지러울	문	*拍	칠	박	礬	백반	반	枋	다목	방
蚊	모기	문	*薄	엷을	박	絆	얽어맬	반	榜	방붙일	방:
*物	물건	물	*迫	핍박할	박	蟠	서릴	반	肪	기름	방
*勿	말	물	*泊	머무를	박	頒	나눌	반	膀	오줌통	방
*米	쌀	미		배댈	박	*發	필	발	謗	헐뜯을	방:
*美	아름다울	미(:)	*舶	배	박	*髮	터럭	발	*倍	곱	배(:)
*味	맛	미:	剝	벗길	박	*拔	뽑을	발	*拜	절	배:
*未	아닐	미(:)	搏	두드릴	박	渤	바다이름	발	*背	등	배:
*微	작을	미	撲	칠	박	鉢	바리때	발	*配	나눌	배
*尾	꼬리	미:	樸	순박할	박	勃	노할	발		짝	배:
*眉	눈썹	미	珀	호박	박	撥	다스릴	발	*培	북돋울	배:
*迷	미혹할	미(:)	箔	발(簾)	박	潑	물뿌릴	발	*排	밀칠	배
彌	미륵	미	粕	지게미	박	跋	밟을	발	*輩	무리	배
	기울	미	縛	얽을	박	醱	술괼	발	*杯	잔	배
	오랠	미	膊	팔뚝	박	魃	가물	발	*俳	배우	배
媚	아첨할	미	駁	논박할	박	*方	모	방	裴	성	배
	예쁠	미	*半	반	반:	*放	놓을	방(:)	*賠	물어줄	배:
薇	장미	미	*反	돌이킬	반:	*房	방	방	徘	어정거릴	배
靡	쓰러질	미	*班	나눌	반	*訪	찾을	방:	湃	물결칠	배
*民	백성	민	*般	가지	반	*防	막을	방	胚	아기밸	배
*憫	민망할	민		일반	반	*妨	방해할	방	陪	모실	배:
*敏	민첩할	민	*飯	밥	반	*倣	본뜰	방	*白	흰	백
旻	하늘	민	*伴	짝	반:	*傍	곁	방:		아뢸	백
旼	화할	민	*叛	배반할	반:	*芳	꽃다울	방	*百	일백	백
玟	아름다운옥돌	민	*盤	소반	반	*邦	나라	방	*伯	맏	백
珉	옥돌	민	*返	돌아올	반:	旁	곁	방:	*柏	측백	백
閔	성	민	*搬	운반할	반	*紡	길쌈	방	帛	비단	백
悶	답답할	민	磻	반계	반	龐	높은집	방	魄	넋	백
*密	빽빽할	밀	拌	버릴	반	坊	동네	방	*番	차례	번
*蜜	꿀	밀	攀	더위잡을	반	尨	삽살개	방	*繁	번성할	번

*煩 번거로울 번	弁 고깔 변:	*服 옷 복	*婦 며느리 부
*飜 번역할 번	*別 다를 별	*福 복 복	*富 부자 부:
潘 성 번	나눌 별	*復 회복할 복	*府 마을 부(:)
蕃 불을 번	瞥 눈깜짝할 별	다시 부:	관청 부(:)
藩 울타리 번	鼈 자라 별	*伏 엎드릴 복	*否 아닐 부:
*伐 칠 벌	*病 병 병:	*複 겹칠 복	*負 질 부:
*罰 벌할 벌	*兵 병사 병	*腹 배 복	*付 부칠 부:
筏 뗏목 벌	*丙 남녘 병:	*卜 점 복	*扶 도울 부
*閥 문벌 벌	*屛 병풍 병(:)	*覆 엎어질 복	*浮 뜰 부
*犯 범할 범:	*竝 나란히 병:	덮을 부	*符 부호 부(:)
*範 법 범:	*倂 아우를 병:	馥 향기 복	*簿 문서 부:
*凡 무릇 범(:)	眪 밝을 병:	僕 종 복	*附 붙을 부(:)
*汎 넓을 범:	昺 밝을 병:	匐 길 복	*腐 썩을 부:
뜰 범:	柄 자루 병:	輻 바퀴살 복/폭	*賦 부세 부:
范 성 범:	炳 불꽃 병:	鰒 전복 복	*赴 다다를 부:
帆 돛 범:	秉 잡을 병:	*本 근본 본	갈 부:
梵 불경 범:	瓶 병 병	*奉 받들 봉:	傅 스승 부:
氾 넘칠 범:	餠 떡 병:	*封 봉할 봉	*敷 펼 부(:)
泛 뜰 범:	*保 지킬 보(:)	*峯 봉우리 봉	*膚 살갗 부
*法 법 법	*報 갚을 보:	*逢 만날 봉	釜 가마 부
*壁 벽 벽	알릴 보:	*蜂 벌 봉	阜 언덕 부:
*碧 푸를 벽	*寶 보배 보:	*鳳 새 봉:	俯 구부릴 부:
*僻 궁벽할 벽	*步 걸음 보:	*俸 녹 봉:	剖 쪼갤 부:
劈 쪼갤 벽	*普 넓을 보:	*縫 꿰맬 봉	咐 분부할 부
擘 엄지손가락 벽	*補 기울 보:	蓬 쑥 봉	불(吹) 부
璧 구슬 벽	*譜 족보 보:	捧 받들 봉	埠 부두 부:
癖 버릇 벽	潽 물이름 보:	棒 막대 봉	孵 알깔 부
闢 열 벽	甫 클 보	烽 봉화 봉	斧 도끼 부
*變 변할 변:	輔 도울 보:	鋒 칼날 봉	腑 육부 부
*邊 가 변	堡 작은성 보	*父 아비 부	芙 연꽃 부
*辯 말씀 변:	洑 보루 보	*夫 지아비 부	訃 부고 부:
*辨 분별할 변:	스며흐를 복	*部 떼 부	賻 부의 부:
卞 성 변	菩 보살 보	*副 버금 부:	駙 부마 부:

漢字	訓(뜻)	音(음)
*北	북녁	북
	달아날	배
*分	나눌	분(:)
*憤	분할	분:
*粉	가루	분(:)
*奔	달릴	분
*奮	떨칠	분:
*紛	어지러울	분
*墳	무덤	분
芬	향기	분
吩	분부할	분:
噴	뿜을	분
忿	성낼	분:
扮	꾸밀	분
焚	불사를	분
盆	동이	분
糞	똥	분
雰	눈날릴	분
*不	아닐	불/부
*佛	부처	불
*拂	떨칠	불
*弗	아닐	불
彿	비슷할	불
*崩	무너질	붕
*朋	벗	붕
鵬	새	붕
棚	사다리	붕
硼	붕사	붕
繃	묶을	붕
*比	견줄	비:
*費	쓸	비:
*鼻	코	비:
*備	갖출	비:
*悲	슬플	비:
*非	아닐	비(:)
*飛	날	비
*批	비평할	비
*碑	비석	비
*祕	숨길	비:
*卑	낮을	비:
*妃	왕비	비
*婢	계집종	비:
*肥	살찔	비:
丕	클	비
*匪	비적	비:
	문채날	비:
毖	삼갈	비
毘	도울	비
泌	분비할	비
匕	비수	비:
庇	덮을	비:
憊	고단할	비:
扉	사립문	비
沸	끓을	비:
	용솟음할	불
琵	비파	비
痺	저릴	비
砒	비상	비
秕	쭉정이	비:
緋	비단	비
翡	물총새	비
脾	지라	비(:)
臂	팔	비:
轡	바퀴	비
蜚	날	비
裨	도울	비
誹	헐뜯을	비
譬	비유할	비:
鄙	더러울	비:
妣	죽은어미	비
*貧	가난할	빈
*賓	손	빈
*頻	자주	빈
彬	빛날	빈
嚬	찡그릴	빈
嬪	궁녀벼슬이름	빈
殯	빈소	빈
濱	물가	빈
瀕	물가	빈
	가까울	빈
*氷	얼음	빙
*聘	부를	빙
馮	탈	빙
	성	풍
憑	비길	빙
*四	넉	사:
*事	일	사:
*使	하여금	사:
*使	부릴	사:
*死	죽을	사:
*社	모일	사
*仕	섬길	사(:)
	벼슬	사(:)
*史	사기	사:
*士	선비	사:
	병사	사:
*寫	베낄	사
*思	생각	사(:)
*査	조사할	사
*寺	절	사
*師	스승	사
*舍	집	사
*謝	사례할	사:
*射	쏠	사(:)
*私	사사	사
*絲	실	사
*辭	말씀	사
*司	맡을	사
*沙	모래	사
*祀	제사	사
*詞	말	사
*邪	간사할	사
*似	닮을	사:
*巳	뱀	사:
*捨	버릴	사:
*斜	비낄	사
*斯	이	사
*蛇	긴뱀	사
*詐	속일	사
*賜	줄	사:
*唆	부추길	사
泗	물이름	사:
*赦	용서할	사:
*飼	기를	사
些	적을	사
嗣	이을	사:
奢	사치할	사
娑	춤출	사
	사바세상	사
徙	옮길	사:
瀉	쏟을	사(:)
獅	사자	사(:)

漢字	뜻	음
祠	사당	사
紗	비단	사
蓑	도롱이	사
麝	사향노루	사:
*削	깎을	삭
*朔	초하루	삭
	북쪽	삭
*山	메(산)	산
*算	셈	산:
*産	낳을	산:
*散	흩을	산:
*傘	우산	산
*酸	실	산
刪	깎을	산
珊	산호	산
疝	산증	산
*殺	죽일	살
	감할	쇄:
	빠를	쇄:
撒	뿌릴	살
煞	죽일	살
薩	보살	살
*三	석	삼
*森	수풀	삼
*蔘	삼	삼
滲	스밀	삼
*揷	꽂을	삽
澁	떫을	삽
*上	윗	상:
*商	장사	상
*相	서로	상
*賞	상줄	상
*常	떳떳할	상
*床	상	상
*想	생각	상:
*狀	형상	상
	문서	장:
*傷	다칠	상
*象	코끼리	상
	본뜰	상
*像	모양	상
*喪	잃을	상(:)
*尙	오히려	상(:)
*裳	치마	상
*詳	자세할	상
*霜	서리	상
*償	갚을	상
*嘗	맛볼	상
	일찍	상
*桑	뽕나무	상
*祥	상서로울	상
庠	학교	상
*箱	상자	상
孀	홀어미	상
爽	시원할	상:
翔	날	상
觴	잔	상
*塞	막힐	색
	변방	새
璽	옥새	새
*色	빛날	색
*索	찾을	색
	노(새끼줄)	삭
嗇	아낄	색
*生	날	생
	살	생
牲	희생	생
甥	생질	생
*西	서녘	서
*書	글	서
*序	차례	서:
*徐	천천할	서(:)
*恕	용서할	서:
*緒	실마리	서:
*署	마을	서:
	관청	서:
*庶	여러	서:
*敍	펼	서:
*暑	더울	서:
*誓	맹세할	서:
*逝	갈	서:
*瑞	상서	서:
舒	펼	서:
嶼	섬	서(:)
抒	풀	서:
曙	새벽	서:
棲	깃들일	서:
犀	무소	서:
胥	서로	서
	아전	서
薯	감자	서:
黍	기장	서:
鼠	쥐	서:
壻	사위	서:
*夕	저녁	석
*席	자리	석
*石	돌	석
*惜	아낄	석
*釋	풀	석
*昔	예	석
*析	쪼갤	석
奭	클	석
晳	밝을	석
*碩	클	석
錫	주석	석
	지팡이	석
	줄(주다)	석
潟	개펄	석
*先	먼저	선
*線	줄	선
*仙	신선	선
*善	착할	선:
*船	배	선
*選	가릴	선:
*鮮	고울	선
*宣	베풀	선
*旋	돌	선
*禪	선	선
瑄	도리옥	선
璇	옥	선
璿	구슬	선
*繕	기울(깁다)	선:
扇	부채	선
煽	부채질할	선
羨	부러워할	선:
	무덤길	연:
腺	샘	선
膳	선물	선:
	반찬	선:
銑	무쇠	선
*雪	눈	설
*說	말씀	설
	달랠	세
	기쁠	열

한자	뜻	음
*設	베풀	설
*舌	혀	설
卨	사람이름	설
薛	성	설
屑	가루	설
泄	샐	설
洩	샐	설
	퍼질	예
渫	파낼	설
暹	햇살치밀	섬
*纖	가늘	섬
蟾	두꺼비	섬
陝	땅이름	섬
殲	다죽일	섬
閃	번쩍일	섬
*攝	잡을	섭
	다스릴	섭
*涉	건널	섭
燮	불꽃	섭
*姓	성	성:
*成	이룰	성
*省	살필	성
	덜	생
*性	성품	성:
*城	재	성
*星	별	성
*盛	성할	성:
*聖	성인	성:
*聲	소리	성
*誠	정성	성
晟	밝을	성
醒	깰	성
*世	인간	세:
*歲	해	세:
	나이	세:
*洗	씻을	세:
*勢	형세	세:
*稅	세금	세:
*細	가늘	세:
*貰	세놓을	세:
*小	작을	소:
*少	적을	소:
	젊을	소:
*所	바	소:
*消	사라질	소
掃	쓸	소(:)
*笑	웃음	소:
*素	본디	소(:)
	흴	소(:)
*疏	소통할	소
	상소할	소
*蘇	되살아날	소
*訴	호소할	소
*召	부를	소
*昭	밝을	소
*燒	사를	소(:)
*蔬	나물	소
*騷	떠들	소
巢	새집	소
沼	못	소
*紹	이을	소
邵	땅이름	소
邵	성	소
塑	흙빛을	소
宵	밤	소
搔	긁을	소
梳	얼레빗	소
甦	깨어날	소
疎	성길	소
瘙	피부병	소
簫	퉁소	소
蕭	쓸쓸할	소
逍	노닐	소
遡	거스를	소
*速	빠를	속
*束	묶을	속
*俗	풍속	속
*續	이을	속
*屬	붙일	속
*粟	조	속
贖	속죄할	속
*孫	손자	손(:)
*損	덜	손:
遜	겸손할	손:
*送	보낼	송:
*松	소나무	송
*頌	칭송할	송:
	기릴	송:
*訟	송사할	송:
*誦	욀	송:
宋	성	송:
悚	두려울	송:
*刷	인쇄할	쇄:
*鎖	쇠사슬	쇄:
灑	뿌릴	쇄:
碎	부술	쇄:
*衰	쇠할	쇠
*水	물	수
*手	손	수(:)
*數	셈	수:
*樹	나무	수
*首	머리	수
*修	닦을	수
*受	받을	수(:)
*守	지킬	수
*授	줄	수
*收	거둘	수
*秀	빼어날	수
*壽	목숨	수
*帥	장수	수
*愁	근심	수
*殊	다를	수
*獸	짐승	수
*輸	보낼	수
*隨	따를	수
*需	쓰일(쓸)	수
*囚	가둘	수
*垂	드리울	수
*搜	찾을	수
*睡	졸음	수
*誰	누구	수
*遂	드디어	수
*雖	비록	수
*須	모름지기	수
洙	물가	수
銖	저울눈	수
隋	수나라	수
嫂	형수	수
戍	수자리	수
狩	사냥할	수
瘦	여윌	수
穗	이삭	수

竪	세울	수	*盾	방패	순	*試	시험할	시(:)	*申	납	신
粹	순수할	수	舜	순임금	순	*詩	시	시	*愼	삼갈	신:
繡	수놓을	수:	荀	풀이름	순	*侍	모실	시:	*伸	펼	신
羞	부끄러울	수	筍	죽순	순	*矢	화살	시:		사뢸	신
	음식	수	醇	전국술	순	*屍	주검	시:	*晨	새벽	신
蒐	모을	수	馴	길들일	순	柴	섶(땔나무)	시:	*辛	매울	신
袖	소매	수	*術	재주	술	匙	숟가락	시:	*紳	띠	신:
讎	원수	수	*述	펼	술	媤	시집	시	*腎	콩팥	신:
酬	갚을	수	*戌	개	술	弑	윗사람죽일	시:	呻	읊조릴	신
髓	뼛골	수	*崇	높을	숭	柿	감	시:	娠	아이밸	신
*宿	잘	숙	瑟	큰거문고	슬	猜	시기할	시	宸	대궐	신
	별자리	수:	膝	무릎	슬	諡	시호	시:	燼	불탄끝	신:
*叔	아재비	숙	*習	익힐	습	豺	승냥이	시:	薪	섶	신
*肅	엄숙할	숙	*拾	주울	습	*植	심을	식	蜃	큰조개	신
*淑	맑을	숙		열	십	*食	밥	식	訊	물을	신:
*熟	익을	숙	*襲	엄습할	습		먹을	식	迅	빠를	신
*孰	누구	숙	*濕	젖을	습	*式	법	식	*室	집	실
塾	글방	숙	*勝	이길	승	*識	알	식	*失	잃을	실
夙	이를	숙	*承	이을	승		기록할	지	*實	열매	실
菽	콩	숙	*乘	탈	승	*息	쉴	식	悉	다	실
*順	순할	순:	*僧	중	승	*飾	꾸밀	식	*心	마음	심
*純	순수할	순	*昇	오를	승	*殖	불릴	식	*深	깊을	심
*巡	돌	순	*升	되	승	湜	물맑을	식	*審	살필	심(:)
	순행할	순	繩	노끈	승	軾	수레가로나무	식	*甚	심할	심:
*旬	열흘	순	丞	정승	승	拭	씻을	식	*尋	찾을	심
*瞬	눈깜짝일	순	*市	저자	시:	熄	불꺼질	식	潯	즙낼	심:
*循	돌	순	*時	때	시	蝕	좀먹을	식	*十	열	십
	좇을	순	*始	비로소(처음)	시:	*信	믿을	신:	什	열사람	십
*殉	따라죽을	순	*示	보일	시:	*新	새	신		세간	집
*脣	입술	순	*施	베풀	시:	*神	귀신	신	*雙	두	쌍
洵	참으로	순	*是	이	시:		정신	신		쌍	쌍
淳	순박할	순		옳을	시:	*身	몸	신	*氏	각시	씨
珣	옥이름	순	*視	볼	시:	*臣	신하	신		성씨	씨

한자	뜻	음
*兒	아이	아
*亞	버금	아(:)
*我	나	아:
*阿	언덕	아
*雅	맑을	아(:)
*牙	어금니	아
*芽	싹	아
*餓	주릴	아:
俄	아까	아
啞	벙어리	아(:)
衙	마을	아
訝	의심할	아
*惡	악할	악
	미워할	오
*岳	큰산	악
*握	쥘	악
堊	흰흙	악
愕	놀랄	악
顎	턱	악
*安	편안	안
*案	책상	안:
*眼	눈	안:
*岸	언덕	안:
*顔	낯	안:
*雁	기러기	안:
按	누를	안(:)
晏	늦을	안:
鞍	안장	안:
*謁	뵐	알
斡	막을	알
軋	돌	알
軋	삐걱거릴	알
*暗	어두울	암:
*巖	바위	암
*癌	암	암:
庵	암자	암
闇	숨을	암:
*壓	누를	압
*押	누를	압
鴨	오리	압
*仰	우러를	앙:
*央	가운데	앙
*殃	재앙	앙
怏	원망할	앙
昂	높을	앙
秧	모	앙
鴦	원앙	앙
*愛	사랑	애(:)
*哀	슬플	애
*涯	물가	애
埃	티끌	애
艾	쑥	애
*礙	거리낄	애:
崖	언덕	애
曖	희미할	애
隘	좁을	애
靄	아지랑이	애:
*液	액체	액
*額	이마	액
*厄	액	액
扼	잡을	액
腋	겨드랑이	액
縊	목맬	액
櫻	앵두	앵
鶯	꾀꼬리	앵
*夜	밤	야:
*野	들	야:
*也	이끼(입기운)	야:
	어조사	야:
*耶	어조사	야
倻	가야	야
*惹	이끌	야:
冶	풀무	야:
揶	야유할	야
爺	아비	야
*弱	약할	약
*藥	약	약
*約	맺을	약
*若	같을	약
	반야	야
*躍	뛸	약
葯	꽃밥	약
*洋	큰바다	양
*陽	볕	양
*養	기를	양:
*羊	양	양
*樣	모양	양
*壤	흙덩이	양:
*揚	날릴	양
*讓	사양할	양:
*楊	버들	양
*孃	아가씨	양
襄	도울	양(:)
恙	병	양:
	근심할	양:
攘	물리칠	양
瘍	헐	양
釀	술빚을	양:
癢	가려울	양:
*語	말씀	어:
*漁	고기잡을	어
*魚	고기	어
*御	거느릴	어:
*於	어조사	어
	탄식할	오
圄	옥	어
瘀	어혈질	어:
禦	막을	어:
*億	억	억
*憶	생각할	억
*抑	누를	억
臆	가슴	억
*言	말씀	언
*焉	어찌	언
彦	선비	언:
堰	둑	언
諺	언문	언:
	속담	언:
*嚴	엄할	엄
掩	가릴	엄:
儼	엄연할	엄
奄	문득	엄:
*業	업	업
	일	업
*如	같을	여
*餘	남을	여
*與	더불	여:
	줄	여:
*予	나	여
*余	나	여
*汝	너	여:
*輿	수레	여:

한자	훈	음
*逆	거스를	역
*域	지경	역
*易	바꿀	역
	쉬울	이:
*亦	또	역
*役	부릴	역
*譯	번역할	역
*驛	역	역
*疫	전염병	역
繹	풀	역
*然	그럴	연
*演	펼	연:
*煙	연기	연
*硏	갈	연:
*延	늘일	연
*燃	탈	연
*緣	인연	연
*鉛	납	연
*宴	잔치	연:
*沿	물따라갈	연(:)
	따를	연(:)
*軟	연할	연:
*燕	제비	연(:)
姸	고울	연:
淵	못	연
*硯	벼루	연:
衍	넓을	연:
捐	버릴	연:
椽	서까래	연
筵	대자리	연
鳶	솔개	연
*熱	더울	열
*悅	기쁠	열
*閱	볼	열
*染	물들	염:
*炎	불꽃	염
*鹽	소금	염
*厭	싫어할	염:
閻	마을	염
焰	불꽃	염
艶	고울	염:
*葉	잎	엽
燁	빛날	엽
*永	길	영:
*英	꽃부리	영
*榮	영화	영
*映	비칠	영(:)
*營	경영할	영
*迎	맞을	영
*影	그림자	영:
*泳	헤엄칠	영:
*詠	읊을	영:
暎	비칠	영:
瑛	옥빛	영
盈	찰	영
嬰	어린아이	영
*藝	재주	예:
*豫	맡길	예:
	미리	예:
*譽	기릴	예:
	명예	예:
*銳	날카로울	예:
濊	종족이름	예:
	더러울	예:
睿	슬기	예:
芮	성	예:
*預	미리	예:
	맡길	예:
	참여할	예
曳	끌	예:
穢	더러울	예:
裔	후손	예:
詣	이를	예:
*五	다섯	오:
*午	낮	오:
*誤	그르칠	오:
*悟	깨달을	오:
*烏	까마귀	오
*傲	거만할	오:
*吾	나	오
*嗚	슬플	오
*娛	즐길	오:
*汚	더러울	오:
吳	성	오
塢	물가	오:
*梧	오동나무	오(:)
伍	다섯사람	오:
奧	깊을	오(:)
寤	잠깰	오
懊	한할	오:
*屋	집	옥
*玉	구슬	옥
*獄	옥	옥
沃	기름질	옥
鈺	보배	옥
*溫	따뜻할	온
*穩	편안할	온
蘊	쌓을	온:
*擁	낄	옹:
*翁	늙은이	옹
甕	독	옹:
罋	막힐	옹
雍	화할	옹
壅	막을	옹
*瓦	기와	와:
*臥	누울	와:
渦	소용돌이	와
蝸	달팽이	와
訛	그릇될	와:
*完	완전할	완
*緩	느릴	완:
莞	빙그레할	완
婉	순할	완:
	아름다울	완:
宛	완연할	완
玩	즐길	완:
腕	팔뚝	완(:)
阮	성	완:
頑	완고할	완
*曰	가로	왈
*王	임금	왕
*往	갈	왕:
旺	왕성할	왕:
汪	넓을	왕(:)
枉	굽을	왕:
倭	왜나라	왜
*歪	기울	왜
矮	난쟁이	왜
*外	바깥(밖)	외:
*畏	두려워할	외:
巍	높고클	외
猥	외람할	외:

*曜	빛날	요:	鏞	쇠북	용	煜	빛날	욱	鴛	원앙	원
	요일	요:	涌	물솟을	용:	郁	성할	욱	*月	달	월
*要	요긴할	요(:)	聳	솟을	용:	項	삼갈	욱	*越	넘을	월
*謠	노래	요	茸	풀날	용:	*運	옮길	운:	*位	자리	위
*搖	흔들	요		버섯	이:	*雲	구름	운	*偉	클	위
*腰	허리	요	蓉	연꽃	용	*韻	운	운:	*爲	할	위(:)
*遙	멀	요	踊	뛸	용:	*云	이를	운	*衛	지킬	위
堯	요임금	요	*右	오른	우:	芸	향풀	운	*危	위태할	위
*妖	요사할	요	*友	벗	우:	殞	죽을	운:	*圍	에워쌀	위
姚	예쁠	요	*牛	소	우	耘	김맬	운	*委	맡길	위
耀	빛날	요	*雨	비	우:	隕	떨어질	운:	*威	위엄	위
僥	요행	요	*優	넉넉할	우	蔚	고을이름	울	*慰	위로할	위
凹	오목할	요	*遇	만날	우:	*鬱	답답할	울	*謂	이를	위
夭	일찍죽을	요:	*郵	우편	우	*雄	수컷	웅	*僞	거짓	위
拗	우길	요	*偶	짝	우:	熊	곰	웅	*緯	씨(씨줄)	위
擾	시끄러울	요	*宇	집	우:	*園	동산	원	*胃	밥통	위
窈	고요할	요:	*愚	어리석을	우	*遠	멀	원:	*違	어긋날	위
窯	기와가마	요	*憂	근심	우	*元	으뜸	원	*尉	벼슬	위
邀	맞을	요	*于	어조사	우	*原	언덕	원	渭	물이름	위
饒	넉넉할	요	*又	또	우:		근원	원	韋	가죽	위
*浴	목욕할	욕	*尤	더욱	우	*院	집	원	魏	성	위
*慾	욕심	욕	*羽	깃	우:	*願	원할	원:	萎	시들	위
*欲	하고자할	욕	佑	도울	우:	*員	인원	원	*有	있을	유:
*辱	욕될	욕	祐	복	우:	*圓	둥글	원	*油	기름	유
*勇	날랠	용:	禹	성	우(:)	*怨	원망할	원(:)	*由	말미암을	유
*用	쓸	용:	寓	부칠	우:	*援	도울	원:	*乳	젖	유
*容	얼굴	용	虞	염려할	우	*源	근원	원	*儒	선비	유
*庸	떳떳할	용		나라이름	우	媛	계집	원	*遊	놀	유
*傭	품팔	용	迂	에돌	우/오	瑗	구슬	원	*遺	남길	유
溶	녹을	용	隅	모퉁이	우	*苑	나라동산	원:	*幼	어릴	유
*熔	녹을	용	嵎	산굽이	우	袁	성	원	*幽	그윽할	유
瑢	패옥소리	용	旭	아침해	욱	冤	원통할	원(:)	*悠	멀	유
鎔	쇠녹일	용	昱	햇빛밝을	욱	猿	원숭이	원	*柔	부드러울	유

한자	뜻	음	한자	뜻	음	한자	뜻	음	한자	뜻	음
*猶	오히려	유	戎	병장기	융	擬	비길	의:	*姻	혼인	인
*維	벼리	유		오랑캐	융	椅	의자	의	*寅	범	인
*裕	넉넉할	유:	絨	가는베	융	毅	굳셀	의		동방	인
*誘	꾈	유	*銀	은	은	誼	정(情)	의	*刃	칼날	인:
*唯	오직	유	*恩	은혜	은	*二	두	이:	咽	목구멍	인
*惟	생각할	유	*隱	숨을	은	*以	써	이:		목멜	열
*愈	나을	유	垠	지경	은	*耳	귀	이:		삼킬	연
*酉	닭	유	殷	은나라	은	*移	옮길	이	湮	묻힐	인
兪	대답할	유	誾	향기	은	*異	다를	이:	蚓	지렁이	인
庾	곳집	유	*乙	새	을	*已	이미	이:	靭	질길	인
楡	느릅나무	유	*音	소리	음	*夷	오랑캐	이	*一	한	일
踰	넘을	유	*飮	마실	음(:)	*而	말이을	이	*日	날	일
喩	깨우칠	유	*陰	그늘	음	伊	저	이		해	일
宥	너그러울	유	*吟	읊을	음	怡	기쁠	이	*逸	편안할	일
愉	즐거울	유	*淫	음란할	음	珥	귀고리	이:	佾	줄춤	일
揄	야유할	유	蔭	그늘	음	*貳	두	이:	*壹	한	일
柚	유자	유	*邑	고을	읍		갖은두	이:		갖은한	일
游	헤엄칠	유	*泣	울	읍	姨	이모	이	鎰	무게이름	일
癒	병나을	유	揖	읍할	읍	弛	늦출	이:	佚	편안	일
諛	아첨할	유	*應	응할	응:	爾	너	이:		질탕	질
諭	타이를	유	*凝	엉길	응:	痍	상처	이	溢	넘칠	일
蹂	밟을	유	鷹	매	응(:)	餌	미끼	이:	*任	맡길	임(:)
鍮	놋쇠	유	膺	가슴	응:	*益	더할	익	*壬	북방	임
*育	기를	육	*意	뜻	의:	*翼	날개	익	*賃	품삯	임
*肉	고기	육	*衣	옷	의	翊	도울	익	*妊	아이밸	임:
*潤	불을	윤:	*醫	의원	의	翌	다음날	익	*入	들	입
*閏	윤달	윤:	*義	옳을	의:	*人	사람	인	剩	남을	잉
允	맏	윤:	*議	의논할	의(:)	*因	인할	인	孕	아이밸	잉:
尹	성	윤:	*依	의지할	의	*印	도장	인	*子	아들	자
胤	자손	윤	*儀	거동	의	*引	끌	인	*字	글자	자
鈗	총	윤	*疑	의심할	의	*認	알	인	*自	스스로	자
*融	녹을	융	*宜	마땅	의	*仁	어질	인	*者	놈	자
	융통할	융	*矣	어조사	의	*忍	참을	인	*姉	손위누이	자

*姿	모양	자:	雀	참새	작	蔣	성	장	豬	돼지	저
*資	재물	자	鵲	까치	작	仗	의장	장	箸	젓가락	저
*慈	사랑	자	*殘	남을	잔	匠	장인	장	詛	저주할	저:
*刺	찌를	자:/척	棧	사다리	잔	杖	지팡이	장(:)	躇	머뭇거릴	저
	수라	라	盞	잔	잔	檣	돛대	장	邸	집	저:
*恣	방자할	자:	*暫	잠깐	잠(:)	漿	즙	장	觝	씨름	저:
	마음대로	자:	*潛	잠길	잠	獐	노루	장	*的	과녁	적
*玆	이	자	*蠶	누에	잠	薔	장미	장	*赤	붉을	적
*紫	자주빛	자	箴	경계	잠	醬	장	장:	*敵	대적할	적
滋	불을	자	簪	비녀	잠	*在	있을	재:	*積	쌓을	적
*磁	자석	자	*雜	섞일	잡	*才	재주	재	*籍	문서	적
	사기그릇	자	*長	긴	장(:)	*再	두	재:	*績	길쌈	적
*諮	물을	자:		어른	장(:)	*材	재목	재	*賊	도둑	적
*雌	암컷	자	*場	마당	장	*災	재앙	재	*適	맞을	적
仔	자세할	자	*章	글	장	*財	재물	재	*寂	고요할	적
炙	구울	자/적	*將	장수	장(:)	*栽	심을	재:	*摘	딸	적
煮	삶을	자(:)	*障	막을	장	*裁	옷마를	재	*笛	피리	적
瓷	사기그릇	자	*壯	장할	장:	*載	실을	재:	*跡	발자취	적
疵	허물	자	*獎	장려할	장(:)	*哉	어조사	재	*蹟	자취	적
蔗	사탕수수	자	*帳	장막	장	*宰	재상	재:	*滴	물방울	적
藉	깔	자:	*張	베풀	장	滓	찌끼	재	嫡	정실	적
	핑계할	자:	*腸	창자	장	齋	재계할 집	재 재	狄	오랑캐	적
*作	지을	작	*裝	꾸밀	장	*爭	다툴	쟁	謫	귀양갈	적
*昨	어제	작	*丈	어른	장:	錚	쇳소리	쟁	迹	자취	적
*爵	벼슬	작	*掌	손바닥	장:	*貯	쌓을	저:	*全	온전	전
*酌	술부을	작	*粧	단장할	장:	*低	낮을	저:	*前	앞	전
	잔질할	작	*臟	오장	장:	*底	밑	저:	*電	번개	전:
勺	구기	작	*莊	씩씩할	장	*抵	막을	저:	*戰	싸움	전:
嚼	씹을	작	*葬	장사지낼	장:	*著	나타날	저:	*傳	전할	전
灼	불사를	작	*藏	감출	장:	*沮	막을	저:	*典	법	전:
炸	터질	작	*墻	담	장	咀	씹을	저:		책	전:
綽	너그러울	작	庄	전장	장	狙	원숭이 엿볼	저: 저:	*展	펼	전:
芍	함박꽃	작	璋	홀	장				*田	밭	전

漢字	뜻	音	漢字	뜻	音	漢字	뜻	音	漢字	뜻	音
*專	오로지	전	截	끊을	절	旌	기	정	*諸	모두	제
*轉	구를	전:	*店	가게	점:	晶	맑을	정	*齊	가지런할	제
*錢	돈	전:	*占	점령할	점:	楨	광나무	정	*堤	둑	제
*殿	전각	전:		점칠	점	汀	물가	정	*劑	약제	제
甸	경기	전	*點	점	점(:)	斑	옥이름	정	啼	울	제
剪	가위	전(:)	*漸	점점	점:	禎	상서로울	정	悌	공손할	제:
塡	메울	전	粘	붙을	점	*艇	큰배	정	梯	사다리	제
奠	제사	전:	霑	젖을	점	鄭	나라	정:	蹄	굽	제
	정할	전:	*接	이을	접	鼎	솥	정	*祖	할아비	조
廛	가게	전:	*蝶	나비	접	幀	그림족자	정	*朝	아침	조
悛	고칠	전:	*正	바를	정(:)		탱화	탱	*操	잡을	조(:)
栓	마개	전	*定	정할	정:	挺	빼어날	정	*調	고를	조
氈	담	전:	*庭	뜰	정	町	밭두둑	정		곡조	조
澱	앙금	전:	*停	머무를	정	睛	눈동자	정	*助	도울	조:
煎	달일	전(:)	*情	뜻(마음)	정	碇	닻	정	*早	이를	조:
癲	미칠	전:	*政	정사	정	穽	함정	정	*造	지을	조:
箋	기록할	전	*程	한도	정	酊	술취할	정	*鳥	새	조
箭	살	전:	*程	길	정	釘	못	정	*條	가지	조
篆	전자	전:	*精	정할	정	錠	덩이	정	*潮	조수	조
纏	얽을	전	*丁	장정	정	靖	편안할	정(:)	*組	짤	조
輾	돌아누울	전:		고무래	정	*弟	아우	제:	*兆	억조	조
銓	사람가릴	전(:)	*整	가지런할	정:		제자	제:	*照	비칠	조:
顚	엎드러질	전:	*靜	고요할	정	*第	차례	제:	*弔	조상할	조:
	이마	전:	*井	우물	정(:)	*題	제목	제	*燥	마를	조
顫	떨	전:	*亭	정자	정	*制	절제할	제:	*租	조세	조
餞	보낼	전:	*廷	조정	정	*提	끌	제	*彫	새길	조
*切	끊을	절	*征	칠	정	*濟	건널	제:	*措	둘	조
	온통	체	*淨	깨끗할	정	*祭	제사	제:	曹	성	조
*節	마디	절	*貞	곧을	정	*製	지을	제:	祚	복	조
	절기	절	*頂	정수리	정	*除	덜	제	趙	나라	조:
*絶	끊을	절	*訂	바로잡을	정	*際	즈음	제:	*釣	낚을	조:
*折	꺾을	절	*偵	정탐할	정		가	제:	凋	시들	조
*竊	훔칠	절	*呈	드릴	정	*帝	임금	제:	嘲	비웃을	조

曹	무리	조	慫	권할	종	呪	빌	주:	*證	증거	증
棗	대추	조	腫	종기	종:	嗾	부추길	주	*憎	미울	증
槽	구유	조	踪	자취	종	廚	부엌	주	*曾	일찍	증
漕	배로실어나를	조	踵	발꿈치	종	紂	주임금	주	*症	증세	증(:)
爪	손톱	조	*左	왼	좌:	紬	명주	주	*蒸	찔	증
眺	볼	조:	*座	자리	좌:	註	글뜻풀	주:	*贈	줄	증
稠	빽빽할	조	*坐	앉을	좌:	誅	벨	주	*地	땅(따)	지
粗	거칠	조	*佐	도울	좌:	躊	머뭇거릴	주:	*紙	종이	지
糟	지게미	조	挫	꺾을	좌:	輳	몰려들	주	*止	그칠	지
繰	고치켤	조	*罪	허물	죄:	*竹	대	죽	*知	알	지
肇	비롯할	조:	*主	임금	주	*準	준할	준:	*志	뜻	지
藻	마름	조:		주인	주	*俊	준걸	준:	*指	가리킬	지
詔	조서	조:	*住	살	주:	*遵	좇을	준:	*支	지탱할	지
躁	조급할	조	*晝	낮	주	*准	비준	준:	*至	이를	지
遭	만날	조	*注	부을	주:	埈	높을	준:	*持	가질	지
阻	막힐	조	*州	고을	주	峻	높을	준:	*智	지혜	지
*足	발	족	*週	주일	주		준엄할	준:		슬기	지
*族	겨레	족	*走	달릴	주	晙	밝을	준:	*誌	기록할	지
簇	가는대	족	*周	두루	주	浚	깊게할	준:	*之	갈	지
*尊	높을	존	*朱	붉을	주	濬	깊을	준:	*池	못	지
*存	있을	존	*酒	술	주	駿	준마	준:	*只	다만	지
*卒	마칠	졸	*宙	집	주:	竣	마칠	준:	*枝	가지	지
	병사	졸	*柱	기둥	주	樽	술통	준	*遲	더딜	지
*拙	졸할	졸	*洲	물가	주(:)	蠢	꾸물거릴	준:		늦을	지
猝	갑자기	졸	*奏	아뢸	주(:)	*中	가운데	중	址	터	지
*種	씨	종(:)	*株	그루	주	*重	무거울	중:	*旨	뜻	지
*終	마칠	종	*珠	구슬	주	*衆	무리	중:	*脂	기름	지
*宗	마루	종	*舟	배	주	*仲	버금	중(:)	芝	지초	지
*從	좇을	종(:)	*鑄	쇠불릴	주	*卽	곧	즉	咫	여덟치	지
*鍾	쇠북	종	疇	이랑	주	櫛	빗	즐	摯	잡을	지
*縱	세로	종	*駐	머무를	주:	汁	즙	즙	枳	탱자	지
琮	옥홀	종	做	지을	주	葺	기울	즙		탱자	기
*綜	모을	종	胄	자손	주	*增	더할	증	祉	복	지

肢 팔다리	지	嫉 미워할	질	燦 빛날	찬:	敞 시원할	창
*直 곧을	직	帙 책권차례	질	璨 옥빛	찬:	昶 해길	창:
*職 직분	직	桎 차꼬	질	瓚 옥잔	찬	*滄 큰바다	창
*織 짤	직	膣 음도	질	鑽 뚫을	찬	倡 광대	창:
稙 올벼	직	跌 거꾸러질	질	*餐 밥	찬	娼 창녀	창(:)
稷 피	직	迭 갈마들	질	撰 지을	찬:	廠 공장	창
*眞 참	진	斟 짐작할	짐	篡 빼앗을	찬:	愴 슬플	창:
*進 나아갈	진:	朕 나	짐:	纂 모을	찬:	槍 창	창
*珍 보배	진	*集 모을	집	饌 반찬	찬:	漲 넘칠	창:
*盡 다할	진:	*執 잡을	집	*察 살필	찰	猖 미쳐날뛸	창
*陣 진칠	진	*輯 모을	집	*刹 절	찰	瘡 부스럼	창
*振 떨칠	진:	*徵 부를	징	*札 편지	찰	脹 부을	창:
*辰 별	진	*懲 징계할	징	패	찰	艙 부두	창
때	신	澄 맑을	징	擦 문지를	찰	菖 창포	창
*鎭 진압할	진(:)	*次 버금	차	*參 참여할	참	*採 캘	채:
*陳 베풀	진:	*差 다를	차	석	삼	*彩 채색	채:
묵을	진	*此 이	차	*慘 참혹할	참	*菜 나물	채:
*震 우레	진:	*且 또	차:	*慙 부끄러울	참	*債 빚	채:
*塵 티끌	진	*借 빌	차:	*斬 벨	참(:)	埰 사패지	채:
晋 진나라	진:	빌릴	차:	僭 주제넘을	참:	蔡 성	채:
*津 나루	진(:)	*遮 가릴	차(:)	塹 구덩이	참	采 풍채	채:
진액	진(:)	叉 갈래	차	懺 뉘우칠	참	寨 목책	채
秦 성	진	嗟 탄식할	차:	站 역마을	참(:)	*責 꾸짖을	책
*診 진찰할	진	蹉 미끄러질	차	讒 참소할	참	책임	책
嗔 성낼	진	*着 붙을	착	讖 예언	참	*冊 책	책
疹 마마	진	*捉 잡을	착	*窓 창	창	*策 꾀	책
*質 바탕	질	*錯 어긋날	착	*唱 부를	창:	柵 울타리	책
물을	질	搾 짤	착	*創 비롯할	창:	*處 곳	처:
*疾 병	질	窄 좁을	착	倉 곳집	창(:)	*妻 아내	처
*秩 차례	질	鑿 뚫을	착	*昌 창성할	창(:)	*悽 슬퍼할	처:
*姪 조카	질	구멍	조	*蒼 푸를	창	凄 쓸쓸할	처
*窒 막힐	질	*讚 기릴	찬:	*暢 화창할	창:	*尺 자	척
叱 꾸짖을	질	*贊 도울	찬:	*彰 드러날	창:	*戚 친척	척

*拓	넓힐	척	瞻	볼	첨	*抄	뽑을 베낄 가로챌	초 초 초	*最	가장	최:
*斥	물리칠	척	僉	다	첨				*催	재촉할	최:
陟	오를	척		여러	첨	*秒	분초	초	崔	성	최
*隻	외짝	척	籤	제비(점대)	첨	*哨	망볼	초	*秋	가을	추
擲	던질	척	諂	아첨할	첨:	楚	초나라	초	*推	밀	추
滌	씻을	척	*妾	첩	첩	*焦	탈	초	*追	쫓을	추
瘠	여월	척	*諜	염탐할	첩	憔	파리할	초		따를	추
脊	등마루	척	帖	문서	첩	梢	나무끝	초	*抽	뽑을	추
*千	일천	천	捷	빠를	첩	樵	나무할	초	*醜	추할	추
*天	하늘	천	牒	편지	첩	炒	볶을	초	楸	가래	추
*川	내	천	疊	거듭	첩	硝	화약	초	*趨	달아날	추
*泉	샘	천	貼	붙일	첩	礁	암초	초	鄒	추나라	추
*淺	얕을	천:	*靑	푸를	청	稍	점점	초	墜	떨어질	추
*賤	천할	천:	*淸	맑을	청	蕉	파초	초	椎	쇠뭉치	추
*踐	밟을	천:	*請	청할	청	貂	담비	초		등골	추
*薦	천거할	천:	*廳	관청	청	醋	초	초	樞	지도리	추
*遷	옮길	천:	*聽	들을	청	*促	재촉할	촉	芻	꼴	추
釧	팔찌	천	*晴	갤	청	*觸	닿을	촉	酋	우두머리	추
喘	숨찰	천:	*體	몸	체	*燭	촛불	촉	錐	송곳	추
擅	멋대로할	천:	*替	바꿀	체	蜀	나라이름	촉	錘	저울추	추
穿	뚫을	천:	*滯	막힐	체	囑	부탁할	촉	鎚	쇠망치	추
闡	밝힐	천:	*逮	잡을	체	*寸	마디	촌:	鰍	미꾸라지	추
*鐵	쇠	철	*遞	갈릴	체	*村	마을	촌:	槌	칠	추
*哲	밝을	철	*締	맺을	체	忖	헤아릴	촌:		방망이	퇴
*徹	통할	철	涕	눈물	체	*總	다	총:	*祝	빌	축
喆	밝을	철	諦	살필	체	*銃	총	총	*築	쌓을	축
*撤	거둘	철	*草	풀	초	*聰	귀밝을	총	*蓄	모을	축
澈	맑을	철	*初	처음	초	叢	떨기	총	*縮	줄일	축
凸	볼록할	철	*招	부를	초		모일	총	*丑	소	축
綴	엮을	철	*礎	주춧돌	초	塚	무덤	총	*畜	짐승	축
轍	바퀴자국	철	*肖	닮을	초	寵	사랑할	총:	*逐	쫓을	축
*尖	뾰족할	첨		같을	초	撮	모을	촬	*蹴	찰	축
*添	더할	첨	*超	뛰어넘을	초		사진찍을	촬	*軸	굴대	축

한자	뜻	음
*春	봄	춘
椿	참죽나무	춘
*出	날	출
黜	내칠	출
*充	채울	충
*忠	충성	충
*蟲	벌레	충
*衝	찌를	충
沖	화할	충
*衷	속마음	충
悴	파리할	췌:
膵	췌장	췌:
萃	모을	췌:
贅	혹	췌:
*取	가질	취:
*就	나아갈	취:
*趣	뜻	취:
*吹	불	취:
*醉	취할	취:
*臭	냄새	취:
*炊	불땔	취:
聚	모을	취:
娶	장가들	취:
翠	푸를	취:
	물총새	취:
脆	연할	취:
*測	헤아릴	측
*側	곁	측
惻	슬플	측
*層	층	층
*致	이를	치:
*治	다스릴	치
*置	둘	치:
*齒	이	치
*値	값	치
*恥	부끄러울	치
*稚	어릴	치
峙	언덕	치
雉	꿩	치
侈	사치할	치
嗤	비웃을	치
幟	기울	치
熾	성할	치
痔	치질	치
癡	어리석을	치
緻	빽빽할	치
馳	달릴	치
*則	법칙	칙
	곧	즉
勅	칙서	칙
*親	친할	친
	어버이	친
*七	일곱	칠
*漆	옻	칠
*侵	침노할	침
*寢	잘	침:
*針	바늘	침(:)
*沈	잠길	침(:)
	성	심:
*枕	베개	침:
*浸	잠길	침:
砧	다듬잇돌	침:
鍼	침	침
蟄	숨을	칩
*稱	일컬을	칭
秤	저울	칭
*快	쾌할	쾌
*他	다를	타
*打	칠	타:
*墮	떨어질	타:
*妥	온당할	타:
唾	침	타:
惰	게으를	타:
楕	길고둥글	타:
舵	키	타
陀	비탈질	타
	부처	타
駝	낙타	타
*卓	높을	탁
*托	맡길	탁
*濁	흐릴	탁
*濯	씻을	탁
*琢	다듬을	탁
*託	부탁할	탁
擢	뽑을	탁
鐸	방울	탁
*炭	숯	탄:
*彈	탄알	탄:
*歎	탄식할	탄:
*誕	낳을	탄:
	거짓	탄:
灘	여울	탄
呑	삼킬	탄
坦	평평할	탄:
憚	꺼릴	탄
綻	터질	탄:
*脫	벗을	탈
*奪	빼앗을	탈
*探	찾을	탐
*貪	탐낼	탐
耽	즐길	탐
眈	노려볼	탐
*塔	탑	탑
搭	탈(乘)	탑
*湯	끓을	탕:
宕	호탕할	탕:
蕩	방탕할	탕:
*太	클	태
*態	모습	태:
*殆	거의	태
*泰	클	태
*怠	게으를	태
兌	바꿀	태
	기쁠	열
台	별	태
*胎	아이밸	태
*颱	태풍	태
汰	일	태
笞	볼기칠	태
苔	이끼	태
跆	밟을	태
*宅	집	택/댁
*擇	가릴	택
*澤	못	택
撑	버틸	탱
攄	펼	터:
*土	흙	토
*討	칠	토(:)
*兎	토끼	토
*吐	토할	토(:)
*通	통할	통
*統	거느릴	통:

한자	훈	음	한자	훈	음	한자	훈	음	한자	훈	음
*痛	아플	통:	*版	판목	판	*閉	닫을	폐:	蒲	부들	포
慟	서러워할	통:	*販	팔	판	*弊	폐단	폐:	袍	도포	포
桶	통	통	阪	언덕	판		해질	폐:	褒	기릴	포
筒	통	통	辦	힘들일	판	*肺	허파	폐:	逋	도망갈	포
*退	물러날	퇴:	*八	여덟	팔	*幣	화폐	폐:	庖	부엌	포
堆	쌓을	퇴:	*敗	패할	패:	*廢	폐할	폐:	*暴	사나울	폭
腿	넓적다리	퇴:	*貝	조개	패:		버릴	폐:		모질	포:
褪	바랠	퇴:	*霸	으뜸	패:	*蔽	덮을	폐:	*爆	불터질	폭
頹	무너질	퇴	佩	찰	패:	斃	죽을	폐:	*幅	폭	폭
*投	던질	투	唄	염불소리	패:	陛	대궐섬돌	폐:	曝	쪼일	폭/포
*鬪	싸움	투	悖	거스를	패:	*包	쌀(싸다)	포(:)	瀑	폭포	폭/포
*透	사무칠	투	沛	비쏟아질	패:	*布	베	포(:)	*表	겉	표
套	씌울	투	牌	패	패		펼	포(:)	*票	표	표
妬	샘낼	투	稗	피	패:		보시	보:	*標	표할	표
*特	특별할	특	彭	성	팽	*砲	대포	포:	*漂	떠다닐	표
慝	사특할	특	澎	물소리	팽	*胞	세포	포(:)	杓	북두자루	표
*波	물결	파	膨	부을	팽	*浦	개	포	剽	겁박할	표
*破	깨뜨릴	파:	愎	강퍅할	퍅	*抱	안을	포:	慓	급할	표
*派	갈래	파	*便	편할	편(:)	*捕	잡을	포:	豹	표범	표
*把	잡을	파:		오줌	변	*飽	배부를	포:	飄	나부낄	표
*播	뿌릴	파	*篇	책	편	*怖	두려워할	포	*品	물건	품:
*罷	마칠	파:	*片	조각	편(:)	*抛	던질	포:	稟	여쭐	품:
*頗	자못	파(:)	*偏	치우칠	편	葡	포도	포	*風	바람	풍
坡	언덕	파	*編	엮을	편	*鋪	펼	포	*豊	풍년	풍
婆	할미	파	*遍	두루	편		가게	포	*楓	단풍	풍
巴	꼬리	파	扁	작을	편	鮑	절인물고기	포:	諷	풍자할	풍
爬	긁을	파	鞭	채찍	편	匍	길	포	*疲	피곤할	피
琶	비파	파	騙	속일	편	咆	고함지를	포	*避	피할	피:
芭	파초	파	貶	낮출	폄	哺	먹일	포	*彼	저	피:
跛	절름발이	파	*平	평평할	평	圃	채마밭	포	*皮	가죽	피
	비스듬히설	피:	*評	평할	평:	泡	거품	포	*被	입을	피:
*板	널	판	*坪	들	평	疱	물집	포:	披	헤칠	피
*判	판단할	판	萍	부평초	평	脯	포	포	*必	반드시	필

漢字	訓	音
*筆	붓	필
*畢	마칠	필
*匹	짝	필
	하나	필
弼	도울	필
疋	필	필
乏	모자랄	핍
逼	핍박할	핍
*下	아래	하:
*夏	여름	하:
*河	물	하
*何	어찌	하
*賀	하례할	하:
*荷	멜	하(:)
瑕	허물	하
蝦	두꺼비	하
	새우	하
遐	멀	하
霞	노을	하
*學	배울	학
*鶴	학	학
*虐	모질	학
壑	구렁	학
謔	희롱할	학
瘧	학질	학
*韓	한국	한(:)
	나라	한(:)
*漢	한수	한:
	한나라	한:
*寒	찰	한
*限	한할	한:
*恨	한	한:
*閑	한가할	한
*旱	가물	한:
*汗	땀	한(:)
邯	조나라서울	한
	사람이름	감
*翰	편지	한:
悍	사나울	한:
澣	빨래할	한
	열흘	한
罕	드물	한:
*割	벨	할
轄	다스릴	할
*含	머금을	함
*陷	빠질	함:
*咸	다	함
*艦	큰배	함:
函	함	함
喊	소리칠	함:
檻	난간	함:
涵	젖을	함
緘	봉할	함
銜	재갈	함
鹹	짤	함
*合	합할	합
盒	합	합
蛤	조개	합
*港	항구	항:
*航	배	항:
*抗	겨룰	항:
*恒	항상	항
*項	항목	항:
*巷	거리	항:
亢	높을	항
沆	넓을	항
缸	항아리	항
肛	항문	항
*海	바다	해:
*害	해할	해:
*解	풀	해:
*亥	돼지	해
*奚	어찌	해
*該	갖출	해
	마땅	해
偕	함께	해
咳	기침	해
懈	게으를	해:
楷	본보기	해
諧	화할	해
邂	우연히만날	해:
駭	놀랄	해
骸	뼈	해
*核	씨	핵
劾	꾸짖을	핵
*幸	다행	행:
*行	다닐	행(:)
	항렬	항
杏	살구	행:
*向	향할	향:
*鄕	시골	향
*香	향기	향
*響	울릴	향:
*享	누릴	향:
嚮	길잡을	향:
饗	잔치할	향:
*許	허락할	허
	쯤	허
*虛	빌	허
噓	불	허
墟	터	허
*憲	법	헌:
*獻	드릴	헌:
*軒	집	헌
歇	쉴	헐
	개	갈
*驗	시험할	험:
*險	험할	험:
*革	가죽	혁
爀	불빛	혁
赫	빛날	혁
*現	나타날	현:
*賢	어질	현
*顯	나타날	현:
*懸	달	현:
*玄	검을	현
*絃	줄	현
*縣	고을	현:
峴	고개	현:
*弦	시위	현
	초승달	현
炫	밝을	현
鉉	솥귀	현
眩	어지러울	현:
絢	무늬	현:
衒	자랑할	현:
*血	피	혈
*穴	굴	혈
*嫌	싫어할	혐
*協	화할	협
*脅	위협할	협
陜	좁을	협
	땅이름	합

한자	뜻	음	한자	뜻	음	한자	뜻	음	한자	뜻	음
*峽	골짜기	협	*浩	넓을	호:	*洪	넓을	홍	喚	부를	환
俠	의기로울	협	*胡	되	호	*弘	클	홍	宦	벼슬	환:
挾	낄	협	*虎	범	호(:)	*鴻	기러기	홍	驩	기뻐할	환
狹	좁을	협	*豪	호걸	호	泓	물깊을	홍	鰥	홀아비	환
頰	뺨	협	*乎	어조사	호	哄	떠들썩할	홍	*活	살	활
*兄	형	형	*互	서로	호:	虹	무지개	홍	*滑	미끄러울	활
	맏	형	*毫	터럭	호	訌	어지러울	홍		익살스러울	골
*形	모양	형	壕	해자	호	*火	불	화(:)	猾	교활할	활
*刑	형벌	형	扈	따를	호:	*花	꽃	화	闊	넓을	활
*亨	형통할	형	昊	하늘	호:	*話	말씀	화	*黃	누를	황
*螢	반딧불	형	晧	밝을	호:	*和	화할	화	*況	상황	황:
*衡	저울대	형	澔	넓을	호:	*畫	그림	화:	*皇	임금	황
	가로	횡	*濠	호주	호		그을	획	*荒	거칠	황
*型	모양	형	皓	흴	호	*化	될	화(:)	晃	밝을	황
	본뜰	형	祜	복	호	*貨	재물	화:	滉	깊을	황
瀅	물맑을	형:	鎬	호경	호:	*華	빛날	화	凰	봉황	황
炯	빛날	형	弧	활	호	*禍	재앙	화:	徨	헤맬	황
瑩	밝을	형	狐	여우	호	*禾	벼	화	恍	황홀할	황
	옥돌	형	琥	호박	호:	嬅	탐스러울	화	惶	두려울	황
邢	성	형	瑚	산호	호	樺	자작나무	화	慌	어리둥절할	황
馨	꽃다울	형	糊	풀칠할	호	*靴	신	화	煌	빛날	황
荊	가시	형	*或	혹	혹	*確	굳을	확	遑	급할	황
*惠	은혜	혜:	*惑	미혹할	혹	*擴	넓힐	확	*會	모일	회:
*慧	슬기로울	혜:	*酷	심할	혹	*穫	거둘	확	*回	돌아올	회
*兮	어조사	혜	*婚	혼인할	혼	*患	근심	환:	*灰	재	회
彗	살별	혜:	*混	섞을	혼:	*歡	기쁠	환	*悔	뉘우칠	회:
醯	식혜	혜	*魂	넋	혼	*環	고리	환(:)	*懷	품을	회
*號	이름	호(:)	*昏	어두울	혼	*換	바꿀	환:	*廻	돌	회
*湖	호수	호	渾	흐릴	혼:	*還	돌아올	환	檜	전나무	회
*呼	부를	호	*忽	갑자기	홀	*丸	둥글	환	淮	물이름	회
*好	좋을	호:	惚	황홀할	홀	*幻	헛보일	환:	徊	머뭇거릴	회
*戶	집	호:	笏	홀	홀	桓	굳셀	환	恢	넓을	회
*護	도울	호:	*紅	붉을	홍	煥	빛날	환:	晦	그믐	회

繪 그림 **회:**	暈 무리 **훈**	*戲 놀이 **희**
膾 회 **회:**	喧 지껄일 **훤**	*稀 드물 **희**
蛔 회충 **회**	*毁 헐 **훼:**	*噫 한숨쉴 **희**
誨 가르칠 **회:**	卉 풀 **훼**	*姬 계집 **희**
賄 재물 **회:**	喙 부리 **훼**	嬉 아름다울 **희**
뇌물 **회:**	*揮 휘두를 **휘**	憙 기뻐할 **희**
*劃 그을 **획**	*輝 빛날 **휘**	*熙 빛날 **희**
*獲 얻을 **획**	徽 아름다울 **휘**	熹 빛날 **희**
*橫 가로 **횡**	彙 무리 **휘**	禧 복 **희**
*孝 효도 **효:**	諱 숨길 **휘**	羲 복희 **희**
*效 본받을 **효:**	끼릴 **휘**	犧 희생 **희**
*曉 새벽 **효:**	麾 기(旗) **휘**	詰 꾸짖을 **힐**
哮 성낼 **효**	*休 쉴 **휴**	
嚆 울릴 **효**	*携 이끌 **휴**	
爻 사귈 **효**	烋 아름다울 **휴**	
가로그을 **효**	恤 불쌍할 **휼**	
酵 삭일 **효:**	*凶 흉할 **흉**	
*後 뒤 **후:**	*胸 가슴 **흉**	
*候 기후 **후:**	匈 오랑캐 **흉**	
*厚 두터울 **후:**	兇 흉악할 **흉**	
*侯 제후 **후**	洶 용솟음칠 **흉**	
后 임금 **후:**	*黑 검을 **흑**	
왕후 **후:**	欣 기쁠 **흔**	
*喉 목구멍 **후**	痕 흔적 **흔**	
吼 울부짖을 **후:**	欽 공경할 **흠**	
嗅 맡을 **후:**	欠 하품 **흠:**	
朽 썩을 **후:**	歆 흠향할 **흠**	
逅 만날 **후:**	*吸 마실 **흡**	
*訓 가르칠 **훈:**	恰 흡사할 **흡**	
*勳 공 **훈**	洽 흡족할 **흡**	
壎 질나팔 **훈**	*興 일 **흥(:)**	
熏 불길 **훈**	*希 바랄 **희**	
薰 향풀 **훈**	*喜 기쁠 **희**	

형(形)	훈(訓)	음(音)	형(形)	훈(訓)	음(音)	형(形)	훈(訓)	음(音)	형(形)	훈(訓)	음(音)
呵	꾸짖을	가	褐	갈색 굵은베	갈 갈	倨	거만할	거	莖	줄기	경
哥	성(姓)	가	勘	헤아릴	감	渠	개천	거	頸	목	경
嘉	아름다울	가	堪	견딜	감	巾	수건	건	鯨	고래	경
嫁	시집갈	가	柑	귤	감	腱	힘줄	건	悸	두근거릴	계
稼	심을	가	疳	감질	감	虔	공경할	건	叩	두드릴	고
苛	가혹할	가	瞰	굽어볼	감	劫	위협할	겁	呱	울	고
袈	가사	가	紺	감색 연보라	감 감	怯	겁낼	겁	拷	칠	고
駕	멍에	가	匣	갑	갑	偈	불시(佛詩)	게	敲	두드릴	고
恪	삼갈	각	閘	수문	갑	檄	격문	격	痼	고질	고
殼	껍질	각	慷	슬플	강	膈	가슴	격	股	넓적다리	고
墾	개간할	간	糠	겨	강	覡	박수	격	膏	기름	고
奸	간사할	간	腔	속빌	강	繭	고치	견	袴	바지	고
揀	가릴	간	薑	생강	강	譴	꾸짖을	견	辜	허물	고
澗	산골물	간	凱	개선할	개	鵑	두견새	견	錮	막을	고
癎	간질	간	愾	성낼	개	勁	굳셀	경	梏	수갑	곡
竿	낚싯대	간	漑	물댈	개	憬	깨달을 동경할	경 경	鵠	고니 과녁	곡 곡
艱	어려울	간	箇	낱	개	梗	줄기 막힐	경 경	昆	맏	곤
諫	간할	간	芥	겨자	개	痙	경련	경	棍	몽둥이	곤
喝	꾸짖을	갈	羹	국	갱	磬	경쇠	경	袞	곤룡포	곤
竭	다할	갈	釀	추렴할 추렴할	거 각	脛	정강이	경	汨	골몰할 물이름	골 멱

형(形)	훈(訓)	음(音)	형(形)	훈(訓)	음(音)	형(形)	훈(訓)	음(音)	형(形)	훈(訓)	음(音)
拱	팔짱낄	공	宏	클	굉	毆	때릴	구	櫃	궤짝	궤
鞏	굳을	공	肱	팔뚝	굉	溝	도랑	구	潰	무너질	궤
顆	낱알	과	轟	울릴 수레소리	굉 굉	灸	뜸	구	詭	속일	궤
廓	둘레 클	곽 확	咬	물 새소리	교 교	矩	모날 법	구 구	几	안석	궤
槨	외관	곽	喬	높을	교	臼	절구	구	硅	규소	규
藿	콩잎 미역	곽 곽	嬌	아리따울	교	舅	시아비 외삼촌	구 구	窺	엿볼	규
棺	널	관	攪	흔들	교	衢	네거리	구	葵	아욱 해바라기	규 규
灌	물댈	관	狡	교활할	교	謳	노래	구	逵	길거리	규
顴	광대뼈	관	皎	달밝을	교	軀	몸	구	橘	귤	귤
刮	긁을	괄	蛟	교룡	교	鉤	갈고리	구	剋	이길	극
括	묶을	괄	轎	가마	교	駒	망아지	구	戟	창	극
匡	바를	광	驕	교만할	교	鳩	비둘기	구	棘	가시	극
壙	뫼구덩이	광	仇	원수	구	窘	군색할	군	隙	틈	극
曠	빌	광	嘔	게울	구	穹	하늘	궁	覲	뵐	근
胱	오줌통	광	垢	때	구	躬	몸	궁	饉	주릴	근
卦	점괘	괘	寇	도적	구	倦	게으를	권	擒	사로잡을	금
罫	줄	괘	嶇	험할	구	捲	거둘 말	권 권	衾	이불	금
乖	어그러질	괴	廐	마구	구	眷	돌볼	권	襟	옷깃	금
拐	후릴	괴	枸	구기자	구	蹶	일어설 넘어질	궐 궐	扱	거둘 꽂을	급 삽
魁	괴수	괴	柩	널	구	机	책상	궤	汲	물길을	급

형(形)	훈(訓)	음(音)	형(形)	훈(訓)	음(音)	형(形)	훈(訓)	음(音)	형(形)	훈(訓)	음(音)
亘	뻗칠 베풀	긍 선	捏	꾸밀	날	澹	맑을	담	蹈	밟을	도
矜	자랑할	긍	捺	누를	날	痰	가래	담	鍍	도금할	도
伎	재간	기	衲	기울	납	譚	클 말씀	담 담	瀆	도랑 더럽힐	독 독
嗜	즐길	기	囊	주머니	낭	遝	뒤섞일	답	禿	대머리	독
妓	기생	기	撚	비빌	년	撞	칠	당	沌	엉길	돈
崎	험할	기	涅	열반	녈	棠	아가위	당	憧	동경할	동
碁	돌	기	弩	쇠뇌	노	螳	버마재비	당	疼	아플	동
杞	구기자	기	駑	둔한말	노	擡	들	대	瞳	눈동자	동
畸	뙈기밭 불구(不具)	기 기	膿	고름	농	袋	자루	대	胴	큰창자 몸통	동 동
綺	비단	기	撓	휠	뇨	堵	담	도	兜	투구 도솔천	두 도
羈	굴레 나그네	기 기	訥	말더듬거릴	눌	屠	죽일	도	痘	역질	두
肌	살	기	紐	맺을	뉴	掉	흔들	도	臀	볼기	둔
譏	비웃을	기	匿	숨길	닉	搗	찧을	도	遁	숨을	둔
拮	일할	길	簞	소쿠리	단	淘	쌀일	도	橙	귤 걸상	등 등
喫	먹을	끽	緞	비단	단	滔	물넘칠	도	懶	게으를	라
儺	푸닥거리	나	蛋	새알	단	濤	물결	도	癩	문둥이	라
懦	나약할	나	撻	때릴	달	睹	볼	도	螺	소라	라
拏	잡을	나	疸	황달	달	賭	내기	도	邏	순라	라
拿	잡을	나	憺	참담할	담	禱	빌	도	烙	지질	락
煖	더울	난	曇	흐릴	담	萄	포도	도	酪	쇠젖	락

형(形)	훈(訓) 음(音)	형(形)	훈(訓) 음(音)	형(形)	훈(訓) 음(音)	형(形)	훈(訓) 음(音)
駱	낙타 락	殮	염할 렴	燎	횃불 료	悧	영리할 리
瀾	물결 란	簾	발 렴	瞭	밝을 료	痢	이질 리
鸞	난새 란	囹	옥 령	聊	애오라지 료	籬	울타리 리
剌	어그러질 랄 / 수라 라	逞	쾌할 령	壘	보루 루	罹	걸릴 리
辣	매울 랄	鈴	방울 령	陋	더러울 루	裡	속 리
籃	대바구니 람	齡	나이 령	溜	처마물 류	釐	다스릴 리
臘	섣달 랍	撈	건질 로	琉	유리 류	吝	아낄 린
蠟	밀 랍	擄	노략질할 로	瘤	혹 류	燐	도깨비불 린
狼	이리 랑	虜	사로잡을 로	戮	죽일 륙	躪	짓밟을 린
倆	재주 량	碌	푸른돌 록	淪	빠질 륜	鱗	비늘 린
粱	기장 량	麓	산기슭 록	綸	벼리 륜	淋	임질 림
侶	짝 려	壟	밭두둑 롱	慄	떨릴 률	笠	삿갓 립
戾	어그러질 려	瓏	옥소리 롱	勒	굴레 륵	粒	낟알 립
濾	거를 려	聾	귀먹을 롱	肋	갈빗대 륵	寞	고요할 막
閭	마을 려	傀	꼭두각시 뢰	凜	찰 름	卍	만 만
黎	검을 려	牢	우리 뢰	凌	업신여길 릉	彎	굽을 만
瀝	스밀 력	磊	돌무더기 뢰	稜	모날 릉	挽	당길 만
礫	조약돌 력	賂	뇌물 뢰	綾	비단 릉	瞞	속일 만
輦	가마 련	寥	쓸쓸할 료	菱	마름 릉	蔓	덩굴 만
斂	거둘 렴	寮	동관(同官) 료	俚	속될 리	輓	끌 만 / 애도할 만

형(形)	훈(訓)	음(音)	형(形)	훈(訓)	음(音)	형(形)	훈(訓)	음(音)	형(形)	훈(訓)	음(音)
饅	만두	만	皿	그릇	명	誣	속일	무	槃	쟁반	반
鰻	뱀장어	만	螟	멸구	명	蚊	모기	문	畔	밭두둑	반
抹	지울	말	酩	술취할	명	媚	아첨할 예쁠	미 미	礬	백반	반
沫	물거품	말	袂	소매	메	薇	장미	미	絆	얽어맬	반
襪	버선	말	摸	더듬을	모	靡	쓰러질	미	蟠	서릴	반
芒	까끄라기	망	牡	수컷	모	悶	답답할	민	頒	나눌	반
惘	멍할	망	耗	소모할	모	謐	고요할	밀	勃	노할	발
寐	잘	매	糢	모호할	모	剝	벗길	박	撥	다스릴	발
昧	어두울	매	歿	죽을	몰	搏	두드릴	박	潑	물뿌릴	발
煤	그을음	매	描	그릴	묘	撲	칠	박	跋	밟을	발
罵	꾸짖을	매	杳	아득할	묘	樸	순박할	박	醱	술괼	발
邁	갈(行)	매	渺	아득할 물질펀할	묘 묘	珀	호박	박	魃	가물	발
呆	어리석을	매	猫	고양이	묘	箔	발(簾)	박	坊	동네	방
萌	움	맹	巫	무당	무	粕	지게미	박	尨	삽살개	방
棉	목화	면	憮	어루만질	무	縛	얽을	박	幫	도울	방
眄	곁눈질할	면	拇	엄지손가락	무	膊	팔뚝	박	彷	헤맬	방
緬	멀	면	撫	어루만질	무	駁	논박할	박	昉	밝을	방
麪	국수	면	毋	말	무	拌	버릴	반	枋	다목	방
暝	저물	명	畝	이랑 이랑	무 묘	攀	더위잡을	반	榜	방붙일	방
溟	바다	명	蕪	거칠	무	斑	아롱질	반	肪	기름	방

형(形)	훈(訓)음(音)	형(形)	훈(訓)음(音)	형(形)	훈(訓)음(音)	형(形)	훈(訓)음(音)
膀	오줌통 **방**	鼈	자라 **별**	腑	육부 **부**	扉	사립문 **비**
謗	헐뜯을 **방**	瓶	병 **병**	芙	연꽃 **부**	沸	끓을 **비** / 용솟음할 **불**
徘	어정거릴 **배**	餠	떡 **병**	訃	부고 **부**	琵	비파 **비**
湃	물결칠 **배**	堡	작은성 **보**	賻	부의 **부**	砒	비상 **비**
胚	아기밸 **배**	洑	보 **보** / 스며흐를 **복**	駙	부마 **부**	秕	쭉정이 **비**
陪	모실 **배**	菩	보살 **보**	吩	분부할 **분**	緋	비단 **비**
帛	비단 **백**	僕	종 **복**	噴	뿜을 **분**	翡	물총새 **비**
魄	넋 **백**	匐	길 **복**	忿	성낼 **분**	脾	지라 **비**
蕃	불을 **번**	輻	바퀴살 **복** / 바퀴살 **폭**	扮	꾸밀 **분**	臂	팔 **비**
藩	울타리 **번**	鰒	전복 **복**	焚	불사를 **분**	蜚	바퀴 **비** / 날 **비**
帆	돛 **범**	捧	받들 **봉**	盆	동이 **분**	裨	도울 **비**
梵	불경 **범**	棒	막대 **봉**	糞	똥 **분**	誹	헐뜯을 **비**
氾	넘칠 **범**	烽	봉화 **봉**	雰	눈날릴 **분**	譬	비유할 **비**
泛	뜰 **범**	鋒	칼날 **봉**	佛	비슷할 **불**	鄙	더러울 **비**
劈	쪼갤 **벽**	俯	구부릴 **부**	棚	사다리 **붕**	妣	죽은어미 **비**
擘	엄지손가락 **벽**	剖	쪼갤 **부**	硼	붕사 **붕**	痺	저릴 **비**
璧	구슬 **벽**	咐	분부할 **부** / 불(吹) **부**	繃	묶을 **붕**	嚬	찡그릴 **빈**
癖	버릇 **벽**	埠	부두 **부**	匕	비수 **비**	嬪	궁녀벼슬이름 **빈**
闢	열 **벽**	孵	알깔 **부**	庇	덮을 **비**	殯	빈소 **빈**
瞥	눈깜짝할 **별**	斧	도끼 **부**	憊	고단할 **비**	濱	물가 **빈**

형(形)	훈(訓) 음(音)	형(形)	훈(訓) 음(音)	형(形)	훈(訓) 음(音)	형(形)	훈(訓) 음(音)
瀕	물가 가까울 빈 빈	澁	떫을 삽	扇	부채 선	簫	퉁소 소
憑	비길 빙	孀	홀어미 상	煽	부채질할 선	蕭	쓸쓸할 소
些	적을 사	爽	시원할 상	羨	부러워할 무덤길 선 연	逍	노닐 소
嗣	이을 사	翔	날 상	腺	샘 선	遡	거스를 소
奢	사치할 사	觴	잔 상	膳	선물 반찬 선 선	贖	속죄할 속
娑	춤출 사 사바세상 사	璽	옥새 새	銑	무쇠 선	遜	겸손할 손
徙	옮길 사	嗇	아낄 색	屑	가루 설	悚	두려울 송
瀉	쏟을 사	牲	희생 생	泄	샐 설	灑	뿌릴 쇄
獅	사자 사	甥	생질 생	洩	샐 퍼질 설 예	碎	부술 쇄
祠	사당 사	壻	사위 서	渫	파낼 설	嫂	형수 수
紗	비단 사	嶼	섬 서	殲	다죽일 섬	戍	수자리 수
蓑	도롱이 사	抒	풀 서	閃	번쩍일 섬	狩	사냥할 수
麝	사향노루 사	曙	새벽 서	醒	깰 성	瘦	여윌 수
刪	깎을 산	棲	깃들일 서	塑	흙빚을 소	穗	이삭 수
珊	산호 산	犀	무소 서	宵	밤 소	豎	세울 수
疝	산증 산	胥	서로 서	搔	긁을 소	粹	순수할 수
撒	뿌릴 살	薯	감자 서	梳	얼레빗 소	繡	수놓을 수
煞	죽일 살	黍	기장 서	甦	깨어날 소	羞	부끄러울 수
薩	보살 살	鼠	쥐 서	疎	성길 소	蒐	모을 수
滲	스밀 삼	潟	개펄 석	瘙	피부병 소	袖	소매 수

형(形)	훈(訓)	음(音)	형(形)	훈(訓)	음(音)	형(形)	훈(訓)	음(音)	형(形)	훈(訓)	음(音)
讐	원수	수	蝕	좀먹을	식	鞍	안장	안	爺	아비	야
酬	갚을	수	呻	읊조릴	신	斡	돌	알	葯	꽃밥	약
髓	뼛골	수	娠	아이밸	신	軋	삐걱거릴	알	恙	병 근심할	양 양
塾	글방	숙	宸	대궐	신	庵	암자	암	攘	물리칠	양
夙	이를	숙	燼	불탄끝	신	闇	숨을	암	瘍	헐	양
菽	콩	숙	薪	섶	신	怏	원망할	앙	釀	술빚을	양
筍	죽순	순	蜃	큰조개	신	昂	높을	앙	癢	가려울	양
醇	전국술	순	訊	물을	신	秧	모	앙	圉	옥	어
馴	길들일	순	迅	빠를	신	鴦	원앙	앙	瘀	어혈질	어
膝	무릎	슬	悉	다	실	崖	언덕	애	禦	막을	어
丞	정승	승	什	열사람 세간	십 집	曖	희미할	애	臆	가슴	억
匙	숟가락	시	俄	아까	아	隘	좁을	애	堰	둑	언
媤	시집	시	啞	벙어리	아	靄	아지랑이	애	諺	언문 속담	언 언
弑	윗사람죽일	시	衙	마을	아	扼	잡을	액	儼	엄연할	엄
柿	감	시	訝	의심할	아	腋	겨드랑이	액	奄	문득	엄
猜	시기할	시	堊	흰흙	악	縊	목맬	액	掩	가릴	엄
諡	시호	시	愕	놀랄	악	櫻	앵두	앵	繹	풀	역
豺	승냥이	시	顎	턱	악	鶯	꾀꼬리	앵	捐	버릴	연
拭	씻을	식	按	누를	안	冶	풀무	야	椽	서까래	연
熄	불꺼질	식	晏	늦을	안	揶	야유할	야	筵	대자리	연

형(形)	훈(訓)	음(音)	형(形)	훈(訓)	음(音)	형(形)	훈(訓)	음(音)	형(形)	훈(訓)	음(音)
鳶	솔개	연	腕	팔뚝	완	踊	뛸	용	諛	아첨할	유
焰	불꽃	염	阮	성	완	寓	부칠	우	諭	타이를	유
艶	고울	염	頑	완고할	완	虞	염려할 나라이름	우 우	蹂	밟을	유
嬰	어린아이	영	枉	굽을	왕	迂	에돌	우	鍮	놋쇠	유
曳	끌	예	矮	난쟁이	왜	隅	모퉁이	우	戎	병장기 오랑캐	융 융
穢	더러울	예	巍	높고클	외	嵎	산굽이	우	絨	가는베	융
裔	후손	예	猥	외람할	외	殞	죽을	운	蔭	그늘	음
詣	이를	예	僥	요행	요	耘	김맬	운	揖	읍할	읍
伍	다섯사람	오	凹	오목할	요	隕	떨어질	운	膺	가슴	응
奧	깊을	오	夭	일찍죽을	요	冤	원통할	원	擬	비길	의
寤	잠깰	오	拗	우길	요	猿	원숭이	원	椅	의자	의
懊	한할	오	擾	시끄러울	요	鴛	원앙	원	毅	굳셀	의
蘊	쌓을	온	窈	고요할	요	萎	시들	위	誼	정(情)	의
甕	막을	옹	窯	기와가마	요	喩	깨우칠	유	姨	이모	이
渦	소용돌이	와	邀	맞을	요	宥	너그러울	유	弛	늦출	이
蝸	달팽이	와	饒	넉넉할	요	愉	즐거울	유	爾	너	이
訛	그릇될	와	涌	물솟을	용	揄	야유할	유	痍	상처	이
婉	순할 아름다울	완 완	聳	솟을	용	柚	유자	유	餌	미끼	이
宛	완연할	완	茸	풀날 버섯	용 이	游	헤엄칠	유	翊	다음날	익
玩	즐길	완	蓉	연꽃	용	癒	병나을	유	咽	목구멍 목멜 삼킬	인 열 연

형(形)	훈(訓)	음(音)	형(形)	훈(訓)	음(音)	형(形)	훈(訓)	음(音)	형(形)	훈(訓)	음(音)
湮	묻힐	인	雀	참새	작	躇	머뭇거릴	저	篆	전자	전
蚓	지렁이	인	鵲	까치	작	邸	집	저	纏	얽을	전
靭	질길	인	棧	사다리	잔	豬	돼지	저	輾	돌아누울	전
佚	편안 / 질탕	일 / 질	盞	잔	잔	觝	씨름	저	銓	사람가릴	전
溢	넘칠	일	箴	경계	잠	嫡	정실	적	顚	엎드러질 / 이마	전 / 전
剩	남을	잉	簪	비녀	잠	狄	오랑캐	적	顫	떨	전
孕	아이밸	잉	仗	의장	장	謫	귀양갈	적	餞	보낼	전
仔	자세할	자	匠	장인	장	迹	자취	적	截	끊을	절
炙	구울 / 구울	자 / 적	杖	지팡이	장	剪	가위	전	粘	붙을	점
煮	삶을	자	檣	돛대	장	塡	메울	전	霑	젖을	점
瓷	사기그릇	자	漿	즙	장	奠	제사 / 정할	전 / 전	幀	그림족자 / 탱화	정 / 탱
疵	허물	자	薔	장미	장	廛	가게	전	挺	빼어날	정
蔗	사탕수수	자	醬	장	장	悛	고칠	전	町	밭두둑	정
藉	깔 / 핑계할	자 / 자	滓	찌끼	재	栓	마개	전	睛	눈동자	정
勺	구기	작	齋	재계할 / 집	재 / 재	氈	담	전	碇	닻	정
嚼	씹을	작	錚	쇳소리	쟁	澱	앙금	전	穽	함정	정
灼	불사를	작	咀	씹을	저	煎	달일	전	酊	술취할	정
炸	터질	작	狙	원숭이 / 엿볼	저 / 저	癲	미칠	전	釘	못	정
綽	너그러울	작	箸	젓가락	저	箋	기록할	전	錠	덩이	정
芍	함박꽃	작	詛	저주할	저	箭	살	전	靖	편안할	정

형(形)	훈(訓)	음(音)	형(形)	훈(訓)	음(音)	형(形)	훈(訓)	음(音)	형(形)	훈(訓)	음(音)
啼	울	제	遭	만날	조	樽	술통	준	斟	짐작할	짐
悌	공손할	제	阻	막힐	조	竣	마칠	준	朕	나	짐
梯	사다리	제	簇	가는대	족	蠢	꾸물거릴	준	澄	맑을	징
蹄	굽	제	猝	갑자기	졸	櫛	빗	즐	叉	갈래	차
凋	시들	조	慫	권할	종	汁	즙	즙	嗟	탄식할	차
嘲	비웃을	조	腫	종기	종	葺	기울	즙	蹉	미끄러질	차
曹	무리	조	踪	자취	종	咫	여덟치	지	搾	짤	착
棗	대추	조	踵	발꿈치	종	摯	잡을	지	窄	좁을	착
槽	구유	조	挫	꺾을	좌	枳	탱자 / 탱자	지 / 기	鑿	뚫을	착
漕	배로실어나를	조	做	지을	주	祉	복	지	撰	지을	찬
爪	손톱	조	胄	자손	주	肢	팔다리	지	篡	빼앗을	찬
眺	볼	조	呪	빌	주	嗔	성낼	진	纂	모을	찬
稠	빽빽할	조	嗾	부추길	주	疹	마마	진	饌	반찬	찬
粗	거칠	조	廚	부엌	주	叱	꾸짖을	질	擦	문지를	찰
糟	지게미	조	紂	주임금	주	嫉	미워할	질	僭	주제넘을	참
繰	고치켤	조	紬	명주	주	帙	책권차례	질	塹	구덩이	참
肇	비롯할	조	註	글뜻풀	주	桎	차꼬	질	懺	뉘우칠	참
藻	마름	조	誅	벨	주	膣	음도	질	站	역마을	참
詔	조서	조	躊	머뭇거릴	주	跌	거꾸러질	질	讒	참소할	참
躁	조급할	조	輳	몰려들	주	迭	갈마들	질	讖	예언	참

형(形)	훈(訓) 음(音)		형(形)	훈(訓) 음(音)		형(形)	훈(訓) 음(音)		형(形)	훈(訓) 음(音)	
倡	광대	창	穿	뚫을	천	礁	암초	초	鰍	미꾸라지	추
娼	창녀	창	闡	밝힐	천	稍	점점	초	黜	내칠	출
廠	공장	창	凸	볼록할	철	蕉	파초	초	悴	파리할	췌
愴	슬플	창	綴	엮을	철	貂	담비	초	膵	췌장	췌
槍	창	창	轍	바퀴자국	철	醋	초	초	萃	모을	췌
漲	넘칠	창	僉	다 / 여러	첨	囑	부탁할	촉	贅	혹	췌
猖	미쳐날뛸	창	簽	제비(점대)	첨	忖	헤아릴	촌	娶	장가들	취
瘡	부스럼	창	諂	아첨할	첨	叢	떨기 / 모일	총	翠	푸를 / 물총새	취
脹	부을	창	帖	문서	첩	塚	무덤	총	脆	연할	취
艙	부두	창	捷	빠를	첩	寵	사랑할	총	惻	슬플	측
菖	창포	창	牒	편지	첩	撮	모을 / 사진찍을	촬	侈	사치할	치
寨	목책	채	疊	거듭	첩	墜	떨어질	추	嗤	비웃을	치
柵	울타리	책	貼	붙일	첩	椎	쇠뭉치 / 등골	추	幟	기	치
凄	쓸쓸할	처	涕	눈물	체	樞	지도리	추	熾	성할	치
擲	던질	척	諦	살필	체	槌	칠 / 방망이	추 / 퇴	痔	치질	치
滌	씻을	척	憔	파리할	초	芻	꼴	추	癡	어리석을	치
瘠	여윌	척	梢	나무끝	초	酋	우두머리	추	緻	빽빽할	치
脊	등마루	척	樵	나무할	초	錐	송곳	추	馳	달릴	치
喘	숨찰	천	炒	볶을	초	錘	저울추	추	勅	칙서	칙
擅	멋대로할	천	硝	화약	초	鎚	쇠망치	추	砧	다듬잇돌	침

형(形)	훈(訓)	음(音)	형(形)	훈(訓)	음(音)	형(形)	훈(訓)	음(音)	형(形)	훈(訓)	음(音)
鍼	침	침	笞	볼기칠	태	跛	절름발이 비스듬히설	파 피	圃	채마밭	포
蟄	숨을	칩	苔	이끼	태	辦	힘들일	판	泡	거품	포
秤	저울	칭	跆	밟을	태	佩	찰	패	疱	물집	포
唾	침	타	撑	버틸	탱	唄	염불소리	패	脯	포	포
惰	게으를	타	攄	펼	터	悖	거스를	패	蒲	부들	포
楕	길고둥글	타	慟	서러워할	통	沛	비쏟아질	패	袍	도포	포
舵	키	타	桶	통	통	牌	패	패	褒	기릴	포
陀	비탈질 부처	타 타	筒	통	통	稗	피	패	逋	도망갈	포
駝	낙타	타	堆	쌓을	퇴	澎	물소리	팽	庖	부엌	포
擢	뽑을	탁	腿	넓적다리	퇴	膨	불을	팽	曝	쪼일 쪼일	폭 포
鐸	방울	탁	褪	바랠	퇴	愎	강퍅할	퍅	瀑	폭포 소나기	폭 포
呑	삼킬	탄	頹	무너질	퇴	鞭	채찍	편	剽	겁박할	표
坦	평평할	탄	套	씌울	투	騙	속일	편	慓	급할	표
憚	꺼릴	탄	妬	샘낼	투	貶	낮출	폄	豹	표범	표
綻	터질	탄	慝	사특할	특	萍	부평초	평	飄	나부낄	표
眈	노려볼	탐	婆	할미	파	斃	죽을	폐	稟	여쭐	품
搭	탈	탑	巴	꼬리	파	陛	대궐섬돌	폐	諷	풍자할	풍
宕	호탕할	탕	爬	긁을	파	匍	길	포	披	헤칠	피
蕩	방탕할	탕	琶	비파	파	咆	고함지를	포	疋	필	필
汰	일	태	芭	파초	파	哺	먹일	포	乏	모자랄	핍

형(形)	훈(訓)	음(音)	형(形)	훈(訓)	음(音)	형(形)	훈(訓)	음(音)	형(形)	훈(訓)	음(音)
逼	핍박할	핍	蛤	조개	합	俠	의기로울	협	驩	기뻐할	환
瑕	허물	하	缸	항아리	항	挾	낄	협	鰥	홀아비	환
蝦	두꺼비 새우	하 하	肛	항문	항	狹	좁을	협	猾	교활할	활
遐	멀	하	偕	함께	해	頰	뺨	협	闊	넓을	활
霞	노을	하	咳	기침	해	荊	가시	형	凰	봉황	황
壑	구렁	학	懈	게으를	해	彗	살별	혜	徨	헤맬	황
謔	희롱할	학	楷	본보기	해	醯	식혜	혜	恍	황홀할	황
瘧	학질	학	諧	화할	해	弧	활	호	惶	두려울	황
悍	사나울	한	邂	우연히만날	해	狐	여우	호	慌	어리둥절할	황
澣	빨래할 열흘	한 한	駭	놀랄	해	琥	호박	호	煌	빛날	황
罕	드물	한	骸	뼈	해	瑚	산호	호	遑	급할	황
轄	다스릴	할	劾	꾸짖을	핵	糊	풀칠할	호	徊	머뭇거릴	회
函	함	함	嚮	길잡을	향	渾	흐릴	혼	恢	넓을	회
喊	소리칠	함	饗	잔치할	향	惚	황홀할	홀	晦	그믐	회
檻	난간	함	噓	불	허	笏	홀	홀	繪	그림	회
涵	젖을	함	墟	터	허	哄	떠들썩할	홍	膾	회	회
緘	봉할	함	歇	쉴	헐	虹	무지개	홍	蛔	회충	회
銜	재갈	함	眩	어지러울	현	訌	어지러울	홍	誨	가르칠	회
鹹	짤	함	絢	무늬	현	喚	부를	환	賄	재물 뇌물	회 회
盒	합	합	衒	자랑할	현	宦	벼슬	환	哮	성낼	효

형(形)	훈(訓) 음(音)	형(形)	훈(訓) 음(音)	형(形)	훈(訓) 음(音)	형(形)	훈(訓) 음(音)
嚆	울릴 효	歆	흠향할 흠				
爻	사귈 효 가로그을 효	恰	흡사할 흡				
酵	삭일 효	洽	흡족할 흡				
吼	울부짖을 후	犧	희생 희				
嗅	맡을 후	詰	꾸짖을 힐				
朽	썩을 후						
逅	만날 후						
暈	무리 훈						
喧	지껄일 훤						
卉	풀 훼						
喙	부리 훼						
彙	무리 휘						
諱	숨길 휘 꺼릴 휘						
麾	기(旗) 휘						
恤	불쌍할 휼						
兇	흉악할 흉						
洶	용솟음칠 흉						
欣	기쁠 흔						
痕	흔적 흔						
欠	하품 흠						

1급 신습한자 ①　　*신습한자 : 1,145자, 총 학습자 : 3,500자(2급 2,355자 포함). 쓰기배정한자 : 2,005자.

형(形)	훈(訓) 음(音)	형(形)	훈(訓) 음(音)	형(形)	훈(訓) 음(音)	형(形)	훈(訓) 음(音)
呵		褐		倨		莖	
哥		勘		渠		頸	
嘉		堪		巾		鯨	
嫁		柑		腱		悸	
稼		疳		虔		叩	
苛		瞰		劫		呱	
袈		紺		怯		拷	
駕		匣		偈		敲	
恪		閘		檄		痼	
殼		慷		膈		股	
墾		糠		覡		膏	
奸		腔		繭		袴	
揀		薑		譴		皐	
澗		凱		鵑		錮	
癎		愾		勁		梏	
竿		漑		憬		鵠	
艱		箇		梗		昆	
諫		芥		痙		棍	
喝		羹		磬		袞	
竭		釀		脛		汨	

형(形)	훈(訓) 음(音)	형(形)	훈(訓) 음(音)	형(形)	훈(訓) 음(音)	형(形)	훈(訓) 음(音)
拱		宏		毆		櫃	
鞏		肱		溝		潰	
顆		轟		灸		詭	
廓		咬		矩		几	
梆		喬		臼		硅	
藿		嬌		舅		窺	
棺		攬		衢		葵	
灌		狡		謳		達	
顴		皎		軀		橘	
刮		蛟		鉤		剋	
括		轎		駒		戟	
匡		驕		鳩		棘	
壙		仇		窘		隙	
曠		嘔		穹		覲	
胱		垢		躬		饉	
卦		寇		倦		擒	
罫		嶇		捲		衾	
乖		廐		眷		襟	
拐		枸		蹶		扱	
魁		樞		机		汲	

1급 신습한자 ③

형(形)	훈(訓)	음(音)	형(形)	훈(訓)	음(音)	형(形)	훈(訓)	음(音)	형(形)	훈(訓)	음(音)
亙			捏			澹			蹈		
矜			捺			痰			鍍		
伎			衲			譚			瀆		
嗜			囊			遝			禿		
妓			撚			撞			沌		
崎			涅			棠			憧		
碁			弩			螳			疼		
杞			駑			擡			瞳		
畸			膿			袋			胴		
綺			撓			堵			兜		
羈			訥			屠			痘		
肌			紐			掉			臀		
譏			匿			搗			遁		
拮			簞			淘			橙		
喫			緞			滔			懶		
儺			蛋			濤			癩		
懦			撻			睹			螺		
挐			疸			賭			邏		
拿			憺			禱			烙		
煖			曇			萄			酪		

형(形)	훈(訓) 음(音)	형(形)	훈(訓) 음(音)	형(形)	훈(訓) 음(音)	형(形)	훈(訓) 음(音)
駱		殮		燎		悧	
瀾		簾		瞭		痢	
鸞		囹		聊		籬	
刺		逞		壘		罹	
辣		鈴		陋		裡	
籃		齡		溜		釐	
臘		撈		琉		吝	
蠟		擄		瘤		燐	
狼		虜		戮		躪	
倆		碌		淪		鱗	
梁		麓		綸		淋	
侶		壟		慄		笠	
戾		瓏		勒		粒	
濾		聾		肋		寞	
悶		僂		凜		卍	
黎		牢		凌		彎	
瀝		磊		稜		挽	
礫		賂		綾		瞞	
輦		寥		菱		蔓	
斂		寮		俚		輓	

형(形)	훈(訓) 음(音)	형(形)	훈(訓) 음(音)	형(形)	훈(訓) 음(音)	형(形)	훈(訓) 음(音)
饅		皿		誣		槃	
鰻		螟		蚊		畔	
抹		酩		媚		礬	
沫		袂		薇		絆	
襪		摸		靡		蟠	
芒		牡		悶		頒	
惘		耗		謐		勃	
寐		糢		剝		撥	
昧		歿		搏		潑	
煤		描		撲		跋	
罵		杳		樸		醱	
邁		渺		珀		魃	
呆		猫		箔		坊	
萌		巫		粕		尨	
棉		憮		縛		幫	
眄		拇		膊		彷	
緬		撫		駁		昉	
麪		母		拌		枋	
瞑		歆		攀		榜	
溟		蕪		斑		肪	

형(形)	훈(訓) 음(音)	형(形)	훈(訓) 음(音)	형(形)	훈(訓) 음(音)	형(形)	훈(訓) 음(音)
膀		甕		腑		扉	
謗		瓶		芙		沸	
徘		餠		訃		琵	
湃		堡		賻		砒	
胚		洑		駙		秕	
陪		菩		吩		緋	
帛		僕		噴		翡	
魄		匐		忿		脾	
蕃		輻		扮		臂	
藩		鰒		焚		蜚	
帆		捧		盆		裨	
梵		棒		糞		誹	
氾		烽		雰		譬	
泛		鋒		彿		鄙	
劈		俯		棚		妣	
擘		剖		硼		痺	
壁		咐		繃		嚬	
癖		埠		匕		嬪	
闢		孵		庇		殯	
瞥		斧		憊		濱	

형(形)	훈(訓) 음(音)	형(形)	훈(訓) 음(音)	형(形)	훈(訓) 음(音)	형(形)	훈(訓) 음(音)
瀕		澁		扇		簫	
憑		嬬		煽		蕭	
些		爽		羨		逍	
嗣		翔		腺		遡	
奢		觴		膳		贖	
娑		璽		銑		遜	
徙		齒		屑		悚	
瀉		牲		泄		灑	
獅		甥		洩		碎	
祠		壻		渫		嫂	
紗		嶼		殲		戌	
襄		抒		閃		狩	
麝		曙		醒		瘦	
删		棲		塑		穗	
珊		犀		宵		竪	
疝		胥		搔		粹	
撒		薯		梳		繡	
煞		黍		甦		羞	
薩		鼠		疎		蒐	
滲		瀉		瘙		袖	

형(形)	훈(訓)	음(音)	형(形)	훈(訓)	음(音)	형(形)	훈(訓)	음(音)	형(形)	훈(訓)	음(音)
雛			蝕			鞍			爺		
酬			呻			幹			葯		
髓			娠			軋			恙		
塾			宸			庵			攘		
夙			爐			闇			瘍		
菽			薪			怏			釀		
筍			蠶			昂			癢		
醇			訊			秧			圄		
馴			迅			鴦			瘀		
膝			悉			崖			禦		
丞			什			曖			臆		
匙			俄			隘			堰		
媤			啞			靄			諺		
弑			衙			扼			儼		
柿			訝			腋			奄		
猜			堊			縊			掩		
謐			愕			櫻			繹		
豺			顎			鶯			捐		
拭			按			冶			椽		
熄			晏			揶			筵		

형(形)	훈(訓) 음(音)	형(形)	훈(訓) 음(音)	형(形)	훈(訓) 음(音)	형(形)	훈(訓) 음(音)
鳶		腕		踊		諛	
焰		阮		寓		諭	
艶		頑		虞		蹂	
嬰		枉		迂		鍮	
曳		矮		隅		戎	
穢		巍		嵎		絨	
裔		猥		殞		蔭	
詣		僥		耘		揖	
伍		凹		隕		臏	
奧		夭		冤		擬	
窩		拗		猿		椅	
懊		擾		鴛		毅	
蘊		窈		萎		誼	
甕		窯		喩		姨	
渦		邀		宥		弛	
蝸		饒		愉		爾	
訛		涌		揄		痍	
婉		聳		柚		餌	
宛		茸		游		翌	
玩		蓉		癒		咽	

형(形)	훈(訓)	음(音)	형(形)	훈(訓)	음(音)	형(形)	훈(訓)	음(音)	형(形)	훈(訓)	음(音)
湮			雀			躇			篆		
蚓			鵲			邸			纏		
勒			棧			豬			輾		
佚			盞			觝			銓		
溢			箋			嫡			顚		
剩			籤			狄			顫		
孕			仗			謫			餞		
仔			匠			迹			截		
炙			杖			剪			粘		
煮			檣			塡			霑		
瓷			漿			奠			幀		
疵			薔			塵			挺		
蔗			醬			悛			町		
藉			滓			栓			睛		
勺			齋			氈			碇		
嚼			錚			澱			穽		
灼			咀			煎			酊		
炸			狙			癲			釘		
綽			箸			箋			錠		
芍			詛			箭			靖		

형(形)	훈(訓)	음(音)	형(形)	훈(訓)	음(音)	형(形)	훈(訓)	음(音)	형(形)	훈(訓)	음(音)
啼			遭			樽			斟		
悌			阻			竣			朕		
梯			簇			蠢			澄		
蹄			猝			櫛			叉		
凋			慫			汁			嗟		
嘲			腫			茸			蹉		
曹			踪			咫			搾		
棗			踵			摯			窄		
槽			挫			枳			鑿		
漕			做			祉			撰		
爪			冑			肢			篡		
眺			呪			嗔			纂		
稠			喉			疹			饌		
粗			廚			叱			擦		
糟			紂			嫉			僭		
繰			紬			帙			塹		
肇			註			桎			懺		
藻			誅			膣			站		
詔			躊			跌			讒		
躁			輳			迭			讖		

형(形)	훈(訓) 음(音)	형(形)	훈(訓) 음(音)	형(形)	훈(訓) 음(音)	형(形)	훈(訓) 음(音)
倡		穿		礁		鰍	
娼		闡		稍		黜	
廠		凸		蕉		悴	
愴		綴		貂		膵	
槍		轍		醋		萃	
漲		斂		囑		贅	
猖		籤		忖		娶	
瘡		諂		叢		翠	
脹		帖		塚		脆	
艙		捷		寵		惻	
菖		牒		撮		侈	
寨		疊		墜		嗤	
柵		貼		椎		幟	
凄		涕		樞		熾	
擲		諦		槌		痔	
滌		憔		芻		癡	
瘠		梢		酋		綴	
脊		樵		錐		馳	
喘		炒		錘		勅	
擅		硝		鎚		砧	

형(形)	훈(訓) 음(音)	형(形)	훈(訓) 음(音)	형(形)	훈(訓) 음(音)	형(形)	훈(訓) 음(音)
鍼		笞		跛		圃	
蟄		苔		辮		泡	
秤		跆		佩		疱	
唾		撑		唄		脯	
惰		攄		悖		蒲	
楕		慟		沛		袍	
舵		桶		牌		褒	
陀		筒		稗		逋	
駝		堆		澎		庖	
擢		腿		膨		曝	
鐸		褪		愎		瀑	
呑		頹		鞭		剽	
坦		套		騙		慓	
憚		妬		貶		豹	
綻		懣		萍		飄	
眈		婆		斃		稟	
搭		巴		陛		諷	
宕		爬		匍		披	
蕩		琶		咆		疋	
汰		芭		哺		乏	

형(形)	훈(訓)	음(音)	형(形)	훈(訓)	음(音)	형(形)	훈(訓)	음(音)	형(形)	훈(訓)	음(音)
逼			蛤			俠			驪		
瑕			缸			挾			鰥		
蝦			肛			狹			猾		
遐			偕			頰			闊		
霞			咳			荊			凰		
罌			懈			彗			徨		
譴			楷			醯			恍		
瘧			諧			弧			惶		
悍			邂			狐			慌		
澣			駭			琥			煌		
罕			骸			瑚			遑		
轄			劾			糊			徊		
函			嚮			渾			恢		
喊			饗			惚			晦		
檻			噓			笏			繪		
涵			墟			哄			膾		
緘			歇			虹			蛔		
銜			眩			訌			誨		
鹹			絢			喚			賄		
盒			衒			宦			哮		

형(形)	훈(訓) 음(音)	형(形)	훈(訓) 음(音)	형(形)	훈(訓) 음(音)	형(形)	훈(訓) 음(音)	형(形)	훈(訓) 음(音)
噶		歆							
爻		恰							
醱		洽							
吼		犧							
嗅		詰							
朽									
逅									
暈									
喧									
卉									
喙									
彙									
諱									
麾									
恤									
兇									
洶									
欣									
痕									
欠									

형(形)	훈(訓)	음(音)	형(形)	훈(訓)	음(音)	형(形)	훈(訓)	음(音)	형(形)	훈(訓)	음(音)
	꾸짖을	가		갈색 굵은베	갈 갈		거만할	거		줄기	경
	성(姓)	가		헤아릴	감		개천	거		목	경
	아름다울	가		견딜	감		수건	건		고래	경
	시집갈	가		귤	감		힘줄	건		두근거릴	계
	심을	가		감질	감		공경할	건		두드릴	고
	가혹할	가		굽어볼	감		위협할	겁		울	고
	가사	가		감색 연보라	감 감		겁낼	겁		칠	고
	멍에	가		갑	갑		불시(佛詩)	게		두드릴	고
	삼갈	각		수문	갑		격문	격		고질	고
	껍질	각		슬플	강		가슴	격		넓적다리	고
	개간할	간		겨	강		박수	격		기름	고
	간사할	간		속빌	강		고치	견		바지	고
	가릴	간		생강	강		꾸짖을	견		허물	고
	산골물	간		개선할	개		두견새	견		막을	고
	간질	간		성낼	개		굳셀	경		수갑	곡
	낚싯대	간		물댈	개		깨달을 동경할	경 경		고니 과녁	곡 곡
	어려울	간		낱	개		줄기 막힐	경 경		맏	곤
	간할	간		겨자	개		경련	경		몽둥이	곤
	꾸짖을	갈		국	갱		경쇠	경		곤룡포	곤
	다할	갈		추렴할 추렴할	거 각		정강이	경		골몰할 물이름	골 멱

1급 신습한자 ②

형(形)	훈(訓)	음(音)	형(形)	훈(訓)	음(音)	형(形)	훈(訓)	음(音)	형(形)	훈(訓)	음(音)
	팔짱낄	공		클	굉		때릴	구		궤짝	궤
	굳을	공		팔뚝	굉		도랑	구		무너질	궤
	낟알	과		울릴 / 수레소리	굉 / 굉		뜸	구		속일	궤
	둘레 / 클	곽 / 확		물 / 새소리	교 / 교		모날 / 법	구 / 구		안석	궤
	외관	곽		높을	교		절구	구		규소	규
	콩잎 / 미역	곽 / 곽		아리따울	교		시아비 / 외삼촌	구 / 구		엿볼	규
	널	관		흔들	교		네거리	구		아욱 / 해바라기	규 / 규
	물댈	관		교활할	교		노래	구		길거리	규
	광대뼈	관		달밝을	교		몸	구		귤	귤
	긁을	괄		교룡	교		갈고리	구		이길	극
	묶을	괄		가마	교		망아지	구		창	극
	바를	광		교만할	교		비둘기	구		가시	극
	뫼구덩이	광		원수	구		군색할	군		틈	극
	빌	광		게울	구		하늘	궁		뵐	근
	오줌통	광		때	구		몸	궁		주릴	근
	점괘	괘		도적	구		게으를	권		사로잡을	금
	줄	괘		험할	구		거둘 / 말	권 / 권		이불	금
	어그러질	괴		마구	구		돌볼	권		옷깃	금
	후릴	괴		구기자	구		일어설 / 넘어질	궐 / 궐		거둘 / 꽂을	급 / 삽
	괴수	괴		널	구		책상	궤		물길을	급

형(形)	훈(訓)	음(音)	형(形)	훈(訓)	음(音)	형(形)	훈(訓)	음(音)	형(形)	훈(訓)	음(音)
	뻗칠 베풀	긍 선		꾸밀	날		맑을	담		밟을	도
	자랑할	긍		누를	날		가래	담		도금할	도
	재간	기		기울	납		클 말씀	담 담		도랑 더럽힐	독 독
	즐길	기		주머니	낭		뒤섞일	답		대머리	독
	기생	기		비빌	년		칠	당		엉길	돈
	험할	기		열반	녈		아가위	당		동경할	동
	돌	기		쇠뇌	노		버마재비	당		아플	동
	구기자	기		둔한말	노		들	대		눈동자	동
	떼기밭 불구(不具)	기 기		고름	농		자루	대		큰창자 몸통	동 동
	비단	기		휠	뇨		담	도		투구 도솔천	두 도
	굴레 나그네	기 기		말더듬거릴	눌		죽일	도		역질	두
	살	기		맺을	뉴		흔들	도		볼기	둔
	비웃을	기		숨길	닉		찡을	도		숨을	둔
	일할	길		소쿠리	단		쌀일	도		굴 걸상	등 등
	먹을	끽		비단	단		물넘칠	도		게으를	라
	푸닥거리	나		새알	단		물결	도		문둥이	라
	나약할	나		때릴	달		볼	도		소라	라
	잡을	나		황달	달		내기	도		순라	라
	잡을	나		참담할	담		빌	도		지질	락
	더울	난		흐릴	담		포도	도		쇠젖	락

형(形)	훈(訓) 음(音)	형(形)	훈(訓) 음(音)	형(形)	훈(訓) 음(音)	형(形)	훈(訓) 음(音)
	낙타 **락**		염할 **렴**		횃불 **료**		영리할 **리**
	물결 **란**		발 **렴**		밝을 **료**		이질 **리**
	난새 **란**		옥 **령**		애오라지 **료**		울타리 **리**
	어그러질 **랄** / 수라 **라**		쾌할 **령**		보루 **루**		걸릴 **리**
	매울 **랄**		방울 **령**		더러울 **루**		속 **리**
	대바구니 **람**		나이 **령**		처마물 **류**		다스릴 **리**
	섣달 **랍**		건질 **로**		유리 **류**		아낄 **린**
	밀 **랍**		노략질할 **로**		혹 **류**		도깨비불 **린**
	이리 **랑**		사로잡을 **로**		죽일 **륙**		짓밟을 **린**
	재주 **량**		푸른돌 **록**		빠질 **륜**		비늘 **린**
	기장 **량**		산기슭 **록**		벼리 **륜**		임질 **림**
	짝 **려**		밭두둑 **롱**		떨릴 **률**		삿갓 **립**
	어그러질 **려**		옥소리 **롱**		굴레 **륵**		낟알 **립**
	거를 **려**		귀먹을 **롱**		갈빗대 **륵**		고요할 **막**
	마을 **려**		꼭두각시 **뢰**		찰 **름**		만 **만**
	검을 **려**		우리 **뢰**		업신여길 **릉**		굽을 **만**
	스밀 **력**		돌무더기 **뢰**		모날 **릉**		당길 **만**
	조약돌 **력**		뇌물 **뢰**		비단 **릉**		속일 **만**
	가마 **련**		쓸쓸할 **료**		마름 **릉**		덩굴 **만**
	거둘 **렴**		동관(同官) **료**		속될 **리**		끌 **만** / 애도할 **만**

형(形)	훈(訓) 음(音)	형(形)	훈(訓) 음(音)	형(形)	훈(訓) 음(音)	형(形)	훈(訓) 음(音)
	만두 **만**		그릇 **명**		속일 **무**		쟁반 **반**
	뱀장어 **만**		멸구 **명**		모기 **문**		밭두둑 **반**
	지울 **말**		술취할 **명**		아첨할 **미** / 예쁠 **미**		백반 **반**
	물거품 **말**		소매 **몌**		장미 **미**		얽어맬 **반**
	버선 **말**		더듬을 **모**		쓰러질 **미**		서릴 **반**
	까끄라기 **망**		수컷 **모**		답답할 **민**		나눌 **반**
	멍할 **망**		소모할 **모**		고요할 **밀**		노할 **발**
	잘 **매**		모호할 **모**		벗길 **박**		다스릴 **발**
	어두울 **매**		죽을 **몰**		두드릴 **박**		물뿌릴 **발**
	그을음 **매**		그릴 **묘**		칠 **박**		밟을 **발**
	꾸짖을 **매**		아득할 **묘**		순박할 **박**		술괼 **발**
	갈(行) **매**		아득할 **묘** / 물질펀할 **묘**		호박 **박**		가물 **발**
	어리석을 **매**		고양이 **묘**		발(簾) **박**		동네 **방**
	움 **맹**		무당 **무**		지게미 **박**		삽살개 **방**
	목화 **면**		어루만질 **무**		얽을 **박**		도울 **방**
	곁눈질할 **면**		엄지손가락 **무**		팔뚝 **박**		헤맬 **방**
	멀 **면**		어루만질 **무**		논박할 **박**		밝을 **방**
	국수 **면**		말 **무**		버릴 **반**		다목 **방**
	저물 **명**		이랑 **무** / 이랑 **묘**		더위잡을 **반**		방붙일 **방**
	바다 **명**		거칠 **무**		아롱질 **반**		기름 **방**

형(形)	훈(訓) 음(音)	형(形)	훈(訓) 음(音)	형(形)	훈(訓) 음(音)	형(形)	훈(訓) 음(音)
	오줌통 **방**		자라 **별**		육부 **부**		사립문 **비**
	헐뜯을 **방**		병 **병**		연꽃 **부**		끓을 **비** 용솟음할 **불**
	어정거릴 **배**		떡 **병**		부고 **부**		비파 **비**
	물결칠 **배**		작은성 **보**		부의 **부**		비상 **비**
	아기밸 **배**		보 **보** 스며흐를 **복**		부마 **부**		쭉정이 **비**
	모실 **배**		보살 **보**		분부할 **분**		비단 **비**
	비단 **백**		종 **복**		뿜을 **분**		물총새 **비**
	넋 **백**		길 **복**		성낼 **분**		지라 **비**
	불을 **번**		바퀴살 **복** 바퀴살 **폭**		꾸밀 **분**		팔 **비**
	울타리 **번**		전복 **복**		불사를 **분**		바퀴 **비** 날 **비**
	돛 **범**		받들 **봉**		동이 **분**		도울 **비**
	불경 **범**		막대 **봉**		똥 **분**		헐뜯을 **비**
	넘칠 **범**		봉화 **봉**		눈날릴 **분**		비유할 **비**
	뜰 **범**		칼날 **봉**		비슷할 **불**		더러울 **비**
	쪼갤 **벽**		구부릴 **부**		사다리 **붕**		죽은어미 **비**
	엄지손가락 **벽**		쪼갤 **부**		붕사 **붕**		저릴 **비**
	구슬 **벽**		분부할 **부** 불(吹) **부**		묶을 **붕**		찡그릴 **빈**
	버릇 **벽**		부두 **부**		비수 **비**		궁녀벼슬이름 **빈**
	열 **벽**		알깔 **부**		덮을 **비**		빈소 **빈**
	눈깜짝할 **별**		도끼 **부**		고단할 **비**		물가 **빈**

형(形)	훈(訓) 음(音)		형(形)	훈(訓) 음(音)		형(形)	훈(訓) 음(音)		형(形)	훈(訓) 음(音)	
	물가 가까울	빈 빈		떨을	삽		부채	선		퉁소	소
	비길	빙		홀어미	상		부채질할	선		쓸쓸할	소
	적을	사		시원할	상		부러워할 무덤길	선 연		노닐	소
	이을	사		날	상		샘	선		거스를	소
	사치할	사		잔	상		선물 반찬	선 선		속죄할	속
	춤출 사바세상	사 사		옥새	새		무쇠	선		겸손할	손
	옮길	사		아낄	색		가루	설		두려울	송
	쏟을	사		희생	생		샐	설		뿌릴	쇄
	사자	사		생질	생		샐 퍼질	설 예		부술	쇄
	사당	사		사위	서		파낼	설		형수	수
	비단	사		섬	서		다죽일	섬		수자리	수
	도롱이	사		풀	서		번쩍일	섬		사냥할	수
	사향노루	사		새벽	서		깰	성		여윌	수
	깎을	산		깃들일	서		흙빛을	소		이삭	수
	산호	산		무소	서		밤	소		세울	수
	산증	산		서로	서		긁을	소		순수할	수
	뿌릴	살		감자	서		얼레빗	소		수놓을	수
	죽일	살		기장	서		깨어날	소		부끄러울	수
	보살	살		쥐	서		성길	소		모을	수
	스밀	삼		개펄	석		피부병	소		소매	수

형(形)	훈(訓) 음(音)	형(形)	훈(訓) 음(音)	형(形)	훈(訓) 음(音)	형(形)	훈(訓) 음(音)
	원수 **수**		좀먹을 **식**		안장 **안**		아비 **야**
	갚을 **수**		읊조릴 **신**		돌 **알**		꽃밥 **약**
	뼛골 **수**		아이밸 **신**		삐걱거릴 **알**		병 **양** / 근심할 **양**
	글방 **숙**		대궐 **신**		암자 **암**		물리칠 **양**
	이를 **숙**		불탄끝 **신**		숨을 **암**		헐 **양**
	콩 **숙**		섶 **신**		원망할 **앙**		술빚을 **양**
	죽순 **순**		큰조개 **신**		높을 **앙**		가려울 **양**
	전국술 **순**		물을 **신**		모 **앙**		옥 **어**
	길들일 **순**		빠를 **신**		원앙 **앙**		어혈질 **어**
	무릎 **슬**		다 **실**		언덕 **애**		막을 **어**
	정승 **승**		열사람 **십** / 세간 **집**		희미할 **애**		가슴 **억**
	숟가락 **시**		아까 **아**		좁을 **애**		둑 **언**
	시집 **시**		벙어리 **아**		아지랑이 **애**		언문 **언** / 속담 **언**
	윗사람죽일 **시**		마을 **아**		잡을 **액**		엄연할 **엄**
	감 **시**		의심할 **아**		겨드랑이 **액**		문득 **엄**
	시기할 **시**		흰흙 **악**		목맬 **액**		가릴 **엄**
	시호 **시**		놀랄 **악**		앵두 **앵**		풀 **역**
	승냥이 **시**		턱 **악**		꾀꼬리 **앵**		버릴 **연**
	씻을 **식**		누를 **안**		풀무 **야**		서까래 **연**
	불꺼질 **식**		늦을 **안**		야유할 **야**		대자리 **연**

형(形)	훈(訓)	음(音)	형(形)	훈(訓)	음(音)	형(形)	훈(訓)	음(音)	형(形)	훈(訓)	음(音)
	솔개	연		팔뚝	완		뛸	용		아첨할	유
	불꽃	염		성	완		부칠	우		타이를	유
	고울	염		완고할	완		염려할 / 나라이름	우 / 우		밟을	유
	어린아이	영		굽을	왕		에돌	우		놋쇠	유
	끌	예		난쟁이	왜		모퉁이	우		병장기 / 오랑캐	융 / 융
	더러울	예		높고클	외		산굽이	우		가는베	융
	후손	예		외람할	외		죽을	운		그늘	음
	이를	예		요행	요		김맬	운		읍할	읍
	다섯사람	오		오목할	요		떨어질	운		가슴	응
	깊을	오		일찍죽을	요		원통할	원		비길	의
	잠깰	오		우길	요		원숭이	원		의자	의
	한할	오		시끄러울	요		원앙	원		굳셀	의
	쌓을	온		고요할	요		시들	위		정(情)	의
	막을	옹		기와가마	요		깨우칠	유		이모	이
	소용돌이	와		맞을	요		너그러울	유		늦출	이
	달팽이	와		넉넉할	요		즐거울	유		너	이
	그릇될	와		물솟을	용		야유할	유		상처	이
	순할 / 아름다울	완 / 완		솟을	용		유자	유		미끼	이
	완연할	완		풀날 / 버섯	용 / 이		헤엄칠	유		다음날	익
	즐길	완		연꽃	용		병나을	유		목구멍 / 목멜 / 삼킬	인 / 열 / 연

형(形)	훈(訓) 음(音)	형(形)	훈(訓) 음(音)	형(形)	훈(訓) 음(音)	형(形)	훈(訓) 음(音)
	묻힐 **인**		참새 **작**		머뭇거릴 **저**		전자 **전**
	지렁이 **인**		까치 **작**		집 **저**		얽을 **전**
	질길 **인**		사다리 **잔**		돼지 **저**		돌아누울 **전**
	편안 **일** / 질탕 **질**		잔 **잔**		씨름 **저**		사람가릴 **전**
	넘칠 **일**		경계 **잠**		정실 **적**		엎드러질 **전** / 이마 **전**
	남을 **잉**		비녀 **잠**		오랑캐 **적**		떨 **전**
	아이밸 **잉**		의장 **장**		귀양갈 **적**		보낼 **전**
	자세할 **자**		장인 **장**		자취 **적**		끊을 **절**
	구울 **자** / 구울 **적**		지팡이 **장**		가위 **전**		붙을 **점**
	삶을 **자**		돛대 **장**		메울 **전**		젖을 **점**
	사기그릇 **자**		즙 **장**		제사 **전** / 정할 **전**		그림족자 **정** / 탱화 **탱**
	허물 **자**		장미 **장**		가게 **전**		빼어날 **정**
	사탕수수 **자**		장 **장**		고칠 **전**		밭두둑 **정**
	깔 **자** / 핑계할 **자**		찌끼 **재**		마개 **전**		눈동자 **정**
	구기 **작**		재계할 **재** / 집 **재**		담 **전**		닻 **정**
	씹을 **작**		쇳소리 **쟁**		앙금 **전**		함정 **정**
	불사를 **작**		씹을 **저**		달일 **전**		술취할 **정**
	터질 **작**		원숭이 **저** / 엿볼 **저**		미칠 **전**		못 **정**
	너그러울 **작**		젓가락 **저**		기록할 **전**		덩이 **정**
	함박꽃 **작**		저주할 **저**		살 **전**		편안할 **정**

형(形)	훈(訓) 음(音)	형(形)	훈(訓) 음(音)	형(形)	훈(訓) 음(音)	형(形)	훈(訓) 음(音)
	울 제		만날 조		술통 준		짐작할 짐
	공손할 제		막힐 조		마칠 준		나 짐
	사다리 제		가는대 족		꾸물거릴 준		맑을 징
	굽 제		갑자기 졸		빗 즐		갈래 차
	시들 조		권할 종		즙 즙		탄식할 차
	비웃을 조		종기 종		기울 즙		미끄러질 차
	무리 조		자취 종		여덟치 지		짤 착
	대추 조		발꿈치 종		잡을 지		좁을 착
	구유 조		꺾을 좌		탱자 지 탱자 기		뚫을 착
	배로실어나를 조		지을 주		복 지		지을 찬
	손톱 조		자손 주		팔다리 지		빼앗을 찬
	볼 조		빌 주		성낼 진		모을 찬
	빽빽할 조		부추길 주		마마 진		반찬 찬
	거칠 조		부엌 주		꾸짖을 질		문지를 찰
	지게미 조		주임금 주		미워할 질		주제넘을 참
	고치켤 조		명주 주		책권차례 질		구덩이 참
	비롯할 조		글뜻풀 주		차꼬 질		뉘우칠 참
	마름 조		벨 주		음도 질		역마을 참
	조서 조		머뭇거릴 주		거꾸러질 질		참소할 참
	조급할 조		몰려들 주		갈마들 질		예언 참

형(形)	훈(訓)	음(音)	형(形)	훈(訓)	음(音)	형(形)	훈(訓)	음(音)	형(形)	훈(訓)	음(音)
	광대	창		뚫을	천		암초	초		미꾸라지	추
	창녀	창		밝힐	천		점점	초		내칠	출
	공장	창		볼록할	철		파초	초		파리할	췌
	슬플	창		엮을	철		담비	초		췌장	췌
	창	창		바퀴자국	철		초	초		모을	췌
	넘칠	창		다 여러	첨 첨		부탁할	촉		혹	췌
	미쳐날뛸	창		제비(점대)	첨		헤아릴	촌		장가들	취
	부스럼	창		아첨할	첨		떨기 모일	총 총		푸를 물총새	취 취
	부을	창		문서	첩		무덤	총		연할	취
	부두	창		빠를	첩		사랑할	총		슬플	측
	창포	창		편지	첩		모을 사진찍을	촬 촬		사치할	치
	목책	채		거듭	첩		떨어질	추		비웃을	치
	울타리	책		붙일	첩		쇠뭉치 등골	추 추		기	치
	쓸쓸할	처		눈물	체		지도리	추		성할	치
	던질	척		살필	체		칠 방망이	추 퇴		치질	치
	씻을	척		파리할	초		꼴	추		어리석을	치
	여윌	척		나무끝	초		우두머리	추		빽빽할	치
	등마루	척		나무할	초		송곳	추		달릴	치
	숨찰	천		볶을	초		저울추	추		칙서	칙
	멋대로할	천		화약	초		쇠망치	추		다듬잇돌	침

형(形)	훈(訓)	음(音)	형(形)	훈(訓)	음(音)	형(形)	훈(訓)	음(音)	형(形)	훈(訓)	음(音)
	침	침		볼기칠	태		절름발이 비스듬히설	파 피		채마밭	포
	숨을	칩		이끼	태		힘들일	판		거품	포
	저울	칭		밟을	태		찰	패		물집	포
	침	타		버틸	탱		염불소리	패		포	포
	게으를	타		펼	터		거스를	패		부들	포
	길고둥글	타		서러워할	통		비쏟아질	패		도포	포
	키	타		통	통		패	패		기릴	포
	비탈질 부처	타 타		통	통		피	패		도망갈	포
	낙타	타		쌓을	퇴		물소리	팽		부엌	포
	뽑을	탁		넓적다리	퇴		불을	팽		쪼일 쪼일	폭 포
	방울	탁		바랠	퇴		강퍅할	퍅		폭포 소나기	폭 포
	삼킬	탄		무너질	퇴		채찍	편		겁박할	표
	평평할	탄		씨울	투		속일	편		급할	표
	꺼릴	탄		샘낼	투		낮출	폄		표범	표
	터질	탄		사특할	특		부평초	평		나부낄	표
	노려볼	탐		할미	파		죽을	폐		여쭐	품
	탈	탑		꼬리	파		대궐섬돌	폐		풍자할	풍
	호탕할	탕		긁을	파		길	포		헤칠	피
	방탕할	탕		비파	파		고함지를	포		필	필
	일	태		파초	파		먹일	포		모자랄	핍

1급 신습한자 ⑭

형(形)	훈(訓) 음(音)	형(形)	훈(訓) 음(音)	형(形)	훈(訓) 음(音)	형(形)	훈(訓) 음(音)
	핍박할 **핍**		조개 **합**		의기로울 **협**		기뻐할 **환**
	허물 **하**		항아리 **항**		낄 **협**		홀아비 **환**
	두꺼비 **하** / 새우 **하**		항문 **항**		좁을 **협**		교활할 **활**
	멀 **하**		함께 **해**		뺨 **협**		넓을 **활**
	노을 **하**		기침 **해**		가시 **형**		봉황 **황**
	구렁 **학**		게으를 **해**		살별 **혜**		헤맬 **황**
	희롱할 **학**		본보기 **해**		식혜 **혜**		황홀할 **황**
	학질 **학**		화할 **해**		활 **호**		두려울 **황**
	사나울 **한**		우연히만날 **해**		여우 **호**		어리둥절할 **황**
	빨래할 **한** / 열흘 **한**		놀랄 **해**		호박 **호**		빛날 **황**
	드물 **한**		뼈 **해**		산호 **호**		급할 **황**
	다스릴 **할**		꾸짖을 **핵**		풀칠할 **호**		머뭇거릴 **회**
	함 **함**		길잡을 **향**		흐릴 **혼**		넓을 **회**
	소리칠 **함**		잔치할 **향**		황홀할 **홀**		그믐 **회**
	난간 **함**		불 **허**		홀 **홀**		그림 **회**
	젖을 **함**		터 **허**		떠들썩할 **홍**		회 **회**
	봉할 **함**		쉴 **헐**		무지개 **홍**		회충 **회**
	재갈 **함**		어지러울 **현**		어지러울 **홍**		가르칠 **회**
	짤 **함**		무늬 **현**		부를 **환**		재물 **회** / 뇌물 **회**
	합 **합**		자랑할 **현**		벼슬 **환**		성낼 **효**

형(形)	훈(訓) 음(音)	형(形)	훈(訓) 음(音)	형(形)	훈(訓) 음(音)	형(形)	훈(訓) 음(音)
	울릴 **효**		흠향할 **흠**				
	사귈 **효** 가로그을 **효**		흡사할 **흡**				
	삭일 **효**		흡족할 **흡**				
	울부짖을 **후**		희생 **희**				
	맡을 **후**		꾸짖을 **힐**				
	썩을 **후**						
	만날 **후**						
	무리 **훈**						
	지껄일 **훤**						
	풀 **훼**						
	부리 **훼**						
	무리 **휘**						
	숨길 **휘** 꺼릴 **휘**						
	기(旗) **휘**						
	불쌍할 **휼**						
	흉악할 **흉**						
	용솟음칠 **흉**						
	기쁠 **흔**						
	흔적 **흔**						
	하품 **흠**						

呵	口 부수 5획, 총 8획. ( )부수 ( )획, 총 ( )획.				
꾸짖을 가					
	呵喝 呵怒 呵叱 筆呵				

哥	口 부수 7획, 총 10획. ( )부수 ( )획, 총 ( )획.				
성(姓) 가					
	金哥 葉哥				

嘉	口 부수 11획, 총 14획. ( )부수 ( )획, 총 ( )획.				
아름다울 가					
	嘉納 嘉禮 嘉尙 嘉慶 嘉賓 嘉悅				

嫁	女 부수 10획, 총 13획. ( )부수 ( )획, 총 ( )획.				
시집갈 가					
	嫁娶 改嫁 再嫁 轉嫁 出嫁外人				

稼	禾 부수 10획, 총 15획. ( )부수 ( )획, 총 ( )획.				
심을 가					
	稼事 稼得 稼動率 外貨稼得率				

가갈 가노 가질 필가 / 김가 섭가 / 가납 가례 가상 가경 가빈 가열 / 가취 개가 재가 전가 출가외인 / 가사 가득 가동률 외화가득률

1급-2

苛	⼘ 艸 부수 5획, 총 9획.　(　　)부수 (　　)획, 총 (　　)획.
가혹할 가	苛性　苛重　苛責　苛虐　苛酷　苛政猛於虎

袈	衣 부수 5획, 총 11획.　(　　)부수 (　　)획, 총 (　　)획.
가사 가	袈裟　　　錦袈

駕	馬 부수 5획, 총 15획.　(　　)부수 (　　)획, 총 (　　)획.
멍에 가	駕六　車駕　凌駕　御駕　輓歌　駐駕

恪	⺖ 心 부수 6획, 총 9획.　(　　)부수 (　　)획, 총 (　　)획.
삼갈 각	恪別　恪虔　恪敏　恪肅　恪愼　勤恪

殼	殳 부수 8획, 총 12획.　(　　)부수 (　　)획, 총 (　　)획.
껍질 각	殼斗　殼物　殼果　甲殼類　地殼變動

가성 가중 가책 가학 가혹 가정맹어호 / 가사 금가 / 가륙 거가 능가 어가 만가 주가 / 각별 각건 각민 각숙 각신 근각 / 각두 각물 각과 갑각류 지각변동

墾	土 부수 13획, 총 16획. (　　)부수 (　　)획, 총 (　　)획.				
개간할 간	墾耕　　墾闢　　墾田　　開墾　　新墾				

奸	女 부수 3획, 총 6획. (　　)부수 (　　)획, 총 (　　)획.				
간사할 간	奸計　　奸巧　　奸邪　　奸雄　　奸凶　　弄奸				

揀	扌手 부수 9획, 총 12획. (　　)부수 (　　)획, 총 (　　)획.				
가릴 간	揀選　　揀擇　　分揀　　閱揀　　汰揀				

澗	氵水 부수 12획, 총 15획. (　　)부수 (　　)획, 총 (　　)획.				
산골물 간	澗畔　　澗水　　澗泉　　鷄澗　　溝澗				

癎	疒 부수 12획, 총 17획. (　　)부수 (　　)획, 총 (　　)획.				
간질 간	癎病　　癎疾　　癲癎				

간경 간벽 간전 개간 신간 / 간계 간교 간사 간웅 간흉 농간 / 간선 간택 분간 열간 태간 / 간반 간수 간천 계간 구간 / 간병 간질 전간

월   일 【시 간】   ~

竿	竹 부수 3획, 총 9획.　(　)부수 (　)획, 총 (　)획.
낚싯대　간	竿尺　　長竿　　百尺竿頭　　　竿頭過三年

艱	艮 부수 11획, 총 17획.　(　)부수 (　)획, 총 (　)획.
어려울　간 (가)	艱苦　　艱難　　艱辛　　丁艱　　阻艱

諫	言 부수 9획, 총 16획.　(　)부수 (　)획, 총 (　)획.
간할　간	諫臣　諫言　諫疏　臺諫　直諫　司諫院

喝	口 부수 9획, 총 12획.　(　)부수 (　)획, 총 (　)획.
꾸짖을　갈	喝取　喝破　恐喝　傳喝　拍手喝采

竭	立 부수 9획, 총 14획.　(　)부수 (　)획, 총 (　)획.
다할　갈	竭力　竭誠　竭盡　窮竭　衰竭

간두 간척 백척간두 간두과삼년 / 간고 가난 간신 정간 조간 / 간신 간언 간소 대간 직간 사간원 / 갈취 갈파 공갈 전갈 박수갈채 / 갈력 갈성 갈진 궁갈 쇠갈

褐	衤 衣 부수 9획, 총 14획. （　　）부수（　　）획, 총（　　）획.
갈색 굵은베　갈 갈	褐博　　褐夫　　茶褐　　暗褐　　黃褐　　灰褐

勘	力 부수 9획, 총 11획. （　　）부수（　　）획, 총（　　）획.
헤아릴　감	勘案　　勘考　　勘當　　勘定　　磨勘　　校勘

堪	土 부수 9획, 총 12획. （　　）부수（　　）획, 총（　　）획.
견딜　감	堪耐　　堪當　　難堪　　堪輿家

柑	木 부수 5획, 총 9획. （　　）부수（　　）획, 총（　　）획.
귤　감	蜜柑　　乳柑　　柑果　　金柑

疳	疒 부수 5획, 총 10획. （　　）부수（　　）획, 총（　　）획.
감질　감	疳病　　疳積　　疳疾　　疳瘡　　牙疳

갈박 갈부 다갈 암갈 황갈 회갈 / 감안 감고 감당 감정 마감 교감 / 감내 감당 난감 감여가 / 밀감 유감 감과 금감 / 감병 감적 감질 감창 아감

瞰
굽어볼 **감**

目 부수 12획, 총 17획.	( )부수 ( )획, 총 ( )획.			
瞰視	瞰臨	瞰射	窺瞰	鳥瞰圖

紺
감색 **감**
연보라 **감**

糸 부수 5획, 총 11획.	( )부수 ( )획, 총 ( )획.			
紺色	紺碧	紺園	紺宇	紺靑

匣
갑 **갑**

匚 부수 5획, 총 7획.	( )부수 ( )획, 총 ( )획.				
文匣	手匣	紙匣	鏡匣	玉匣	漆匣

閘
수문 **갑**

門 부수 5획, 총 13획.	( )부수 ( )획, 총 ( )획.			
閘門	閘官	閘頭	閘夫	閘室

慷
슬플 **강**

忄 心 부수 11획, 총 14획.	( )부수 ( )획, 총 ( )획.			
感慨無量	悲憤慷慨	慷慨之士		

감시 감림 감사 규감 조감도 / 감색 감벽 감원 감우 감청 / 문갑 수갑 지갑 경갑 옥갑 칠갑 / 갑문 갑관 갑두 갑부 갑실 / 감개무량 비분강개 강개지사

월   일 【시 간】   ~

	米 부수 11획, 총 17획. ( )부수 ( )획, 총 ( )획.
糠 겨 강	糠蝦　　糟糠之妻
腔 속빌 강	月 肉 부수 8획, 총 12획. ( )부수 ( )획, 총 ( )획. 滿腔　　腹腔鏡　　腔腸動物　　口腔衛生
薑 생강 강	⺿ 艸 부수 13획, 총 17획. ( )부수 ( )획, 총 ( )획. 薑汁　　生薑　　片薑　　薑桂之性
凱 개선할 개	几 부수 10획, 총 12획. ( )부수 ( )획, 총 ( )획. 凱歌　　凱歸　　凱樂　　凱易　　凱旋歌
愾 성낼 개	忄 心 부수 10획, 총 13획. ( )부수 ( )획, 총 ( )획. 愾憤　　敵愾心

강하 조강지처 / 만강 복강경 강장동물 구강위생 / 강즙 생강 편강 강계지성 / 개가 개귀 개악 개이 개선가 / 개분 적개심

월   일 【시 간】   ~

漑 물댈 개	氵 水 부수 11획, 총 14획. （ ）부수 （ ）획, 총 （ ）획.
	漑浸　　　灌漑施設

箇 낱 개	竹 부수 8획, 총 14획. （ ）부수 （ ）획, 총 （ ）획.
	箇般　　　箇條　　　箇數　　　箇中　　　此箇

芥 겨자 개	⺾ 艸 부수 4획, 총 8획. （ ）부수 （ ）획, 총 （ ）획.
	芥子　　　芥屑　　　塵芥　　　草芥

羹 국 갱	羊 부수 13획, 총 19획. （ ）부수 （ ）획, 총 （ ）획.
	羹湯　　　羹獻　　　肉羹

醵 추렴할 거 / 추렴할 갹	酉 부수 13획, 총 20획. （ ）부수 （ ）획, 총 （ ）획.
	醵金　　　醵出　　　醵飮

개침 관개시설 / 개반 개조개수 개중 차개 / 개자 개설 진개 초개 / 갱탕 갱헌 육갱 /거금·갹금 거출·갹출 거음·갹음

倨	亻 人 부수 8획, 총 10획.　(　　)부수 (　　)획, 총 (　　)획.			
거만할　거	倨慢　　　倨傲　　　簞倨　　　驕倨　　　併倨			

渠	氵 水 부수 9획, 총 12획.　(　　)부수 (　　)획, 총 (　　)획.			
개천　거	渠水　　　渠輩　　　渠堰　　　溝渠			

巾	巾 부수 0획, 총 3획.　(　　)부수 (　　)획, 총 (　　)획.			
수건　건	手巾　頭巾　葛巾　網巾　宕巾　黃巾賊			

腱	月 肉 부수 9획, 총 13획.　(　　)부수 (　　)획, 총 (　　)획.			
힘줄　건	腱膜　　　腱索			

虔	虍 부수 4획, 총 10획.　(　　)부수 (　　)획, 총 (　　)획.			
공경할　건	虔恪　　　敬虔　　　虔劉　　　虔肅			

거만 거오 단거 교거 병거 / 거수 거배 거언 구거 / 수건 두건 갈건 망건 탕건 황건적 / 건막 건삭 / 건각 경건 건류 건숙

劫	力 부수 5획, 총 7획.　(　)부수 (　)획, 총 (　)획.		
위협할 겁	劫迫　　劫奪　　劫獄　　永劫　　劫風　　億劫		

怯	↑ 心 부수 5획, 총 8획. (　)부수 (　)획, 총 (　)획.		
겁낼 겁	怯夫　　怯懦　　怯聲　　怯心　　卑怯		

偈	⺅ 人 부수 9획, 총 11획. (　)부수 (　)획, 총 (　)획.		
불시(佛詩) 게	偈句　偈頌　梵偈　法偈　佛偈　遺偈		

檄	木 부수 13획, 총 17획. (　)부수 (　)획, 총 (　)획.		
격문 격	檄文　　檄書　　檄召　　檄致　　飛檄		

膈	月 肉 부수 10획, 총 14획. (　)부수 (　)획, 총 (　)획.		
가슴 격	胸膈　　肝膈　　膈痰　　橫膈膜		

겁박 겁탈 겁옥 영겁 겁풍 억겁 / 겁부 겁나 겁성 겁심 비겁 / 게구 게송 범게 법게 불게 유게 / 격문 격서 격소 격치 비격 / 흉격 간격 격담 횡격막

覡	見 부수 7획, 총 14획. (　　)부수 (　　)획, 총 (　　)획.		
박수　격	巫覡　　　男覡		

繭	糸 부수 13획, 총 19획. (　　)부수 (　　)획, 총 (　　)획.		
고치　견	繭絲　　繭蠶　　繭紬　　繭紙　　累繭		

譴	言 부수 14획, 총 21획. (　　)부수 (　　)획, 총 (　　)획.		
꾸짖을　견	譴責　　譴告　　譴怒　　譴謫　　斥譴		

鵑	鳥 부수 7획, 총 18획. (　　)부수 (　　)획, 총 (　　)획.		
두견새　견	鵑花　　杜鵑		

勁	力 부수 7획, 총 9획. (　　)부수 (　　)획, 총 (　　)획.		
굳셀　경	勁健　　勁弩　　勁直　　勁捷　　勁悍　　剛勁		

무격 남격 / 견사 견잠 견주 견지 누견 / 견책 견고 견노 견적 척견 / 견화 두견 / 경건 경노 경직 경첩 경한 강경

憬	ㅏ 心 부수 12획, 총 15획. (　　)부수 (　　)획, 총 (　　)획.			
깨달을 경 동경할 경	憬悟　　　荒憬　　　憧憬心			
梗	木 부수 7획, 총 11획. (　　)부수 (　　)획, 총 (　　)획.			
줄기 경 막힐 경	梗槪　　　梗塞　　　梗礙　　　剛梗			
痙	疒 부수 7획, 총 12획. (　　)부수 (　　)획, 총 (　　)획.			
경련 경	痙攣　　痙症　　痙風　　　傷痙　　鎭痙			
磬	石 부수 11획, 총 16획. (　　)부수 (　　)획, 총 (　　)획.			
경쇠 경	磬:石　　磬折　　擊磬　　梵磬　　風磬　　編磬			
脛	月 肉 부수 7획, 총 11획. (　　)부수 (　　)획, 총 (　　)획.			
정강이 경	脛骨　　脛巾　　沒脛　　　瘦脛			

경오 황경 동경심 / 경개 경색 경애 강경 / 경련 경증 경풍 상경 진경 / 경석 경절 격경 범경 풍경 편경 / 경골 경건 몰경 수경

월   일 【시 간】   ~

莖	艹 艸 부수 7획, 총 11획. ( )부수 ( )획, 총 ( )획.
줄기 경	莖葉　　根莖　　陰莖　　包莖手術

頸	頁 부수 7획, 총 16획. ( )부수 ( )획, 총 ( )획.
목 경	頸椎　　頸聯　　頸血　　頸動脈　　刎(문)頸之交

鯨	魚 부수 8획, 총 19획. ( )부수 ( )획, 총 ( )획.
고래 경	鯨魚　　捕鯨船　　捕鯨禁止　　鯨戰蝦死

悸	忄 心 부수 8획, 총 11획. ( )부수 ( )획, 총 ( )획.
두근거릴 계	悸病　　悸慄　　戰悸　　心悸亢進

叩	口 부수 2획, 총 5획. ( )부수 ( )획, 총 ( )획.
두드릴 고	叩門　　叩勒　　叩謝　　叩頭謝罪

경엽 근경 음경 포경수술 / 경추 경련 경혈 경동맥 문경지교 / 경어 포경선 포경금지 경전하사 / 계병 계율 전계 심계항진 / 고문 고륵 고사 고두사죄

월   일 【시 간】   ~

呱 울 고	口 부수 5획, 총 8획.	( )부수 ( )획, 총 ( )획.

呱呱之聲

拷 칠 고	扌 手 부수 6획, 총 9획.	( )부수 ( )획, 총 ( )획.

拷打   拷問   拷訊   拷掠   拷責

敲 두드릴 고	攴 부수 10획, 총 14획.	( )부수 ( )획, 총 ( )획.

敲拉   敲榜   推敲

痼 고질 고	疒 부수 8획, 총 13획.	( )부수 ( )획, 총 ( )획.

痼癖   痼弊   沈痼   痼疾病

股 넓적다리 고	月 肉 부수 4획, 총 8획.	( )부수 ( )획, 총 ( )획.

股掌   股慄   脛股   股肱之臣

고고지성 / 고타 고문 고신 고략 고책 / 고랍 고방 퇴고 / 고벽 고폐 침고 고질병 / 고장 고율 경고 고굉지신

膏	月 肉 부수 10획, 총 14획. (　　　)부수 (　　　)획, 총 (　　　)획.
기름　고	膏血　　　　膏藥　　　　軟膏　　　　膏粱珍味

袴	ネ 衣 부수 6획, 총 11획. (　　　)부수 (　　　)획, 총 (　　　)획.
바지　고	袴衣　　　故袴　　　紗袴　　　短袴　　　破袴

辜	辛 부수 5획, 총 12획. (　　　)부수 (　　　)획, 총 (　　　)획.
허물　고	辜負　　　無辜　　　伏辜　　　恤辜

錮	金 부수 8획, 총 16획. (　　　)부수 (　　　)획, 총 (　　　)획.
막을　고	黨錮　　　廢錮　　　禁錮刑

梏	木 부수 7획, 총 11획. (　　　)부수 (　　　)획, 총 (　　　)획.
수갑　곡	桎梏　　　杖梏　　　重梏　　　脫梏

고혈 고약 연고 고량진미 / 고의 고고 사고 단고 파고 / 고부 무고 복고 휼고 / 당고 폐고 금고형 / 질곡 장곡 중곡 탈곡

월   일   【시 간】   ~

鵠	鳥 부수 7획, 총 18획. ( )부수 ( )획, 총 ( )획.			
고니　곡				
과녁　곡	鵠卵　　鵠髮　　鵠侍　　鵠鼎　　正鵠　　鴻鵠			

昆	日 부수 4획, 총 8획. ( )부수 ( )획, 총 ( )획.			
맏　곤				
	昆季　　昆鳴　　昆裔　　昆弟			

棍	木 부수 8획, 총 12획. ( )부수 ( )획, 총 ( )획.			
몽둥이　곤				
	棍棒　　棍杖　　樂棍　　游棍			

袞	衣 부수 5획, 총 11획. ( )부수 ( )획, 총 ( )획.			
곤룡포　곤				
	袞裳　　袞職　　御袞　　華袞　　袞龍袍			

汨	氵水 부수 4획, 총 7획. ( )부수 ( )획, 총 ( )획.			
골몰할　골				
물이름　멱	汨沒　　陵汨　　墮汨　　滑汨　　汨羅水			

곡란 곡발 곡시 곡정 정곡 홍곡 / 곤계 곤명 곤예 곤제 / 곤봉 곤장 악곤 유곤 / 곤상 곤직 어곤 화곤 곤룡포 / 골몰 능골 타몰 활골 멱라수

拱	扌 手 부수 6획, 총 9획.　(　　　)부수 (　　　)획, 총 (　　　)획.			
팔짱낄 **공**	拱璧　　　拱辰　　　拱押　　　拱揖　　　垂拱			

鞏	革 부수 6획, 총 15획.　(　　　)부수 (　　　)획, 총 (　　　)획.			
굳을 **공**	鞏固　　　鞏膜　　　鞏昌			

顆	頁 부수 8획, 총 17획.　(　　　)부수 (　　　)획, 총 (　　　)획.			
낱알 **과**	顆粒　　　幾顆　　　飯顆　　　蓬顆　　　熟顆			

廓	广 부수 11획, 총 14획.　(　　　)부수 (　　　)획, 총 (　　　)획.			
둘레 **곽** 클 **확**	廓然　　　城廓　　　外廓　　　橫廓　　　宏廓			

槨	木 부수 11획, 총 15획.　(　　　)부수 (　　　)획, 총 (　　　)획.			
외관 **곽**	槨柩			

공벽 공신 공압 공읍 수공 / 공고 공막 공창 / 과립 기과 반과 봉과 숙과 / 확연 성곽 외곽 횡곽 굉확 / 곽구

藿 콩잎 미역 곽	⺿ 艸 부수 16획, 총 20획. ( )부수 ( )획, 총 ( )획.				
	藿羹　　　藿田　　　藜藿				

棺 널 관	木 부수 8획, 총 12획. ( )부수 ( )획, 총 ( )획.				
	棺蓋　　棺柩　　棺材　　棺板　　石棺　　甕棺				

灌 물댈 관	氵 水 부수 18획, 총 21획. ( )부수 ( )획, 총 ( )획.				
	灌漑　　　灌漬　　　灌輸　　　灌域　　　浸灌				

顴 광대뼈 관	頁 부수 18획, 총 27획. ( )부수 ( )획, 총 ( )획.				
	顴骨　　　高顴　　　煩顴				

刮 긁을 괄	刂 刀 부수 5획, 총 8획. ( )부수 ( )획, 총 ( )획.				
	刮磨　　　刮削　　　刮刷　　　刮目相對				

곽갱 곽전 진곽 / 관개 관구 관재 관판 석관 옹관 / 관개 관독 관수 관역 침관 / 관골 고관 번관 / 괄마 괄삭 괄쇄 괄목상대

括	扌 手 부수 6획, 총 9획. ( )부수 ( )획, 총 ( )획.			
묶을 괄	括弧 槪括 一括 總括 包括			

匡	匚 부수 4획, 총 6획. ( )부수 ( )획, 총 ( )획.			
바를 광	匡諫 匡輔 匡肅 匡正 匡濟			

壙	土 부수 15획, 총 18획. ( )부수 ( )획, 총 ( )획.			
뫼구덩이 광	壙中 壙穴			

曠	日 부수 15획, 총 19획. ( )부수 ( )획, 총 ( )획.			
빌 광	曠野 曠懷 浩曠 弘曠			

胱	月 肉 부수 6획, 총 10획. ( )부수 ( )획, 총 ( )획.			
오줌통 광	膀胱			

괄호 개괄 일괄 총괄 포괄 / 광간 광보 광숙 광정 광제 / 광중 광혈 / 광야 광회 호광 홍광 / 방광

1급-20

卦

점괘　괘

卜 부수 6획, 총 8획. (　　)부수 (　　)획, 총 (　　)획.

卦辭　　卦象　　卦兆　　八卦

罫

줄　괘

网 罒 부수 8획, 총 13획. (　　)부수 (　　)획, 총 (　　)획.

罫線

乖

어그러질　괴

丿 부수 7획, 총 8획. (　　)부수 (　　)획, 총 (　　)획.

乖亂　　乖悖　　乖愎　　乖謔　　醜乖

拐

후릴　괴

扌 手 부수 5획, 총 8획. (　　)부수 (　　)획, 총 (　　)획.

拐帶　　誘拐　　鐵拐

魁

괴수　괴

鬼 부수 4획, 총 14획. (　　)부수 (　　)획, 총 (　　)획.

魁頭　　魁壘　　魁首

괘사 괘상 괘조 팔괘 / 괘선 / 괴란 괴패 괴팍 괴학 추괴 / 괴대 유괴 철괴 / 괴두 괴루 괴수

1급-21

宏 클 굉	⺧ 부수 4획, 총 7획.	( )부수 ( )획, 총 ( )획.			
	宏達	宏博	宏富	宏敞	宏闊

肱 팔뚝 굉	月 肉 부수 4획, 총 8획.	( )부수 ( )획, 총 ( )획.			
	股肱	曲肱	折肱	枕肱	

轟 울릴 굉굉 수레소리 굉굉	車 부수 14획, 총 21획.	( )부수 ( )획, 총 ( )획.			
	轟音	轟醉	轟沈	雷轟	車轟

咬 물 교 새소리 교	口 부수 6획, 총 9획.	( )부수 ( )획, 총 ( )획.			
	咬咬	咬菜			

喬 높을 교	口 부수 9획, 총 12획.	( )부수 ( )획, 총 ( )획.			
	喬木	喬樹	喬遷	喬詰	昇喬

굉달 굉박 굉부 굉창 굉활 / 고굉 곡굉 절굉 침굉 / 굉음 굉취 굉침 뇌굉 거굉 / 교교 교채 / 교목 교수 교천 교힐 승교

1급-22

嬌	女 부수 12획, 총 15획. ( )부수 ( )획, 총 ( )획.
아리따울 교	嬌娘 嬌童 嬌聲 嬌逸 愛嬌

攪	扌 手 부수 20획, 총 23획. ( )부수 ( )획, 총 ( )획.
흔들 교	攪亂 攪撓

狡	犭 犬 부수 6획, 총 9획. ( )부수 ( )획, 총 ( )획.
교활할 교	狡弄 狡吏 狡詐 狡猾 姦狡 凶狡

皎	白 부수 6획, 총 11획. ( )부수 ( )획, 총 ( )획.
달밝을 교	皎潔 皎鏡 皎如

蛟	虫 부수 6획, 총 12획. ( )부수 ( )획, 총 ( )획.
교룡 교	蛟龍 蛟蛇 蛟篆 素蛟 潛蛟

교낭 교동 교성 교일 애교 / 교란 교요 / 교룡 교리 교사 교활 간교 흉교 / 교결 교경 교여 / 교룡 교사 교전 소교 잠교

轎 가마　교	車 부수 12획, 총 19획.　(　　)부수 (　　)획, 총 (　　)획.
	轎夫　　轎子　　轎車　　兜轎　　輿轎

驕 교만할　교	馬 부수 12획, 총 22획.　(　　)부수 (　　)획, 총 (　　)획.
	驕慢　　驕奢　　驕暴　　狼驕　　淫驕　　寵驕

仇 원수　구	人 부수 2획, 총 4획.　(　　)부수 (　　)획, 총 (　　)획.
	仇隙　　仇邦　　仇惡　　仇怨　　仇敵

嘔 게울　구	口 부수 11획, 총 14획.　(　　)부수 (　　)획, 총 (　　)획.
	嘔啞　　嘔軋　　嘔吐　　嘔喻

垢 때　구	土 부수 6획, 총 9획.　(　　)부수 (　　)획, 총 (　　)획.
	垢穢　　垢汚　　垢滓　　垢濁　　清淨無垢

교부 교자 교차 두교 여교 / 교만 교사 교포 낭교 음교 총교 / 구극 구방 구오 구원 구적 / 구아 구알 구토 구유 / 구예 구오 구재 구탁 청정무구

1급-24

寇	宀 부수 8획, 총 11획. ( )부수 ( )획, 총 ( )획.				
도적 **구**	寇警	寇亂	寇盜	寇賊	邊寇

嶇	山 부수 11획, 총 14획. ( )부수 ( )획, 총 ( )획.				
험할 **구**	嶇路	崎嶇			

廏	广 부수 11획, 총 14획. ( )부수 ( )획, 총 ( )획.				
마구 **구**	廏舍	廏閑	馬廏	御廏	龍廏

枸	木 부수 5획, 총 9획. ( )부수 ( )획, 총 ( )획.				
구기자 **구**	枸橘	株枸	枸杞子		

柩	木 부수 5획, 총 9획. ( )부수 ( )획, 총 ( )획.				
널 **구**	槨柩	棺柩	靈柩車		

구경 구란 구도 구적 변구 / 구로 기구 / 구사 구한 마구 어구 용구 / 구귤 주구 구기자 / 곽구 관구 영구차

1급-25

毆 때릴 　구	殳 부수 11획, 총 15획. (　　)부수 (　　)획, 총 (　　)획.					
	毆擊	毆繫	毆縛	毆殺	毆打	毆斃
溝 도랑 　구	氵 水 부수 10획, 총 13획. (　　)부수 (　　)획, 총 (　　)획.					
	溝渠	溝瀆	溝池	御溝	汚溝	
灸 뜸 　구	火 부수 3획, 총 7획. (　　)부수 (　　)획, 총 (　　)획.					
	灸薑	灸師	灸刺	針灸		
矩 모날 법 　구구	矢 부수 5획, 총 10획. (　　)부수 (　　)획, 총 (　　)획.					
	矩度	矩繩	矩形	模矩	方矩	
臼 절구 　구	臼 부수 0획, 총 6획. (　　)부수 (　　)획, 총 (　　)획.					
	臼磨	臼狀	臼齒	穀臼	茶臼	石臼

구격 구계 구박 구살 구타 구폐 / 구거 구독 구지 어구 오구 / 구강 구사 구자 침구 / 구도 구승 구형 모구 방구 / 구마 구상 구치 곡구 다구 석구

1급-26

舅 시아비 구 외삼촌 구	臼 부수 7획, 총 13획.　(　　)부수 (　　)획, 총 (　　)획.
	舅甥　　　姑舅　　　國舅　　　外舅

衢 네거리 구	行 부수 18획, 총 24획.　(　　)부수 (　　)획, 총 (　　)획.
	衢街　　　衢路

謳 노래 구	言 부수 11획, 총 18획.　(　　)부수 (　　)획, 총 (　　)획.
	謳歌　　　謳訟　　　謳詠　　　謳謠　　　樵謳

軀 몸 구	身 부수 11획, 총 18획.　(　　)부수 (　　)획, 총 (　　)획.
	軀殼　　　軀骸　　　衰軀　　　瘦軀　　　體軀

鉤 갈고리 구	金 부수 5획, 총 13획.　(　　)부수 (　　)획, 총 (　　)획.
	鉤戟　　　鉤爪　　　垂鉤　　　銀鉤　　　吞鉤

구생 고구 국구 외구 / 구가 구로 운구 / 구가 구송 구영 구요 초구 / 구각 구해 쇠구 수구 체구 / 구극 구조 수구 은구 탄구

1급-27

駒	馬 부수 5획, 총 15획.	( )부수 ( )획, 총 ( )획.			
망아지 　구					
	駒隙　　駒馬　　　駒影　　　駒齒　　白駒				

鳩	鳥 부수 2획, 총 13획.	( )부수 ( )획, 총 ( )획.			
비둘기 　구					
	鳩斂　　鳩婦　　　鳩聚　　　鳩合　　蒙鳩				

窘	穴 부수 7획, 총 12획.	( )부수 ( )획, 총 ( )획.			
군색할 　군					
	窘困　　窘塞　　　窘厄　　　窘乏　　逐窘				

穹	穴 부수 3획, 총 8획.	( )부수 ( )획, 총 ( )획.			
하늘 　궁					
	穹靈　　穹窒　　　穹昊　　　穹蒼				

躬	身 부수 3획, 총 10획.	( )부수 ( )획, 총 ( )획.			
몸 　궁					
	躬耕　　躬桑　　　躬行　　　微躬　　賤躬				

구극 구마 구영 구치 백구 / 구렴 구부 구취 구합 몽구 / 군곤 군색 군액 군핍 축군 / 궁령 궁질 궁호 궁창 / 궁경 궁상 궁행 미궁 천궁

倦	人 부수 8획, 총 10획. ( )부수 ( )획, 총 ( )획.
게으를 권	倦:憩　　倦:游　　倦:怠　　倦:罷

捲	扌 手 부수 8획, 총 11획. ( )부수 ( )획, 총 ( )획.
거둘 권 말 권	捲握　　捲勇　　席捲　　捲土重來

眷	目 부수 6획, 총 11획. ( )부수 ( )획, 총 ( )획.
돌볼 권	眷:寄　　眷:率　　殊眷　　延眷

蹶	足 부수 12획, 총 19획. ( )부수 ( )획, 총 ( )획.
일어설 궐 넘어질 궐	蹶起　　竭蹶　　熱蹶　　顚蹶

机	木 부수 2획, 총 6획. ( )부수 ( )획, 총 ( )획.
책상 궤	机:案

권게 권유 권태 권파 / 권악 권용 석권 권토중래 / 권기 권솔 수권 연권 / 궐기 갈궐 열궐 전궐 / 궤안

1급-29

櫃 궤짝 궤	木 부수 14획, 총 18획. ( )부수 ( )획, 총 ( )획.				
	飯櫃　　　書櫃　　　朱櫃				
潰 무너질 궤	氵水 부수 12획, 총 15획. ( )부수 ( )획, 총 ( )획.				
	潰:決　　潰:亂　　潰:裂　　潰:瘍　潰:溢				
詭 속일 궤	言 부수 6획, 총 13획. ( )부수 ( )획, 총 ( )획.				
	詭:矯　　詭:詐　　詭:誕　　怪詭				
几 안석 궤	几 부수 0획, 총 2획. ( )부수 ( )획, 총 ( )획.				
	几:席　　几:筵　　几:杖　　書几				
硅 규소 규	石 부수 6획, 총 11획. ( )부수 ( )획, 총 ( )획.				
	硅素				

반궤 서궤 주궤 / 궤결 궤란 궤열 궤양 궤일 / 궤교 궤사 궤탄 괴궤 / 궤석 궤연 궤장 서궤 / 규소

1급-30

窺 엿볼 　 규	穴 부수 11획, 총 16획. ( )부수 ( )획, 총 ( )획.			
	窺間　　　窺測　　　俯窺			
葵 아욱 해바라기 　 규 규	⺿ 艸 부수 9획, 총 13획. ( )부수 ( )획, 총 ( )획.			
	葵藿　　　葵扇　　　葵花　　　戌葵　　　楚葵			
逵 길거리 　 규	辶 부수 8획, 총 12획. ( )부수 ( )획, 총 ( )획.			
	逵路　　　康逵　　　九逵　　　通逵			
橘 귤 　 귤	木 부수 12획, 총 16획. ( )부수 ( )획, 총 ( )획.			
	橘顆　　　橘餠　　　甘橘　　　綠橘			
剋 이길 　 극	刂 刀 부수 7획, 총 9획. ( )부수 ( )획, 총 ( )획.			
	剋殲　　　剋勝　　　相剋　　　嚴剋			

규간 규측 부규 / 규곽 규선 규화 술규 초규 / 규로 강규 구규 통규 / 귤과 귤병 감귤 연귤 / 극섬 극승 상극 엄극

1급-31

戟 창 극	戈 부수 8획, 총 12획.　(　　)부수 (　　)획, 총 (　　)획.
	劍戟　　戈戟　　矛戟

棘 가시 극	木 부수 8획, 총 12획.　(　　)부수 (　　)획, 총 (　　)획.
	棘刺　　艱棘　　楚棘　　險棘

隙 틈 극	阝阜 부수 10획, 총 13획.　(　　)부수 (　　)획, 총 (　　)획.
	隙地　　間隙　　孔隙

覲 뵐 근	見 부수 11획, 총 18획.　(　　)부수 (　　)획, 총 (　　)획.
	覲接　　覲親　　覲見

饉 주릴 근	食 부수 11획, 총 20획.　(　　)부수 (　　)획, 총 (　　)획.
	饑饉　　餓饉　　疲饉　　荒饉　　凶饉

검극 과극 모극 / 극자 간극 초극 험극 / 극지 간극 공극 / 근접 근친 근현 / 기근 아근 피근 황근 흉근

1급-32

擒	扌 手 부수 13획, 총 16획. ( )부수 ( )획, 총 ( )획.			
사로잡을 금	擒縛　　　擒縱　　　擒捉　　　拘擒　　　生擒			

衾	衤 衣 부수 4획, 총 10획. ( )부수 ( )획, 총 ( )획.			
이불 금	衾:枕　　　羅衾　　　被衾			

襟	衤 衣 부수 13획, 총 18획. ( )부수 ( )획, 총 ( )획.			
옷깃 금	襟:帶　　　襟:抱　　　素襟　　　胸襟			

扱	扌 手 부수 4획, 총 7획. ( )부수 ( )획, 총 ( )획.			
거둘 급 꽂을 삽	小扱　　　取扱			

汲	氵 水 부수 4획, 총 7획. ( )부수 ( )획, 총 ( )획.			
물길을 급	汲路　　　汲索　　　寄汲　　　引汲			

금박 금종 금착 구금 생금 / 금침 나금 피금 / 금대 금포 소금 흉금 / 소급 취급 / 급로 급삽 기급 인급

1급-33

亘 뻗칠 / 베풀 긍선	二 부수 4획, 총 6획. ( )부수 ( )획, 총 ( )획.			
	亘:古　　　綿亘　　　延亘			
矜 자랑할 긍	矛 부수 4획, 총 9획. ( )부수 ( )획, 총 ( )획.			
	矜:恤　　　可矜　　　自矜心			
伎 재간 기	亻人 부수 4획, 총 6획. ( )부수 ( )획, 총 ( )획.			
	伎巧　　　伎倆　　　伎藝　　　伎戲			
嗜 즐길 기	口 부수 10획, 총 13획. ( )부수 ( )획, 총 ( )획.			
	嗜僻　　　嗜愛　　　嗜好　　　貪嗜			
妓 기생 기	女 부수 4획, 총 7획. ( )부수 ( )획, 총 ( )획.			
	妓:樓　　妓:生　　官妓　　童妓　　義妓　　娼妓			

긍고 면긍 연긍 / 긍휼 가긍 자긍심 / 기교 기량 기예 기희 / 기벽 기애 기호 탐기 / 기루 기생 관기 동기 의기 창기

1급-34

崎	山 부수 8획, 총 11획.	( )부수 ( )획, 총 ( )획.
험할 기	崎傾　　崎嶇	

朞	月 부수 8획, 총 12획.	( )부수 ( )획, 총 ( )획.
돌 기	朞年　　朞月	

杞	木 부수 3획, 총 7획.	( )부수 ( )획, 총 ( )획.
구기자 기	杞柳　　樹杞	

畸	田 부수 8획, 총 13획.	( )부수 ( )획, 총 ( )획.
떼기밭 기 / 불구(不具) 기	畸形	

綺	糸 부수 8획, 총 14획.	( )부수 ( )획, 총 ( )획.
비단 기	綺麗　　綺綾　　綺袖　　綺帳　　綠綺	

기경 기구 / 기년 기월 / 기류 수기 / 기형 / 기려 기릉 기수 기장 연기

1급-35

羈 굴레 기 / 나그네 기	罒 网 부수 19획, 총 24획. ( )부수 ( )획, 총 ( )획.			
	羈梏　　　羈維　　　牽羈			
肌 살 기	月 肉 부수 2획, 총 6획. ( )부수 ( )획, 총 ( )획.			
	肌膏　　　肌膚　　　雪肌			
譏 비웃을 기	言 부수 12획, 총 19획. ( )부수 ( )획, 총 ( )획.			
	譏謗　　　譏刺　　　譏讒　　　譏嫌			
拮 일할 길	扌 手 부수 6획, 총9획. ( )부수 ( )획, 총 ( )획.			
	拮抗			
喫 먹을 끽	口 부수 9획, 총 12획. ( )부수 ( )획, 총 ( )획.			
	喫怯　　喫茶　　喫飯　　喫着　　滿喫			

기곡 기유 견기 / 기고 기부 설기 / 기방 기자 기참 기혐 / 길항 / 끽겁 끽다 끽반 끽착 만끽

1급-36

儺	亻 人 부수 19획, 총 21획. ( )부수 ( )획, 총 ( )획.
푸닥거리 **나**	驅儺　　　贈儺　　　追儺　　　行儺
懦	忄 心 부수 14획, 총 17획. ( )부수 ( )획, 총 ( )획.
나약할 **나**	懦:弱　　　懦:劣　　　怯懦　　　庸懦
拏	扌 手 부수 5획, 총 9획. ( )부수 ( )획, 총 ( )획.
잡을 **나**	拏:捕　　　猛拏　　　盤拏
拿	手 부수 6획, 총 10획. ( )부수 ( )획, 총 ( )획.
잡을 **나**	拿:勘　　拿:鞫　　拿:囚　　拿:捕　　拿:獲　　拘拿
煖	火 부수 9획, 총 13획. ( )부수 ( )획, 총 ( )획.
더울 **난**	煖:爐　　　煖:房　　　寒煖

구나 증나 추나 행나 / 나약 나열 겁나 용나 / 나포 맹나 반나 / 나감 나국 나수 나포 나획 구나 / 난로 난방 한란

1급-37

捏	扌 手 부수 7획, 총 10획. ( )부수 ( )획, 총 ( )획.				
꾸밀 날	捏詞 捏造				

捺	扌 手 부수 8획, 총 11획. ( )부수 ( )획, 총 ( )획.				
누를 날	捺染 捺印 捺章 捺糊				

衲	衤 衣 부수 4획, 총 9획. ( )부수 ( )획, 총 ( )획.				
기울 납	衲衣 衲被 梵衲				

囊	口 부수 19획, 총 22획. ( )부수 ( )획, 총 ( )획.				
주머니 낭	囊括 錦囊 背囊 藥囊 寢囊 囊中之錐				

撚	扌 手 부수 12획, 총 15획. ( )부수 ( )획, 총 ( )획.				
비빌 년	撚斷 撚撥 撚絲				

날사 날조 / 날염 날인 날장 날호 / 납의 납피 범납 / 낭괄 금낭 배낭 약낭 침낭 낭중지추 / 연단 연발 연사

1급-38

涅 열반 녈	⺡ 水 부수 7획, 총 10획. ( )부수 ( )획, 총 ( )획.				
	涅墨　　涅槃　　涅髮　　涅汚　　刻涅				

弩 쇠뇌 노	弓 부수 5획, 총 8획. ( )부수 ( )획, 총 ( )획.				
	彊弩　　弓弩　　萬弩				

駑 둔한말 노	馬 부수 5획, 총 15획. ( )부수 ( )획, 총 ( )획.				
	駑鈍　駑闇　駑頑　愚駑　策駑　罷駑				

膿 고름 농	月 肉 부수 13획, 총 17획. ( )부수 ( )획, 총 ( )획.				
	膿團　　膿漏　　膿汁				

撓 휠 뇨	扌 手 부수 12획, 총 15획. ( )부수 ( )획, 총 ( )획.				
	撓:亂　　撓:折　　侵撓　　陷撓				

열묵 열반 열발 열오 각녈 / 강노 궁노 만노 / 노둔 노암 노완 우노 책노 파노 / 농단 농루 농즙 / 요란 요절 침뇨 함뇨

1급-39

訥 말더듬거릴　눌	言 부수 4획, 총 11획.		(　)부수 (　)획, 총 (　)획.		
	訥辯　　　訥澁　　　訥言				
紐 맺을　　뉴	糸 부수 4획, 총 10획.		(　)부수 (　)획, 총 (　)획.		
	綱紐　　　結紐　　　解紐				
匿 숨길　　닉	匸 부수 9획, 총 11획.		(　)부수 (　)획, 총 (　)획.		
	匿名　　　隱匿　　　藏匿				
簞 소쿠리　단	竹 부수 12획, 총 18획.		(　)부수 (　)획, 총 (　)획.		
	空簞　　　簞食瓢(표)飮				
緞 비단　　단	糸 부수 9획, 총 15획.		(　)부수 (　)획, 총 (　)획.		
	緋緞　　　絨緞				

눌변 눌삽 눌언 / 강뉴 결뉴 해뉴 / 익명 은닉 장닉 / 공단 단사표음 / 비단 융단

1급-40

蛋	虫 부수 5획, 총 11획.	( )부수 ( )획, 총 ( )획.		
새알 단	蛋:殼　　　蛋:黃　　　蛋:白質			

撻	扌 手 부수 13획, 총 16획. ( )부수 ( )획, 총 ( )획.			
때릴 달	撻脛　　撻罰　　撻笞　　戮撻　　楚撻			

疸	疒 부수 5획, 총 10획. ( )부수 ( )획, 총 ( )획.			
황달 달	疸病　　疸症　　穀疸　　黃疸			

憺	忄 心 부수 13획, 총 16획. ( )부수 ( )획, 총 ( )획.			
참담할 담	憺畏　　蕭憺　　慘憺			

曇	日 부수 12획, 총 16획. ( )부수 ( )획, 총 ( )획.			
흐릴 담	曇摩　　曇徵　　悉曇　　晴曇			

단각 단황 단백질 / 달경 달벌 달태 육달 초달 / 달병 달증 곡달 황달 / 담외 소담 참담 / 담마 담징 실담 청담

1급-41

澹 맑을 담	⺡水 부수 13획, 총 16획. ( )부수 ( )획, 총 ( )획.				
	澹泊　　　澹艶　　　澹蕩　　　暗澹				

痰 가래 담	疒 부수 8획, 총 13획. ( )부수 ( )획, 총 ( )획.				
	痰:癖　　　痰:唾　　　血痰				

譚 클 담 / 말씀 담	言 부수 12획, 총 19획. ( )부수 ( )획, 총 ( )획.				
	譚詩　　　怪譚　　　奇譚　　　　參譚				

遝 뒤섞일 답	⻌ 부수 10획, 총 14획. ( )부수 ( )획, 총 ( )획.				
	遝至　　　雜遝　　　合遝				

撞 칠 당	扌手 부수 12획, 총 15획. ( )부수 ( )획, 총 ( )획.				
	撞突　　　擊撞　　　衝撞　　　自家撞着				

담박 담염 담탕 암담 / 담벽 담타 혈담 / 담시 괴담 기담 참담 / 답지 잡답 합답 / 당돌 격당 충당 자가당착

1급-42

棠	木 부수 8획, 총 12획.	( )부수 ( )획, 총 ( )획.		
아가위 당	甘棠　　錦棠　　沙棠　　海棠花			

螳	虫 부수 11획, 총 17획.	( )부수 ( )획, 총 ( )획.		
버마재비 당	螳斧　　螳螂(랑)拒轍			

擡	扌 手 부수 14획, 총 17획.	( )부수 ( )획, 총 ( )획.		
들 대	擡擧　　擡頭			

袋	衤 衣 부수 5획, 총 11획.	( )부수 ( )획, 총 ( )획.		
자루 대	袋鼠　　角袋　　麻袋　　布袋　　皮袋　　香袋			

堵	土 부수 9획, 총 12획.	( )부수 ( )획, 총 ( )획.		
담 도	堵塞　　堵列　　堵墻　　阿堵　　環堵			

감당 금당 사당 해당화 / 당부 당랑거철 / 대거 대두 / 대서 각대 마대 포대 피대 향대 / 도색 도열 도장 아도 환도

1급-43

屠 죽일 도	尸 부수 9획, 총 12획. ( )부수 ( )획, 총 ( )획.
	屠潰　　屠戮　　屠殺　　浮屠

掉 흔들 도	扌 手 부수 8획, 총 11획. ( )부수 ( )획, 총 ( )획.
	掉尾　　搖掉　　振掉　　揮掉

搗 찧을 도	扌 手 부수 10획, 총 13획. ( )부수 ( )획, 총 ( )획.
	搗衣　　搗精　　麻搗

淘 쌀일 도	氵 水 부수 8획, 총 11획. ( )부수 ( )획, 총 ( )획.
	淘金　　淘米　　淘洗　　淘汰　　淨淘

滔 물넘칠 도	氵 水 부수 10획, 총 13획. ( )부수 ( )획, 총 ( )획.
	滔騰　　滔蕩　　振掉

도궤 도륙 도살 부도 / 도미 요도 진도 휘도 / 도의 도정 마도 / 도금 도미 도세 도태 정도 / 도등 도탕 진도

1급-44

濤	氵水 부수 14획, 총 17획. ( )부수 ( )획, 총 ( )획.			
물결 도	濤聲　　　波濤　　　環濤　　　疾風怒濤			

睹	目 부수 9획, 총 14획. ( )부수 ( )획, 총 ( )획.			
볼 도	睹聞　　　目睹　　　逆睹			

賭	貝 부수 9획, 총 16획. ( )부수 ( )획, 총 ( )획.			
내기 도	賭博　　　賭場　　　賭錢　　　競賭			

禱	礻示 부수 14획, 총 19획. ( )부수 ( )획, 총 ( )획.			
빌 도	禱福　　祈禱　　默禱　　素禱　　祝禱			

萄	艹艸 부수 8획, 총 12획. ( )부수 ( )획, 총 ( )획.			
포도 도	葡萄　　葡萄牙(포르투칼의 한자음)			

도성 파도 환도 질풍노도 / 도문 목도 역도 / 도박 도장 도전 경도 / 도복 기도 묵도 소도 축도 / 포도 포두아

1급-45

蹈	足 부수 10획, 총 17획. ( )부수 ( )획, 총 ( )획.			
밟을 도	蹈履 蹈襲 蹈踐 舞蹈			

鍍	金 부수 9획, 총 17획. ( )부수 ( )획, 총 ( )획.			
도금할 도	鍍金			

瀆	氵水 부수 15획, 총 18획. ( )부수 ( )획, 총 ( )획.			
도랑 독 더럽힐 독	瀆慢 瀆職 溝瀆 汚瀆			

禿	禾 부수 2획, 총 7획. ( )부수 ( )획, 총 ( )획.			
대머리 독	禿巾 禿山 禿翁 禿筆 斑禿			

沌	氵水 부수 4획, 총 7획. ( )부수 ( )획, 총 ( )획.			
엉길 돈	混沌 渾沌			

도리 도습 도천 무도 / 도금 / 독만 독직 구독 오독 / 독건 독산 독옹 독필 반독 / 혼돈 혼돈

1급-46

憧	ㅏ心 부수 12획, 총 15획. ( )부수 ( )획, 총 ( )획.			
동경할 **동**	憧:憬 愚憧			

疼	疒 부수 5획, 총 10획. ( )부수 ( )획, 총 ( )획.			
아플 **동**	疼:腫 疼:痛			

瞳	目 부수 12획, 총 17획. ( )부수 ( )획, 총 ( )획.				
눈동자 **동**	瞳:孔 瞳:子 瞳:睛 雙瞳 重瞳				

胴	月 肉 부수 6획, 총 10획. ( )부수 ( )획, 총 ( )획.			
큰창자 **동** 몸통 **동**	胴體			

兜	儿 부수 9획, 총 11획. ( )부수 ( )획, 총 ( )획.			
투구 **두** 도솔천 **도**	兜轎 兜籠 兜侵 兜率天			

동경 우동 / 동종 동통 / 동공 동자 동정 쌍동 중동 / 동체 / 두교 두롱 두침 도솔천

1급-47

痘 역질 두	疒 부수 7획, 총 12획. ( )부수 ( )획, 총 ( )획.			
	痘疫 痘痕 水痘 牛痘 種痘法			

臀 볼기 둔	月 肉 부수 13획, 총 17획. ( )부수 ( )획, 총 ( )획.			
	臀肉 臀腫			

遁 숨을 둔	辶 辵 부수 9획, 총 13획. ( )부수 ( )획, 총 ( )획.			
	遁:甲 遁:逃 遁:北 遁:迹 隱遁 逐遁			

橙 귤 결상 등 등	木 부수 12획, 총 16획. ( )부수 ( )획, 총 ( )획.			
	橘橙 綠橙 霜橙 香橙			

懶 게으를 라	忄 心 부수 16획, 총 19획. ( )부수 ( )획, 총 ( )획.			
	懶:婦 懶:惰 懶:怠 懶不自惜			

두역 두흔 수두 우두 종두법 / 둔육 둔종 / 둔갑 둔도 둔배 둔적 은둔 축둔 / 귤등 녹등 상등 향등 / 나부 나타 나태 나부자석

1급-48

癩	疒 부수 16획, 총 21획.	( )부수 ( )획, 총 ( )획.		
문둥이 라	癩:菌 癩:病 癩:疹 癩:漢			

螺	虫 부수 11획, 총 17획.	( )부수 ( )획, 총 ( )획.		
소라 라	螺髮 陵螺 法螺 陀螺 螺旋形			

邏	辶 辵 부수 19획, 총 23획.	( )부수 ( )획, 총 ( )획.		
순라 라	邏騎 邏吏 巡邏 候邏			

烙	火 부수 6획, 총 10획.	( )부수 ( )획, 총 ( )획.		
지질 락	烙記 烙印 鍼烙			

酪	酉 부수 6획, 총 13획.	( )부수 ( )획, 총 ( )획.		
쇠젖 락	酪奴 酪母 酪漿			

나균 나병 나진 나한 / 나발 능라 법라 타라 나선형 / 나기 나리 순라 후라 / 낙기 낙인 침락 / 낙노 낙모 낙장

駱 낙타 락	馬 부수 6획, 총 16획. ( )부수 ( )획, 총 ( )획.
	駱馬　　駱漠　　駱丞　　　駱驛　　駱駝

瀾 물결 란	氵水 부수 17획, 총 20획. ( )부수 ( )획, 총 ( )획.
	瀾濤　　瀾漫　　瀾汗　　碧瀾　　波瀾

鸞 난새 란	鳥 부수 19획, 총 30획. ( )부수 ( )획, 총 ( )획.
	鸞駕　鸞車　鸞鈴　鸞殿　鳴鸞　鳳鸞　祥鸞

剌 어그러질 랄 / 수라 라	刂刀 부수 7획, 총 9획. ( )부수 ( )획, 총 ( )획.
	剌謬　　撥剌　　水剌

辣 매울 랄	辛 부수 7획, 총 14획. ( )부수 ( )획, 총 ( )획.
	辣腕　　辛辣　　惡辣　　酷辣

낙마 낙막 낙승 낙역 낙타 / 난도 난만 난한 벽란 파란 / 난가 난거 난령 난전 명란 봉란 상란 / 날류 발랄 수라 / 날완 신랄 악랄 혹랄

1급－50

籃	
대바구니 **람**	竹 부수 14획, 총 20획. ( )부수 ( )획, 총 ( )획.

籃球   籃輿   藥籃   搖籃

臘	
섣달 **랍**	月 肉 부수 15획, 총 19획. ( )부수 ( )획, 총 ( )획.

臘茶   臘梅   臘祭   舊臘   法臘

蠟	
밀 **랍**	虫 부수 15획, 총 21획. ( )부수 ( )획, 총 ( )획.

蠟淚   蠟詔   蠟燭   蜜蠟   封蠟

狼	
이리 **랑**	犭 犬 부수 7획, 총 10획. ( )부수 ( )획, 총 ( )획.

狼:戾   狼:心   狼:貪   狼:虎   豺狼   虎狼

倆	
재주 **량**	人 부수 8획, 총 10획. ( )부수 ( )획, 총 ( )획.

技倆

남구 남여 약람 요람 / 납다 납매 납제 구랍 법랍 / 납루 납조 납촉 밀랍 봉랍 / 낭려 낭심 낭탐 낭호 시랑 호랑 / 기량

1급-51

| 粱 기장 **량** | 米 부수 7획, 총 13획. | ( )부수 ( )획, 총 ( )획. |
| | 粱飯　　粱肉　　膏粱珍味 | |

| 侶 짝 **려** | 亻人 부수 7획, 총 9획. | ( )부수 ( )획, 총 ( )획. |
| | 僧侶　　行侶　　伴侶者 | |

| 戾 어그러질 **려** | 戶 부수 4획, 총 8획. | ( )부수 ( )획, 총 ( )획. |
| | 戾:轉　　乖戾　　惡戾　　悖戾 | |

| 濾 거를 **려** | 氵水 부수 15획, 총 18획. | ( )부수 ( )획, 총 ( )획. |
| | 濾:過 | |

| 閭 마을 **려** | 門 부수 7획, 총 15획. | ( )부수 ( )획, 총 ( )획. |
| | 閭閻　　閭巷　　邑閭 | |

양반 양육 고량진미 / 승려 행려 반려자 / 여전 괴려 악려 패려 / 여과 / 여염 여항 읍려

1급-52

黎 검을 려	黍 부수 3획, 총 15획. ( )부수 ( )획, 총 ( )획.			
	黎明	黎民	黎庶	黎杖

瀝 스밀 력	氵 水 부수 16획, 총 19획. ( )부수 ( )획, 총 ( )획.			
	瀝懇	餘瀝	殘瀝	滴瀝

礫 조약돌 력	石 부수 15획, 총 20획. ( )부수 ( )획, 총 ( )획.			
	礫石	沙礫	瓦礫	

輦 가마 련	車 부수 8획, 총 15획. ( )부수 ( )획, 총 ( )획.			
	輦車	鳳輦	御輦	

斂 거둘 렴	攵 攴 부수 13획, 총 17획. ( )부수 ( )획, 총 ( )획.				
	斂髮	斂葬	賦斂	收斂	苛斂誅求

여명 여민 여서 여장 / 역간 여력 진력 적력 / 역석 사력 외력 / 연차 봉련 어련 / 염발 염장 부렴 수렴 가렴주구

1급-53

	歹 부수 13획, 총 17획.	( )부수 ( )획, 총 ( )획.
殮 염할 렴		
	殮:襲 殮:布	

	竹 부수 13획, 총 19획.	( )부수 ( )획, 총 ( )획.
簾 발 렴		
	簾幕 撤簾 垂簾 珠簾 竹簾	

	囗 부수 5획, 총 8획.	( )부수 ( )획, 총 ( )획.
囹 옥 령		
	囹圄 圉囹 幽囹	

	辶 辵 부수 7획, 총 11획.	( )부수 ( )획, 총 ( )획.
逞 쾌할 령		
	逞欲 不逞分子	

	金 부수 5획, 총 13획.	( )부수 ( )획, 총 ( )획.
鈴 방울 령		
	鈴語 鈴鐸	

염습 염포 / 염막 살렴 수렴 주렴 죽렴 / 영어 위령 유령 / 영욕 불령분자 / 영어 영탁

1급-54

齡 나이 **령**	齒 부수 5획, 총 20획.　　(　　　)부수 (　　　)획, 총 (　　　)획.				
	學齡　　　老齡　　　妙齡　　　年齡　　　適齡期				

撈 건질 **로**	扌 手 부수 12획, 총 15획. (　　　)부수 (　　　)획, 총 (　　　)획.				
	牽撈　　　　漁撈　　　曳撈　　　拗撈				

擄 노략질할 **로** (노)	扌 手 부수 13획, 총 16획. (　　　)부수 (　　　)획, 총 (　　　)획.				
	擄掠　　　侵擄				

虜 사로잡을 **로**	虍 부수 6획, 총 12획.　　(　　　)부수 (　　　)획, 총 (　　　)획.				
	虜略　　　虜獲　　　降虜　　　守錢虜				

碌 푸른돌 **록**	石 부수 8획, 총 13획.　　(　　　)부수 (　　　)획, 총 (　　　)획.				
	碌靑				

학령 노령 묘령 연령 적령기 / 견로 어로 예로 요로 / 노략 침노 / 노략 노획 항로 수전로 / 녹청

1급-55

麓	鹿 부수 8획, 총 19획.	( )부수 ( )획, 총 ( )획.		
산기슭 **록**	山麓 蒼麓 翠麓			

壟	土 부수 16획, 총 19획.	( )부수 ( )획, 총 ( )획.		
밭두둑 **롱**	壟:斷 壟:畔 峻壟 頹壟			

瓏	王 玉 부수 16획, 총 20획.	( )부수 ( )획, 총 ( )획.		
옥소리 **롱**	玲瓏 瓦瓏 鴻瓏			

聾	耳 부수 16획, 총 22획.	( )부수 ( )획, 총 ( )획.		
귀먹을 **롱**	聾昧 聾盲 聾啞 頑聾			

傀	亻人 부수 15획, 총 17획.	( )부수 ( )획, 총 ( )획.		
꼭두각시 **뢰**	儡身 傀儡			

산록 창록 취록 / 농단 농반 준롱 퇴롱 / 영롱 와롱 홍롱 / 농매 농맹 농아 완롱 / 뇌신 괴뢰

1급-56

牢	牛 부수 3획, 총 7획.　　(　　)부수 (　　)획, 총 (　　)획.					
우리　뢰	牢却　　牢落　　牢棧　　皐牢　　圈牢　搜牢　　獄牢					

磊	石 부수 10획, 총 15획.　　(　　)부수 (　　)획, 총 (　　)획.					
돌무더기　뢰	磊塊　　　磊落					

賂	貝 부수 6획, 총 13획.　　(　　)부수 (　　)획, 총 (　　)획.					
뇌물　뢰	賂物　　賂謝　　賂遺　　納賂　　厚賂					

寥	宀 부수 11획, 총 14획.　　(　　)부수 (　　)획, 총 (　　)획.					
쓸쓸할　료	寥亮　　寥廓　　蕭廖　　寂廖　　凄廖					

寮	宀 부수 12획, 총 15획.　　(　　)부수 (　　)획, 총 (　　)획.					
동관(同官)　료	僚屬　　僚佐　　同僚　　僧寮					

뇌각 뇌락 뇌잔 고뢰 권뢰 수뢰 옥뢰 / 뇌괴 뇌락 / 뇌물 뇌사 뇌유 납뢰 후뢰 / 요량 요확 소료 적료 처료 / 요속 요좌 동료 승료

1급-57

燎 횃불 **료**	火 부수 12획, 총 16획. ( )부수 ( )획, 총 ( )획.		
	燎壇 燎獵 燎原		

瞭 밝을 **료**	目 부수 12획, 총 17획. ( )부수 ( )획, 총 ( )획.		
	明瞭 照瞭		

聊 애오라지 **료**	耳 부수 5획, 총 11획. ( )부수 ( )획, 총 ( )획.		
	聊浪 聊賴 聊爾 無聊		

壘 보루 **루**	土 부수 15획, 총 18획. ( )부수 ( )획, 총 ( )획.		
	壘壁 城壘 離壘 進壘 陷壘 險壘		

陋 더러울 **루**	阝阜 부수 6획, 총 9획. ( )부수 ( )획, 총 ( )획.		
	陋:鄙 陋:醜 陋:巷 固陋 頑陋		

요단 요렵 요원 / 명료 조료 / 요랑 요뢰 요이 무료 / 누벽 성루 이루 진루 함루 험루 / 누비 누추 누항 고루 완루

1급-58

| 溜
처마물 류 | 氵 水 부수10획, 총 13획. (　　)부수 (　　)획, 총 (　　)획. |
| 飛溜　　氷溜　　滴溜　　瀑溜 |

| 琉
유리 류 | 王 玉 부수 6획, 총 10획. (　　)부수 (　　)획, 총 (　　)획. |
| 琉球 |

| 瘤
혹 류 | 疒 부수 10획, 총 15획. (　　)부수 (　　)획, 총 (　　)획. |
| 瘤:腫　　宿瘤　　贅瘤 |

| 戮
죽일 륙 | 戈 부수 11획, 총 15획. (　　)부수 (　　)획, 총 (　　)획. |
| 戮辱　　屠戮　　殺戮　　殘戮　　誅戮 |

| 淪
빠질 륜 | 氵 水 부수 8획, 총 11획. (　　)부수 (　　)획, 총 (　　)획. |
| 淪匿　　淪落　　淪埋　　淪塞　　沈淪　　渾淪 |

비류 빙류 적류 폭류 / 유구 / 유종 숙류 췌류 / 육욕 도륙 살육 잔륙 주륙 / 윤닉 윤락 윤매 윤색 침륜 혼륜

1급－59

綸	糸 부수 8획, 총 14획. （ ）부수 （ ）획, 총 （ ）획.		
벼리　륜	經綸　　　垂綸　　　投綸		

慄	↑ 心 부수 10획, 총 13획. （ ）부수 （ ）획, 총 （ ）획.			
떨릴　　률	慄烈　　恐慄　　　凜慄　　　悚慄　　　戰慄			

勒	力 부수 9획, 총 11획. （ ）부수 （ ）획, 총 （ ）획.		
굴레　　륵	勒掘　　勒徵　　　彌勒佛		

肋	月 肉 부수 2획, 총 6획. （ ）부수 （ ）획, 총 （ ）획.		
갈빗대　륵	肋骨　　鷄肋　　　肋膜炎		

凜	冫 부수 13획, 총 15획. （ ）부수 （ ）획, 총 （ ）획.		
찰　　름	凜兢　　凜烈　　　凜慄		

경륜 수륜 투륜 / 율렬 공률 늠률 송률 전율 / 늑굴 늑징 미륵불 / 늑골 계륵 늑막염 / 늠긍 늠렬 늠률

1급-60

한자	부수·획수	단어
凌 업신여길 릉	冫 부수 8획, 총 10획. ( )부수 ( )획, 총 ( )획.	凌駕 凌罵 凌蔑 凌辱 凌逼 凌虐
稜 모날 릉	禾 부수 8획, 총 13획. ( )부수 ( )획, 총 ( )획.	稜角 稜疊 巖稜 威稜 旱稜
綾 비단 릉	糸 부수 8획, 총 14획. ( )부수 ( )획, 총 ( )획.	綾衾 綾帽 綾扇 綾屬 胡綾
菱 마름 릉	++ 艸 부수 8획, 총 12획. ( )부수 ( )획, 총 ( )획.	菱形 採菱
俚 속될 리	人 부수 7획, 총 9획. ( )부수 ( )획, 총 ( )획.	俚婦 俚諺 俚醫 鄙俚

능가 능매 능멸 능욕 능핍 능학 / 능각 능첩 암릉 위릉 한릉 / 능금 능모 능선 능속 호릉 / 능형 채릉 / 이부 이언 이의 비리

1급-61

愀	忄 心 부수 7획, 총 10획. ( )부수 ( )획, 총 ( )획.				
영리할 리	怜悧				
痢	疒 부수 7획, 총 12획. ( )부수 ( )획, 총 ( )획.				
이질 리	痢症	痢疾	渴痢	泄痢	疫痢
籬	竹 부수 19획, 총 25획. ( )부수 ( )획, 총 ( )획.				
울타리 리	籬菊	籬藩	棘籬	槿籬	東籬
罹	罒 网 부수 11획, 총 16획. ( )부수 ( )획, 총 ( )획.				
걸릴 리	罹難	罹病	罹厄	罹災	
裡	衤 衣 부수 7획, 총 12획. ( )부수 ( )획, 총 ( )획.				
속 리	乾裡	庫裡	帖裡		

영리 / 이증 이질 갈리 설리 역리 / 이국 이번 극리 근리 동리 / 이난 이병 이액 이재 / 건리 고리 첩리

1급-62

釐 다스릴 리	里 부수 11획, 총 18획. ( )부수 ( )획, 총 ( )획.			
	釐替　　　釐革　　　陟釐　　　毫釐			

吝 아낄 린	口 부수 4획, 총 7획. ( )부수 ( )획, 총 ( )획.			
	吝嗇　　　吝愛　　　貪吝			

燐 도깨비불 린	火 부수 12획, 총 16획. ( )부수 ( )획, 총 ( )획.			
	燐光　　　燐火　　　赤燐　　　黃燐			

躪 짓밟을 린	足 부수 20획, 총 27획. ( )부수 ( )획, 총 ( )획.			
	蹂躪			

鱗 비늘 린	魚 부수 12획, 총 23획. ( )부수 ( )획, 총 ( )획.			
	鱗羽　　　鱗萃　　　鱗彙　　　逆鱗　　　片鱗			

이체 이혁 척리 호리 / 인색 인애 탐린 / 인광 인화 적린 황린 / 유린 / 인우 인체 인휘 역린 편린

1급-63

淋		
임질 **림**	氵 水 부수 8획, 총 11획. ( )부수 ( )획, 총 ( )획.	
	淋滲 淋灕 淋疾 淋汗 淋巴腺	

笠		
삿갓 **립**	竹 부수 5획, 총 11획. ( )부수 ( )획, 총 ( )획.	
	笠帽 蓋笠 蓬笠 氈笠 簑笠翁	

粒		
낟알 **립**	米 부수 5획, 총 11획. ( )부수 ( )획, 총 ( )획.	
	粒雪 栗粒 慘粒 微粒子	

寞		
고요할 **막**	宀 부수 11획, 총 14획. ( )부수 ( )획, 총 ( )획.	
	落寞 索寞 窈寞 寂寞 沖寞	

卍		
만 **만**	十 부수 4획, 총 6획. ( )부수 ( )획, 총 ( )획.	
	卍:字	

임삼 임쇄 임질 임한 임파선 / 입모 개립 봉립 전립 사립옹 / 입설 율립 참립 미립자 / 낙막 삭막 요막 적막 충막 / 만자

1급-64

彎	弓 부수 19획, 총 22획.	(	)부수 (	)획, 총 (	)획.
굽을 **만**					
	彎曲 **彎屈** **彎月** **彎環**				

挽	扌 手 부수 7획, 총 10획.	(	)부수 (	)획, 총 (	)획.
당길 **만**					
	挽:弓 **挽:留** **挽:引**				

瞞	目 부수 11획, 총 16획.	(	)부수 (	)획, 총 (	)획.
속일 **만**					
	瞞着 **欺瞞** **阿瞞**				

蔓	⧺ 艸 부수 11획, 총 15획.	(	)부수 (	)획, 총 (	)획.
덩굴 **만**					
	蔓茂 **蔓延** **蔓草**				

輓	車 부수 7획, 총 14획.	(	)부수 (	)획, 총 (	)획.
끌 **만** / 애도할 **만**					
	輓歌 **輓詞** **輓章** **漕輓**				

만곡 만굴 만월 만환 / 만궁 만류 만인 / 만착 기만 아만 / 만무 만연 만초 / 만가 만사 만장 조만

1급-65

饅	食 부수 11획, 총 20획.　(　)부수 (　)획, 총 (　)획.			
만두　만	饅頭			
鰻	魚 부수 11획, 총 22획.　(　)부수 (　)획, 총 (　)획.			
뱀장어　만	養鰻　　海鰻			
抹	扌 手 부수 5획, 총 8획.　(　)부수 (　)획, 총 (　)획.			
지울　말	抹殺　　抹消　　抹擦　　一抹			
沫	氵 水 부수 5획, 총 8획.　(　)부수 (　)획, 총 (　)획.			
물거품　말	跳沫　　沸沫　　飛沫　　泡沫			
襪	衤 衣 부수 15획, 총 20획.　(　)부수 (　)획, 총 (　)획.			
버선　말	襪繫　　羅襪　　洋襪			

만두 / 양만 해만 / 말살 말소 말찰 일말 / 도말 비말 비말 포말 / 말계 나말 양말

1급-66

芒	⼗ ⾋ 부수 3획, 총 7획. ( )부수 ( )획, 총 ( )획.
까끄라기 **망**	芒屨 芒銳 芒硝 光芒 鋒芒 星芒

惘	⼼ ⼼ 부수 8획, 총 11획. ( )부수 ( )획, 총 ( )획.
멍할 **망**	悽惘 慌惘

寐	⼧ 부수 9획, 총 12획. ( )부수 ( )획, 총 ( )획.
잘 **매**	假寐 睡寐 寤寐不忘 夙夜夢寐

昧	⽇ 부수 5획, 총 9획. ( )부수 ( )획, 총 ( )획.
어두울 **매**	昧沒 蒙昧 愚昧 三昧境

煤	⽕ 부수 9획, 총 13획. ( )부수 ( )획, 총 ( )획.
그을음 **매**	煤煙 煤炭 松煤 寵煤

망리 망예 망초 광망 봉망 성망 / 처망 황망 / 가매 수매 오매불망 숙야몽매 / 매몰 몽매 우매 삼매경 / 매연 매탄 송매 총매

1급-67

罵 꾸짖을 매	罒 网 부수 10획, 총 15획. ( )부수 ( )획, 총 ( )획.
	罵:言 罵:辱 叫罵 侮罵 惡罵

邁 갈(行) 매	辶 辵 부수 13획, 총 17획. ( )부수 ( )획, 총 ( )획.
	邁勳 高邁 衰邁 勇往邁進

呆 어리석을 매	口 부수 4획, 총 7획. ( )부수 ( )획, 총 ( )획.
	癡呆

萌 움 맹	⺿ 艸 부수 8획, 총 12획. ( )부수 ( )획, 총 ( )획.
	萌黎 萌芽 邪萌 竹萌

棉 목화 면	木 부수 8획, 총 12획. ( )부수 ( )획, 총 ( )획.
	棉花 木棉

매언 매욕 규매 모매 악매 / 매훈 고매 쇠매 용왕매진 / 치매 / 맹려 맹아 사맹 죽맹 / 면화 목면

1급-68

眄 곁눈질할 면	目 부수 4획, 총 9획. (　)부수 (　)획, 총 (　)획.	顧眄　　仰眄　　流眄　　幻眄
緬 멀 면	糸 부수 9획, 총 15획. (　)부수 (　)획, 총 (　)획.	緬奉　　緬維　　陵緬　　冥緬　　悠緬
麪 국수 면	麥 부수 4획, 총 15획. (　)부수 (　)획, 총 (　)획.	麪類　　麥麪
暝 저물 명	日 부수 10획, 총 14획. (　)부수 (　)획, 총 (　)획.	暝帆　　闇暝　　晦暝
溟 바다 명	氵水 부수 10획, 총 13획. (　)부수 (　)획, 총 (　)획.	溟渤　　溟漲　　巨溟　　南溟　　杳溟

고면 앙면 유면 환면 / 면봉 면유 능면 명면 유면 / 면류 맥면 / 명범 암명 회명 / 명발 명창 거명 남명 묘명

1급-69

皿	皿 부수 0획, 총 5획.　　(　　)부수 (　　)획, 총 (　　)획.
그릇 **명**	金皿　　器皿

螟	虫 부수 10획, 총 16획.　　(　　)부수 (　　)획, 총 (　　)획.
멸구 **명**	螟蟲　　飛螟　　焦螟　　秋螟

酩	酉 부수 6획, 총 13획.　　(　　)부수 (　　)획, 총 (　　)획.
술취할 **명**	酩酊　　飮酩

袂	衤 衣 부수 4획, 총 9획.　　(　　)부수 (　　)획, 총 (　　)획.
소매 **메**	袂別　　聯袂　　香袂　　華袂

摸	扌 手 부수 11획, 총 14획.　　(　　)부수 (　　)획, 총 (　　)획.
더듬을 **모**	摸倣　摸寫　摸索　摸擬　摸造　掏摸　描摸

금명 기명 / 명충 비명 초명 추명 / 명정 음명 / 메별 연메 향메 화메 / 모방 모사 모색 모의 모조 도모 묘모

1급-70

牛 부수 3획, 총 7획.	(	)부수 (	)획, 총 (	)획.

牡
수컷　모

牡瓦　　　牡痔　　　牡蛤　　　肥牡

耒 부수 4획, 총 10획.	(	)부수 (	)획, 총 (	)획.

耗
소모할　모

省耗　　　消耗　　　損耗　　　抑耗

米 부수 11획, 총 17획.	(	)부수 (	)획, 총 (	)획.

糢
모호할　모

糢糊

歹 부수 4획, 총 8획.	(	)부수 (	)획, 총 (	)획.

歿
죽을　　몰

殞歿　　　戰歿　　　陣歿

扌 手 부수 9획, 총 12획.	(	)부수 (	)획, 총 (	)획.

描
그릴　　묘

描寫　　　線描　　　素描　　　點描

모와 모치 모합 비모 / 생모 소모 손모 억모 / 모호 / 운몰 전몰 진몰 / 묘사 선묘 소묘 점묘

1급-71

杳 아득할 묘	木 부수 4획, 총 8획.	( )부수 ( )획, 총 ( )획.		
	杳然　　深杳			

渺 아득할 묘 물질편할 묘	氵水 부수 9획, 총 12획.	( )부수 ( )획, 총 ( )획.		
	渺漫　　杳渺　　窈渺			

猫 고양이 묘	犭犬 부수 9획, 총 12획.	( )부수 ( )획, 총 ( )획.		
	猫:兒　　猫:柔　　黑猫白猫			

巫 무당 무	工 부수 4획, 총 7획.	( )부수 ( )획, 총 ( )획.		
	巫:覡　　巫:卜　　巫:俗　　巫:呪　　靈巫			

憮 어루만질 무	忄心 부수 12획, 총 15획.	( )부수 ( )획, 총 ( )획.		
	憮:然　　歡憮			

묘연 심묘 / 묘만 묘묘 요묘 / 묘아 묘유 흑묘백묘 / 무격 무복 무속 무주 영무 / 무연 환무

1급-72

| 拇 | 扌 手 부수 5획, 총 8획. ( )부수 ( )획, 총 ( )획. |
| 엄지손가락 무 | 拇印　　拇指　　手拇 |

| 撫 | 扌 手 부수 12획, 총 15획. ( )부수 ( )획, 총 ( )획. |
| 어루만질 무 | 撫勞　撫摩　撫養　撫恤　宣撫　巡撫　鎭撫 |

| 毋 | 毋 부수 0획, 총 4획. ( )부수 ( )획, 총 ( )획. |
| 말 무 | 毋追　　將毋 |

| 畝 | 田 부수 5획, 총 10획. ( )부수 ( )획, 총 ( )획. |
| 이랑 무 / 이랑 묘 | 頃畝　　田畝 |

| 蕪 | ⁺⁺ 艸 부수 12획, 총 16획. ( )부수 ( )획, 총 ( )획. |
| 거칠 무 | 蕪徑　　蕪繁　　蕪穢　　靑蕪　　荒蕪地 |

무인 무지 수무 / 무로 무마 무양 무휼 선무 순무 진무 / 무추 장무 / 경무 전묘 / 무경 무번 무예 청무 황무지

1급-73

誣	言 부수 7획, 총 14획. ( )부수 ( )획, 총 ( )획.		
속일 무	誣:罔 誣:染 誣:陷 矯誣 欺誣 讒誣		

蚊	虫 부수 4획, 총 10획. ( )부수 ( )획, 총 ( )획.		
모기 문	蚊脚 蚊雷 蚊煙 蚊帳 避蚊		

媚	女 부수 9획, 총 12획. ( )부수 ( )획, 총 ( )획.		
아첨할 미 / 예쁠 미	媚笑 媚奧 阿媚 婉媚 狐媚		

薇	++ 艸 부수 13획, 총 17획. ( )부수 ( )획, 총 ( )획.		
장미 미	芳薇 薔薇		

靡	非 부수 11획, 총 19획. ( )부수 ( )획, 총 ( )획.		
쓰러질 미	靡傾 靡徙 麗靡 離靡 風靡		

무망 무염 무함 교무 기무 참무 / 문각 문뢰 문연 문장 피문 / 미소 미오 아미 완미 호미 / 방미 장미 / 미경 미사 여미 이미 풍미

1급-74

悶	心 부수 8획, 총 12획. ( )부수 ( )획, 총 ( )획.			
답답할 민	苦悶 排悶 滯悶			
謐	言 부수 10획, 총 17획. ( )부수 ( )획, 총 ( )획.			
고요할 밀	寧謐 寂謐 靜謐 澄謐			
剝	刂 刀 부수 8획, 총 10획. ( )부수 ( )획, 총 ( )획.			
벗길 박	剝落 剝製 剝奪 剝劘 切剝			
搏	扌 手 부수 10획, 총 13획. ( )부수 ( )획, 총 ( )획.			
두드릴 박	搏鬪 搏獲 徒搏 脈搏 手搏			
撲	扌 手 부수 12획, 총 15획. ( )부수 ( )획, 총 ( )획.			
칠 박	撲落 撲滅 撲殺 打撲傷			

고민 배민 체민 / 영밀 적밀 정밀 징밀 / 박락 박제 박탈 박표 절박 / 박투 박획 도박 맥박 수박 / 박락 박멸 박살 타박상

1급-75

樸 순박할 **박**	木 부수 12획, 총 16획. ( )부수 ( )획, 총 ( )획.				
	樸頭 素樸 純樸 拙樸 質樸				

珀 호박 **박**	王 玉 부수 5획, 총 9획. ( )부수 ( )획, 총 ( )획.				
	明珀 琥珀				

箔 발(簾) **박**	竹 부수 8획, 총 14획. ( )부수 ( )획, 총 ( )획.				
	金箔 縫箔 銀箔 翠箔				

粕 지게미 **박**	米 부수 5획, 총 11획. ( )부수 ( )획, 총 ( )획.				
	糟粕 酒粕 沈粕				

縛 얽을 **박**	糸 부수 10획, 총 16획. ( )부수 ( )획, 총 ( )획.				
	縛擒 縛繩 縛纏 結縛 面縛 束縛				

박두 소박 순박 졸박 질박 / 명박 호박 / 금박 봉박 은박 취박 / 조박 주박 침박 / 박금 박승 박전 결박 면박 속박

膊	月 肉 부수 10획, 총 14획. （ ）부수 （ ）획, 총 （ ）획.			
팔뚝　박	肩膊	膊脯	臂膊	上膊筋

駁	馬 부수 4획, 총 14획. （ ）부수 （ ）획, 총 （ ）획.			
논박할　박	論駁	反駁	甲論乙駁	

拌	扌 手 부수 5획, 총 8획. （ ）부수 （ ）획, 총 （ ）획.			
버릴　반	攪拌			

攀	手 부수 15획, 총 19획. （ ）부수 （ ）획, 총 （ ）획.				
더위잡을　반	攀登	攀慕	攀緣	攀援	牽攀

斑	文 부수 8획, 총 12획. （ ）부수 （ ）획, 총 （ ）획.				
아롱질　반	斑禿	斑駁	斑髮	斑點	豹斑　虎斑

견박 박포 비박 상박근 / 논박 반박 갑론을박 / 교반 / 반등 반모 반연 반원 견반 / 반독 반박 반발 반점 표반 호반

1급-77

槃	木 부수 10획, 총 14획. ( )부수 ( )획, 총 ( )획.			
쟁반 **반**				
	槃散　　槃停　　槃錯　　槃桓　　考槃　　涅槃　　玉盤			

畔	田 부수 5획, 총 10획. ( )부수 ( )획, 총 ( )획.			
밭두둑 **반**				
	畔逆　　　畔疇　　　離畔　　　湖畔			

礬	石 부수 15획, 총 20획. ( )부수 ( )획, 총 ( )획.			
백반 **반**				
	礬石　　　膽礬　　　明礬　　　白礬			

絆	糸 부수 5획, 총 11획. ( )부수 ( )획, 총 ( )획.			
얽어맬 **반**				
	脚絆　　　勒絆　　　連絆　　　釘絆　　　華絆			

蟠	虫 부수 12획, 총 18획. ( )부수 ( )획, 총 ( )획.			
서릴 **반**				
	蟠掘　　　龍蟠　　　潛蟠			

반산 반정 반착 반환 고반 열반 옥반 / 반역 반주 이반 호반 / 반석 담반 명반 백반 / 각반 늑반 연반 정반 화반 / 반굴 용반 잠반

1급-78

頒	頁 부수 4획, 총 13획. ( )부수 ( )획, 총 ( )획.
나눌 **반**	頒給 頒賜 頒布 散頒

勃	力 부수 7획, 총 9획. ( )부수 ( )획, 총 ( )획.
노할 **발**	勃啓 勃屑 勃鬱 勃爾 勃興 蓬勃

撥	扌手 부수 12획, 총 15획. ( )부수 ( )획, 총 ( )획.
다스릴 **발**	撥棄 挑撥 反撥 觸撥

潑	氵水 부수 12획, 총 15획. ( )부수 ( )획, 총 ( )획.
물뿌릴 **발**	潑剌 噴潑 活潑

跋	足 부수 5획, 총 12획. ( )부수 ( )획, 총 ( )획.
밟을 **발**	跋履 跋文 跋扈 題跋 馳跋

반급 반사 반포 산반 / 발계 발설 발울 발이 발흥 봉발 / 발기 도발 반발 촉발 / 발랄 분발 활발 / 발리 발문 발호 제발 치발

1급-79

醱 술괼 **발**	酉 부수 12획, 총 19획.　　(　　)부수 (　　)획, 총 (　　)획.			
	醱酵			

魃 가물 **발**	鬼 부수 5획, 총 15획.　　(　　)부수 (　　)획, 총 (　　)획.			
	驕魃　　　暑魃　　　炎魃　　　妖魃　　　旱魃			

坊 동네 **방**	土 부수 4획, 총 7획.　　(　　)부수 (　　)획, 총 (　　)획.			
	坊閭　　　坊廚　　　馬坊　　　坊坊曲曲			

尨 삽살개 **방**	尢 부수 4획, 총 7획.　　(　　)부수 (　　)획, 총 (　　)획.			
	尨拘　　　尨服　　　尨茸　　　尨雜			

幫 도울 **방**	巾 부수 9획, 총 12획.　　(　　)부수 (　　)획, 총 (　　)획.			
	幫工　　　助幫			

발효 / 교발 서발 염발 요발 한발 / 방려 방주 마방 방방곡곡 / 방구 방복 방용 방잡 / 방공 조방

1급-80

彷 헤맬　　방	彳 부수 4획, 총 7획.	（　　　）부수（　　　）획, 총（　　　）획.		
	彷佛　　　彷徨			

昉 밝을　　방	日 부수 4획, 총 8획.	（　　　）부수（　　　）획, 총（　　　）획.		
	申昉			

枋 다목　　방	木 부수 4획, 총 8획.	（　　　）부수（　　　）획, 총（　　　）획.		
	枅枋　　　蘇枋			

榜 방붙일　방	木 부수 10획, 총 14획.	（　　　）부수（　　　）획, 총（　　　）획.		
	榜目　　　榜額　　　標榜　　　懸榜			

肪 기름　　방	月 肉 부수 4획, 총 8획.	（　　　）부수（　　　）획, 총（　　　）획.		
	肪脆　　膏肪　　截肪　　脂肪　　割肪			

방불 방황 / 신방 / 계방 소방 / 방목 방액 표방 현방 / 방취 고방 절방 지방 할방

1급-81

膀 오줌통 **방**	月 肉 부수 10획, 총 14획. (　　)부수 (　　)획, 총 (　　)획.				
	膀胱				

謗 헐뜯을 **방**	言 부수 10획, 총 17획. (　　)부수 (　　)획, 총 (　　)획.				
	謗讒	**譏謗**	**誣謗**	**誹謗**	**毀謗**

徘 어정거릴 **배**	彳 부수 8획, 총 11획. (　　)부수 (　　)획, 총 (　　)획.				
	徘徊				

湃 물결칠 **배**	氵 水 부수 9획, 총 12획. (　　)부수 (　　)획, 총 (　　)획.				

胚 아기밸 **배**	月 肉 부수 5획, 총 9획. (　　)부수 (　　)획, 총 (　　)획.				
	胚芽	**胚孕**	**胚珠**	**胚胎**	

방광 / 방참 기방 무방 비방 훼방 / 배회 /　/ 배아 배잉 배주 배태

1급-82

陪	ß 阜 부수 8획, 총 11획. (　　)부수 (　　)획, 총 (　　)획.				
모실　**배**	陪僕　　　陪席　　　陪乘　　　陪遊　　　奉陪				

帛	巾 부수 5획, 총 8획. (　　)부수 (　　)획, 총 (　　)획.				
비단　**백**	帛袴　　　帛書　　　綿帛　　　布帛				

魄	鬼 부수 5획, 총 15획. (　　)부수 (　　)획, 총 (　　)획.				
넋　**백**	氣魄　　　險魄　　　魂魄　　　魂飛魄散				

蕃	⧺ 艸 부수 12획, 총 16획. (　　)부수 (　　)획, 총 (　　)획.				
불을　**번**	蕃阜　　　蕃盛　　　蕃殖　　　蕃昌　　　吐蕃				

藩	⧺ 艸 부수 15획, 총 19획. (　　)부수 (　　)획, 총 (　　)획.				
울타리　**번**	藩車　　　藩籬　　　藩屛　　　藩戚　　　藩蔽　　　藩侯				

배복 배석 배승 배유 봉배 / 백고 백서 면백 포백 / 기백 험백 혼백 혼비백산 / 번부 번성 번식 번창 토번 / 번거 번리 번병 번척 번폐 번후

1급-83

帆	巾 부수 3획, 총 6획.　(　　)부수 (　　)획, 총 (　　)획.				
뜻 　범	帆:船　　　帆:布　　　孤帆　　　揚帆　　　出帆				
梵	木 부수 7획, 총 11획.　(　　)부수 (　　)획, 총 (　　)획.				
불경 　범	梵:偈　　　梵:衲　　　梵:刹　　　梵:唄　　　釋梵				
氾	氵水 부수 2획, 총 5획.　(　　)부수 (　　)획, 총 (　　)획.				
넘칠 　범	氾:濫　　　氾:博　　　氾:溢　　　廣氾				
泛	氵水 부수 5획, 총 8획.　(　　)부수 (　　)획, 총 (　　)획.				
뜰 　범	泛:舟　　　泛:漲　　　泛:宅　　　飄泛				
劈	刀 부수 13획, 총 15획.　(　　)부수 (　　)획, 총 (　　)획.				
쪼갤 　벽	劈開　　劈頭　　劈歷　　劈碎　　劈破　　斧劈				

범선 범포 고범 양범 출범 / 범게 범납 범찰 범패 석범 / 범람 범박 범일 광범 / 범주 범창 범택 표범 / 벽개 벽두 벽력 벽쇄 벽파 부벽

擘	手 부수 13획, 총 17획. ( )부수 ( )획, 총 ( )획.			
엄지손가락 **벽**	擘裂 　　擘指 　　擘畫 　　巨擘			

璧	玉 부수 13획, 총 18획. ( )부수 ( )획, 총 ( )획.			
구슬 **벽**	璧玉 　　雙璧 　　完璧 　　和氏之璧			

癖	广 부수 13획, 총 18획. ( )부수 ( )획, 총 ( )획.			
버릇 **벽**	癖性 　潔癖 　舊癖 　習癖 　酒癖			

闢	門 부수 13획, 총 21획. ( )부수 ( )획, 총 ( )획.			
열 **벽**	闢墾 　開闢 　洞闢 　排闢 　疏闢			

瞥	目 부수 12획, 총 17획. ( )부수 ( )획, 총 ( )획.			
눈깜짝할 **별**	瞥見 　斜瞥 　一瞥 　電瞥			

벽력 벽지 벽획 거벽 / 벽옥 쌍벽 완벽 화씨지벽 / 벽성 결벽 구벽 습벽 주벽 / 벽간 개벽 동벽 배벽 소벽 / 별견 사별 일별 전별

鼈 자라 **별**	黽 부수 12획, 총 25획. (　　　)부수 (　　　)획, 총 (　　　)획.				
	鼈甲	龜鼈	納鼈	魚鼈	鼈主簿傳

瓶 병 **병**	瓦 부수 6획, 총 11획. (　　　)부수 (　　　)획, 총 (　　　)획.				
	瓶洗	空瓶	酒瓶	花瓶	金瓶梅

餅 떡 **병**	食 부수 8획, 총 17획. (　　　)부수 (　　　)획, 총 (　　　)획.				
	餅餌	籠餅	煎餅	湯餅	畫中之餅

堡 작은성 **보**	土 부수 9획, 총 12획. (　　　)부수 (　　　)획, 총 (　　　)획.				
	堡壘	屯堡	城堡	營堡	哨堡

洑 보 **보** 스며흐를 **복**	氵水 부수 6획, 총 9획. (　　　)부수 (　　　)획, 총 (　　　)획.				
	洑稅	洑流	怒洑	湍洑	倒洑

별갑 귀별 납별 어별 별주부전 / 병세 공병 주병 화병 금병매 / 병이 농병 전병 탕병 화중지병 / 보루 둔보 성보 영보 초보 / 보세 복류 노복 단복 도복

1급-86

菩 보살　　보	++ 艸 부수 8획, 총 12획. (　　　)부수 (　　　)획, 총 (　　　)획.			
	菩提　　　菩薩　　　菩提樹			

僕 종　　　복	亻 人 부수 12획, 총 14획. (　　　)부수 (　　　)획, 총 (　　　)획.			
	奴僕　　　婢僕　　　隷僕　　　忠僕			

匐 길　　　복	勹 부수 9획, 총 11획. (　　　)부수 (　　　)획, 총 (　　　)획.			
	扶匐　　　顚匐　　　匍匐　　　匐枝不動			

輻 바퀴살　복 바퀴살　폭	車 부수 9획, 총 16획. (　　　)부수 (　　　)획, 총 (　　　)획.			
	輻輳　　輪輻　　折輻　　車輻　　脫輻			

鰒 전복　　　복	魚 부수 9획, 총 20획. (　　　)부수 (　　　)획, 총 (　　　)획.			
	鰒魚　　　乾鰒　　　龜鰒　　　黃鰒			

보리 보살 보리수 / 노복 비복 예복 충복 / 부복 전복 포복 복지부동 / 폭주 윤복 절복 거폭 탈복 / 복어 건복 구복 황복

1급-87

捧	扌 手 부수 8획, 총 11획. ( )부수 ( )획, 총 ( )획.			
받들 봉	捧讀　　捧持			

棒	木 부수 8획, 총 12획. ( )부수 ( )획, 총 ( )획.			
막대 봉	棍棒　　杖棒　　鐵棒			

烽	火 부수 7획, 총 11획. ( )부수 ( )획, 총 ( )획.			
봉화 봉	烽警　　烽鼓　　烽煙　　烽火　　烽燧臺			

鋒	金 부수 7획, 총 15획. ( )부수 ( )획, 총 ( )획.			
칼날 봉	鋒芒　　劍鋒　　舌鋒　　銳鋒　　筆鋒			

俯	亻 人 부수 8획, 총 10획. ( )부수 ( )획, 총 ( )획.			
구부릴 부	俯:覽　　俯:視　　俯:仰			

봉독 봉지 / 곤봉 장봉 철봉 / 봉경 봉고 봉연 봉화 봉수대 / 봉망 검봉 설봉 예봉 필봉 / 부람 부시 부앙

1급-88

剖 쪼갤 **부**	刂 刀 부수 8획, 총 10획. (　　)부수 (　　)획, 총 (　　)획.
	剖斷　　剖裂　　剖割　　裁剖　　解剖

咐 분부할 **부** 불(吹) **부**	口 부수 5획, 총 8획. (　　)부수 (　　)획, 총 (　　)획.
	咐囑

埠 부두 **부**	土 부수 8획, 총 11획. (　　)부수 (　　)획, 총 (　　)획.
	埠頭　　商埠　　船埠

孵 알깔 **부**	子 부수 11획, 총 14획. (　　)부수 (　　)획, 총 (　　)획.
	孵卵　　孵化

斧 도끼 **부**	斤 부수 4획, 총 8획. (　　)부수 (　　)획, 총 (　　)획.
	斧柯　　斧斤　　鬼斧　　雷斧　　樵斧

부단 부열 부할 재부 해부 / 부촉 / 부두 상부 선부 / 부란 부화 / 부가 부근 귀부 뇌부 초부

1급-89

腑	月 肉 부수 8획, 총 12획. （ ）부수 （ ）획, 총 （ ）획.			
육부　부	臟腑　　肺腑　　五臟六腑			

芙	艹 艸 부수 4획, 총 8획. （ ）부수 （ ）획, 총 （ ）획.			
연꽃　부	芙蓉			

訃	言 부수 2획, 총 9획. （ ）부수 （ ）획, 총 （ ）획.			
부고　부	訃:告　　訃:音			

賻	貝 부수 10획, 총 17획. （ ）부수 （ ）획, 총 （ ）획.			
부의　부	賻:儀　　賻:助　　薄賻　　賞賻　　贈賻			

駙	馬 부수 5획, 총 15획. （ ）부수 （ ）획, 총 （ ）획.			
부마　부	駙:馬　　左駙			

장부 폐부 오장육부 / 부용 / 부고 부음 / 부의 부조 박부 상부 증부 / 부마 좌부

1급-90

吩 분부할 **분**	口 부수 4획, 총 7획.　(　　　)부수(　　　)획, 총(　　　)획.
	吩咐

噴 뿜을 **분**	口 부수 12획, 총 15획.　(　　　)부수(　　　)획, 총(　　　)획.
	噴騰　　吼噴　　噴水臺　　噴火口

忿 성낼 **분**	心 부수 4획, 총 8획.　(　　　)부수(　　　)획, 총(　　　)획.
	忿:怒　　忿:戾　　忿:爭　　激忿　　懲忿

扮 꾸밀 **분**	扌 手 부수 4획, 총 7획.　(　　　)부수(　　　)획, 총(　　　)획.
	扮飾　扮裝　扮戲　挑扮　搜扮　披扮

焚 불사를 **분**	火 부수 8획, 총 12획.　(　　　)부수(　　　)획, 총(　　　)획.
	焚身　焚擲　焚蕩　焚香　焚書坑儒

분부 / 분등 후분 분수대 분화구 / 분노 분려 분쟁 격분 징분 / 분식 분장 분희 도분 수분 피분 / 분신 분척 분탕 분향 분서갱유

1급-91

盆 동이 **분**	皿 부수 4획, 총 9획.	( )부수 ( )획, 총 ( )획.
	盆地　　盆盆　　彫盆　　花盆　　盆塘	

糞 똥 **분**	米 부수 11획, 총 17획.	( )부수 ( )획, 총 ( )획.
	糞尿　　馬糞　　掃糞　　糞土之墻	

雰 눈날릴 **분**	雨 부수 4획, 총 12획.	( )부수 ( )획, 총 ( )획.
	雰虹　　濃雰　　霜雰　　朱雰	

彿 비슷할 **불**	彳 부수 5획, 총 8획.	( )부수 ( )획, 총 ( )획.
	彷彿	

棚 사다리 **붕**	木 부수 8획, 총 12획.	( )부수 ( )획, 총 ( )획.
	棚棧　　涼棚　　彩棚	

분지 금분 조분 화분 분당 / 분뇨 마분 소분 분토지장 / 분홍 농분 상분 주분 / 방불 / 붕잔 양붕 채붕

1급-92

硼	石 부수 8획, 총 13획.	( )부수 ( )획, 총 ( )획.		
붕사 **붕**	硼酸			

繃	糸 부수 11획, 총 17획.	( )부수 ( )획, 총 ( )획.		
묶을 **붕**	繃帶　　錦繃　　羅繃　　倒繃　　繃繃			

匕	匕 부수 0획, 총 2획.	( )부수 ( )획, 총 ( )획.		
비수 **비**	匕:首　　匕:箸　　玉匕			

庇	广 부수 4획, 총 7획.	( )부수 ( )획, 총 ( )획.		
덮을 **비**	庇:賴　　庇:護　　賴庇			

憊	心 부수 12획, 총 16획.	( )부수 ( )획, 총 ( )획.		
고단할 **비**	憊:喘　　頓憊　　憂憊　　疲憊　　昏憊			

붕산 / 붕대 금붕 나붕 도붕 수붕 / 비수 비저 옥비 / 비뢰 비호 뇌비 / 비천 돈비 우비 피비 혼비

1급-93

扉	戶 부수 8획, 총 12획.　(　　　)부수 (　　)획, 총 (　　)획.
사립문　비	扉戶　　竹扉　　柴扉

沸	氵 水 부수 5획, 총 8획.　(　　　)부수 (　　)획, 총 (　　)획.
끓을　　비 용솟음할　불	沸聲　沸熱　沸潰　喧沸　洶沸　沸騰點

琵	王 玉 부수 8획, 총 12획.　(　　　)부수 (　　)획, 총 (　　)획.
비파　　비	琵琶

砒	石 부수 4획, 총 9획.　(　　　)부수 (　　)획, 총 (　　)획.
비상　　비	砒:酸　　砒:霜　　砒:素

秕	禾 부수 4획, 총 9획.　(　　　)부수 (　　)획, 총 (　　)획.
쭉정이　비	秕:政　　垢秕　　揚秕

비호 죽비 시비 / 비성 비열 불궤 훤비 흉불 비등점 / 비파 / 비산 비상 비소 / 비정 구비 양비

1급-94

緋	糸 부수 8획, 총 14획. (　　　)부수 (　　　)획, 총 (　　　)획.				
비단　비	緋:衲　　　緋:緞　　　染緋				

翡	羽 부수 8획, 총 14획. (　　　)부수 (　　　)획, 총 (　　　)획.				
물총새　비	翡:翠				

脾	月 肉 부수 8획, 총 12획. (　　　)부수 (　　　)획, 총 (　　　)획.				
지라　비	脾胃　　　脾臟				

臂	月 肉 부수 13획, 총 17획. (　　　)부수 (　　　)획, 총 (　　　)획.				
팔　비	臂:膊　　　憩臂　　　般臂　　　攘臂				

蜚	虫 부수 8획, 총 14획. (　　　)부수 (　　　)획, 총 (　　　)획.				
바퀴　비 날　비	蜚禽　　　蜚騰　　　蜚芻　　　流言蜚語				

비납 비단 염비 / 비취 / 비위 비장 / 비박 게비 반비 양비 / 비금 비등 비추 유언비어

1급-95

裨	衤 衣 부수 8획, 총 13획. ( )부수 ( )획, 총 ( )획.			
도울 **비**	裨補 裨將 裨助			

誹	言 부수 8획, 총 15획. ( )부수 ( )획, 총 ( )획.			
헐뜯을 **비**	誹謗 誹諧 怨誹 沮誹			

譬	言 부수 13획, 총 20획. ( )부수 ( )획, 총 ( )획.			
비유할 **비**	譬:類 譬:喩 譬:解 曉譬			

鄙	阝 邑 부수 11획, 총 14획. ( )부수 ( )획, 총 ( )획.			
더러울 **비**	鄙:軀 鄙:陋 鄙:賤 微鄙			

妣	女 부수 4획, 총 7획. ( )부수 ( )획, 총 ( )획.			
죽은어미 **비**	妣考 先妣			

비보 비장 비조 / 비방 비해 원비 저비 / 비류 비유 비해 효비 / 비구 비루 비천 미비 / 비고 선비

1급-96

痺	疒 부수 8획, 총 13획.	( )부수 ( )획, 총 ( )획.		
저릴 **비**				
	冷痺 頑痺 坐痺 風痺			

嚬	口 부수 16획, 총 19획.	( )부수 ( )획, 총 ( )획.		
찡그릴 **빈**				
	嚬眉 嚬笑 效嚬			

嬪	女 부수 14획, 총 17획.	( )부수 ( )획, 총 ( )획.		
궁녀벼슬이름 **빈**				
	嬪宮 嬪侍 嬪妾 貴嬪 奉嬪 妃嬪			

殯	歹 부수 14획, 총 18획.	( )부수 ( )획, 총 ( )획.		
빈소 **빈**				
	殯所 殯殿 歸殯 虞殯			

濱	氵水 부수 14획, 총 17획.	( )부수 ( )획, 총 ( )획.		
물가 **빈**				
	濱塞 海濱			

냉비 완비 좌비 풍비 / 빈미 빈소 효빈 / 빈궁 빈시 빈첩 귀빈 봉빈 비빈 / 빈소 빈전 귀빈 우빈 / 빈새 해빈

1급-97

瀕				
물가 **빈** 가까울 **빈**	氵 水 부수 16획, 총 19획. ( )부수 ( )획, 총 ( )획. 瀕死 瀕海			

憑				
비길 **빙**	心 부수 12획, 총 16획. ( )부수 ( )획, 총 ( )획. 憑據 憑陵 憑藉 狐憑 信憑性			

些				
적을 **사**	二 부수 5획, 총 7획. ( )부수 ( )획, 총 ( )획. 些末 些微 些細 些少			

嗣				
이을 **사**	口 부수 10획, 총 13획. ( )부수 ( )획, 총 ( )획. 嗣:續 嗣:纂 遺嗣 嫡嗣 後嗣			

奢				
사치할 **사**	大 부수 9획, 총 12획. ( )부수 ( )획, 총 ( )획. 奢麗 奢靡 奢傲 奢佚 奢侈			

빈사 빈해 / 빙거 빙릉 빙자 호빙 신빙성 / 사말 사미 사세 사소 / 사속 사찬 유사 적사 후사 / 사려 사미 사오 사일 사치

1급-98

娑 춤출 **사** 사바세상 **사**	女 부수 7획, 총 10획.	( )부수 ( )획, 총 ( )획.

娑羅　　　娑婆　　　摩娑

徙 옮길 **사**	彳 부수 8획, 총 11획.	( )부수 ( )획, 총 ( )획.

徙:居　　　徙:逐　　　遷徙

瀉 쏟을 **사**	氵水 부수 15획, 총 18획.	( )부수 ( )획, 총 ( )획.

瀉溜　　　瀉出　　　泄瀉　　　注瀉　　　吐瀉

獅 사자 **사**	犭犬 부수 10획, 총 13획.	( )부수 ( )획, 총 ( )획.

獅子　　　金獅　　　伏獅

祠 사당 **사**	示 부수 5획, 총 10획.	( )부수 ( )획, 총 ( )획.

祠堂　　　祠廟　　　祠院　　　祠祭

사라 사바 마사 / 사거 사축 천사 / 사류 사출 설사 주사 토사 / 사자 금사 복사 / 사당 사묘 사원 사제

1급-99

紗 비단 **사**	糸 부수 4획, 총 10획. ( )부수 ( )획, 총 ( )획.
	紗窓　　　更紗　　　素紗
蓑 도롱이 **사**	⁺⁺ 艸 부수 10획, 총 14획. ( )부수 ( )획, 총 ( )획.
	單蓑　　　雨蓑　　　釣蓑　　　蓑笠翁
麝 사향노루 **사**	鹿 부수 10획, 총 21획. ( )부수 ( )획, 총 ( )획.
	麝:煤　　麝:墨　　麝:香　　麝:薰　　腦麝
刪 깎을 **산**	⺉ 刀 부수 5획, 총 7획. ( )부수 ( )획, 총 ( )획.
	刪略　　　刪蔓　　　刪削　　　刪潤
珊 산호 **산**	王 玉 부수 5획, 총 9획. ( )부수 ( )획, 총 ( )획.
	珊瑚

사창 갱사 소사 / 단사 우사 조사 사립옹 / 사매 사묵 사향 사훈 뇌사 / 산략 산만 산삭 산윤 / 산호

1급-100

疒 부수 3획, 총 8획.	( )부수 ( )획, 총 ( )획.			
산증 산				
疝氣　　　疝症				

扌 手 부수 12획, 총 15획.	( )부수 ( )획, 총 ( )획.			
뿌릴 살				
撒塊　　　撒扇　　　撒水　　　撒布				

灬 火 부수 9획, 총 13획.	( )부수 ( )획, 총 ( )획.			
죽일 살				
急煞　　　毒煞　　　厄煞　　　解煞　　　凶煞				

++ 艸 부수 14획, 총 18획.	( )부수 ( )획, 총 ( )획.			
보살 살				
菩薩　　　布薩				

氵 水 부수 11획, 총 14획.	( )부수 ( )획, 총 ( )획.			
스밀 삼				
滲漏　　　滲泄　　　滲淫　　　滲透壓				

산기 산증 / 살괴 살선 살수 살포 / 급살 독살 액살 해살 흉살 / 보살 포살 / 삼루 삼설 삼음 삼투압

1급-101

澁	氵水 부수 12획, 총 15획. ( )부수 ( )획, 총 ( )획.				
떫을 삽	澁勒　　澁勢　　梗澁　　訥澁　　粗澁				
孀	女 부수 17획, 총 20획. ( )부수 ( )획, 총 ( )획.				
홀어미 상	孀閨　　孀單　　孀雌　　靑孀寡婦				
爽	爻 부수 7획, 총 11획. ( )부수 ( )획, 총 ( )획.				
시원할 상	爽凉　　爽快　　高爽　　澄爽　　豪爽				
翔	羽 부수 6획, 총 12획. ( )부수 ( )획, 총 ( )획.				
날 상	群翔　　鳳翔　　飛翔　　馴翔　　沈翔				
觴	角 부수 11획, 총 18획. ( )부수 ( )획, 총 ( )획.				
잔 상	觴酌　　飛觴　　壽觴　　羽觴　　獻觴				

삽륵 삽세 경삽 눌삽 조삽 / 상규 상단 상자 청상과부 / 상량 상쾌 고상 징상 호상 / 군상 봉상 비상 순상 침상 / 상작 비상 수상 우상 헌상

1급-102

璽	玉 부수 14획, 총 19획. ( )부수 ( )획, 총 ( )획.			
옥새 새	璽符 璽節 玉璽			

嗇	口 부수 10획, 총 13획. ( )부수 ( )획, 총 ( )획.			
아낄 색	澁嗇 吝嗇 節嗇			

牲	牛 부수 5획, 총 9획. ( )부수 ( )획, 총 ( )획.			
희생 생	牲醴 牲牢 犧牲者			

甥	生 부수 7획, 총 12획. ( )부수 ( )획, 총 ( )획.			
생질 생	甥舅 甥姪 國甥 彌甥			

壻	土 부수 9획, 총 12획. ( )부수 ( )획, 총 ( )획.			
사위 서	壻郞 同壻 率壻 翁壻			

새부 새절 옥새 / 삽색 인색 절색 / 생례 생뢰 희생자 / 생구 생질 국생 미생 / 서랑 동서 솔서 옹서

1급-103

嶼 섬 서	山 부수 14획, 총 17획. ( )부수 ( )획, 총 ( )획.				
	島嶼				
抒 풀 서	扌 手 부수 4획, 총 7획. ( )부수 ( )획, 총 ( )획.				
	抒:情詩				
曙 새벽 서	日 부수 14획, 총 18획. ( )부수 ( )획, 총 ( )획.				
	曙:光 曙:星 煙曙				
棲 깃들일 서	木 부수 8획, 총 12획. ( )부수 ( )획, 총 ( )획.				
	棲:遁 棲:屑 棲:遲 羈棲 棲:息地 兩棲類				
犀 무소 서	牛 부수 8획, 총 12획. ( )부수 ( )획, 총 ( )획.				
	犀:角 犀:函 龍犀				

도서 / 서정시 / 서광 서성 연서 / 서둔 서설 서지 기서 서식지 양서류 / 서각 서함 용서

1급-104

胥	月 肉 부수 5획, 총 9획.　(　　)부수 (　　)획, 총 (　　)획.				
서로　서 아전　서	胥匡　　　胥吏　　　闊胥　　　靈胥　　　熏胥				
薯	⁺⁺ 艸 부수 14획, 총 18획. (　　)부수 (　　)획, 총 (　　)획.				
감자　서	薯:童　　薯:類　　甘薯				
黍	黍 부수 0획, 총 12획.　(　　)부수 (　　)획, 총 (　　)획.				
기장　서	黍:稻　　黍:稷　　鷄黍　　黃黍　　黑黍				
鼠	鼠 부수 0획, 총 13획.　(　　)부수 (　　)획, 총 (　　)획.				
쥐　서	鼠:狼　　鼠:尾				
瀉	氵水 부수 12획, 총 15획. (　　)부수 (　　)획, 총 (　　)획.				
개펄　석	瀉流　　鹹瀉				

서광 서리 여서 영서 훈서 / 서동 서류 감서 / 서도 서직 계서 황서 흑서 / 서랑 서미 / 석류 함석

1급-105

扇 부채 선	戶 부수 6획, 총 10획.　(　　)부수 (　　)획, 총 (　　)획.			
	團扇	白扇	羽扇	鐵扇

煽 부채질할 선	火 부수 10획, 총 14획.　(　　)부수 (　　)획, 총 (　　)획.			
	煽動	煽誘	煽熾	挾煽

羨 부러워할 선 무덤길 연	羊 부수 7획, 총 13획.　(　　)부수 (　　)획, 총 (　　)획.				
	羨:望	羨:慕	羨:道	羨:門	仰羨

腺 샘 선	月 肉 부수 9획, 총 13획.　(　　)부수 (　　)획, 총 (　　)획.			
	腺病	乳腺	汗腺	

膳 선물 선 반찬 선	月 肉 부수 12획, 총 16획.　(　　)부수 (　　)획, 총 (　　)획.			
	膳:物	膳:羞	御膳	饗膳

단선 백선 우선 철선 / 선동 선유 선치 협선 / 선망 선모 연도 연문 앙선 / 선병 유선 한선 / 선물 선수 어선 향선

| 銑 | 金 부수 6획, 총 14획. | ( )부수 ( )획, 총 ( )획. |
| 무쇠　선 | 銑錢　　　銑鐵 | |

| 屑 | 尸 부수 7획, 총 10획. | ( )부수 ( )획, 총 ( )획. |
| 가루　설 | 屑塵　　　羈屑　　　勃屑　　　碎屑 | |

| 泄 | 氵水 부수 5획, 총 8획. | ( )부수 ( )획, 총 ( )획. |
| 샐　설 | 泄瀉　　　排泄　　　天機漏泄 | |

| 洩 | 氵水 부수 6획, 총 9획. | ( )부수 ( )획, 총 ( )획. |
| 샐　설예
퍼질 | 洩洩　　　露洩 | |

| 渫 | 氵水 부수 9획, 총 12획. | ( )부수 ( )획, 총 ( )획. |
| 파낼　설 | 渫慢　　　開渫　　　浚渫作業 | |

선전 선철 / 설진 기설 발설 쇄설 / 설사 배설 천기누설 / 예예 노설 / 설만 개설 준설작업

1급-107

殲 다죽일 **섬**	歹 부수 17획, 총 21획.	( )부수 ( )획, 총 ( )획.
閃 번쩍일 **섬**	門 부수 2획, 총 10획.	( )부수 ( )획, 총 ( )획.
醒 깰 **성**	酉 부수 9획, 총 16획.	( )부수 ( )획, 총 ( )획.
塑 흙빚을 **소**	土 부수 10획, 총 13획.	( )부수 ( )획, 총 ( )획.
宵 밤 **소**	宀 부수 7획, 총 10획.	( )부수 ( )획, 총 ( )획.

殲滅   殲撲   殲夷   剋殲

閃光   廻閃

醒悟   覺醒劑

塑像   泥塑   彫塑   繪塑

宵晨   宵宴   良宵   春宵

섬멸 섬박 섬이 극섬 / 섬광 회섬 / 성오 각성제 / 소상 이소 조소 회소 / 소신 소연 양소 춘소

1급-108

搔	扌手 부수 10획, 총 13획. ( )부수 ( )획, 총 ( )획.			
긁을 소	搔頭　　　搔擾　　　抑搔　　　爬搔			
梳	木 부수 7획, 총 11획. ( )부수 ( )획, 총 ( )획.			
얼레빗 소	梳髮　　　梳洗　　　梳櫛　　　爬梳			
甦	生 부수 7획, 총 12획. ( )부수 ( )획, 총 ( )획.			
깨어날 소	甦生　　　甦息			
疎	疋 부수 7획, 총 12획. ( )부수 ( )획, 총 ( )획.			
성길 소	疎外　　　疎脫　　　疎忽　　　比疎　　　親疎			
瘙	疒 부수 10획, 총 15획. ( )부수 ( )획, 총 ( )획.			
피부병 소	瘙癢　　　風瘙			

소두 소요 억소 파소 / 소발 소세 소즐 파소 / 소생 소식 / 소외 소탈 소홀 비소 친소 / 소양 풍소

1급-109

簫						
竹 부수 12획, 총 18획. ( )부수 ( )획, 총 ( )획.						
통소 소	簫鼓	簫笛	管簫	吹簫	風簫	洞簫

蕭					
⺾ 艸 부수 12획, 총 16획. ( )부수 ( )획, 총 ( )획.					
쓸쓸할 소	蕭散	蕭瑟	蕭寂	飄蕭	蕭敷艾榮

逍	
辶 辵 부수 7획, 총 11획. ( )부수 ( )획, 총 ( )획.	
노닐 소	逍遙

遡	
辶 辵 부수 10획, 총 14획. ( )부수 ( )획, 총 ( )획.	
거스를 소	遡及 告遡

贖			
貝 부수 15획, 총 22획. ( )부수 ( )획, 총 ( )획.			
속죄할 속	贖免	贖錢	贖罪 赦贖

소고 소적 관소 취소 풍소 통소 / 소산 소슬 소적 표소 소부애영 / 소요 / 소급 고소 / 속면 속전 속죄 사속

1급-110

遜	⻌ 辵 부수 10획, 총 14획. (　　)부수 (　　)획, 총 (　　)획.			
겸손할　손	遜:讓　　　謙遜　　　恭遜　　　揖遜			

悚	忄 心 부수 7획, 총 10획. (　　)부수 (　　)획, 총 (　　)획.			
두려울　송	悚:懼　　　悚:慄			

灑	氵 水 부수 19획, 총 22획. (　　)부수 (　　)획, 총 (　　)획.			
뿌릴　쇄	灑:落　　　灑:掃　　　揮灑			

碎	石 부수 8획, 총 13획. (　　)부수 (　　)획, 총 (　　)획.			
부술　쇄	碎:鑛　　　粉碎機　　　粉骨碎身			

嫂	女 부수 10획, 총 13획. (　　)부수 (　　)획, 총 (　　)획.			
형수　수	嫂叔　　　季嫂　　　兄嫂			

손양 겸손 공손 읍손 / 송구 송률 / 쇄락 쇄소 휘쇄 / 쇄광 분쇄기 분골쇄신 / 수숙 계수 형수

1급-111

	戈 부수 2획, 총 6획.	( )부수 ( )획, 총 ( )획.
戌 수자리 수		
	戌樓　　　戌邊　　　戌卒　　　更戌　　　鎭戌	

	犭 犬 부수 6획, 총 9획.	( )부수 ( )획, 총 ( )획.
狩 사냥할 수		
	狩獵　　　狩田　　　蒐狩	

	广 부수 10획, 총 15획.	( )부수 ( )획, 총 ( )획.
瘦 여윌 수		
	瘦瘠　　　高瘦　　　鶴瘦	

	禾 부수 12획, 총 17획.	( )부수 ( )획, 총 ( )획.
穗 이삭 수		
	稻穗　　　燈穗　　　麥穗　　　禾穗	

	立 부수 8획, 총 13획.	( )부수 ( )획, 총 ( )획.
竪 세울 수		
	竪褐　　　竪童　　　竪穴　　　賈竪	

수루 수변 수졸 경수 진수 / 수렵 수전 수수 / 수척 고수 학수 / 도수 등수 맥수 화수 / 수갈 수동 수혈 고수

1급-112

粹 순수할 수	米 부수 8획, 총 14획. （　）부수（　）획, 총（　）획.
	粹穆　　粹液　　國粹　　純粹
繡 수놓을 수	糸 부수 12획, 총 18획. （　）부수（　）획, 총（　）획.
	繡囊　　刺繡　　錦繡江山　　夜行被繡
羞 부끄러울 수 / 음식 수	羊 부수 5획, 총 11획. （　）부수（　）획, 총（　）획.
	羞愧　羞恥　慙羞　羞惡之心　珍羞盛饌
蒐 모을 수	艹 艸 부수 10획, 총 14획. （　）부수（　）획, 총（　）획.
	蒐輯　　蒐集
袖 소매 수	衤 衣 부수 5획, 총 10획. （　）부수（　）획, 총（　）획.
	袖納　　袖裏　　袖手傍觀

수목 수액 국수 순수 / 수낭 자수 금수강산 야행피수 / 수괴 수치 참수 수오지심 진수성찬 / 수집 수집 / 수납 수리 수수방관

1급-113

讎	言 부수 16획, 총 23획.　(　　)부수 (　　)획, 총 (　　)획.			
원수　讎　수	讎殺　　寇讎　　復讎　　怨讎　　敵讎			
酬	酉 부수 6획, 총 13획.　(　　)부수 (　　)획, 총 (　　)획.			
갚을　酬　수	酬悉　　酬酢　　應酬　　獻酬			
髓	骨 부수 13획, 총 23획.　(　　)부수 (　　)획, 총 (　　)획.			
뼛골　髓　수	腦髓　精髓　眞髓　脊髓　怨人骨髓			
塾	土 부수 11획, 총 14획.　(　　)부수 (　　)획, 총 (　　)획.			
글방　塾　숙	塾舍　　家塾　　私塾　　義塾			
夙	夕 부수 3획, 총 6획.　(　　)부수 (　　)획, 총 (　　)획.			
이를　夙　숙	夙昔　　夙夜　　夙悟　　夙興夜寐			

수살 구수 복수 원수 적수 / 수실 수작 응수 헌수 / 뇌수 정수 진수 척수 원인골수 / 숙사 가숙 사숙 의숙 / 숙석 숙야 숙오 숙흥야매

1급-114

菽	ㅛ 艸 부수 8획, 총 12획. ( )부수 ( )획, 총 ( )획.				
콩 숙	菽麥 菽醬				
筍	竹 부수 6획, 총 12획. ( )부수 ( )획, 총 ( )획.				
죽순 순	筍皮 萌筍 石筍 竹筍 稚筍				
醇	酉 부수 8획, 총 15획. ( )부수 ( )획, 총 ( )획.				
전국술 순	醇篤 醇醴 醇朴 醇儒 醇化				
馴	馬 부수 3획, 총 13획. ( )부수 ( )획, 총 ( )획.				
길들일 순	馴鹿 馴獸 馴擾 柔馴 調馴				
膝	月 肉 부수 11획, 총 15획. ( )부수 ( )획, 총 ( )획.				
무릎 슬	膝甲 膝下 膝行 容膝				

숙맥 숙장 / 순피 맹순 석순 죽순 치순 / 순독 순례 순박 순유 순화 / 순록 순수 순요 유순 조순 / 슬갑 슬하 슬행 용슬

1급-115

丞	정승 **승**	一 부수 5획, 총 6획.		( )부수 ( )획, 총 ( )획.	
	丞相	驛丞	縣丞		
匙	숟가락 **시**	匕 부수 9획, 총 11획.		( )부수 ( )획, 총 ( )획.	
	匙:抄	茶匙	十匙一飯		
媤	시집 **시**	女 부수 9획, 총 12획.		( )부수 ( )획, 총 ( )획.	
	媤宅	媤叔	媤家		
弑	윗사람죽일 **시**	弋 부수 9획, 총 12획.		( )부수 ( )획, 총 ( )획.	
	弑:殺	弑:逆	弑:虐	弑:害	
柿	감 **시**	木 부수 5획, 총 9획.		( )부수 ( )획, 총 ( )획.	
	柿:餠	柿:漆	樽柿	紅柿	

승상 역승 현승 / 시초 다시 십시일반 / 시댁 시숙 시가 / 시살 시역 시학 시해 / 시병 시칠 준시 홍시

猜 시기할 시	⺨ 犬 부수 8획, 총 11획. ( )부수 ( )획, 총 ( )획.
	猜忌 猜惡 猜畏 猜讒 猜嫌

諡 시호 시	言 부수 9획, 총 16획. ( )부수 ( )획, 총 ( )획.
	諡:法 諡:號 賜諡 追諡

豺 승냥이 시	豸 부수 3획, 총 10획. ( )부수 ( )획, 총 ( )획.
	豺:狼 豺:聲 豺:虎

拭 씻을 식	扌 手 부수 6획, 총 9획. ( )부수 ( )획, 총 ( )획.
	拭拂 拂拭 洗拭 按拭

熄 불꺼질 식	火 부수 10획, 총 14획. ( )부수 ( )획, 총 ( )획.
	熄滅 終熄

시기 시오 시외 시참 시험 / 시법 시호 사시 추시 / 시랑 시성 시호 / 식불 불식 세식 안식 / 식멸 종식

1급-117

蝕	虫 부수 9획, 총 15획.	( )부수 ( )획, 총 ( )획.			
좀먹을 식	蝕旣　　煤蝕　　薄蝕　　侵蝕　　皆旣月蝕				
呻	口 부수 5획, 총 8획.	( )부수 ( )획, 총 ( )획.			
읊조릴 신	呻吟　　呻呼				
娠	女 부수 7획, 총 10획.	( )부수 ( )획, 총 ( )획.			
아이밸 신	妊娠				
宸	宀 부수 7획, 총 10획.	( )부수 ( )획, 총 ( )획.			
대궐 신	宸眷　　宸闕　　宸輿				
燼	火 부수 14획, 총 18획.	( )부수 ( )획, 총 ( )획.			
불탄끝 신	燼滅　　焚燼　　灰燼				

식기 매식 박식 침식 개기월식 / 신음 신호 / 임신 / 신권 신궐 신여 / 신멸 분신 회신

薪	⼗⼗ 艸 부수 13획, 총 17획. (　　)부수 (　　)획, 총 (　　)획.			
섶　신	薪燎　　　薪木　　　薪樵　　　臥薪嘗膽			
蜃	⾍ 부수 7획, 총 13획. (　　)부수 (　　)획, 총 (　　)획.			
큰조개　신	蜃蛤　　　老蜃　　　海蜃			
訊	⾔ 부수 3획, 총 10획. (　　)부수 (　　)획, 총 (　　)획.			
물을　신	訊:檢　　訊:問　　　覆訊　　　振訊　　　驗訊			
迅	⻌ 辵 부수 3획, 총 7획. (　　)부수 (　　)획, 총 (　　)획.			
빠를　신	迅雷　　迅速　　迅捷　　迅辦　　迅風　　奮迅			
悉	⼼ 부수 7획, 총 11획. (　　)부수 (　　)획, 총 (　　)획.			
다　실	悉皆　　悉曇　　悉銳　　悉盡　　備悉　　該悉			

신료 신목 신초 와신상담 / 신합 노신 해신 / 신검 신문 복신 진신 험신 / 신뢰 신속 신첩 신판 신풍 분신 / 실개 실담 실예 실진 비실 해실

1급-119

什	亻人 부수 2획, 총 4획. ( )부수 ( )획, 총 ( )획.			
열사람 **십**				
세간 **집**	什六 十襲 什長			

俄	亻人 부수 7획, 총 9획. ( )부수 ( )획, 총 ( )획.			
아까 **아**	俄刻 俄頃 俄館 俄爾			

啞	口 부수 8획, 총 11획. ( )부수 ( )획, 총 ( )획.			
벙어리 **아**	啞嘔 啞咽 暗啞			

衙	行 부수 7획, 총 13획. ( )부수 ( )획, 총 ( )획.			
마을 **아**	衙隷 衙署 衙參 衙牒 官衙 殿衙			

訝	言 부수 4획, 총 11획. ( )부수 ( )획, 총 ( )획.			
의심할 **아**	訝賓 訝惑 怪訝 疑訝			

십륙 십습 십장 / 아각 아경 아관 아이 / 아구 아열 암아 / 아례 아서 아참 아첩 관아 전아 / 아빈 아혹 괴아 의아

堊	흰흙 **악**	土 부수 8획, 총 11획. (　　　)부수 (　　)획, 총 (　　)획.
		堊塗　　　堊漫　　　素堊　　　白堊館

愕	놀랄 **악**	忄 心 부수 9획, 총 12획. (　　　)부수 (　　)획, 총 (　　)획.
		驚愕　　　怪愕　　　錯愕　　　駭愕

顎	턱 **악**	頁 부수 9획, 총 18획. (　　　)부수 (　　)획, 총 (　　)획.
		上顎　　　下顎

按	누를 **안**	扌 手 부수 6획, 총 9획. (　　　)부수 (　　)획, 총 (　　)획.
		按堵　　　按摩　　　考按　　　巡按　　　按撫使

晏	늦을 **안**	日 부수 6획, 총 10획. (　　　)부수 (　　)획, 총 (　　)획.
		晏寧　　　晏眠　　　晏然　　　晏嬰　　　普晏

악도 악만 소악 백악관 / 경악 괴악 착악 해악 / 상악 하악 / 안도 안마 고안 순안 안무사 / 안녕 안면 안연 인영 보안

1급-121

鞍 안장 **안**	革 부수 6획, 총 15획.　(　)부수 (　)획, 총 (　)획.			
	鞍:橋　　鞍:裝　　鞍:衡　　解鞍			
斡 돌 **알**	斗 부수 10획, 총 14획.　(　)부수 (　)획, 총 (　)획.			
	斡棄　　斡旋　　斡遷　　排斡　　移斡　　廻斡			
軋 삐걱거릴 **알**	車 부수 1획, 총 8획.　(　)부수 (　)획, 총 (　)획.			
	軋辭　　嘔軋　　鳴軋　　侵軋			
庵 암자 **암**	广 부수 8획, 총 11획.　(　)부수 (　)획, 총 (　)획.			
	庵廬　　庵室　　禪庵　　草庵			
闇 숨을 **암**	門 부수 9획, 총 17획.　(　)부수 (　)획, 총 (　)획.			
	闇跳　　闇昧　　闇冥　　闇室			

안교 안장 안함 해안 / 알기 알선 알천 배알 이알 회알 / 알사 구알 명알 침알 / 암려 암실 선암 초암 / 암도 암매 암명 암실

快	忄 心 부수 5획, 총 8획. （　　）부수（　　）획, 총（　　）획.
원망할　앙	快鬱

昂	日 부수 4획, 총 8획. （　　）부수（　　）획, 총（　　）획.
높을　앙	昂貴　　　昂騰　　　激昂　　　軒昂

秧	禾 부수 5획, 총 10획. （　　）부수（　　）획, 총（　　）획.
모　앙	秧稻　　　秧苗　　　秧揷　　　桑秧

鴦	鳥 부수 5획, 총 16획. （　　）부수（　　）획, 총（　　）획.
원앙　앙	鴦裘　　　鴛鴦　　　黃鴦

崖	山 부수 8획, 총 11획. （　　）부수（　　）획, 총（　　）획.
언덕　애	崖脚　　崖檢　　崖穴　　　端崖　　　懸崖

앙울 / 앙귀 앙등 격앙 헌앙 / 앙도 앙묘 앙삽 상앙 / 앙금 원앙 황앙 / 애각 애검 애혈 단애 현애

1급-123

曖 희미할 애	日 부수13획, 총 17획. (　　　)부수 (　　　)획, 총 (　　　)획.			
	曖昧　　　映曖　　　幽曖　　　隱曖			

隘 좁을 애	ß 阜 부수 10획, 총 13획. (　　　)부수 (　　　)획, 총 (　　　)획.			
	隘勇　　　隘陝　　　陋隘　　　險隘			

靄 아지랑이 애	雨 부수 16획, 총 24획. (　　　)부수 (　　　)획, 총 (　　　)획.			
	靄:散　　茶靄　　　蒼靄　　　彩靄　　　曉靄			

扼 잡을 액	扌 手 부수 4획, 총 7획. (　　　)부수 (　　　)획, 총 (　　　)획.			
	扼據　　　扼殺　　　扼喉　　　衡扼			

腋 겨드랑이 액	月 肉 부수 8획, 총 12획. (　　　)부수 (　　　)획, 총 (　　　)획.			
	腋芽　　　腋臭　　　腋汗　　　縫腋　　　兩腋			

애매 영애 유애 은애 / 애용 애협 누애 험애 / 애산 다애 창애 채애 효애 / 액거 액살 액후 형액 / 액아 액취 액한 봉액 양액

縊	糸 부수 10획, 총 16획. （　　　）부수（　　　）획, 총（　　　）획.
목맬 **액**	縊殺　　縊刑　　絞縊　　自縊

櫻	木 부수 17획, 총 21획. （　　　）부수（　　　）획, 총（　　　）획.
앵두 **앵**	櫻桃　　櫻屑　　櫻花　　梅櫻

鶯	鳥 부수 10획, 총 21획. （　　　）부수（　　　）획, 총（　　　）획.
꾀꼬리 **앵**	鶯舌　　鶯燕　　春鶯　　黃鶯

冶	冫 부수 5획, 총 7획. （　　　）부수（　　　）획, 총（　　　）획.
풀무 **야**	冶金　　冶鍊　　冶爐　　冶艷　　冶鑄　　陶冶

揶	扌手 부수 9획, 총 12획. （　　　）부수（　　　）획, 총（　　　）획.
야유할 **야**	揶揄

액살 액형 교액 자액 / 앵도 앵순 앵화 매앵 / 앵설 앵연 춘앵 황앵 / 야금 야련 야로 야염 야주 도야 / 야유

1급-125

爺 아비 야	父 부수 9획, 총 13획. ( )부수 ( )획, 총 ( )획.
	爺孃　　老爺　　阿爺　　太爺

蘬 꽃밥 약	++ 艸 부수 9획, 총 13획. ( )부수 ( )획, 총 ( )획.
	蘬胞　　去蘬

恙 병 양 / 근심할 양	心 부수 6획, 총 10획. ( )부수 ( )획, 총 ( )획.
	恙:病　無恙　微恙　疹恙　疾恙　疲恙

攘 물리칠 양	扌 手 부수 17획, 총 20획. ( )부수 ( )획, 총 ( )획.
	攘:袂　攘:臂　攘:夷　攘:竊　攘:斥　奪攘

瘍 헐 양	疒 부수 9획, 총 14획. ( )부수 ( )획, 총 ( )획.
	瘍醫　　乾瘍　　潰瘍　　析瘍　　瘡瘍

야양 노야 아야 태야 / 약포 거약 / 양병 무양 미양 진양 질양 피양 / 양메 양비 양이 양절 양척 탈양 / 양의 건양 궤양 석양 창양

1급-126

釀	酉 부수 17획, 총 24획. ( )부수 ( )획, 총 ( )획.			
술빚을 양	釀甕　　釀酒　　釀禍　　釀造場			

癢	疒 부수 9획, 총 14획. ( )부수 ( )획, 총 ( )획.			
가려울 양	癢:痛　　技癢　　搔癢			

圄	囗 부수 7획, 총 10획. ( )부수 ( )획, 총 ( )획.			
옥 어	敦圄　　囹圄　　獄圄　　幽圄			

瘀	疒 부수 8획, 총 13획. ( )부수 ( )획, 총 ( )획.			
어혈질 어	瘀:熱　　瘀:血　　逐瘀　　通瘀　　破瘀			

禦	示 부수 11획, 총 16획. ( )부수 ( )획, 총 ( )획.			
막을 어	禦:寇　　禦:侮　　彊禦　　防禦　　率禦　　制禦			

양옹 양주 양화 양조장 / 양통 기양 소양 / 돈어 영어 옥어 유어 / 어열 어혈 축어 통어 파어 / 어구 어모 강어 방어 솔어 제어

1급-127

臆	月 肉 부수 13획, 총 17획. (　　)부수 (　　)획, 총 (　　)획.
가슴 **억**	臆測　　　臆度　　　臆判　　　含臆

堰	土 부수 9획, 총 12획. (　　)부수 (　　)획, 총 (　　)획.
둑 **언**	堰堤　　　石堰　　　廢堰　　　海堰

諺	言 부수 9획, 총 16획. (　　)부수 (　　)획, 총 (　　)획.
언문 **언** 속담 **언**	諺:文　　諺:解　　鄙諺　　俗諺　　里諺

儼	亻 人 부수 20획, 총 22획. (　　)부수 (　　)획, 총 (　　)획.
엄연할 **엄**	儼恪　　　儼然　　　儼雅　　　儼存

奄	大 부수 5획, 총 8획. (　　)부수 (　　)획, 총 (　　)획.
문득 **엄**	奄棄　　奄留　　奄虞　　奄遲　　奄忽

억측 억탁 억판 함억 / 언제 석언 폐언 해언 / 언문 언해 비언 속언 이언 / 엄각 엄연 엄아 엄존 / 엄기 엄류 엄우 엄지 엄홀

掩 가릴　**엄**	扌 手 부수 8획, 총 11획.	(　)부수 (　)획, 총 (　)획.
		掩:匿　　掩:襲　　掩:蔽　　掩:護　　遮掩
繹 풀　**역**	糸 부수 13획, 총 19획.	(　)부수 (　)획, 총 (　)획.
		繹騷　　講繹　　演繹　　追繹　　討繹
捐 버릴　**연**	扌 手 부수 7획, 총 10획.	(　)부수 (　)획, 총 (　)획.
		捐軀　　捐忘　　葉捐
椽 서까래　**연**	木 부수 9획, 총 13획.	(　)부수 (　)획, 총 (　)획.
		椽端　　椽燭　　屋椽
筵 대자리　**연**	竹 부수 7획, 총 13획.	(　)부수 (　)획, 총 (　)획.
		筵席　講筵　法筵　　壽筵　　御筵　　蒲筵

엄닉 엄습 엄폐 엄호 차엄 / 역소 강역 연역 추역 토역 / 연구 연망 엽연 / 연단 연촉 옥연 / 연석 강연 법연 수연 어연 포연

鳶	鳥 부수 3획, 총 14획.	( )부수 ( )획, 총 ( )획.		
솔개 연	鳶肩 鳴鳶 飛鳶 魚鳶 紙鳶 風鳶			

焰	火 부수 8획, 총 12획.	( )부수 ( )획, 총 ( )획.		
불꽃 염	光焰 氣焰			

艶	色 부수 13획, 총 19획.	( )부수 ( )획, 총 ( )획.		
고울 염	艶:聞 艶:情 嬌艶 濃艶 妖艶			

嬰	女 부수 14획, 총 17획.	( )부수 ( )획, 총 ( )획.		
어린아이 영	嬰罹 嬰兒 嬰稚 嬰孩 嬌嬰 愛嬰			

曳	日 부수 2획, 총 6획.	( )부수 ( )획, 총 ( )획.		
끌 예	曳:尾 曳:杖 牽曳 倒曳 搖曳			

연견 명연 비연 어연 지연 풍연 / 광염 기염 화염 / 염문 염정 교염 농염 요염 / 영리 영아 영치 영해 교영 애영 / 예미 예장 견예 도예 요예

穢	禾 부수 13획, 총 18획. ( )부수 ( )획, 총 ( )획.
더러울 예	穢德 穢汚 穢慾 濁穢 貪穢

裔	衣 부수 7획, 총 13획. ( )부수 ( )획, 총 ( )획.
후손 예	裔孫 裔夷 裔土 苗裔 後裔

詣	言 부수 6획, 총 13획. ( )부수 ( )획, 총 ( )획.
이를 예	詣闕 造詣 參詣 馳詣

伍	亻人 부수 4획, 총 6획. ( )부수 ( )획, 총 ( )획.
다섯사람 오	伍伴 落伍 曹伍

奧	大 부수 10획, 총 13획. ( )부수 ( )획, 총 ( )획.
깊을 오	奧妙 奧域 奧旨 深奧

예덕 예오 예욕 탁예 탐예 / 예손 예이 예토 묘예 후예 / 예궐 조예 참예 치예 / 오반 난오 조오 / 오묘 오역 오지 심오

寤	⼧ 부수 11획, 총 14획. ( )부수 ( )획, 총 ( )획.			
잠깰　오	覺寤　　　醒寤　　　　燎寤　　　　寤寐不忘			

懊	忄 心 부수 13획, 총 16획. ( )부수 ( )획, 총 ( )획.			
한할　오	懊:惱　　　懊:悔			

蘊	⼋ 艸 부수 16획, 총 20획. ( )부수 ( )획, 총 ( )획.			
쌓을　온	蘊:隆　　　蘊:蓄　　　埋蘊　　　幽蘊			

甕	土 부수 13획, 총 16획. ( )부수 ( )획, 총 ( )획.			
막을　옹	甕劫　　　甕牖　　　甕塞　　　甕蔽　　　沈甕			

渦	氵 水 부수 9획, 총 12획. ( )부수 ( )획, 총 ( )획.			
소용돌이　와	潭渦　　　旋渦			

각오 성오 요오 오매불망 / 오뇌 오회 / 온륭 온축 매온 유온 / 옹겁 옹격 옹색 옹폐 침옹 / 담와 선와

蝸	虫 부수 9획, 총 15획. （　　）부수（　　）획, 총（　　）획.
달팽이　와	蝸角　　　蝸牛　　　蝸篆　　　蝸角之爭

訛	言 부수 4획, 총 11획. （　　）부수（　　）획, 총（　　）획.
그릇될　와	訛:謬　　訛:跡　　　轉訛

婉	女 부수 8획, 총 11획. （　　）부수（　　）획, 총（　　）획.
순할　완 아름다울　완	婉:穆　　婉:艶　　婉:愉　　纖婉　　沈婉　　諸婉

宛	宀 부수 5획, 총 8획. （　　）부수（　　）획, 총（　　）획.
완연할　완	宛丘　　　宛似　　　宛轉　　　柔宛

玩	王 玉 부수 4획, 총 8획. （　　）부수（　　）획, 총（　　）획.
즐길　완	玩:具　　玩:賞　　　玩:索　　　嗜玩　　　愛玩

와각 와우 와전 와각지쟁 / 와류 외적 전와 / 완목 완염 완유 섬완 침완 해완 / 완구 완사 완전 유완 / 완구 완상 완색 기완 애완

1급-133

| 腕 팔뚝 완 | 月肉 부수 8획, 총 12획. ( )부수 ( )획, 총 ( )획. |
| 腕力   腕釧   提腕   鐵腕   懸腕 |

| 阮 성 완 | 阝阜 부수 4획, 총 7획. ( )부수 ( )획, 총 ( )획. |
| 阮元   阮籍   阮咸 |

| 頑 완고할 완 | 頁 부수 4획, 총 13획. ( )부수 ( )획, 총 ( )획. |
| 頑頓   頑慢   頑惡   疏頑   傲頑 |

| 枉 굽을 왕 | 木 부수 4획, 총 8획. ( )부수 ( )획, 총 ( )획. |
| 枉:顧   枉:曲   枉:臨   枉:撓 |

| 矮 난쟁이 왜 | 矢 부수 8획, 총 13획. ( )부수 ( )획, 총 ( )획. |
| 矮鷄   矮軀   矮陋   矮小 |

완력 완천 제완 철완 현완 / 완원 완적 완함 / 완돈 완만 완악 소완 오완 / 왕고 왕곡 왕림 왕요 / 왜계 왜구 왜루 왜소

巍	山 부수 18획, 총 21획.	(　)부수 (　)획, 총 (　)획.		
높고클　외	巍然　　　崔巍			
猥	⺨犬 부수 9획, 총 12획.	(　)부수 (　)획, 총 (　)획.		
외람할　외	猥濫　　　鄙猥　　　淫猥　　　貪猥			
僥	亻人 부수 12획, 총 14획.	(　)부수 (　)획, 총 (　)획.		
요행　요	僥倖(행)			
凹	凵 부수 3획, 총 5획.	(　)부수 (　)획, 총 (　)획.		
오목할　요	凹面　　　凹處			
夭	大 부수 1획, 총 4획.	(　)부수 (　)획, 총 (　)획.		
일찍죽을　요	夭逝　　　夭折　　　壽夭　　　橫夭			

외연 최외 / 외람 비외 음외 탐외 / 요행 / 요면 요처 / 요서 요절 수요 횡요

1급-135

拗 우길 요	扌 手 부수 5획, 총 8획. ( )부수 ( )획, 총 ( )획.			
	拗強 拗體 執拗			
擾 시끄러울 요	扌 手 부수 15획, 총 18획. ( )부수 ( )획, 총 ( )획.			
	擾亂 擾攘 擾奪 騷擾			
窈 고요할 요	穴 부수 5획, 총 10획. ( )부수 ( )획, 총 ( )획.			
	窈:糾 窈:冥 窈:渺			
窯 기와가마 요	穴 부수 10획, 총 15획. ( )부수 ( )획, 총 ( )획.			
	窯業 瓦窯 陶窯地			
邀 맞을 요	辶 辵 부수 13획, 총 17획. ( )부수 ( )획, 총 ( )획.			
	邀喝 邀擊 遮邀 招邀			

요강 요체 집요 / 요란 요양 요탈 소요 / 요규 요명 요묘 / 요업 와요 도요지 / 요갈 요격 차요 초요

1급-136

饒	食 부수 12획, 총 21획. ( )부수 ( )획, 총 ( )획.			
넉넉할 요				
	饒給　　饒侈　　饒幸　　餘饒　　沃饒　　豊饒			

涌	氵 水 부수 7획, 총 10획. ( )부수 ( )획, 총 ( )획.			
물솟을 용				
	涌:沫　　涌:裔　　涌:泉　　沸涌			

聳	耳 부수 11획, 총 17획. ( )부수 ( )획, 총 ( )획.			
솟을 용				
	聳:起　聳:耳　聳:擢　碧聳　秀聳　特聳			

茸	⁺⁺ 艸 부수 6획, 총 10획. ( )부수 ( )획, 총 ( )획.			
풀날 용 버섯 이				
	鹿:茸　　蒙茸　　尨茸　　叢茸			

蓉	⁺⁺ 艸 부수 10획, 총 14획. ( )부수 ( )획, 총 ( )획.			
연꽃 용				
	芙蓉			

요급 요치 요행 여요 옥요 풍요 / 용말 용예 용천 비용 / 용기 용이 용탁 벽용 수용 특용 / 녹용 몽용 방용 총용 / 부용

1급-137

踊 뜀 용	足 부수 7획, 총 14획. ( )부수 ( )획, 총 ( )획.			
	踊溢	踊塔	舞踊	翔踊

寓 부칠 우	宀 부수 9획, 총 12획. ( )부수 ( )획, 총 ( )획.					
	寓居	寓舍	寓宿	羈寓	旅寓	流寓

虞 염려할 우 나라이름 우	虍 부수 7획, 총 13획. ( )부수 ( )획, 총 ( )획.					
	虞衡	虞侯	艱虞	唐虞	不虞	騶虞

迂 에돌 우 (오)	辶辵 부수 3획, 총 7획. ( )부수 ( )획, 총 ( )획.				
	迂鈍	迂遠	迂拙	迂誕	迂闊

隅 모퉁이 우	阝阜 부수 9획, 총 12획. ( )부수 ( )획, 총 ( )획.				
	隅反	隅奧	端隅	邊隅	廉隅

용일 용탑 무용 상용 / 우거 우사 우숙 기우 여우 유우 / 우형 우후 간우 당우 불우 환우 / 우둔 우원 우졸 우탄 오활 / 우반 우오 단우 변우 염우

	山 부수 9획, 총 12획. ( )부수 ( )획, 총 ( )획.			
嵎 산굽이 우	嵎夷　　封嵎　　山嵎			
殞 죽을 운	歹 부수 10획, 총 14획. ( )부수 ( )획, 총 ( )획.			
	殞:命　殞:碎　殞:泣　　殞:斃　　凋殞　　灰殞			
耘 김맬 운	耒 부수 4획, 총 10획. ( )부수 ( )획, 총 ( )획.			
	耘培　　決耘　　耕耘機			
隕 떨어질 운	阝阜 부수 10획, 총 13획. ( )부수 ( )획, 총 ( )획.			
	隕:潰　　隕:淚　　隕:石　　隕:涕　　隕:穫			
冤 원통할 원	冖 부수 8획, 총 10획. ( )부수 ( )획, 총 ( )획.			
	冤繫　　冤:鬼　　冤訴　　冤抑　　冤痛　　冤:魂			

우이 봉우 산우 / 운명 운쇄 운읍 운폐 조운 회운 / 운배 결운 경운기 / 운궤 운루 운석 운체 운확 / 원계 원귀 원소 원억 원통 원혼

1급-139

猿 원숭이 원	ざ犬 부수 10획, 총 13획. (　　)부수 (　　)획, 총 (　　)획.
	猿劇　　　猿臂　　　猿狙　　　巴猿　　　類人猿

鴛 원앙 원	鳥 부수 5획, 총 16획. (　　)부수 (　　)획, 총 (　　)획.
	鴛綺　　　鴛侶　　　鴛鴦　　　鴛列

萎 시들 위	⁺⁺ 艸 부수 8획, 총 12획. (　　)부수 (　　)획, 총 (　　)획.
	萎靡　　　萎縮　　　萎悴　　　衰萎　　　委萎

喩 깨우칠 유	口 부수 9획, 총 12획. (　　)부수 (　　)획, 총 (　　)획.
	比喩　　　隱喩　　　直喩

宥 너그러울 유	宀 부수 6획, 총 9획. (　　)부수 (　　)획, 총 (　　)획.
	宥赦　　　宥弼　　　慶宥　　　貸宥

원극 원비 원저 파원 유인원 / 원기 원려 원앙 원열 / 위미 위축 위췌 쇠위 위위 / 비유 은유 직유 / 유사 유필 경유 대유

愉				
즐거울　유	↑心 부수 9획, 총 12획. (　　)부수 (　　)획, 총 (　　)획.			
	愉逸　　　愉歡　　　寬愉　　　怡愉			

揄				
야유할　유	扌手 부수 9획, 총 12획. (　　)부수 (　　)획, 총 (　　)획.			
	揄揚　　揄狄　　邪揄　　揶揄　　樞揄			

柚				
유자　유	木 부수 5획, 총 9획. (　　)부수 (　　)획, 총 (　　)획.			
	柚子　　　柚酒　　　橘柚　　　臭柚			

游				
헤엄칠　유	氵水 부수 9획, 총 12획. (　　)부수 (　　)획, 총 (　　)획.			
	游樂　　　游就　　　外游			

癒				
병나을　유	疒 부수 13획, 총 18획. (　　)부수 (　　)획, 총 (　　)획.			
	全癒　　　治癒　　　快癒			

유일 유환 관유 이유 / 유양 유적 사유 야유 추유 / 유자 유주 귤유 취유 / 유락 유취 외유 / 전유 치유 쾌유

諛					
言 부수 9획, 총 16획.	( )부수 ( )획, 총 ( )획.				
아첨할 유	諛墓	諛辭	諛悅	阿諛	諂諛

諭					
言 부수 9획, 총 16획.	( )부수 ( )획, 총 ( )획.				
타이를 유	諭告	諭旨	諭蜀	諫諭	譬諭

蹂				
足 부수 9획, 총 16획.	( )부수 ( )획, 총 ( )획.			
밟을 유	蹂躪	蹂若	蹂踐	

鍮		
金 부수 9획, 총 17획.	( )부수 ( )획, 총 ( )획.	
놋쇠 유	鍮器	眞鍮

戎					
戈 부수 2획, 총 6획.	( )부수 ( )획, 총 ( )획.				
병장기 융 오랑캐 융	戎車	戎狄	戎捷	蒙戎	御戎

유묘 유사 유열 아유 첨유 / 유고 유지 유촉 간유 비유 / 유린 유약 유천 / 유기 진유 / 융거 융적 융첩 몽융 어융

		糸 부수 6획, 총 12획. ( )부수 ( )획, 총 ( )획.				
絨						
가는베 융		絨緞　　　絨氈　　　製絨				

		＋＋ 艸 부수 11획, 총 15획. ( )부수 ( )획, 총 ( )획.				
蔭						
그늘 음		蔭德　　　嘉蔭　　　樹蔭　　　勳蔭				

		扌 手 부수 9획, 총 12획. ( )부수 ( )획, 총 ( )획.				
揖						
읍할 읍		揖讓　　　端揖　　　拜揖　　　獻揖				

		月 肉 부수 13획, 총 17획. ( )부수 ( )획, 총 ( )획.				
膺						
가슴 응		膺懲　　　鈎膺　　　篤膺　　　懲膺				

		扌 手 부수 14획, 총 17획. ( )부수 ( )획, 총 ( )획.				
擬						
비길 의		擬經　　　擬律　　　擬態　　　比擬				

융단 융전 제융 / 음덕 가음 수음 훈음 / 읍양 단읍 배읍 헌읍 / 응징 구응 독응 징응 / 의경 의율 의태 비의

椅	木 부수 8획, 총 12획.　　（　　）부수 （　　）획, 총 （　　）획.
의자　의	椅几　　　椅子　　　雲椅

毅	殳 부수 11획, 총 15획.　　（　　）부수 （　　）획, 총 （　　）획.
굳셀　의	毅武　　　毅然　　　毅勇　　　剛毅

誼	言 부수 8획, 총 15획.　　（　　）부수 （　　）획, 총 （　　）획.
정(情)　의	情誼

姨	女 부수 6획, 총 9획.　　（　　）부수 （　　）획, 총 （　　）획.
이모　이	姨妹　　　姨母　　　姨從　　　姨姪　　　堂姨

弛	弓 부수 3획, 총 6획.　　（　　）부수 （　　）획, 총 （　　）획.
늦출　이	弛緩　　　弛張　　　弛墜　　　弛惰　　　廢弛

의궤 의자 운의 / 의무 의연 의용 강의 / 정의 / 이매 이모 이종 이질 당이 / 이완 이장 이추 이타 폐이

爾	爻 부수 10획, 총 14획. ( )부수 ( )획, 총 ( )획.
너 이	爾:雅 爾:汝 當爾 徒爾 率爾 云爾

痍	疒 부수 6획, 총 11획. ( )부수 ( )획, 총 ( )획.
상처 이	痍傷 創痍

餌	食 부수 6획, 총 15획. ( )부수 ( )획, 총 ( )획.
미끼 이	鉤餌 餠餌 食餌 藥餌

翊	羽 부수 5획, 총 11획. ( )부수 ( )획, 총 ( )획.
다음날 익	翊年 翊月 翊日 翊朝

咽	口 부수 6획, 총 9획. ( )부수 ( )획, 총 ( )획.
목구멍 인 목멜 열 삼킬 연	咽喉 咽塞 感咽 斷咽 悲咽 哀咽 充咽 呑咽

이아 이여 당이 도이 솔이 운이 / 이상 창이 / 구이 병이 식이 약이 / 익년 익월 익일 익조 / 인후 열색 감열 단인 비열 애열 충열 탄연

1급-145

湮	氵水 부수 9획, 총 12획. ( )부수 ( )획, 총 ( )획.				
묻힐 **인**	湮滅　　湮沒　　湮替　　湮晦　　湮塞　　埋湮				
蚓	虫 부수 4획, 총 10획. ( )부수 ( )획, 총 ( )획.				
지렁이 **인**	附蚓　　　紫蚓　　　寒蚓				
靭	革 부수 3획, 총 12획. ( )부수 ( )획, 총 ( )획.				
질길 **인**	靭帶　　　靭皮　　　堅靭				
佚	亻人 부수 5획, 총 7획. ( )부수 ( )획, 총 ( )획.				
편안 **일** 질탕 **질**	佚民　　　佚遊　　　佚蕩				
溢	氵水 부수 10획, 총 13획. ( )부수 ( )획, 총 ( )획.				
넘칠 **일**	溢決　　　驕溢　　　滿溢　　　逆溢				

인멸 인몰 인체 인회 인색 매인 / 부인 자인 한인 / 인대 인피 견인 / 일민 일유 질탕 / 일결 교일 만일 역일

剩	⺉ 刀 부수 10획, 총 12획. ( )부수 ( )획, 총 ( )획.			
남을 잉	剩:額 過剩 剩:餘金			

孕	子 부수 2획, 총 5획. ( )부수 ( )획, 총 ( )획.			
아이밸 잉	孕:婦 孕:育 孕:胎 遺孕 懷孕			

仔	亻 人 부수 3획, 총 5획. ( )부수 ( )획, 총 ( )획.			
자세할 자	仔肩 仔細 蛤仔			

炙	火 부수 4획, 총 8획. ( )부수 ( )획, 총 ( )획.			
구울 자 구울 적	炙背 炙鐵 魚炙 親炙 臠炙			

煮	⺣ 火 부수 9획, 총 13획. ( )부수 ( )획, 총 ( )획.			
삶을 자	煮繭 煮沸 煮:醬 羹煮 炊煮 亨煮			

잉액 과잉 잉여금 / 잉부 잉육 잉태 유잉 회잉 / 자견 자세 합자 / 자배 적철 어적 친자 회자 / 자견 자비 자장 갱자 취자 형자

1급−147

瓷	瓦 부수 6획, 총 11획. ( )부수 ( )획, 총 ( )획.			
사기그릇 **자**				
	瓷器	綠瓷	素瓷	花瓷

疵	疒 부수 5획, 총 10획. ( )부수 ( )획, 총 ( )획.			
허물 **자**				
	疵瑕	疵痕	箴疵	毁疵

蔗	⧾ 艸 부수 14획, 총 18획. ( )부수 ( )획, 총 ( )획.			
사탕수수 **자**				
	蔗糖	甘蔗	食蔗	

藉	⧾ 艸 부수 14획, 총 18획. ( )부수 ( )획, 총 ( )획.			
깔 **자** 자 핑계할 **자**				
	藉甚	狼藉	溫藉	枕藉

勺	勹 부수 1획, 총 3획. ( )부수 ( )획, 총 ( )획.			
구기 **작**				
	圭勺	觸勺		

자기 녹자 소자 화자 / 자하 자흔 잠자 훼자 / 자당 감자 식자 / 자심 낭자 온자 침자 / 규작 촉작

1급-148

嚼	口 부수 18획, 총 21획.	( )부수 ( )획, 총 ( )획.			
씹을 **작**					
	嚼蠟	**咀嚼**	**吞嚼**	**含嚼**	

灼	火 부수 3획, 총 7획.	( )부수 ( )획, 총 ( )획.			
불사를 **작**					
	灼爛	**灼艾**	**悼灼**	**焦灼**	

炸	火 부수 5획, 총 9획.	( )부수 ( )획, 총 ( )획.			
터질 **작**					
	炸裂	**炸藥**	**炸彈**		

綽	糸 부수 8획, 총 14획.	( )부수 ( )획, 총 ( )획.			
너그러울 **작**					
	綽態	**綽兮**	**寬綽**		

芍	++ 艸 부수 3획, 총 7획.	( )부수 ( )획, 총 ( )획.			
함박꽃 **작**					
	芍藥				

작랍 저작 탄작 함작 / 작란 작애 도작 초작 / 작렬 작약 작탄 / 작태 작혜 관작 / 작약

1급-149

雀 참새 **작**	隹 부수 3획, 총 11획.	( )부수 ( )획, 총 ( )획.		
	雀躍	孔雀	燕雀	黃雀
鵲 까치 **작**	鳥 부수 8획, 총 19획.	( )부수 ( )획, 총 ( )획.		
	鵲橋	鵲巢	朱鵲	扁鵲
棧 사다리 **잔**	木 부수 8획, 총 12획.	( )부수 ( )획, 총 ( )획.		
	棧徑	棧橋	棧道	
盞 잔 **잔**	皿 부수 8획, 총 13획.	( )부수 ( )획, 총 ( )획.		
	盞臺	金盞	玉盞	瓦盞
箴 경계 **잠**	竹 부수 9획, 총 15획.	( )부수 ( )획, 총 ( )획.		
	箴言	良箴		

작약 공작 연작 황작 / 작교 작소 주작 편작 / 잔경 잔교 잔도 / 잔대 금잔 옥잔 와잔 / 잠언 양잠

簪 (비녀 잠)

竹 부수 12획, 총 18획. ( )부수 ( )획, 총 ( )획.

簪帶　簪珥　簪笏　金簪

仗 (의장 장)

亻 人 부수 3획, 총 5획. ( )부수 ( )획, 총 ( )획.

仗劍　仗隊　馮仗　儀仗

匠 (장인 장)

匚 부수 4획, 총 6획. ( )부수 ( )획, 총 ( )획.

匠宰　巨匠　都匠　良匠　宗匠

杖 (지팡이 장)

木 부수 3획, 총 7획. ( )부수 ( )획, 총 ( )획.

杖鼓　杖:毒　杖:屨　杖罰　杖罪　錫杖

檣 (돛대 장)

木 부수 13획, 총 17획. ( )부수 ( )획, 총 ( )획.

檣竿　檣牙　帆檣　舟檣

잠대 잠이 잠홀 금잠 / 장검 장대 빙장 의장 / 장재 거장 도장 양장 종장 / 장구 장독 장루 장벌 장죄 석장 / 장간 장아 범장 주장

1급-151

漿	水 부수 11획, 총 15획. ( )부수 ( )획, 총 ( )획.
즙 · 장	漿果 酪漿 腦漿 酒漿

薔	⼗⼗ 艸 부수 13획, 총 17획. ( )부수 ( )획, 총 ( )획.
장미 · 장	薔棘

醬	酉 부수 11획, 총 18획. ( )부수 ( )획, 총 ( )획.
장 · 장	豆醬 麥醬 魚醬 脯醬 醢醬

滓	氵 水 부수 10획, 총 13획. ( )부수 ( )획, 총 ( )획.
찌끼 · 재	滓穢 垢滓 泥滓 塵滓 沈滓

齋	齊 부수 3획, 총 17획. ( )부수 ( )획, 총 ( )획.
재계할 · 재 집 · 재	齋禱 齋壇 書齋 寢齋 沐浴齋戒

장과 낙장 뇌장 주장 / 장극 / 두장 맥장 어장 포장 혜장 / 재예 구재 이재 진재 침재 / 재도 재단 서재 침재 목욕재계

1급-152

鉦	金 부수 8획, 총 16획.	( )부수 ( )획, 총 ( )획.		
쇳소리 쟁	鉦鉦			

咀	口 부수 5획, 총 8획.	( )부수 ( )획, 총 ( )획.		
씹을 저	咀:嚼 咀:呪 涵咀			

狙	犭犬 부수 5획, 총 8획.	( )부수 ( )획, 총 ( )획.		
원숭이 저 엿볼 저	狙:公 狙:詐 狙:害 猿狙			

箸	竹 부수 9획, 총 15획.	( )부수 ( )획, 총 ( )획.		
젓가락 저	匕箸 象箸 玉箸 竹箸 火箸			

詛	言 부수 5획, 총 12획.	( )부수 ( )획, 총 ( )획.		
저주할 저	詛:呪 盟詛 謗詛 厭詛 怨詛			

쟁쟁 / 저작 저주 함저 / 저공 저사 저해 원저 / 비저 상저 옥저 죽저 화저 / 저주 맹저 방저 염저 원저

1급-153

蹰	足 부수 13획, 총 20획. (　　　)부수 (　　　)획, 총 (　　　)획.		
머뭇거릴 저	躊蹰		

邸	阝邑 부수 5획, 총 8획. (　　　)부수 (　　　)획, 총 (　　　)획.		
집　　저	邸:閣　　邸:舍　　邸:宅　　私邸　　潛邸		

豬	豕 부수 9획, 총 16획. (　　　)부수 (　　　)획, 총 (　　　)획.		
돼지　저	豬膽　　鸞豬　　墨豬　　豪豬　　豬突的		

觝	角 부수 5획, 총 12획. (　　　)부수 (　　　)획, 총 (　　　)획.		
씨름　저	觝:排　　觝:戲　　相觝　　角觝塚		

嫡	女 부수 11획, 총 14획. (　　　)부수 (　　　)획, 총 (　　　)획.		
정실　적	嫡孫　　嫡統　　嗣嫡　　匹敵		

주저 / 저각 저사 저택 사저 잠저 / 저담 난저 묵저 호저 저돌적 / 저배 저희 상저 각저총 / 적손 적통 사적 필적

狄	犭犬 부수 4획, 총 7획. (　　)부수 (　　)획, 총 (　　)획.			
오랑캐 적	北狄　　　夷狄　　　赤狄　　　胡狄			
謫	言 부수 11획, 총 18획. (　　)부수 (　　)획, 총 (　　)획.			
귀양갈 적	謫降　　謫居　　　謫所　　　謫墮　　謫謫			
迹	辶辵 부수 6획, 총 10획. (　　)부수 (　　)획, 총 (　　)획.			
자취 적	治迹　　　筆迹　　　行迹　　　形迹			
剪	刀 부수 9획, 총 11획. (　　)부수 (　　)획, 총 (　　)획.			
가위 전	剪滅　　剪裁　　碎剪　　　誅剪　　剪燈新話			
塡	土 부수 10획, 총 13획. (　　)부수 (　　)획, 총 (　　)획.			
메울 전	塡補　　塡塞　　委塡　　充塡			

북적 이적 적적 호적 / 적강 적거 적소 적타 견적 / 치적 필적 행적 형적 / 전멸 전재 쇄전 주전 전등신화 / 전보 전색 위전 충전

1급-155

奠 제사 정할 전전	大 부수 9획, 총 12획.　(　　)부수 (　　)획, 총 (　　)획.				
	奠:儀　　　遺奠　　　祭奠　　　進奠　　　釋奠祭				

塵 가게 전	广 부수 12획, 총 15획.　(　　)부수 (　　)획, 총 (　　)획.				
	廛房　　　廛鋪　　　市廛　　　六矣廛				

悛 고칠 전	↑ 心 부수 7획, 총 10획.　(　　)부수 (　　)획, 총 (　　)획.				
	悛:更　　改悛				

栓 마개 전	木 부수 6획, 총 10획.　(　　)부수 (　　)획, 총 (　　)획.				
	栓塞　　　血栓　　　給水栓　　　消火栓				

氈 담 전	毛 부수 13획, 총 17획.　(　　)부수 (　　)획, 총 (　　)획.				
	氈:笠　　氈:帽　　靑氈				

전의 유전 제전 진전 석전제 / 전방 전포 시전 육의전 / 전경 개전 / 전색 혈전 급수전 소화전 / 전립 전모 청전

1급-156

澱	氵 水 부수 13획, 총 16획. ( )부수 ( )획, 총 ( )획.			
앙금 전	澱:粉 沈澱			
煎	灬 火 부수 9획, 총 13획. ( )부수 ( )획, 총 ( )획.			
달일 전	煎:骨 煎:茶 煎餅 煎藥 焚煎			
癲	疒 부수 19획, 총 24획. ( )부수 ( )획, 총 ( )획.			
미칠 전	癲:癇 癲:狂 酒癲			
箋	竹 부수 8획, 총 14획. ( )부수 ( )획, 총 ( )획.			
기록할 전	箋釋 箋註 箋注 箋紙			
箭	竹 부수 9획, 총 15획. ( )부수 ( )획, 총 ( )획.			
살 전	箭:眼 毒箭 飛箭 火箭			

전분 침전 / 전골 전다 전병 전약 분전 / 전간 전광 주전 / 전석 전주 전주 전지 / 전안 독전 비전 화전

1급-157

篆 전자 전	竹 부수 9획, 총 15획. ( )부수 ( )획, 총 ( )획.			
	篆:刻 篆:款 篆:隷 篆:書 秦篆			

纏 얽을 전	糸 부수 15획, 총 21획. ( )부수 ( )획, 총 ( )획.			
	纏縛 纏索 纏足 糾纏			

輾 돌아누울 전	車 부수 10획, 총 17획. ( )부수 ( )획, 총 ( )획.			
	輾:轉反側			

銓 사람가릴 전	金 부수 6획, 총 14획. ( )부수 ( )획, 총 ( )획.			
	銓考 銓官 銓掌 銓:衡 執銓			

顛 엎드러질 전 이마 전	頁 부수 10획, 총 19획. ( )부수 ( )획, 총 ( )획.			
	顛:倒 顛:落 顛:墜 顛:沛			

전각 전관 전예 전서 진전 / 전박 전삭 전족 규전 / 전전반측 / 전고 전관 전장 전형 집전 / 전도 전락 전추 전패

顫	頁 부수 13획, 총 22획.　(　　)부수 (　　)획, 총 (　　)획.			
떨 전	顫:恐　　　顫:動　　　顫:筆			
餞	食 부수 8획, 총 17획.　(　　)부수 (　　)획, 총 (　　)획.			
보낼 전	餞:杯　　　餞:送　　　餞:筵　　　餞:別金			
截	戈 부수 10획, 총 14획.　(　　)부수 (　　)획, 총 (　　)획.			
끊을 절	截斷　　　截臨　　　斷截　　　割截			
粘	米 부수 5획, 총 11획.　(　　)부수 (　　)획, 총 (　　)획.			
붙을 점	粘塊　　粘膜　　粘液　　粘着　　　粘土質			
霑	雨 부수 8획, 총 16획.　(　　)부수 (　　)획, 총 (　　)획.			
젖을 점	霑灑　　霑汚　　霑被　　霑汗　　露霑			

전공 전동 전필 / 전배 전송 전연 전별금 / 절단 절림 단절 할절 / 점괴 점막 점액 점착 점토질 / 점쇄 점오 점피 점한 노점

1급-159

幀	巾 부수 9획, 총 12획.	( )부수 ( )획, 총 ( )획.		
그림족자 **정**				
탱화 **탱**	影幀　　裝幀　　幀畫			

挺	扌 手 부수 7획, 총 10획.	( )부수 ( )획, 총 ( )획.		
빼어날 **정**	挺拔　　挺秀　　挺爭　　特挺　　挺身隊			

町	田 부수 2획, 총 7획.	( )부수 ( )획, 총 ( )획.		
밭두둑 **정**	町米　　町步　　鉤町　　接町			

睛	目 부수 8획, 총 13획.	( )부수 ( )획, 총 ( )획.		
눈동자 **정**	瞳睛　　眼睛　　橫睛　　畫龍點睛			

碇	石 부수 8획, 총 13획.	( )부수 ( )획, 총 ( )획.		
닻 **정**	碇泊　　碇宿　　擧碇			

영정 장정 탱화 / 정발 정수 정쟁 특정 정신대 / 정미 정보 구정 접정 / 동정 안정 횡정 화룡점정 / 정박 정숙 거정

1급-160

| 窮 | 穴 부수 4획, 총 9획. | ( )부수 ( )획, 총 ( )획. |
| 함정 정 | 深窮　　　墜窮　　　陷窮　　　檻窮　　　虛窮 |

| 酊 | 酉 부수 2획, 총 9획. | ( )부수 ( )획, 총 ( )획. |
| 술취할 정 | 酩酊　　　酒酊 |

| 釘 | 金 부수 2획, 총 10획. | ( )부수 ( )획, 총 ( )획. |
| 못 정 | 釘頭　　　撞釘　　　拔釘　　　押釘　　　銀釘 |

| 錠 | 金 부수 8획, 총 16획. | ( )부수 ( )획, 총 ( )획. |
| 덩이 정 | 錠劑 |

| 靖 | 靑 부수 5획, 총 13획. | ( )부수 ( )획, 총 ( )획. |
| 편안할 정 | 靖難　　　靖邊　　　嘉靖　　　寧靖 |

심정 추정 함정 함정 허정 / 명정 주정 / 정두 당정 발정 압정 은정 / 정제 / 정난 정변 가정 영정

1급-161

啼 울 　제	口 부수 9획, 총 12획. ( )부수 ( )획, 총 ( )획.
	啼哭　　啼泣　　啼鳥　　愁啼

悌 공손할 　제	忄心 부수 7획, 총 10획. ( )부수 ( )획, 총 ( )획.
	謹悌　　友悌

梯 사다리 　제	木 부수 7획, 총 11획. ( )부수 ( )획, 총 ( )획.
	梯索　　梯衝　　階梯　　雲梯

蹄 굽 　제	足 부수 9획, 총 16획. ( )부수 ( )획, 총 ( )획.
	獸蹄　　牛蹄　　鐵蹄　　駝蹄

凋 시들 　조	冫 부수 8획, 총 10획. ( )부수 ( )획, 총 ( )획.
	凋枯　　凋落　　凋殞　　凋歇　　後凋

제곡 제읍 제조 수제 / 근제 우제 / 제삭 제충 계제 운제 / 수제 우제 철제 타제 / 조고 조락 조운 조헐 후조

1급-162

嘲 비웃을　조	口 부수 12획, 총 15획.	(　)부수 (　)획, 총 (　)획.			
嘲轟　　嘲弄　　嘲罵　　嘲笑　　自嘲					
曹 무리　조	日 부수 7획, 총 11획.	(　)부수 (　)획, 총 (　)획.			
曹輩　　曹操　　曹參　　刑曹　　法曹界					
棗 대추　조	木 부수 8획, 총 12획.	(　)부수 (　)획, 총 (　)획.			
棗栗　　乾棗　　蜜棗　　酸棗					
槽 구유　조	木 부수 11획, 총 15획.	(　)부수 (　)획, 총 (　)획.			
槽廠　　檀槽　　石槽　　浴槽　　齒槽					
漕 배로실어나를　조	氵水 부수 11획, 총 14획.	(　)부수 (　)획, 총 (　)획.			
漕船　　漕運　　漕艇					

조광 조롱 조매 조소 자조 / 조배 조조 조참 형조 법조계 / 조율 건조 밀조 산조 / 조창 단조 석조 욕조 치조 / 조선 조운 조정

1급-163

爪	爪 부수 0획, 총 4획.	( )부수 ( )획, 총 ( )획.
손톱 조	爪槌　　爪痕　　牙爪　　鴻爪	

眺	目 부수 6획, 총 11획.	( )부수 ( )획, 총 ( )획.
볼 조	眺:覽　　眺:望　　羈眺　　登眺	

稠	禾 부수 8획, 총 13획.	( )부수 ( )획, 총 ( )획.
빽빽할 조	稠密　　繁稠	

粗	米 부수 5획, 총 11획.	( )부수 ( )획, 총 ( )획.
거칠 조	粗痰　　粗澹　　粗惡　　粗雜　　粗暴	

糟	米 부수 11획, 총 17획.	( )부수 ( )획, 총 ( )획.
지게미 조	糟粕　　糟甕　　糟糠之妻	

조퇴 조흔 아조 홍조 / 조람 조망 기조 등조 / 조밀 번조 / 조담 조담 조악 조잡 조포 / 조박 조옹 조강지처

1급-164

繰	糸 부수 13획, 총 19획.　(　　)부수 (　　)획, 총 (　　)획.
고치켤　조	繰綿　　繰絲　　繰替　　鑄繰

肇	聿 부수 8획, 총 14획.　(　　)부수 (　　)획, 총 (　　)획.
비롯할　조	肇:國　　肇:歲　　肇:業　　初肇

藻	⧾ 艸 부수 12획, 총 16획. (　　)부수 (　　)획, 총 (　　)획.
마름　조	藻:類　　藻:耀　　翰藻

詔	言 부수 5획, 총 12획.　(　　)부수 (　　)획, 총 (　　)획.
조서　조	詔:書　　詔:諭　　詔:旨　　詔:勅

躁	足 부수 13획, 총 20획.　(　　)부수 (　　)획, 총 (　　)획.
조급할　조	躁急　　躁怒　　躁虐　　矜躁　　浮躁

조면 조사 조체 주조 / 조국 조세 조업 초조 / 조류 조요 한조 / 조서 조유 조지 조칙 / 조급 조노 조학 긍조 부조

1급-165

遭	辶辵 부수 11획, 총 15획.	( )부수 ( )획, 총 ( )획.
만날 **조**	遭難　　遭遇　　遭値	

阻	阝阜 부수 5획, 총 8획.	( )부수 ( )획, 총 ( )획.
막힐 **조**	阻隔　　阻遼　　阻礙　　艱阻　　廻阻	

簇	竹 부수 11획, 총 17획.	( )부수 ( )획, 총 ( )획.
가는대 **족**	簇葉　　簇擁　　簇酒	

猝	犭犬 부수 8획, 총 11획.	( )부수 ( )획, 총 ( )획.
갑자기 **졸**	猝富　　猝嗟	

慫	心 부수 11획, 총 15획.	( )부수 ( )획, 총 ( )획.
권할 **종**	慫兢　　慫搖　　憑慫	

조난 조우 조치 / 조격 조료 조애 간조 회조 / 족엽 족옹 족주 / 졸부 졸차 / 종긍 종요 빙종

腫

종기　　종

月 肉 부수 9획, 총 13획. ( )부수 ( )획, 총 ( )획.				
腫:氣	腫:瘍	腫:脹	浮腫	瘡腫

踪

자취　　종

足 부수 8획, 총 15획. ( )부수 ( )획, 총 ( )획.				
踪跡	眛踪	失踪		

踵

발꿈치　　종

足 부수 9획, 총 16획. ( )부수 ( )획, 총 ( )획.				
踵繫	踏踵	比踵	追踵	

挫

꺾을　　좌

扌 手 부수 7획, 총 10획. ( )부수 ( )획, 총 ( )획.				
挫:北	挫:辱	挫:折	挫:鍼	頓挫

做

지을　　주

亻 人 부수 9획, 총 11획. ( )부수 ( )획, 총 ( )획.				
做恭	做伴	做事	做況	看做

종기 종양 종창 부종 창종 / 종적 매종 실종 / 종계 답종 비종 추종 / 좌배 좌욕 좌절 좌침 돈좌 / 주공 주반 주사 주황 간주

1급-167

胄	月 肉 부수 5획, 총 9획.	( )부수 ( )획, 총 ( )획.		
자손 주	胄裔 胄胤 國胄 皇胄			

呪	口 부수 5획, 총 8획.	( )부수 ( )획, 총 ( )획.		
빌 주	呪罵 呪文 呪術 巫呪			

嗾	口 부수 11획, 총 14획.	( )부수 ( )획, 총 ( )획.		
부추길 주	使嗾 指嗾 嗾囑			

廚	广 부수 12획, 총 15획.	( )부수 ( )획, 총 ( )획.		
부엌 주	廚房 御廚 庖廚			

紂	糸 부수 3획, 총 9획.	( )부수 ( )획, 총 ( )획.		
주임금 주	紂王 桀紂 殷紂			

주예 주윤 국주 황주 / 주매 주문 주술 무주 / 사주 지주 주촉 / 주방 어주 포주 / 주왕 걸주 은주

| 紬 | 糸 부수 5획, 총 11획. | (　　)부수 (　)획, 총 (　)획. | | |
| 명주　주 | 紬緞　　　紬繹　　　紬績　　　絹紬 | | | |

| 註 | 言 부수 5획, 총 12획. | (　　)부수 (　)획, 총 (　)획. | | |
| 글뜻풀　주 | 註:釋　　　註:解　　脚註　　　側註　　　解註 | | | |

| 誅 | 言 부수 6획, 총 13획. | (　　)부수 (　)획, 총 (　)획. | | |
| 벨　주 | 誅滅　　　誅殺　　　詰誅　　　苛斂誅求 | | | |

| 躊 | 足 부수 14획, 총 21획. | (　　)부수 (　)획, 총 (　)획. | | |
| 머뭇거릴　주 | 躊:躇 | | | |

| 輳 | 車 부수 9획, 총 16획. | (　　)부수 (　)획, 총 (　)획. | | |
| 몰려들　주 | 輻輳 | | | |

주단 주역 주적 견주 / 주석 주해 각주 측주 해주 / 주멸 주살 힐주 가렴주구 / 주저 / 폭주

1급-169

樽 술통 준	木 부수 12획, 총 16획. ( )부수 ( )획, 총 ( )획.			
	樽酒　　　金樽　　　瓦樽			

竣 마칠 준	立 부수 7획, 총 12획. ( )부수 ( )획, 총 ( )획.			
	竣:工　　　竣:役			

蠢 꾸물거릴 준	虫 부수 15획, 총 21획. ( )부수 ( )획, 총 ( )획.			
	蠢:動　　　蠢:愚　　　蠢:爾　　　窘蠢			

櫛 빗 즐	木 부수 15획, 총 19획. ( )부수 ( )획, 총 ( )획.			
	櫛比　　　巾櫛　　　象櫛　　　梳櫛			

汁 즙 즙	氵水 부수 2획, 총 5획. ( )부수 ( )획, 총 ( )획.			
	藍汁　　　墨汁　　　乳汁			

준주 금준 외준 / 준공 준역 / 준동 준우 준이 군준 / 즐비 건즐 상즐 소즐 / 남즙 묵즙 유즙

1급-170

茸 기울　즙	⾋ 艸 부수 9획, 총 13획.	(　)부수 (　)획, 총 (　)획.		
	茸繕　　　茸屋			

咫 여덟치　지	口 부수 6획, 총 9획.	(　)부수 (　)획, 총 (　)획.		
	咫步　　　咫尺			

摯 잡을　지	扌 手 부수 11획, 총 15획.	(　)부수 (　)획, 총 (　)획.		
	摯拘　　　摯獸　　　懇摯			

枳 탱자　지 탱자　기	木 부수 5획, 총 9획.	(　)부수 (　)획, 총 (　)획.		
	枳殼　　　枳棘　　　枳塞　　　枳礙			

祉 복　지	示 부수 4획, 총 9획.	(　)부수 (　)획, 총 (　)획.		
	福祉　　　休祉			

즙선 즙옥 / 지보 지척 / 지구 지수 간지 / 지각 지극 기색 기애 / 복지 휴지

肢	月 肉 부수 4획, 총 8획.	( )부수 ( )획, 총 ( )획.
팔다리 **지**	肢體　　折肢	

嗔	口 부수 10획, 총 13획.	( )부수 ( )획, 총 ( )획.
성낼 **진**	嗔喝　　嗔怒　　嗔責	

疹	疒 부수 5획, 총 10획.	( )부수 ( )획, 총 ( )획.
마마 **진**	發疹　　濕疹	

叱	口 부수 2획, 총 5획.	( )부수 ( )획, 총 ( )획.
꾸짖을 **질**	叱辱　　叱正　　憤叱　　虎叱	

嫉	女 부수 10획, 총 13획.	( )부수 ( )획, 총 ( )획.
미워할 **질**	嫉視　　嫉妬　　嫉害　　嫉毁	

지체 절지 / 진갈 진노 진책 / 발진 습진 / 질욕 질정 분질 호질 / 질시 질투 질해 질훼

1급-172

帙	巾 부수 5획, 총 8획.	( )부수 ( )획, 총 ( )획.		
책권차례 질	卷帙　　　梵帙　　　書帙			
桎	木 부수 6획, 총 10획.	( )부수 ( )획, 총 ( )획.		
차꼬 질	桎梏　　　桎檻　　　枯桎　　　囚桎			
膣	月 肉 부수 11획, 총 15획.	( )부수 ( )획, 총 ( )획.		
음도 질	膣腔　　　膣炎			
跌	足 부수 5획, 총 12획.	( )부수 ( )획, 총 ( )획.		
거꾸러질 질	跌倒　　　跌墜　　　跌宕　　　傾跌　　　蹉跌			
迭	辶 辵 부수 5획, 총 9획.	( )부수 ( )획, 총 ( )획.		
갈마들 질	更迭　　　交迭　　　迷迭			

권질 범질 서질 / 질곡 질함 고질 수질 / 질강 질염 / 질도 질추 질탕 경질 차질 / 경질 교질 미질

斟	斗 부수 9획, 총 13획.	( )부수 ( )획, 총 ( )획.		
짐작할 짐	斟酌 盈斟 獻斟			
朕	月 肉 부수 6획, 총 10획.	( )부수 ( )획, 총 ( )획.		
나 짐	朕:兆 北朕			
澄	氵 水 부수 12획, 총 15획.	( )부수 ( )획, 총 ( )획.		
맑을 징	澄潭 澄灣 澄汰 明澄 清澄			
叉	又 부수 1획, 총 3획.	( )부수 ( )획, 총 ( )획.		
갈래 차	交叉 戟叉 矛叉 野叉 畫叉			
嗟	口 부수 10획, 총 13획.	( )부수 ( )획, 총 ( )획.		
탄식할 차	嗟悼 嗟稱 嗟歎 嗟乎			

짐작 영짐 헌짐 / 짐조 북짐 / 징담 징만 징태 명징 청징 / 교차 극차 모차 야차 화차 / 차도 차칭 차탄 차호

1급-174

蹉 미끄러질 **차**	足 부수 10획, 총 17획.　(　　)부수(　　)획, 총(　　)획.			
	蹉過	蹉跌	旁蹉	日蹉
搾 짤 **착**	扌手 부수 10획, 총 13획. (　　)부수(　　)획, 총(　　)획.			
	搾乳	搾取	壓搾	
窄 좁을 **착**	穴 부수 5획, 총 10획.　(　　)부수(　　)획, 총(　　)획.			
	窄袖	窄韻	傾窄	險窄
鑿 뚫을 **착** 구멍 **조**	金 부수 20획, 총 28획.　(　　)부수(　　)획, 총(　　)획.			
	掘鑿　刻鑿	洞鑿　疏鑿	穿鑿	鑿柄
撰 지을 **찬**	扌手 부수 12획, 총 15획. (　　)부수(　　)획, 총(　　)획.			
	撰:述　撰:集	杜撰	演撰	抄撰

차고 차질 방차 일차 / 착유 착취 압착 / 착수 착운 경착 험착 / 굴착 각착 동착 소착 천착 조예 / 찬술 찬집 두찬 연찬 초찬

篡	竹 부수 10획, 총 16획. ( )부수 ( )획, 총 ( )획.				
빼앗을 **찬**	篡:弑	篡:惡	篡:逆	篡:奪	篡:虐

纂	糸 부수 14획, 총 20획. ( )부수 ( )획, 총 ( )획.				
모을 **찬**	纂:錄	論纂	嗣纂	參纂	編纂

饌	食 부수 12획, 총 21획. ( )부수 ( )획, 총 ( )획.			
반찬 **찬**	饌:需	飯饌	酒饌	珍羞盛饌

擦	扌 手 부수 14획, 총 17획. ( )부수 ( )획, 총 ( )획.		
문지를 **찰**	擦傷	塗擦	摩擦

僭	亻 人 부수 12획, 총 14획. ( )부수 ( )획, 총 ( )획.				
주제넘을 **참**	僭冒	僭奢	僭稱	驕僭	凌僭

찬시 찬악 찬역 찬탈 찬학 / 찬록 논찬 사찬 참찬 편찬 / 찬수 반찬 주찬 진수성찬 / 찰상 도찰 마찰 / 참모 참사 참칭 교참 능참

1급-176

| 塹 구덩이 **참** | 土 부수 11획, 총 14획. ( )부수 ( )획, 총 ( )획. |
| 塹壘   塹壕   圍塹   浚塹 |

| 懺 뉘우칠 **참** | ↑ 心 부수 17획, 총 20획. ( )부수 ( )획, 총 ( )획. |
| 懺禮   懺洗   懺除   懺悔   愧懺 |

| 站 역마을 **참** | 立 부수 5획, 총 10획. ( )부수 ( )획, 총 ( )획. |
| 站隊   兵站   驛站 |

| 讒 참소할 **참** | 言 부수 17획, 총 24획. ( )부수 ( )획, 총 ( )획. |
| 讒謗   讒慝   讒陷   毁讒 |

| 讖 예언 **참** | 言 부수 17획, 총 24획. ( )부수 ( )획, 총 ( )획. |
| 讖書   讖言   圖讖   詩讖   讖緯說 |

참루 참호 위참 준참 / 참례 참세 참제 참회 괴참 / 참대 병참 역참 / 참방 참특 참함 훼참 / 참서 참언 도참 시참 참위설

1급-177

倡	ㅓ 人 부수 8획, 총 10획. ( )부수 ( )획, 총 ( )획.
광대 창	倡:妓 名倡 排倡

娼	女 부수 8획, 총 11획. ( )부수 ( )획, 총 ( )획.
창녀 창	娼:家 娼婦 私娼街

廠	广 부수 12획, 총 15획. ( )부수 ( )획, 총 ( )획.
공장 창	廠房 廠獄 工廠 茅廠

愴	ㅓ 心 부수 10획, 총 13획. ( )부수 ( )획, 총 ( )획.
슬플 창	愴:囊 愴:然 酸愴 悽愴 惻愴

槍	木 부수 10획, 총 14획. ( )부수 ( )획, 총 ( )획.
창 창	槍劍 槍壘 亂槍 標槍

창기 명창 배창 / 창가 창부 사창가 / 창방 창옥 공창 모창 / 창낭 창연 산창 처창 측창 / 창검 창루 난창 표창

1급-178

漲 넘칠 창	氵水 부수 11획, 총 14획. ( )부수 ( )획, 총 ( )획.				
	漲濤	漲溢	溟漲	泛漲	暴漲

猖 미쳐날뜀 창	犭犬 부수 8획, 총 11획. ( )부수 ( )획, 총 ( )획.		
	猖狂	猖悖	披猖

瘡 부스럼 창	疒 부수 10획, 총 15획. ( )부수 ( )획, 총 ( )획.			
	瘡毒	痘瘡	惡瘡	百孔千瘡

脹 부을 창	月肉 부수 8획, 총 12획. ( )부수 ( )획, 총 ( )획.	
	鼓脹	膨脹

艙 부두 창	舟 부수 10획, 총 16획. ( )부수 ( )획, 총 ( )획.		
	艙間	艙底	船艙

창도 창일 명창 범창 폭창 / 창광 창패 피창 / 창독 두창 악창 백공천창 / 고창 팽창 / 창간 창저 선창

1급-179

菖	⺿ 艸 부수 8획, 총 12획. ( )부수 ( )획, 총 ( )획.				
창포 창	菖蒲 石菖 泥菖				
寨	宀 부수 11획, 총 14획. ( )부수 ( )획, 총 ( )획.				
목책 채	外寨 要寨				
柵	木 부수 5획, 총 9획. ( )부수 ( )획, 총 ( )획.				
울타리 책	橋柵 豚柵 木柵 竹柵 鐵柵 荒柵				
凄	冫 부수 8획, 총 10획. ( )부수 ( )획, 총 ( )획.				
쓸쓸할 처	凄凉 凄爽 凄切 凄慘				
擲	扌手 부수 15획, 총 18획. ( )부수 ( )획, 총 ( )획.				
던질 척	擲殺 挑擲 放擲 打擲 投擲 乾坤一擲				

창포 석창 이창 / 외채 요채 / 교책 돈책 목책 죽책 철책 황책 / 처량 처상 처절 처참 / 척살 도척 방척 타척 투척 건곤일척

滌 씻을 척	氵水 부수 11획, 총 14획. ( )부수 ( )획, 총 ( )획.
	滌漑　　滌濫　　滌洗　　滌濯　　滌瑕

瘠 여윌 척	疒 부수 10획, 총 15획. ( )부수 ( )획, 총 ( )획.
	瘠墨　　瘠薄　　瘦瘠　　若瘠　　毁瘠

脊 등마루 척	月 肉 부수 6획, 총 10획. ( )부수 ( )획, 총 ( )획.
	脊骨　　脊椎　　曲脊　　嶺脊

喘 숨찰 천	口 부수 9획, 총 12획. ( )부수 ( )획, 총 ( )획.
	喘:息　　喘:促　　咳喘

擅 멋대로할 천	扌 手 부수 13획, 총 16획. ( )부수 ( )획, 총 ( )획.
	擅:赦　　擅:殺　　雄擅　　專擅

척개 척람 척세 척탁 척하 / 척묵 척박 수척 약척 훼척 / 척골 척추 곡척 영척 / 천식 천촉 해천 / 천사 천살 웅천 전천

1급-181

穿 뚫을 　천	穴 부수 4획, 총 9획.　　（　　　）부수（　　　）획, 총 （　　　）획.			
	穿:鑿　　穿:築　　　穿:幣　　　貫穿　　　排穿			
闡 밝힐 　천	門 부수 12획, 총 20획.　　（　　　）부수（　　　）획, 총 （　　　）획.			
	闡:明　　　闡:揚　　昭闡　　　丕闡堂			
凸 볼록할 　철	凵 부수 4획, 총 5획.　　（　　　）부수（　　　）획, 총 （　　　）획.			
	凸形　　　凹凸			
綴 엮을 　철	糸 부수 8획, 총 14획.　　（　　　）부수（　　　）획, 총 （　　　）획.			
	綴鉢　　綴輯　　綴宅　　點綴　　編綴　　綴字法			
轍 바퀴자국 철	車 부수 12획, 총 19획.　　（　　　）부수（　　　）획, 총 （　　　）획.			
	轍迹　　覆轍　　車轍　　蘇轍			

천착 천축 천폐 관천 배천 / 천명 천양 소천 비천당 / 철형 요철 / 철발 철집 철택 점철 편철 철자법 / 철적 복철 거철 소철

1급-182

僉	人 부수 11획, 총 13획.	( )부수 ( )획, 총 ( )획.
다 여러 **첨** **첨**		
	僉謀 　　 僉議 　　 僉尊	

籤	竹 부수 17획, 총 23획.	( )부수 ( )획, 총 ( )획.
제비(점대) **첨**		
	籤子 　　 籤題 　　 籤爪	

諂	言 부수 8획, 총 15획.	( )부수 ( )획, 총 ( )획.
아첨할 **첨**		
	諂:巧 　 諂:詐 　 諂:諛 　 阿諂 　 讒諂	

帖	巾 부수 5획, 총 8획.	( )부수 ( )획, 총 ( )획.
문서 **첨**		
	帖經 　　 帖着 　　 墨帖 　　 法帖 　　 書帖	

捷	扌 手 부수 8획, 총 11획.	( )부수 ( )획, 총 ( )획.
빠를 **첨**		
	捷徑 　 捷給 　 捷疾 　 敏捷 　 便捷 　 閑山大捷	

첨모 첨의 첨존 / 첨자 첨제 첨조 / 첨교 첨사 첨유 아첨 참첨 / 첩경 첩착 묵첩 법첩 서첩 / 첩경 첩급 첩질 민첩 편첩 한산대첩

1급-183

牒	片 부수 9획, 총 13획. ( )부수 ( )획, 총 ( )획.
편지 **첩**	牒訴　　牒狀　　錄牒　　通牒　　請牒狀

疊	田 부수 17획, 총 22획. ( )부수 ( )획, 총 ( )획.
거듭 **첩**	疊鼓　　疊疇　　疊次　　重疊　　層疊

貼	貝 부수 5획, 총 12획. ( )부수 ( )획, 총 ( )획.
붙일 **첩**	補貼　　販貼

涕	氵水 부수 7획, 총 10획. ( )부수 ( )획, 총 ( )획.
눈물 **체**	涕泣　　流涕　　歡涕　　揮涕

諦	言 부수 9획, 총 16획. ( )부수 ( )획, 총 ( )획.
살필 **체**	諦念　　諦料　　要諦

첩소 첩장 녹첩 통첩 청첩장 / 첩고 첩도 첩차 중첩 층첩 / 보첩 판첩 / 체읍 유체 탄체 휘체 / 체념 체료 요체

1급-184

憔	↑心 부수 12획, 총 16획. ( )부수 ( )획, 총 ( )획.
파리할 조	憔盧 憔悴

梢	木 부수 7획, 총 11획. ( )부수 ( )획, 총 ( )획.
나무끝 조	蕭梢 枝梢 抽梢 末梢神經

樵	木 부수 12획, 총 16획. ( )부수 ( )획, 총 ( )획.
나무할 조	樵歌 樵童 樵夫 芻樵

炒	火 부수 4획, 총 8획. ( )부수 ( )획, 총 ( )획.
볶을 조	炒米 煎炒

硝	石 부수 7획, 총 12획. ( )부수 ( )획, 총 ( )획.
화약 조	硝酸 硝藥 硝煙

초려 초췌 / 소초 지초 추초 말초신경 / 초가 초동 초부 추초 / 초미 전초 / 초산 초약 초연

1급-185

礁	石 부수 12획, 총 17획.	( )부수 ( )획, 총 ( )획.			
암초 초	礁石	撞礁	浮礁	嚴礁	暗礁

稍	禾 부수 7획, 총 12획.	( )부수 ( )획, 총 ( )획.			
점점 초	稍侵	稍解			

蕉	艹 艸 부수 12획, 총 16획.	( )부수 ( )획, 총 ( )획.			
파초 초	蕉葉	蕉萃	甘蕉	翠蕉	

貂	豸 부수 5획, 총 12획.	( )부수 ( )획, 총 ( )획.			
담비 초	貂珥	黑貂	狗尾續貂		

醋	酉 부수 8획, 총 15획.	( )부수 ( )획, 총 ( )획.			
초 초	醋酸	醋醬	薄醋	酒醋	

초석 당초 부초 엄초 암초 / 초침 초해 / 초엽 초췌 감초 취초 / 초이 흑초 구미속초 / 초산 초장 박초 주초

囑	口 부수 21획, 총 24획. ( )부수 ( )획, 총 ( )획.			
부탁할 촉	囑託 懇囑 委囑 請囑			

忖	↑ 心 부수 3획, 총 6획. ( )부수 ( )획, 총 ( )획.			
헤아릴 촌	忖:度			

叢	又 부수 16획, 총 18획. ( )부수 ( )획, 총 ( )획.			
떨기 총 모일 총	叢劇 叢談 叢林 叢煩 叢穢			

塚	土 부수 10획, 총 13획. ( )부수 ( )획, 총 ( )획.			
무덤 총	塚墓 義塚 置塚 貝塚			

寵	宀 부수 16획, 총 19획. ( )부수 ( )획, 총 ( )획.			
사랑할 총	寵臣 寵愛 寵擢 寵幸 寵厚			

촉탁 간촉 위촉 청촉 / 촌탁 / 총극 총담 총림 총번 총예 / 총묘 의총 치총 패총 / 총신 총애 총탁 총행 총후

1급-187

撮	扌 手 부수 12획, 총 15획. ( )부수 ( )획, 총 ( )획.				
모을 **촬**					
사진찍을 **촬**	撮壞	撮影	搏撮	捉撮	抄撮

墜	土 부수 12획, 총 15획. ( )부수 ( )획, 총 ( )획.				
떨어질 **추**	墜落	墜緖	失墜	零墜	跌墜

椎	木 부수 8획, 총 12획. ( )부수 ( )획, 총 ( )획.				
쇠뭉치 **추**					
등골 **추**	椎埋	椎鑿	椎打	樸椎	脊椎

樞	木 부수 11획, 총 15획. ( )부수 ( )획, 총 ( )획.				
지도리 **추**	樞紐	樞衡	宸樞	要樞	樞密院

槌	木 부수 10획, 총 18획. ( )부수 ( )획, 총 ( )획.				
칠 **추**					
방망이 **퇴**	槌鑿	槌提	研槌	鐵槌	

촬양 촬영 박촬 착촬 초촬 / 추락 추서 실추 영추 질추 / 추매 추착 추타 박추 척추 / 추뉴 추형 신추 요추 추밀원 / 추착 퇴제 연퇴 철퇴

1급-188

芻 꼴 추	艸 부수 4획, 총 10획. ( )부수 ( )획, 총 ( )획.			
	芻狗	芻場	牧芻	反芻

酋 우두머리 추	酉 부수 2획, 총 9획. ( )부수 ( )획, 총 ( )획.			
	酋領	酋長	蠻酋	悍酋

錐 송곳 추	金 부수 8획, 총 16획. ( )부수 ( )획, 총 ( )획.			
	錐股	立錐	鍼錐	

錘 저울추 추	金 부수 8획, 총 16획. ( )부수 ( )획, 총 ( )획.			
	爐錘	紡錘	鉛錘	玉錘

鎚 쇠망치 추	金 부수 10획, 총 18획. ( )부수 ( )획, 총 ( )획.			
	鍛鎚	鐵鎚	秤鎚	

추구 추장 목추 반추 / 추령 추장 만추 한추 / 추고 입추 침추 / 노추 방추 연추 옥추 / 단추 철추 칭추

1급-189

鰍	魚 부수 9획, 총 20획.　(　　)부수 (　　)획, 총 (　　)획.
미꾸라지 **추**	泥鰍　　　鰍魚湯

黜	黑 부수 5획, 총 17획.　(　　)부수 (　　)획, 총 (　　)획.
내칠 **출**	黜慢　　黜剝　　黜斥　　黜陟　　廢黜

悴	↑ 心 부수 8획, 총 11획.　(　　)부수 (　　)획, 총 (　　)획.
파리할 **췌**	悴薄　　悴顏　　憔悴　　疲悴　　毀悴

膵	月 肉 부수 12획, 총 16획.　(　　)부수 (　　)획, 총 (　　)획.
췌장 **췌**	膵:管　　膵:臟　　膵:液

萃	⧺ 艸 부수 8획, 총 12획.　(　　)부수 (　　)획, 총 (　　)획.
모을 **췌**	萃聚　　屯萃　　拔萃　　咸萃

이추 추어탕 / 출만 출박 출척 출척 폐출 / 췌박 췌안 초췌 피췌 훼췌 / 췌관 췌장 췌액 / 췌취 둔췌 발췌 함췌

1급-190

贅	貝 부수 11획, 총 18획. ( )부수 ( )획, 총 ( )획.			
혹 **췌**	贅:辯 贅:議 瘤贅			

娶	女 부수 8획, 총 11획. ( )부수 ( )획, 총 ( )획.			
장가들 **취**	娶:嫁 娶:得 娶:妻 婚娶			

翠	羽 부수 8획, 총 14획. ( )부수 ( )획, 총 ( )획.			
푸를 **취** 물총새 **취**	翠:髮 翠:鳳 翠:尖 疏翠 蒼翠			

脆	月 肉 부수 6획, 총 10획. ( )부수 ( )획, 총 ( )획.			
연할 **취**	脆:味 脆:薄 脆:弱 肥脆 柔脆			

惻	忄 心 부수 9획, 총 12획. ( )부수 ( )획, 총 ( )획.			
슬플 **측**	惻憫 悽惻 惻隱之心			

췌변 췌의 유췌 / 취가 취득 취처 혼취 / 취발 취봉 취첨 소취 창취 / 취미 취박 취약 비취 유취 / 측민 처측 측은지심

侈	亻 人 부수 6획, 총 8획. ( )부수 ( )획, 총 ( )획.			
사치할 **치**	侈濫　　侈靡　　侈奢　　侈傲　　驕侈　邪侈			

嗤	口 부수 10획, 총 13획. ( )부수 ( )획, 총 ( )획.			
비웃을 **치**	嗤罵　　嗤侮　　嗤易　　笑嗤　　嘲嗤			

幟	巾 부수 12획, 총 15획. ( )부수 ( )획, 총 ( )획.			
기 **치**	旗幟　　疑幟　　赤幟　　標幟　　虛幟			

熾	火 부수 12획, 총 16획. ( )부수 ( )획, 총 ( )획.			
성할 **치**	熾烈　　繁熾　　殷熾　　隆熾			

痔	疒 부수 6획, 총 11획. ( )부수 ( )획, 총 ( )획.			
치질 **치**	痔漏　　痔疾　　痔核　　血痔			

치람 치미 치사 치오 교치 사치 / 치매 치모 치이 소치 조치 / 기치 의치 적치 표치 허치 / 치열 번치 은치 융치 / 치루 치질 치핵 혈치

1급-192

癡	疒 부수 14획, 총 19획.　(　　)부수 (　　)획, 총 (　　)획.
어리석을 **치**	癡鈍　　癡呆　　驕癡　　白癡　　音癡　　天癡

緻	糸 부수 10획, 총 16획.　(　　)부수 (　　)획, 총 (　　)획.
빽빽할 **치**	緻密　　堅緻　　詳緻　　精緻

馳	馬 부수 3획, 총 13획.　(　　)부수 (　　)획, 총 (　　)획.
달릴 **치**	馳湍　　馳突　　馳驛　　馳走　　周馳

勅	力 부수 7획, 총 9획.　(　　)부수 (　　)획, 총 (　　)획.
칙서 **칙**	勅命　　勅使　　勅牒　　修勅

砧	石 부수 5획, 총 10획.　(　　)부수 (　　)획, 총 (　　)획.
다듬잇돌 **침**	砧:斧　　砧:聲　　暮砧

치둔 치매 교치 백치 음치 천치 / 치밀 견치 상치 정치 / 치단 치돌 치역 치주 주치 / 칙명 칙사 칙첩 수칙 / 침부 침성 모침

1급-193

鍼	金 부수 9획, 총 17획. ( )부수 ( )획, 총 ( )획.				
침 **침**	鍼孔　　鍼灸　　鍼術　　鍼艾　　鍼筒				
蟄	虫 부수 11획, 총 17획. ( )부수 ( )획, 총 ( )획.				
숨을 **칩**	蟄居　　蟄龍　　蟄獸　　驚蟄　　幽蟄				
秤	禾 부수 5획, 총 10획. ( )부수 ( )획, 총 ( )획.				
저울 **칭**	秤竿　　秤衡　　天秤				
唾	口 부수 8획, 총 11획. ( )부수 ( )획, 총 ( )획.				
침 **타**	唾:具　　唾:罵　　唾:液　　咳唾				
惰	忄心 부수 9획, 총 12획. ( )부수 ( )획, 총 ( )획.				
게으를 **타**	惰:怠　　懶惰　　燕惰　　頹惰　　懈惰				

침공 침구 침술 침애 침통 / 칩거 칩룡 칩수 경칩 유칩 / 칭간 칭형 천칭 / 타구 타매 타액 해타 / 타태 나타 연타 퇴타 해타

1급-194

楕	木 부수 9획, 총 13획.	( )부수 ( )획, 총 ( )획.		
길고둥글 **타**	楕:球 楕:圓 楕:率			

舵	舟 부수 5획, 총 11획.	( )부수 ( )획, 총 ( )획.		
키 **타**	舵工 舵手			

陀	阝阜 부수 5획, 총 8획.	( )부수 ( )획, 총 ( )획.		
비탈질 **타** / 부처 **타**	頭陀 彌陀 佛陀			

駝	馬 부수 5획, 총 15획.	( )부수 ( )획, 총 ( )획.		
낙타 **타**	駝峰 駝鳥 駱駝			

擢	扌手 부수 14획, 총 17획.	( )부수 ( )획, 총 ( )획.		
뽑을 **탁**	擢擧 拔擢 銓擢 抽擢			

타구 타원 타율 / 타공 타수 / 두타 미타 불타 / 타봉 타조 낙타 / 탁거 발탁 전탁 추탁

鐸	金 부수 13획, 총 21획.	( )부수 ( )획, 총 ( )획.		
방울 탁	鐸鈴 鼓鐸 鳴鐸 振鐸 風鐸			

呑	口 부수 4획, 총 7획.	( )부수 ( )획, 총 ( )획.		
삼킬 탄	呑聲 呑咽 竝呑 咀呑 甘呑苦吐			

坦	土 부수 5획, 총 8획.	( )부수 ( )획, 총 ( )획.		
평평할 탄	坦:途 坦:率 坦:蕩 夷坦 平坦			

憚	忄心 부수 12획, 총 15획.	( )부수 ( )획, 총 ( )획.		
꺼릴 탄	憚畏 憚避 憚赫 忌憚 寵憚			

綻	糸 부수 8획, 총 14획.	( )부수 ( )획, 총 ( )획.		
터질 탄	綻:開 綻:裂 破綻			

탁령 고탁 명탁 진탁 풍탁 / 탄성 탄연 병탄 저탄 감탄고토 / 탄도 탄솔 탄탕 이탄 평탄 / 탄외 탄피 탄혁 기탄 총탄 / 탄개 탄열 파탄

1급-196

眈	目 부수 4획, 총 9획.　(　　　)부수 (　　)획, 총 (　　)획.			
노려볼 **탐**	虎視眈眈			

搭	扌 手 부수 10획, 총 13획. (　　　)부수 (　　)획, 총 (　　)획.			
탈(乘) **탑**	搭鉤　　搭乘　　搭載　　鐵搭			

宕	宀 부수 5획, 총 8획.　(　　　)부수 (　　)획, 총 (　　)획.			
호탕할 **탕**	跌:宕　　佚:宕　　豪宕			

蕩	⼗ 艸 부수 12획, 총 16획. (　　　)부수 (　　)획, 총 (　　)획.			
방탕할 **탕**	蕩:析　蕩:逸　　蕩:滌　　放蕩　　搖蕩			

汰	氵 水 부수 4획, 총 7획.　(　　　)부수 (　　)획, 총 (　　)획.			
일 **태**	汰侈　　淘汰　　沙汰　　銓汰			

호시탐탐 / 탑구 탑승 탑재 철탑 / 질탕 질탕 호탕 / 탕석 탕일 탕척 방탕 요탕 / 태치 도태 사태 전태

1급-197

笞 볼기칠 태	竹 부수 5획, 총 11획. ( )부수 ( )획, 총 ( )획.				
	笞擊	笞罵	笞杖	撻笞	掠笞

苔 이끼 태	艹 艸 부수 5획, 총 9획. ( )부수 ( )획, 총 ( )획.				
	綠苔	碧苔	石苔	海苔	

跆 밟을 태	足 부수 5획, 총 12획. ( )부수 ( )획, 총 ( )획.				
	跆籍	跆拳道			

撑 버틸 탱	扌 手 부수 12획, 총 15획. ( )부수 ( )획, 총 ( )획.				
	撑船	撑刺	孤撑	支撑	

攄 펼 터	扌 手 부수 15획, 총 18획. ( )부수 ( )획, 총 ( )획.				
	攄:得	攄:頌	攄:破	攄:抱	攄:懷

태격 태매 태장 달태 약태 / 녹태 벽태 석태 해태 / 태적 태권도 / 탱선 탱자 고탱 지탱 / 터득 터송 터파 터포 터회

慟 서러워할 **통**	忄心 부수 11획, 총 14획. (　　　)부수 (　　　)획, 총 (　　　)획.			
	慟:哭　　慟:泣　　　感慟　　　哀慟			

桶 통 **통**	木 부수 7획, 총 11획. (　　　)부수 (　　　)획, 총 (　　　)획.			
	斗桶　　　水桶　　　漆桶			

筒 통 **통**	竹 부수 6획, 총 12획. (　　　)부수 (　　　)획, 총 (　　　)획.			
	筒車　　　封筒　　　算筒　　　煙筒　　　竹筒			

堆 쌓을 **퇴**	土 부수 8획, 총 11획. (　　　)부수 (　　　)획, 총 (　　　)획.			
	堆:肥　　堆:積　　　倍堆			

腿 넓적다리 **퇴**	月肉 부수 10획, 총 14획. (　　　)부수 (　　　)획, 총 (　　　)획.			
	腿:骨　　腿:節　　　下腿　　　大腿部			

통곡 통읍 감통 애통 / 두통 수통 칠통 / 통차 봉통 산통 연통 죽통 / 퇴비 퇴적 배퇴 / 퇴골 퇴절 하퇴 대퇴부

1급-199

褪	衤衣 부수 10획, 총 15획. (　　　)부수 (　　　)획, 총 (　　　)획.			
바랠 퇴	褪:色　　　褪:英　　　褪:紅			

頹	頁 부수 7획, 총 16획. (　　　)부수 (　　　)획, 총 (　　　)획.			
무너질 퇴	頹落　　頹壟　　頹挫　　頹替　　頹墜　　衰頹			

套	大 부수 7획, 총 10획. (　　　)부수 (　　　)획, 총 (　　　)획.			
씌울 투	套書　　套袖　　封套　　外套　　陳套			

妬	女 부수 5획, 총 8획. (　　　)부수 (　　　)획, 총 (　　　)획.			
샘낼 투	妬忌　　妬昧　　嬌妬　　憎妬　　嫉妬			

慝	心 부수 11획, 총 15획. (　　　)부수 (　　　)획, 총 (　　　)획.			
사특할 특	姦慝　　邪慝　　淫慝　　讒慝　　荒慝			

퇴색 퇴영 퇴홍 / 퇴락 퇴롱 퇴좌 퇴체 퇴추 쇠퇴 / 투서 투수 봉투 외투 진투 / 투기 투매 교투 증투 질투 / 간특 사특 음특 참특 황특

婆	女 부수 8획, 총 11획.	(　　)부수 (　　)획, 총 (　　)획.			
할미 　파	婆娑　　老婆　　阿婆　　奪衣婆　　産婆役				

巴	己 부수 1획, 총 4획.	(　　)부수 (　　)획, 총 (　　)획.			
꼬리 　파	巴戟　　巴蜀　　巴峽　　卍巴				

爬	爪 부수 4획, 총 8획.	(　　)부수 (　　)획, 총 (　　)획.			
긁을 　파	爬櫛　　搔爬　　搜爬　　聚爬　　爬蟲類				

琶	王 玉 부수 8획, 총 12획.	(　　)부수 (　　)획, 총 (　　)획.			
비파 　파	琵琶				

芭	⧾ 艸 부수 4획, 총 8획.	(　　)부수 (　　)획, 총 (　　)획.			
파초 　파	芭蕉　　芭葉				

파사 노파 아파 탈의파 산파역 / 파극 파촉 파협 만파 / 파즐 소파 수파 취파 파충류 / 비파 / 파초 파엽

1급-201

跛	足 부수 5획, 총 12획.	( )부수 ( )획, 총 ( )획.		
절름발이 파 비스듬히설 피	跛鼈	跛行	偏跛	跛:立

辦	辛 부수 9획, 총 16획.	( )부수 ( )획, 총 ( )획.		
힘들일 판	辦納	辦務	主辦	總辦

佩	亻人 부수 6획, 총 8획.	( )부수 ( )획, 총 ( )획.		
찰 패	佩:劍	佩:物	銘佩	玉佩

唄	口 부수 7획, 총 10획.	( )부수 ( )획, 총 ( )획.		
염불소리 패	歌唄	梵唄	吟唄	諷唄

悖	忄心 부수 7획, 총 10획.	( )부수 ( )획, 총 ( )획.		
거스를 패	悖戾 悖謬	悖倫	悖習 貪悖	淫談悖說

파별 파행 편파 피립 / 판납 판무 주판 총판 / 패검 패물 명패 옥패 / 가패 범패 음패 풍패 / 패려 패류 패륜 패습 탐패 음담패설

1급-202

沛 비쏟아질 패	氵 水 부수 4획, 총 7획. (　　)부수 (　　)획, 총 (　　)획.
	沛:公　　　沛:艾　　　沛:澤　　　汎沛　　　顚沛

牌 패 패	片 부수 8획, 총 12획. (　　)부수 (　　)획, 총 (　　)획.
	牌標　　　方牌　　　賞牌　　　位牌

稗 피 패	禾 부수 8획, 총 13획. (　　)부수 (　　)획, 총 (　　)획.
	稗:官　　　稗:販　　　稗:說

澎 물소리 팽	氵 水 부수 12획, 총 15획. (　　)부수 (　　)획, 총 (　　)획.
	澎湃

膨 불을 팽	月 肉 부수 12획, 총 16획. (　　)부수 (　　)획, 총 (　　)획.
	膨大　　　膨脹

패공 패애 패택 범패 전패 / 패표 방패 상패 위패 / 패관 패판 패설 / 팽배 / 팽대 팽창

1급-203

恧	忄 心 부수 9획, 총 12획. ( )부수 ( )획, 총 ( )획.				
강퍅할 퍅	愎戾　　剛愎　　乖愎　　矜愎　　頑愎				
鞭	革 부수 10획, 총 18획. ( )부수 ( )획, 총 ( )획.				
채찍 편	鞭撻　　鞭笞　　鞭蹴　　敎鞭　　執鞭　　揮鞭				
騙	馬 부수 9획, 총 19획. ( )부수 ( )획, 총 ( )획.				
속일 편	騙局　　騙取　　拐騙　　欺騙　　詐騙				
貶	貝 부수 5획, 총 12획. ( )부수 ( )획, 총 ( )획.				
낮출 폄	貶:降　　貶:謫　　貶:逐　　抑貶　　懲貶				
萍	++ 艸 부수 8획, 총 12획. ( )부수 ( )획, 총 ( )획.				
부평초 평	萍梗　　靑萍　　浮萍草				

팍려 강퍅 괴팍 긍퍅 완퍅 / 편달 편추 편축 교편 집편 휘편 / 편국 편취 괴편 기편 사편 / 폄강 폄적 폄축 억폄 징폄 / 평경 청평 부평초

1급-204

斃	攵攴 부수 14획, 총 18획. ( )부수 ( )획, 총 ( )획.
죽을 폐	斃:死　斃:畜　瘦斃　殞斃　誅斃　疲斃

陛	阝阜 부수 7획, 총 10획. ( )부수 ( )획, 총 ( )획.
대궐섬돌 폐	陛:戟　陛:列　陛:下　納陛　殿陛

匍	勹 부수 7획, 총 9획. ( )부수 ( )획, 총 ( )획.
길 포	匍匐　匍行

咆	口 부수 5획, 총 8획. ( )부수 ( )획, 총 ( )획.
고함지를 포	咆勃　咆號　咆哮

哺	口 부수 7획, 총 10획. ( )부수 ( )획, 총 ( )획.
먹일 포	狗哺　劀哺　吐哺　反哺鳥

폐사 폐축 수폐 운폐 주폐 피폐 / 폐극 폐열 폐하 납폐 전폐 / 포복 포행 / 포발 포호 포효 / 구포 삭포 토포 반포조

1급-205

| 圃
채마밭 포 | 口 부수 7획, 총 10획. (　　)부수 (　　)획, 총 (　　)획. |
| | 圃師　　圃田　　禁圃　　老圃　　玄圃 |

| 泡
거품 포 | 氵 水 부수 5획, 총 8획. (　　)부수 (　　)획, 총 (　　)획. |
| | 泡沫　　氣泡　　水泡　　幻泡 |

| 疱
물집 포 | 疒 부수 5획, 총 10획. (　　)부수 (　　)획, 총 (　　)획. |
| | 疱:瘡　　水疱 |

| 脯
포 포 | 月 肉 부수 7획, 총 11획. (　　)부수 (　　)획, 총 (　　)획. |
| | 脯肉　　福脯　　肥脯　　束脯 |

| 蒲
부들 포 | ++ 艸 부수 10획, 총 14획. (　　)부수 (　　)획, 총 (　　)획. |
| | 蒲葵　　蒲蘆　　菖蒲　　蒲柳之質 |

포사 포전 금포 노포 현포 / 포말 기포 수포 환포 / 포창 수포 / 포육 복포 비포 속포 / 포규 포로 창포 포류지질

1급-206

袍	衤衣 부수 5획, 총 10획. ( )부수 ( )획, 총 ( )획.		
도포　포	袍仗　　　袍笏　　　綿袍		

褒	衣 부수 9획, 총 15획. ( )부수 ( )획, 총 ( )획.			
기릴　포	褒勸　　　褒賞　　　褒揚　　　褒懲　　　褒讚			

逋	辶辵 부수 7획, 총 11획. ( )부수 ( )획, 총 ( )획.		
도망갈　포	逋客　　　逋播　　　逋欠　　　亡逋		

庖	广 부수 5획, 총 8획. ( )부수 ( )획, 총 ( )획.		
부엌　포	庖凜　　　庖丁　　　庖廚　　　庖犧		

曝	日 부수 15획, 총 19획. ( )부수 ( )획, 총 ( )획.			
쪼일　폭 쪼일　포	曝露　　　曝背　　　曝書　　　曝白　　　曝氣			

포장 포흘 면포 / 포권 포상 포양 포징 포찬 / 포객 포파 포흠 망포 / 포름 포정 포주 포희 / 폭로 폭배 폭서 포백 포기

1급-207

瀑					
폭포 폭 소나기 표	⺡ 水 부수 15획, 총 18획. ( )부수 ( )획, 총 ( )획.				
	瀑潭	瀑布	落瀑	飛瀑	懸瀑

剽			
겁박할 표	刂 刀 부수 11획, 총 13획. ( )부수 ( )획, 총 ( )획.		
	剽掠	剽竊	剽悍

慓			
급할 표	忄 心 부수 11획, 총 14획. ( )부수 ( )획, 총 ( )획.		
	慓毒	慓疾	慓悍

豹					
표범 표	豸 부수 3획, 총 10획. ( )부수 ( )획, 총 ( )획.				
	豹脚	豹斑	豹變	豹皮	虎豹

飄					
나부낄 표	風 부수 11획, 총 20획. ( )부수 ( )획, 총 ( )획.				
	飄泊	飄揚	飄疾	飄墜	急飄

폭담 폭포 낙폭 비폭 현폭 / 표략 표절 표한 / 표독 표질 표한 / 표각 표반 표변 표피 호표 / 표박 표양 표질 표추 급표

1급-208

稟	禾 부수 8획, 총 13획. ( )부수 ( )획, 총 ( )획.
여쭐 **稟**	稟:賦　　資稟　　秦稟　　特稟

諷	言 부수 9획, 총 16획. ( )부수 ( )획, 총 ( )획.
풍자할 **諷**	諷諫　　諷刺　　微諷　　吟諷

披	扌 手 부수 5획, 총 8획. ( )부수 ( )획, 총 ( )획.
헤칠 **피**	披覽　披攘　披閱　披懷　離披　爛:若披錦

疋	疋 부수 0획, 총 5획. ( )부수 ( )획, 총 ( )획.
필 **필**	疋緞　　疋練　　疋馬　　疋帛

乏	ノ 부수 4획, 총 5획. ( )부수 ( )획, 총 ( )획.
모자랄 **핍**	乏迫　乏厄　乏盡　缺乏　耐乏　貧乏

품부 자품 진품 특품 / 풍간 풍자 미풍 음풍 / 피람 피양 피열 피회 이피 난약피금 / 필단 필련 필마 필백 / 핍박 핍액 핍진 결핍 내핍 빈핍

1급-209

逼	辶 辵 부수 9획, 총 13획. ( )부수 ( )획, 총 ( )획.
핍박할 **핍**	逼隣　　逼迫　　逼塞　　逼眞　　內逼

瑕	王 玉 부수 9획, 총 13획. ( )부수 ( )획, 총 ( )획.
허물 **하**	瑕穢　　瑕疵　　瑕痕　　毁瑕

蝦	虫 부수 9획, 총 15획. ( )부수 ( )획, 총 ( )획.
두꺼비 **하** 새우 **하**	佳蝦　　乾蝦　　魚蝦

遐	辶 辵 부수 9획, 총 13획. ( )부수 ( )획, 총 ( )획.
멀 **하**	遐齡　　遐壽　　遐迹　　升遐　　荒遐

霞	雨 부수 9획, 총 17획. ( )부수 ( )획, 총 ( )획.
노을 **하**	霞彩　　丹霞

핍린 핍박 핍색 핍진 내핍 / 하예 하자 하흔 훼하 / 가하 건하 어하 / 하령 하수 하적 승하 황하 / 하채 단하

1급-210

壑	土 부수 14획, 총 17획. ( )부수 ( )획, 총 ( )획.
구령 **학**	壑谷　　洞壑　　萬壑　　巖壑　　絶壑
謔	言 부수 10획, 총 17획. ( )부수 ( )획, 총 ( )획.
희롱할 **학**	乖謔　　諧謔　　戲謔
瘧	广 부수 10획, 총 15획. ( )부수 ( )획, 총 ( )획.
학질 **학**	瘧氣　　瘧疾　　溫瘧
悍	忄心 부수 7획, 총 10획. ( )부수 ( )획, 총 ( )획.
사나울 **한**	悍戾　　悍馬　　悍婦　　暴悍　　凶悍
澣	氵水 부수 13획, 총 16획. ( )부수 ( )획, 총 ( )획.
빨래할 **한** 열흘 **한**	澣沐　　澣衣　　澣滌　　濯澣　　下澣

학곡 동학 만학 암학 절학 / 괴학 해학 희학 / 학기 학질 온학 / 한려 한마 한부 폭한 흉한 / 한목 한의 한척 탁한 하한

1급-211

罕	网 ㎜ 부수 3획, 총 7획.　(　　　)부수 (　　)획, 총 (　　)획.
드물 **한**	罕:車　　族罕　　畢罕

轄	車 부수 10획, 총 17획.　(　　　)부수 (　　)획, 총 (　　)획.
다스릴 **할**	管轄　　分轄　　車轄　　直轄市

函	凵 부수 7획, 총 8획.　(　　　)부수 (　　)획, 총 (　　)획.
함 **함**	函宏　　函封　　函底　　函招　　書函

喊	口 부수 9획, 총 12획.　(　　　)부수 (　　)획, 총 (　　)획.
소리칠 **함**	喊:默　　喊:聲　　高喊　　鼓喊

檻	木 부수 14획, 총 18획.　(　　　)부수 (　　)획, 총 (　　)획.
난간 **함**	檻:欄　　檻:塞　　檻:獄　　檻:穽　　横檻

한거 족한 필한 / 관할 분할 차할 직할시 / 함굉 함봉 함저 함초 서함 / 함묵 함성 고함 고함 / 함란 함색 함옥 함정 횡함

1급-212

涵	氵水 부수 8획, 총 11획. ( )부수 ( )획, 총 ( )획.
젖을 **함**	涵養　　涵泳　　涵暢　　涵蓄

緘	糸 부수 9획, 총 15획. ( )부수 ( )획, 총 ( )획.
봉할 **함**	緘鎖　緘縢　緘札　　啓緘　　參緘　　緘口令

銜	金 부수 6획, 총 14획. ( )부수 ( )획, 총 ( )획.
재갈 **함**	銜勒　　銜枚　　銜泣　　銜字　　羈銜

鹹	鹵 부수 9획, 총 20획. ( )부수 ( )획, 총 ( )획.
짤 **함**	鹹苦　　鹹度　　鹹潟　　酸鹹　　辛鹹

盒	皿 부수 6획, 총 11획. ( )부수 ( )획, 총 ( )획.
합 **합**	卵盒　　飯盒　　烏盒　　饌盒　　香盒

함양 함영 함창 함축 / 함쇄 함승 함찰 계함 참함 함구령 / 함륵 함매 함읍 함자 기함 / 함고 함도 함석 산함 신함 / 난합 반합 오합 찬합 향합

蛤				
	虫 부수 6획, 총 12획. ( )부수 ( )획, 총 ( )획.			
조개 **합**	**魁蛤**　　**牡蛤**			

缸				
	缶 부수 3획, 총 9획. ( )부수 ( )획, 총 ( )획.			
항아리 **항**	**缸硯**　　**玉缸**　　**酒缸**　　**花缸**			

肛				
	月 肉 부수 3획, 총 7획. ( )부수 ( )획, 총 ( )획.			
항문 **항**	**肛門**　　**脫肛**			

偕				
	亻人 부수 9획, 총 11획. ( )부수 ( )획, 총 ( )획.			
함께 **해**	**偕樂**　　**百年偕老**			

咳				
	口 부수 6획, 총 9획. ( )부수 ( )획, 총 ( )획.			
기침 **해**	**咳嬰**　　**咳喘**　　**咳唾**　　**奇咳**　　**勞咳**			

괴합 모합 / 항연 옥항 주항 화항 / 항문 탈항 / 해락 백년해로 / 해영 해천 해타 기해 노해

1급-214

懈 게으를 해	忄心 부수 13획, 총 16획. ( )부수 ( )획, 총 ( )획.

懈:弛　　懈:惰　　懈:怠　　離懈　　替懈

楷 본보기 해	木 부수 9획, 총 13획. ( )부수 ( )획, 총 ( )획.

楷隷　　楷模　　楷則　　篆楷

諧 화할 해	言 부수 9획, 총 16획. ( )부수 ( )획, 총 ( )획.

諧比　　諧易　　諧暢

邂 우연히만날 해	辶辵 부수 13획, 총 17획. ( )부수 ( )획, 총 ( )획.

邂逅

駭 놀랄 해	馬 부수 6획, 총 16획. ( )부수 ( )획, 총 ( )획.

駭怪　　駭愕　　駭悖　　驅駭　　歡駭

해이 해타 해태 이해 체해 / 해례 해모 해칙 전해 / 해비 해이 해창 / 해후 / 해괴 해악 해패 구해 환해

1급-215

骸	骨 부수 6획, 총 16획.	( )부수 ( )획, 총 ( )획.			
뼈 해	骸骨	骸筋	煖骸	衰骸	殘骸

劾	力 부수 6획, 총 8획.	( )부수 ( )획, 총 ( )획.			
꾸짖을 핵	劾繫	劾狀	劾奏	按劾	推劾

嚮	口 부수 16획, 총 19획.	( )부수 ( )획, 총 ( )획.			
길잡을 향	嚮:導	嚮:往	嚮:者		

饗	食 부수 13획, 총 22획.	( )부수 ( )획, 총 ( )획.			
잔치할 향	饗:宴	饗:應	祠饗	祭饗	

噓	口 부수 11획, 총 14획.	( )부수 ( )획, 총 ( )획.			
불 허	噓吸	氣噓	吹噓	呼噓	

해골 해근 난해 쇠해 잔해 / 핵계 핵장 핵주 안핵 추핵 / 향도 향왕 향자 / 향연 향응 사향 제향 / 허흡 기허 취허 호허

墟	土 부수 12획, 총 15획. （ ）부수 （ ）획, 총 （ ）획.				
터 / 허					
	墟墓　　墟墳　　墟域　　廢墟　　寒墟				

歇	欠 부수 9획, 총 13획. （ ）부수 （ ）획, 총 （ ）획.				
쉴 / 헐 개 / 갈					
	歇看　　歇驕　　衰歇　　凋歇　　休歇				

眩	目 부수 5획, 총 10획. （ ）부수 （ ）획, 총 （ ）획.				
어지러울 현					
	眩:耀　　眩:惑　　眩:氣症				

絢	糸 부수 6획, 총 12획. （ ）부수 （ ）획, 총 （ ）획.				
무늬 현					
	絢:爛　　絢:飾　　彩絢				

衒	行 부수 5획, 총 11획. （ ）부수 （ ）획, 총 （ ）획.				
자랑할 현					
	衒:賣　　衒:學　　賈衒　　媒衒				

허묘 허분 허역 폐허 한허 / 헐간 갈교 쇠헐 조헐 휴헐 / 현요 현혹 현기증 / 현란 현식 채현 / 현매 현학 고현 매현

1급-217

俠 의기로울 협	亻 人 부수 7획, 총 9획. ( )부수 ( )획, 총 ( )획.				
	俠骨	俠客	俠烈	勇俠	

挾 낄 협	扌 手 부수 7획, 총 10획. ( )부수 ( )획, 총 ( )획.				
	挾攻	挾詐	詭挾		

狹 좁을 협	犭 犬 부수 7획, 총 10획. ( )부수 ( )획, 총 ( )획.				
	狹量	狹隘	狹窄	偏狹	

頰 뺨 협	頁 부수 7획, 총 16획. ( )부수 ( )획, 총 ( )획.				
	頰適	頰車	綏頰		

荊 가시 형	⺿ 艸 부수 6획, 총 10획. ( )부수 ( )획, 총 ( )획.				
	荊棘　荊艾　荊妻　蔓荊　負荊　拙荊				

협골 협객 협렬 용협 / 협공 협사 궤협 / 협량 협애 협착 편협 / 협적 협차 완협 / 형극 형애 형처 만형 부형 졸형

彗	彐 부수 8획, 총 11획.	(　)부수 (　)획, 총 (　)획.			
살별 　 혜	彗:芒　　　彗:星　　　彗:掃　　　妖彗				

醯	酉 부수 12획, 총 19획.	(　)부수 (　)획, 총 (　)획.			
식혜 　 혜	醯鷄　　　醯醬　　　鹽醯　　　注醯				

弧	弓 부수 5획, 총 8획.	(　)부수 (　)획, 총 (　)획.			
활 　 호	弧刺　　　弧旌　　　括弧				

狐	犭犬 부수 5획, 총 8획.	(　)부수 (　)획, 총 (　)획.			
여우 　 호	狐狼　　　狐臭　　　白狐　　　稷狐　　　九尾狐				

琥	王玉 부수 8획, 총 12획.	(　)부수 (　)획, 총 (　)획.			
호박 　 호	琥:珀				

혜망 혜성 혜소 요혜 / 혜계 혜장 염혜 주혜 / 호랄 호정 괄호 / 호랑 호취 백호 직호 구미호 / 호박

1급-219

| 瑚 | 玉 玉 부수 9획, 총 13획. (   )부수 (   )획, 총 (   )획. |
| 산호 　호 | 珊瑚 |

| 糊 | 米 부수 9획, 총 15획. (   )부수 (   )획, 총 (   )획. |
| 풀칠할 　호 | 糊塗　　漫糊　　模糊　　含糊　　糊口之策 |

| 渾 | 氵 水 부수 9획, 총 12획. (   )부수 (   )획, 총 (   )획. |
| 흐릴 　혼 | 渾:沌　　渾:濁　　胚渾　　奔渾　　渾:然一體 |

| 惚 | 忄 心 부수 8획, 총 11획. (   )부수 (   )획, 총 (   )획. |
| 황홀할 　홀 | 惚恍　　茫惚　　恍惚　　慌惚 |

| 笏 | 竹 부수 4획, 총 10획. (   )부수 (   )획, 총 (   )획. |
| 홀 　홀 | 笏擊　　帶笏　　紳笏　　投笏 |

산호 / 호도 만호 모호 함호 호구지책 / 혼돈 혼탁 배혼 분혼 혼연일체 / 홀황 망홀 황홀 황홀 / 홀격 대홀 신홀 투홀

哄	口 부수 6획, 총 9획.	(　　)부수 (　　)획, 총 (　　)획.			
떠들썩할 홍	哄堂　　　哄動　　　哄笑　　　唆哄				

虹	虫 부수 3획, 총 9획.	(　　)부수 (　　)획, 총 (　　)획.			
무지개 홍	虹橋　　　爛虹　　　彩虹				

訌	言 부수 3획, 총 10획.	(　　)부수 (　　)획, 총 (　　)획.			
어지러울 홍	內訌　　　兵訌　　　紛訌				

喚	口 부수 9획, 총 12획.	(　　)부수 (　　)획, 총 (　　)획.			
부를 환	宣喚　　　呼喚　　　阿鼻叫喚				

宦	宀 부수 6획, 총 9획.	(　　)부수 (　　)획, 총 (　　)획.			
벼슬 환	宦:官　　　宦:路　　　宦:侍				

홍당 홍동 홍소 사홍 / 홍교 난홍 채홍 / 내홍 병홍 분홍 / 선환 호환 아비규환 / 환관 환로 환시

1급-221

驩 기뻐할 환	馬 부수 18획, 총 28획.　(　　)부수 (　　)획, 총 (　　)획.
	驩兜　　　驩迎　　　驩洽　　　合驩

鰥 홀아비 환	魚 부수 10획, 총 21획.　(　　)부수 (　　)획, 총 (　　)획.
	窮鰥　　　媚鰥　　　鰥寡孤獨

猾 교활할 활	犭犬 부수 10획, 총 13획.　(　　)부수 (　　)획, 총 (　　)획.
	猾吏　　　猾胥　　　狡猾　　　邪猾

闊 넓을 활	門 부수 9획, 총 17획.　(　　)부수 (　　)획, 총 (　　)획.
	闊達　　　闊步　　　闊狹　　　廣闊　　　迂闊

凰 봉황 황	几 부수 9획, 총 11획.　(　　)부수 (　　)획, 총 (　　)획.
	鳳凰

환두 환영 환흡 합환 / 궁환 상환 환과고독 / 활리 활서 교활 사활 / 활달 활보 활협 광활 오활 / 봉황

| 徨 | 彳 부수 9획, 총 12획. 　(　)부수 (　)획, 총 (　)획. | | | |
| 헤맬 　황 | 迷徨　　　彷徨 | | | |

| 恍 | 忄 心 부수 6획, 총 9획. 　(　)부수 (　)획, 총 (　)획. | | | |
| 황홀할 　황 | 恍然　　　恍游　　　恍惚　　　昏恍 | | | |

| 惶 | 忄 心 부수 9획, 총 12획. 　(　)부수 (　)획, 총 (　)획. | | | |
| 두려울 　황 | 惶怯　　　惶恐　　　惶悚　　　恐惶 | | | |

| 慌 | 忄 心 부수 10획, 총 13획. 　(　)부수 (　)획, 총 (　)획. | | | |
| 어리둥절할 황 | 慌忙　　　慌悴　　　恕慌 | | | |

| 煌 | 火 부수 9획, 총 13획. 　(　)부수 (　)획, 총 (　)획. | | | |
| 빛날 　황 | 煌耀　　　敦煌　　　輝煌燦爛 | | | |

미황 방황 / 황연 황유 황홀 혼황 / 황겁 황공 황송 공황 / 황망 황췌 서황 / 황요 돈황 휘황찬란

1급-223

遑	辶 辵 부수 9획, 총 13획. ( )부수 ( )획, 총 ( )획.			
급할 황	遑急　　　棲遑　　　怠遑			
徊	彳 부수 6획, 총 9획. ( )부수 ( )획, 총 ( )획.			
머뭇거릴 회	徘徊　　　低徊　　　遲徊			
恢	忄心 부수 6획, 총 9획. ( )부수 ( )획, 총 ( )획.			
넓을 회	恢宏　　　恢闊　　　恢弘　　　恢廓			
晦	日 부수 7획, 총 11획. ( )부수 ( )획, 총 ( )획.			
그믐 회	晦昧　　　朔晦　　　昏晦　　　遵養時晦			
繪	糸 부수 13획, 총 19획. ( )부수 ( )획, 총 ( )획.			
그림 회	繪塑　　　繪畫　　　繪事後素			

황급 서황 태황 / 배회 저회 지회 / 회굉 회천 회홍 회확 / 회매 삭회 혼회 준양시회 / 회소 회화 회사후소

膾	月 肉 부수 13획, 총 17획. (　　)부수 (　　)획, 총 (　　)획.			
회　　　회	膾:羹　　膾:炙　　膾:截　　肉膾　　蒸膾　　活魚膾			

蛔	虫 부수 6획, 총 12획. (　　)부수 (　　)획, 총 (　　)획.			
회충　　회	蛔疳　　蛔積　　蛔痛　　蛔蟲藥			

誨	言 부수 7획, 총 14획. (　　)부수 (　　)획, 총 (　　)획.			
가르칠　회	誨:諭　　敎誨　　規誨　　訓誨			

賄	貝 부수 6획, 총 13획. (　　)부수 (　　)획, 총 (　　)획.			
재물　　회 뇌물　　회	賄:賂　　容賄　　財賄　　貨賄			

哮	口 부수 7획, 총 10획. (　　)부수 (　　)획, 총 (　　)획.			
성낼　　효	哮吼　　怒哮　　跳哮　　咆哮			

회갱 회자 회절 육회 증회 활어회 / 회감 회적 회통 회충약 / 회유 교회 규회 훈회 / 회뢰 용회 재회 화회 / 효후 노효 도효 포효

嚆 울릴 효	口 부수 14획, 총 17획.	( )부수 ( )획, 총 ( )획.		
	嚆矢			

爻 사귈 효 / 가로그을 효	爻 부수 0획, 총 4획.	( )부수 ( )획, 총 ( )획.		
	爻辭	卦爻	六爻	

酵 삭일 효	酉 부수 7획, 총 14획.	( )부수 ( )획, 총 ( )획.		
	酵:母	酵:素	醱酵	

吼 울부짖을 후	口 부수 4획, 총 7획.	( )부수 ( )획, 총 ( )획.		
	鯨吼	叫吼	雷吼	

嗅 맡을 후	口 부수 10획, 총 13획.	( )부수 ( )획, 총 ( )획.		
	嗅:覺	嗅:感	嗅:官	

효시 / 효사 괘효 육효 / 효모 효소 발효 / 경후 규후 뇌후 / 후각 후감 후관

1급-226

朽 썩을 후	木 부수 2획, 총 6획.　（　）부수（　）획, 총（　）획.		
	朽:滅　　朽:腐　　　不朽　　　衰朽　　　焦朽		

逅 만날 후	⻌ 辵 부수 6획, 총 10획.（　）부수（　）획, 총（　）획.		
	邂:逅		

暈 무리 훈	日 부수 9획, 총 13획.　（　）부수（　）획, 총（　）획.		
	暈輪　　　暈圍　　　日暈　　　醉暈　　　眩暈		

喧 지껄일 훤	口 부수 9획, 총 12획.　（　）부수（　）획, 총（　）획.		
	喧謄　　　喧騷　　　塵喧　　　赫喧		

卉 풀 훼	十 부수 3획, 총 5획.　（　）부수（　）획, 총（　）획.		
	卉木　　　野卉　　　花卉		

후멸 후부 불후 쇠후 초후 / 해후 / 훈륜 훈위 일훈 취훈 현훈 / 훤등 훤소 진훤 혁훤 / 훼목 야훼 화훼

喙 부리 휘	口 부수 9획, 총 12획.		( )부수 ( )획, 총 ( )획.		
	烏喙 　　 長喙 　　 鳥喙				

彙 무리 휘	⺕彑 부수 10획, 총 13획. ( )부수 ( )획, 총 ( )획.				
	彙報 　　 刹彙 　　 辭彙 　　 語彙 　　 字彙				

諱 숨길 휘 / 꺼릴 휘	言 부수 9획, 총 16획. ( )부수 ( )획, 총 ( )획.				
	諱忌 　　 諱字 　　 尊諱 　　 避諱				

麾 기(旗) 휘	麻 부수 4획, 총 15획. ( )부수 ( )획, 총 ( )획.				
	麾節 　　 麾旌 　　 麾下 　　 指麾				

恤 불쌍할 휼	忄心 부수 6획, 총 9획. ( )부수 ( )획, 총 ( )획.				
	救恤 　　 矜恤 　　 憫恤 　　 振恤				

오훼 장훼 조훼 / 휘보 박휘 사휘 어휘 자휘 / 휘기 휘자 존휘 피휘 / 휘절 휘정 휘하 지휘 / 구휼 긍휼 민휼 진휼

兇	儿 부수 4획, 총 6획.	( )부수 ( )획, 총 ( )획.			
흉악할 흉	兇懼　　兇變　　兇賊　　兇暴　　元兇				

洶	氵水 부수 6획, 총 9획.	( )부수 ( )획, 총 ( )획.			
용솟음칠 흉	洶急　　洶動　　洶淵　　洶溶				

欣	欠 부수 4획, 총 8획.	( )부수 ( )획, 총 ( )획.			
기쁠 흔	欣諾　　欣躍　　欣快　　悅欣				

痕	疒 부수 6획, 총 11획.	( )부수 ( )획, 총 ( )획.			
흔적 흔	痕迹　　墨痕　　傷痕　　血痕				

欠	欠 부수 0획, 총 4획.	( )부수 ( )획, 총 ( )획.			
하품 흠	欠:缺　　欠:剩　　欠:乏				

흉구 흉변 흉적 흉포 원흉 / 흉급 흉동 흉연 흉용 / 흔낙 흔약 흔쾌 열흔 / 흔적 묵흔 상흔 혈흔 / 흠결 흠잉 흠핍

1급-229

歆 흠향할 **흠**	欠 부수 9획, 총 13획. ( )부수 ( )획, 총 ( )획.
	歆嘗 歆羨 歆饗

恰 흡사할 **흡**	↑心 부수 6획, 총 9획. ( )부수 ( )획, 총 ( )획.
	恰似 恰然 恰好

洽 흡족할 **흡**	氵水 부수 6획, 총 9획. ( )부수 ( )획, 총 ( )획.
	洽足 洽暢 協洽

犧 희생 **희**	牛 부수 16획, 총 20획. ( )부수 ( )획, 총 ( )획.
	犧樽 廟犧 醇犧 犧牲羊

詰 꾸짖을 **힐**	言 부수 6획, 총 13획. ( )부수 ( )획, 총 ( )획.
	詰難 詰責 詰斥 彈詰

흠상 흠선 흠향 / 흡사 흡연 흡호 / 흡족 흡창 협흡 / 희준 묘희 순희 희생양 / 힐난 힐책 힐척 탄힐

莖	茎							
줄기 경								
廐	厩							
마구 구								
毆	殴							
때릴 구								
軀	躯							
몸 구								
嘔	呕							
게울 구								
嶇	岖							
험할 구								
謳	讴							
노래 구								
鉤	鈎							
갈고리 구								
擡	抬							
들 대								

籃 대바구니 **람**	篮						
齡 나이 **령**	齢						
壘 보루 **루**	塁						
滲 스밀 **삼**	渗						
粹 순수할 **수**	粋						
髓 뼛골 **수**	髄						
繡 수놓을 **수**	繍						
啞 벙어리 **아**	唖						
釀 술빚을 **양**	醸						

320

♣ **아래의 약자(略字)·속자(俗字)를 써 보시오.**

蔭 그늘 **음**	蔭						
棧 사다리 **잔**	桟						
豬 돼지 **저**	猪						
僭 주제넘을 **참**	僣						
癡 어리석을 **치**	痴						
鹹 짤 **함**	醎						
繪 그림 **회**	絵						

한자어 (漢字語) 학습

- 한자어 독음(讀音) 쓰기(장단음 포함)
- 한자어 쓰기
- 반의어(反義語)
- 동의어(同義語)
- 전의어(轉義語)
- 한자성어(漢字成語)

♣ 다음 한자어(漢字語)의 독음(讀音)을 쓰시오.

1.呵責	2.幢竿支柱
3.苛虐	4.苛斂誅求
5.特磬	6.袈裟佛事
7.金哥	8.出嫁外人
9.袈裟	10.奸臣賊子
11.御駕	12.艱難辛苦
13.拱揖	14.工場稼動
15.嘉尙	16.奸漢
17.叩門	18.哥哥
19.衰職	20.奸巧
21.股慄	22.竿頭
23.嫁期	24.幢竿
25.膏藥	26.開墾
27.稼穡	28.耕墾
29.袴褶	30.朴哥
31.鴻鵠	32.揀擇
33.稼行	34.分揀
35.稼得	36.拱手
37.恪謹	38.諫言
39.貝殼	40.諫官
41.推敲	42.石澗

43.昆季	44.澗谷
45.汨沒	46.棍杖
47.奸邪	48.癎症
49.頸椎	50.包莖手術
51.梗槪	52.刎頸之交
53.磐石	54.頸動脈
55.苛酷	56.強硬策
57.風磬	58.傾國之色
59.動悸	60.心悸亢進
61.嘉禮	62.膏粱珍味
63.叩謝	64.痼疾病
65.拷打	66.昆蟲類
67.拷問	68.禁錮終身
69.無辜	70.呱呱之聲
71.股肱	72.股肱之臣
73.嘉歎	74.呵呵大笑
75.膏血	76.叩頭謝罪
77.嫁娶	78.股關節
79.袴衣	80.甲殼類
81.桎梏	82.稼動率
83.正鵠	84.恪勤勉勵

1.癲癇	2.勘當	43.勘斷	44.勁健
3.劫運	4.堪能	45.難堪	46.根莖
5.喝破	6.手匣	47.堪耐	48.脛骨
7.永劫	8.堪輿	49.閘門	50.生薑
9.恐喝	10.紙匣	51.鼻腔	52.薑桂之性
11.葛巾	12.箇中	53.芥子	54.腔腸動物
13.虔恪	14.卑怯	55.草芥	56.悲憤慷慨
15.竭力	16.怯聲	57.箇數	58.糟糠之妻
17.褐色	18.羹:湯	59.凱歌	60.灌漑施設
19.倨傲	20.溝渠	61.慷慨	62.拍手喝采
21.蜜柑	22.渠輩	63.渠帥	64.竭忠報國
23.柑子	24.手巾	65.倨慢	66.喝道聲
25.疳病	26.乾薑	67.褐夫	68.飼育場
27.疳瘡	28.劫迫	69.釀出	70.腱反射
29.紺色	30.怯懦	71.頭巾	72.憧憬心
31.紺青	32.揭句	73.敬虔	74.捕鯨船
33.紺碧	34.怯心	75.癇病	76.鳥瞰圖
35.俯瞰	36.膈痰	77.怯夫	78.凱旋門
37.劫奪	38.檄書	79.偈頌	80.敵愾心
39.勘處	40.譴告	81.胸膈	82.橫擊膜
41.勘案	42.繭蠶	83.巫覡	84.劫風

♣ 다음 한자어(漢字語)의 독음(讀音)을 쓰시오.　　　　　　▶정답은 452쪽

1.鞏固	2.嬌態	43.括約	44.乖慢
3.顆粒	4.轟沈	45.匡正	46.乖悖
5.外廓	6.括約筋	47.匡輔	48.誘拐
7.輪廓	8.匡濟	49.拐騙	50.刮目相對
9.棺槨	10.匡定	51.魁首	52.宏才卓識
11.木槨	12.愛嬌	53.魁偉	54.股肱之臣
13.藿羹	14.膀胱	55.魁擢	56.皎皎月色
15.藿耳	16.膀胱炎	57.魁奇	58.石槨墳
17.藿田	18.曠中	59.轟音	60.誘拐犯
19.棺柩	20.曠野	61.嬌聲	62.括胎蟲
21.石棺	22.曠茫	63.轟然	64.轎軍
23.木棺	24.曠古	65.宏大	66.轎子
25.灌木	26.占卦	67.宏業	68.驕慢
27.灌腸	28.卦辭	69.宏壯	70.驕奢
29.灌頂	30.師卦	71.宏傑	72.驕色
31.刮摩	32.八卦	73.宏闊	74.驕傲
33.刮目	34.罫線	75.咬傷	76.攪亂
35.括線	36.罫線紙	77.咬咬	78.攪亂作戰
37.括弧	38.兩面罫紙	79.狡猾	80.攪拌機
39.包括	40.乖戾	81.狡智	82.仇怨
41.概括	42.乖離	83.皎月	84.仇恨

1.駒隙	2.衲子	43.窺管	44.懦弱
3.灸治	4.捺印	45.詭說	46.儺儀
5.柩衣	6.杞憂	47.軀幹	48.毆殺
7.駑馬	8.伎倆	49.捲簾	50.紐帶強化
9.返柩	10.妓生	51.席捲	52.七縱七擒
11.運柩	12.妓房	53.眷顧	54.簞食瓢飮
13.白齒	14.娼妓	55.眷屬	56.取扱注意
15.矩尺	16.肌膚	57.眷率	58.囊中之錐
17.舅姑	18.胸襟	59.眷愛	60.指導鞭撻
19.外舅	20.畸形	61.蹶起	62.嗜好食品
21.內舅	22.煖房	63.几案	64.羈束處分
23.無垢	24.蛋白	65.机下	66.拮抗作用
25.矩度	26.譏弄	67.詭辯	68.冷煖房
27.臼杵	28.嗜好	69.謳歌	70.自矜心
29.寇賊	30.弓弩	71.詭策	72.畸形的
31.紬緞	32.語訥	73.毆打	74.隱匿罪
33.倭寇	34.弩砲	75.潰瘍	76.鴛鴦衾
35.嘔吐	36.衾褥	77.櫃封	78.畸形兒
37.訥辯	38.棺柩	79.硅酸	80.蛋白尿
39.崎嶇	40.衾枕	81.逵路	82.羈束力
41.潰滅	42.寇掠	83.八逵	84.拮抗筋

♣ 다음 한자어(漢字語)의 독음(讀音)을 쓰시오.　　　　　　　　　▶정답은 452쪽

1.隱匿	2.棘刺	43.慘憺	44.倦厭
3.汲水	4.窘急	45.喀痰	46.矜憐
5.病軀	6.隙孔	47.儺者	48.憺畏
7.亘古	8.間隙	49.煖爐	50.捲土重來
9.矜持	10.隙駒	51.涅槃	52.机上空論
11.胚囊	12.謳吟	53.捏造	54.硅素樹脂
13.倦怠	14.體軀	55.衲衣	56.刺戟反應
15.撻楚	16.汲汲	57.矜誇	58.白駒過隙
17.可矜	18.廐舍	59.背囊	60.純眞無垢
19.崎險	20.馬廐	61.弩臺	62.規矩準繩
21.橘顆	22.橘皮	63.駑鈍	64.康衢煙月
23.飢饉	24.溝渠	65.膿瘍	66.實踐躬行
25.相剋	26.戟盾	67.化膿	68.胃潰瘍
27.譏察	28.衢巷	69.訥言	70.下剋上
29.嗜虐	30.覲親	71.紐帶	72.鍼灸術
31.羈絆	32.窘塞	73.結紐	74.靈柩車
33.澹泊	34.荊棘	75.取扱	76.馬廐間
35.拮抗	36.窘乏	77.綵緞	78.綺羅星
37.喫煙	38.躬行	79.儺禮	80.碁年服
39.滿喫	40.饑饉	81.黃疸	82.下水溝
41.拿獲	42.躬進	83.矜恤	84.蛋白質

1.晴雲	2.玲瓏	43.祈禱	44.膏粱珍味
3.遝至	4.聾兒	45.禿筆	46.一目瞭然
5.牢籠	6.閭巷	47.禿山	48.螳螂在後
7.棠梨	8.返戾	49.冒瀆	50.亡羊補牢
9.撞着	10.寥闊	51.疼痛	52.受賂嫌疑
11.布袋	12.戮辱	53.憧憬	54.垂簾聽政
13.撻擧	14.瀝青	55.瞳孔	56.斂膝單坐
15.鍍金	16.瓦礫	57.瞳子	58.就學年齡
17.搗精	18.輦下	59.兜籠	60.山麓氷河
19.瘤腫	20.傀儡	61.臀部	62.不逞之徒
21.掉頭	22.寮友	63.橙色	64.經綸家
23.淘金	24.囹圄	65.螺絲	66.高齡者
25.葡萄	26.電鈴	67.巡邏	68.酪産物
27.屠殺	28.陋名	69.懶怠	70.琉璃瓶
29.目睹	30.寮舍	71.癩病	72.蒸溜水
31.賭博	32.堡壘	73.烙印	74.搗精料
33.賭租	34.漁撈	75.酪酸	76.濾過器
35.滔天	36.虜獲	77.淪落	78.伴侶者
37.蹈襲	38.擄掠	79.波瀾	80.綸音
39.波濤	40.燎火	81.鸞駕	82.黎明期
41.黙禱	42.壟斷	83.潑剌	84.戰慄

♣ 다음 한자어(漢字語)의 독음(讀音)을 쓰시오. ▶정답은 453쪽

1.技倆	2.禿頭	43.壟畔	44.誠金遝至
3.伴侶	4.憧憧	45.聾啞	46.螳螂拒轍
5.閭閻	6.橙子	47.牢獄	48.自家撞着
7.悖戾	8.撞球	49.堅牢	50.瀆職事件
9.黎明	10.駱駝	51.賂物	52.波瀾萬丈
11.黎民	12.麻袋	53.磊落	54.生氣潑剌
13.烙刑	14.胴體	55.禱祠	56.瞳孔反射
15.礫岩	16.鸞鳥	57.同寮	58.思想擡頭
17.輦輿	18.懶性	59.燎原	60.搗精工場
19.珠簾	20.偵邏	61.明瞭	62.濾過裝置
21.螺醢	22.淘汰	63.寥寥	64.苛斂誅求
23.殮襲	24.逆睹	65.無聊	66.螺鈿漆器
25.鈴鐸	26.賭地	67.陋醜	68.疾風怒濤
27.年齡	28.淪落街	69.琉璃	70.漁撈水域
29.學齡	30.碌碌	71.溜槽	72.癩患者
31.不逞	32.屠殺場	73.蒸溜	74.棠毬子
33.撈救	34.屠蘇酒	75.殺戮	76.酪農業
35.祝禱	36.舞蹈會	77.沈淪	78.禿山洞
37.捕虜	38.天然痘	79.滔滔	80.禿筆法
39.山麓	40.傀儡軍	81.經綸	82.兜率天
41.葡萄糖	42.鍍金液	83.地域感情擡頭	

1.稜角	2.稜線	43.挽留	44.挽引
3.稜威	4.綾羅	45.挽歌	46.輓歌
5.綾紗	6.綾扇	47.輓詩	48.輓章
7.怜悧	8.痢疾	49.瞞過	50.瞞着
9.俚言	10.俚諺	51.欺瞞	52.蔓生
11.俚歌	12.暗暗裡	53.蔓延	54.蔓性植物
13.罹病	14.罹患	55.蔓草	56.饅頭皮
15.罹災民	16.籬牆	57.饅頭	58.彎曲
17.籬垣	18.吝嗇	59.彎月	60.抹殺
19.燐火	20.燐酸	61.抹消	62.抹消登記
21.燐酸鹽	22.燐酸肥料	63.抹去	64.一抹
23.燐肥	24.鱗甲	65.塗抹	66.泡沫
25.鱗介	26.鱗紋	67.洋襪	68.竹杖芒鞋
27.片鱗	28.人權蹂躪	69.惘然	70.癡呆症
29.淋漓	30.淋疾	71.癡呆老人	72.無知蒙昧
31.淋巴	32.淋巴腺	73.蒙昧	74.愚昧
33.粒子	34.顆粒	75.三昧	76.讀書三昧
35.笠子	36.笠帽	77.夢寐	78.寤寐不忘
37.草笠	38.寞寞	79.煤氣	80.煤煙車輛
39.寂寞	40.莫莫窮山	81.煤煙	82.煤煙團束
41.卍字	42.卍字窓	83.罵倒	84.邁進

♣ 다음 한자어(漢字語)의 독음(讀音)을 쓰시오.　　　　▶정답은 453쪽

1.高邁　　2.萌芽　　43.毋害　　44.毋望之禍

3.萌動　　4.萌黎　　45.拇指　　46.拇印

5.棉花　　6.左右顧眄　　47.巫堂　　48.巫覡

7.眄視　　8.徘徊顧眄　　49.巫女　　50.巫俗

9.緬羊　　10.緬延　　51.誣告　　52.誣陷

11.冷麵　　12.器皿折枝畫　　53.誣告罪　　54.百畝

13.器皿　　14.酩酊　　55.撫摩　　56.按撫

15.溟沐　　16.溟洲　　57.愛撫　　58.憮然

17.暝途　　18.螟蟲　　59.懷憮　　60.荒蕪地

19.螟蛾　　20.袂別　　61.蚊陣　　62.見蚊拔劍

21.分袂　　22.消耗戰　　63.驅蚊草　　64.媚態

23.消耗　　24.消耗品　　65.明媚　　66.媚附

25.牡牛　　26.牡牝　　67.薔薇　　68.薇蘿

27.摸索　　28.暗中摸索　　69.靡寧　　70.靡然

29.戰歿　　30.戰歿將兵　　71.風靡　　72.苦悶

31.杳然　　32.行方杳然　　73.煩悶　　74.謐然

33.描寫　　34.描畫　　75.靜謐　　76.蠶箔

35.描法　　36.素描　　77.金箔紙　　78.銀箔紙

37.精密描寫　　38.側面描寫　　79.琥珀　　80.大豆粕

39.猫睛　　40.猫雀圖　　81.糟粕　　82.剝離

41.猫項懸鈴　　42.毋論　　83.剝製　　84.剝脫

1.澎湃	2.陪席	43.癖積	44.闢戶
3.陪行	4.陪侍	45.開闢	46.瞥見
5.陪臣	6.陪審員	47.瞥眼間	48.鼈主簿傳
7.陪審	8.徘徊	49.花瓶	50.酒瓶
9.徘徊症	10.徘徊顧眄	51.藥瓶	52.寶瓶
11.帛書	12.幣帛	53.餅菓	54.煎餅
13.魂魄	14.魂飛魄散	55.五餅二魚	56.堡壘
15.蕃盛	16.蕃國	57.堡砦	58.橋頭堡
17.藩籬	18.藩屏	59.洑稅	60.洑流
19.藩臣	20.藩邦	61.菩提樹	62.菩薩
21.藩國	22.帆船	63.全鰒	64.全鰒粥
23.出帆	24.梵語	65.匐枝	66.匍匐訓練
25.梵鐘	26.梵刹	67.輻射熱	68.輻輳竝臻
27.梵唄	28.大泛	69.奴僕	70.公僕
29.泛舟	30.氾濫	71.捧納	72.捧上
31.汎濫原	32.劈開	73.捧入	74.加捧女
33.劈頭	34.新年劈頭	75.捧招	76.畢捧
35.劈鍊	36.擘指	77.棍棒	78.棒高跳
37.巨擘	38.完璧	79.指揮棒	80.議事棒
39.雙璧	40.盜癖	81.鐵棒	82.針小棒大
41.癖好	42.潔癖症	83.烽火	84.烽燧

♣ 다음 한자어(漢字語)의 독음(讀音)을 쓰시오.

1.搏動	2.相搏	43.巖壁登攀	44.攀緣植物
3.龍虎相搏	4.搏殺	45.攀緣	46.白礬
5.搏擊	6.上膊	47.跋文	48.跋辭
7.膊膊	8.二頭膊筋	49.跋涉	50.跋扈
9.縛擒	10.結縛	51.旱魃	52.勃發
11.束縛	12.駁馬	53.勃然	54.反撥
13.面駁	14.論駁	55.撥亂	56.潑剌
15.雜駁	16.駁設	57.活潑	58.醱酵
17.反駁	18.甲論乙駁	59.醱酵食品	60.彷徨
19.撲滅	20.撲殺	61.彷佛	62.坊坊曲曲
21.打撲傷	22.樸頭	63.脂肪	64.脂肪質
23.樸直	24.拌蚌	65.枋底	66.中枋
25.畔界	26.湖畔	67.中枋木	68.榜文
27.絆緣	28.脚絆	69.紙榜	70.落榜
29.斑白	30.斑點	71.標榜	72.膀胱
31.斑疹	32.斑布	73.膀胱炎	74.誹謗
33.虎斑石	34.斑駁之嘆	75.毁謗	76.尨犬
35.槃盂	36.槃遊	77.尨大	78.幇助罪
37.涅槃	38.頒賜	79.四人幇	80.胚芽
39.頒給	40.頒布	81.胚芽米	82.胚囊
41.蟠龍	42.登攀	83.胚葉	84.胚胎

♣ **다음 한자어(漢字語)의 독음(讀音)을 쓰시오.**

1.筆鋒	2.舌鋒
3.銳鋒	4.先鋒軍
5.最先鋒	6.八面鋒
7.芙蓉	8.芙蓉姿
9.斧鉞	10.斧柯
11.咐囑	12.俯瞰
13.俯伏	14.仰天俯地
15.六腑	16.駙馬都尉
17.駙馬	18.埠頭
19.訃告	20.訃音
21.通訃	22.孵化
23.孵卵器	24.孵化場
25.剖檢	26.解剖學
27.解剖	28.賻儀
29.賻儀金	30.扮飾
31.吩咐	32.扮裝
33.忿怒	34.忿爭
35.花盆	36.盆栽
37.盆地	38.盆畵
39.雰圍氣	40.雰虹
41.焚香	42.焚書坑儒
43.噴霧	44.噴射
45.噴水	46.噴霧器
47.噴出	48.噴水臺
49.糞尿	50.糞土
51.人糞	52.繃帶
53.石膏繃帶	54.壓迫繃帶
55.棚棧	56.大陸棚
57.硼砂	58.硼酸
59.匕首	60.匕箸
61.妣位	62.先妣
63.顯妣	64.批頰
65.庇蔭	66.庇護
67.補庇	68.庇護勢力
69.秕政	70.秕糠
71.砒霜	72.砒石
73.砒素	74.砒酸
75.琵琶	76.扉鐶
77.柴扉	78.蜚騰
79.蜚蠊	80.流言蜚語
81.緋:緞	82.緋玉
83.翡翠	84.翡玉

1.翡翠色	2.誹謗	43.忠烈祠	44.嗣子
3.誹譽	4.脾胃難定	45.後嗣	46.甲紗
5.脾:胃	6.脾:臟	47.羅紗	48.紗帽冠帶
7.痲痺	8.全身痲痺	49.些少	50.些細
9.裨:益	10.裨將	51.麝香	52.麝香水
11.補裨	12.沸騰	53.移徙	54.徙居
13.沸騰點	14.備色	55.奢侈	56.奢華
15.困憊	16.鄙劣	57.簑笠	58.簑衣
17.鄙見	18.鄙陋	59.泄瀉	60.吐瀉
19.臂環	20.肩臂痛	61.一瀉千里	62.疝症
21.臂力	22.攘臂大談	63.刪蔓	64.刪略
23.譬喩	24.嬪宮	65.刪削	66.刪補
25.嬪妾	26.濱涯	67.刪定	68.珊瑚
27.濱塞	28.殯所	69.珊瑚礁	70.急煞
29.殯宮	30.殯殿	71.驛馬煞	72.凶殺
31.瀕涯	32.瀕死	73.撒布	74.撒水車
33.嚬笑	34.嚬蹙	75.傳單撒布	76.薩水大捷
35.憑考	36.憑文	77.滲泄	78.滲出
37.證憑書	38.信憑	79.滲入	80.菩薩
39.信憑性	40.證憑資料	81.滲透	82.滲透壓
41.祠堂	42.顯忠祠	83.彌勒菩薩	84.滲透作用

♣ 다음 한자어(漢字語)의 독음(讀音)을 쓰시오.　　　　　　　▶정답은 454쪽

1.澁味	2.澁語	43.曙光	44.曙星
3.澁劑	4.澁滯	45.曙天	46.薯童謠
5.靑孀	6.孀閨	47.鼠生員	48.鼠狼
7.孀娥	8.飛翔	49.鼠賊	50.鼠疫
9.翔集	10.翔貴	51.鼠竊狗偸	52.島嶼
11.爽快	12.昧爽	53.干潟地	54.銑鐵
13.豪爽	14.觴詠	55.銑鋧	56.扇狀地
15.濫觴	16.玉璽	57.扇風機	58.太極扇
17.國璽	18.吝嗇	59.夏爐冬扇	60.煽動
19.犧牲	20.犧牲羊	61.煽情的	62.煽惑
21.牲牘	22.甥姪	63.膳物	64.膳賜
23.甥姪婦	24.外甥	65.膳賜品	66.羨望
25.抒情	26.抒情的	67.羨慕	68.腺毛
27.抒情詩	28.胥失	69.腺病	70.乳腺
29.胥吏	30.胥動浮言	71.汗腺	72.甲狀腺
31.壻郎	32.同壻	73.泄瀉	74.泄症
33.同壻間	34.黍粟	75.排泄	76.漏泄
35.黍酒	36.黍麭	77.浚渫	78.浚渫船
37.棲息	38.同棲	79.浚渫工事	80.漏洩
39.兩棲類	40.犀角	81.屑塵	82.屑鐵
41.犀利	42.犀舟	83.瑣屑	84.閃光

1.閃忽	2.閃火放電	43.碎身	44.粉骨碎身
3.殲滅	4.殲撲	45.灑落	46.灑掃
5.覺醒	6.覺醒劑	47.灑泣	48.戍樓
7.春宵	8.元宵	49.戍兵	50.衛戍令
9.逍風	10.逍遙	51.狩獵	52.狩獵生活
11.逍遙吟詠	12.梳洗	53.巡狩碑	54.繃帶
13.梳髮	14.疎忽	55.袖手傍觀	56.領袖會談
15.生疎	16.稀疎	57.羞恥	58.羞辱
17.搔癢	18.隔靴搔癢	59.羞惡之心	60.珍羞盛饌
19.搔爬手術	20.塑像	61.骨髓	62.骨髓炎
21.塑造	22.彫塑	63.髓腦	64.精髓
23.遡及	24.遡及適用	65.兄嫂	66.弟嫂
25.遡上	26.蕭森	67.季嫂	68.瘦軀
27.蕭寂	28.蕭颯	69.瘦削	70.瘦損
29.簫管	30.簫笛	71.瘦瘠	72.竪童
31.簫鼓	32.甦生	73.竪立	74.酬酌
33.贖良	34.贖身	75.應酬	76.報酬
35.贖死	36.贖罪	77.報酬規定	78.報酬體系
37.代贖	38.悚懼	79.純粹	80.粹美
39.惶悚	40.罪悚	81.粹然	82.精粹
41.粉碎	42.分碎	83.蒐輯	84.郵票蒐集

1.穗狀	2.落穗	43.媤宅	44.媤父母
3.發穗	4.拔穗	45.弒逆	46.弒害
5.刺繡	6.繡屛	47.弒害事件	48.諡法
7.繡帳	8.繡囊	49.諡號	50.拭目
9.錦繡	10.怨讐	51.拭拂	52.拂拭
11.讐仇	12.復讐	53.拭淸	54.日蝕
13.夙成	14.夙昔	55.皆旣月蝕	56.腐蝕
15.夙志	16.夙夜	57.侵蝕	58.浸蝕谷
17.菽麥	18.菽粟之文	59.侵蝕作用	60.熄滅
19.義塾	20.塾堂	61.內亂終熄	62.呻吟
21.塾舍	22.塾師	63.迅速	64.迅雷
23.竹筍	24.筍席	65.訊問	66.訊鞫
25.醇化	26.馴養	67.薪木	68.薪炭
27.馴致	28.馴化	69.臥薪嘗膽	70.宸襟
29.膝下	30.丞相	71.宸斷	72.宸宴
31.政丞	32.柹雪	73.姙娠	74.蜃蛤
33.軟柹	34.紅柹	75.蜃氣樓	76.燼滅
35.匙楪	36.十匙一飯	77.灰燼	78.悉皆
37.匙箸	38.豺狼	79.悉心	80.知悉
39.豺虎	40.猜忌	81.什物	82.什器
41.猜疑	42.媤家	83.訝賓	84.疑訝

♣ 다음 한자어(漢字語)의 독음(讀音)을 쓰시오.

1.俄然　　2.俄國

3.聾啞　　4.盲啞

5.啞鈴　　6.啞然失色

7.官衙　　8.衙門

9.衙前　　10.堊壁

11.堊室　　12.白堊

13.白堊館　　14.驚愕

15.愕視　　16.愕然

17.顎骨　　18.上顎骨

19.下顎骨　　20.按摩

21.按脈　　22.按舞

23.按劍　　24.按問

25.按驗　　26.晏駕

27.晏起　　28.晏眠

29.鞍裝　　30.鞍馬

31.鞍馬之勞　　32.軋轢

33.斡旋　　34.就業斡旋

35.庵子　　36.闇門

37.闇市場　　38.闇鈍

39.快宿　　40.快心

41.快忿　　42.快然

43.秧苗　　44.秧板

45.移秧　　46.移秧歌

47.移秧期　　48.鴛鴦衾

49.鴛鴦　　50.鴛鴦枕

51.昂貴　　52.昂騰

53.昂奮　　54.激昂

55.崖碑　　56.斷崖

57.磨崖　　58.磨崖佛

59.曖昧　　60.曖昧設

61.曖昧模糊　　62.隘路事項

63.隘路　　64.隘險

65.靄靄　　66.和氣靄靄

67.扼喉　　68.扼腕

69.腋氣　　70.腋臭

71.腋汗　　72.縊死

73.縊殺　　74.縊刑

75.櫻桃　　76.櫻脣

77.鶯衫　　78.鶯聲

79.鶯語　　80.鶯遷

81.冶金　　82.冶爐

83.冶容　　84.冶匠

♣ 다음 한자어(漢字語)의 독음(讀音)을 쓰시오.

1.冶遊	2.人格陶冶	43.經筵	44.捐補
3.揶揄	4.老爺	45.捐世	46.撚斷
5.好好爺	6.葯胞	47.撚絲	48.橡木
7.恙憂	8.無恙	49.防牌鳶	50.鳶絲
9.隔靴搔癢	10.腫瘍	51.焰焰	52.焰火
11.潰瘍	12.胃潰瘍	53.火焰	54.還元焰
13.攘夷	14.攘斥	55.艶聞	56.艶妓
15.攘奪	16.釀造	57.妖艶	58.嬰兒
17.釀造場	18.瘀血	59.曳引	60.曳引船
19.囹圄	20.防禦	61.曳光彈	62.裔孫
21.禦寒	22.禦侮	63.後裔	64.穢土
23.臆測	24.臆說	65.穢德	66.穢德先生傳
25.臆算	26.臆想	67.詣闕	68.詣侍衛
27.臆塞	28.諺文	69.造詣	70.隊伍
29.俚諺	30.杜詩諺解	71.伍長	72.落伍
31.堰堤	32.奄忽	73.寤寐不忘	74.奧妙
33.奄然	34.俺拔	75.深奧	76.奧義
35.儼恪	36.儼存	77.奧旨	78.懊恨
37.儼然	38.繹騷	79.懊惱	80.蘊蓄
39.繹如	40.演繹法	81.壅塞	82.壅滯
41.慶筵	42.酒筵	83.壅蔽	84.壅拙

♣ 다음 한자어(漢字語)의 독음(讀音)을 쓰시오.

1.訛傳	2.訛謬	43.夭夭	44.拗矢
3.訛音	4.訛言	45.執拗	46.窈窕淑女
5.渦動	6.渦流	47.窈窕	48.窯業
7.渦線	8.渦中	49.窯戶	50.陶窯
9.渦形	10.蝸牛	51.登窯	52.官窯
11.蝸瘡	12.蝸牛殼	53.僥倖	54.豊饒
13.阮丈	14.蝸角之爭	55.饒富	56.饒足
15.頑強	16.頑拒	57.饒舌	58.凹凸
17.頑固	18.頑鈍	59.凹地	60.邀擊
19.頑蒙	20.宛然	61.邀招	62.奉邀
21.宛轉	22.宛丘	63.擾亂	64.擾民
23.婉曲	24.婉順	65.騷擾	66.涌沫
25.婉美	26.婉媚	67.涌泉	68.舞踊
27.腕力	28.腕章	69.舞踊圖	70.舞踊塚
29.腕法	30.枕腕法	71.鹿茸	72.聳出
31.枉法	32.懸腕法	73.聳動	74.聳立
33.枉臨	34.矮小	75.聳聽	76.聳然
35.矮屋	36.矮陋	77.芙蓉	78.迂路
37.猥濫	38.猥褻	79.迂餘曲折	80.迂廻道路
39.猥雜	40.巍巍	81.寓居	82.寓意
41.夭折	42.巍巍蕩蕩	83.寓話詩	84.寓話小說

1.隅曲	2.嵎夷	43.眞鍮	44.癒合
3.嵁嵎	4.虞犯	45.快癒	46.政經癒着
5.虞侯	6.虞犯地域	47.癒着	48.諛言
7.虞祭	8.耘耔	49.阿諛	50.游泳
9.耕耘機	10.隕石	51.外游	52.戎服
11.隕星	12.隕鐵	53.戎衣	54.戎夷
13.殞命	14.殞絶	55.戎狄	56.絨毛
15.殞泣	16.鴛鴦	57.絨緞	58.絨緞爆擊
17.類人猿	18.鴛鴦衾	59.蔭官	60.蔭德
19.犬猿之間	20.冤痛	61.蔭補	62.蔭道
21.冤鬼	22.冤淚	63.揖讓	64.揖禮
23.萎靡	24.萎縮	65.膺受	66.膺懲
25.柚子	26.柚子茶	67.友誼	68.交誼
27.宥和	28.宥罪	69.情誼	70.厚誼
29.蹂躪	30.人權蹂躪	71.椅子	72.交椅
31.愉快	32.揶揄	73.擬作	74.擬似症
33.揄揚	34.比喩	75.擬聲語	76.模擬考査
35.直喩法	36.隱喩法	77.毅然	78.剛毅
37.諭示	38.敎諭	79.餌藥	80.好餌
39.開諭	40.訓諭	81.弛緩	82.解弛
41.鍮器	42.鍮尺	83.姨母	84.姨從四寸

♣ 다음 한자어(漢字語)의 독음(讀音)을 쓰시오.　　　　　▶정답은 455쪽

1.爾汝　　2.爾餘　　43.藉藉　　44.狼藉

3.爾時　　4.翌年　　45.慰藉料　　46.雀躍

5.翌日　　6.翌朝　　47.孔雀　　48.南朱雀

7.靮帶　　8.強靮　　49.鵲報　　50.鵲語

9.蚯蚓　　10.咽喉炎　　51.勺水不入　　52.芍藥

11.咽頭　　12.嗚咽　　53.芍藥花　　54.灼熱

13.湮滅　　14.湮沒　　55.灼灼　　56.炸裂

15.佚民　　16.佚樂　　57.炸發　　58.綽約

17.溢血　　18.海溢　　59.綽綽　　60.咀嚼

19.孕胎　　20.剩餘　　61.咀嚼筋　　62.咀嚼器

21.剩語　　22.過剩生産　　63.棧橋　　64.棧道

23.剩數　　24.孕婦　　65.盞臺　　66.燈盞

25.仔詳　　26.仔細　　67.箴諫　　68.箴言

27.膾炙　　28.散炙　　69.箴戒　　70.規箴

29.炙鐵　　30.煮沸　　71.簪纓　　72.簪笏

31.煮醬　　32.瓷器　　73.玉簪　　74.翡翠簪

33.青瓷　　34.白瓷　　75.儀仗　　76.兵仗器

35.陶瓷器　　36.陶瓷工藝　　77.倚仗　　78.儀仗隊

37.瑕疵　　38.瑕疵擔保　　79.短杖　　80.杖碁

39.蔗霜　　40.蔗糖　　81.杖刑　　82.棍杖

41.甘蔗　　42.憑藉　　83.漿果　　84.漿水

1.醬油	2.醬肉	43.嫡室	44.嫡子
3.醬味	4.醬缸	45.嫡出	46.嫡派
5.醬太	6.匠人	47.嫡庶	48.謫居
7.工匠	8.明匠	49.謫仙	50.謫所
9.巨匠	10.意匠	51.謫中	52.銓衡
11.檣竿	12.墻樓	53.銓注	54.剪刀
13.薔薇	14.殘滓	55.剪除	56.煎茶
15.日帝殘滓	16.齋室	57.煎悶	58.煎餅
17.書齋	18.沐浴齋戒	59.花煎	60.酒煎子
19.三滓	20.錚盤	61.輾轉反側	62.悛容
21.錚錚	22.邸宅	63.改悛	64.奠居
23.官邸	24.私邸	65.奠都	66.奠雁
25.舳艫	26.角觝	67.釋奠	68.遣奠祭
27.狙擊	28.狙擊犯	69.塡塞	70.補塡
29.狙擊兵	30.狙擊隊	71.塡刻	72.充塡所
31.咀嚼	32.詛呪	73.充塡	74.澱粉
33.豬突的	34.豬八戒	75.沈澱劑	76.沈澱池
35.躊躇	36.箸筒	77.沈澱物	78.沈澱鑛物
37.匙箸	38.痕迹	79.箋註	80.附箋紙
39.形迹	40.狄人	81.處方箋	82.餞別
41.北狄	42.夷狄	83.餞送	84.餞春

♣ 다음 **한자어**(漢字語)**의 독음**(讀音)**을 쓰시오.**

1.篆刻	2.篆書	43.挺身隊	44.碇泊
3.篆額	4.篆文	45.錠劑	46.糖衣錠
5.篆字	6.大篆	47.裝幀	48.影幀
7.廛房	8.魚物廛	49.幀畫	50.畫龍點睛
9.鐵物廛	10.纏結	51.靖國	52.靖亂
11.纏帶	12.纏綿	53.靖亂功臣	54.善靖陵
13.纏足	14.纏着	55.悌友	56.孝悌
15.毛氈	16.氈帽	57.梯田	58.階梯
17.顫動	18.手顫症	59.啼血	60.啼鳥
19.顚末	20.顚倒	61.啼泣	62.蹄鐵
21.顚覆	22.七顚八起	63.蹄齧	64.口蹄疫
23.癲癎	24.癲狂	65.麟蹄郡	66.爪甲
25.截斷	26.截取	67.爪痕	68.眺望
27.截片	28.去頭截尾	69.眺望權	70.阻艱
29.粘力	30.粘性	71.阻隘	72.隔阻
31.粘土	32.粘膜	73.積阻	74.粗雜
33.紙粘土	34.粘液質	75.粗惡	76.粗略
35.霑潤	36.均霑	77.粗安	78.粗鑛
37.町步	38.酩酊	79.粗收入	80.凋傷
39.酒酊	40.釘頭	81.凋落	82.凋殘
41.押釘	42.陷穽	83.稠密	84.奧密稠密

1.六曹	2.兵曹判書	43.慫慂	44.腫氣
3.法曹人	4.漕船	45.腫毒	46.腫瘍
5.漕運	6.漕艇競技	47.腫脹	48.浮腫
7.漕倉	8.漕運倉	49.接踵	50.挫折
9.遭遇	10.遭逢	51.挫氣	52.註釋
11.遭難	12.槽櫪	53.誅殺	54.苛斂誅求
13.浴槽	14.油槽車	55.誅戮	56.呪文
15.淨化槽	16.糟糠之妻	57.呪術	58.呪詛
17.糟粕	18.嘲弄	59.詛呪	60.甲冑
19.嘲笑	20.自嘲	61.冑裔	62.冑孫
21.棗栗	22.棗栗梨柿	63.明紬	64.綢緞
23.詔告	24.詔書	65.紬繹	66.紂王
25.詔勅	26.肇國	67.桀紂	68.輻輳竝臻
27.肇秋	28.肇業	69.輻輳	70.做工
29.躁急	30.躁急性	71.做恭	72.看做
31.躁急症	32.繰絹	73.做着	74.嗾囑
33.藻類	34.海藻類	75.使嗾	76.廚房長
35.藻思	36.簇生	77.廚房	78.廚芥物
37.簇子	38.猝死	79.庖廚	80.躊躇
39.猝地	40.猝地風波	81.竣工	82.竣工式
41.蹤迹	42.失踪	83.竣事	84.樽酒

♣ 다음 한자어(漢字語)의 독음(讀音)을 쓰시오.

1.蠢動	2.蠢愚	43.蹉跌	44.嫉視
3.蠢爾	4.櫛比	45.嫉妬	46.嫉逐
5.櫛鱗	6.櫛齒	47.兆朕	48.斟酌
7.櫛板	8.櫛文土器	49.什長	50.澄明
9.櫛風沐雨	10.汁液	51.澄水	52.清澄
11.汁滓	12.生汁	53.交叉	54.交叉路
13.膽汁	14.果實汁	55.叉狀	56.夜叉
15.葺茅	16.葺繕	57.嗟惜	58.嗟歎
17.福祉	18.社會福祉	59.蹉跌	60.狹窄
19.老人福祉	20.肢體	61.窄迫	62.狹窄症
21.肢幹	22.肢骨	63.搾取	64.窄油
23.四肢	24.枳殼	65.窄乳	66.掘鑿機
25.枳實	26.枳棘	67.掘鑿	68.穿鑿
27.咫尺	28.咫尺之地	69.撰述	70.撰文
29.摯拘	30.眞摯	71.撰定	72.撰進
31.發疹	32.濕疹	73.撰集	74.新撰
33.嗔言	34.嗔責	75.飯饌	76.饌物
35.叱責	36.叱咤	77.饌用	78.素饌
37.桎梏	38.膣炎	79.盛饌	80.簒奪
39.帙冊	40.書帙	81.簒輯	82.編簒
41.更迭	42.跌宕	83.摩擦	84.國史編簒

♣ 다음 한자어(漢字語)의 독음(讀音)을 쓰시오.

1.按擦　　2.按擦祈禱　　43.木寨　　44.木柵

3.擦過傷　　4.驛站　　45.鐵柵　　46.鐵柵線

5.兵站　　6.塹壕　　47.凄凉　　48.凄雨

7.僭濫　　8.僭稱　　49.凄風　　50.凄切

9.懺悔　　10.懺悔錄　　51.脊椎　　52.脊椎動物

11.讖書　　12.圖讖　　53.脊强　　54.脊髓

13.讖言　　14.吉凶　　55.脊髓膜　　56.瘠骨

15.讒言　　16.讒毀　　57.毀瘠　　58.毀瘠骨立

17.讒訴　　18.倡優　　59.瘠薄　　60.瘠土

19.倡義　　20.倡夫　　61.洗滌　　62.滌署

21.娼女　　22.娼樓　　63.滌蕩　　64.滌除

23.公娼　　24.私娼街　　65.擲柶　　66.擲錢

25.猖獗　　26.猖披　　67.擲殺　　68.穿孔機

27.菖蒲　　28.悲愴　　69.穿孔　　70.穿鑿

29.槍劍　　30.竹槍　　71.貫穿　　72.喘氣

31.瘡腫　　32.瘡病　　73.喘息　　74.擅名

33.頭瘡　　34.滿身瘡痍　　75.擅斷　　76.擅橫

35.船艙　　36.工廠　　77.闡明　　78.闡揚

37.造兵廠　　38.脹滿　　79.凸凹　　80.凸版

39.脹飽　　40.膨脹　　81.凹凸　　82.綴字法

41.漲滿　　42.漲溢　　83.書類綴　　84.點綴

♣ 다음 한자어(漢字語)의 독음(讀音)을 쓰시오.

1.轍環天下	2.前轍	43.稍食	44.稍解文字
3.僉位	4.僉意	45.硝煙	46.朴硝
5.僉知	6.僉君子	47.硝石	48.銀硝
7.諂笑	8.阿諂	49.炒麵	50.炒黑
9.諂諛	10.籤紙	51.憔悴	52.樵夫
11.抽籤	12.當籤	53.樵童	54.芭蕉扇
13.帖子	14.手帖	55.芭蕉	56.珊瑚礁
15.畫帖	16.帖紙	57.暗礁	58.醋酸
17.貼付	18.貼藥	59.食醋	60.囑託
19.捷報	20.薩水大捷	61.囑望	62.委囑狀
21.捷徑	22.敏捷	63.委囑	64.忖度
23.牒報	24.家牒	65.舞踊塚	66.四神塚
25.受牒	26.通牒	67.貝塚	68.天馬塚
27.請牒	28.重疊	69.叢論	70.叢書
29.疊雲	30.疊韻	71.叢中	72.叢生
31.疊書	32.疊語	73.論叢	74.寵兒
33.疊鐘	34.涕淚	75.寵臣	76.寵辱
35.涕泣	36.諦念	77.寵遇	78.寵愛
37.要諦	38.狗尾續貂	79.撮要	80.撮影
39.梢頭	40.末梢	81.鰍魚	82.鰍魚湯
41.末梢的	42.末梢神經	83.酋長	84.鐵鎚

♣ 다음 한자어(漢字語)의 독음(讀音)을 쓰시오.

1.鎚殺	2.芻米
3.反芻動物	4.椎擊
5.脊椎	6.脊椎動物
7.立錐之地	8.圓錐
9.方錐	10.秤錘
11.樞機卿	12.中樞院
13.樞機	14.中樞神經
15.紡錘	16.囊中之錐
17.墜落	18.擊墜
19.黜黨	20.黜陟
21.悴顏	22.悴容
23.憔悴	24.萃然
25.萃卦	26.拔萃
27.膵臟	28.贅肉
29.贅居	30.贅辭
31.贅言	32.娶妻
33.嫁娶	34.脆弱
35.脆薄	36.翠簾
37.翠屏	38.翠微
39.翡翠色	40.翡翠衾
41.翡翠玉	42.惻隱
43.惻然	44.奢侈
45.嗤侮	46.嗤笑
47.痔疾	48.痔漏
49.緻巧	50.緻密
51.癡呆	52.癡愚
53.癡者	54.天癡
55.白癡	56.馳突
57.驅馳	58.旗幟
59.熾烈	60.勅令
61.勅書	62.砧聲
63.砧杵	64.鍼術
65.鍼灸術	66.手指鍼
67.頂門一鍼	68.蟄居
69.驚蟄	70.秤錘
71.秤心	72.天平秤
73.佛陀	74.阿彌陀佛
75.舵機	76.操舵手
77.舵手	78.駱駝
79.駝酪	80.唾液
81.唾棄	82.惰性
83.惰氣	84.怠惰

♣ 다음 한자어(漢字語)의 독음(讀音)을 쓰시오.

1.楕圓	2.楕圓形
3.擢用	4.拔擢
5.拔擢人事	6.鐸鈴
7.木鐸	8.甘吞苦吐
9.順坦	10.平坦
11.坦腹	12.坦坦大路
13.綻露	14.虛心坦懷
15.破綻	16.經濟破綻
17.憚服	18.忌憚
19.耽耽	20.虎視眈眈
21.搭載	22.搭乘
23.搭乘客	24.宕巾
25.跌宕	26.豪宕
27.放蕩	28.蕩兒
29.淫蕩	30.浩蕩
31.掃蕩	32.蕩平
33.蕩減	34.蕩盡
35.淘汰	36.自然淘汰說
37.沙汰	38.山沙汰
39.海苔	40.靑苔
41.笞刑	42.笞杖
43.跆拳	44.跆拳道
45.撑柱	46.撑中
47.支撑	48.攄破
49.攄懷	50.攄抱
51.攄得	52.沐浴桶
53.休紙桶	54.汽筒扇
55.火筒	56.煙筒
57.筆筒	58.圓筒
59.郵遞筒	60.哀慟
61.慟絶	62.腿骨
63.大腿	64.大腿部
65.褪色	66.堆肥
67.堆積	68.堆積層
69.鐵槌	70.頹落
71.頹勢	72.頹屋
73.頹運	74.妬忌
75.嫉妬	76.封套
77.常套的	78.邪慝
79.巴蜀	80.三巴戰
81.芭蕉	82.爬蟲類
83.搔爬	84.琵琶

1.老婆	2.産婆役	43.水泡	44.泡影
3.跛行	4.跛行的	45.咆哮	46.庖稅
5.跛行國會	6.乖愎	47.庖丁	48.庖廚
7.辦公費	8.梵唄	49.疱瘡	50.道袍
9.沛然	10.沛澤	51.袍笏	52.靑袍
11.佩物	12.佩用	53.菖蒲	54.逋逃
13.悖倫兒	14.悖倫	55.逋亡	56.租稅逋脫
15.牌札	16.名牌	57.逋脫	58.哺乳類
17.門牌	18.賞牌	59.哺育	60.反哺之孝
19.稗飯	20.稗官	61.圃田	62.藥圃
21.稗史	22.稗說	63.匍匐	64.匍球
23.稗官文學	24.澎湃	65.脯肉	66.脯醢
25.膨脹	26.膨脹率	67.褒賞	68.褒章
27.膨大	28.膨滿	69.褒貶	70.瀑布
29.澎潤	30.膨膨	71.瀑布水	72.瀑布線
31.騙取	32.騙馬	73.曝陽	74.豹死有皮
33.鞭撻	34.走馬加鞭	75.剽竊	76.剽奪
35.貶降	36.貶下	77.剽掠	78.慓毒
37.貶謫	38.褒貶	79.慓悍	80.飄然
39.浮萍草	40.陛下	81.飄泊	82.稟申
41.斃死	42.泡沫	83.稟議	84.稟告

♣ 다음 한자어(漢字語)의 독음(讀音)을 쓰시오.

1.稟決	2.稟性	43.涵泳	44.涵育
3.諷諫	4.諷詠	45.涵養	46.意識涵養
5.諷刺	6.披露宴	47.喊聲	48.高喊
7.披瀝	8.疋緞	49.鼓喊	50.緘封
9.疋木	10.窮乏	51.封緘	52.緘口無言
11.缺乏	12.逼迫	53.鹹苦	54.鹹水
13.逼眞	14.瑕疵補修	55.銜勒	56.銜枚
15.瑕疵	16.昇遐	57.銜字	58.姓銜
17.遐邇	18.蝦蟆	59.職銜	60.檻車
19.蝦醢	20.大蝦	61.檻致	62.大蛤
21.霞彩	22.紫霞門	63.蛤子	64.紅蛤
23.瘧疾	24.謔笑	65.蛤魚	66.香盒
25.諧謔	26.萬壑千峰	67.饌盒	68.肛門
27.丘壑	28.罕例	69.脫肛	70.缸胎
29.稀罕	30.悍婦	71.懈怠	72.懈惰
31.悍勇	32.慓悍	73.邂逅	74.偕老
33.澣滌	34.上澣	75.偕樂	76.百年偕老
35.直轄	36.管轄區域	77.楷白	78.楷書
37.管轄	38.函數續貂	79.諧謔	80.諧語
39.函尺	40.函丈	81.諧和	82.鎭咳劑
41.國旗函	42.私書函	83.鎭咳	84.咳嗽

1.咳喘	2.骸骨	43.荊棘	44.荊芥
3.駭怪	4.駭怪罔測	45.彗星	46.彗星歌
5.彈劾	6.彈劾權	47.彗芒	48.彗掃
7.嚮導	8.嚮者	49.魚醢	50.食醢
9.饗宴	10.饗設	51.琥珀	52.狐狸
11.饗食	12.饗應	53.狐媚	54.狐假虎威
13.吹噓	14.廢墟	55.九尾狐	56.弧矢
15.歇價	16.間歇的	57.弧線	58.括弧
17.間歇	18.間歇川	59.珊瑚	60.珊瑚礁
19.間歇流	20.眩惑	61.糊塗	62.糊口
21.眩氣症	22.衒學	63.糊口之策	64.曖昧模糊
23.絢爛	24.義俠心	65.渾恐	66.渾券
25.俠客	26.武俠志	67.渾身	68.渾融
27.俠士	28.挾攻	69.渾然一體	70.恍惚境
29.挾私	30.挾殺	71.恍惚	72.笏記
31.挾扶	32.挾勢	73.哄笑	74.哄動
33.狹薄	34.狹小	75.虹橋	76.虹霓門
35.狹義	36.狹窄	77.訌爭	78.宦福
37.狹心症	38.挾軌列車	79.宦厄	80.宦慾
39.頰骨	40.頰筋	81.宦達	82.宦海風波
41.紅頰	42.荊冠	83.宦官	84.喚起

1.召喚	2.阿鼻叫喚	43.繪具	44.六爻
3.鰥寡孤獨	4.交驩	45.咆哮	46.酵素
5.廣闊	6.闊葉樹	47.醱酵	48.酵母菌
7.狡猾	8.猾吏	49.嚆矢	50.不朽
9.鳳凰	10.鳳凰紋	51.邂逅	52.獅子吼
11.彷徨	12.惶感	53.嗅官	54.嗅器
13.惶怯	14.惶忙	55.嗅覺	56.暈圍
15.惶恐	16.惶悚	57.暈色	58.喧騷
17.煌煌	18.輝煌燦爛	59.喧譁	60.卉木
19.遑急	20.遑遑	61.花卉	62.喙長三尺
21.恍惚	22.怳惚境	63.彙報	64.語彙
23.慌忙	24.唐慌	65.萬彙群象	66.麾動聲
25.恢宏	26.恢弘	67.麾下部隊	68.諱忌
27.恢恢	28.晦冥	69.矜恤	70.救恤
29.晦朔	30.晦塞	71.兇漢	72.洶湧
31.誨言	32.誨諭	73.洶洶	74.欣快
33.敎誨	34.徘徊	75.欣然	76.痕迹
35.徘徊顧眄	36.蛔蟲	77.痕迹器官	78.欠伸
37.賄賂	38.膾炙	79.欠缺	80.歆格
39.贈賄	40.肉膾	81.歆饗	82.洽足
41.生鮮膾	42.繪畫	83.洽意	84.洽然

♣ 다음 한자어(漢字語)의 독음(讀音)을 쓰시오.　　　　　　▶정답은 457쪽

1.洽覽　　　2.未洽　　　43.喬遷　　　44.雙鉤法

3.恰似　　　4.犧牲　　　45.窺視　　　46.儺禮歌

5.犧牲羊　　6.犧牲者　　47.嘔逆　　　48.喫煙室

7.犧牲打　　8.詰難　　　49.窺知　　　50.漢拏山

9.詰問　　　10.詰責　　　51.葵傾　　　52.生擒

11.昆孫　　　12.棍棒體操　53.葵藿　　　54.膿血

13.痼疾　　　14.禁錮刑　　55.襟帶　　　56.雪肌

15.棍棒　　　16.袞龍袍　　57.鞭撻　　　58.朞年祭

17.嘉祥　　　18.司諫院　　59.痰涎　　　60.遮斷機

19.袞裳　　　20.駕洛國　　61.民譚　　　62.倦怠期

21.杜鵑　　　22.網巾　　　63.拿捕　　　64.拮据

23.譴怒　　　24.繭絲　　　65.暗澹　　　66.曇天

25.憬悟　　　26.檄文　　　67.藍輿　　　68.烽軍

27.剛勁　　　28.譴責　　　69.辛辣　　　70.肋膜

29.陰莖　　　30.捕鯨禁止　71.搖籃　　　72.鷄肋

31.脛巾　　　32.鯨戰蝦死　73.臘享　　　74.彌勒佛

33.皎潔　　　34.鳩聚　　　75.蠟燭　　　76.凜凜

35.蛟龍　　　36.鳩首會議　77.虎狼　　　78.凌亂

37.蛟山　　　38.枸杞子　　79.狼狽　　　80.菱狀

39.喬木　　　40.鉤勒法　　81.慄然　　　82.烽燧臺

41.喬松　　　42.單鉤法　　83.蛋白質分解酵素

♣ **다음 한자어**(漢字語)**의 독음**(讀音)**을 쓰시오.**　▶정답은 457쪽

1.肋膜炎　　　　2.臘月

3.鉤勒法　　　　4.蠟書

5.凜烈　　　　　6.蜜蠟人形

7.凌駕　　　　　8.豺狼

9.菱形　　　　　10.狼藉

11.肋骨　　　　　12.爛:若披錦

♣ 다음 낱말 풀이에 알맞은 한자(漢字)를 쓰시오. ▶정답은 458쪽

1.가책 (   )

자기나 남의 잘못에 대하여 꾸짖어 책망함.
¶ 양심의 ~을 느끼다.

2.당간지주 (   )

당간(幢竿)을 받쳐 세우는 기둥
¶ 유명한 큰 절에는 대부분 ~가 있다.

3.가학 (   )

몹시 심하게 학대함.
¶ 그를 ~하지 마시오.

4.가렴주구 (   )

세금을 가혹하게 거두어들이고, 무리하게 재물을 빼앗음.
¶ 왕실의 ~ 때문에 난리를 일으킨 도민들에게 어찌 배상금을 물라 합니까?

5.특경 (   )

아악기로, 석부(石部)에 속하는 타악기. 편경보다 크고 한 가자(架子)에 하나만 달고, 풍류를 그칠 때에 친다.
¶ 문묘제례악을 할 때, 마지막에 ~ 을 연주한다.

6.가사불사 (   )

가사를 짓는 일.
¶ ~ 하는 것은 옷을 짓는 빛깔과 형식이 엄격하기 때문에 어렵다.

7.김가 (   )

김씨 성을 가진 사람이 스스로를 혹은 타인이 낮추어 부르는 말.
¶ 할아버지, 저는 성이 ~입니다.

8.출가외인 (   )

시집간 딸은 친정 사람이 아니고 남이나 마찬가지라는 뜻으로 이르는 말.
¶ ~ 들이 모처럼 이렇게 한꺼번에 친정에 모였고 또 서랑들이 셋이나 처가에 모여 앉으니….

9.가사 (   )

중이 장삼 위에, 왼쪽 어깨에서 오른쪽 겨드랑이 밑으로 걸쳐 입는 법의(法衣). 종파에 따라 빛깔과 형식을 엄격히 규정하고 있다.
¶ ~ 한 벌.

10.간신적자 (   )

간사한 신하와 부모를 거스르는 자식.
¶ 왕들은 ~ 를 조심해야 한다.

11.어가 (   )

임금이 타던 수레.
¶ 임금의 ~를 호위하여 서울로 개선을 해 돌아왔다.

12.간난신고 (   )

몹시 힘들고 어려우며 고생스러움.
¶ ~ 를 겪다

13.공읍 (   )

두 손을 마주 모아 잡고 인사함. 또는 그런 예(禮).
¶ 능침의 전물은 백관이 공경해야 마땅한 것으로 길에서 만나면 말에서 내려 ~하고 지나는 것이다.

14.공장가동 (   )

공장의 기계나 사람이 움직여 일하게 함.
¶ 일년 내내 쉴 새 없이 ~을 하고 있다.

15.가상 (   )

칭찬하여 아름답게 여김
¶ 정성을 ~히 여기다

16.간한 (   )

간악한 놈.
¶ 그자는 ~한 사람이다.

17.고문 (   )

남을 찾아가서 문을 두드림.
¶ 그 집 앞에 찾아가 ~ 했다.

♣ 다음 낱말 풀이에 알맞은 한자(漢字)를 쓰시오.　　　　▶정답은 458쪽

1. 가가 (　　　　)

①형을 부르는 말. ②전날에, 아들이 아버지를 말할 때에 쓰던 말.

¶ 형을 부르던 말인 ~보다는 김가, 이가 등 성씨 뒤에 가를 많이 붙여 쓴다.

2. 곤직 (　　　　)

①임금의 직책.
②임금을 보좌하는 삼공(三公)의 직분.

¶ 뇌물로 공공연하게 ~을 사고 팔았다.

3. 간교 (　　　　)

간사하고 교활함.

¶ ~를 피우다.

4. 고율 (　　　　)

무서워서 다리가 떨림.

¶ 밤에 산 속에 있으니 절로 ~이 생기네.

5. 간두 (　　　　)

매우 위태롭고 어려운 지경임을 말한다.

¶ 백척 ~ .

6. 가기 (　　　　)

시집갈 만한 나이.

¶ 너무 고르다가 ~를 놓치기 십상이다.

7. 당간 (　　　　)

당(幢)을 달아 세우는 대.

¶ 사찰에서 법회가 있을 때 ~을 세운다.

8. 고약 (　　　　)

주로 헐거나 곪은 데에 붙이는 끈끈한 약.

¶ 종기가 난 자리에 ~을 붙이다.

9. 개간 (　　　　)

거친 땅이나 버려 둔 땅을 일구어 논밭이나 쓸모 있는 땅으로 만듦.

¶ 황무지 ~ .

10. 가색 (　　　　)

쌀이나 보리, 밀 따위의 주식이 되는 곡물에 의거하여 경영하는 농업. '곡식 농사'로 순화.

¶ 예전에는 농촌에서 ~을 주로 하였다.

11. 경간 (　　　　)

논이나 밭을 일구어 갊.

¶ 농사꾼은 모름지기 논과 밭을 잘 ~해서 가을에 많은 수확을 거두어야 한다.

12. 고습 (　　　　)

예전에, 융복을 입고 말을 탈 때에 두 다리를 가리던 아랫도리옷.

¶ ~은 말타고 활쏘기에 편리하도록 만들어졌다.

13. 박가 (　　　　)

박씨성을 가진 사람이 스스로 또는 타인에 의해 낮춰서 부르는 말.

¶ 어르신 저는 ~ 입니다.

14. 홍곡 (　　　　)

큰 기러기와 고니라는 뜻으로, 포부가 원대 하고 큰 인물을 이르는 말.

¶ 제비나 참새가 어찌 ~의 뜻을 알 수 있는가.

15. 간택 (　　　　)

분간(分揀)하여 선택함.

¶ 황후 기 씨는 고려 행주의 여자로 ~에 뽑혀 원나라에 들어가 제이 황후가 된다.

16. 가행 (　　　　)

광산 운영에서, 광물을 캐는 작업을 진행 하는 일.

¶ 우리 아버지는 ~을 하신다.

17. 분간 (　　　　)

사물이나 사람의 옳고 그름, 좋고 나쁨 따위 와 그 정체를 구별하거나 가려서 앎.

¶ 나는 그가 한 말이 장난인지 진심인지 ~이 안 갔다

♣ **다음 낱말 풀이에 알맞은 한자(漢字)를 쓰시오.**

▶정답은 458쪽

1.가득　　(　　　　　　　)

사람이 일을 하거나 기계 따위를 움직여 어떤 결과를 얻음.
¶공장에서 일을 하여 ~할 수 있었다.

2.공수　　(　　　　　　　)

①왼손을 오른손 위에 놓고 두 손을 마주 잡아 공경의 뜻을 나타냄. 또는 그런 예. ②팔짱을 끼고 아무 일도 하지 않고 있음.
¶ ~ 방관.

3.각근　　(　　　　　　　)

마음가짐과 몸가짐을 조심함.
¶ 벼슬에 오르는 첫머리에 이미 정밀하게 가려서 한 것이 아니기 때문에, 관직을 담당할 적에 ~한 사람이 적게 되어….

4.간언　　(　　　　　　　)

웃어른이나 임금에게 옳지 못하거나 잘못된 일을 고치도록 하는 말.
¶ ~을 올리다.

5.퇴고　　(　　　　　　　)

글을 지을 때 여러 번 생각하여 고치고 다듬음. 또는 그런 일. 당나라의 시인 가도(賈島)가 '僧推月下門'이란 시구를 지을 때 '推'를 '敲'로 바꿀까 말까 망설이다가 한유(韓愈)를 만나 그의 조언으로 '推'로 결정하였다는 데서 유래한다.
¶ 글쓰기의 마무리는 ~이다.

6.석간　　(　　　　　　　)

돌이 많은 산골짜기에 흐르는 시내.
¶ 도봉산에 ~이 아름답다.

7.곤계　　(　　　　　　　)

형과 아우를 아울러 이르는 말.
¶ ~는 곤제, 형제와 같은 말이다.

8.간곡　　(　　　　　　　)

산골짜기.
¶ 산에는 ~이 많다.

9.골몰　　(　　　　　　　)

다른 생각을 할 여유도 없이 한 가지 일에만. 파묻힘.
¶ 서장은 시위 주동자 색출에만 ~ 중이다.

10.곤장　　(　　　　　　　)

예전에, 죄인의 볼기를 치던 형구. 또는 그 형벌. 버드나무로 넓적하고 길게 만들었다.
¶ ~을 때리다.

11.간사　　(　　　　　　　)

간교하고 바르지 않다.
¶ ~한 계교를 물리쳤다.

12.간증　　(　　　　　　　)

간질(癎疾)의 증세.
¶ 그 환자에게 ~이 나타났다.

13.경추　　(　　　　　　　)

목등뼈.
¶ 척추의 가장 윗부분은 ~ 이다.

14.포경수술 (　　　　　　　)

포피(包皮)를 잘라 덮여있는 음경의 귀두부를 드러내는 외과 수술.
¶ 남자아이들은 방학 때면 ~을 더러 한다.

15.경개　　(　　　　　　　)

전체 내용의 요점만 간단하게 요약한 줄거리.
¶ 장편 소설의 ~ .

16.문경지교 (　　　　　　　)

목을 쳐도 후회하지 않을 정도의 사이라는 뜻으로, 생사를 같이할 수 있는 아주 가까운 사이, 또는 그런 친구를 이르는 말.
¶ 그들은 ~ 할 만큼 친한 친구 사이이다.

17.경석　　(　　　　　　　)

짙은 검은색을 띤 안산암(安山巖). 정으로 치면 맑은 소리가 난다.
¶ ~을 친다.

1.경동맥　（　　　　　　）

목동맥. 대동맥에서 갈려 나와 목을 지나 머리나
얼굴로 피를 보내는 동맥. 내경동맥과 외경동맥.
¶ ~은 신체에 중요한 혈맥.

2.가혹　（　　　　　）

몹시 모질고 혹독함.
¶ ~한 처벌.

3.강경책　（　　　　　）

강경하게 대처하려고 내는 수단.
¶ ~을 쓰다.

4.풍경　（　　　　　）

처마 끝에 다는 작은 종. 속에는 붕어 모양의 쇳
조각을 달아 바람이 부는 대로 흔들리면서 소리
가 남.
¶ ~ 소리가 은은하게 들린다.

5.경국지색　（　　　　　）

임금이 혹하여 나라가 기울어져도 모를 정도의
미인이라는 뜻. 뛰어나게 아름다운 미인을 이르
는 말.
¶ 그는 그녀의 ~ 과 같은 아름다움에 감탄하였
다.

6.동계　（　　　　　）

심장의 고동이 심하여 가슴이 울렁거리는 일.
¶ 심한 운동을 한 경우 ~할 수 있다.

7.심계항진　（　　　　　）

심장의 박동이 빠르고 세지는 일. 흥분, 과로,
심장병 따위로 말미암아 일어나는 증상이다.
¶ 지나치게 긴장하게 되면 ~이 일어난다.

8.가례　（　　　　　）

오례(五禮)의 하나. 왕가(王家)에서는 왕의 성혼
이나 즉위, 또는 왕세자·왕세손·황태자·황태
손의 성혼이나 책봉 따위의 예식을 이르고, 사가
(私家)에서는 관례(冠禮)나 혼례를 이른다.
¶ 성대한 ~를 치르고 궁에 들어오는 앳된 규수를
보고 사람들은 저마다 한마디씩 했다.

9.고량진미　（　　　　　）

기름진 고기와 좋은 곡식으로 만든 맛있는 음식.
¶ ~도 자기 입에 안 맞으면 그만이다.

10.고사　（　　　　　）

머리를 조아려서 고마운 마음을 나타냄.
¶ 감사한 마음에 ~하다.

11.고질병　（　　　　　）

오랫동안 앓고 있어 고치기 어려운 병.
¶ 위장병을 ~으로 가져서 끼니때마다 약을
먹는다.

12.고타　（　　　　　）

고문하여 때림.
¶ 옛날에는 죄인들에게 ~가 심했었다.

13.곤충류　（　　　　　）

곤충강의 동물을 일상적으로 이르는 말.
¶ ~는 숫자가 무지무지 많다.

14.고문　（　　　　　）

숨기고 있는 사실을 강제로 알아내기 위하여
육체적 고통을 주며 신문함.
¶전기 ~ .

15.금고종신　（　　　　　）

조선 시대에, 죄과 또는 신분에 허물이 있어
한평생 벼슬길에 오르지 못하던 일.
¶ 천민들은 ~ 하였다.

16.무고　（　　　　　）

아무런 잘못이나 허물이 없다.
¶ ~하게 죽다.

17.고고지성　（　　　　　）

고고(呱呱)의 소리.
¶ ~을 내며 태어나다.

1. 고굉　　　(　　　　　)

다리와 팔이라는 뜻으로, 온몸을 이르는 말.
¶ ~의 힘을 다하다

2. 고굉지신　　(　　　　　)

다리와 팔 같이 중요한 신하라는 뜻으로, 임금이
가장 신임하는 신하를 이르는 말.
¶ 아무리 ~이라 하여도 부정을 저질렀으면 그에
대한 책임을 져야 하는 법이다

3. 가탄　　　(　　　　　)

가상히 여기어 감탄함.
¶ 다 기특하여 깊이 ~하는 바이다.

4. 가가대소　　(　　　　　)

소리를 내어 크게 웃음.
¶ 위원장은 무엇이 그렇게 우스운지, 세수를 마
칠 생각은 않고, 들창코를 벌름거리며~를 해 댔
다.

5. 고혈　　　(　　　　　)

①사람의 기름과 피. ②몹시 고생하여 얻은 이익
이나 재산을 비유적으로 이르는 말.
¶ 백성의 ~을 짜내다.

6. 고두사죄　　(　　　　　)

머리를 조아리며 잘못을 빎.
¶ 손님들에게 ~하다.

7. 가취　　　(　　　　　)

시집가고 장가듦.
¶ ~하다.

8. 고관절　　　(　　　　　)

비구와 넓적다리뼈를 연결하는 관절.
¶몸통 아래 부근에 ~이 있다.

9. 고의　　　(　　　　　)

남자의 여름 홑바지. 한자를 빌려서 적음.
¶사내아이는 양복바지도 ~ 바지도 아닌 어중간
한 삼베 반바지를 입고 있었다.

10. 갑각류　　(　　　　　)

갑각강의 동물을 일상적으로 이르는 말.
¶새우는 ~의 하나이다.

11. 질곡　　　(　　　　　)

몹시 속박하여 자유를 가질 수 없는 고통의
상태를 비유적으로 이르는 말.
¶ ~의 세월

12. 가동률　　(　　　　　)

생산 설비가 가동할 수 있는 최대 시간과
실지로 가동한 시간의 비율.
¶불경기로 ~이 점점 떨어지고 있다.

13. 정곡　　　(　　　　　)

과녁의 한가운데가 되는 점.
¶ ~을 맞히다

14. 각근면려　(　　　　　)

정성을 다하여 부지런히 힘씀.
¶ ~하여라.

15. 전간　　　(　　　　　)

경련을 일으키고 의식 장애를 일으키는 발작
증상이 되풀이하여 나타나는 병.
¶간질병을 ~이라고도 한다.

16. 감당　　　(　　　　　)

죄인의 죄상을 심문함.
¶ ~ 하다.

17. 겁운　　　(　　　　　)

재앙이 낀 운수.
¶ 그에게 ~이 꼈다.

18. 감능　　　(　　　　　)

①일을 감당하여 냄.
②일을 감당하여 낼 만한 능력이 있는 사람.
¶ ~ 할 수 있다.

♣ 다음 낱말 풀이에 알맞은 한자(漢字)를 쓰시오.　　　　　▶정답은 458쪽

1. 갈파　（　　　　　　　　）

①큰소리로 꾸짖어 기세를 눌러 버림. ②정당한
논리로 그릇된 주장을 깨뜨리고 진리를 밝힘.
¶ 베이컨의 이 평범한 비유는 정녕 진정한 학문
정신, 학문 태도를 ~한 지언이라고 아니할 수 없
다

2. 수갑　（　　　　　　　　）

죄인이나 피의자의 행동이 자유롭지 못하도록 양
쪽 손목에 걸쳐서 채우는 형구.
¶ ~을 차다

3. 영겁　（　　　　　　　　）

영원한 세월.
¶ 불교에서 ~을 오랜 세월로 표현한다.

4. 감여　（　　　　　　　　）

만물을 포용하여 싣고 있는 물건이라는 뜻으로,
하늘과 땅을 이르는 말.
¶ 풍수지리를 보는 학문으로 ~학이라고도 한다.

5. 공갈　（　　　　　　　　）

공포를 느끼도록 윽박지르며 을러댐.
¶취조관의 ~과 협박에 굴복하다

6. 지갑　（　　　　　　　　）

돈, 증명서 따위를 넣을 수 있도록 가죽이나 헝
겊 따위로 쌈지처럼 만든 자그마한 물건.
¶동전 ~ .

7. 갈건　（　　　　　　　　）

갈포(葛布)로 만든 두건.
¶ ~을 쓰다.

8. 개중　（　　　　　　　　）

여럿이 있는 그 가운데.
¶사과를 한 상자를 샀는데 ~에는 상한 것도 있
었다.

9. 건각　（　　　　　　　　）

성격, 태도 따위가 조심스럽고 공손하다.
¶ ~하다.

10. 비겁　（　　　　　　　　）

비열하고 겁이 많다.
¶ ~한 행동

11. 갈력　（　　　　　　　　）

있는 힘을 다함. 또는 낼 수 있는 모든 힘.
¶ 부모님을 모시는데 ~을 다하다.

12. 겁성　（　　　　　　　　）

겁이 나서 지르는 소리.
¶귀신나는 소리가 나자 ~이 났다.

13. 갈색　（　　　　　　　　）

검은빛을 띤 주홍색.
¶ 낙엽이 다 떨어져 거의 ~으로 보이는
　야산이 눈에 들어왔다.

14. 갱죽　（　　　　　　　　）

시래기 따위의 채소류를 넣고 멀겋게 끓인 죽.
¶ ~을 먹다.

15. 거오　（　　　　　　　　）

성격, 태도 따위가 거만하고 오만하다.
¶심술이 험악하고 성도(性度)가 ~하며 몸가
짐과 행동거지가 망령되게 조관을 본떴다.

16. 구거　（　　　　　　　　）

수채 물이 흐르는 작은 도랑.
¶ 저 앞에 ~가 있다.

17. 밀감　（　　　　　　　　）

운향과의 상록 활엽 관목. 높이는 3미터 정도
이며 잎은 달걀 모양이고 톱니가 없다.
¶ ~은 참 맛있다.

♣ 다음 낱말 풀이에 알맞은 한자(漢字)를 쓰시오. ►정답은 458쪽

1. 거배　(　　　　　)

　　저 사람들.
　　¶ 중국어에서 그들의 의미를 가진 말은 ~ 이다.

2. 감자　(　　　　　)

　　홍귤나무의 열매. 갈증과 술독을 풀어 주고 대변을 부드럽게 하는 데에 쓴다.
　　¶ ~나무 열매로 약재를 만든다.

3. 수건　(　　　　　)

　　얼굴이나 몸을 닦기 위하여 만든 천 조각. 주로 면으로 만든다.
　　¶ ~으로 얼굴을 닦다.

4. 감루　(　　　　　)

　　피부에 잔구멍이 생기어 고름이 나는 부스럼.
　　¶ 피부가 안 좋은데다 ~까지 생겨 더운 여름에 고생하였다.

5. 건숙　(　　　　　)

　　경건하고 엄숙하다.
　　¶ ~하다.

6. 감창　(　　　　　)

　　매독으로 음부(陰部)에 부스럼이 생기는 병.
　　¶ 문란한 생활로 ~이 걸릴 수 있다.

7. 겁박　(　　　　　)

　　으르고 협박함.
　　¶ 깡패들은 아이들에게 ~을 주었다.

8. 감색　(　　　　　)

　　검푸른 남색.
　　¶ 검정에 가까운 ~ 양복

9. 격서　(　　　　　)

　　격문, 어떤 일을 여러 사람에게 알리어 부추기는 글.
　　¶ 나리께서 한번 의병을 일으키는 ~를 띄우신다면 전라도 땅의 모든 호걸들이 벌떼처럼 일어설 것입니다.

10. 감청　(　　　　　)

　　짙고 산뜻한 남색. 또는 그 물감.
　　¶옥색 구름 흐르는 ~ 하늘이 당초문으로 곱개 물들었다.

11. 게구　(　　　　　)

　　부처의 공덕이나 가르침을 찬탄하는 노래인 가타(伽陀)의 글귀. 네 구(句)를 한 게(偈)로, 다섯 자나 일곱 자를 한 구로 하여 한시(漢詩)처럼 짓는다.
　　¶ 스님들은 ~를 짓는다.

12. 감벽　(　　　　　)

　　검은빛이 도는 짙은 청색.
　　¶ ~의 하늘.

13. 겁심　(　　　　　)

　　겁을 내는 마음.
　　¶ 호랑이를 보니 ~이 났다.

14. 부감　(　　　　　)

　　높은 곳에서 내려다봄.
　　¶ 산 정상에서는 시내를 한눈에 ~할 수 있다.

15. 격담　(　　　　　)

　　담음의 하나. 폐 기능 장애로 생기는데, 가래가 가슴에 몰려 명치 밑이 꽉 차서 답답한 느낌이 들고 숨이 차다.
　　¶ ~이 걸린 것 같다.

16. 겁탈　(　　　　　)

　　위협하거나 폭력을 써서 빼앗음.
　　¶그 계집은 ~을 당할 뻔했던 이 집 첩의 몸종이다.

17. 겁나　(　　　　　)

　　겁이 많고 나약하다.
　　¶그은 ~한 사람이다.

18. 감처　(　　　　　)

　　죄인을 조사하여 그 죄에 따라 처단하던 일.
　　¶ ~해 주다.

♣ **다음 낱말 풀이에 알맞은 한자(漢字)를 쓰시오.**

▶정답은 458쪽

1. 감내　　　　(　　　　　　)

어려움을 참고 버티어 이겨 냄.
¶군소리나 푸념 한 번 없이 ~하며 살아오고 있다.

2. 경골　　　　(　　　　　　)

종아리 안쪽에 있는 뼈. 종아리뼈, 종지뼈와 함께 하퇴골을 이룬다. 정강이뼈.
¶ ~에 금이 갔다.

3. 갑문　　　　(　　　　　　)

운하나 방수로 따위에서 물 높이가 일정하도록 물의 양을 조절하는 데 쓰는 문.
¶서해에 ~을 세우는 공사를 하고 있다.

4. 생강　　　　(　　　　　　)

생강과의 여러해살이풀. 높이는 30~50cm이며, 잎은 두 줄로 어긋나고 피침 모양이다.
¶ ~은 천연 조미료로 사용된다.

5. 비강　　　　(　　　　　　)

콧구멍에서 목젖 윗부분에 이르는 코 안의 빈 곳.
¶ ~에서는 냄새맡고 공기정화하는 기능을 한다.

6. 강계지성　(　　　　　　)

생강과 육계는 오래 둘수록 맛이 매워지므로, 늙어서 더욱 강직하여지는 성질을 이름.
¶그 어른은 노익장을 과시하며 더욱 ~해 지셨다.

7. 개자　　　　(　　　　　　)

겨자씨와 갓 씨를 아울러 이르는 말.
¶겨자의 발음을 잘 못 하면 ~이다.

8. 강장동물　(　　　　　　)

자포동물의 전 용어.후생동물의 한 문. 물에 사는 다세포 동물로, 강장과 입 주위에 많은 자세포를 가진 촉수가 있다.
¶해파리, 말미잘, 산호 등은 ~이다.

9. 관개시설　(　　　　　　)

많은 수확을 위하여 논밭에 물을 대고 빼는 시설.
¶ 농사 시작을 하려면 ~을 확충해야 한다.

10. 비분강개　(　　　　　　)

슬프고 분하여 의분이 북받침.
¶도대체 이놈의 세상이 끝장에 가서는 어떻게 되겠느냐고 익준은 ~를 금하지 못하는 것이었다.

11. 개수　　　　(　　　　　　)

한 개씩 낱으로 셀 수 있는 물건의 수효.
¶ ~를 세다.

12. 조강지처　(　　　　　　)

지게미와 쌀겨로 끼니를 이을 때의 아내라는 뜻으로, 몹시 가난하고 천할 때에 고생을 함께 겪어 온 아내를 이르는 말.
¶자고로 ~ 내치고 잘된 집구석 하나도 없다.

13. 개가　　　　(　　　　　　)

①개선가. ②이기거나 큰 성과가 있을 때의 환성.
¶ ~를 올리다.

14. 초개　　　　(　　　　　　)

지푸라기라는 뜻으로, 쓸모없고 하찮은 것을 비유적으로 이르는 말.
¶부하 장수 한 명쯤 군법을 칭탁해서 죽이기는 진실로 ~를 베기보다도 더 쉬운 노릇이었다

15. 개분　　　　(　　　　　　)

몹시 분하게 여김.
¶부당한 대우에 대해 ~하다.

16. 박수갈채　(　　　　　　)

손뼉을 치고 소리를 질러 환영하거나 찬성함.
¶ ~가 쏟아지다.

17. 거수　　　　(　　　　　　)

무리의 우두머리. 흔히 악당 무리의 우두머리를 이른다. 괴수.
¶임꺽정은 도당의 ~이다.

♣ 다음 낱말 풀이에 알맞은 한자(漢字)를 쓰시오.　　　　▶정답은 458쪽

1. 거만　　　（　　　　　　）

잘난 체하며 남을 업신여김.
¶ ~을 떨다.

2. 갈도성　　（　　　　　　）

높은 벼슬아치가 다닐 때, 행인들이 길을 비키도
록 길을 인도하는 사람이 지르던 소리.
¶ ~이 나자 사람들은 일제히 길을 비켰다.

3. 갈부　　　（　　　　　　）

거친 베옷을 입은 남자라는 뜻으로, 미천한 사람
을 이르는 말.
¶평민들을 ~라고 하기도 한다.

4. 사육장　　（　　　　　　）

가축이나 짐승을 먹이어 기르는 곳.
¶동물 ~.

5. 갹출　　　（　　　　　　）

같은 목적을 위하여 여러 사람이 돈을 나누어
냄.
¶행사 비용 ~.

6. 건반사　　（　　　　　　）

근육이 기계적 자극에 의하여 반사적으로 수축하
는 현상. 신경 질환의 진단에 쓴다.
¶슬개건 반사, 아킬레스건 반사등을 ~라고 부른
다.

7. 두건　　　（　　　　　　）

상중에 남자 상제나 어른이 된 복인이 머리에 쓰
는 것. 베로 만들고 각이 있다.
¶ 상제는 ~을 쓰고 있다.

8. 동경심　　（　　　　　　）

어떤 것을 간절히 그리워하여 그것만을 생각하는
마음.
¶도시 생활에 대한 ~을 이르킨다.

9. 경건　　　（　　　　　　）

공경하며 삼가고 엄숙하다.
¶ ~한 자세로 선열들에 대한 묵념을 올리다.

10. 포경선　　（　　　　　　）

고래를 잡기 위하여 특별한 설비를 갖춘 배.
¶먼 바다를 향해 ~이 떠나고 있다.

11. 간병　　　（　　　　　　）

경풍. 경증(痙症)이 발작할 때에 몸이 뻣뻣해
지고 오랫동안 정신이 흐려지는 증상.
¶저 사람 ~이 났다.

12. 조감도　　（　　　　　　）

높은 곳에서 내려다본 상태의 그림이나 지도.
¶육 년 후의 A 여중고교의 ~는 유수한 대학
캠퍼스가 무색하리만치 호화찬란했다.

13. 겁부　　　（　　　　　　）

겁이 많은 남자.
¶그 사람은 나약한 ~였다.

14. 개선문　　（　　　　　　）

전쟁에서 이기고 돌아오는 군사를 환영하고
기념하기 위하여 세운 문 같은 형식의 건축물.
¶프랑스는 승전한 군사들을 위해 ~을 세웠다.

15. 적개심　　（　　　　　　）

적과 싸우고자 하는 마음. 또는 적에 대하여
느끼는 분노와 증오.
¶ ~에 불타다.

16. 흉격　　　（　　　　　　）

①가슴과 배의 사이. ②가슴 속.
¶그 부인은 ~이 막히는 듯이 말끝을 이루지
못한다.

17. 횡격막　　（　　　　　　）

횡격막. 포유류의 배와 가슴 사이에 있는 막.
수축·이완하여 허파의 호흡 작용을 돕는다.
¶숨쉬기를 하면 ~이 움직인다.

18. 무격　　　（　　　　　　）

무당과 박수를 아울러 이르는 말.
¶큰 굿판이 열리니 ~이 함께 있었다.

♣ 다음 낱말 풀이에 알맞은 한자(漢字)를 쓰시오.　　　　　▶정답은 458쪽

1. 겁풍　（　　　　　）

세상이 파멸할 때 일어난다고 하는 큰 바람.
¶ 불교에서 ~ 인다는 것은 세상파멸을 의미한다.

2. 공고　（　　　　　）

단단하고 튼튼하다.
¶방어벽이 아무리 ~하더라도 병사들의 사기가
떨어져 있다면 적의 침입을 막을 수 없다.

3. 교태　（　　　　　）

아리따운 자태.
¶갖은 ~로 아양을 떤다.

4. 과립　（　　　　　）

둥글고 잔 알갱이.
¶이 약은 먹기 편하게 ~의 형태로 되어 있다.

5. 굉침　（　　　　　）

배가 폭파되어 큰 소리를 내며 가라앉음. 또는
그렇게 가라앉힘.
¶타이타닉은 ~하였다.

6. 외곽　（　　　　　）

성 밖으로 다시 둘러쌓은 성.
¶ ~에서 싸움이 한창이다.

7. 괄약근　（　　　　　）

고리 모양의 근육. 입·항문·요도 따위에 있으며,
오므리거나 벌림으로써 생체 기관의 열고 닫음을
조절.
¶의식이 없는 상태의 환자는 ~을 보면 생사를
알 수 있다.

8. 윤곽　（　　　　　）

일이나 사건의 대체적인 줄거리.
¶일의 ~이 드러나다.

9. 광제　（　　　　　）

잘못된 일을 바르게 고쳐 구제함.
¶충신은 임금의 잘못을 ~할 수 있어야 한다.

10. 관곽　（　　　　　）

시체를 넣는 속 널과 겉 널을 아울러 이르는 말.
¶그렇게 통곡하며 ~조차 마련하지 못해 길가에
임시로 묻은 신기죽의 묘를 떠날 줄 몰랐다.

11. 광정　（　　　　　）

도와서 정함.
¶그 사람과 나는 큰 일에 대해서 ~하였다.

12. 목곽　（　　　　　）

예전에, 무덤에 관과 부장품을 넣기 위하여 나무
로 만든 시설.
¶조상들의 유품은 ~에 넣어져있다.

13. 애교　（　　　　　）

남에게 귀엽게 보이는 태도.
¶그녀는 ~ 만점이다.

14. 곽갱　（　　　　　）

콩잎국.
¶ 흉년이 들던 윤사월에는 ~도 못먹을 판이었다.

15. 방광　（　　　　　）

척추동물의 신장에서 흘러나오는 오줌을 저장하
였다가 일정한 양이 되면 요도를 통하여 배출시
키는 주머니 모양의 배설 기관.
¶오줌을 너무 참으면 ~에 좋지 않다.

16. 곽이　（　　　　　）

미역의 대가리. 미역귀.
¶ ~는 질기다.

17. 견고　（　　　　　）

잘못이나 허물을 꾸짖는 뜻을 알림.
¶아랫 사람에게 ~를 잘 해야한다.

18. 감안　（　　　　　）

여러 사정을 참고하여 생각함.
¶그동안의 업적이 ~되어 표창을 받았다.

♣ 다음 낱말 풀이에 알맞은 한자(漢字)를 쓰시오. ▶정답은 458쪽

1. 견잠 (   )

고치를 지은 누에.
¶ ~으로 명주실을 뽑아 낼 수 있다.

2. 감단 (   )

죄인을 조사하여 그 죄에 따라 처단하던 일.
¶ 판사들은 ~을 잘 해야 한다.

3. 경건 (   )

굳세고 튼튼하다.
¶그 사나이는 아주 ~하구나.

4. 난감 (   )

이렇게 하기도 저렇게 하기도 어려워 처지가 매우 딱하다.
¶ ~한 처지에 놓이다

5. 근경 (   )

뿌리와 줄기를 아울러 이르는 말.
¶ 식물의 영양상태는 ~에서 좌우 된다.

6. 방광염 (   )

방광 점막에 생기는 염증. 오줌이 자주 마렵고 탁하며 오줌을 눌 때에 요도가 몹시 아프다.
¶ ~이 걸리면 소변을 보는데 불편함을 느낀다.

7. 곽전 (   )

바닷가에서 미역을 따는 곳.
¶ 새벽부터 ~에 나가 미역을 따고 있다.

8. 광중 (   )

시체가 놓이는 무덤의 구덩이 부분을 이르는 말. 광내(壙內)·광혈(壙穴)·묘혈(墓穴)·장혈(葬穴)·지실(地室)·지중(地中).
¶ ~에 안치하다.

9. 관구 (   )

시체를 담는 궤.
¶ 그 나무 궤짝은 다름 아닌 여자의 옛날 아비의 유골을 모신 관구였다.

10. 광야 (   )

텅 비고 아득히 넓은 들. 광원(曠原).
¶ 끝없는 ~를 헤매다.

11. 석관 (   )

돌로 만든 관.
¶ 예전에 애굽이라는 나라에서는 왕후장상의 시체는 방부제를 쓰고 나무 관에 넣은 시체를 다시 ~까지에 튼튼히 넣어서 피라미드라는 큰 굴속에 묻어 두었다.

12. 광망 (   )

아주 넓고 아득하다.
¶ ~한 대평원.

13. 목관 (   )

나무로 짠 관.
¶ 그 사람의 시체는 ~에 안치되었다.

14. 광고 (   )

이전에는 그와 비슷한 일이 없다.
¶ 그 일은 ~한 일이다.

15. 관목 (   )

나무의 키가 작고, 원줄기가 분명하지 아니하며 밑동에서 가지를 많이 치는 나무.
¶ 수목원에 ~이 들판에 널게 심어져있다.

16. 점괘 (   )

점을 쳐서 나오는 괘. 이 괘를 풀이하여 길흉을 판단한다. 괘(卦).
¶ ~가 잘 나왔다.

17. 관장 (   )

약물을 항문으로 넣어서 직장이나 대장에 들어가게 하는 일. 대변을 보게 하는 것이 주목적이며, 병의 치료와 영양 공급을 목적으로 하기도 한다.
¶ 배탈이 심해서 ~을 해야 했다.

♣ **다음 낱말 풀이에 알맞은 한자(漢字)를 쓰시오.**

▶정답은 458쪽

1.괘사   (   )

①문왕(文王)과 주공(周公)이 역(易)의 괘(卦)와
효(爻)의 아래에 써넣은 설명의 말. ②점괘를 쉽
게 풀어서 써 놓은 글. 계사(繫辭).
¶ 점괘를 풀이하려면 ~를 읽어야 한다.

2.관정   (   )

계(戒)를 받거나 일정한 지위에 오른 수도자의
정수리에 물이나 향수를 뿌리는 일. 또는 그런
의식.
¶ ~ 의식이 거행되다.

3.사괘   (   )

육십사괘의 하나. 곤괘(坤卦)와 감괘(坎卦)가 거
듭된 것으로 땅속에 물이 있음을 상징함.
¶ 곤괘와 감괘가 거듭된 것을 ~라 한다.

4.괄마   (   )

①(금속·보석·유리·돌 따위를) 갈고 닦아서 표면
을 반질반질하게 함. ②학문이나 지식·기능 따위
를 힘써 배우고 닦음. 단련(鍛鍊). 연마(硏磨).
¶ 학문을 ~하여야 할 때이다.

5.팔괘   (   )

중국 상고 시대에 복희씨가 지었다는 여덟 가지
의 괘.
¶ 주역에선 ~가 기본이다.

6.괄목   (   )

발전 속도가 놀라울 만큼 빨라서 눈을 비비고 다
시 봄.
¶ 우리나라는 ~할 만한 경제성장을 이루었다.

7.괘선   (   )

가로세로로 그은 선.
¶ 이것은 ~이 있는 노트이다.

8.괄선   (   )

여러 개의 글자나 숫자를 다른 자와 구별하기 위
하여 한데 묶는 표시로 그 위쪽에 긋는 선.
¶ ~을 긋다.

9.괘선지   (   )

미농지에 괘선을 박은 종이. 흔히, 공문서를 작
성하는 데 쓴다. 인찰지.
¶ 한 손에 바람에 나부끼는 ~ 한 장을 들고 왔
다.

10.괄호   (   )

묶음표.
¶ ~로 묶다.

11.양면괘지   (   )

양면으로 된 인찰지.
¶ 삐뚤삐뚤한 아버지의 볼펜 글씨는 ~ 석 장이
앞뒤 면에 꽉 차 있었다.

12.포괄   (   )

일정한 대상이나 현상 따위를 어떤 범위나 한계
안에 모두 끌어넣음.
¶ 한국어에는 우리말과 우리글이 모두 ~된다.

13.괴려   (   )

사리에 어그러져 온당하지 않다.
¶ 그 일은 ~하다.

14.개괄   (   )

중요한 내용이나 줄거리를 대강 추려 냄.
¶ ~적으로 설명한다.

15.괴리   (   )

서로 어그러져 동떨어짐.
¶ 현실과 이상은 언제나 ~가 있기 마련이다.

16.괄약   (   )

①벌어진 것을 오므라지게 함. ②모아서 한데 합
함.
¶ 모든 자료를 ~해야 한다.

17.괴팍   (   )

붙임성이 없이 까다롭고 별나다.
¶ ~한 성격.

♣ 다음 낱말 풀이에 알맞은 한자(漢字)를 쓰시오.　▶정답은 459쪽

1. 광정　　　(　　　　　　　　)

잘못된 것이나 부정(不正) 따위를 바로잡아 고침.
¶ 지난 날의 폐습을 ~하다.

2. 괴패　　　(　　　　　　　　)

이치에 어그러지고 도리에 벗어나다.
¶ 세상엔 ~한 일도 많다.

3. 광보　　　(　　　　　　　　)

잘못을 바로잡으며 도움. 광필(匡弼).
¶ 충성스러운 신하들은 임금을 ~했다.

4. 유괴　　　(　　　　　　　　)

사람을 속여서 꾀어냄.
¶ 어린이 ~ 사건이 일어나다.

5. 괴편　　　(　　　　　　　　)

부녀자의 재보(財寶) 등을 속여서 빼앗음.
¶ 간사한 사기꾼이 약한 여자를 상대로 ~을 했다.

6. 괴기　　　(　　　　　　　　)

남보다 뛰어나고 특이함.
¶ 김시습은 ~함을 가진 사람이다.

7. 괴수　　　(　　　　　　　　)

못된 짓을 하는 무리의 우두머리. 수괴(首魁).
¶ 청석골 화적 ~는 양주 백정 임꺽정이랍니다.

8. 굉재탁식　(　　　　　　　　)

큰 재주와 뛰어난 식견을 이르는 말.
¶ 제갈공명은 ~이 있었다.

9. 괴위　　　(　　　　　　　　)

체격이 장대하고 훌륭하다. 괴오하다(魁梧).
¶ 풍골(風骨)이 ~하다.

10. 석곽분　　(　　　　　　　　)

돌덧널무덤.
¶ 청동기시대의 무덤은 ~이 많다.

11. 괴탁　　　(　　　　　　　　)

과거(科擧)에서, 장원(壯元)으로 뽑힘.
¶ 율곡 이이는 과거시험에서 ~으로 뽑혔다.

12. 교교월색　(　　　　　　　　)

매우 맑고 밝은 달빛.
¶ 가을날 하늘이 ~이로다.

13. 괄목상대　(　　　　　　　　)

눈을 비비고 상대편을 본다는 뜻으로, 남의 학식이나 재주가 놀랄 만큼 부쩍 늚을 이르는 말.
¶ 그는 피나는 노력의 결과 기타 연주 실력이 ~해졌다.

14. 고굉지신　(　　　　　　　　)

다리와 팔 같이 중요한 신하라는 뜻으로, 임금이 가장 신임하는 신하를 이르는 말. 고굉(股肱).
¶ 아무리 ~이라 하여도 부정을 저질렀으면 그에 대한 책임을 져야 하는 법이다.

15. 굉음　　　(　　　　　　　　)

몹시 요란하게 울리는 소리.
¶ 천지를 뒤흔드는 ~이 났다.

16. 유괴범　　(　　　　　　　　)

사람을 속여서 꾀어냄으로써 성립하는 범죄. 또는 그 범인.
¶ 경찰은 ~을 잡기 위해 부지런히 뛰어다녔다.

17. 교성　　　(　　　　　　　　)

여자의 간드러지는 소리. 교음(嬌音).
¶ 껄껄대며 웃는 웃음소리와 어디를 간질이는 듯한 깔깔대는 ~이 들려오고 있었다.

18. 괄태충　　(　　　　　　　　)

민달팽이.
¶ ~은 일년만에 다 자라서 이듬해 알을 낳고 죽는다.

19. 굉연　　　(　　　　　　　　)

소리가 몹시 크게 울려 요란스럽다.
¶ 갑자기 어디선가 ~한 폭발음이 들렸다.

♣ **다음 낱말 풀이에 알맞은 한자(漢字)를 쓰시오.**

▶정답은 459쪽

1.굉대　（　　　　　　）

어마어마하게 크다.

¶ 어린이들은 ~한 목표를 세우세요.

2.굉업　（　　　　　　）

매우 큰 사업.

¶ 이번에 우리나라의 큰 기업에서 ~을 벌이려 한다.

3.굉장　（　　　　　　）

아주 크고 훌륭하다.

¶ 이번에 새로 이사 간 집은 ~한 곳이다.

4.굉걸　（　　　　　　）

굉장하고 훌륭하다.

¶ ~한 건축물이 탄생했다.

5.굉활　（　　　　　　）

몹시 크고 넓다.

¶ 중국에는 ~한 대지가 펼쳐져 있다.

6.교군　（　　　　　　）

가마. 혹은 가마꾼.

¶ 옥단아! ~ 갖다가 이 앞으로 놓으라 하여라.

7.교자　（　　　　　　）

조선 시대에 앞뒤로 두 사람씩 네 사람이 낮게 어깨에 메고 천천히 다니던 가마.

¶ 석성의 아내 유씨는 시녀를 휘동하여 교군꾼을 불러 ~를 문밖에 대령하게 하였다.

8.교만　（　　　　　　）

잘난 체하며 뽐내고 건방짐.

¶ 그 아이는 ~ 방자하게 굴었다.

9.교사　（　　　　　　）

교만하고 사치스럽다.

¶ 그 부인은 ~한 사람이다.

10.교색　（　　　　　　）

잘난 체하며 겸손함이 없이 뽐내는 낯빛.

¶ 그녀에게 ~이 나타났다.

11.교오　（　　　　　　）

교만하고 건방짐.

¶ 거만해진 그는 ~한 언동을 일삼았다.

12.교상　（　　　　　　）

짐승이나 벌레 따위에 물려서 상함. 또는 그런 상처.

¶ 사육사들은 ~이 많다.

13.교교　（　　　　　　）

새가 지저귀는 소리.

¶ 옛 사람은 새가 지저귀는 소리를 ~라고 표현했다.

14.교활　（　　　　　　）

간사하고 꾀가 많다.

¶ 멀리서 ~한 웃음을 짓고 있었다.

15.교지　（　　　　　　）

교활한 재주와 꾀.

¶ 환관들은 ~를 내서 황제를 꾀었다.

16.교월　（　　　　　　）

희고 밝은 달.

¶ 맑은 날 가을 보름달은 ~이다.

17.교란　（　　　　　　）

마음이나 상황 따위를 뒤흔들어서 어지럽고 혼란하게 함.

¶ 경찰은 사회 질서의 ~을 노리는 불순 세력을 뿌리 뽑기로 했다.

18.교란작전　（　　　　　　）

적의 힘을 약화시키기 위하여 적의 전방이나 후방 또는 내부를 혼란에 빠지게 하는 작전.

¶ 우리는 ~을 사용하여 적을 물리치게 되었다.

♣ **다음 낱말 풀이에 알맞은 한자(漢字)를 쓰시오.**　　　　　▶정답은 459쪽

1. 구원　(　　　　　)

원한이 맺힐 정도로 자기에게 해를 끼친 사람이나 집단. 원수(怨讐).
¶ 두 집안은 ~이 있다.

2. 구한　(　　　　　)

억울하고 원통한 일을 당하여 응어리진 마음.
¶ 아들을 잃은 할머니는 ~이 맺혔다.

3. 구극　(　　　　　)

흰 망아지가 빨리 달리는 것을 문틈으로 본다는 뜻으로, 인생이나 세월이 덧없이 짧음을 이르는 말.
¶ 우리 삶은 ~이다.

4. 납자　(　　　　　)

납의를 입은 사람이란 뜻으로, 중을 이르는 말.
¶ 산 속에서 ~를 만났다.

5. 구치　(　　　　　)

뜸으로 병을 고치는 일. 구술(灸術).
¶ 어른들은 ~로 아픈 곳을 치료한다.

6. 날인　(　　　　　)

도장을 찍음. 경인(鈐印)·날장(捺章).
¶ 예전에는 싸인 대신 ~을 받아 했다.

7. 구의　(　　　　　)

출관(出棺)할 때 관 위에 덮는 베. 길이가 길고 색깔은 누런빛이다. 널보자기.
¶ ~를 덮은 관이 우리 옆을 지나갔다.

8. 구치　(　　　　　)

희고 깨끗한 이. 호치(皓齒).
¶ 자고로 ~가 가장 아름답다.

9. 노마　(　　　　　)

①느리고 둔한 말. 노태(駑駘). ② 둔하고 재능이 모자란 사람이라는 뜻이다.
¶ ~한 재주지만 열심히 일하겠습니다.

10. 기량　(　　　　　)

기술상의 재주.
¶ ~을 연마하다

11. 반구　(　　　　　)

객지에서 죽은 사람의 시체를 고향이나 제집으로 보냄.
¶ 그의 시신을 ~하였다.

12. 기생　(　　　　　)

잔치나 술자리에서 노래나 춤 또는 풍류로 흥을 돋우는 것을 직업으로 하는 여자. 기녀.
¶ 예전엔 양반들의 풍류생활은 ~과 함께였다.

13. 운구　(　　　　　)

시체를 넣은 관을 운반함.
¶ ~ 행렬이 길게 이어지다.

14. 기방　(　　　　　)

기생방.
¶ ~에 출입하다.

15. 창기　(　　　　　)

몸을 파는 천한 기생. 여랑(女郞).
¶ 어떤 우연한 기회에 그 요정에 들렀던 동영은 한눈에 그녀가 평범한 ~에 지나지 않음을 알았다.

16. 기우　(　　　　　)

앞일에 대해 쓸데없는 걱정을 함. 또는 그 걱정. 옛날 중국 기(杞)나라에 살던 한 사람이 '만일 하늘이 무너지면 어디로 피해야 좋을 것인가?' 하고 침식을 잊고 걱정하였다는 데서 유래한다. 군걱정.
¶ ~를 덜다.

17. 구척　(　　　　　)

나무나 쇠를 이용하여 90도 각도로 만든 'ㄱ' 자 모양의 자. 곱자.
¶ ~은 목공을 할 때 사용된다.

♣ **다음 낱말 풀이에 알맞은 한자(漢字)를 쓰시오.**

1.구고 (　　　　　　)

　시부모.

　¶ 며느리는 ~를 잘 모시는 것이 미덕이다.

2.외구 (　　　　　　)

　편지 따위에서, '장인(丈人)'을 이르는 말. 악부(岳父).

　¶ ~께서는 안녕하신지요?

3.내구 (　　　　　　)

　주로 편지 글에서, '외숙(外叔)'이라는 뜻으로 이르는 말.

　¶ 지난번 찾아뵈었을 때, ~께서 하신 말씀을 지금도 명심하고 있습니다.

4.흉금 (　　　　　　)

　①앞가슴의 옷깃. ②마음속 깊이 품은 생각.

　¶ ~을 토로하다.

5.기형 (　　　　　　)

　사물의 구조, 생김새 따위가 정상과는 다른 모양.

　¶ 환경오염으로 ~물고기들이 많아졌다.

6.난방 (　　　　　　)

　건물의 안이나 방 안을 따뜻하게 함. 온방.

　¶ 가스보일러로 ~을 한다.

7.무구 (　　　　　　)

　때가 묻지 않고 맑고 깨끗하다.

　¶ 아이는 순진 ~한 눈빛을 가지고 있다.

8.단백 (　　　　　　)

　조류나 파충류 따위에서, 알의 난황과 난각막 사이를 메우는 겔 모양의 물질. 난백(卵白).

　¶ 계란에는 ~질이 많다.

9.구도 (　　　　　　)

　기거동작의 규율 법칙. 법(法).

　¶ 사회는 ~가 있어 유지된다.

10.기롱 (　　　　　　)

　실없는 말로 놀림.

　¶ 나를 ~하지 마라.

11.구저 (　　　　　　)

　절구와 절굿공이를 아울러 이르는 말.

　¶ ~를 사용해 떡을 만든다.

12.기호 (　　　　　　)

　즐기고 좋아함.

　¶ 소비자의 ~를 파악하다.

13.구적 (　　　　　　)

　나라를 침범하는 외적.

　¶ 이순신은 ~을 물리쳤다.

14.궁노 (　　　　　　)

　활과 쇠뇌를 아울러 이르는 말.

　¶ 그 장수는 ~만 있으면 무서울 게 없었다.

15.주단 (　　　　　　)

　명주와 비단 따위를 통틀어 이르는 말.

　¶ 옛날 여자들은 ~을 좋아했다.

16.어눌 (　　　　　　)

　말을 유창하게 하지 못하고 떠듬떠듬한다.

　¶ 말이 ~하다.

17.왜구 (　　　　　　)

　13세기부터 16세기까지 중국과 우리나라 연안을 무대로 약탈을 일삼던 일본 해적. 일구(日寇).

　¶ 이순신은 ~를 격퇴했다.

18.노포 (　　　　　　)

　쇠뇌. 쇠 된 발사 장치가 달린 활. 여러 개의 화살을 연달아 쏘게 되어 있는 것.

　¶ 화랑의 무덤에서 ~가 많이 발견된다.

♣ **다음 낱말 풀이에 알맞은 한자(漢字)를 쓰시오.**　　▶정답은 459쪽

1. 구토　（　　　　　　）

먹은 음식물을 토함.
¶ 심한 ~에 시달리다.

2. 금욕　（　　　　　　）

이부자리.
¶ ~을 깔았다.

3. 궤설　（　　　　　　）

거짓으로 하는 말.
¶ 그 자는 ~을 늘어놓았다.

4. 구간　（　　　　　　）

포유동물에서, 머리와 사지를 제외한 몸통 부분.
¶ 돼지는 ~이 크다.

5. 기구　（　　　　　　）

세상살이가 순탄하지 못하고 가탈이 많다.
¶ ~한 삶을 살았다.

6. 금침　（　　　　　　）

이부자리와 베개를 아울러 이르는 말.
¶ 중전은 ~을 헤치고 나왔다.

7. 궤멸　（　　　　　　）

무너지거나 흩어져 없어짐.
¶ 적군이 ~했다.

8. 구략　（　　　　　　）

공격하여 약탈함.
¶ 도적들이 ~하였다.

9. 규간　（　　　　　　）

틈을 엿봄.
¶ 귀관은 적군의 상황을 ~하여 보고하라.

10. 나약　（　　　　　　）

의지가 굳세지 못함. 타약(惰弱).
¶ 심기가 ~하다.

11. 눌변　（　　　　　　）

더듬거리는 서툰 말솜씨.
¶ 우리 선생님은 비록 ~이시지만 열성적인 강의
로 우리를 감동시키곤 하셨다.

12. 나의　（　　　　　　）

제주에서 행하여지는 풍속으로 나무와 돌이 있는
곳에 신령을 모시는 사당을 만들어 설날부터 대
보름까지 역신을 막는 의미로, 무당이 신의 기
(旗)를 들고 꽹과리와 북을 앞세워 동네로 들어
오면 주민들이 재물을 거두어 낸다.
¶ ~가 행해진다.

13. 관구　（　　　　　　）

관(棺).
¶ 그 나무 궤짝은 다름 아닌 여자의 옛날 아비의
유골을 모신 ~였다

14. 구살　（　　　　　　）

때려서 죽임. 타살(打殺).
¶ 노비에게 죄가 있어 관에 고하지 않고 ~하면
저절로 그에 해당되는 형률이 있다.

15. 권렴　（　　　　　　）

드리운 발을 걷어 올림.
¶ 공주는 ~을 하고 손님을 맞았다.

16. 유대강화　（　　　　　　）

둘 이상을 서로 연결하거나 결합하게 하는 행위
를 더 강하게 하다.
¶ 우리 회사는 ~를 위해 야유회를 갔다.

17. 석권　（　　　　　　）

돗자리를 만다는 뜻으로, 빠른 기세로 영토를 휩
쓸거나 세력 범위를 넓힘을 이르는 말.
¶ 중국 대륙을 석권하였다.

18. 칠종칠금　（　　　　　　）

일곱 번 잡았다 일곱 번 풀어주다.
¶ 제갈 량은 남만의 왕을 ~하였다.

♣ **다음 낱말 풀이에 알맞은 한자(漢字)를 쓰시오.**　　　　　►정답은 459쪽

1.권고　（　　　　　）

관심을 가지고 보살핌.
¶ 나의 ~를 받아 드려라.

2.권속　（　　　　　）

한집에 거느리고 사는 식구. 권솔(眷率).
¶ ~을 거느리다.

3.권솔　（　　　　　）

한집에 거느리고 사는 식구. 권속(眷屬).
¶ ~이 많아 살림이 빠듯하다.

4.권애　（　　　　　）

돌보거나 보살펴 사랑함.
¶ 자식을 ~하다.

5.냉난방　（　　　　　）

냉방과 난방을 아울러 이르는 말.
¶ 우리학교는 ~이 잘되는 현대식 건물이었다.

6.취급주의　（　　　　　）

물건을 사용하거나 다룰 때 삼가하여 조심함.
¶ 유리로 된 제품은 ~를 해야 한다.

7.자긍심　（　　　　　）

스스로에게 긍지를 가지는 마음.
¶ 문화적 ~을 가지고 있다.

8.궤책　（　　　　　）

간사하게 남을 속이는 꾀. 궤계(詭計).
¶ ~을 쓰다.

9.지도편달　（　　　　　）

어떤 목적이나 방향으로 가르치고 채찍질하는 것.
¶ 우리 아이를 ~바랍니다.

10.기호식품　（　　　　　）

즐기고 좋아하는 섭취 음식물.
¶ 우리나라 사람들의 ~은 불고기이다.

11.궤안　（　　　　　）

책상. 공무(公務).
¶ 이제 한 사람이 늘었으니, ~도 갖춰 두세.

12.기속처분　（　　　　　）

법규를 집행하는 데 있어서 행정청의 재량을 인정하지 않고 법규에 정한 대로 구체화하는 처분.
¶ 변호사는 ~을 하라고 하였다.

13.궤변　（　　　　　）

상대편을 이론으로 이기기 위하여 상대편의 사고(思考)를 혼란시키거나 감정을 격앙시켜 거짓을 참인 것처럼 꾸며 대는 논법.
¶ ~을 늘어놓다.

14.단사표음　（　　　　　）

대그릇의 밥과 표주박의 물이라는 뜻으로, 좋지 못한 적은 음식(飮食).
¶ 나그네가 ~으로 길을 떠난다.

15.구가　（　　　　　）

여러 사람이 입을 모아 칭송하여 노래함.
¶ 백성들이 태평성대를 ~한다.

16.낭중지추　（　　　　　）

주머니 속의 송곳이라는 뜻으로, 재능이 뛰어난 사람은 숨어 있어도 저절로 사람들에게 알려진다는 말.
¶ 그 사람은 ~와 같은 재능을 지니고 있다.

17.궐기　（　　　　　）

①벌떡 일어남. ②어떤 목적을 이루기 위하여 마음을 돋우고 기운을 내서 힘차게 일어남.
¶ 학생들이 전쟁을 반대하는 ~를 했다.

18.기형적　（　　　　　）

사물의 구조, 생김새 따위가 정상과는 다른 모양을 띠는 것.
¶ 그 동물은 ~이다.

♣ 다음 낱말 풀이에 알맞은 한자(漢字)를 쓰시오.

1. 구타 (　　　　　)

사람이나 짐승을 함부로 치고 때림. 구격(毆擊).
¶ 교도소에서 ~ 사건이 일어났다.

2. 은닉죄 (　　　　　)

벌금형 이상의 형에 해당하는 범죄자를 은닉함으로써 성립하는 범죄.
¶ 그 범죄자의 애인도 ~로 잡혔다.

3. 궤양 (　　　　　)

피부 또는 점막에 상처가 생기고 헐어서 출혈하기 쉬운 상태.
¶ 위 ~을 조심해야 한다.

4. 원앙금 (　　　　　)

①원앙을 수놓은 이불. ②부부가 함께 덮는 이불.
¶ 신혼집에 ~이 있다.

5. 궤봉 (　　　　　)

물건을 궤에 넣고 봉함.
¶ 중요한 우편물은 ~해야 한다.

6. 군급 (　　　　　)

사세(事勢)가 꽉 막혀서 몹시 급하다.
¶ 항우는 ~한 위치에 놓였다.

7. 병구 (　　　　　)

병든 몸.
¶ ~를 이끌고 귀국했다.

8. 단백뇨 (　　　　　)

일정량 이상의 단백질이 섞여 나오는 오줌. 신장에 질환이 있을 때 나타나는 병적인 것.
¶ 과도한 운동으로 ~가 배출되기도 한다.

9. 규로 (　　　　　)

아홉 방향으로 통하는 길이라는 뜻으로, 사방으로 통하는 큰길을 이르는 말.
¶ 옛날에 중국은 ~의 역할을 했다.

10. 기속력 (　　　　　)

법원이 재판을 일단 공표한 후에 법원이 그 재판을 임의로 철회하거나 변경할 수 없게 되는 구속력.
¶ ~을 갖고 있다.

11. 긍고 (　　　　　)

옛날까지 걸침.
¶ ~에 이루지 못한 업적이다.

12. 길항근 (　　　　　)

서로 반대되는 작용을 동시에 하는 한 쌍의 근육. 동공의 괄약근(括約筋)과 산대근(散大筋) 따위가 있다.
¶ ~이 서로 작용하여 몸을 균형 있게 한다.

13. 은닉 (　　　　　)

남의 물건이나 범죄인을 감춤.
¶ 수배자의 ~을 도와준 사람은 범죄가 성립한다.

14. 간극 (　　　　　)

사물 사이의 틈.
¶ ~을 메우다.

15. 급수 (　　　　　)

물을 길음.
¶ 아침마다 ~를 한다.

16. 기형아 (　　　　　)

신체의 발육이나 기능에 장애가 있어 정상과는 다른 모습으로 태어난 아이.
¶ 원자폭탄 때문에 ~가 출생한다.

17. 규산 (　　　　　)

이산화규소와 물의 화합물. 물에 조금 녹으며 약산성을 띤다. 천연적으로는 수정, 석영, 부싯돌, 마노(瑪瑙) 따위로 존재한다.
¶ 원시인은 ~으로 된 부싯돌을 이용해 불을 피웠다.

♣ 다음 낱말 풀이에 알맞은 한자(漢字)를 쓰시오.

1. 극공 (　　　　　)

벌어져 사이가 난 자리. =틈.
¶ ~으로 엿 보고 있었다.

2. 긍지 (　　　　　)

자신의 능력을 믿음으로써 가지는 당당함.
¶ ~를 가지고 있다.

3. 극구 (　　　　　)

달리는 말을 문틈으로 본다는 뜻으로, 세월이 빨리 지나감을 이르는 말.
¶ 시간이 ~같이 지나가네.

4. 배낭 (　　　　　)

종자식물의 자성 배우체. 이 안에 있는 난세포가 수정되어 배(胚)가 된다. 밑씨주머니.
¶ 식물의 ~은 중요하다.

5. 구음 (　　　　　)

①노래를 부름. ②칭찬하여 기림.
¶ ~의 소리가 들린다.

6. 권태 (　　　　　)

어떤 일이나 상태에 시들해져서 생기는 게으름이나 싫증.
¶ 단조로운 생활은 ~를 느끼게 한다.

7. 체구 (　　　　　)

몸. 몸집.
¶ 청석골 화적두목 임꺽정은 ~가 우람하였답니다.

8. 달초 (　　　　　)

어버이나 스승이 잘못을 훈계하느라 회초리로 볼기나 종아리를 때림.
¶ 많은 ~를 받고 자라다.

9. 급급 (　　　　　)

한 가지 일에만 정신을 쏟아 다른 일을 할 마음의 여유가 없다.
¶ 돈 버는 것에만 ~하다.

10. 가긍 (　　　　　)

불쌍하고 가엾다.
¶ ~한 형편이다.

11. 구사 (　　　　　)

말을 기르는 곳. 구간.
¶ ~를 지키는 사람.

12. 기험 (　　　　　)

산길이 험하다. 기구.
¶ 내려가는 길이 ~하였다.

13. 마구 (　　　　　)

말을 기르는 곳. 마굿간
¶ ~간에 좋은 말들이 있었다.

14. 귤과 (　　　　　)

귤나무의 열매.둥글납작하고 붉은 색이다.
¶ 겨울에 ~을 많이 먹는다.

15. 귤피 (　　　　　)

귤의 껍질. 청귤피와 진피(陳皮)의 두 가지가 있는데, 성질이 따뜻하여 소화를 돕고, 기침·설사·적취(積聚) 따위에 약효가 있다.
¶ ~로 차를 만들어 먹는다.

16. 기근 (　　　　　)

흉년으로 먹을 양식이 모자라 굶주림.
¶ ~이 들다.

17. 구거 (　　　　　)

수채 물이 흐르는 작은 도랑.
¶ ~에 내동댕이치다.

18. 상극 (　　　　　)

둘 사이에 마음이 서로 맞지 아니하여 항상 충돌함.
¶ 그 두 사람은 서로 ~이라서 만나기만 하면 싸운다

♣ **다음 낱말 풀이에 알맞은 한자(漢字)를 쓰시오.**

1. 극순　（　　　　　）

　　창과 방패를 아울러 이르는 말.
　　¶옛날 군대는 ~으로 주로 싸웠다.

2. 기찰　（　　　　　）

　　①행동 따위를 넌지시 살핌. ②예전에, 범인을
　　체포하려고 수소문하고 염탐하며 행인을 검문하
　　던 일.
　　¶ 그날은 장날이라 ~이 심하지 않았다.

3. 객담　（　　　　　）

　　가래를 뱉음. 또는 그 가래.
　　¶그는 화를 내며 ~하였다.

4. 기학　（　　　　　）

　　잔학한 일을 즐김.
　　¶ 그는 ~한 사람이다.

5. 근친　（　　　　　）

　　시집간 딸이 친정에 가서 어버이를 뵘. 귀녕(歸
　　寧).
　　¶ 삼순이는 시집살이 1년 뒤에 ~을 갔다.

6. 궁진　（　　　　　）

　　사람을 만나러 몸소 나아감.
　　¶ 선생님은 우리를 만나러 ~하셨다.

7. 군색　（　　　　　）

　　필요한 것이 없거나 모자라서 딱하고 옹색하다.
　　¶ ~한 변명은 하지 마라.

8. 담박　（　　　　　）

　　욕심이 없고 마음이 깨끗하다.
　　¶ ~한 성격.

9. 형극　（　　　　　）

　　①나무의 온갖 가시. ②고난.
　　¶ ~의 길을 헤쳐 나가다.

10. 길항　（　　　　　）

　　서로 버티어 대항함.
　　¶청동기시대의 무덤은 ~이 많다.

11. 군핍　（　　　　　）

　　필요한 것이 없거나 모자라 군색하고 아쉽다.
　　¶ ~한 생활.

12. 끽연　（　　　　　）

　　담배를 피움. 흡연(吸煙).
　　¶그는 ~을 한다.

13. 만끽　（　　　　　）

　　음식을 마음껏 먹고 마심.
　　¶별미를 ~하다.

14. 기근　（　　　　　）

　　흉년으로 먹을 양식이 모자라 굶주림.
　　¶~이 들다.

15. 나획　（　　　　　）

　　죄인을 잡음. 또는 그 사람의 물건을 빼앗음.
　　¶ 경찰들은 도둑을 ~하였다.

16. 기반　（　　　　　）

　　시집간 딸이 친정에 가서 부모를 뵘. 귀녕(歸寧).
　　¶연무가 친정인 그녀는 오랜만에 ~을 온 김에
　　득남 점지로 이름이 나 있는 관촉사 칠성당에서
　　빌었다.

17. 참담　（　　　　　）

　　끔찍하고 절망적임.
　　¶ 침통과 우울과 ~과 공포가 있을 뿐이었다.

18. 권염　（　　　　　）

　　권태로워 싫증이 남.
　　¶ ~을 느끼다

19. 긍련　（　　　　　）

　　불쌍하고 가엾다.
　　¶ 남매는 일찍 부모를 여의고 ~하게 살아왔다

♣ 다음 낱말 풀이에 알맞은 한자(漢字)를 쓰시오.

1. 나자 (   )

나례(儺禮)를 거행하는 사람들을 통틀어 이르는 말.
¶초라니, 방상시(方相氏), 지군(持軍)을 ~라고 한다.

2. 담외 (   )

벌벌 떨면서 두려워함.
¶적군을 보며 ~하였다.

3. 난로 (   )

난방 장치의 하나. 나무, 석탄, 석유, 가스 따위의 연료를 때거나 전기를 이용하여 열을 내어 방 안의 온도를 올리는 기구이다.
¶할머니는 ~롤 피웠다.

4. 열반 (   )

모든 번뇌의 얽매임에서 벗어나고, 진리를 깨달아 불생불멸의 법을 체득한 경지. 불교의 궁극적인 실천 목적이다. 니르바나·대적정.
¶스님이 ~하였다.

5. 날조 (   )

사실이 아닌 것을 사실인 것처럼 거짓으로 꾸밈.
¶~ 기사가 보도 되었다.

6. 납의 (   )

중이 입는 검은색의 옷.
¶ 김시습은 ~를 입고 다녔다.

7. 긍과 (   )

뽐내고 자랑함.
¶무장들은 저마다의 칼 솜씨를 ~하였다.

8. 배낭 (   )

물건을 넣어서 등에 질 수 있도록 헝겊이나 가죽 따위로 만든 주머니.
¶등산 ~을 매다.

9. 권토중래 (   )

땅을 말아 일으킬 것 같은 기세로 다시 온다는 뜻.
¶일단 후퇴했던 웨베르 공사가 ~하듯이 팔을 걷고 민비에게 신의 없음을 힐난하면서 덤벼든 것이다.

10. 궤상공론 (   )

탁상공론.
¶현실과 아무런 관련 없이 이론적인 문제만 ~하는 것이 무슨 소용인가?

11. 규소수지 (   )

규소와 산소를 골격으로 하고, 알킬기나 아릴기가 결합한 그물 구조를 가진 고분자 물질.
¶내열성이 강해서 ~는 항공기 윤활유로 사용된다.

12. 노대 (   )

쇠뇌를 장치하여 적에게 활이나 돌을 쏘려고 성 안에 높게 지은 대.
¶진주성 ~ 위에서 돌들이 마구 쏟아졌다.

13. 노둔 (   )

둔하고 어리석어 미련하다.
¶부디 선생께서는 천하의 창생을 생각하시어 이 정 모의 어리석고 ~한 점을 깨우쳐 주시기 바랍니다

14. 자극반응 (   )

외부에서 작용을 주어 감각이나 마음에 반응이 일어나게 하는 행동과 자극에 대응하여 어떤 현상이 일어나는 것. 과학용어로 사용됨.
¶심리학에서 ~실험을 이용하여 학습에 대하여 연구하였다.

15. 백구과극 (   )

망아지가 빨리 달리는 것을 문틈으로 본다는 뜻으로, 인생이나 세월이 덧없이 짧음을 이르는 말.
¶ ~같은 세월이다.

16. 농양 (   )

신체 조직의 한 부분에 화농성 염증이 생겨, 그 부분의 세포가 죽고 고름이 몰려 있는 곳.
¶ ~이 생겼다.

17. 화농 (   )

외상을 입은 피부나 각종 장기에 고름이 생기는 일. 화농균이 일으키는 염증을 이른다.
¶ ~균은 순식간에 퍼진다.

♣ **다음 낱말 풀이에 알맞은 한자(漢字)를 쓰시오.**

▶정답은 459쪽

1.영구차 (   )

장례에 쓰는 특수 차량. 시체를 넣은 관을 실어
나른다.
¶시신을 ~에 싣다

2.규구준승 (   )

①목수가 쓰는 그림쇠, 자, 수준기, 먹줄을 통틀
어 이르는 말. ②일상생활에서 지켜야 할 법도.
¶ ~에 꼭 들어맞아야 한다.

3.강구연월 (   )

번화한 큰 길거리에서 달빛이 연기에 은은하게
비치는 모습을 나타내는 말.
¶경상 수영은 마치 ~을 노래하는 놀이터 같았다

4.실천궁행 (   )

실제로 몸소 이행함.
¶ 퇴계 이황은 도를 ~한 인물이다.

5.위궤양 (   )

위 점막에 궤양이 생기는 병. 명치 부위에 통증
이 있고, 심하면 구토나 하혈을 일으킨다.
¶옆구리가 결리시면 곧 늑막염 같다 하시고 한
끼 정도 잡수신 것이 없히시면 ~이 되었다고 하
셨다.

6.나례 (   )

민가와 궁중에서, 음력 섣달 그믐날에 묵은해의
마귀와 사신을 쫓아내려고 베풀던 의식.
¶ ~는 본래 새해에 악귀를 쫓으려고 중국에서
행하던 의식이었다.

7.하극상 (   )

계급이나 신분이 낮은 사람이 예의나 규율을 무
시하고 윗사람을 꺾고 오름.
¶ ~의 풍조가 만연하다

8.유대 (   )

끈과 띠라는 뜻으로, 둘 이상을 서로 연결하거나
결합하게 하는 것. 또는 그런 관계.
¶우리 단체는 ~ 의식이 돈독하다.

9.결뉴 (   )

끈을 맴. 또는 읽어 맺음.
¶그와 ~되어있다.

10.취급 (   )

물건을 사용하거나 소재나 대상으로 삼음.
¶그 제품은 ~ 방법이 까다롭다.

11.침구술 (   )

침과 뜸으로 병을 다스리는 치료 방법.
¶ 그 의원은 ~이 뛰어났다.

12.순진무구 (   )

티 없이 순진하다.
¶어린아이 같이 ~한 표정.

13.마구간 (   )

말을 기르는 곳.
¶ ~에 말이 2마리 있다.

14.채단 (   )

온갖 비단을 통틀어 이르는 말.
¶그 장사꾼은 온갖 ~을 가지고 있었다.

15.기라성 (   )

밤하늘에 반짝이는 무수한 별이라는 뜻으로, 신
분이 높거나 권력이나 명예 따위를 가지고 있는
사람이 모여 있는 것을 비유적으로 이르는 말.
¶~같은 선배님이 오시는 자리입니다.

16.눌언 (   )

더듬거리는 말.
¶그는 ~으로 사람들을 설득하려고 하였다.

17.기년복 (   )

일 년 동안 입는 상복.
¶그 사람은 ~을 입고 있었다.

♣ **다음 낱말 풀이에 알맞은 한자(漢字)를 쓰시오.**

▶정답은 459쪽

1. 황달　(　　　　)

담즙이 원활하게 흐르지 못하여 온몸과 눈 따위가 누렇게 되는 병. 온몸이 노곤하고 입맛이 없으며 몸이 여위게 된다.
¶ ~이 들다.

2. 하수구　(　　　　)

빗물이나 집, 공장, 병원 따위에서 쓰고 버리는 더러운 물이 흘러내려 가도록 만든 도랑.
¶ ~가 막히다.

3. 긍휼　(　　　　)

불쌍히 여겨 돌보아 줌.
¶왕은 그들을 ~히 여겨서 곡식을 내렸다.

4. 단백질　(　　　　)

아미노산이 펩티드 결합하여 생긴 고분자 화합물.
¶3대 영양소에는 탄수화물, ~, 지방이 있다.

5. 청담　(　　　　)

날씨의 맑음과 흐림.
¶오늘은 ~이 교차하는 날이다.

6. 영롱　(　　　　)

광채가 찬란하다.
¶~한 무지개가 걸렸네.

7. 답지　(　　　　)

한군데로 몰려들거나 몰려옴.
¶연말에 방송국에 성금이 ~한다.

8. 농아　(　　　　)

귀머거리 아이.
¶그는 천둥소리도 들을 수 없는 ~였다.

9. 뇌롱　(　　　　)

남을 교묘한 꾀로 휘잡아서 제 마음대로 놀리거나 이용함. 농락(籠絡).
¶우리를 ~하였다.

10. 여항　(　　　　)

백성의 살림집이 많이 모여 있는 곳. 여염(閭閻).
¶왜인들은 태연하게 갯가뿐만 아니라 ~의 골목까지 들어와 활보 했다.

11. 당리　(　　　　)

팥배나무의 열매. 팥배.
¶ ~는 작은 공모양으로 생긴 열매이다.

12. 반려　(　　　　)

빌리거나 차지했던 것을 되돌려 줌. 반환(返還)
¶사표를 당사자들에게 ~하였다.

13. 당착　(　　　　)

말이나 행동 따위의 앞뒤가 맞지 않음.
¶그의 말은 ~이 심하여 도무지 갈피를 잡기 어렵다.

14. 포대　(　　　　)

베자루.
¶콩을 ~에 넣고 싸메고 갔다.

15. 육욕　(　　　　)

큰 치욕.
¶ ~을 당했다.

16. 요활　(　　　　)

고요하고 쓸쓸하다.
¶들판이 ~하다.

17. 도금　(　　　　)

금속이나 비금속의 겉에 금속을 얇게 입히는 일.
¶ 부식을 방지하기 위해 니켈로 ~했다.

18. 역청　(　　　　)

아스팔트.
¶도로에서 ~냄새가 난다.

19. 와력　(　　　　)

깨진 기와 조각. '와륵'의 원말.
¶하찮은 물건을 ~이라고 한다.

1.도정　（　　　　　　）

곡식을 찧거나 쓿음.
¶벼를 ~하다.

2.연하　（　　　　　　）

임금이 타는 수레인 연(輦)의 아래라는 뜻으로,
임금이 있는 곳을 이르는 말.
¶ ~에 계신 분을 생각한다.

3.요사　（　　　　　　）

①학교나 공공 단체의 기숙사. ②절에 있는 중들
이 거처하는 집.
¶그녀는 ~에서 머물렀다.

4.괴뢰　（　　　　　　）

꼭두각시.
¶ 일제시대 만주에는 ~정부가 있었다.

5.도두　（　　　　　　）

머리를 흔든다는 뜻으로, 어떤 일을 부정하는 모
양을 이르는 말.
¶회장은 ~하여 부정의 의사를 표시했다.

6.도금　（　　　　　　）

사금을 일어서 금을 골라냄.
¶ ~하는 작업은 매우 어렵다.

7.요우　（　　　　　　）

같은 일자리에서 일하는 같은 계급의 벗.
¶회사에서 ~들끼리 경쟁하면서도 친하게다.

8.영어　（　　　　　　）

감옥(監獄).
¶ ~생활을 마칠 때가 되어간다.

9.전령　（　　　　　　）

전류를 이용하여 종을 때려 소리 나게 하는 장
치. 초인종이나 전화기 따위에 이용한다. 전종(電
鐘).
¶ ~이 울렸다.

10.포도　（　　　　　　）

포도과의 낙엽 활엽 덩굴성 나무.
¶ ~는 비타민이 많은 과일이다.

11.누명　（　　　　　　）

사실이 아닌 일로 이름을 더럽히는 억울한 평판.
¶나는 억울한 ~을 벗었다.

12.어로　（　　　　　　）

고기나 수산물 따위를 잡거나 거두어들이는 일.
¶ ~ 활동을 열심히 한다.

13.도살　（　　　　　　）

사람이나 짐승을 함부로 참혹하게 죽임. 도륙(屠
戮).
¶전쟁으로 많은 사람이 ~을 당하였다

14.목도　（　　　　　　）

눈으로 직접 봄. 목격(目擊).
¶비참한 광경을 ~하다

15.도박　（　　　　　　）

돈이나 재물 따위를 걸고 내기하는 일. 노름.
¶ ~에 걸린 돈을 찾아와야 했다.

16.도조　（　　　　　　）

남의 논밭을 빌려서 부치고 논밭을 빌린 대가로
해마다 내는 벼. 도지(賭地).
¶ ~를 물다

17.도천　（　　　　　　）

큰물이 하늘에까지 차서 넘침.
¶세력이 커서 하늘도 두려워하지 않는 것을 ~이
라고 한다.

18.보루　（　　　　　　）

적의 침입을 막기 위하여 돌이나 콘크리트 따위
로 튼튼하게 쌓은 구축물. 보채·영루(營壘).
¶최후의 ~였다.

1.노획　（　　　　　）

적군을 산 채로 잡거나 목을 베어 죽임.
¶전투에서 많은 군사를 ~했다.

2.도습　（　　　　　）

옛 정책, 수법, 방식 따위를 그대로 본받아 좇음.
¶ ~을 배격하다.

3.노략　（　　　　　）

떼를 지어 돌아다니며 사람을 해치거나 재물을
강제로 빼앗음.
¶ ~을 일삼다.

4.파도　（　　　　　）

바다에 이는 물결.
¶깜깜한 밤에 ~가 몰아쳤다.

5.요화　（　　　　　）

홰에 켠 불. 횃불.
¶마을 사람들은 ~를 켜고 범인을 찾아 나섰다.

6.망양보뢰　（　　　　　）

양을 잃고 우리를 고친다는 뜻으로, 이미 어떤
일을 실패한 뒤에 뉘우쳐도 아무 소용이 없음을
이르는 말.
¶소 잃고 외양간 고치는 것과 ~는 비슷한 말이
다.

7.농단　（　　　　　）

①깎아 세운 듯한 높은 언덕. ②이익이나 권리를
독차지함을 이르는 말.
¶간사한 신하가 국정을 ~하였다.

8.기도　（　　　　　）

인간보다 능력이 뛰어나다고 생각하는 어떠한 절
대적 존재에게 빎.
¶간절한 ~를 들어 주세요.

9.고량진미　（　　　　　）

기름진 고기와 좋은 곡식으로 만든 맛있는 음식.
¶ ~도 자기 입에 안 맞으면 그만이다.

10.독필　（　　　　　）

①끝이 닳아서 무디어진 붓. ②자신이 쓴 글을
겸손하게 이르는 말.
¶ ~이지만 한번 봐 주십시오.

11.일목요연　（　　　　　）

한 번 보고 대번에 알 수 있을 만큼 분명하고 뚜
렷하다.
¶ ~하게 정리된 해설서이다.

12.독산　（　　　　　）

나무가 없어 헐벗은 산.
¶등성과 서쪽 사면은 관목 한 포기 없는 완전한
~이다.

13.당랑재후　（　　　　　）

눈앞의 이익에만 정신이 팔려 뒤에 닥친 위험을
깨닫지 못함을 이르는 말.
¶자신이 ~한 줄도 모르고 설쳤다.

14.모독　（　　　　　）

말이나 행동으로 더럽혀 욕되게 함.
¶그것은 엄연한 ~ 행위이다.

15.묵도　（　　　　　）

눈을 감고 말없이 마음속으로 빎.
¶나는 간절한 마음으로 ~를 했다.

16.동통　（　　　　　）

몸이 쑤시고 아픔.
¶ ~을 느끼다

17.수뢰혐의　（　　　　　）

뇌물을 받았을 가능성이 있다고 의심 하는 것.
¶그 정치인은 ~가 있다.

18.동경　（　　　　　）

어떤 것을 간절히 그리워하여 그것만을 생각함.
¶그분은 나의 ~의 대상.

♣ 다음 낱말 풀이에 알맞은 한자(漢字)를 쓰시오.

1. 수렴청정 (   )

임금이 어린 나이로 즉위하였을 때, 왕대비나 대왕대비가 이를 도와 정사를 돌보던 일.
¶문정왕후는 어린 왕을 대신하여 ~을 하였다.

2. 동공 (   )

눈알의 한가운데에 있는 빛이 들어가는 곳. 눈동자.
¶어두운 곳에 들어서자 ~이 커졌다.

3. 고령자 (   )

나이가 썩 많은 늙은 사람.
¶젊은 사람들이 거의 도시로 떠나, 이 마을 주민은 대부분이 ~다.

4. 취학연령 (   )

초등학교에 들어가야 할 나이. 우리나라는 만 6세이다. 학령(學齡).
¶우리 아이는 ~이 되었다.

5. 산록빙하 (   )

산악 빙하의 하나. 곡빙하가 발달하여 하류까지 뻗어서 산지의 가장자리에서 평야까지 밀려 나온 것을 이른다.
¶ ~가 발달한 지형이다.

6. 불령지도 (   )

나라에 대하여 불만이나 불평을 품고 제 마음대로 행동하는 무리.
¶ ~의 대열에서 빠져나오다

7. 동자 (   )

눈알의 한가운데에 있는, 빛이 들어가는 부분.
¶ 눈동자를 ~라고도 한다.

8. 두무 (   )

싸움에 쓰는 도구. 투구(鬪具).
¶ ~를 사용해서 전쟁을 한다.

9. 둔부 (   )

엉덩이.
¶ ~를 흔들며 걸어간다.

10. 등색 (   )

귤이나 등자 껍질의 빛깔과 같이 붉은빛을 약간 띤 누런색. 등자색·오렌지색·울금색.
¶ ~의 옷을 입은 아이가 뛰어간다.

11. 경륜가 (   )

정치적인 일이나 조직적인 일에 수완이 좋은 사람.
¶빌게이츠는 ~이다.

12. 나사 (   )

소라의 껍데기처럼 빙빙 비틀리어 고랑이 진 물건.
¶ ~로 된 끌은 손잡이를 돌릴 때마다 소리를 냈다.

13. 순라 (   )

순라군이 도둑·화재 따위를 경계하느라고 도성 안을 돌아다니던 일. 졸경(卒更).
¶어제 밤에 ~를 돌다

14. 나태 (   )

행동, 성격 따위가 느리고 게으름.
¶ ~에 빠지다.

15. 나병 (   )

나균(癩菌)에 의하여 감염되는 만성 전염성 난치병.
¶ 전염될 위험이 있어서 ~환자들은 격리시키기도 한다.

16. 낙인 (   )

쇠붙이로 만들어 불에 달구어 찍는 도장. 예전에는 형벌로 죄인의 몸에 찍는 일도 있었다.
¶그는 구두쇠로 ~찍혔다.

17. 낙산 (   )

부탄올의 산화에 의하여 얻어지는 무색의 기름 모양 액체. 부티르산.
¶ ~은 천연으로는 버터, 치즈 따위의 유지(乳脂) 속에 있다.

18. 윤락 (   )

①세력이나 살림이 보잘것없어져 다른 고장으로 떠돌아다님. ②여자가 타락하여 몸을 파는 처지에 빠짐.
¶그녀는 궁핍을 견디지 못해 ~행위를 하게 되었다.

♣ 다음 낱말 풀이에 알맞은 한자(漢字)를 쓰시오. ▶정답은 460쪽

1. 낙산물 (   )

소나 염소의 젖을 짜서 이를 원료로 제조한 산물.
¶우유는 ~이다.

2. 유리병 (   )

유리로 만든 병.
¶ ~은 깨끗이 씻어서 재활용한다.

3. 증류수 (   )

자연수를 증류하여 불순물을 제거한 물. 무색투명하고 무미·무취하며, 화학 실험, 의약품 따위에 쓰인다.
¶ ~는 마시면 안된다.

4. 도정료 (   )

남의 곡식을 찧어 주고 받는 돈.
¶ ~를 물다

5. 여과기 (   )

액체를 걸러 내는 데 쓰는 기구.
¶ ~를 통해서 걸러냈다.

6. 반려자 (   )

짝이 되는 사람.
¶평생의 ~를 찾아야 한다.

7. 반려 (   )

짝이 되는 동무.
¶인생의 ~가 되다.

8. 윤음 (   )

임금이 신하나 백성에게 내리는 말.
¶전봉준을 만나 ~을 전하고자 하였다.

9. 난가 (   )

임금이 거둥할 때 타고 다니던 가마. 연(輦).
¶임금은 ~를 탔다.

10. 발랄 (   )

표정이나 행동이 밝고 활기가 있다.
¶재기 ~한 젊은이들이다.

11. 여명기 (   )

새로운 시대나 새로운 문화 운동 따위가 시작되는 시기.
¶20세기 초는 신문학의 ~이다.

12. 전율 (   )

몹시 무섭거나 두려워 몸이 벌벌 떨림.
¶ ~을 느끼다.

13. 기량 (   )

기술상의 재주.
¶ ~을 연마하다.

14. 독두 (   )

머리털이 많이 빠져서 벗어진 머리. 대머리.
¶남자들은 나이가 들면 ~를 염려하게 된다.

15. 파란 (   )

순탄하지 아니하고 어수선하게 계속되는 여러 가지 어려움이나 시련.
¶나는 ~ 많은 삶을 살았다.

16. 동동 (   )

걱정스러운 일로 마음이 안정되지 못한 상태.
¶발을 ~구른다.

17. 여염 (   )

백성의 살림집이 많이 모여 있는 곳. 여항(閭巷).
¶더욱이 임금 선조는 어려서 ~에 살았기 때문에 궁궐 안의 번거로운 의식보다도 단출한 이 재미가 좋았다.

18. 등자 (   )

등자나무의 열매. 맛이 시고 쌉쌀하며 향기가 있다.
¶ ~열매는 약이나 향수의 원료 따위로 쓴다.

19. 패려 (   )

언행이나 성질이 도리에 어그러지고 사납다.
¶그자는 교만하고 성질이 ~하여 가까이할 위인이 못 된다.

♣ 다음 낱말 풀이에 알맞은 한자(漢字)를 쓰시오.

1. 당구 　（　　　　　　　　）

우단을 깐 대(臺) 위에서 플라스틱으로 만든 몇 개의 공을 긴 막대기 끝으로 쳐서 승부를 내는 운동.
¶ ~를 치다.

2. 여명 　（　　　　　　　　）

희미하게 날이 밝아 오는 빛.
¶점점 새벽 ~이 밝아 오고 있었다.

3. 낙타 　（　　　　　　　　）

낙타과 낙타속의 짐승을 통틀어 이르는 말.
¶우리는 ~를 타고 사막을 건넜다.

4. 여민 　（　　　　　　　　）

검은 맨머리라는 뜻으로, 일반 백성을 비유적으로 이르는 말. 검수(黔首).
¶관리들은 ~을 착취했다.

5. 마대 　（　　　　　　　　）

굵고 거친 삼실로 짠 커다란 자루.
¶쌀을 ~에 담다.

6. 낙형 　（　　　　　　　　）

불에 달군 쇠로 몸을 지지는 일. 단근질
¶그는 ~을 받아야 했다.

7. 동체 　（　　　　　　　　）

물체의 중심을 이루는 부분.
¶자동차의 ~를 만드는 공장이다.

8. 역암 　（　　　　　　　　）

퇴적암의 하나. 크기가 2mm 이상인 자갈 사이에 모래나 진흙 따위가 채워져 굳은 것.
¶자갈이 많이 섞여있는 퇴적암을 ~이라고 한다.

9. 난조 　（　　　　　　　　）

중국 전설에 나오는 상상의 새. 모양은 닭과 비슷하나 깃은 붉은빛에 다섯 가지 색채가 섞여 있다.
¶중국인들은 ~를 좋아했다.

10. 연여 　（　　　　　　　　）

임금이 타는 연(輦)과 임금의 지친(至親)이 타는 여(轝)를 아울러 이르는 말.
¶ ~가 함께 다녔다.

11. 나성 　（　　　　　　　　）

게으른 성질.
¶본래 ~이 있어서 어쩔 수 없다.

12. 주렴 　（　　　　　　　　）

구슬 따위를 꿰어 만든 발. 구슬발.
¶여태 ~을 가린 채 꼼짝도 않고 방 안에만 있었다.

13. 정라 　（　　　　　　　　）

형세를 살피기 위하여 둘러봄. 또는 그런 사람.
¶적진에 ~꾼을 보냈다.

14. 나해 　（　　　　　　　　）

소라의 살로 담근 젓. 소라젓.
¶ ~ 하나만으로도 밥을 먹을 수 있다.

15. 도태 　（　　　　　　　　）

물건을 물에 넣고 일어서 좋은 것만 골라내고 불필요한 것을 가려서 버림.
¶ ~를 막아야 한다.

16. 염습 　（　　　　　　　　）

죽은 사람의 몸을 씻긴 뒤에 옷을 입히고 염포로 묶는 일.
¶ ~하는 것을 도와주었다.

17. 역도 　（　　　　　　　　）

앞일을 미리 내다봄.
¶율곡 이이가 십만양병설을 주장한 것은 시대를 ~하였기 때문이다.

18. 영탁 　（　　　　　　　　）

얇은 쇠붙이를 속이 비도록 동그랗게 만들어 그 속에 단단한 물건을 넣어서 흔들면 소리가 나는 물건
¶ ~을 고양이 목에 달아야 한다.

♣ 다음 낱말 풀이에 알맞은 한자(漢字)를 쓰시오.

1. 도지 (   )

일정한 대가를 주고 빌려 쓰는 논밭이나 집터.
¶너른 땅을 이 집 저 집에 ~로 베어 주었다.

2. 도살장 (   )

고기를 얻기 위하여 소나 돼지 따위의 가축을 잡아 죽이는 곳.
¶돼지가 ~으로 끌려간다.

3. 학령 (   )

초등학교에 들어가야 할 나이. 우리나라에서는 만 6세이다.
¶우리 아이가 벌써 ~이 되었다.

4. 불령 (   )

원한, 불만, 불평 따위를 품고서 어떠한 구속도 받지 아니하고 제 마음대로 행동함. 또는 그런 사람.
¶우리가 무슨 ~ 도배(徒輩)라도 된단 말입니까?

5. 농아 (   )

귀머거리와 벙어리를 아울러 이르는 말.
¶~들을 위한 특수학교가 필요하다.

6. 축도 (   )

'축복 기도'를 줄여 이르는 말.
¶~로 예배를 마치겠습니다.

7. 포로 (   )

사로잡은 적.
¶~들이 수용소를 탈출했다.

8. 산록 (   )

산의 비탈이 끝나는 아랫부분. '산기슭'으로 순화.
¶안개가 계곡으로부터 계속 ~으로 기어오른다.

9. 포도당 (   )

단당류의 하나. 흰 결정으로, 단맛이 있고 물에 잘 녹으며 환원성이 있다.
¶밥에는 ~이 있다.

10. 윤락가 (   )

윤락업소들이 모여 있는 거리.
¶그 곳은 ~가 모여 있는 곳이다.

11. 녹록 (   )

물기나 기름기가 있어 딱딱하지 않고 좀 무르며 보드랍다.
¶~하게 반죽을 하다.

12. 연령 (   )

사람이 세상에 나서 살아온 햇수.
¶~제한하다.

13. 도소주 (   )

도라지, 방풍, 산초, 육계를 넣어서 빚은 술. 설날 아침에 차례를 마치고 세찬(歲饌)과 함께 마시는 찬술.
¶~를 마시면 나쁜 기운이 물러간다고 한다.

14. 무도회 (   )

여러 사람이 함께 춤을 추면서 사교를 하는 모임.
¶야외 ~가 열리다.

15. 천연두 (   )

천연두 바이러스가 일으키는 급성의 법정 전염병.
¶예전엔 ~에 걸리면 죽는 것과 다름없었다.

16. 괴뢰군 (   )

꼭두각시처럼 괴뢰 정부가 조종하는 대로 움직이는 군대.
¶6.25전쟁 때 우리는 북한을 ~이라 불렀다.

17. 도금액 (   )

전기 도금을 할 때 쓰는 금속 염류의 수용액.
¶전기 실험에서 ~이 필요하다.

18. 농반 (   )

얽매어 자유를 구속함.
¶~ 하다.

♣ **다음 낱말 풀이에 알맞은 한자(漢字)를 쓰시오.**　　　　　►정답은 460쪽

1. 성금답지 (　　　　　　)

정성으로 내는 돈이 몰려드는 것.
¶방송국으로 ~하였다.

2. 요요 (　　　　　　)

①고요하고 쓸쓸하다. ②매우 적고 드물다.
¶~한 가을밤이다.

3. 자가당착 (　　　　　　)

같은 사람의 말이나 행동이 앞뒤가 서로 맞지 아
니하고 모순됨. 모순당착.
¶~에 빠지다.

4. 독직사건 (　　　　　　)

어떤 직책에 있는 사람이 그 직책을 더럽히는
일.
¶세무공무원의 ~은 사회적 물의를 일으켰다.

5. 파란만장 (　　　　　　)

사람의 생활이나 일의 진행이 여러 가지 곡절과
시련이 많고 변화가 심함.
¶허균은 ~의 일생을 살다 갔다.

6. 뇌옥 (　　　　　　)

감옥.
¶저들은 제주도를 물 위에 떠 있는 ~이라 부른
다.

7. 견뢰 (　　　　　　)

쉽게 부서지지 않고 굳고 단단하다.
¶~하다.

8. 뇌물 (　　　　　　)

어떤 직위에 있는 사람을 매수하여 개인적인 일
에 이용하기 위해 넌지시 건네는 부정한 돈이나
물건.
¶정치인들이 ~을 받으면 안된다.

9. 뇌락 (　　　　　　)

마음이 너그럽고 작은 일에 얽매이지 않다.
¶그는 ~하다.

10. 생기발랄 (　　　　　　)

싱싱한 기운이 있고 기세가 활발하다.
¶여고생들의 ~한 모습이 보기 좋다.

11. 동공반사 (　　　　　　)

빛이 밝으면 동공이 작아지고, 빛이 어두우면 동
공이 커지는 현상.
¶갑자기 빛이 들어가자 ~현상이 일어났다.

12. 도사 (　　　　　　)

신령이나 부처에게 기도하여 제사를 지냄.
¶~를 지내다.

13. 동료 (　　　　　　)

같은 직장이나 같은 부문에서 함께 일하는 사람.
¶직장 ~들과 함께 한다.

14. 여과장치 (　　　　　　)

거름종이나 여과기를 써서 액체 속에 들어 있는
침전물이나 입자를 걸러 내는 설치물. 기계.
¶수돗물로 나오기 전에 ~를 거친다.

15. 도정공장 (　　　　　　)

쌀 찧는 일을 전문적으로 하는 곳. 정미소.
¶명식은 정부미 ~을 내어 성공했다.

16. 요원 (　　　　　　)

불타고 있는 벌판.
¶~의 불길이 되었다.

17. 명료 (　　　　　　)

뚜렷하고 분명하다.
¶발표할 때는 ~한 표현을 사용해야 한다.

18. 당랑거철 (　　　　　　)

제 역량을 생각하지 않고, 강한 상대나 되지 않
을 일에 덤벼드는 무모한 행동거지를 비유하는
말.
¶~도 유분수지 그런 일에 덤벼들다니.

♣ 다음 낱말 풀이에 알맞은 한자(漢字)를 쓰시오.

1. 가렴주구 (   )

세금을 가혹하게 거두어들이고, 무리하게 재물을 빼앗음.
¶왕실의 ~ 때문에 백성들이 살기 힘들다.

2. 나전칠기 (   )

광채가 나는 자개 조각을 여러 가지 모양으로 박아 넣거나 붙인 칠기.
¶이것은 ~로 꾸민 장롱이다.

3. 질풍노도 (   )

빠르게 부는 바람과 무섭게 소용돌이치는 물결.
¶기세가 오른 적군이 ~처럼 밀려오고 있다.

4. 어로수역 (   )

고기잡이하는 구역.
¶ ~을 잘 관리하여야 한다.

5. 무료 (   )

흥미 있는 일이 없어 심심하고 지루함.
¶ ~함을 달래 줄 재미있는 일을 찾다.

6. 누추 (   )

지저분하고 더럽다.
¶ ~한 곳까지 방문해 주셔서 감사합니다.

7. 유리 (   )

석영, 탄산소다, 석회암을 섞어 높은 온도에서 녹인 다음 급히 냉각하여 만든 물질. 투명하고 단단함.
¶ 깨진 창문의 ~를 갈아 끼우다.

8. 유조 (   )

빗물을 받는 통.
¶가뭄이 심하게 들면 ~의 물로 식수를 대신한다.

9. 도도 (   )

물이 그득 퍼져 흐르는 모양이 막힘이 없고 기운참.
¶ ~하게 흐르는 강물

10. 살육 (   )

무엇을 트집 잡아 사람을 마구 죽임.
¶일본군은 무차별적인 ~을 저질렀다.

11. 나환자 (   )

나병을 앓고 있는 사람.
¶ ~들을 따로 모아 놓았다.

12. 당구자 (   )

장미과의 낙엽 활엽 교목. 산사나무.
¶ ~는 약용으로도 사용된다.

13. 낙농업 (   )

젖소나 염소 따위를 기르고 그 젖을 이용하는 산업.
¶이 고장은 목초지가 많아서 ~이 발달하였다.

14. 침륜 (   )

재산이나 권세가 없어지고 보잘것없이 됨.
¶나는 세도가의 ~을 보면서 인생무상을 실감한다.

15. 독산동 (   )

서울특별시 금천구에 있는 동.
¶나는 ~에 살았다.

16. 독필법 (   )

끝이 닳아서 무디어진 붓으로 쓰는 방법.
¶ ~을 배우다.

17. 증류 (   )

액체를 가열하여 생긴 기체를 냉각하여 다시 액체로 만드는 일. 불순물이 제거되어 순수한 액체를 얻을 수 있다.
¶순수한 물을 ~수라고 한다.

18. 도솔천 (   )

육욕천의 넷째 하늘. 수미산의 꼭대기에서 12만 유순(由旬) 되는 곳에 있는, 미륵보살이 사는 곳.
¶ ~에 산다.

♣ 다음 낱말 풀이에 알맞은 한자(漢字)를 쓰시오.　　　　►정답은 460쪽

1. 경륜　(　　　　　　　)

일정한 포부를 가지고 일을 조직적으로 계획함.
또는 그 계획이나 포부.
¶ 높은 ~을 가지고 있다.

2. 지역감정대두 (　　　　　)

일정한 지역에 살고 있거나 그 지역 출신의 사람
들에게 가지는 좋지 않은 생각이나 편견이 머리
를 들고 나타나는 것.
¶이번 선거에도 ~되나?

3. 능각　(　　　　　　　)

①물체의 뾰족한 모서리. ②사람의 성격이 꼿꼿
하고 모가 남을 이르는 말.
¶~을 조심해라.

4. 능선　(　　　　　　　)

산등성이를 따라 죽 이어진 선. '산등성'.
¶ ~을 따라 오르다

5. 능위　(　　　　　　　)

존엄한 위세
¶~를 세우다.

6. 능라　(　　　　　　　)

두꺼운 비단과 얇은 비단.
¶ ~로 만든 모자.

7. 능사　(　　　　　　　)

명주실로 짠 얇고 조금 성긴 비단.
¶ ~로 만든 옷이다.

8. 능선　(　　　　　　　)

비단부채.
¶아름다운 ~을 가지고 있다.

9. 영리　(　　　　　　　)

눈치가 빠르고 똑똑하다.
¶ 고양이가 ~하다.

10. 이질　(　　　　　　　)

변에 곱이 섞여 나오며 뒤가 잦은 증상을 보이는
법정 전염병.
¶ ~에 걸리다.

11. 이언　(　　　　　　　)

항간(巷間)에 떠돌며 쓰이는 속된 말.
¶ ~은 현실을 반영 한다.

12. 이언　(　　　　　　　)

항간(巷間)에 퍼져 있는 속담.
¶ ~은 지혜를 담고 있다.

13. 이가　(　　　　　　　)

항간에 유행하는 속된 노래.
¶왕은 ~를 들으면 민심을 알 수 있다.

14. 암암리 (　　　　　　　)

남이 모르는 사이.
¶ ~에 음모를 꾸미다

15. 이병　(　　　　　　　)

병에 걸림.
¶개가 ~하였다.

16. 이환　(　　　　　　　)

병에 걸림.
¶ ~하였다.

17. 이재민 (　　　　　　　)

재해를 입은 사람.
¶홍수 피해자들은 ~ 수용소에 있었다.

18. 인색　(　　　　　　　)

재물을 아끼는 태도가 몹시 지나침.
¶ 작은 물건에 너무 ~을 부리자는 것이 아니다.

19. 인화　(　　　　　　　)

도깨비불.
¶밤에 ~가 나타났다.

1.인산 (　　　　　)

오산화인에 물을 작용시켜 얻는 산을 통틀어 이름.
¶~은 물에 녹는 정도에 따라 이름이 다르다.

2.인산염 (　　　　　)

인산의 수소를 금속 원소로 치환한 염. 2산성염인 일차 염은 모두 물에 녹고, 1산성염인 이차 염과 정염(正鹽)인 삼차 염은 알칼리염만 물에 녹는다.
¶ 실험에서 ~을 사용한다.

3.인산비료 (　　　　　)

인이 인산염의 형태로 들어 있는 비료. 뿌리의 발육, 줄기나 잎의 생장·개화와 결실을 촉진한다.
¶~를 뿌렸다.

4.인비 (　　　　　)

인산비료를 줄여서 부르는 말.
¶ ~를 뿌리다.

5.인갑 (　　　　　)

비늘과 껍데기란 뜻으로, 물고기와 조개를 비유적으로 이르는 말
¶다른 사람에게 속마음을 말하지 않는 것이 ~이다.

6.인개 (　　　　　)

단단한 껍질과 비늘을 아울러 이르는 말.
¶ ~이 단단한다.

7.인문 (　　　　　)

비늘무늬
¶ ~이 아름답다.

8.편린 (　　　　　)

한 조각의 비늘이라는 뜻으로, 사물의 극히 작은 한 부분을 이르는 말.
¶기억의 ~들이 새삼스럽게 떠오르다.

9.임리 (　　　　　)

피, 땀, 물 따위의 액체가 흘러 흥건한 모양.
¶코피가 ~했다.

10.임질 (　　　　　)

임균이 일으키는 성병. 주로 성교로 옮아 요도 점막에 침입하며, 오줌을 눌 때 요도가 몹시 가렵거나 따끔거리고 고름이 심하게 난다.
¶ ~에 걸리면 불임이 될 수도 있다.

11.임파 (　　　　　)

고등 동물의 조직 사이를 채우는 무색의 액체. 림프의 음역한 글자.
¶ ~는 몸에서 중요한 역할을 한다.

12.임파선 (　　　　　)

림프선을 음역한 글자.
¶ ~에 문제가 생겼다.

13.과립 (　　　　　)

둥글고 잔 알갱이.
¶이 약은 먹기 편하게 ~의 형태로 되어 있다.

14.입자 (　　　　　)

물질을 구성하는 미세한 크기의 물체. 소립자, 원자, 분자, 콜로이드 따위를 이른다.
¶모래~가 곱다.

15.입자 (　　　　　)

예전에, 어른이 된 남자가 머리에 쓰던 의관의 하나. 갓끈을 달아서 쓴다. 갓
¶옛날 남자들은 ~을 쓰고 다녔다.

16.입모 (　　　　　)

예전에, 비가 올 때 갓 위에 덮어 쓰던 고깔과 비슷하게 생긴 물건.
¶ ~은 기름종이로 만들어 진다.

17.인권유린 (　　　　　)

인권을 침해하는 일. 특히, 공권력이나 권력을 가진 사람이 인간의 기본적 인권을 침해하는 일을 이른다.
¶ ~을 당하다.

1. 만시 (   )

죽은 사람을 애도하는 시.
¶고인을 추모하고 그리워하는 ~들이 있었다.

2. 막막 (   )

쓸쓸하고 고요하다.
¶산사(山寺)의 밤은 ~했다.

3. 적막 (   )

고요하고 쓸쓸함.
¶나는 ~한 산중에 홀로 남게 되었다.

4. 막막궁산 (   )

고요하고 쓸쓸한 느낌이 드는 깊은 산속.
¶ ~에 있는 느낌이다.

5. 만자 (   )

'卍' 자 모양으로 된 표지.
¶ ~모양의 길이 있었다.

6. 만자창 (   )

창살이 '卍' 자 모양으로 된 창. =완자창.
¶옛날 집은 창호지를 바른 ~이 대부분이었다.

7. 만류 (   )

붙들고 못하게 말림.
¶ 그의 ~를 뿌리치고 나섰다.

8. 만인 (   )

끌어서 당김.
¶ ~하여야 열립니다.

9. 만가 (   )

죽은 사람을 애도하는 노래나 가사.
¶영결식장에는 ~가 쓸쓸히 흘렀다.

10. 만초 (   )

넝쿨풀.
¶ ~는 땅에서 뻗어 나간다.

11. 초립 (   )

예전에, 주로 어린 나이에 관례를 한 사람이 쓰던 갓. 썩 가늘고 누런 빛깔이 나는 풀이나 말총으로 걸어서 만들었다.
¶ ~을 쓰다.

12. 만장 (   )

죽은 이를 슬퍼하여 지은 글. 주검을 산소로 옮길 때에 상여 뒤에 들고 따라간다.
¶ ~의 행렬이 집 앞에서 산까지 이어졌다.

13. 만과 (   )

속여 넘김.
¶그 일을 ~하려 하지 마라.

14. 만착 (   )

남의 눈을 속여 넘김.
¶ ~하였다.

15. 기만 (   )

남을 속여 넘김.
¶ ~을 당하였다.

16. 만생 (   )

식물의 줄기가 덩굴로 자람.
¶포도나무는 ~하는 식물이다.

17. 만연 (   )

식물의 줄기가 널리 뻗음.
¶사치 풍조가 ~하다.

18. 만성식물 (   )

넝쿨성 식물.
¶ ~은 쭉쭉 뻗어 나간다.

19. 만가 (   )

상여꾼들이 상여를 메고 가면서 부르는 구슬픈 소리.
¶상제도 없고 ~도 없는 초라한 상여였지만 이십여 명의 상두꾼이 만가 소리에 맞춰 천천히 매곡 다리를 넘어갔다.

♣ **다음 낱말 풀이에 알맞은 한자(漢字)를 쓰시오.** ▶정답은 460쪽

1. 만두 （   ）

밀가루 따위를 반죽하여 소를 넣어 빚은 음식.
¶ 김치를 ~에 다져 넣는다.

2. 만월 （   ）

구붓하게 이지러진 초승달이나 그믐달.
¶벌써 ~이 뜨는 시기이구나.

3. 매기 （   ）

그을음이 섞여 있는 공기.
¶ ~로 둘러 싸였다.

4. 맹아 （   ）

식물에 새로 트는 싹.
¶문명의 ~가 튼 곳이다.

5. 도말 （   ）

발라서 드러나지 않게 가림.
¶페인트 ~이 잘되다.

6. 양말 （   ）

맨발에 신도록 실이나 섬유로 짠 것.
¶ ~ 세 켤레가 있었다.

7. 망연 （   ）

매우 넓고 멀어서 아득하다.
¶ ~하게 펼쳐진 바다.

8. 매진 （   ）

어떤 일을 진심전력을 다하여 해 나감
¶학업에 ~하다.

9. 몽매 （   ）

어리석고 사리에 어두움.
¶~를 깨우치다.

10. 냉면 （   ）

차게 해서 먹는 국수.
¶여름에는 ~이 최고이다.

11. 몽매 （   ）

잠을 자면서 꿈을 꿈. 또는 그 꿈.
¶ ~에도 그리던 고향.

12. 말소 （   ）

주로 기록되어 있는 사실 따위를 지워서 아주 없
애 버림.
¶주민등록이 ~되었다.

13. 매연 （   ）

연료가 탈 때 나오는, 그을음이 섞인 연기.
¶공장에서 나오는 ~ 때문에 빨래를 널 수 없다.

14. 매도 （   ）

심하게 욕하며 나무람.
¶그를 기회주의자라고 ~한다.

15. 고매 （   ）

인격이나 품성, 학식, 재질 따위가 높고 빼어나
다
¶ ~한 인격을 가지고 있습니다.

16. 맹동 （   ）

싹이 남.
¶ ~하는 봄이다.

17. 면시 （   ）

곁눈질을 함.
¶ ~하며 쳐다 본다.

18. 면양 （   ）

등자나무의 열매. 맛이 시고 쌉쌀하며 향기가 있
다.
¶~열매는 약이나 향수의 원료 따위로 쓴다.

19. 삼매 （   ）

잡념을 떠나서 오직 하나의 대상에만 정신을 집
중하는 경지.
¶ ~경에 빠졌다.

20. 기명 （   ）

살림살이에 쓰는 그릇을 통틀어 이르는 말.
¶ ~들이 배열된 큰 상에서 밥을 먹다.

♣ 다음 낱말 풀이에 알맞은 한자(漢字)를 쓰시오.　　　　　▶정답은 461쪽

1. 명목　（　　　　　）

　가늘게 내리는 비. 또는 조금씩 오는 비.
　¶ 나무들은 ~을 맞았다.

2. 무지몽매　（　　　　　）

　아는 것이 없고 사리에 어두움.
　¶ ~한 것들.

3. 명아　（　　　　　）

　마디충나방
　¶~는 색깔이 회색빛이 나는 옅은 갈색이다.

4. 분메　（　　　　　）

　서로 작별함.
　¶~ 하다.

5. 소모　（　　　　　）

　써서 없앰.
　¶연료 ~가 많다

6. 모우　（　　　　　）

　수소를 일컫는 말.
　¶ ~가 암소와 함께 있다.

7. 일말　（　　　　　）

　한 번 스치는 정도라는 뜻으로, '약간'을 이르는
　말. ¶~의 후회도 없다.

8. 전몰　（　　　　　）

　싸움터에서 싸우다가 죽음. =전사.
　¶~ 호국 영령

9. 묘연　（　　　　　）

　그윽하고 멀어서 눈에 아물아물하다.
　¶~한 정상.

10. 묘사　（　　　　　）

　어떤 대상이나 사물, 현상 따위를 언어로 서술
　하거나 그림을 그려서 표현함. '그려 냄'으로 순화.
　¶심리 ~.

11. 묘법　（　　　　　）

　동양화의 선묘법.
　¶선생님께 ~을 배우고 있었다.

12. 죽장망혜　（　　　　　）

　대지팡이와 짚신이란 뜻으로, 먼 길을 떠날 때의
　아주 간편한 차림새를 이르는 말.
　¶ ~ 빈 손으로 향산을 찾아가는 우리로다!

13. 만두피　（　　　　　）

　만두의 거죽이 되는 밀가루 반죽의 얇은 반대기.
　¶ ~를 얇게 하는 것은 어렵다.

14. 만곡　（　　　　　）

　활모양으로 굽음.
　¶척추의 ~으로 보아 잡종이긴 해도 승용마임에
　는 틀림없었다.

15. 말살　（　　　　　）

　있는 사물을 뭉개어 아주 없애 버림.
　¶자유가 ~되었다.

16. 말소등기　（　　　　　）

　어떤 부동산에 대하여 현재 등기되어 있는 사항
　을 말소하기 위하여 하는 등기.
　¶등기의 원인이 무효가 된 경우에 ~가 된다.

17. 모색　（　　　　　）

　일이나 사건 따위를 해결할 수 있는 방법이나 실
　마리를 더듬어 찾음.
　¶해결 방안을 ~하다.

18. 포말　（　　　　　）

　물거품.
　¶파도의 ~.

19. 우매　（　　　　　）

　어리석고 사리에 어두움.
　¶ 그는 ~한 생각을 가지고 있다.

♣ 다음 낱말 풀이에 알맞은 한자(漢字)를 쓰시오.

1.묘화 (   )

다른 그림을 본떠서 그림. 또는 그렇게 그린 그림.
¶훌륭한 화가가 되기 위해서는 ~의 과정을 거쳐야 한다.

2.묘항현령 (   )

쥐가 고양이 목에 방울을 단다는 뜻으로, 실행할 수 없는 헛된 논의를 이르는 말.
¶100분 토론에서 ~을 하고 있었다.

3.무해 (   )

해로움이 없음.
¶인체에 ~하다.

4.무지 (   )

손가락 중 가장 짧고 굵은 첫째 손가락.=엄지손가락.
¶어린 아이들은 자주 ~를 입에 넣는다.

5.무당 (   )

귀신을 섬겨 길흉을 점치고 굿을 하는 것을 업으로 하는 여자. 한자를 빌려 '巫堂'으로 표기함.
¶~이 제 굿 못한다.

6.풍미 (   )

바람에 초목이 쓰러진다는 뜻으로, 어떤 사회적 현상이나 사조 따위가 널리 사회에 퍼짐을 이르는 말.
¶한 시대를 ~한 영웅이었다.

7.무고 (   )

사실이 아닌 일을 거짓으로 꾸미어 해당 기관에 고소하거나 고발하는 일.
¶~혐의.

8.무마 (   )

손으로 두루 어루만짐.
¶그 일은 별탈없이 ~되었다.

9.애무 (   )

주로 이성을 사랑하여 어루만짐.
¶~의 손길

10.회무 (   )

어루만지어 잘 달램.
¶~하였다.

11.문진 (   )

모기떼.
¶여름철의 ~이 있다.

12.호박 (   )

투명하거나 반투명하고 광택이 있으며, 누런색 광물.
¶한복에 ~단추를 달기도 한다.

13.명미 (   )

경치가 맑고 아름답다.
¶풍광이 ~하고 기후가 온화하여 휴양지로 유명하다.

14.장미 (   )

장미과 장미속의 관목을 통틀어 이르는 말.
¶~한 다발.

15.미령 (   )

어른의 몸이 병으로 인하여 편하지 못하다.
¶그동안 감환으로 ~하시다더니 인제 쾌차하십니까?

16.무녀 (   )

무당
¶~를 불러 굿을 하다.

17.번민 (   )

마음이 번거롭고 답답하여 괴로워함.
¶고등학생들은 진로에 대한 ~을 한다.

18.정밀 (   )

고요하고 편안함.
¶새벽 산사의 ~함.

19.금박지 (   )

금박을 발라서 만든 종이.
¶~로 싸 놓은 포장.

♣ **다음 낱말 풀이에 알맞은 한자(漢字)를 쓰시오.**　　　　　▶정답은 461쪽

1.조박　（　　　　　　　）

학문이나 서화·음악 따위에서, 옛사람이 다 밝혀서 지금은 새로운 의의가 없는 것을 이르는 말.
¶소위 공맹의 도학을 ~만 핥는 무리가 아닐까?

2.박제　（　　　　　　　）

동물의 가죽을 곱게 벗기고 썩지 아니하도록 한 뒤에 솜이나 대팻밥 따위를 넣어 살아 있을 때와 같은 모양으로 만듦. 또는 그렇게 만든 물건.
¶호랑이를 ~로 만들다.

3.팽배　（　　　　　　　）

큰 물결이 맞부딪쳐 솟구침.
¶기대 심리의 ~.

4.배행　（　　　　　　　）

윗사람을 모시고 따라 감.
¶~을 물리치다.

5.배신　（　　　　　　　）

정승의 집에 딸려 있으면서 그들을 섬기던 사람.
¶~을 통해서 말을 전했다.

6.배심　（　　　　　　　）

재판의 심리(審理)에 배석함.
¶~을 하다.

7.배회증　（　　　　　　）

특별한 목적지도 없이 여기저기를 배회하는 정신병 증상.
¶그는 ~이 걸린 듯 왔다갔다 했다.

8.백서　（　　　　　　　）

비단에 쓴 글. 또는 글이 쓰여진 비단.
¶그의 품속에 들어 있던 ~의 내용이 중요하다.

9.범람원　（　　　　　　）

홍수 때 강물이 평상시의 물길에서 넘쳐 범람하는 범위의 평야.
¶~이 넓게 펼쳐져 있다.

10.번성　（　　　　　　　）

한창 성하게 일어나 퍼짐.
¶사업이 ~하다.

11.번리　（　　　　　　　）

울타리.
¶~가 견고하다.

12.번신　（　　　　　　　）

중앙에서 먼 곳에 있는 감영의 관찰사.
¶~을 파견하다.

13.번국　（　　　　　　　）

제후의 나라.
¶~으로 사신을 보냈다.

14.출범　（　　　　　　　）

배가 항구를 떠남.
¶새 정부의 ~을 앞두고 분주하다.

15.범종　（　　　　　　　）

절에 매달아 놓고, 대중을 모이게 하거나 시각을 알리기 위하여 치는 종.
¶~이 울리는 시간이다.

16.범패　（　　　　　　　）

석가여래의 공덕을 찬미하는 노래. 불경 외는 소리.
¶산사에서 ~소리가 들려온다.

17.범주　（　　　　　　　）

배를 물에 띄움.
¶~한다.

18.혼백　（　　　　　　　）

넋.
¶구천을 떠도는 ~.

19.벽두　（　　　　　　　）

맨 처음. 또는 일이 시작된 머리.
¶신년 ~에 계획을 세운다.

♣ 다음 낱말 풀이에 알맞은 한자(漢字)를 쓰시오.　　　　　　▶정답은 461쪽

1.벽련　（　　　　　　　　）

통나무를 네모지게 대강 다듬은 짧은 뗏목.
¶옛 사람들은 ~을 애용했다.

2.거벽　（　　　　　　　　）

학식이나 어떤 전문적인 분야에서 뛰어난 사람.
¶그 분은 물리학계의 ~이다.

3.쌍벽　（　　　　　　　　）

여럿 가운데 특별히 뛰어난, 우열을 가리기 어려
운 둘을 비유적으로 이르는 말.
¶이황과 이이는 성리학계의 ~을 이룬다.

4.보제수　（　　　　　　　　）

석가모니가 그 아래에서 변함없이 진리를 깨달아
불도(佛道)를 이루었다고 하는 나무.=보리수
¶부처님은 ~아래서 도를 이루었다.

5.벽적　（　　　　　　　　）

음식을 잘못 먹어 배 속에 덩어리 같은 것이 생
기는 병.
¶ ~에 걸렸다.

6.개벽　（　　　　　　　　）

세상이 처음으로 생겨 열림.
¶ ~ 이래 가장 큰 홍수가 나다.

7.별안간　（　　　　　　　　）

갑작스럽고 아주 짧은 동안.
¶ ~의 사건.

8.화병　（　　　　　　　　）

꽃 병.
¶그녀는 친구가 선물한 꽃을 ~에 꽂았다.

9.약병　（　　　　　　　　）

약을 담는 병.
¶ 약국에는 ~이 많다.

10.번병　（　　　　　　　　）

울타리나 대문 앞의 가림 담장.
¶집 주위에 ~을 둘렀다.

11.보병　（　　　　　　　　）

꽃병이나 물병을 아름답게 이르는 말.
¶공주님의 방에 ~이 가득하다.

12.보채　（　　　　　　　　）

적의 침입을 막기 위하여 돌이나 콘크리트 따위
로 튼튼하게 쌓은 구축물.
¶ ~를 쌓다.

13.보세　（　　　　　　　　）

봇물을 이용하는 대가로 지급하는 돈이나 곡식.=
보수세
¶ ~를 받는다.

14.벽호　（　　　　　　　　）

버릇이 될 정도로 몹시 좋아함.
¶그는 맥주를 모으는데 ~가 있다.

15.전복　（　　　　　　　　）

전복과의 조개를 통틀어 이르는 말.
¶해변 백성들이 ~을 캐느냐고 고생이 많다.

16.복지　（　　　　　　　　）

원줄기에서 나서 땅으로 뻗어 가며 뿌리를 내리
고 자라는 가지.
¶ ~를 캐다.

17.복사열　（　　　　　　　　）

열복사로서 방출된 전자기파가 물체에 흡수되어
그 물체를 뜨겁게 하는 에너지.
¶지구는 ~을 방출한다.

18.노복　（　　　　　　　　）

사내종.
¶그녀가 데리고 온 집안 ~ 셋이 딸려 있었다.

1. 봉납　（　　　　　　）

물품 따위를 바침.
¶다른 나라에게 ~해야 한다.

2. 봉상　（　　　　　　）

물품을 바치는 행위. =봉납.
¶비단을 ~하였습니다.

3. 봉초　（　　　　　　）

죄인을 문초하여 구두로 진술을 받던 일.
¶춘향이가 ~를 받았다.

4. 면박　（　　　　　　）

면전에서 꾸짖거나 나무람.
¶ ~을 주다.

5. 지휘봉　（　　　　　　）

지휘관이 쓰는 막대기.
¶지휘자가 ~으로 싸인을 준다.

6. 철봉　（　　　　　　）

기계 체조에 쓰는 기구.
¶ ~에 매달린다.

7. 봉화　（　　　　　　）

나라에 병란이나 사변이 있을 때 신호로 올리던 불.
¶ ~를 일으키다.

8. 박동　（　　　　　　）

맥이 뜀.
¶사람의 심장에서 ~이 느껴진다.

9. 박직　（　　　　　　）

순박하고 정직하다.
¶ ~한 청년이다.

10. 박격　（　　　　　　）

몹시 후려서 냅다 침.
¶군인들이 ~포를 옮긴다.

11. 상박　（　　　　　　）

'위팔'을 전문적으로 이르는 말.
¶ ~에 상처가 깊이 났다.

12. 박금　（　　　　　　）

잡아서 묶음. 또는 그런 줄.
¶ ~되다.

13. 속박　（　　　　　　）

어떤 행위나 권리의 행사를 자유로이 하지 못하도록 강압적으로 얽어매거나 제한함.
¶ ~을 당하다.

14. 곤봉　（　　　　　　）

체조에 쓰는 기구의 하나. 몸을 풀 때나 리듬 체조에 쓴다.
¶ ~체조.

15. 잡박　（　　　　　　）

질서가 없이 이것저것 마구 뒤섞여 있다.
¶난리 끝이라 사회 분위기가 ~하다.

16. 반박　（　　　　　　）

어떤 의견, 주장, 논설 따위에 반대하여 말함.
¶ ~ 성명을 내다.

17. 박멸　（　　　　　　）

모조리 잡아 없앰.
¶기생충을 ~한다.

18. 타박상　（　　　　　　）

맞거나 부딪쳐 생긴 상처. 타상(打傷).
¶ ~을 입다.

19. 용호상박　（　　　　　　）

용과 범이 서로 싸운다는 뜻으로, 강자끼리 서로 싸움을 이르는 말.
¶이 대결은 ~이나 다름 없다.

♣ **다음 낱말 풀이에 알맞은 한자(漢字)를 쓰시오.**

1.호반　　（　　　　　　　）

호숫가.
¶ ~의 도시.

2.반연　　（　　　　　　　）

얽히어 맺어지는 인연.
¶그들은 ~으로 얽혀있다.

3.반백　　（　　　　　　　）

흰색과 검은색이 반반 정도인 머리털.
¶~의 중년 신사분이 오셨다.

4.반진　　（　　　　　　　）

온몸에 좁쌀 모양의 붉은 점이 돋는 병을 통틀어
이르는 말.
¶ ~의 증세가 보인다.

5.발사　　（　　　　　　　）

검시관이 살인의 원인과 경과 따위를 조사하여
조사서에 적어 넣는 의견서.
¶ ~를 적어 주다.

6.반유　　（　　　　　　　）

①즐겁게 놂. ②여러 곳을 돌아다니며 놂.
¶왕이 ~를 하였다.

7.열반　　（　　　　　　　）

모든 번뇌의 얽매임에서 벗어나고, 진리를 깨달
아 불생불멸의 법을 체득한 경지.
¶ ~에 드셨다.

8.반급　　（　　　　　　　）

임금이 봉록이나 물품 따위를 아랫사람에게 나누
어 주던 일.
¶왕이 공신들에게 비단을 ~했다.

9.반룡　　（　　　　　　　）

아직 승천하지 아니하고 땅에 서려 있는 용.
¶ 꿈에서 ~을 보았다.

10.암벽등반 （　　　　　　　）

등산에서, 암벽을 여러 가지 장비를 이용하여 오
르는 일.
¶이 바위는 ~하기에 딱 알맞다.

11.반연　　（　　　　　　　）

휘어잡고 의지하거나 기어 올라감.
¶ ~이 있어야 한다.

12.발문　　（　　　　　　　）

책의 끝에 본문 내용의 대강(大綱)이나 간행 경
위에 관한 사항을 간략하게 적은 글.
¶선생님께서 ~을 적어 주셨다.

13.발섭　　（　　　　　　　）

여러 곳을 두루 돌아다님.
¶그는 어려서 집을 떠나 ~이 이미 30년이나 되
었다.

14.호반석 （　　　　　　　）

검은 바탕에 흰 점이 아롱져 있는 돌.
¶벼루를 만드는데 ~을 사용한다.

15.한발　　（　　　　　　　）

①가뭄을 맡고 있다는 귀신. ②심한 가뭄.
¶봄 부터 시작된 ~로 풍년은 기대 할 수도 없
다.

16.발연　　（　　　　　　　）

왈칵 성을 내는 태도가 세차고 갑작스럽다.
¶할아버지의 ~한 모습을 처음 보았다.

17.발란　　（　　　　　　　）

난리를 평정함.
¶당나라는 ~에 실패하여 사회가 혼란에 빠졌다.

18.활발　　（　　　　　　　）

생기있고 힘차며 시원스럽다.
¶ ~한 교류를 하였다.

♣ **다음 낱말 풀이에 알맞은 한자(漢字)를 쓰시오.** ▶정답은 461쪽

1. 발효　（　　　　　　　）

효모나 세균 따위의 미생물이 유기 화합물을 분해하여 알코올류, 유기산류, 탄산가스 따위를 생기게 하는 작용.
¶김치는 훌륭한 ~식품이다.

2. 방불　（　　　　　　　）

거의 비슷하다.
¶찜질방은 시장을 ~케 했다.

3. 지방　（　　　　　　　）

지방산과 글리세롤이 결합한 유기 화합물.
¶다이어트에는 ~이 없는 음식을 섭취해야 한다.

4. 방저　（　　　　　　　）

방 밑.
¶ ~가 따뜻하다.

5. 중방목　（　　　　　　　）

중인방으로 쓰는 재목.
¶ ~을 사용하였다.

6. 지방　（　　　　　　　）

종잇조각에 지방문을 써서 만든 신주(神主)
¶집에 ~을 붙였다.

7. 표방　（　　　　　　　）

어떤 명목을 붙여 주의나 주장 또는 처지를 앞에 내세움.
¶민주주의를 ~한 독재이다.

8. 방광　（　　　　　　　）

척추동물의 신장에서 흘러나오는 오줌을 저장하였다가 일정한 양이 되면 요도를 통하여 배출시키는 주머니 모양의 배설 기관.
¶우리의 배설물을 ~에 저장한다.

9. 훼방　（　　　　　　　）

남을 헐뜯어 비방함. 또는 그런 비방.
¶경쟁회사의 ~으로 이번 행사는 무효화 되었다.

10. 방대　（　　　　　　　）

규모나 양이 매우 크거나 많다.
¶ ~한 토지를 보고 놀랐다.

11. 사인방　（　　　　　　　）

중국에서, 마오쩌둥이 죽은 뒤, 정권 탈취를 기도하였다는 혐의로 1976년에 체포되어 실각한 장칭(江青), 왕홍원(王洪文), 장춘차오(張春橋), 야오원위안(姚文元)을 통틀어 이르는 말.
¶ ~이 체포 되었다.

12. 배아미　（　　　　　　　）

방앗간에서 벼를 찧을 때 약간 쓿어서 씨눈이 떨어져 나가지 아니한 쌀.
¶ ~에는 비타민B가 풍부하여 각기병 예방에 좋다.

13. 배엽　（　　　　　　　）

동물의 수정란이 발생 과정에서 세포 분열을 거듭하여 나타나는 세 개의 세포층.
¶ ~의 종류는 내, 외, 중으로 나뉜다.

14. 필봉　（　　　　　　　）

붓의 위세. 문장 또는 서화(書畵)의 위세를 이른다. ¶신문의 지면을 통해 선생님은 칼날같이 예리한 ~을 휘둘러 그들의 침략 행위를 규탄했다.

15. 예봉　（　　　　　　　）

날카롭게 공격하는 기세.
¶아군은 적의 ~을 꺾었다.

16. 최선봉　（　　　　　　　）

무리의 앞자리 중에서도 맨 앞의 자리. 또는 그 자리에 선 사람.
¶싸움터에서 그는 언제나 ~이었다.

17. 부용　（　　　　　　　）

부용을 그리거나 수놓은 방장(房帳).
¶방 안에 ~장을 쳤다.

♣ 다음 낱말 풀이에 알맞은 한자(漢字)를 쓰시오.　　　　▶정답은 461쪽

1. 부월　（　　　　　　　）

구석(九錫)의 하나. 생살권의 상징으로서 주던 작은 도끼와 큰 도끼이다.
¶ ~을 잡다.

2. 부촉　（　　　　　　　）

부탁하여 맡김.
¶친구는 내게 어린 딸을 ~하고 세상을 떠났다.

3. 부복　（　　　　　　　）

고개를 숙이고 엎드림.
¶진심으로 ~하고 충성을 맹세하였다.

4. 화분　（　　　　　　　）

꽃을 심어 가꾸는 그릇.
¶ ~에 물을 주다.

5. 부마　（　　　　　　　）

임금의 사위.
¶ ~로 삼다.

6. 부고　（　　　　　　　）

사람의 죽음을 알림. 또는 그런 글.
¶ ~를 내다.

7. 부음　（　　　　　　　）

사람이 죽었다는 것을 알리는 말이나 글.
¶ ~을 전하다.

8. 부란기　（　　　　　　　）

달걀이나 물고기의 알을 인공적으로 까는 기구.
¶요새는 달걀을 ~에 넣어 인공으로 부화시킨다.

9. 부검　（　　　　　　　）

해부하여 검사함.
¶ 검찰은 사인을 알기 위해 ~을 하였다.

10. 부의금　（　　　　　　　）

부의로 보내는 돈.
¶회사에서 ~을 보내왔다.

11. 해부　（　　　　　　　）

생물체의 일부나 전부를 갈라 헤쳐 그 내부 구조와 각 부분 사이의 관련 및 병인(病因), 사인(死因) 따위를 조사하는 일.
¶실험실에서 개구리를 ~하였다.

12. 분부　（　　　　　　　）

윗사람이 아랫사람에게 명령이나 지시를 내림.
¶ ~가 내리다.

13. 분쟁　（　　　　　　　）

성이 나서 다툼.
¶학교에서 학생들끼리 ~이 났다.

14. 육부　（　　　　　　　）

배 속에 있는 여섯 가지 기관. 위, 대장, 소장, 쓸개, 방광, 삼초를 이른다.
¶ ~가 건강해야 몸이 건강하다.

15. 분지　（　　　　　　　）

해발 고도가 더 높은 지형으로 둘러싸인 평지.
¶대구는 ~이다.

16. 분위기　（　　　　　　　）

그 자리나 장면에서 느껴지는 기분.
¶ ~가 무겁다.

17. 분향　（　　　　　　　）

향을 피움.
¶영정에 절을 하기 전에 ~을 먼저 한다.

18. 분무　（　　　　　　　）

물이나 약품 따위를 안개처럼 뿜어냄.
¶스프레이로 물을 ~했다.

19. 분수　（　　　　　　　）

압력으로 좁은 구멍을 통하여 물을 위로 세차게 내뿜거나 뿌리도록 만든 설비.
¶공원 가운데 ~가 있다.

♣ 다음 낱말 풀이에 알맞은 한자(漢字)를 쓰시오.　　　　　►정답은 461쪽

1.분출 　(　　　　　　　)

　　액체나 기체 상태의 물질이 솟구쳐서 뿜어 나옴.
　　¶화산가스가 ~하고 있다.

2.분뇨 　(　　　　　　　)

　　똥과 오줌을 아울러 이르는 말.
　　¶~처리 시설을 마련했다.

3.인분 　(　　　　　　　)

　　사람의 똥.
　　¶~을 수거하다.

4.석고붕대 　(　　　　　　　)

　　석고 가루를 굳혀서 단단하게 만든 붕대. 깁스붕
　　대.
　　¶팔이 부러져서 ~로 감아야 했다.

5.대륙붕 　(　　　　　　　)

　　대륙 주위에 분포하는 극히 완만한 경사의 해저.
　　¶서해는 ~으로만 이루어진 바다이다.

6.비취 　(　　　　　　　)

　　물총새.
　　¶~새의 색이 곱다.

7.비수 　(　　　　　　　)

　　날이 예리하고 짧은 칼.
　　¶~를 던지다.

8.비위 　(　　　　　　　)

　　돌아가신 어머니로부터 그 윗대 할머니들의 위
　　(位).
　　¶~를 모셨다.

9.현비 　(　　　　　　　)

　　남에게 돌아가신 자기 어머니를 이르는 말.
　　¶~孺人海南尹氏 神位.

10.비음 　(　　　　　　　)

　　①차양의 그늘. ②두둔하여 보살펴 줌.
　　¶나를 ~해 주다.

11.보비 　(　　　　　　　)

　　보조하여 돌봄.
　　¶그를 ~하다.

12.비정 　(　　　　　　　)

　　백성을 괴롭히고 나라를 잘못되게 하는 정치.
　　¶그 지방 백성들은 ~에 시달리다 못해 봉기하였
　　다.

13.비상 　(　　　　　　　)

　　비석(砒石)에 열을 가하여 승화시켜 얻은 결정체.
　　¶쥐를 잡으려고 음식물에 ~을 넣어 놔두었다.

14.비소 　(　　　　　　　)

　　금속광택이 나는 결정성의 비금속 원소.
　　¶농약이나 화학약품에 ~가 쓰인다.

15.비파 　(　　　　　　　)

　　동양 현악기의 하나. 몸체는 길이 60~90cm의
　　둥글고 긴 타원형이며, 자루는 곧고 짧다.
　　¶~를 연주하다.

16.시비 　(　　　　　　　)

　　사립짝을 달아서 만든 문. 사립문.
　　¶~를 걸어 닫아라.

17.비렴 　(　　　　　　　)

　　바큇과의 바퀴, 산바퀴와 왕바큇과의 먹바퀴, 왕
　　바퀴 따위를 통틀어 이르는 말.
　　¶집안의 ~을 없애야 한다.

18.비단 　(　　　　　　　)

　　명주실로 짠 광택이 나는 피륙을 통틀어 이르는
　　말.
　　¶중전은 ~을 외명부에 하사하셨다.

19.붕사 　(　　　　　　　)

　　붕산나트륨의 결정체. 연하고 가벼운 무색의 결
　　정성 물질로 물에 잘 녹는다.
　　¶한방에서 담을 치료 할 때 ~를 사용한다.

1.비취색 (　　　　　　　　)

비취옥의 빛깔과 같이 곱고 짙은 푸른색.
¶ ~나는 옥이구나.

2.비예 (　　　　　　　　)

비방함과 칭찬함.
¶한 번에 ~를 모두 받았다.

3.비위 (　　　　　　　　)

지라와 위를 통틀어 이르는 말.
¶이 음식은 ~에 안 맞는 구나.

4.마비 (　　　　　　　　)

신경이나 근육이 형태의 변화 없이 기능을 잃어
버리는 상태.
¶근육에 ~를 일으키다.

5.비익 (　　　　　　　　)

보태고 늘여 도움이 되게 함.
¶내가 떠나는 것은 조정에 ~함이 없기 때문일
세.

6.보비 (　　　　　　　　)

보태어 도움. 보조(補助).
¶나에게 ~를 주어라.

7.비등점 (　　　　　　　　)

끓는 점.
¶물의 ~은 100℃이다.

8.곤비 (　　　　　　　　)

아무것도 할 기력이 없을 만큼 지쳐 몹시 고단하
다.
¶~한 발걸음을 내려 놓다.

9.비견 (　　　　　　　　)

자신의 의견을 겸손하게 이르는 말.
¶바쁘신 시간에 ~을 들어 주셔서 고맙습니다.

10.비환 (　　　　　　　　)

팔찌.
¶평강공주는 궁에 있는 ~을 갖고 온달을 찾아갔
다.

11.비력 (　　　　　　　　)

팔의 힘.
¶그 사나이는 ~이 좋다.

12.비유 (　　　　　　　　)

어떤 현상이나 사물을 직접 설명하지 아니하고
다른 비슷한 현상이나 사물에 빗대어서 설명하는
일.
¶ ~로 설명하다.

13.빈첩 (　　　　　　　　)

임금의 첩.
¶태종은 즉위한 지 얼마 되지 못하여 ~이 미비
되어, 다만 평시의 시녀만이 있을 뿐이었다.

14.빈궁 (　　　　　　　　)

왕세자의 아내.
¶좌의정의 딸이 ~으로 간택 되었다.

15.빈궁 (　　　　　　　　)

상여가 나갈 때까지 왕세자나 왕세자비의 관을
두던 곳.
¶ ~에 모셔두었다.

16.빈소 (　　　　　　　　)

상여가 나갈 때까지 관을 놓아 두는 방.
¶ ~를 지키다.

17.빈소 (　　　　　　　　)

찡그림과 웃음이라는 뜻으로, 슬픔과 기쁨을 이
르는 말.
¶ ~가 교차하였다.

18.빙고 (　　　　　　　　)

사실에 근거하여 자세히 따지고 검토함.
¶입안이 있고 없음을 물론하고 호적을 ~하여 어
미를 따라 종량(從良)하도록 허락하였다.

19.증빙 (　　　　　　　　)

신빙성 있는 증거로 삼음. 또는 그 증거.
¶ ~ 자료가 있다.

♣ 다음 낱말 풀이에 알맞은 한자(漢字)를 쓰시오.

1. 신빙성 (　　　　　)

믿어서 근거나 증거로 삼을 수 있는 정도나 성질.
¶ ~이 높다.

2. 사당 (　　　　　)

조상의 신주(神主)를 모셔 놓은 집.
¶ ~에 위패를 모시다.

3. 충렬사 (　　　　　)

충신열사를 기리고 추모하고자 세운 사당.
¶이순신 장군의 위패는 ~에 모셔져있다.

4. 후사 (　　　　　)

대(代)를 잇는 자식.
¶그 부부는 결혼한 지 10년이 넘도록 ~를 보지 못하였다.

5. 나사 (　　　　　)

양털 또는 거기에 무명, 명주, 인조 견사 따위를 섞어서 짠 모직물.
¶ ~는 보온성이 뛰어나다.

6. 사소 (　　　　　)

보잘것없이 작거나 적다.
¶그들은 ~한 문제로 다퉜다.

7. 사향 (　　　　　)

사향노루의 사향샘을 건조하여 얻는 향료.
¶ ~의 향은 매우 강하다.

8. 이사 (　　　　　)

사는 곳을 다른 데로 옮김.
¶우리 집은 얼마 전에 ~하였다.

9. 사치 (　　　　　)

필요 이상의 돈이나 물건을 쓰거나 분수에 지나친 생활을 함.
¶ ~풍조가 만연하다.

10. 사립 (　　　　　)

도롱이와 삿갓을 아울러 이르는 말.
¶ ~을 쓴 노인이 빗속을 지나간다.

11. 설사 (　　　　　)

변에 포함된 수분의 양이 많아져서 변이 액상(液狀)으로 된 경우.
¶ ~가 멈추지 않는다.

12. 일사천리 (　　　　　)

강물이 빨리 흘러 천 리를 간다는 뜻으로, 어떤 일이 거침없이 빨리 진행됨을 이르는 말.
¶그는 회의를 10분 동안 ~로 진행했다.

13. 산만 (　　　　　)

편지에서, 인사는 생략하고 바로 할 말을 적겠다는 뜻으로 첫머리에 쓰는 말.
¶ ~합니다.

14. 산삭 (　　　　　)

필요 없는 글자나 글귀를 지워 버림.
¶본문에 ~을 가하다.

15. 산정 (　　　　　)

쓸데없는 글자나 구절을 깎고 다듬어서 글을 잘 정리함.
¶ ~을 한다.

16. 산호초 (　　　　　)

산호충의 유해와 분비물인 탄산칼슘이 퇴적되어 형성된 암초.
¶열대 지방에 ~가 많다.

17. 역마살 (　　　　　)

늘 분주하게 이리저리 떠돌아다니게 된 액운.
¶그 놈 ~이 꼈어.

18. 살포 (　　　　　)

액체, 가루 따위를 흩어 뿌림.
¶농약의 본격적인 ~가 시작되었다.

♣ **다음 낱말 풀이에 알맞은 한자(漢字)를 쓰시오.**　　　　　▶정답은 461쪽

1.살수대첩 (　　　　　　　　)

고구려 영양왕 23년(612)에 고구려와 중국 수나라가 살수에서 벌인 큰 싸움. 수나라의 양제가 고구려를 정복하려고 200만의 대군을 인솔하고 쳐들어왔으나, 을지문덕 장군이 지휘한 고구려 군사가 살수(청천강)를 건너온 수나라의 별동대 30만 5000여 명을 몰살하였다.
¶ 을지문덕 장군은 ~으로 역사에 기록되었다.

2.남상 (　　　　　　　　)

양쯔 강(揚子江) 같은 큰 하천의 근원도 잔을 띄울 만큼 가늘게 흐르는 시냇물이라는 뜻으로, 사물의 처음이나 기원을 이르는 말.
¶사물의 ~이 되었다.

3.삼입 (　　　　　　　　)

물 따위의 액체가 스며듦.
¶약물이 ~했다.

4.삼투 (　　　　　　　　)

농도가 다른 두 액체를 반투막으로 막아 놓았을 때에, 농도가 높은 쪽에서 낮은 쪽으로 용매가 옮겨 가는 현상.
¶ ~압 현상이 나타났다.

5.미륵보살 (　　　　　　　　)

내세에 성불하여 사바세계에 나타나서 중생을 제도하리라는 보살. 사보살(四菩薩)의 하나이다.
¶ ~에게 기도한다.

6.삽미 (　　　　　　　　)

덜 익은 감처럼 떫은맛.
¶그 것은 ~가 느껴진다.

7.삽제 (　　　　　　　　)

맛이 떫은 약.
¶ ~를 쓴다.

8.청상 (　　　　　　　　)

청상과부.
¶그녀는 전쟁 통에 남편을 잃고 스물셋의 젊은 나이에 ~과부가 되었다.

9.상아 (　　　　　　　　)

홀어머니.
¶ ~가 아이를 키우기는 너무 힘들다.

10.상집 (　　　　　　　　)

날아와 모임.
¶비둘기 떼가 ~한다.

11.상쾌 (　　　　　　　　)

느낌이 시원하고 산뜻하다.
¶공기가 좋으니 기분이 ~하다.

12.호상 (　　　　　　　　)

호탕하고 시원시원하다.
¶그 사람은 ~한 사람이다.

13.삼설 (　　　　　　　　)

액체가 새거나 배어 나옴.
¶수도관이 ~하다.

14.국새 (　　　　　　　　)

나라를 대표하는 도장. =옥새.
¶ ~를 훔쳐가다.

15.희생 (　　　　　　　　)

다른 사람이나 어떤 목적을 위하여 자신의 목숨, 재산, 명예, 이익 따위를 바치거나 버리거나 빼앗김.
¶ ~을 무릅쓰다.

16.생독 (　　　　　　　　)

제사를 지낼 때에, 제물로 쓰는 송아지.
¶ ~을 바치다.

17.생질부 (　　　　　　　　)

누이의 며느리.
¶ ~에게 부탁했다.

18.서정 (　　　　　　　　)

주로 예술 작품에서, 감정이나 정서를 그려 냄.
¶ ~적인 내용이다.

♣ **다음 낱말 풀이에 알맞은 한자(漢字)를 쓰시오.**

1.서리 (   )

조선·고려시대 관아에 속하여 말단 행정 실무에
종사하던 구실아치.
¶~는 실무를 맡아 본 조선시대 관리이다.

2.서절구투 (   )

쥐나 개처럼 몰래 물건을 훔친다는 뜻으로, '좀도
둑'을 이르는 말.
¶~들이 날뛴다.

3.동서 (   )

시아주버니나 시동생의 아내.
¶그녀는 남편으로부터 시어머니와 ~가 내일 상
경할 것이라는 소식을 들었다.

4.서주 (   )

①기장으로 빚은 술. ②예전에 쓰던 술잔.
¶~를 마시다.

5.서식 (   )

동물이 깃들여 삶
¶~환경을 조사한다.

6.양서류 (   )

양서강의 동물을 일상적으로 통틀어 이르는 말.
어류와 파충류의 중간으로 땅 위 또는 물속에서
산다.
¶도마뱀은 ~이다.

7.서리 (   )

단단하고 날카롭다.
¶그 젊은이는 ~한 칼날 앞에서도 겁먹지 않았
다.

8.서광 (   )

새벽에 동이 틀 무렵의 빛.
¶~이 보인다.

9.하로동선 (   )

여름의 화로와 겨울의 부채라는 뜻으로, 격(格)이
나 철에 맞지 아니함을 이르는 말
¶그것은 ~같은 행동 일 뿐이다.

10.서생원 (   )

'쥐'를 의인화하여 속되게 이르는 말.
¶저 사람은 하는 짓이 ~이다.

11.서적 (   )

좀 도둑.
¶~들이 난리를 친다.

12.서랑 (   )

남의 사위를 높여 이르는 말.
¶~은 잘 지내는가?

13.간석지 (   )

밀물과 썰물이 드나드는 개펄
¶~를 개간하다.

14.도서 (   )

크고 작은 온갖 섬.
¶~ 지방을 다녀오다.

15.선풍기 (   )

회전축에 붙은 날개를 전동기로 돌려 바람을 일
으키는 장치.
¶~를 작동 시켜라.

16.서천 (   )

새벽 하늘.
¶~을 바라 본다.

17.선정적 (   )

정욕을 자극하여 일으키는. 또는 그런 것.
¶무희들의 ~인 몸짓에 모두 넋을 잃었다.

18.선물 (   )

남에게 어떤 물건 따위를 선사함. 또는 그 물건.
¶너의 생일을 축하하기 위해 ~을 마련했어.

19.선사품 (   )

존경, 친근, 애정의 뜻을 나타내기 위하여 주는
물품
¶빈손으로 오기가 어려워서, ~을 사 가지고 왔
어.

♣ **다음 낱말 풀이에 알맞은 한자(漢字)를 쓰시오.**　　　　▶정답은 462쪽

1.선모 　（　　　　　　）

부러워하고 그리워함.
¶ 논개의 의를 ~하는 백성이 있었다.

2.선병 　（　　　　　　）

삼출성(滲出性)·림프성 체질의 어린아이가 잘 걸
리는 결핵성 전신병(全身病).
¶피부가 꺼칠어 지는 것이 ~의 대표적 증상이
다.

3.한선 　（　　　　　　）

땀샘.
¶여름엔 ~이 많이 열려있다.

4.설증 　（　　　　　　）

설사를 일으키는 병.
¶ ~이 나타나면 간첩으로 오인을 받는다.

5.소요음영 （　　　　　　）

자유롭게 이리저리 슬슬 거닐며 나지막이 시를
읊조림.
¶그는 시골에 가서 ~하며 지내길 원한다.

6.준설 　（　　　　　　）

못이나 개울 따위의 밑바닥에 멘 것을 파냄.
¶뱃길이 제구실 못한 것은 ~이 안 된 탓이다.

7.준설선 （　　　　　　）

준설기를 장치하여 물의 깊이를 깊게 하거나 건
설 재료를 얻으려 물속에서 모래나 자갈을 파내
는 배.
¶ ~으로 공사를 하였다.

8.설진 　（　　　　　　）

티와 먼지를 통틀어 이르는 말. 티끌.
¶공사장에 ~이 날렸다.

9.소파수술 （　　　　　　）

자궁의 내막을 긁어내는 수술. 자궁 내막의 병을
치료하거나 유산을 하였을 때 자궁 속의 내용물
을 긁어내기 위해서 하며, 인공 유산할 때도 함.
¶ 산부인과에서 ~을 하였다.

10.섭홀 　（　　　　　　）

갑자기 빛이 번쩍임.
¶빛이 ~하게 빛나다.

11.섬멸 　（　　　　　　）

모조리 무찔러 멸망시킴.
¶아군은 적군을 급습하여 ~하는 전과를 올렸다.

12.각성 　（　　　　　　）

깨어 정신을 차림.
¶ ~을 촉구한다.

13.춘소 　（　　　　　　）

봄 밤.
¶ ~에 쓸쓸함을 달래다.

14.소풍 　（　　　　　　）

산책.
¶오늘은 동생이 ~가는 날이다.

15.배설 　（　　　　　　）

안에서 밖으로 새어 나가게 함.
¶음식물을 ~한다.

16.소세 　（　　　　　　）

머리를 빗고 낯을 씻음.
¶네 사람이 바쁘게 ~를 마치고 나왔다.

17.생소 　（　　　　　　）

어떤 대상이 친숙하지 못하고 낯이 설다.
¶모든 것이 ~하기만 한 타향.

18.소양 　（　　　　　　）

가려운 데를 긁음.
¶그 말을 하고 나니 ~한 것같이 시원하다.

19.쇄설 　（　　　　　　）

자질구레하게 부스러짐. 또는 그 부스러기.
¶이 문제는 ~한 것이다.

♣ **다음 낱말 풀이에 알맞은 한자(漢字)를 쓰시오.**

1. 소조 (　　　　　)

찰흙, 석고 따위를 빚거나 덧붙여서 만드는 조형 미술.
¶ ~작품을 전시하였다.

2. 쇄신 (　　　　　)

뼈를 가루로 만들고 몸을 부순다는 뜻으로, 정성 으로 노력함을 이르는 말. =분골쇄신.
¶저를 ~해서라도 도와드리겠습니다.

3. 소상 (　　　　　)

거슬러 흐름.
¶ ~하다.

4. 소적 (　　　　　)

쓸쓸하고 호젓하다.
¶아름답던 꿈을 실었던 그 조춘의 풍경은 사라 져 버리고 가을날 ~한 분위기가 그를 휩싸는 것 이었다.

5. 소삽 (　　　　　)

바람이 차고 쓸쓸하다.
¶가을밤에 바람이 ~하다.

6. 소고 (　　　　　)

소(簫)와 북을 아울러 이르는 말.
¶~을 울려라.

7. 속량 (　　　　　)

속죄(贖罪)
¶ 노비의 ~을 허락하다.

8. 수수방관 (　　　　　)

팔짱을 끼고 보고만 있다는 뜻으로, 간섭하거나 거들지 아니하고 그대로 버려둠을 이르는 말.
¶우리 군대는 지금까지 ~만 일삼아 왔다.

9. 대속 (　　　　　)

남의 죄를 대신하여 당하거나 속죄함.
¶우리의 죄를 ~하셨다.

10. 황송 (　　　　　)

분에 넘쳐 고맙고도 송구하다.
¶그는 주인의 배려가 너무 ~하여 어쩔 줄 몰라 했다.

11. 분쇄 (　　　　　)

단단한 물체를 가루처럼 잘게 부스러뜨림.
¶경찰은 지하세력을 ~하기 위해 노력하였다.

12. 소급 (　　　　　)

과거에까지 거슬러 올라가서 미치게 함.
¶ ~ 적용.

13. 쇄락 (　　　　　)

기분이나 몸이 상쾌하고 깨끗함.
¶심신이 맑아지는 상태에 영문 모를 ~을 지니기 도 하였다.

14. 쇄소 (　　　　　)

물을 뿌리고 비로 쓰는 일.
¶제사 전에 ~하는 일은 중요하다.

15. 수병 (　　　　　)

수비하는 군사.
¶약간의 ~만 남기고 모두 후퇴하였다.

16. 수렵 (　　　　　)

사냥
¶ ~생활.

17. 순수비 (　　　　　)

임금이 순수한 곳을 기념하기 위하여 세운 비석
¶신라 진흥왕의 ~는 아직도 남아있다.

18. 속사 (　　　　　)

제물을 바침으로써 죽을 죄를 면함.
¶자식을 ~시키기로 하였다.

19. 수치 (　　　　　)

부끄러움.
¶ ~를 느끼다.

♣ **다음 낱말 풀이에 알맞은 한자(漢字)를 쓰시오.** ►정답은 462쪽

1. 수오지심 (　　　　　)

사단(四端)의 하나. 옳지 못함을 부끄러워하고 착하지 못함을 미워하는 마음을 이른다.
¶ 사람에게는 ~이 있다.

2. 골수 (　　　　　)

뼈의 중심부인 골강(骨腔)에 가득 차 있는 결체질(結締質)의 물질.
¶ ~이식 수술.

3. 수뇌 (　　　　　)

①뇌. ②골수와 뇌를 아울러 이르는 말.
¶인간의 ~는 중요한 역할을 한다.

4. 형수 (　　　　　)

같은 부모에게서 태어난 사이거나 일가친척 가운데 항렬이 같은 남자들 사이에서 형의 아내를 이름.
¶ ~가 밥을 해 주었다.

5. 계수 (　　　　　)

제수(弟嫂).
¶형수는 부엌에서 음식을 장만하고 ~는 옆에서 거들기만 한다.

6. 수삭 (　　　　　)

몹시 야위다.
¶ ~하다.

7. 수척 (　　　　　)

몸이 몹시 야위고 마르다.
¶얼굴이 몹시 ~하다.

8. 수립 (　　　　　)

꼿꼿하게 세움.
¶계획을 ~하였다.

9. 응수 (　　　　　)

상대편이 한 말이나 행동을 받아서 마주 응함.
¶여자의 앙칼진 ~가 이어졌다.

10. 보수 (　　　　　)

고맙게 해 준 데 대하여 보답을 함. 또는 그 보답.
¶가난한 이에게 남몰래 도움을 준 사람에게는 반드시 그 ~가 따를 것이다

11. 순수 (　　　　　)

전혀 다른 것이 섞이지 아니함.
¶ ~ 성분으로 이뤄졌다.

12. 수연 (　　　　　)

사람이 얼굴이나 마음이 꾸밈이 없고 순박하다.
¶ ~하다.

13. 수집 (　　　　　)

여러 가지 자료를 찾아 모아서 책을 편집함.
¶ 사례들을 ~한 보고서를 제출하였다.

14. 수상 (　　　　　)

이삭과 같은 모양.
¶ ~형으로 이뤄져있다.

15. 발수 (　　　　　)

벼, 보리 따위의 이삭이 팸. 또는 그런 일.
¶ ~을 앞두고 있다.

16. 자수 (　　　　　)

옷감에 여러 가지의 색실로 무늬를 수놓는 일.
¶전통 ~를 배웠다.

17. 수장 (　　　　　)

수(繡)를 놓은 휘장.
¶공주님이 ~안에서 나오셨다.

18. 금수 (　　　　　)

수를 놓은 비단. 또는 아름답고 화려한 옷이나 직물.
¶몸에 ~를 두르다.

19. 수구 (　　　　　)

원수(怨讐).
¶ ~를 만났다.

♣ 다음 낱말 풀이에 알맞은 한자(漢字)를 쓰시오.　　　　　▶정답은 462쪽

1. 숙성 　(　　　　　　　　)

나이에 비하여 지각이나 발육이 빠르다.
¶나이보다 ~한 아이.

2. 숙지 　(　　　　　　　　)

오랫동안 마음에 품어온 뜻.
¶ ~를 성취하다.

3. 숙맥 　(　　　　　　　　)

콩과 보리를 아울러 이르는 말.
¶그는 세상물정 모르는 ~이다.

4. 의숙 　(　　　　　　　　)

공익을 위하여 의연금을 모아 세운 교육 기관.
¶ ~을 세웠다.

5. 숙사 　(　　　　　　　　)

사숙(私塾)하는 학생들이 묵는 곳.
¶ ~은 일종의 기숙사이다.

6. 죽순 　(　　　　　　　　)

대의 땅속줄기에서 돋아나는 어린싹. 식용한다.
¶동지섣달에 ~을 구해 오라는 사람이 있었다던
데.

7. 순화 　(　　　　　　　　)

정성 어린 가르침으로 감화(感化)함.
¶청소년 ~ 교육.

8. 순치 　(　　　　　　　　)

짐승을 길들임.
¶ ~된 언론.

9. 슬하 　(　　　　　　　　)

무릎의 아래라는 뜻으로, 어버이나 조부모의 보
살핌 아래. 주로 부모의 보호를 받는 테두리 안
을 이른다.
¶그는 유복자로 편모 ~에서 외롭게 자랐다.

10. 정승 　(　　　　　　　　)

대신(大臣).
¶ ~도 저 싫으면 그만이다.

11. 연시 　(　　　　　　　　)

물렁하게 잘 익은 감.
¶할머니께서는 물렁물렁한 ~를 좋아하신다

12. 시접 　(　　　　　　　　)

제상(祭床)에 수저를 담아 놓는 놋그릇.
¶ ~에 음식을 담았다.

13. 시저 　(　　　　　　　　)

수저.
¶ ~를 상에 놓았다.

14. 시호 　(　　　　　　　　)

승냥이와 호랑이를 아울러 이르는 말.
¶ ~가 나타난 것 같다.

15. 시의 　(　　　　　　　　)

시기하고 의심함.
¶ ~를 받다.

16. 시댁 　(　　　　　　　　)

'시집'을 높여 이르는 말.
¶ ~ 어른들께 인사를 올리다.

17. 시역 　(　　　　　　　　)

부모나 임금을 죽임.
¶왕을 ~한 죄는 죽음으로도 용서받지 못할 것이
다.

18. 시해 　(　　　　　　　　)

임금이나 부모를 죽임.
¶백성들은 명성 황후의 ~로 울분에 싸여 있었
다.

19. 시호 　(　　　　　　　　)

제왕이나 재상, 유현(儒賢) 들이 죽은 뒤에, 그들
의 공덕을 칭송하여 붙인 이름.
¶임금은 이순신에게 충무라는 ~를 내렸다.

20. 식불 　(　　　　　　　　)

먼지를 떨고 훔친다는 뜻으로, 의심을 말끔이 없
앰.
¶ 의심을 ~시켰다.

♣ 다음 낱말 풀이에 알맞은 한자(漢字)를 쓰시오.

1. 식청 (　　　　　　)

①말끔히 씻어 깨끗하게 함. ②나쁜 풍습을 제거함.
¶ 그 습관을 ~해야 한다.

2. 개기월식 (　　　　　　)

달이 지구의 그림자에 완전히 가려 태양 빛을 받지 못하고 어둡게 보이는 현상.
¶옛날 사람들은 ~을 보고 재앙이 온다고 생각했다.

3. 침식 (　　　　　　)

외부의 영향으로 세력이나 범위 따위가 점점 줄어듦.
¶경제 시장의 ~.

4. 침식작용 (　　　　　　)

비, 바람, 빙하, 강물 따위의 활동에 의하여 지표면이 점점 깎이는 작용.
¶이 바위는 ~이 일어났다.

5. 식멸 (　　　　　　)

①불이 꺼져 없어짐. ②흔적도 없이 없애 버림.
¶촛불이 ~했다.

6. 신속 (　　　　　　)

매우 날쎄고 빠름.
¶ ~ 배달.

7. 신문 (　　　　　　)

알고 있는 사실을 캐어물음.
¶그는 ~당했다.

8. 신목 (　　　　　　)

잡초와 잡목을 아울러 이르는 말.
¶ ~ 벌채.

9. 와신상담 (　　　　　　)

거북한 섶에 몸을 눕히고 쓸개를 맛본다는 뜻으로, 원수를 갚거나 마음먹은 일을 이루기 위하여 온갖 어려움과 괴로움을 참고 견딤을 비유적으로 이르는 말.
¶ ~하며 기회를 노리다.

10. 신단 (　　　　　　)

임금이 재결함. 또는 그 재결.
¶ ~을 내려 주시옵소서.

11. 임신 (　　　　　　)

아이나 새끼를 뱀.
¶ ~과 출산.

12. 신기루 (　　　　　　)

대기 속에서 빛의 굴절 현상에 의하여 공중이나 땅 위에 무엇이 있는 것처럼 보이는 현상.
¶ ~가 보이다.

13. 회신 (　　　　　　)

불에 타고 남은 끄트러기나 재.
¶문화유산이 ~으로 돌아갔다.

14. 실심 (　　　　　　)

마음을 다함.
¶ ~으로 대하다.

15. 집물 (　　　　　　)

집 안이나 사무실에서 쓰는 온갖 기구.
¶ ~을 장만하다.

16. 아빈 (　　　　　　)

임금의 명령으로 손님을 맞이하여 접대하던 일.
¶사신을 ~하였다.

17. 아연 (　　　　　　)

급작스러운 모양.
¶관광 경제가 ~한 활기를 띠었다.

18. 농아 (　　　　　　)

귀머거리와 벙어리를 아울러 이르는 말.
¶ ~들을 위한 특수학교가 필요하다.

19. 아령 (　　　　　　)

양손에 하나씩 들고 팔운동을 하는 운동 기구.
¶ ~을 들고 운동한다.

1.관아　（　　　　　　　）

예전에, 벼슬아치들이 모여 나랏일을 처리하던 곳.
¶백성들이 ~로 쳐들어간다.

2.아전　（　　　　　　　）

조선 시대에, 중앙과 지방의 관아에 속한 구실아치.
¶사또들은 ~들의 도움으로 실무를 본다.

3.악실　（　　　　　　　）

흙덩이 따위를 쌓아 올려서 벽을 막고 조잡하게 꾸민 방.
¶~에서 지냈다.

4.백악관　（　　　　　　）

미국 워싱턴에 있는 대통령의 관저.
¶~에서 만찬을 가졌다.

5.악시　（　　　　　　　）

깜짝 놀라서 봄.
¶~하였다.

6.악골　（　　　　　　　）

턱 뼈.
¶~이 다쳤다.

7.하악골　（　　　　　　）

아래턱 뼈.
¶~을 수술한다.

8.안맥　（　　　　　　　）

맥을 짚어 봄.
¶한의사가 ~을 한다.

9.안검　（　　　　　　　）

칼을 빼려고 칼자루에 손을 댐.
¶무사들이 ~하며 겨루려고 한다.

10.안험　（　　　　　　）

자세히 조사하여 증거를 세움.
¶~해 볼 필요가 있다.

11.안기　（　　　　　　　）

아침 늦게 일어남.
¶방학 때 ~하다.

12.안장　（　　　　　　　）

말, 나귀 따위의 등에 얹어서 사람이 타기에 편리하도록 만든 도구.
¶~을 갖춘 말.

13.안마지로　（　　　　　）

먼 길을 달려가는 수고.
¶~를 마다하고 일한다.

14.알선　（　　　　　　　）

남의 일이 잘되도록 주선하는 일.
¶취업 ~사이트가 북적거린다.

15.암자　（　　　　　　　）

큰 절에 딸린 작은 절.
¶할머니는 평소에 다니시던 절의 외딴 ~에서 백일기도를 하셨다.

16.암시장　（　　　　　　）

법을 어기면서 몰래 물건을 사고파는 행위가 이루어지는 시장.
¶밀수품이 ~으로 흘러들어 갔다.

17.앙숙　（　　　　　　　）

앙심을 품고 서로 미워하는 사이.
¶그 두 사람은 서로 ~이다.

18.앙분　（　　　　　　　）

분하게 여겨 앙갚음할 마음을 품음. 또는 그 마음.
¶~한 마음.

19.앙묘　（　　　　　　　）

옮겨 심기 위하여 기른 벼의 싹. 볏모.
¶못자리에는 ~가 제법 자랐다.

♣ 다음 낱말 풀이에 알맞은 한자(漢字)를 쓰시오.

1.이앙　(　　　　　　　　)

모내기.
¶농부들은 ~ 준비로 한창 바쁘다.

2.이앙기　(　　　　　　　)

모를 내는 시기.
¶가랑비가 뿌린 일이 있었을 뿐, 춘경기에 들어
서부터 오늘 ~가 지나기까지 쭉 비 구경을 못했
다

3.원앙　(　　　　　　　　)

오릿과의 물새.
¶금슬이 좋은 부부를 ~에 비교하기도 한다.

4.앙귀　(　　　　　　　　)

물건 값이 뛰어오름.
¶석유파동은 물건값의 ~를 가져왔다.

5.앙분　(　　　　　　　　)

매우 흥분함.
¶형은 작은 일에도 ~을 해 다혈질이란 말을 듣
는다.

6.애비　(　　　　　　　)

자연적인 암벽의 면을 갈아서 비문(碑文)을 새긴
비.
¶그의 발자취를 따라 ~를 만들었다.

7.마애　(　　　　　　　)

석벽에 글자나 그림, 불상 따위를 새김.
¶그 절 옆에는 ~한 불상이 있다.

8.애매　(　　　　　　　)

희미하여 분명하지 아니함.
¶그는 ~하게 대답하여서 우리를 헷갈리게 하였
다.

9.애매모호　(　　　　　　)

말이나 태도가 희미하고 흐려 분명하지 아니함.
¶ ~한 말로 얼버무리지 마라.

10.애로　(　　　　　　)

좁고 험한 길.
¶암벽으로 이루어진 ~가 되어 가기가 힘들다.

11.애애　(　　　　　　　　)

①안개나 구름, 아지랑이 따위가 짙게 끼어 자욱
하다. ②분위기가 부드럽고 포근하여 평화롭다.
¶봄기운이 ~하다

12.액후　(　　　　　　　　)

목을 죄어 누름.
¶왕을 ~하여 시해 한 것으로 추정된다.

13.액기　(　　　　　　　　)

체질적으로 겨드랑이에서 나는 고약한 냄새. 암
내.
¶ ~가 나다.

14.액한　(　　　　　　　　)

겨드랑이에서 나는 땀. =곁땀.
¶ ~이 많다.

15.액살　(　　　　　　　　)

목을 매어 죽임.
¶국초에 그들을 ~하였는지 나는 몰랐다.

16.앵도　(　　　　　　　　)

앵두나무의 열매. 모양이 작고 둥글다. 붉게 익
으면 식용하며, 잼·주스·술 따위의 원료로 사용
된다.
¶ ~같은 내 입술.

17.앵삼　(　　　　　　　　)

조선 시대에, 과거급제와 관례의 삼가(三加) 때
착용하던 예복.
¶장원급제하여 ~을 입고 관으로 들어갔다.

18.앵어　(　　　　　　　　)

앵성(鶯聲). ①꾀꼬리의 울음소리.②꾀꼬리의 울
음소리같이 아름다운 목소리를 비유적으로 이르
는 말.
¶그녀의 목소리는 ~와 같았다.

19.야금　(　　　　　　　　)

광석에서 금속을 골라내는 일이나 골라낸 금속을
정제(精製)·합금(合金)·특수 처리하여 여러 가지
목적에 맞는 금속 재료를 만드는 일.
¶금속을 ~하다.

♣ 다음 낱말 풀이에 알맞은 한자(漢字)를 쓰시오.　　　　　　►정답은 462쪽

1.야용　（　　　　　）

얼굴을 예쁘게 단장함. 또는 그 얼굴.
¶ ~하고 무대로 올라간다.

2.야유　（　　　　　）

주색에 빠져 방탕하게 놂.
¶양녕대군은 ~하였다.

3.야유　（　　　　　）

남을 빈정거려 놀림. 또는 그런 말이나 몸짓.
¶ ~를 보내다.

4.호호야　（　　　　　）

인품이 아주 훌륭한 늙은이.
¶ ~할아버지.

5.양우　（　　　　　）

염려되는 일이나 근심.
¶ ~가 있다.

6.격화소양　（　　　　　）

신을 신고 발바닥을 긁는다는 뜻으로, 성에 차지
않거나 철저하지 못한 안타까움을 이르는 말.
¶그 말은 ~한 것처럼 답답하구나!

7.궤양　（　　　　　）

피부에 상처가 생기고 헐어서 출혈하기 쉬운 상
태.
¶ 점막에 ~이 나타났다.

8.양이　（　　　　　）

외국 사람을 오랑캐로 얕보고 배척함.
¶대원군은 서양 ~들을 배척하려고 하였다.

9.양탈　（　　　　　）

폭력을 써서 남의 것을 억지로 빼앗음. =약탈(掠
奪).
¶왜놈들이 우리 어선에서 ~해 간 물건이 많다.

10.양조장　（　　　　　）

술이나 간장, 식초 따위를 담가 만들어 내는 공
장.
¶ ~에서 술을 받아갔다.

11.영어　（　　　　　）

죄인을 가두어 두는 곳. 감옥(監獄).
¶ ~ 생활.

12.어한　（　　　　　）

추위에 언 몸을 녹임. 또는 추위를 막음.
¶이 엄동에 화롯불 하나 가지고 ~이 될 리 없
다.

13.억측　（　　　　　）

이유와 근거가 없이 짐작함. 또는 그런 짐작.
¶ ~이 난무하는구나!

14.억산　（　　　　　）

억측으로 하는 계산.
¶ ~부리지 마라.

15.억색　（　　　　　）

억울하거나 원통하여 가슴이 답답한 느낌이 있
음.
¶ ~하고 기가 막혀 눈물이 앞을 가린다.

16.이언　（　　　　　）

항간(巷間)에 퍼져 있는 속담.
¶이옥은 ~으로 한시를 지었다.

17.언제　（　　　　　）

하천이나 계류 따위를 막는 구조물.
¶보를 점유한 양반들이 ~를 잘 쌓고 충분히 저
수를 하여 관개에 이용할 수 있게 하였다.

18.엄연　（　　　　　）

매우 급작스럽다.
¶ ~히 홍길동이 나타났다.

19.엄각　（　　　　　）

공경하고 삼감.
¶ ~하고 말씀드리다.

20.엄연　（　　　　　）

사람의 겉모양이나 언행이 의젓하고 점잖다.
¶이순신 장군의 ~한 태도에 적군이 놀랐다.

♣ **다음 낱말 풀이에 알맞은 한자(漢字)를 쓰시오.**

1. 역소 (　　　　　)

사람이나 말의 왕래가 번잡하여 요란하고 시끄럽다.
¶ ~한 기차역 주변.

2. 예광탄 (　　　　　)

총포에서 발사되었을 때 앞부분에서 빛을 내며 날아가게 한 탄알.
¶ ~이 날아가는 방향으로 뛰어라.

3. 경연 (　　　　　)

고려·조선 시대에, 임금이 학문을 닦기 위하여 학식과 덕망이 높은 신하를 불러 경서(經書) 및 왕도(王道)에 관하여 강론하게 하던 일.
¶ 임금이 ~에 나가다.

4. 연세 (　　　　　)

사람이 죽음. 사망(死亡)의 높임말.
¶ 회장님께서 ~하시다.

5. 후예 (　　　　　)

자신의 세대에서 여러 세대가 지난 뒤의 자녀를 통틀어 이르는 말. 후손(後孫).
¶ 우리는 단군의 ~이다.

6. 조예 (　　　　　)

학문이나 예술, 기술 따위의 분야에 대한 지식이나 경험이 깊은 경지에 이른 정도.
¶ 그는 문학에 ~가 깊다.

7. 요염 (　　　　　)

사람을 호릴 만큼 매우 아리따움.
¶ 나무들에게는 한때의 ~을 자랑하는 꽃이 바랄 수 없는 높고 깊은 품위가 있다.

8. 화염 (　　　　　)

타는 불에서 일어나는 붉은 빛의 기운.
¶ 건물이 ~에 휩싸였다.

9. 염문 (　　　　　)

연애나 정사에 관한 소문.
¶ ~을 뿌리다.

10. 염염 (　　　　　)

활활 타고 있다.
¶ ~한 불꽃.

11. 예인 (　　　　　)

끌어당김.
¶ 좌초한 배를 근처 섬으로 ~하다.

12. 경연 (　　　　　)

경사스러운 잔치를 벌인 자리.
¶ 아들이 돌아오자 ~을 열었다.

13. 연사 (　　　　　)

몇 가닥의 실을 꼬아서 만든 실.
¶ ~는 강도가 높고 탄성이 좋다.

14. 예덕 (　　　　　)

①좋지 아니한 행실. ②왕의 좋지 아니한 행동.
¶ 연암 박지원의 ~선생전은 풍자적인 내용이다.

15. 예궐 (　　　　　)

대궐 안으로 들어감.
¶ ~할 약속한 시간이 가까이 되었다.

16. 방패연 (　　　　　)

방패 모양으로 만든 연.
¶ 설날에 친척들과 함께 ~을 날렸다.

17. 오장 (　　　　　)

①군대에서 한 오의 우두머리.
¶ 그가 ~이 되었다.

18. 오매불망 (　　　　　)

자나 깨나 잊지 못함.
¶ ~ 임을 그리워하다.

19. 심오 (　　　　　)

사상이나 이론 따위가 깊이가 있고 오묘하다.
¶ ~한 진리를 깨닫지 못했다.

♣ **다음 낱말 풀이에 알맞은 한자(漢字)를 쓰시오.** ▶정답은 462쪽

1. 오지 (　　　　　　　)

어떤 사물이나 현상이 지니고 있는 깊은 뜻.
¶ ~를 알아야 한다.

2. 오뇌 (　　　　　　　)

뉘우쳐 한탄하고 번뇌함.
¶견디기 어려운 ~속으로 빠져 들고 있다.

3. 옹색 (　　　　　　　)

형편이 넉넉하지 못하여 생활에 필요한 것이 없
거나 부족하여 불편하다.
¶벌이가 ~하지 않을 정도는 됩니다.

4. 옹폐 (　　　　　　　)

윗사람의 총명을 막아서 가림.
¶그 자가 전하를 ~하고 있어요.

5. 와전 (　　　　　　　)

사실과 다르게 전함.
¶외출한다는 사실이 ~되어 가출한다고 되었구
나.

6. 와음 (　　　　　　　)

잘못 전해진 글자의 음.
¶한자음이 원래 중국 음에서 ~된 경우가 많다.

7. 와동 (　　　　　　　)

바닥이 패어 물이 돌아 흐르는 현상. 또는 그런
곳.
¶소용돌이를 ~이라고 한다.

8. 와선 (　　　　　　　)

얇은 비단으로 만든 부채. 나선(羅扇)
¶ ~을 만들다.

9. 와형 (　　　　　　　)

소용돌이 모양으로 빙빙 도는 형상.
¶ 허리캐인이 지나갈 때 ~을 이룬다.

10. 와창 (　　　　　　　)

손가락이나 발가락 사이가 아프고 가려워서 긁으
면 헐고 진물이 나는 습진.
¶ ~이 걸렸다.

11. 완장 (　　　　　　　)

남의 삼촌을 높여 이르는 말.
¶ ~어른께서는 안녕하신가?

12. 완강 (　　　　　　　)

태도가 모질고 의지가 굳세다.
¶친구의 부탁을 ~하게 거절하다.

13. 완고 (　　　　　　　)

융통성이 없이 올곧고 고집이 세다.
¶ ~한 집안.

14. 완몽 (　　　　　　　)

고집이 세고 사리에 어둡다.
¶ ~하게 굴지 마라.

15. 완전 (　　　　　　　)

순탄하고 원활하여 구차하지 않다.
¶그의 삶이 ~하다.

16. 완곡 (　　　　　　　)

말하는 투가, 듣는 사람의 감정이 상하지 않도록
모나지 않고 부드럽다.
¶ ~한 표현.

17. 완미 (　　　　　　　)

정숙하고 아름답다.
¶그의 문체는 화려하면서도 ~한 기품이 있다.

18. 완력 (　　　　　　　)

팔의 힘.
¶ ~이 세다.

19. 침완법 (　　　　　　　)

서예에서, 왼손을 베개처럼 오른팔의 팔꿈치 밑
에 받치고 글씨를 쓰는 방법.
¶ ~으로 작은 글씨를 쓰다.

♣ **다음 낱말 풀이에 알맞은 한자(漢字)를 쓰시오.** ▶정답은 462쪽

1.왕법　（　　　　　　）

법을 잘못 해석하거나 적용함.
¶로마 황제는 ~으로 사람을 처형했다.

2.왕림　（　　　　　　）

남이 자기 있는 곳으로 찾아옴을 높여 이르는 말.
¶귀하의 ~을 바랍니다.

3.왜옥　（　　　　　　）

낮고 조그마한 집.
¶ ~을 마련하였다.

4.외람　（　　　　　　）

하는 짓이 분수에 지나치다.
¶~오나 저의 소견을 말씀드립니다.

5.외잡　（　　　　　　）

음탕하고 난잡하다.
¶말할 수 없이 ~한 광경을 보았다.

6.요절　（　　　　　　）

젊은 나이에 죽음.
¶한창 때에 ~하였다.

7.요요　（　　　　　　）

나이가 젊고 아름답다.
¶ ~한 새색시!

8.집요　（　　　　　　）

몹시 고집스럽고 끈질기다.
¶ ~한 노력.

9.요조　（　　　　　　）

여자의 행동이 얌전하고 정숙하다.
¶자부 되는 사람도 어찌나 ~하고 효성스럽던지.

10.요호　（　　　　　　）

도자기, 벽돌, 기와 따위의 흙을 구워 물건을 만드는 일에 종사하는 사람. 또는 그런 집.
¶그는 ~에서 일하고 있다.

11.등요　（　　　　　　）

산등성이 비탈길에 굴 모양으로 길게 만든 가마.
¶ ~에서 도자기를 구웠다.

12.요행　（　　　　　　）

①행복을 바람. ②뜻밖에 얻는 행운.
¶그는 ~을 바라고 복권을 샀다.

13.요부　（　　　　　　）

살림이 넉넉하다.
¶그 당시 ~한 살림이었지요.

14.요설　（　　　　　　）

쓸데없이 말을 많이 함.
¶개미 쳇바퀴 돌듯 그 얘기가 그 얘기요 ~ 이외 아무것도 아니지 않은가.

15.요지　（　　　　　　）

오목하게 들어간 곳.
¶ ~에서 넘어질 뻔했다.

16.요초　（　　　　　　）

불러서 맞아들임.
¶ ~합니다.

17.요란　（　　　　　　）

시끄럽고 떠들썩함.
¶돼지는 오늘따라 아침이 늦어선지 더욱 ~을 떨었다.

18.소요　（　　　　　　）

여럿이 떠들썩하게 들고일어남. 또는 그런 술렁 거림과 소란.
¶꺽정이가 소매를 뿌리치고 ~ 떨지 말라고 소리를 쳤다.

19.용천　（　　　　　　）

①물이 솟아나는 샘. ②왕성하게 발생함을 비유적으로 이르는 말.
¶ ~지대.

♣ **다음 낱말 풀이에 알맞은 한자(漢字)를 쓰시오.** ▶정답은 463쪽

1. 무용총 (　　　　　　)

　중국의 만주 지린 성(吉林省) 지안 현(集安縣) 루산(如山) 산 남쪽에 있는, 고구려 때의 무덤.
　¶ ~의 벽화가 유명하다.

2. 우후 (　　　　　　)

　시대에, 각 도에 둔 병마절도사와 수군절도사를 보좌하는 일을 맡아보던 무관 벼슬.
　¶그는 ~가 되었다.

3. 경운기 (　　　　　　)

　동력을 이용하여, 논밭을 갈아 일구어 흙덩이를 부수는 기계.
　¶ ~로 밭을 갈다.

4. 용청 (　　　　　　)

　귀를 솟구어 듣는다는 뜻으로, 열중하여 귀담아 들음을 이르는 말.
　¶저의 말을 ~해 주셔서 감사합니다.

5. 부용 (　　　　　　)

　부용을 그리거나 수놓은 방장(房帳).
　¶방안에 ~장을 치다.

6. 우여곡절 (　　　　　　)

　뒤얽혀 복잡하여진 사정.
　¶ ~을 거듭하다.

7. 우거 (　　　　　　)

　남의 집이나 타향에서 임시로 몸을 붙여 삶. 또는 그런 집.
　¶남의 집에 ~하다.

8. 우화시 (　　　　　　)

　동식물이나 기타 사물을 의인화하여 쓴 시.
　¶그는 ~를 써서 시대를 풍자했다.

9. 우이 (　　　　　　)

　해가 돋는 곳.
　¶ ~에서 해가 돋았다.

10. 우범 (　　　　　　)

　범죄를 저지를 우려가 있음.
　¶ ~ 지역.

11. 녹용 (　　　　　　)

　새로 돋은 사슴의 연한 뿔.
　¶ ~이 몸에 좋다고 사람들이 찾는다.

12. 우제 (　　　　　　)

　초우(初虞), 재우(再虞), 삼우(三虞)를 통틀어 이름.
　¶ ~를 지냈다.

13. 용동 (　　　　　　)

　두렵거나 놀라서 몸을 솟구쳐 뛰듯 움직임.
　¶ ~되었다.

14. 운성 (　　　　　　)

　지구의 대기권 안으로 들어와 빛을 내며 떨어지는 작은 물체.
　¶ ~이 떨어진다.

15. 운명 (　　　　　　)

　사람의 목숨이 끊어짐.
　¶형은 오랜 객지 생활로 아버지의 ~을 보지 못했다.

16. 운읍 (　　　　　　)

　눈물을 흘리면서 욺.
　¶ ~하였다.

17. 유인원 (　　　　　　)

　유인원과의 원숭이를 통틀어 이르는 말.
　¶진화론은 ~에서 사람이 발전되었다는 것이다.

18. 견원지간 (　　　　　　)

　개와 원숭이의 사이라는 뜻으로, 사이가 매우 나쁨.
　¶그들은 ~이다.

19. 원귀 (　　　　　　)

　원통하게 죽어 한을 품고 있는 귀신.
　¶ ~가 씌다.

♣ **다음 낱말 풀이에 알맞은 한자(漢字)를 쓰시오.**

1.위미　（　　　　　　）

시들고 느른해짐.
¶ 늦가을 햇살 속으로 눈에 보이는 모든 사물은 점점 ~해 가는 듯 보였다.

2.유자　（　　　　　　）

유자나무의 열매.
¶ ~를 따다.

3.유화　（　　　　　　）

상대편을 너그럽게 용서하고 사이 좋게 지냄.
¶ ~ 메시지를 보내다.

4.유린　（　　　　　　）

남의 권리나 인격을 짓밟음.
¶인권이 ~되고 있다.

5.유쾌　（　　　　　　）

즐겁고 상쾌하다.
¶ ~한 기분이다.

6.야유　（　　　　　　）

남을 빈정거려 놀림. 또는 그런 말이나 몸짓.
¶ ~를 보내다.

7.직유법　（　　　　　　）

비슷한 성질이나 모양을 가진 두 사물을 '같이', '처럼', '듯이'와 같은 연결어로 결합하여 직접 비유하는 수사법.
¶ 그 글은 ~이 사용되었다.

8.유시　（　　　　　　）

관청 따위에서 국민을 타일러 가르침. 또는 그런 문서.
¶민란이 점점 번져 나가는데도 조정에서 내려 보낸 ~에는 백성들의 요구에 대한 언급이 없었다.

9.개유　（　　　　　　）

사리를 알아듣도록 잘 타이름.
¶ ~하다.

10.유기　（　　　　　　）

놋그릇.
¶안성의 ~는 예로부터 유명하다.

11.진유　（　　　　　　）

구리에 아연을 10~45% 넣어 만든 합금. 놋쇠.
¶ ~를 시주하다.

12.쾌유　（　　　　　　）

병이나 상처가 깨끗이 나음. 늑전유(痊癒).
¶ ~를 기원하다.

13.유착　（　　　　　　）

사물들이 서로 깊은 관계를 가지고 결합하여 있음.
¶정경~.

14.아유　（　　　　　　）

남의 환심을 사거나 잘 보이려고 알랑거리는 것. 아첨.
¶ ~를 떤다.

15.유영　（　　　　　　）

물속에서 헤엄치며 놂.
¶금붕어가 물 속에서 ~하고 있다.

16.융의　（　　　　　　）

철릭과 주립으로 된 옛 군복.
¶무신들이 임금을 모실 때 ~를 입었다.

17.융적　（　　　　　　）

중국에서 서쪽 오랑캐와 북쪽 오랑캐를 아울러 이르던 말.
¶ ~을 융이라고도 한다.

18.융단　（　　　　　　）

양털 따위의 털을 표면에 보풀이 일게 짠 두꺼운 모직물.
¶앞에 빨간색 ~이 깔려있었다.

♣ **다음 낱말 풀이에 알맞은 한자(漢字)를 쓰시오.**　　　　▶정답은 463쪽

1. 음관　　（　　　　　　）

과거를 거치지 아니하고 조상의 공덕에 의하여 맡은 벼슬. 또는 그런 벼슬아치.
¶그는 ~으로 관직에 나갔다.

2. 음보　　（　　　　　　）

조상의 덕으로 벼슬을 얻음.
¶과거를 거치지 않고 ~하는 것은 시문에만 매달리지 않고도 관직에 나가는 길을 열어 주었다

3. 읍양　　（　　　　　　）

읍하는 예를 갖추면서 사양함.
¶세자는 나이 겨우 10세인데도, 용모가 옥처럼 부드럽고 ~과 보추(步趨)가 예절에 맞더라.

4. 응수　　（　　　　　　）

①선물 따위를 받음. ②책임이나 의무를 짐.
¶물건을 ~했다.

5. 우의　　（　　　　　　）

부용을 그리거나 수놓은 방장(房帳).
¶방안에 ~장을 치다.

6. 정의　　（　　　　　　）

친구 사이의 정의(情誼).
¶ ~를 돈독히 하다.

7. 의자　　（　　　　　　）

사람이 걸터앉는 데 쓰는 기구. 보통 뒤에 등받이가 있고 종류가 다양하다.
¶ ~에 걸터앉다.

8. 의작　　（　　　　　　）

모방하여 만듦.
¶그는 시를 ~했다.

9. 의성어　（　　　　　　）

사물의 소리를 흉내 낸 말.
¶'멍멍, 우당탕' 등의 말을 ~라고 한다.

10. 의연　　（　　　　　　）

의지가 굳세어서 끄떡없다.
¶ ~한 태도를 갖다.

11. 이약　　（　　　　　　）

'보약'을 한방에서 이르는 말.
¶ ~을 처방하다.

12. 이완　　（　　　　　　）

바짝 조였던 정신이 풀려 늦추어짐.
¶긴장의 ~.

13. 이모　　（　　　　　　）

어머니의 여자 형제.
¶우리 외가에는 ~가 여럿 있다.

14. 이여　　（　　　　　　）

서로 너니 나니 하고 부르며 허물없이 말을 건넴. 또는 그런 사이.
¶ 그녀와 나는 ~하는 사이이다.

15. 이시　　（　　　　　　）

앞에서 이미 이야기한 시간상의 어떤 점이나 부분.
¶ ~에 선생님이 나타나다.

16. 익일　　（　　　　　　）

어느 날의 뒤에 오는 날. 다음날.
¶ ~ 택배.

17. 인대　　（　　　　　　）

관절의 뼈 사이와 관절 주위에 있는 결합 조직.
¶ ~가 늘어난다.

18. 구인　　（　　　　　　）

빈모강의 환형동물을 통틀어 이르는 말. =지렁이.
¶비 온 뒤에 ~은 몸을 말린다.

19. 인후염　（　　　　　　）

감기 따위로 인하여 인후 점막에 생기는 염증.
¶감기로 인해 ~에 걸렸다.

1. 인멸　(　　　)

자취도 없이 모두 없어짐. 또는 그렇게 없앰.
¶증거가 ~되다.

2. 일민　(　　　)

①세상을 등지고 숨어 사는 백성. ②달아나는 백성.
¶그들은 ~이 되었다.

3. 일혈　(　　　)

신체의 조직 사이에 일어나는 내출혈. 혈관계에서 혈액 성분이 나와 피부 표면에 무늬가 진다.
¶뇌에서 ~이 일어나면 위험하다.

4. 잉태　(　　　)

①임신.
②어떤 사실이나 현상이 내부에서 생겨 자라남.
¶민족적 비극의 ~.

5. 잉여　(　　　)

쓰고 난 후 남은 것.
¶~농산물.

6. 잉수　(　　　)

남은 수.
¶~가 있다.

7. 자상　(　　　)

찬찬하고 자세하다.
¶그 사람은 ~하게 설명해 주었다.

8. 회자　(　　　)

동식물이나 기타 사물을 의인화하여 쓴 시.
¶그는 ~를 써서 시대를 풍자했다.

9. 적철　(　　　)

회와 구운 고기라는 뜻으로, 칭찬을 받으며 사람의 입에 자주 오르내림을 이르는 말.
¶그 노래는 오늘날까지 많은 사람 사이에 널리 ~되고 있다.

10. 자장　(　　　)

간장에다 쇠고기를 넣고 조린 반찬. 장조림
¶~을 반찬으로 먹었다.

11. 청자　(　　　)

푸른 빛깔의 자기.
¶~ 화병.

12. 도자기　(　　　)

질그릇, 사기그릇 따위를 통틀어 이르는 말.
¶~ 공장.

13. 하자　(　　　)

어떤 물건의 이지러지거나 깨지거나 상한 자국. 흠.
¶이것은 ~없는 물건입니다.

14. 자당　(　　　)

사탕수수, 사탕무 따위의 식물에 들어 있는 이당류.
¶~이 들어있다.

15. 감자　(　　　)

볏과의 여러해살이풀. =사탕수수.
¶~의 줄기를 짜서 설탕을 만든다.

16. 자자　(　　　)

여러 사람의 입에 오르내려 떠들썩하다.
¶명성이 ~하다.

17. 위자료　(　　　)

불법 행위로 인하여 생기는 손해 가운데 정신적 고통이나 피해에 대한 배상금.
¶~를 청구하다.

18. 공작　(　　　)

꿩과의 새.
¶~은 꼬리가 화려하다.

19. 작보　(　　　)

까치가 지저귀는 소리로, 길조를 이르는 말.
¶~가 울리는 구나.

♣ **다음 낱말 풀이에 알맞은 한자(漢字)를 쓰시오.** ►정답은 463쪽

1. 작수불입 (   )

    한 모금의 물도 넘기지 못한다는 뜻으로, 음식을
    조금도 먹지 못함을 이르는 말.
    ¶그녀는 심한 입덧으로 몇 일째 ~하고 누워있
    다.

2. 잠영 (   )

    ①관원이 쓰던 비녀와 갓끈.②지위가 높은 벼슬
    아치
    ¶누대(屢代) ~의 권문의 후예이며 조부 명양공
    은 경상 평안 감사를 거쳐 이조 판서에 이른 대
    관이다.

3. 작작 (   )

    꽃이 핀 모양이 몹시 화려하고 찬란하다.
    ¶봄 동산 온화한 기운에 ~한 꽃향기가 난만함은
    그 구름이 없어지고 그 바람이 그친 연고이라

4. 의장 (   )

    천자(天子)나 왕공(王公) 등 지위가 높은 사람이
    행차할 때에 위엄을 보이기 위하여 격식을 갖추
    어 세우는 병장기(兵仗器)나 물건.
    ¶ ~을 갖추다.

5. 단장 (   )

    짧은 지팡이.
    ¶중절모를 쓰고 ~을 짚은 노인이 힘겹게 산을
    오른다.

6. 저작근 (   )

    음식을 씹는 작용을 맡은 근육.
    ¶ ~은 턱관절의 움직여서 운동한다.

7. 잔교 (   )

    절벽과 절벽 사이에 높이 걸쳐 놓은 다리.
    ¶낭떠러지에 ~를 설치하다.

8. 잔대 (   )

    술잔을 받치는 데 쓰는 그릇. 탁반(托盤).
    ¶ ~를 받들어 올리다.

9. 잠간 (   )

    훈계하여 간함.
    ¶ ~하다.

10. 잠계 (   )

    깨우쳐 훈계함.
    ¶ ~하다.

11. 작약화 (   )

    작약의 꽃.
    ¶작약의 꽃을 ~라고 한다.

12. 옥잠 (   )

    옥비녀.
    ¶연지 곤지 단장에 ~을 찌르고 칠보족두리를 쓰
    다.

13. 작발 (   )

    화약이 터짐.
    ¶불꽃놀이가 시작하자 ~하였다.

14. 의장 (   )

    의지하고 믿음.
    ¶그것이 외방(外方)의 세력을 ~한 만큼 자연한
    성숙이 아니었다.

15. 작작 (   )

    빠듯하지 아니하고 넉넉하다.
    ¶옷이 ~하다.

16. 장형 (   )

    오형 가운데 죄인을 큰 형장으로 볼기를 치던 형
    벌.
    ¶ ~을 내리다.

17. 장과 (   )

    과육과 액즙이 많고 속에 씨가 들어 있는 과실.
    ¶ ~를 먹다.

18. 장유 (   )

    간장, 또는 간장과 먹는 기름을 아우르는 말.
    ¶고기를 ~에 찍어 먹다.

19. 장미 (   )

    장맛.
    ¶그 집의 ~가 일품이다.

♣ **다음 낱말 풀이에 알맞은 한자(漢字)를 쓰시오.**   ▶정답은 463쪽

1.장태　(　　　　　　　　)

장을 담그려고 마련한 콩.
¶늦은 가을이 되면 할머니는 메주를 쑤어 장 담글 요량으로 ~를 두어 말씩이나 삶곤 하셨다.

2.공장　(　　　　　　　　)

수공업에 종사하던 장인.
¶ ~은 관장과 사장으로 나뉜다.

3.거장　(　　　　　　　　)

예술, 과학등 어느 일정 분야에서 특히 뛰어난 사람.
¶미술계의 ~.

4.장간　(　　　　　　　　)

돛대.
¶배에 ~을 달다.

5.장미　(　　　　　　　　)

장미과 장미속의 관목을 통틀어 이르는 말.
¶ ~한 다발.

6.잔재　(　　　　　　　　)

쓰고 남은 찌꺼기.
¶봉건주의의 ~를 청산하다.

7.서재　(　　　　　　　　)

서적을 갖추어 두고 책을 읽거나 글을 쓰는 방.
¶아버지의 ~에는 책이 가득하다.

8.삼재　(　　　　　　　　)

육부에서의 세번째인 '호부(戶部)'를 달리 이르는 말.
¶대감은 ~에서 일을 했다.

9.쟁쟁　(　　　　　　　　)

여러 사람 가운데서 매우 뛰어나다.
¶ ~한 인물

10.관저　(　　　　　　　　)

범죄를 저지를 우려가 있음.
¶ ~ 지역.

11.저촉　(　　　　　　　　)

서로 부딪치거나 모순됨.
¶선거법에 ~되는지 알아보고 있는 중이다.

12.저격　(　　　　　　　　)

일정한 대상을 노려서 치거나 총을 쏨.
¶ ~ 사건이 일어났다.

13.저격병　(　　　　　　　　)

은폐 진지(隱蔽陣地)에서 적을 저격하는 임무를 맡은 병사.
¶ ~되었다.

14.저작　(　　　　　　　　)

음식을 입에 넣고 씹음.
¶개구리를 삼키는 뱀의 면밀한 ~.

15.저돌적　(　　　　　　　　)

앞뒤를 생각하지 않고 내닫거나 덤비는 것.
¶그의 타고난 ~ 괴력을 알고 있었다.

16.주저　(　　　　　　　　)

눈물을 흘리면서 욺.
¶ ~하였다.

17.시저　(　　　　　　　　)

수저.
¶상에 ~가 놓여 있다.

18.형적　(　　　　　　　　)

사물의 형상과 자취를 아울러 이르는 말.
¶ ~을 감추다.

19.북적　(　　　　　　　　)

중국 사람들이 북쪽에 사는 족속들을 멸시한 말.
¶ ~이 쳐들어 왔다.

20.적실　(　　　　　　　　)

정실(正室).
¶ ~로 들어오다.

♣ **다음 낱말 풀이에 알맞은 한자(漢字)를 쓰시오.**　　　　　▶정답은 463쪽

1. 적출 　（　　　　　）

정실에서 난 자식.
¶ ~로 난 아들이 둘이나 있다더라.

2. 적서 　（　　　　　）

적자와 서자, 또는 적파와 서파를 아울러 이르는
말. ¶ ~ 차별을 철폐하다.

3. 적선 　（　　　　　）

벌을 받아 인간 세계로 쫓겨 내려온 선인(仙人).
¶정철의 관동별곡에서는 자신을 ~으로 말하였
다.

4. 적중 　（　　　　　）

귀양살이를 하고 있는 동안.
¶정약용은 ~에도 많은 저술을 남겼다.

5. 전주 　（　　　　　）

인물을 심사하여 적당한 벼슬 자리에 배정함.
¶임금님은 ~를 하였다.

6. 전제 　（　　　　　）

불필요한 것을 잘라서 없애 버림.
¶ ~하다.

7. 전민 　（　　　　　）

근심이나 걱정으로 가슴을 태움. 또는 근심과 걱
정.
¶ ~하다.

8. 화전 　（　　　　　）

꽃전
¶진달래 꽃잎으로 ~을 부치다.

9. 전전반측 （　　　　　）

누워서 몸을 이리저리 뒤척이며 잠을 이루지 못
함.
¶밤새도록 잠 못 이루고 ~하다.

10. 개전 　（　　　　　）

행실이나 태도의 잘못을 뉘우치고 마음을 바르게
고쳐먹음.
¶ ~의 정을 보이다.

11. 전도 　（　　　　　）

나라의 서울을 정함.
¶이성계는 개경에서 한양으로 ~하였다.

12. 석전 　（　　　　　）

석전제. 음력 2월과 8월의 상정일(上丁日)에 문
묘(文廟)에서 공자에게 지내는 제사.
¶문묘에서 ~을 행하다.

13. 전색 　（　　　　　）

메어서 막힘. 또는 메어서 막음.
¶여우굴을 ~하다.

14. 전각 　（　　　　　）

호패에 새긴 글자를 색으로 메우던 일.
¶ ~하다.

15. 충전 　（　　　　　）

메워서 채움.
¶ ~하다.

16. 침전제 （　　　　　）

용액 가운데 어떤 특정 물질을 침전시키기 위하
여 쓰는 시약.
¶과학실험을 하면서 ~를 사용하였다.

17. 침전물 （　　　　　）

용액 속에서 화학 변화가 일어날 때에, 물에 잘
용해되지 아니하여 생긴 반응 생성물.
¶ ~이 생기다.

18. 전주 　（　　　　　）

본문의 뜻을 설명한 주석.
¶ ~를 달다.

19. 처방전 （　　　　　）

처방의 내용을 적은 종이.
¶의사의 ~을 보고 진단하다.

♣ **다음 낱말 풀이에 알맞은 한자(漢字)를 쓰시오.**　　　　　　　▶정답은 463쪽

1. 전송　（　　　　　　　　）

서운하여 잔치를 베풀고 작별하여 보냄.
¶ ~을 나오다.

2. 전각　（　　　　　　　　）

나무, 돌, 금옥 따위에 인장을 새김. 또는 그런
글자.
¶바위에 ~글자가 많다.

3. 전액　（　　　　　　　　）

전자체로 쓴 현판이나 비갈(碑碣)의 제액(題額).
¶집의 현판에 ~이 걸렸다.

4. 전자　（　　　　　　　　）

한자 글씨체의 하나. 대전(大篆)과 소전(小篆)의
두 가지가 있다.
¶ ~를 배우다.

5. 전방　（　　　　　　　　）

물건을 늘어놓고 파는 가게. 늑전포(廛舖).
¶ ~을 차리다.

6. 철물전　（　　　　　　　　）

철물점.
¶철사를 사러 ~에 갔다.

7. 전대　（　　　　　　　　）

돈이나 물건을 넣어 허리에 매거나 어깨에 두르
기 편하도록 만든 자루.
¶허리에 ~를 차고 장사하다.

8. 전족　（　　　　　　　　）

중국의 옛 풍습의 하나. 여자의 엄지발가락 이외
의 발가락들을 어릴 때부터 발바닥 방향으로 접
어 넣듯 힘껏 묶어 헝겊으로 동여매어 자라지 못
하게 한 일이나 그런 발을 이른다.
¶그녀들은 ~으로 발이 자라지 못했다.

9. 모전　（　　　　　　　　）

짐승의 털로 색을 맞추고 무늬를 놓아 두툼하게
짠 부드러운 요.
¶ ~을 깔고 잔다.

10. 전동　（　　　　　　　　）

구르거나 굴려 움직임.
¶ ~하다.

11. 전말　（　　　　　　　　）

처음부터 끝까지 일이 진행되어 온 경과.
¶사태의 ~을 밝히다.

12. 전복　（　　　　　　　　）

뒤집혀 엎어짐. 또는 뒤집어 엎음.
¶국가 ~ 음모.

13. 전간　（　　　　　　　　）

간질병.
¶ ~이 걸렸다.

14. 절단　（　　　　　　　　）

자르거나 베어서 끊음.
¶ ~ 부위를 봉합하다.

15. 절편　（　　　　　　　　）

좌표 평면 상의 직선이 x축과 만나는 점의 x좌
표 및 y축과 만나는 점의 y좌표를 통틀어 이르
는 말.
¶ ~을 구하시오.

16. 점력　（　　　　　　　　）

끈끈하고 차진 힘이나 기운.
¶점토가 건조되면 ~이 떨어진다.

17. 점토　（　　　　　　　　）

크기가 1/256mm보다 작은 암석 부스러기. 알갱
이.
¶ ~로 조형물을 만들다.

18. 점성　（　　　　　　　　）

차지고 끈끈한 성질.
¶국이 ~이 있다.

19. 점윤　（　　　　　　　　）

비나 이슬 따위에 젖어서 불음.
¶ ~하게 되었다.

♣ **다음 낱말 풀이에 알맞은 한자(漢字)를 쓰시오.**　　　　　　▶정답은 463쪽

1.정보　(　　　　　　　)

땅 넓이의 단위.
¶농토 10~.

2.주정　(　　　　　　　)

술에 취하여 정신없이 말하거나 행동함.
¶~이 심하다.

3.압정　(　　　　　　　)

대가리가 크고 촉이 짧아서 흔히 손가락으로 눌러 박는 쇠못.
¶~으로 벽에 고정시켰다.

4.정신대　(　　　　　　)

태평양 전쟁 때 일본 제국주의 군대의 종군 위안부로 끌려간 여성들을 이르는 말.
¶~에 강제로 끌려간 여성들을 보상 해 줘야 한다.

5.정제　(　　　　　　　)

가루나 결정성 약을 뭉쳐서 눌러 둥글넓적한 원판이나 원추 모양으로 만든 약제.
¶~한 약을 먹다.

6.장정　(　　　　　　　)

책의 겉장이나 면지(面紙), 도안, 색채, 싸개 따위의 겉모양을 꾸밈.
¶금박 ~을 하였다.

7.영정　(　　　　　　　)

사람의 얼굴을 그린 족자
¶조부의 ~을 모신 사당.

8.정국　(　　　　　　　)

어지럽던 나라를 태평하게 함.
¶영웅이 ~하였다.

9.정난공신　(　　　　　　)

조선 단종 1년(1453)에 안평 대군, 김종서, 황보인 등을 제거한 공로로 수양 대군, 정인지, 한명회 등 43인에게 내린 훈호(勳號).
¶~의 시호를 내리다.

10.제우　(　　　　　　　)

형제 사이나 어른과 어린이 사이에 우애가 두터움.
¶~가 있다.

11.제전　(　　　　　　　)

비탈에 사다리처럼 층층이 일구어 만든 논밭.
¶~을 만들어서 가꾸다.

12.제조　(　　　　　　　)

우는 새. 또는 새의 울음소리.
¶~소리가 들리다.

13.제읍　(　　　　　　　)

소리를 높여 욺.
¶아이가 더욱 ~하였다.

14.제설　(　　　　　　　)

말이 발로 차고 이로 물어뜯음.
¶~하다.

15.인제군　(　　　　　　)

강원도 중앙에 있는 군. 지금은 북쪽 일부가 휴전선 이북에 있다.
¶강원도 ~은 눈이 많이 온다.

16.조흔　(　　　　　　　)

손톱이나 발톱 따위에 긁힌 자국.
¶호랑이를 만났다고 하더니 ~이 났구나.

17.조망권　(　　　　　　)

먼 곳을 바라볼 수 있는 권리.
¶~을 빼앗다.

18.조애　(　　　　　　　)

험하고 좁음.
¶길이 ~하다.

19.적조　(　　　　　　　)

서로 연락이 끊겨 오랫동안 소식이 막힘.
¶그동안 ~했던 이유를 그녀에게 설명했다.

1.조악　(　　　　　　)

거칠고 나쁘다.
¶ ~한 필체.

2.조안　(　　　　　　)

별다른 큰 탈이 없이 대체로 편안함.
¶한 순간의 ~이 아닐까.

3.조수입　(　　　　　　)

필요한 경비를 빼지 않은 수입. 조수입에서 경비를 뺀 것이 소득이다.
¶ ~은 500만원이 넘을 것이다.

4.조락　(　　　　　　)

초목의 잎 따위가 시들어 떨어짐.
¶ ~의 계절이다.

5.조박　(　　　　　　)

학문이나 서화·음악 따위에서, 옛사람이 다 밝혀서 지금은 새로운 의의가 없는 것을 이르는 말.
¶소위 공맹의 도학을 ~만 핥는 무리가 아닐까.

6.육조　(　　　　　　)

고려·조선 시대에, 국가의 정무(政務)를 나누어 맡아보던 여섯 관부(官府). 이조, 호조, 예조, 병조, 형조, 공조를 이른다.
¶ ~판서를 모아라.

7.법조인　(　　　　　　)

일반적으로 법률 사무에 종사하는 사람. =법조(法曹)
¶ ~을 불러서 자문을 구하다.

8.조운　(　　　　　　)

배로 물건을 실어 나름.
¶조세로 받은 물품을 서울로 ~하다.

9.조창　(　　　　　　)

고려·조선 시대에, 세곡(稅穀)의 수송과 보관을 위하여 강가나 바닷가에 지어 놓은 곳집.
¶ 고려시대에 ~은 10곳 정도 있었다.

10.조우　(　　　　　　)

신하가 뜻에 맞는 임금을 만남.
¶그는 정체불명의 집단들과 ~했다.

11.조난　(　　　　　　)

항해나 등산 따위를 하는 도중에 재난을 만남.
¶설악산에 폭설이 내려 등산객들이 ~을 당했다.

12.욕조　(　　　　　　)

목욕을 할 수 있도록 물을 담는 용기.
¶ ~에 몸을 담그다.

13.정화조　(　　　　　　)

두렵거나 놀라서 몸을 솟구쳐 뛰듯 움직임.
¶ ~되었다.

14.조밀　(　　　　　　)

촘촘하고 빽빽하다.
¶인구가 ~하다.

15.조소　(　　　　　　)

비웃음.
¶ ~ 퍼붓다.

16.조율　(　　　　　　)

대추와 밤을 아울러 이르는 말.
¶폐백할 때 ~을 신랑 신부에게 던져 준다.

17.조서　(　　　　　　)

임금의 명령을 일반에게 알릴 목적으로 적은 문서.
¶왕이 ~를 내려 명하다.

18.조칙　(　　　　　　)

조서(詔書).
¶~을 내리다.

19.조추　(　　　　　　)

초가을
¶~이 되자 날이 선선해 졌다.

♣ **다음 낱말 풀이에 알맞은 한자(漢字)를 쓰시오.**   ▶정답은 463쪽

1.조급　(　　　　　　　　)

참을성이 없이 몹시 급하다.
¶ ~한 성격.

2.조급증　(　　　　　　　　)

조급해하는 버릇이나 마음.
¶ ~이 나다.

3.조류　(　　　　　　　　)

하등 은화식물의 한 무리. 물속에 살면서 엽록소
로 동화 작용을 한다.
¶ ~는 포자에 의해 번식한다.

4.해조류　(　　　　　　　　)

바다에서 나는 조류를 통틀어 이르는 말. =해조
¶ ~가 피부에 좋다.

5.좌기　(　　　　　　　　)

기세가 꺾임. 또는 기세를 꺾음.
¶ ~되다.

6.졸지　(　　　　　　　　)

갑작스러운 판국.
¶ ~에 사정이 뒤바뀌었다.

7.종적　(　　　　　　　　)

없어지거나 떠난 뒤에 남는 자취나 형상.
¶ ~이 묘연하다.

8.종용　(　　　　　　　　)

잘 설득하고 달래어 권함.
¶관옥이 결사적으로 거절하자, 그는 ~을 포기했
다.

9.종기　(　　　　　　　　)

피부가 곪으면서 생기는 큰 부스럼. 늑종(腫)·종
물
¶ ~가 나다

10.종창　(　　　　　　　　)

곪거나 부스럼 따위가 나서 부어오름. 또는 그
상처. 대개 종양이나 염증이 있을 때 나타난다.
¶ ~이 나다.

11.접종　(　　　　　　　　)

발꿈치를 접한다는 뜻으로, 남의 뒤에 바싹 붙어
서 따름을 이르는 말.
¶요즘은 교통사고가 ~하는 형편이다.

12.족자　(　　　　　　　　)

그림이나 글씨 따위를 벽에 걸거나 말아 둘 수
있도록 양 끝에 가름대를 대고 표구한 물건.
¶벽에 ~한 작품 두개가 걸려있다.

13.주살　(　　　　　　　　)

죄를 물어 죽임.
¶머지않아 거적들은 하늘의 ~을 면치 못할 것이
오.

14.주륙　(　　　　　　　　)

죄인을 죽임. 또는 죄로 몰아 죽임.
¶토벌대는 이상의 고시에 의거하여 그 책임을
현범의 촌읍에 돌려 ~을 가하였다.

15.주술　(　　　　　　　　)

불행이나 재해를 막으려고 주문을 외거나 술법을
부리는 일.
¶ ~을 걸다.

16.저주　(　　　　　　　　)

남에게 재앙이나 불행이 일어나도록 빌고 바람.
¶ ~를 내리다.

17.주예　(　　　　　　　　)

자신의 세대에서 여러 세대가 지난 뒤의 자녀를
통틀어 이르는 말. 후손.
¶나의 ~들이여.

18.명주　(　　　　　　　　)

명주실로 무늬 없이 짠 피륙.
¶ ~저고리.

19.주역　(　　　　　　　　)

실마리를 끌어내어 찾아냄.
¶ ~을 찾다.

♣ 다음 낱말 풀이에 알맞은 한자(漢字)를 쓰시오.

1. 준이 (　　　　)

벌레 따위가 꾸물꾸물 움직임.
¶ ~하다.

2. 즐판 (　　　　)

유즐동물 빗살해파리강이 가진 독특한 기관. =빗판.
¶해파리는 ~을 가지고 있다.

3. 주공 (　　　　)

공손한 태도를 가짐.
¶ ~을 가지고 모시다.

4. 주공 (　　　　)

학업이나 일 따위를 힘써 함.
¶형은 ~하였다.

5. 사주 (　　　　)

남을 부추겨 좋지 않은 일을 시킴.
¶ ~를 받다.

6. 주방 (　　　　)

음식을 만들거나 차리는 방.
¶ ~ 딸린 셋방.

7. 포주 (　　　　)

푸줏간. 쇠고기, 돼지고기 따위의 고기를 파는 가게.
¶ ~를 차렸다.

8. 준공 (　　　　)

공사를 다 마침.
¶황룡사는 17년 만에 ~되었다.

9. 준사 (　　　　)

사업을 끝마침.
¶ ~하였다.

10. 준동 (　　　　)

벌레 따위가 꿈적거린다는 뜻으로, 불순한 세력이나 보잘것없는 무리가 법석을 부림을 이르는 말.
¶일본 수군의 ~이 반드시 또 한 번 크게 있을 거다.

11. 걸주 (　　　　)

중국 하나라의 걸왕(桀王)과 은나라의 주왕(紂王)을 아울러 이르는 말. 폭군의 대명사.
¶하늘에 찬 죄는 ~보다 더하다.

12. 즐린 (　　　　)

골어류 비늘로 한쪽 가장자리가 톱니 또는 빗살 모양이며, 그 표면이 이빨과 같은 것이 많이 있다.
¶ ~의 모양이 특이하다.

13. 폭주 (　　　　)

수레의 바퀴통에 바퀴살이 모이듯 한다는 뜻으로, 한곳으로 많이 몰려듦을 이르는 말. =폭주병진.
¶전화가 ~하다.

14. 즐풍목우 (　　　　)

머리털을 바람으로 빗질하고 몸은 빗물로 목욕한다는 뜻으로, 오랜 세월을 객지에서 방랑하며 온갖 고생을 다 함을 이르는 말.
¶전국 각지를 떠돌아다니느라 ~하다.

15. 즙재 (　　　　)

즙을 짜낸 뒤에 남은 찌꺼기.
¶ ~까지 먹었다.

16. 담즙 (　　　　)

쓸개즙.
¶ ~이 몸에 좋다고 사람들이 먹는다.

17. 과실즙 (　　　　)

과일즙.
¶ ~이 몸에 좋다.

18. 복지 (　　　　)

행복한 삶.
¶ ~를 누리다.

19. 노인복지 (　　　　)

고령자의 복지를 위한 사회 보장 제도.
¶지금은 ~에 힘써야 할 때이다.

♣♣ **다음 낱말 풀이에 알맞은 한자(漢字)를 쓰시오.**　　　　　　▶정답은 464쪽

1. 지간　（　　　　　）

   팔다리와 몸을 아울러 이르는 말
   ¶~을 중요시 한다.

2. 사지　（　　　　　）

   두 팔과 두 다리를 통틀어 이르는 말.
   ¶~를 뻗다.

3. 지실　（　　　　　）

   덜 익은 탱자를 썰어 말린 약재. 성질은 약간 차
   고, 가래를 없애며 배뇨 작용과 적취(積聚)를 다
   스린다.
   ¶가래가 있는 환자에게 ~을 처방하였다.

4. 지척　（　　　　　）

   아주 가까운 거리.
   ¶~에 두고 찾다.

5. 진지　（　　　　　）

   마음 쓰는 태도나 행동 따위가 참되고 착실하다.
   ¶~한 대화.

6. 발진　（　　　　　）

   열(熱)로 피부에 작은 좁쌀 같은 것이 돋는 일.
   ¶~증상이 나타나다.

7. 진언　（　　　　　）

   성내어 꾸짖는 말.
   ¶~을 하다.

8. 질책　（　　　　　）

   꾸짖어 나무람.
   ¶~을 당하다.

9. 질곡　（　　　　　）

   옛 형구인 차꼬와 수갑을 아울러 이르는 말.
   ¶~의 세월.

10. 질책　（　　　　　）

    여러 권으로 한 벌을 이루는 책.
    ¶한쪽에는 고서(古書)의 ~이 가지런히 쌓여 있
    다.

11. 경질　（　　　　　）

    어떤 직위에 있는 사람을 다른 사람으로 바꿈.
    ¶임원 ~.

12. 차질　（　　　　　）

    발을 헛디디어 넘어짐.
    ¶~이 생기다.

13. 질투　（　　　　　）

    샘을 내다.
    ¶~가 나다.

14. 조짐　（　　　　　）

    좋거나 나쁜 일이 생길 기미가 보이는 현상.
    ¶~이 심상치 않다.

15. 십장　（　　　　　）

    일꾼들을 감독·지시하는 우두머리.
    ¶현장 감독들인 ~들이 시키는 대로 일을 했다.

16. 징수　（　　　　　）

    맑고 깨끗한 물.
    ¶~에서 사는 물고기.

17. 교차　（　　　　　）

    서로 엇갈리거나 마주침.
    ¶만감의 ~.

18. 차상　（　　　　　）

    서로 엇걸려 있는 모양.
    ¶무늬가 ~을 이루고 있다.

19. 차석　（　　　　　）

    애달프고 아까움.
    ¶그런 일을 당하다니 내 마음이 ~하다.

20. 착박　（　　　　　）

    답답할 정도로 매우 좁다.
    ¶~한 자취방.

♣ 다음 낱말 풀이에 알맞은 한자(漢字)를 쓰시오.　　　　　▶정답은 464쪽

1.착취　（　　　　　）

계급 사회에서 생산 수단을 소유한 사람이 생산 수단을 갖지 않은 직접 생산자로부터 그 노동의 성과를 무상으로 취득함. 또는 그런 일.
¶경제적 ~.

2.착유　（　　　　　）

젖소, 염소, 양 따위의 젖을 짬. 또는 그런 일.
¶목장에서 ~하다.

3.굴착　（　　　　　）

땅이나 암석 따위를 파고 뚫음.
¶굴착 ~.

4.찬술　（　　　　　）

책이나 글을 지음.
¶저자는 ~ 동기를 머리말에 밝혔다

5.찬정　（　　　　　）

시문(詩文)을 지어서 골라 정함.
¶ ~하다.

6.찬집　（　　　　　）

사실을 수집하여 기록함. 또는 그렇게 하여 엮은 책.
¶이번 ~으로 그 사건에 대한 자료들을 모으는 일은 일단 마무리하기로 하였다.

7.반찬　（　　　　　）

밥에 곁들여 먹는 음식을 통틀어 이르는 말.
¶ ~투정을 하다.

8.찬용　（　　　　　）

반찬거리를 사는 데 드는 비용.
¶집들이를 하면 ~이 만만찮게 든다.

9.성찬　（　　　　　）

풍성하게 잘 차린 음식.
¶ ~을 베풀다.

10.찬집　（　　　　　）

자료를 모아 분류하고 일정한 기준 밑에 순서를 세워 책을 엮음. 또는 그 책.
¶ ~하다.

11.마찰　（　　　　　）

두 물체가 서로 닿아 비벼짐. 또는 그렇게 함.
¶ ~에 의해 열이 생겼다.

12.안찰　（　　　　　）

목사나 장로 등이 기도받는 사람의 몸을 어루만지거나 두드리는 일.
¶ ~을 받다.

13.찰과상　（　　　　　）

무엇에 스치거나 문질러서 살갗이 벗겨진 상처.
¶가벼운 ~을 입었다.

14.병참　（　　　　　）

군사 작전에 필요한 인원과 물자를 관리, 보급, 지원하는 일.
¶ ~을 하다.

15.참람　（　　　　　）

분수에 넘쳐 너무 지나치다.
¶풍신수길은 ~하게 전하라는 칭호를 받으려 하였다.

16.참회　（　　　　　）

자기의 잘못에 대하여 깨닫고 깊이 뉘우침.
¶ ~의 눈물.

17.참서　（　　　　　）

미래의 일에 대한 주술적 예언을 기록한 책.
¶ ~에 먼 훗날 동방에서 성인이 태어난다고 했다.

18.참언　（　　　　　）

앞일의 길흉화복에 대하여 예언하는 말.
¶세상이 난세라 별의별 ~들이 나돌았다.

19.참훼　（　　　　　）

거짓으로 꾸며서 남을 헐뜯어 말함.
¶ ~하다.

432

1. 참소　（　　　　　　　　　）

남을 헐뜯어서 죄가 있는 것처럼 꾸며 윗사람에게 고하여 바침.
¶임금 선조는 김 귀인의 ~를 들었다.

2. 창의　（　　　　　　　　　）

국난을 당하였을 때 나라를 위하여 의병을 일으킴.
¶나라를 구하기 위하여 ~의 깃발을 높이 들었다

3. 창녀　（　　　　　　　　　）

돈을 받고 몸을 파는 일을 직업으로 하는 여자.
¶사창가에 ~들이 있다.

4. 공창　（　　　　　　　　　）

관청의 허가를 받고 매음 행위를 하는 여자.
¶조선시대의 ~들 중에 명기들이 있었다.

5. 창궐　（　　　　　　　　　）

못된 세력이나 전염병 따위가 세차게 일어나 걷잡을 수 없이 퍼짐.
¶허파를 파먹고 들어가는 폐균의 ~을 어찌할꼬.

6. 창포　（　　　　　　　　　）

천남성과의 여러해살이풀.
¶단오날 ~물에 머리 감는다.

7. 창검　（　　　　　　　　　）

창과 검을 아울러 이르는 말.
¶전쟁 때는 한밤에도 ~이 부딪치는 소리가 들려온다.

8. 창종　（　　　　　　　　　）

피부에 생기는 온갖 부스럼을 통틀어 이르는 말.
¶~을 치료하다.

9. 두창　（　　　　　　　　　）

머리에 나는 부스럼을 통틀어 이르는 말.
¶~이 나서 큰 곤욕을 치렀다.

10. 선창　（　　　　　　　　　）

물가에 다리처럼 만들어 배가 닿을 수 있게 한 곳.
¶가을부터는 ~하역에 인부 자리가 많이 생긴다.

11. 조병창　（　　　　　　　　　）

병기를 만드는 공장.
¶~이 활성화 된 것은 전쟁 때문이다.

12. 팽창　（　　　　　　　　　）

부풀어서 부피가 커짐.
¶부피 ~.

13. 창만　（　　　　　　　　　）

물이 불어 넘칠 만큼 가득 참.
¶만유 시원의 ~한 허(虛)를 아는가?

14. 목채　（　　　　　　　　　）

울짱. 말뚝 따위를 죽 잇따라 박아 만든 울타리
¶~를 두르다.

15. 철책　（　　　　　　　　　）

쇠로 만든 울타리.
¶~을 둘러치다.

16. 처량　（　　　　　　　　　）

마음이 구슬퍼질 정도로 외롭거나 쓸쓸하다.
¶가을 풀벌레 소리가 ~하기만 하다.

17. 처절　（　　　　　　　　　）

몹시 처량함.
¶누구 하나 들릴 리 없는 외딴집에서 ~히 외쳤다

18. 척추　（　　　　　　　　　）

등골뼈로 이루어진 등마루
¶~를 다치다.

19. 척강　（　　　　　　　　　）

등골뼈가 뻣뻣하여 몸을 뒤로 돌리지 못하는 증상.
¶~이 생기다.

20. 척수　（　　　　　　　　　）

척추의 관 속에 있는 중추 신경.
¶~가 매우 중요하다.

♣ 다음 낱말 풀이에 알맞은 한자(漢字)를 쓰시오.　　　　▶정답은 464쪽

1. 척수막 （　　　　　）

척수를 싸고 있는 섬유로 된 막.
¶~을 보호한다.

2. 훼척 （　　　　　）

너무 슬퍼하여 몸이 바짝 마르고 쇠약해짐.
¶~해 지다.

3. 척박 （　　　　　）

땅이 기름지지 못하고 몹시 메마르다.
¶식물이 ~한 환경에서는 자라지 못합니다.

4. 세척 （　　　　　）

깨끗이 씻음.
¶이 세제는 ~ 효과가 뛰어나다.

5. 척탕 （　　　　　）

더러운 것이나 나쁜 것을 말끔히 없앰.
¶도적들을 ~하다.

6. 척사 （　　　　　）

윷놀이.
¶명절에 ~놀이를 한다.

7. 척살 （　　　　　）

내던져 죽임.
¶그는 ~당했다.

8. 천공 （　　　　　）

구멍을 뚫음. 또는 구멍이 뚫림.
¶벽을 ~하다.

9. 관천 （　　　　　）

꿰뚫는다는 뜻으로, 학문에 널리 통함을 이르는 말.
¶천문을 ~했다.

10. 천식 （　　　　　）

①'숨결'을 예스럽게 이르는 말. ②기관지 경련이 일어나는 병을 이르는 말.
¶그녀는 ~에 걸려 고생을 하고 있다.

11. 천단 （　　　　　）

제 마음대로 처단함.
¶그는 ~을 했다.

12. 천명 （　　　　　）

진리나 사실, 입장 따위를 드러내어 밝힘.
¶세상에 ~하였다.

13. 철요 （　　　　　）

볼록함과 오목함.
¶톱니바퀴는 ~의 형식으로 맞물려있다.

14. 요철 （　　　　　）

오목함과 볼록함.
¶~이 많은 비포장도로.

15. 서류철 （　　　　　）

여러 가지 서류를 한데 모아 매어 두게 만든 도구.
¶~을 만들다.

16. 철환천하 （　　　　　）

수레를 타고 천하를 돌아다닌다는 뜻으로, 세계 각지를 여행함을 이르는 말.
¶공자가 교화를 위해 중국을 ~하였다.

17. 첨위 （　　　　　）

'여러분'을 문어적으로 이르는 말.
¶사회 인사 ~의 열성이 모인 탑입니다.

18. 첨지 （　　　　　）

나이 많은 남자를 낮잡아 이르는 말.
¶~는 소만 사면 마치 자식처럼 이름을 부른다.

19. 첨소 （　　　　　）

아첨하여 웃음.
¶~를 띠며 말을 했다.

20. 아첨 （　　　　　）

남의 환심을 사거나 잘 보이려고 알랑거리는 것.
¶윗사람에게 ~을 떨다.

♣ 다음 낱말 풀이에 알맞은 한자(漢字)를 쓰시오.　　　　▶정답은 464쪽

1. 첨유 　（　　　　　　　　）

아첨 또는 아첨을 잘하는 사람.
¶그의 ~는 알아준다.

2. 추첨 　（　　　　　　　　）

제비를 뽑음.
¶경품을 위한 ~을 시작 하겠습니다.

3. 첩자 　（　　　　　　　　）

권리나 의무, 사실 따위를 증명하는 문서.
¶ ~를 제출하였다.

4. 화첩 　（　　　　　　　　）

그림을 모아 엮은 책.
¶고흐의 ~을 공개했다.

5. 첩부 　（　　　　　　　　）

발라서 붙임.
¶편지를 ~하였다.

6. 첩보 　（　　　　　　　　）

싸움에 이겼다는 소식이나 보고.
¶초조하게 걱정하며 ~를 기다리고 있다.

7. 첩경 　（　　　　　　　　）

지름길
¶성공에 이르는 ~이다

8. 첩보 　（　　　　　　　　）

서면으로 상관에게 보고함. 또는 그런 보고.
¶그의 ~가 도착했습니다.

9. 수첩 　（　　　　　　　　）

관청에서 알리는 글이나 문서 따위를 받음.
¶법원에서 보내온 증인 소환서를 ~하였다.

10. 청첩 　（　　　　　　　　）

청첩장(請牒狀).
¶ ~을 보내오다.

11. 첩운 　（　　　　　　　　）

여러 층으로 쌓인 구름.
¶저 멀리 ~이 보인다.

12. 첩서 　（　　　　　　　　）

글을 쓸 때에 잘못하여 같은 글자나 글귀를 거듭 씀.
¶예전의 책은 필사하였기 때문에 ~가 더러 있었다.

13. 첩종 　（　　　　　　　　）

조선 시대에, 열병(閱兵)할 때 군대를 모으려고 대궐 안에서 치던 큰 종.
¶ ~이 울리다.

14. 체읍 　（　　　　　　　　）

눈물을 흘리며 슬피 욺.
¶왕의 소리 없는 눈물이 ~ 소리로 변했다.

15. 요체 　（　　　　　　　　）

중요한 점.
¶국가 발전의 ~.

16. 초두 　（　　　　　　　　）

나무의 잔가지 끝.
¶ ~에 남은 나뭇잎 한 개.

17. 말초적 （　　　　　　　　）

본질적인 것이 아닌 부차적인. 또는 그런 것.
¶ ~ 현상이다.

18. 초식 　（　　　　　　　　）

벼슬아치가 녹봉으로 받던 쌀.
¶ ~으로 살았다.

19. 초연 　（　　　　　　　　）

화약의 연기.
¶ ~이 자욱한 전장.

20. 박초 　（　　　　　　　　）

초석(硝石)을 한 번 구워 만든 약재.
¶이뇨제로 ~를 사용한다.

1.초석 　（　　　　　　　）

질산칼륨.
¶검은색 화약, 성냥, 비료, 유리, 유약, 산화제,
의약품 따위를 만드는 데 ~을 쓴다.

2.초면 　（　　　　　　　）

기름에 볶은 밀국수.
¶ ~을 즐겨 먹었다.

3.초췌 　（　　　　　　　）

병, 근심, 고생로 얼굴이나 몸이 여위고 파리함.
¶ ~한 몰골.

4.논총 　（　　　　　　　）

여러 편의 논문을 모아 놓은 책.
¶김 교수는 회갑에 제자들로부터 기념 ~을 받았
다.

5.총신 　（　　　　　　　）

임금의 총애를 받는 신하.
¶다산은 정조의 ~이었다.

6.암초 　（　　　　　　　）

남몰래 시문의 초고(草稿)를 지음.
¶ ~를 짓다.

7.식초 　（　　　　　　　）

액체 조미료의 하나
¶음식에 ~를 치다.

8.촉망 　（　　　　　　　）

잘되기를 바라고 기대함. 또는 그런 대상.

¶ ~을 받다.

9.위촉 　（　　　　　　　）

어떤 일을 남에게 부탁하여 맡게 함.
¶장관의 ~으로 심사 위원에 선정되다.

10.천마총 （　　　　　　　）

경상북도 경주시 황남동에 있는 신라 때의 고분
¶ ~은 신라 지증왕의 능으로 추정된다.

11.패총 　（　　　　　　　）

조개더미.
¶ ~에 유물들이 섞여 있어 귀중한 연구 자료가
된다.

12.총론 　（　　　　　　　）

관련 있는 여러 가지 논문, 논설, 논의, 문장 따
위를 모은 글.
¶문학~.

13.총중 　（　　　　　　　）

한 떼의 가운데.
¶ ~ 에서 뛰어 나왔다.

14.초동 　（　　　　　　　）

땔나무를 하는 아이.
¶산 중복쯤에서 여남은 살밖에 안 돼 보이는 ~
이 나뭇짐을 지고 내려오고 있었다.

15.파초 　（　　　　　　　）

파초과의 여러해살이풀.
¶줄기, 잎, 뿌리. 소갈, 황달의 치료와 외과의 약
재로 ~를 쓴다.

16.총우 　（　　　　　　　）

귀여워하고 사랑하여 특별히 대우함.
¶할아버지가 손녀를 ~하다.

17.촬요 　（　　　　　　　）

요점을 골라 간추림. 또는 그런 문서.
¶글을 ~하는 것이 어렵다.

18.추어 　（　　　　　　　）

기름종갯과의 민물고기. 미꾸라지
¶낚시꾼들이 ~탕을 해 먹는다.

19.추장 　（　　　　　　　）

원시 사회에서 생활 공동체를 통솔하고 대표하던
우두머리.
¶마을에서 ~의 말이 가장 영향력이 있다.

1. 추미　（　　　　　　）

꼴과 쌀이라는 뜻으로, 마소의 먹이와 사람의 식
량.
¶ ~로 생계를 유지하다.

2. 반추동물 （　　　　　　）

소화 형태상 한번 삼킨 먹이를 다시 게워 내어
씹는 특성을 가진 동물.
¶소는 ~동물이다.

3. 췌괘　（　　　　　　）

육십사괘의 하나. 태괘(兌卦)와 곤괘(坤卦)가 거
듭된 것으로 못이 땅 위에 있음을 상징한다.
¶점괘에 ~가 나왔다.

4. 입추지지 （　　　　　　）

송곳 하나 세울 만한 땅이란 뜻으로, 매우 좁아
조금의 여유도 없음을 이르는 말.
¶나는 ~도 없는 사람이다.

5. 췌장　（　　　　　　）

위의 아래쪽에 위치한 길이 15cm의 암황색 기
관. 이자액을 분비하여 십이지장으로 보낸다.
¶ ~이 아프다.

6. 추기경 （　　　　　　）

로마 가톨릭교회에서, 교황 다음가는 성직.
¶새해에 ~이 새해 인사말을 전했다.

7. 추기　（　　　　　　）

①중추가 되는 기관(機關) ②매우 중요한 사무나
정무. ③몹시 중요한 사물. 또는 사물의 중요한
부분.
¶ ~가 되다.

8. 방추　（　　　　　　）

물레에서 실을 감는 가락.
¶ ~를 움직여서 실을 뽑다.

9. 추락　（　　　　　　）

높은 곳에서 떨어짐.
¶방송 중에 ~ 사고가 일어났다.

10. 출당　（　　　　　　）

당원 명부에서 제명하고 당원의 자격을 빼앗음.
¶ ~ 조치를 하다.

11. 췌안　（　　　　　　）

여윈 얼굴.
¶고생을 하더니 ~이 되었구나.

12. 초췌　（　　　　　　）

병, 근심, 고생 따위로 얼굴이나 몸이 여위고 파
리함
¶ ~한 몰골.

13. 척추　（　　　　　　）

등골뼈로 이루어진 등마루.
¶ ~를 다쳤다.

14. 방추　（　　　　　　）

날이 네모난 송곳.
¶ ~로 고정하다.

15. 췌거　（　　　　　　）

처가살이
¶그는 ~를 하고 있다.

16. 췌언　（　　　　　　）

쓸데없는 군더더기 말.
¶알아서 잘 하니 ~을 할 필요가 없을 것이다

17. 가취　（　　　　　　）

시집가고 장가듦.
¶이제 ~할 나이이구나.

18. 취약　（　　　　　　）

무르고 약함.
¶안보 ~ 지대

19. 취병　（　　　　　　）

꽃나무의 가지를 이리저리 틀어서 문이나 병풍
모양으로 만든 물건.
¶ ~을 틀다.

♣ 다음 낱말 풀이에 알맞은 한자(漢字)를 쓰시오.

1. 비취색 (　　　　　　　　)

비취옥의 빛깔과 같이 곱고 짙은 푸른색.
¶~한복이 곱다.

2. 칙서 (　　　　　　　　)

임금이 특정인에게 훈계하거나 알릴 내용을 적은
글이나 문서. 칙조(勅詔).
¶상감마마의 ~가 내릴 때 되었습니다.

3. 측연 (　　　　　　　　)

보기에 가엾고 불쌍하다.
¶그 아이는 부모님이 안 계시니 ~하구나!

4. 치모 (　　　　　　　　)

비웃으면서 깔보거나 멸시함.
¶수준이 낮다고 ~당하였다.

5. 정문일침 (　　　　　　　　)

정수리에 침을 놓는다는 뜻으로, 따끔한 충고나
교훈을 이르는 말.
¶그는 ~한 말을 나에게 건넸다.

6. 경칩 (　　　　　　　　)

이십사절기의 하나. 우수(雨水)와 춘분(春分) 사
이에 들며, 양력 3월 5일경.
¶개구리가 겨울잠에서 깨어난다는 ~이 다가온
다.

7. 천치 (　　　　　　　　)

뇌에 장애나 질환이 있어 지능이 아주 낮고 정신
이 박약한 것. 또는 그런 사람. =백치
¶눈치코치도 없는 ~인가 보구나.

8. 치자 (　　　　　　　　)

어리석고 못난 사람.
¶내 행동은 ~같았다.

9. 백치 (　　　　　　　　)

뇌에 장애나 질환이 있어 지능이 아주 낮고 정신
이 박약한 것. 또는 그런 사람.
¶그녀는 ~처럼 흰자위를 굴리면서 그의 얼굴을
멀거니 보았다.

10. 구치 (　　　　　　　　)

말이나 수레를 타고 달림.
¶동란 때 종군이니 구국이니 해서 동서를 ~했
다.

11. 치열 (　　　　　　　　)

기세나 세력 따위가 불길같이 맹렬함.
¶앞으로 전쟁은 ~의 도를 더해 갈 것이다.

12. 비취옥 (　　　　　　　　)

반투명체로 된 짙은 푸른색의 윤이 나는 구슬.
¶~이 달린 노리개 구나.

13. 침저 (　　　　　　　　)

다듬잇방망이.
¶~소리가 낭낭하게 들려온다.

14. 침구술 (　　　　　　　　)

침과 뜸으로 병을 다스리는 치료 방법.
¶명의라서 ~이 대단하다.

15. 치질 (　　　　　　　　)

항문 안팎에 생기는 외과적 질병을 이르는 말.
¶~ 앓는 고양이 모양 같다.

16. 치교 (　　　　　　　　)

어리석고 못생긴 모양이나 태도.
¶~를 부리다.

17. 칭추 (　　　　　　　　)

저울추.
¶~가 무거워서 기울었다.

18. 불타 (　　　　　　　　)

부처.
¶~님께 소원을 빌다.

19. 타기 (　　　　　　　　)

①배의 키. ②배의 방향을 조정하는 기계.
¶~를 잘 다룬다.

♣ 다음 낱말 풀이에 알맞은 한자(漢字)를 쓰시오.　　　　　▶정답은 464쪽

1. 타수　（　　　　　　　）

선박에서 키를 맡아보는 선원.
¶ ~가 조종을 잘 해야 한다.

2. 타락　（　　　　　　　）

소의 젖. 백색으로 지방, 단백질, 칼슘, 비타민이
풍부하게 함유되어 있어 영양가가 높다.
¶낙타의 젖을 ~이라고도 한다.

3. 타기　（　　　　　　　）

업신여기거나 아주 더럽게 생각하여 돌아보지 않
고 버림.
¶ ~를 당하다

4. 타기　（　　　　　　　）

게으른 마음이나 기분.
¶ ~가 나다.

5. 타원　（　　　　　　　）

평면 위의 두 정점(定點)에서의 거리의 합이 언
제나 일정한 점의 자취.
¶ ~형을 그렸다.

6. 탁용　（　　　　　　　）

많은 사람 가운데 뽑아 씀.
¶회사에서 ~되었다.

7. 발탁　（　　　　　　　）

여러 사람 가운데서 쓸 사람을 뽑음.
¶새로운 인물들을 ~하였다.

8. 목탁　（　　　　　　　）

불공을 할 때나 사람들을 모이게 할 때 두드려
소리를 내는 기구.
¶산사에서 ~소리가 난다.

9. 순탄　（　　　　　　　）

성질이 까다롭지 않음.
¶ ~한 성격.

10. 탄복　（　　　　　　　）

①배를 깔고 엎드림. ②예전에 '사위'를 부르는
말.
¶ ~하여 뒹굴었다.

11. 탄로　（　　　　　　　）

숨긴 일을 드러냄.
¶본색이 ~ 나다.

12. 파탄　（　　　　　　　）

찢어져 터짐.
¶ ~위기를 가져왔다.

13. 탄복　（　　　　　　　）

두려워하여 복종함.
¶모든 신하들이 왕에게 ~하였다.

14. 탐탐　（　　　　　　　）

야심을 가지고 잔뜩 노리는 모양.
¶이방원이 ~한 야욕을 들어냈다.

15. 탑재　（　　　　　　　）

배, 비행기, 차 따위에 물건을 실음.
¶항공화물 ~를 마치고 이륙준비를 하다.

16. 탑승객　（　　　　　　　）

배나 비행기, 차 따위에 탄 손님.
¶ ~ 전원이 구조되다.

17. 질탕　（　　　　　　　）

신이 나서 정도가 지나치도록 흥겨움. 또는 그렇
게 노는 짓.
¶ ~을 치다.

18. 방탕　（　　　　　　　）

주색잡기에 빠져 행실이 좋지 못함.
¶ ~에 빠지다.

19. 음탕　（　　　　　　　）

음란하고 방탕함.
¶ ~한 마음을 품다.

♣ **다음 낱말 풀이에 알맞은 한자(漢字)를 쓰시오.**

1. 소탕　（　　　　　）

　휩쓸어 죄다 없애 버림.
　¶공비 소탕 작전.

2. 탕감　（　　　　　）

　빚이나 요금, 세금 따위의 물어야 할 것을 삭쳐 줌.
　¶농가 부채 ~을 썼다.

3. 도태　（　　　　　）

　물건을 물에 넣고 일어서 좋은 것만 골라내고 불필요한 것을 가려서 버림.
　¶사용하지 않으면 ~가 된다.

4. 사태　（　　　　　）

　산비탈이나 언덕 또는 쌓인 눈 따위가 비바람이나 충격 따위로 무너져 내려앉는 일.
　¶ ~가 나다.

5. 해태　（　　　　　）

　보라털과의 해초. 김.
　¶ ~를 뜯다.

6. 태형　（　　　　　）

　오형 가운데 죄인을 작은 형장으로 볼기를 치던 형.
　¶ ~으로 죄를 다스리다.

7. 태권　（　　　　　）

　태권도.
　¶ ~을 배우다.

8. 탱주　（　　　　　）

　버팀기둥.
　¶ ~가 무너지다.

9. 퇴적　（　　　　　）

　많이 덮쳐 쌓거나 쌓임. 또는 그런 것.
　¶교양 있는 사람이란 많은 지식의 ~을 가진 사람을 말하는 것이 아니오.

10. 터회　（　　　　　）

　마음속에 품은 생각을 털어놓고 이야기함.
　¶그 친구와 ~한다.

11. 터득　（　　　　　）

　깊이 생각하여 이치를 깨달아 알아냄.
　¶요령을 ~하다.

12. 휴지통　（　　　　　）

　못 쓰게 된 종이나 쓰레기 따위를 버리는 통.
　¶쓰레기로 가득 찬 ~을 비우다.

13. 화통　（　　　　　）

　기차, 기선, 공장 따위의 굴뚝.
　¶목소리가 뭐 그렇게 크니? ~을 삶아 먹었니?

14. 필통　（　　　　　）

　붓이나 필기구 따위를 꽂아 두는 통.
　¶가방에서 ~을 꺼내다.

15. 우체통　（　　　　　）

　우편물을 넣기 위하여 여러 곳에 설치한 통.
　¶편지를 ~에 넣다.

16. 통절　（　　　　　）

　너무 슬퍼서 기절함.
　¶그녀는 놀라서 ~하였다.

17. 대퇴　（　　　　　）

　넓적다리.
　¶ ~에 난 상처를 치료하다.

18. 퇴색　（　　　　　）

　빛이나 색이 바램.
　¶사진이 ~하였다.

19. 지탱　（　　　　　）

　오래 버티거나 배겨 냄.
　¶분노와 고통은 글을쓰는 행동으로 ~이 되었다.

♣ 다음 낱말 풀이에 알맞은 한자(漢字)를 쓰시오. ▶정답은 464쪽

1. 철퇴 (   )

쇠몽둥이.
¶ ~를 내려치다.

2. 퇴세 (   )

쇠퇴하는 형세.
¶백제는 이때부터 ~가 오기 시작하였다.

3. 퇴운 (   )

쇠퇴하는 기운.
¶국가의 운명이 ~하고 있었다.

4. 질투 (   )

샘.
¶ ~가 나다.

5. 상투적 (   )

늘 써서 버릇이 되다시피 한. 또는 그런 것.
¶ ~ 표현이다.

6. 삼파전 (   )

셋이 어우러져 싸움. 또는 그런 싸움.
¶ ~의 양상을 띠다.

7. 파초 (   )

파초과의 여러해살이풀.
¶ ~를 키우다.

8. 소파 (   )

체표면(體表面) 또는 체강(體腔) 표면의 연조직을
긁어내는 일.
¶ ~수술.

9. 노파 (   )

늙은 여자
¶허리가 구부러진 ~가 찾아 왔다.

10. 파행 (   )

절뚝거리며 걸음.
¶ ~ 국회.

11. 파행적 (   )

이나 계획 따위가 순조롭지 못하고 이상하게 진
행되어 가는. 또는 그런 것.
¶ ~ 상황.

12. 판공비 (   )

공무 처리에 드는 비용. 그런 명목으로 주는 돈.
¶기업들이 ~로 지출하는 비용에 문제가 있다.

13. 패연 (   )

비나 폭포 따위가 쏟아지는 모양이 매우 세차다.
¶소나기가 앞이 안 보이도록 ~하게 쏟아졌다.

14. 패물 (   )

사람의 몸치장으로 차는, 귀금속로 만든 장식물.
¶언니도 그만한 값에 해당하는 ~을 예물로 받았
다.

15. 패륜아 (   )

인간으로서 마땅히 할 도리에 어그러지는 행동을
하는 사람.
¶그는 ~이다.

16. 패찰 (   )

철도의 단선 구간에서 기차가 충돌하는 일이 없
도록 하기 위하여 역장이 열차 기관사에게 교부
하는, 통행을 허락하는 표.
¶ ~을 보여주다.

17. 문패 (   )

주소, 이름 따위를 적어서 대문 위나 옆에 붙이
는 작은 패.
¶ ~를 달다.

18. 패반 (   )

곡식 중 피로 지은 밥.
¶ ~도 해 먹기 힘들다.

19. 패사 (   )

패관이 소설과 같은 형식으로 꾸며서 쓴 역사얘
기.
¶ ~를 읽다.

♣ 다음 낱말 풀이에 알맞은 한자(漢字)를 쓰시오.

1.패관문학 (　　　　　)

민간에서 수집한 이야기에 창의성과 윤색을 더한 산문 문학. 뒤에 소설 발달의 모태가 되었다.
¶수이전은 우리나라의 ~문학이다.

2.팽대 (　　　　　)

세력이나 기운 따위가 크게 늘어나거나 퍼짐.
¶외적인 ~보다는 내실을 다져야 한다.

3.팽윤 (　　　　　)

고분자 화합물이 용매를 흡수하여 부피가 늘어나는 일.
¶물체가 ~되었다.

4.도포 (　　　　　)

예전에, 통상 예복으로 입던 남자의 겉옷. 소매가 넓고 등 뒤에는 딴 폭을 댄다.
¶~ 자락.

5.편달 (　　　　　)

채찍으로 때림.
¶지도 ~ 부탁드립니다.

6.편강 (　　　　　)

뒤얽혀 복잡하여진 사정.
¶~을 거듭하다.

7.편적 (　　　　　)

벼슬의 등급을 떨어뜨림.
¶그는 이민 관직이 ~되었다.

8.부평초 (　　　　　)

위에 떠 있는 풀이라는 뜻으로, 정처 없이 떠돌아다니는 신세를 이르는 말.
¶보따리장수들은 ~처럼 떠돌이 생활을 하였다.

9.폐사 (　　　　　)

쓰러져 죽음.
¶어패류가 ~하였다.

10.수포 (　　　　　)

물거품.
¶~가 일다.

11.포효 (　　　　　)

사나운 짐승이 울부짖음.
¶짐승의 ~하는 소리.

12.포정 (　　　　　)

백정.
¶~들이 사는 동네이다.

13.포세 (　　　　　)

예전에, 가축을 잡는 데에 물리던 세금.
¶~를 치렀다.

14.편취 (　　　　　)

남을 속이어 재물이나 이익 따위를 빼앗음.
¶아랫사람의 물건을 ~하였다.

15.창포 (　　　　　)

천남성과의 여러해살이풀.
¶단오날 ~물에 머리감는다.

16.포망 (　　　　　)

피하여 도망감.
¶그녀와 함께 ~하기로 하였다.

17.포탈 (　　　　　)

도망하여 피함.
¶세금을 ~하였다.

18.포육 (　　　　　)

동물이 새끼를 먹여 기름.
¶개가 ~하다.

19.포전 (　　　　　)

채소밭.
¶집 뒤 공터에 ~을 가꾸다.

1. 포복　（　　　　　　　）

배를 땅에 대고 김.
¶질펀한 황토 능선을 ~으로 기어가다.

2. 포육　（　　　　　　　）

얇게 저미어서 양념을 하여 말린 고기.
¶ ~을 뜨다

3. 포상　（　　　　　　　）

칭찬하고 장려하여 상을 줌.
¶군인이 ~ 휴가를 나오다.

4. 포폄　（　　　　　　　）

옳고 그름이나 선하고 악함을 판단하여 결정함.
¶재판관의 ~을 믿는다.

5. 폭포수　（　　　　　　　）

절벽에서 곧장 쏟아져 내리는 물줄기.
¶ ~가 떨어지다.

6. 폭양　（　　　　　　　）

뜨겁게 내리쬐는 볕을 쬠. 또는 그 볕.
¶7월의 ~을 피하다.

7. 표절　（　　　　　　　）

시나 글, 노래 따위를 지을 때에 남의 작품의 일
부를 몰래 따다 씀.
¶남의 작품을 ~하면 벌을 받는다..

8. 표략　（　　　　　　　）

남을 협박하여 빼앗음.
¶그 사람에게 ~이 안 통한다.

9. 표한　（　　　　　　　）

성질이 급하고 사납다
¶그는 힘이 쎄고 마음이 ~하다.

10. 표박　（　　　　　　　）

고향을 떠나 정처없이 떠돌아다님.
¶그의 ~생활이 시작되었다.

11. 품의　（　　　　　　　）

웃어른이나 상사에게 말이나 글로 여쭈어 의논
함.
¶개혁안을 황제에게 ~하여, 이튿날 반포하였다.

12. 품결　（　　　　　　　）

웃어른이나 상사에게 여쭈어 처결함.
¶대책 안을 ~하였다.

13. 풍간　（　　　　　　　）

완곡한 표현으로 잘못을 고치도록 말함.
¶군주의 자중을 바라는 백성들의 ~으로 황제에
게 전했던 것이다.

14. 풍자　（　　　　　　　）

남의 결점을 다른 것에 빗대어 비웃으면서 폭로
하고 공격함.
¶그들의 이야기는 나에 대한 ~로 가득 차 있다.

15. 피력　（　　　　　　　）

생각하는 것을 털어놓고 말함.
¶수상 소감의 ~하였다.

16. 필목　（　　　　　　　）

필로 된 무명, 광목, 당목 따위를 통틀어 이르는
말.
¶부피도 적지 않은 봇짐을 놓고 있는 꼴이 ~ 장
수인 듯싶다.

17. 결핍　（　　　　　　　）

있어야 할 것이 없어지거나 모자람.
¶이 사회는 사랑이 ~되어있다.

18. 핍진　（　　　　　　　）

①실물과 아주 비슷하다. ②사정이나 표현이 진
실하여 거짓이 없다.
¶조선으로 침략해 들어온 왜적들이 사정을 ~하
게 그렸다.

19. 하자　（　　　　　　　）

흠.
¶ ~없는 물건.

443

♣ **다음 낱말 풀이에 알맞은 한자(漢字)를 쓰시오.**

1. 하이 (　　　　　　　)

멀고 가까움. 원근(遠近).
¶공술이라면 ~을 가리지 않고 찾아다니는 것이었다

2. 하해 (　　　　　　　)

새우젓.
¶김치에는 ~를 적당히 넣어야 맛있다.

3. 하마 (　　　　　　　)

청개구릿과의 하나. 청개구리
¶말을 안 듣는 사람을 ~라고 한다.

4. 학질 (　　　　　　　)

말라리아.
¶ ~을 앓다

5. 해학 (　　　　　　　)

익살스럽고도 품위가 있는 말이나 행동.
¶ ~이 넘치는 재담

6. 구학 (　　　　　　　)

언덕과 골짜기를 아울러 이르는 말.
¶ ~에서 숨어 지냈다.

7. 희한 (　　　　　　　)

매우 드물거나 신기하다.
¶ ~한 일이구나.

8. 한용 (　　　　　　　)

사납고 용맹하다.
¶장군의 ~에 적군이 쓰러졌다.

9. 한척 (　　　　　　　)

때 묻은 옷을 빪.
¶어머니는 내 옷을 ~해 주셨다.

10. 직할 (　　　　　　　)

중간에 다른 기구나 조직을 통하지 아니하고 직접 관할함.
¶ ~ 부대에서 근무하다.

11. 관할 (　　　　　　　)

일정한 권한에 의하여 통제하거나 지배함. 또는 그런 지배가 미치는 범위.
¶우리 지역의 ~ 경찰서이다.

12. 함척 (　　　　　　　)

수준 측량을 할 때에 높낮이를 재는 자. 얇은 나무나 쇠붙이로 만들며 길이는 2~5미터이다.
¶ ~이다.

13. 국기함 (　　　　　　　)

나라를 상징하는 태극기와 같은 것을 넣을 수 있도록 네모지게 만든 통.
¶현충일에 걸었던 태극기를 ~에 다시 넣었다.

14. 함영 (　　　　　　　)

물속에서 팔다리를 놀리며 떴다 잠겼다 하는 짓. 무자맥질.
¶해녀들이 ~하다.

15. 함양 (　　　　　　　)

능력이나 품성을 기르고 닦음.
¶인격 ~에 도움이 된다.

16. 함성 (　　　　　　　)

여러 사람이 함께 지르는 고함 소리.
¶ ~을 지르다.

17. 고함 (　　　　　　　)

북을 치면서 여러 사람이 함께 큰 소리를 지름.
¶ ~을 치며 행진했다.

18. 봉함 (　　　　　　　)

편지를 봉투에 넣고 봉함. 또는 그 편지.
¶밀서를 ~해서 보낸다.

19. 함고 (　　　　　　　)

빠짐없이 모두 일러바침.
¶김상궁은 희빈의 죄를 중전에게 ~하였다.

♣ **다음 낱말 풀이에 알맞은 한자(漢字)를 쓰시오.**　►정답은 465쪽

1. 함륵 　(　　　　　)

　말을 부리기 위하여 아가리에 가로 물리는 가느
　다란 막대. 재갈.
　¶말에게 ~를 하고 행차를 했다.

2. 함자 　(　　　　　)

　남의 이름자를 높여 이르는 말.
　¶부친의 ~는 어떻게 되십니까?

3. 직함 　(　　　　　)

　①벼슬의 이름. ②직책이나 직무의 이름.
　¶공식 ~은 어떻게 되십니까?

4. 함거 　(　　　　　)

　예전에, 죄인을 실어 나르던 수레.
　¶그는 ~를 타고 가는 신세가 되었다.

5. 합자 　(　　　　　)

　홍합이나 섭조개를 말린 어물.
　¶안주로 ~가 나왔다.

6. 홍합 　(　　　　　)

　홍합과의 조개.
　¶ ~으로 만든 국물은 속을 시원하게 해준다.

7. 찬합 　(　　　　　)

　층층이 포갤 수 있는 서너 개의 그릇을 한 벌로
　하여 만든 음식 그릇. 흔히 나들이할 때나 음식
　을 따로 나를 때 쓴다.
　¶어머니는 김밥을 ~에 차곡차곡 담아 주셨다.

8. 탈항 　(　　　　　)

　직장 점막 또는 직장 벽이 항문으로부터 빠지는
　증상.
　¶ ~된다.

9. 해태 　(　　　　　)

　게으름.
　¶그는 ~하였다.

10. 해후 　(　　　　　)

　오랫동안 헤어졌다가 뜻밖에 다시 만남.
　¶감격적인 ~였다.

11. 해락 　(　　　　　)

　여러 사람이 함께 즐김.
　¶파티에서 ~하였다.

12. 해백 　(　　　　　)

　정확하고 분명하다.
　¶ ~한 논거를 제시하였다.

13. 해어 　(　　　　　)

　서로 마음을 털어놓고 정답게 하는 이야기.
　¶ ~를 나누었다.

14. 해화 　(　　　　　)

　서로 잘 어울림.
　¶악기들이 서로 ~하였다.

15. 진해 　(　　　　　)

　기침을 그치게 하는 일.
　¶이 약은 ~에 도움을 준다.

16. 해천 　(　　　　　)

　기침과 천식을 아울러 이르는 말.
　¶ ~증을 앓다.

17. 해괴 　(　　　　　)

　크게 놀랄 정도로 매우 괴이하고 야릇하다.
　¶ ~한 생각을 하다.

18. 탄핵 　(　　　　　)

　죄상을 들어서 책망함.
　¶대통령이 ~을 당하다.

19. 향도 　(　　　　　)

　같은 세기, 높이, 길이로 내는 각각의 소리의 잘
　들리는 정도. 울림도.
　¶ ~가 같다.

♣ **다음 낱말 풀이에 알맞은 한자(漢字)를 쓰시오.**

1. 향연 (　　　　　)

특별히 융숭하게 손님을 대접하는 잔치.
¶ ~을 베풀다.

2. 향식 (　　　　　)

누에가 잠에서 깬 뒤 처음으로 뽕잎을 줌. 또는
그 뽕잎.
¶농촌에서 ~하다.

3. 취허 (　　　　　)

남이 잘한 것을 과장되게 칭찬하여 천거함.
¶ ~하다.

4. 헐가 (　　　　　)

그 물건의 원래 가격보다 훨씬 싼 값.
¶그 물건을 ~에 들여왔다.

5. 협의 (　　　　　)

어떤 말의 개념을 정의할 때에, 좁은 의미.
¶그리스의 민주주의는 ~의 민주주의였다.

6. 간헐류 (　　　　　)

큰비가 오거나 우기에만 골짜기를 흐르는 내.
¶폭우 때만 마른 내에 ~가 흐르다.

7. 현기증 (　　　　　)

어지러운 기운이 나는 증세.
¶ ~이 나다.

8. 현란 (　　　　　)

눈이 부시도록 찬란함.
¶옷차림의 ~에 정신이 다 나갈 정도이다.

9. 형극 (　　　　　)

①나무의 온갖 가시. ②고난.
¶ ~의 길을 헤쳐 나가다

10. 협사 (　　　　　)

호방하고 의협심이 있는 사람.
¶그는 ~이다.

11. 협사 (　　　　　)

사사로운 정을 둠.
¶ ~를 가지고 있었다.

12. 협부 (　　　　　)

양쪽에서 부축함.
¶할아버지는 ~를 하며 올라오셨다.

13. 협박 (　　　　　)

땅이 좁고 메마르다.
¶그 곳은 ~하다.

14. 간헐 (　　　　　)

얼마 동안의 시간 간격을 두고 되풀이하여 일어
났다 쉬었다 함.
¶ ~적 공격을 하다.

15. 협심증 (　　　　　)

심장부에 갑자기 일어나는 심한 동통(疼痛)이나
발작 증상.
¶그가 ~을 앓고 있었다.

16. 협골 (　　　　　)

광대뼈.
¶서양인들은 ~이 두드러졌다.

17. 홍협 (　　　　　)

붉은 빛을 띤 뺨.
¶그녀는 ~을 감추며 부끄러워했다.

18. 협객 (　　　　　)

호방하고 의협심이 있는 사람.
¶지금 자객으로 가는 사람은 ~으로 이름이 난
사람입니다.

19. 혜성 (　　　　　)

가스 상태의 빛나는 긴 꼬리를 끌고 태양을 초점
으로 긴 타원이나 포물선에 가까운 궤도를 그리
며 운행하는 천체.
¶헬리라는 이름을 가진 ~이 나타났다.

♣ **다음 낱말 풀이에 알맞은 한자(漢字)를 쓰시오.**

1.혜망　（　　　　　　　）

혜성의 뒤에 꼬리같이 길게 끌리는 빛. 혜성의 핵에서 방출된 가스와 먼지가 태양풍과 태양의 광압에 의하여 태양 반대쪽으로 날려서 흩어진 것이다.
¶헬리혜성 뒤에 ~이 길게 이어졌다.

2.어혜　（　　　　　　　）

잉엇과의 민물고기. '끄리'의 북한 말.
¶~는 곤충을 잡아 먹는다.

3.호박　（　　　　　　　）

지질 시대 나무의 진 따위가 땅속에 묻혀서 탄소, 수소, 산소 따위와 화합하여 굳어진 누런색 광물.
¶우리나라 한복에 ~이 달리면 귀한 보석이 된다.

4.호미　（　　　　　　　）

여우의 눈썹이라는 뜻으로, 알씬거리며 아양을 떨고 아첨하는 모습을 비유적으로 이르는 말.
¶~스럽다.

5.구미호　（　　　　　　　）

꼬리가 아홉 개 달린 여우.
¶공포 영화의 주인공은 ~였다.

6.호선　（　　　　　　　）

활등 모양으로 굽은 선.
¶~을 그리며 날라간다.

7.산호　（　　　　　　　）

자포동물 산호충강의 산호류를 통틀어 이르는 말.
¶~초가 아릅답게 바닷 속을 장식했다.

8.호도　（　　　　　　　）

풀을 바른다는 뜻으로, 명확하게 결말을 내지 않고 일시적으로 감추거나 흐지부지 덮어 버림을 비유적으로 이르는 말.
¶흐지부지 넘기는 걸 ~라고 하는 건 알겠지?

9.호구지책　（　　　　　　　）

가난한 살림에서 그저 겨우 먹고살아 가는 방책.
¶~을 마련하다.

10.혼공　（　　　　　　　）

모두 꺼리거나 두려워함.
¶~한 상태이다.

11.혼신　（　　　　　　　）

온몸.
¶~의 힘을 쏟다.

12.혼연일체　（　　　　　　　）

생각, 행동, 의지 따위가 완전히 하나가 됨.
¶노사가 ~가 되어 위기를 극복하였다.

13.황홀　（　　　　　　　）

눈이 부시어 어릿어릿할 정도로 찬란하거나 화려함.
¶그녀를 보니 ~할 지경이다.

14.홍소　（　　　　　　　）

입을 크게 벌리고 웃거나 떠들썩하게 웃음.
¶~를 터뜨리다.

15.홍교　（　　　　　　　）

양쪽 끝은 처지고 가운데는 높여서 무지개모양 다리
¶우리 집 앞의 육교는 ~의 모양이다.

16.홍쟁　（　　　　　　　）

한 집단 안에서 일어나는 싸움.
¶~에 휘말리지 맙시다.

17.환액　（　　　　　　　）

벼슬길에 재앙으로 입는 불운.
¶그는 ~을 입었다.

18.환달　（　　　　　　　）

관리로서 출세하여 영화로움에 이름.
¶그는 ~하여 편안한 여생을 보냈다.

19.환관　（　　　　　　　）

내시.
¶~들 사이에서도 권력 다툼이 있다.

♣ **다음 낱말 풀이에 알맞은 한자(漢字)를 쓰시오.**

1.소환　（　　　　　　　　）

　　법원이 피고인, 증인, 변호인등 소송 관계인에게 소환장을 발부하여, 공판 기일이나 그 밖의 일정한 일시에 법원 또는 지정한 장소에 나올 것을 명령한 것
　　¶고위 관리들이 ~에 불응하였다.

2.환과고독　（　　　　　　　　）

　　늙어서 아내 없는 사람, 젊어서 남편 없는 사람, 어려서 어버이 없는 사람, 늙어서 자식 없는 사람을 아울러 이르는 말.
　　¶ ~을 방문하여 위문하다.

3.광활　（　　　　　　　　）

　　막힌 데가 없이 트이고 넓다.
　　¶ ~한 평원을 이루다.

4.교활　（　　　　　　　　）

　　간사하고 꾀가 많다.
　　¶ ~한 웃음을 띠다.

5.봉황　（　　　　　　　　）

　　예로부터 중국의 전설에 나오는, 상서로움을 상징하는 상상의 새.
　　¶ ~에 닭을 비교한다는 속담이 있다.

6.방황　（　　　　　　　　）

　　이리저리 헤매어 돌아다님.
　　¶잘 곳을 정하지 못해 거리에서 ~을 계속하였다.

7.황겁　（　　　　　　　　）

　　남의 집이나 타향에서 임시로 몸을 붙여 삶. 또는 그런 집.
　　¶남의 집에 ~하다.

8.황공　（　　　　　　　　）

　　위엄이나 지위 따위에 눌리어 두렵다.
　　¶모든 것이 너무 ~하여 몸 둘 바를 모르겠다.

9.황황　（　　　　　　　　）

　　번쩍번쩍 빛나서 밝다.
　　¶불빛이 ~하다.

10.황급　（　　　　　　　　）

　　몹시 어수선하고 급박하다.
　　¶ ~하게 말하다.

11.황홀　（　　　　　　　　）

　　눈이 부시어 어릿어릿할 정도로 찬란하거나 화려함.
　　¶나는 다시 ~ 속에 빠져 들었다.

12.황망　（　　　　　　　　）

　　마음이 몹시 급하여 당황하고 허둥지둥하는 것.
　　¶ ~하게 떠나다.

13.회굉　（　　　　　　　　）

　　마음이 너그럽고 도량이 크다.
　　¶천질(天質)이 ~하다.

14.회회　（　　　　　　　　）

　　넓고 크다.
　　¶ ~한 바다.

15.회삭　（　　　　　　　　）

　　그믐과 초하루를 아울러 이르는 말.
　　¶ ~이 되었다.

16.회언　（　　　　　　　　）

　　훈계하여 가르치는 말.
　　¶ ~을 하고 왔다.

17.교회　（　　　　　　　　）

　　잘 가르치고 타일러 지난날의 잘못을 깨우치게 함.
　　¶그 아이를 ~하다.

18.배회고면　（　　　　　　　　）

　　아무 목적도 없이 거닐면서 여기저기 돌아봄.
　　¶그는 멍하니 ~하였다.

19.회뢰　（　　　　　　　　）

　　뇌물을 주고받음. 또는 그 뇌물.
　　¶ ~ 혐의를 받다.

♣ 다음 낱말 풀이에 알맞은 한자(漢字)를 쓰시오.　　　　▶정답은 465쪽

1. 증회　（　　　　　　）
뇌물을 줌.
¶수사 과정에서 고위 공무원의 ~ 사실이 드러났다.

2. 생선회　（　　　　）
싱싱한 생선 살을 얇게 저며서 먹는 음식.
¶ ~를 뜨고 남은 뼈로는 매운탕을 끓인다.

3. 회구　（　　　　　）
그림을 그리는 데 쓰는 물감, 붓 따위를 통틀어 이르는 말.
¶ ~를 갖추고 떠났다.

4. 발효　（　　　　　）
효모나 세균 따위의 미생물이 유기 화합물을 분해하여 알코올류, 유기산류, 탄산가스 따위를 생기게함.
¶제대로 ~된 막걸리를 마시다.

5. 효시　（　　　　　）
어떤 사물이나 현상이 시작되어 나온 맨 처음을 비유적으로 이르는 말.
¶금오신화를 소설의 ~로 본다.

6. 해후　（　　　　　）
오랫동안 헤어졌다가 뜻밖에 다시 만남.
¶감격적인 ~.

7. 후관　（　　　　　）
냄새를 맡는 기관.
¶개는 ~이 발달된 동물이다.

8. 후각　（　　　　　）
냄새를 맡는 감각.
¶ ~이 발달하다.

9. 훈색　（　　　　　）
광물의 내부나 표면에서 볼 수 있는, 선이 분명하지 아니하고 보일 듯 말 듯 희미하고 엷은 무지개 같은 빛깔.
¶ ~이 보일 듯 말 듯 아름답게 비친다.

10. 훤화　（　　　　　）
시끄럽게 지껄이며 떠듦.
¶ "쉿, 조용히! ~를 금한다."

11. 화훼　（　　　　　）
화초(花草)
¶대규모 ~ 단지를 조성하다.

12. 휘보　（　　　　　）
한 계통을 종류별로 분류하여 모아서 알리는 기록.
¶잡지는 일종의 ~이다.

13. 만휘군상　（　　　　）
우주에 있는 온갖 사물과 현상. 삼라만상.
¶온 세상의 ~이 꿈속에서처럼 아름답기만 했다.

14. 휘하　（　　　　　）
장군의 지휘 아래. 또는 그 지휘 아래에 딸린 군사.
¶장군의 ~에 들다.

15. 긍휼　（　　　　　）
불쌍히 여겨 돌보아 줌.
¶ ~히 여겨 주세요.

16. 흉한　（　　　　　）
흉악한 짓을 하는 사람.
¶혼자서 60여 명을 참살하는 ~이었다.

17. 흉흉　（　　　　　）
물결이 세차고 물소리가 매우 시끄럽다.
¶시뻘건 황토물이 ~하게 물결을 치며 흘러간다.

18. 흔연　（　　　　　）
기쁘거나 반가워 기분이 좋다.
¶손님을 ~히 맞다.

19. 흔적기관　（　　　　）
생물의 기관 중 이전에는 쓸모가 있었으나 현재는 쓸모없이 흔적만 남아 있는 부분.
¶꼬리뼈는 ~이다.

449

♣ 다음 낱말 풀이에 알맞은 한자(漢字)를 쓰시오.　　　▶정답은 465쪽

1. 흠결 　(　　　　　)

일정한 수효에서 부족함이 생김. 또는 그런 부족.

¶미덕이 거의 ~이 없었으므로 왕위에 올랐다.

2. 흠향 　(　　　　　)

신명(神明)이 제물을 받아서 먹음.

¶모든 신은 아시어 ~하시고 그를 도와주소서.

3. 흡의 　(　　　　　)

마음에 흡족하다.

¶며느리가 ~하였다.

4. 흡람 　(　　　　　)

돌아다니며 여러 사물을 두루두루 봄.

¶아들은 견문을 넓히기 위해 우리나라를 ~하였다.

5. 흡사 　(　　　　　)

거의 같을 정도로 비슷한 모양.

¶아들의 눈이 아버지의 눈과 매우 ~하다.

6. 희생 　(　　　　　)

뒤얽혀 복잡하여진 사정.

¶ ~을 거듭하다.

7. 희생타 　(　　　　　)

다른 사람이나 어떤 목적을 위하여 자신의 목숨, 재산, 명예, 이익 따위를 바치거나 버리거나 빼앗김.

¶ ~을 무릅쓰다.

8. 힐문 　(　　　　　)

트집을 잡아 따져 물음.

¶그것은 거의 ~에 가까운 물음이었다.

9. 곤손 　(　　　　　)

내손의 아들. 또는 현손의 손자. 늑육대손

¶그 분의 ~이 그를 위해 비석을 세웠다.

10. 곤봉 　(　　　　　)

체조에 쓰는 기구의 하나.

¶ ~을 던지는 리듬체조가 있다.

11. 간질 　(　　　　　)

경련을 일으키고 의식 장애를 일으키는 발작 증상이 되풀이하여 나타나는 병.

¶ 다시 ~을 일으키듯 두 손이 비틀리며 경련했다.

12. 가상 　(　　　　　)

경사스러운 일이 일어날 조짐.

¶ ~하다.

13. 곤상 　(　　　　　)

고대에 천자(天子)가 입던 하의(下衣).

¶ ~에 금색실로 수가 놓여 있다.

14. 두견 　(　　　　　)

①두견과의 새. 귀촉도, 두견새. ②진달래

¶ ~의 피가 물들어서 진달래가 생겼다는 설이 있다.

15. 견노 　(　　　　　)

성내어 꾸짖음.

¶형은 ~를 내었다.

16. 교결 　(　　　　　)

①달빛이 밝고도 맑다. ②마음씨가 깨끗하고 맑다.

¶ ~히 빛나는 달빛.

17. 강경 　(　　　　　)

성격이나 기질이 꿋꿋하고 굳세다.

¶ ~한 성품을 지니다.

18. 음경 　(　　　　　)

귀두, 요도구, 고환 따위로 이루어진 남자의 외성기.

¶남자는 ~이 있다.

19. 교룡 　(　　　　　)

상상 속에 등장하는 동물의 하나.

¶ ~이 나타날 시간이다.

20. 교산 　(　　　　　)

조선시대 문신. '허균'의 호.

¶ ~ 허균의 누이는 허난설헌이다.

♣ 다음 낱말 풀이에 알맞은 한자(漢字)를 쓰시오.

1.요람 (   )

젖먹이를 태우고 흔들어 놀게 하거나 잠재우는 물건.

¶ ~에서 무덤까지.

2.납향 (   )

납일(臘日)에 한 해 동안 지은 농사 형편과 그 밖의 일들을 여러 신에게 고하는 제사.

¶납일이 되어 종묘사직에 ~을 지냈다.

3.납촉 (   )

밀랍으로 만든 초. 밀초.

¶ ~을 피우다.

4.교목 (   )

줄기가 곧고 굵으며 높이가 8미터를 넘는 나무.

¶아름드리 ~들이 들어찼다.

5.교송 (   )

높이 솟은 소나무.

¶그 숲에는 ~들이 가득했다.

6.교천 (   )

벼슬이나 직위가 낮은 데서 높은 데로 옮아감.

¶ ~되다.

7.규시 (   )

몰래 훔쳐봄.

¶옛날에는 아이들이 신혼방을 ~하였다.

8.남여 (   )

의자와 비슷하고 뚜껑이 없는 작은 가마. 승지나 참의 이상의 벼슬아치가 탔다.

¶정승께서 ~를 타고 퇴궐하셨다.

9.신랄 (   )

맛이 아주 쓰고 맵다. 사물의 분석이나 비평 따위가 매우 날카롭고 예리하다.

¶ ~한 비판을 받다.

10.호랑 (   )

범과 이리라는 뜻으로, 욕심이 많고 잔인한 사람을 비유적으로 이르는 말.

¶ ~이 삼촌이다.

11.규곽 (   )

해바라기.

¶ ~이 해의 방향을 따라간다.

12.금대 (   )

깃과 띠를 아울러 이르는 말.

¶ ~를 하시고 야행을 하셨다.

13.율연 (   )

두려워 떨다.

¶그는 사시나무처럼 ~히 떨었다.

14.담연 (   )

가래침.

¶천식환자들은 ~이 차있다.

15.민담 (   )

예로부터 민간에 전하여 내려오는 이야기.

¶ ~을 소재로 한 소설이 많다.

16.나포 (   )

죄인을 붙잡음.

¶범인들이 경찰에 ~되었다.

17.암담 (   )

어두컴컴하고 쓸쓸하다.

¶ ~한 어둠.

18.구역 (   )

욕지기.

¶똥통을 끼고서 밥을 먹는 것 같아서 ~이 난다.

19.규지 (   )

엿보아 앎.

¶한 궁녀가 내전의 기밀을 ~하였다.

【정답】 - 한자어 독음 쓰기

▶ 324쪽

1.가책   2.당간지주   3.가학   4.가렴주구   5.특경
6.가사불사   7.김가   8.출가외인   9.가사   10.간신적자
11.어가   12.간난신고   13.공읍   14.공장가동   15.가상
16.간한   17.고문   18.가가   19.곤직   20.간교
21.고율   22.간두   23.가기   24.당간   25.고약
26.개간   27.가색   28.경간   29.고습   30.박가
31.홍곡   32.간택   33.가행   34.분간   35.가득
36.공수   37.각근   38.간언   39.패각   40.간관
41.추고   42.석간   43.곤계   44.간곡   45.골몰
46.곤장   47.간사   48.간증   49.경추   50.포경수술
51.경개   52.문경지교   53.경석   54.경동맥   55.가혹
56.강경책   57.풍경   58.경국지색   59.동계   60.심계항진
61.가례   62.고량진미   63.고사   64.고질병   65.고타
66.곤충류   67.고문   68.금고종신   69.무고   70.고고지성
71.고굉   72.고굉지신   73.가탄   74.가가대소   75.고혈
76.고두사죄   77.가취   78.고관절   79.고의   80.갑각류
81.질곡   82.가동률   83.정곡   84.각근면려

▶ 325쪽

1.전간   2.감당   3.겁운   4.감능   5.갈파
6.수갑   7.영겁   8.감여   9.공갈   10.지갑
11.갈건   12.개중   13.건각   14.비겁   15.갈력
16.겁성   17.갈색   18.갱탕   19.거오   20.구거
21.밀감   22.거배   23.감자   24.수건   25.감병
26.건숙   27.감창   28.겁박   29.감색   30.겁나
31.감청   32.게구   33.감벽   34.겁심   35.부감
36.격담   37.겁탈   38.격서   39.감처   40.견고
41.감안   42.견잠   43.감단   44.경건   45.난감
46.근경   47.감내   48.경골   49.갑문   50.생강
51.비강   52.강계지성   53.개자   54.강장동물   55.초개
56.비분강개   57.개수   58.조강지처   59.개가   60.관개시설
61.개분   62.박수갈채   63.거수   64.갈충보국   65.거만
66.갈도성   67.갈부   68.사육장   69.각출   70.건반사
71.두건   72.동경심   73.경건   74.포경선   75.간병
76.조감도   77.겁부   78.개선문   79.계송   80.적개심
81.흉격   82.횡격막   83.무격   84.겁풍

▶ 326쪽

1.공고   2.교태   3.과립   4.굉침   5.외곽
6.괄약근   7.윤곽   8.광제   9.관곽   10.광정
11.목곽   12.애교   13.곽갱   14.방광   15.곽이
16.방광염   17.곽전   18.광중   19.관구   20.광야
21.석관   22.광망   23.목관   24.광고   25.관목
26.점괘   27.관장   28.괘사   29.관정   30.사괘
31.괄마   32.팔괘   33.괄목   34.괘선   35.괄선
36.괘선지   37.괄호   38.양면괘지   39.포괄   40.괴려
41.개괄   42.괴리   43.괄약   44.괴팍   45.광정
46.괴패   47.광보   48.유괴   49.괴편   50.괄목상대
51.괴수   52.굉재탁식   53.괴위   54.고굉지신   55.괴탁
56.교교월색   57.괴기   58.석곽분   59.굉음   60.유괴범
61.교성   62.괄태충   63.굉연   64.교군   65.굉대
66.교자   67.굉업   68.교만   69.굉장   70.교사
71.굉걸   72.교색   73.굉활   74.교오   75.교상
76.교란   77.교교   78.교란작전   79.교활   80.교반기
81.교지   82.구원   83.교월   84.구한

▶ 327쪽

1.구극   2.납자   3.구치   4.날인   5.구의
6.기우   7.노마   8.기량   9.반구   10.기생
11.운구   12.기방   13.구치   14.창기   15.구척
16.기부   17.구고   18.흉금   19.외구   20.기형
21.내구   22.난방   23.무구   24.단백   25.구도
26.기롱   27.구저   28.기호   29.구적   30.궁노
31.주단   32.어눌   33.왜구   34.노포   35.구토
36.금욕   37.눌변   38.관구   39.기구   40.금침
41.궤멸   42.구략   43.규관   44.나약   45.궤설
46.나의   47.구간   48.구살   49.권렴   50.유대강화
51.석권   52.칠종칠금   53.권고   54.단사표음   55.권속
56.취급주의   57.권솔   58.낭중지추   59.권애   60.지도편달
61.궐기   62.기호식품   63.궤안   64.기속처분   65.궤하
66.길항작용   67.궤변   68.냉난방   69.구가   70.자긍심
71.궤책   72.기형적   73.구타   74.은닉죄   75.궤양
76.원앙금   77.궤봉   78.기형아   79.규산   80.단백뇨
81.규로   82.기속력   83.팔규   84.길항근

▶ 328쪽

1.은닉   2.극자   3.급수   4.군급   5.병구
6.극공   7.긍고   8.간극   9.긍지   10.극구
11.배낭   12.구음   13.권태   14.체구   15.달초
16.급급   17.가긍   18.구사   19.기험   20.마구
21.귤과   22.귤피   23.기근   24.구거   25.상극
26.극순   27.기찰   28.구항   29.기학   30.근친
31.기반   32.군색   33.담박   34.형극   35.길항
36.군핍   37.끽연   38.궁행   39.만끽   40.기근
41.나획   42.궁진   43.참담   44.권염   45.객담
46.긍련   47.나자   48.담외   49.난로   50.권토중래
51.열반   52.궤상공론   53.날조   54.규소수지   55.납의
56.자극반응   57.긍과   58.백구과극   59.배낭   60.순진무구
61.노대   62.규구준승   63.노둔   64.강구연월   65.농양
66.실천궁행   67.화농   68.위궤양   69.눌언   70.하극상
71.유대   72.침구술   73.결뉴   74.영구차   75.취급
76.마구간   77.채단   78.기라성   79.나례   80.기념복
81.황달   82.하수구   83.긍휼   84.단백질

▶ 329쪽

1.청담   2.영롱   3.답지   4.농아   5.뇌롱
6.여항   7.당리   8.반려   9.당착   10.요활
11.포대   12.육욕   13.대거   14.역청   15.도금
16.와력   17.도정   18.연하   19.유종   20.괴뢰
21.도두   22.요우   23.도금   24.영어   25.포도
26.전령   27.도살   28.누명   29.목도   30.요사
31.도박   32.보루   33.도조   34.어로   35.도천
36.노획   37.도습   38.노략   39.파도   40.요화
41.묵도   42.농단   43.기도   44.고량진미
45.독필   46.일목요연   47.독산   48.당랑재후
49.모독   50.망양보뢰   51.동통   52.수뢰혐의
53.동경   54.수렴청정   55.동공   56.염슬단좌
57.동자   58.취학연령   59.두롱   60.산록빙하
61.둔부   62.불령지도   63.등색   64.경륜가   65.나사
66.고령자   67.순라   68.낙산물   69.나태   70.유리병
71.나병   72.증류수   73.낙인   74.도정료   75.낙산
76.여과기   77.윤락   78.반려자   79.파란   80.윤음
81.난가   82.여명기   83.발랄   84.전율

1.기량　2.독두　3.반려　4.동동　5.여염
6.등자　7.패려　8.당구　9.여명　10.낙타
11.여민　12.마대　13.낙형　14.동체　15.역암
16.난조　17.연여　18.나성　19.주렴　20.정라
21.나해　22.도태　23.염습　24.역도　25.영탁
26.도지　27.연령　28.윤락가　29.학령　30.녹록
31.불령　32.도살장　33.노구　34.도소주　35.축도
36.무도회　37.포로　38.천연두　39.산록　40.괴뢰군
41.포도당　42.도금액　43.농반　44.성금답지　45.농아
46.당랑거철　47.뇌옥　48.자가당착　49.견뢰　50.독직사건
51.뇌물　52.파란만장　53.뇌락　54.생기발랄　55.도사
56.동공반사　57.동료　58.사상대두　59.요원　60.도정공장
61.명료　62.여과장치　63.요료　64.가렴주구　65.무료
66.나전칠기　67.누추　68.질풍노도　69.유리　70.어로수역
71.유조　72.나환자　73.증류　74.당구자　75.살육
76.낙농업　77.침륜　78.독산동　79.도도　80.독필법
81.경륜　82.도솔천　83.지역감정대두

1.능각　2.능선　3.능위　4.능라　5.능사
6.능선　7.영리　8.이질　9.이언　10.이언
11.이가　12.암암리　13.이병　14.이환　15.이재민
16.이장　17.이원　18.인색　19.인화　20.인산
21.인산염　22.인산비료　23.인비　24.인갑　25.인개
26.인문　27.편린　28.인권유린　29.임리　30.임질
31.임파　32.임파선　33.입자　34.과립　35.입자
36.입모　37.초립　38.막막　39.적막　40.막막궁산
41.만자　42.만자창　43.만류　44.만인　45.만가
46.만가　47.만시　48.만장　49.만과　50.만착
51.기만　52.만생　53.만연　54.만성식물　55.만초
56.만두피　57.만두　58.만곡　59.만월　60.말살
61.말소　62.말소등기　63.말거　64.일말　65.도말
66.포말　67.양말　68.죽장망혜　69.망연　70.치매증
71.치매노인　72.무지몽매　73.몽매　74.우매　75.삼매
76.독서삼매　77.몽매　78.오매불망　79.매기　80.매연차량
81.매연　82.매연단속　83.매도　84.매진

1.고매　2.맹아　3.맹동　4.맹려　5.면화
6.좌우고면　7.면시　8.배회고면　9.면양　10.면연
11.냉면　12.기명절지화　13.기명　14.명정　15.명목
16.명주　17.명도　18.명충　19.명아　20.몌별
21.분몌　22.소모전　23.소모　24.소모품　25.모우
26.모빈　27.모색　28.암중모색　29.전몰　30.전몰장병
31.묘연　32.행방묘연　33.묘사　34.묘화　35.묘법
36.소묘　37.정밀묘사　38.측면묘사　39.묘정　40.묘작도
41.묘항현령　42.무론　43.무해　44.무망지화　45.무지
46.무인　47.무당　48.무격　49.무녀　50.무속
51.무고　52.무함　53.무고죄　54.백무　55.무마
56.안무　57.애무　58.무연　59.회무　60.황무지
61.문진　62.견문발검　63.구문초　64.미태　65.명미
66.미부　67.장미　68.미곽　69.미령　70.미연
71.풍미　72.고민　73.번민　74.밀연　75.정밀
76.잠박　77.금박지　78.은박지　79.호박　80.대두박
81.조박　82.박리　83.박제　84.박탈

1.팽배　2.배석　3.배행　4.배시　5.배신
6.배심원　7.배심　8.배회　9.배회증　10.배회고면
11.백서　12.폐백　13.혼백　14.혼비백산　15.번성
16.번국　17.번리　18.번병　19.번신　20.번방
21.번국　22.범선　23.출범　24.범어　25.범종
26.범찰　27.범패　28.대범　29.범주　30.범람
31.범람원　32.벽개　33.벽두　34.신년벽두　35.벽련
36.벽지　37.거벽　38.완벽　39.쌍벽　40.도벽
41.벽호　42.결벽증　43.벽적　44.벽호　45.개벽
46.별견　47.별안간　48.별주부전　49.화병　50.주병
51.약병　52.보병　53.병과　54.전병　55.오병이어
56.보루　57.보채　58.교두보　59.보세　60.보류
61.보제수　62.보살　63.전복　64.전복죽　65.복지
66.포복훈련　67.복사열　68.복주병진　69.노복　70.공복
71.봉납　72.봉상　73.봉입　74.가봉녀　75.봉초
76.필봉　77.곤봉　78.봉고도　79.지휘봉　80.의사봉
81.철봉　82.침소봉대　83.봉화　84.봉수

1.박동　2.상박　3.용호상박　4.박살　5.박격
6.상박　7.박박　8.이두박근　9.박금　10.결박
11.속박　12.박마　13.면박　14.논박　15.잡박
16.박설　17.반박　18.갑론을박　19.박멸　20.박살
21.타박상　22.박두　23.박직　24.반방　25.반계
26.호반　27.반연　28.각반　29.반백　30.반점
31.반진　32.반포　33.호반석　34.반박지탄　35.반우
36.반유　37.열반　38.반사　39.반급　40.반포
41.반룡　42.등반　43.암벽등반　44.반연식물　45.반연
46.백반　47.발문　48.발사　49.발섭　50.발호
51.한발　52.발발　53.발연　54.반발　55.발란
56.발랄　57.활발　58.발효　59.발효식품　60.방황
61.방불　62.방방곡곡　63.지방　64.지방질　65.방저
66.중방　67.중방목　68.방문　69.지방　70.낙방
71.표방　72.방광　73.방광염　74.비방　75.훼방
76.방견　77.방대　78.방조죄　79.사인방　80.배아
81.배아미　82.배낭　83.배엽　84.배태

1.필봉　2.설봉　3.예봉　4.선봉군　5.최선봉
6.팔면봉　7.부용　8.부용자　9.부월　10.부가
11.부촉　12.부감　13.부복　14.앙천부지　15.육부
16.부마도위　17.부마　18.부두　19.부고　20.부음
21.통부　22.부화　23.부란기　24.부화장　25.부검
26.해부학　27.해부　28.부의　29.부의금　30.분식
31.분부　32.분장　33.분노　34.분쟁　35.화분
36.분재　37.분지　38.분화　39.분위기　40.분홍
41.분향　42.분서갱유　43.분무　44.분사　45.분수
46.분무기　47.분출　48.분수대　49.분뇨　50.분토
51.인분　52.붕대　53.석고붕대　54.압박붕대　55.붕잔
56.대륙붕　57.붕사　58.붕산　59.비수　60.비저
61.비위　62.선비　63.현비　64.비협　65.비음
66.비호　67.보비　68.비호세력　69.비정　70.비강
71.비상　72.비석　73.비소　74.비산　75.비파
76.비환　77.시비　78.비등　79.비렴　80.유언비어
81.비:단　82.비옥　83.비취　84.비옥

► **336쪽**

1.비취색　2.비방　3.비예　4.비위난정　5.비:위
6.비:장　7.마비　8.전신마비　9.비:익　10.비장
11.보비　12.비등　13.비등점　14.비색　15.곤비
16.비열　17.비견　18.비루　19.비환　20.견비통
21.비력　22.양비대담　23.비유　24.빈궁　25.빈첩
26.빈애　27.빈색　28.빈소　29.빈궁　30.빈전
31.빈애　32.빈사　33.빈소　34.빈축　35.빙고
36.빙문　37.증빙서　38.신빙　39.신빙성　40.증빙자료
41.사당　42.현충사　43.충렬사　44.사자　45.후사
46.갑사　47.나사　48.사모관대　49.사소　50.사세
51.사향　52.사향수　53.이사　54.사거　55.사치
56.사화　57.사립　58.사의　59.설사　60.토사
61.일사천리　62.산증　63.산만　64.산락　65.산삭
66.산보　67.산정　68.산호　69.산호초　70.급살
71.역마살　72.흉살　73.살포　74.살수차　75.전단살포
76.살수대첩　77.삼설　78.삼출　79.삼입　80.보살
81.삼투　82.삼투압　83.미륵보살　84.삼투작용

► **337쪽**

1.삽미　2.삽어　3.삽제　4.삽체　5.청상
6.상규　7.상아　8.비상　9.상집　10.상귀
11.상쾌　12.매상　13.호상　14.상영　15.남상
16.옥새　17.국새　18.인색　19.희생　20.희생양
21.생독　22.생질　23.생질부　24.외생　25.서정
26.서정적　27.서정시　28.서실　29.서리　30.서동부언
31.서랑　32.동서　33.동서간　34.서속　35.서주
36.서면　37.서식　38.동서　39.양서류　40.서각
41.서리　42.서주　43.서광　44.서성　45.서천
46.서동요　47.서생원　48.서랑　49.서적　50.서역
51.서절구투　52.도서　53.간석지　54.선철　55.선현
56.선상지　57.선풍기　58.태극선　59.하로동선　60.선동
61.선정적　62.선혹　63.선물　64.선사　65.선사품
66.선망　67.선모　68.선모　69.선병　70.유선
71.한선　72.갑상선　73.설사　74.설증　75.배설
76.누설　77.준설　78.준설선　79.준설공사　80.누설
81.설진　82.설철　83.쇄설　84.섬광

► **338쪽**

1.섬홀　2.섬화방전　3.섬멸　4.섬박　5.각성
6.각성제　7.춘소　8.원소　9.소풍　10.소요
11.소요음영　12.소세　13.소발　14.소홀　15.생소
16.희소　17.소양　18.격화소양　19.소파수술　20.소상
21.소조　22.조소　23.소급　24.소급적용　25.소상
26.소삼　27.소적　28.소삽　29.소관　30.소적
31.소고　32.소생　33.속량　34.속신　35.속사
36.속죄　37.대속　38.송구　39.황송　40.죄송
41.분쇄　42.분쇄　43.쇄신　44.분골쇄신　45.쇄락
46.쇄소　47.쇄윤　48.수루　49.수병　50.위수령
51.수렵　52.수렵생활　53.순수비　54.붕대　55.수수방관
56.영수회담　57.수치　58.수욕　59.수오지심　60.진수성찬
61.골수　62.골수염　63.수뇌　64.정수　65.형수
66.제수　67.계수　68.수구　69.수삭　70.수손
71.수척　72.수동　73.수립　74.수작　75.응수
76.보수　77.보수규정　78.보수체계　79.순수　80.수미
81.수연　82.정수　83.수집　84.우표수집

► **339쪽**

1.수상　2.낙수　3.발수　4.발수　5.자수
6.수병　7.수장　8.수낭　9.금수　10.원수
11.수구　12.복수　13.숙성　14.숙석　15.숙지
16.숙야　17.숙맥　18.숙속지문　19.의숙　20.숙당
21.숙사　22.숙사　23.죽순　24.순석　25.순화
26.순양　27.순치　28.순화　29.슬하　30.승상
31.정승　32.시설　33.연시　34.홍시　35.시접
36.십시일반　37.시저　38.시랑　39.시호　40.시기
41.시의　42.시가　43.시댁　44.시부모　45.시역
46.시해　47.시해사건　48.시법　49.시호　50.식목
51.식불　52.불식　53.식청　54.일식　55.개기월식
56.부식　57.침식　58.침식곡　59.침식작용　60.식멸
61.내란종식　62.신음　63.신속　64.신뢰　65.신문
66.신국　67.신목　68.신탄　69.와신상담　70.신금
71.신단　72.신연　73.임신　74.신합　75.신기루
76.신멸　77.회신　78.실개　79.실심　80.지실
81.집물　82.집기　83.아빈　84.의아

► **340쪽**

1.아연　2.아국　3.농아　4.맹아　5.아령
6.아연실색　7.관아　8.아문　9.아전　10.악벽
11.악실　12.백악　13.백악관　14.경악　15.악시
16.악연　17.악골　18.상악골　19.하악골　20.안마
21.안맥　22.안무　23.안검　24.안문　25.안험
26.안가　27.안기　28.안면　29.안장　30.안마
31.안마지로　32.알력　33.알선　34.취업알선　35.암자
36.암문　37.암시장　38.암둔　39.앙숙　40.앙심
41.앙분　42.앙연　43.앙묘　44.앙판　45.이앙
46.이앙가　47.이앙기　48.원앙금　49.원앙　50.원앙침
51.앙귀　52.앙등　53.앙분　54.격앙　55.애비
56.단애　57.마애　58.마애불　59.애매　60.애매설
61.애매모호　62.애로사항　63.애로　64.애험　65.애애
66.화기애애　67.액후　68.액완　69.액기　70.액취
71.액한　72.액사　73.액살　74.액형　75.앵도
76.앵순　77.앵삼　78.앵성　79.앵어　80.앵천
81.야금　82.야로　83.야용　84.야장

► **341쪽**

1.야유　2.인격도야　3.야유　4.노야　5.호호야
6.약포　7.양우　8.무양　9.격화소양　10.종양
11.궤양　12.위궤양　13.양이　14.양척　15.양탈
16.양조　17.양조장　18.어혈　19.영어　20.방어
21.어한　22.어모　23.억측　24.억설　25.억산
26.억상　27.억색　28.언문　29.이언　30.두시언해
31.언제　32.엄홀　33.엄연　34.엄발　35.엄각
36.엄존　37.엄연　38.역소　39.역여　40.연역법
41.경연　42.주연　43.경연　44.연보　45.연세
46.연단　47.연사　48.연목　49.방패연　50.연사
51.염염　52.염화　53.화염　54.환원염　55.염문
56.염기　57.요염　58.영아　59.예인　60.예인선
61.예광탄　62.예손　63.후예　64.예토　65.예덕
66.예덕선생전　67.예궐　68.예시위　69.조예　70.대오
71.오장　72.낙오　73.오매불망　74.오묘　75.심오
76.오의　77.오지　78.오한　79.오뇌　80.온축
81.옹색　82.옹체　83.옹폐　84.옹졸

1.와전　2.와류　3.와음　4.와언　5.와동
6.와류　7.와선　8.와중　9.와형　10.와우
11.와창　12.와우각　13.완장　14.와각지쟁　15.완강
16.완거　17.완고　18.완둔　19.완몽　20.완연
21.완전　22.완구　23.완곡　24.완순　25.완미
26.완미　27.완력　28.완장　29.완법　30.침완법
31.왕법　32.현완법　33.왕림　34.왜소　35.왜옥
36.왜루　37.외람　38.외설　39.외잡　40.외외
41.요절　42.외외탕탕　43.요요　44.요시　45.집요
46.요조숙녀　47.요조　48.요업　49.요호　50.도요
51.등요　52.관요　53.요행　54.풍요　55.요부
56.요족　57.요설　58.요철　59.요지　60.요격
61.요초　62.봉요　63.요란　64.요민　65.소요
66.용말　67.용천　68.무용　69.무용도　70.무용총
71.녹용　72.용출　73.용동　74.용립　75.용청
76.용연　77.부용　78.우로　79.우여곡절　80.우회도로
81.우거　82.우의　83.우화시　84.우화소설

1.우곡　2.우이　3.우우　4.우범　5.우후
6.우범지역　7.우제　8.운자　9.경운기　10.운석
11.운성　12.운철　13.운명　14.운절　15.운읍
16.원앙　17.유인원　18.원앙금　19.견원지간　20.원통
21.원귀　22.원루　23.위미　24.위축　25.유자
26.유자차　27.유화　28.유죄　29.유린　30.인권유린
31.유쾌　32.야유　33.유양　34.비유　35.직유법
36.은유법　37.유시　38.교유　39.개유　40.훈유
41.유기　42.유척　43.진유　44.유합　45.쾌유
46.정경유착　47.유착　48.유언　49.아유　50.유영
51.외유　52.융복　53.융의　54.융이　55.융적
56.융모　57.융단　58.융단폭격　59.음관　60.음덕
61.음보　62.음도　63.읍양　64.읍례　65.응수
66.응징　67.우의　68.교의　69.정의　70.후의
71.의자　72.교의　73.의작　74.의사증　75.의성어
76.모의고사　77.의연　78.강의　79.이약　80.호이
81.이완　82.해이　83.이모　84.이종사촌

1.이여　2.이여　3.이시　4.익년　5.익일
6.익조　7.인대　8.강인　9.구인　10.인후염
11.인두　12.오열　13.인멸　14.인몰　15.일민
16.일락　17.일혈　18.해일　19.잉태　20.잉여
21.잉어　22.과잉생산　23.잉수　24.잉부　25.자상
26.자세　27.회자　28.산적　29.적철　30.자비
31.자장　32.자기　33.청자　34.백자　35.도자기
36.도자공예　37.하자　38.하자담보　39.자상　40.자당
41.감자　42.빙자　43.자자　44.낭자　45.위자료
46.작약　47.공작　48.남주작　49.작보　50.작어
51.작수불입　52.작약　53.작약화　54.작열　55.작작
56.작렬　57.작발　58.작약　59.작작　60.저작
61.저작근　62.저작기　63.잔교　64.잔도　65.잔대
66.등잔　67.잠간　68.잠언　69.잠계　70.규잠
71.잠영　72.잠홀　73.옥잠　74.비취잠　75.의장
76.병장기　77.의장　78.의장대　79.단장　80.장기
81.장형　82.곤장　83.장과　84.장수

1.장유　2.장육　3.장미　4.장항　5.장태
6.장인　7.공장　8.명장　9.거장　10.의장
11.장간　12.장루　13.장미　14.잔재　15.일제잔재
16.재실　17.서재　18.목욕재계　19.삼재　20.쟁반
21.쟁쟁　22.저택　23.관저　24.사저　25.저촉
26.각저　27.저격　28.저격범　29.저격병　30.저격대
31.저작　32.저주　33.저돌적　34.저팔계　35.주저
36.저통　37.시저　38.흔적　39.형적　40.적인
41.북적　42.이적　43.적실　44.형자　45.적출
46.적파　47.적서　48.적거　49.적선　50.적소
51.적중　52.전형　53.전주　54.전도　55.전제
56.전다　57.전민　58.전병　59.화전　60.주전자
61.전전반측　62.전용　63.개전　64.전거　65.전도
66.전안　67.석전　68.견전제　69.전색　70.보전
71.전각　72.충전소　73.충전　74.전분　75.침전제
76.침전지　77.침전물　78.침전광물　79.전주　80.부전지
81.처방전　82.전별　83.전송　84.전춘

1.전각　2.전서　3.전액　4.전문　5.전자
6.대전　7.전방　8.어물전　9.철물전　10.전결
11.전대　12.전면　13.전족　14.전착　15.모전
16.전모　17.전동　18.수전증　19.전말　20.전도
21.전복　22.칠전팔기　23.전간　24.전광　25.절단
26.절취　27.절편　28.거두절미　29.점력　30.점성
31.점토　32.점막　33.지점토　34.점액질　35.점윤
36.균점　37.정보　38.명정　39.주정　40.정두
41.압정　42.함정　43.정신대　44.정박　45.정제
46.당의정　47.장정　48.영정　49.정화　50.화룡점정
51.정국　52.정난　53.정난공신　54.선정릉　55.제우
56.효제　57.제전　58.계제　59.제혈　60.제조
61.제읍　62.제철　63.제설　64.구제역　65.인제군
66.조갑　67.조흔　68.조망　69.조망권　70.조간
71.조애　72.격조　73.적조　74.조잡　75.조악
76.조략　77.조안　78.조광　79.조수입　80.조상
81.조락　82.조잔　83.조밀　84.오밀조밀

1.육조　2.병조판서　3.법조인　4.조선　5.조운
6.조정경기　7.조창　8.조운창　9.조우　10.조봉
11.조난　12.조력　13.욕조　14.유조차　15.정화조
16.조강지처　17.조박　18.조롱　19.조소　20.자조
21.조율　22.조율이시　23.조고　24.조서　25.조칙
26.조국　27.조추　28.조업　29.조급　30.조급성
31.조급증　32.조견　33.조류　34.해조류　35.조사
36.족생　37.족자　38.졸사　39.졸지　40.졸지풍파
41.종적　42.실종　43.종용　44.종기　45.종독
46.종양　47.종창　48.부종　49.접종　50.좌절
51.좌기　52.주석　53.주살　54.가렴주구　55.주륙
56.주문　57.주술　58.주저　59.저주　60.갑주
61.주예　62.주손　63.명주　64.주단　65.주역
66.주왕　67.결주　68.폭주병진　69.폭주　70.주공
71.주공　72.간주　73.주착　74.주촉　75.사주
76.주방장　77.주방　78.주개물　79.포주　80.주저
81.준공　82.준공식　83.준사　84.준주

1.준동   2.준우   3.준이   4.즐비   5.즐린
6.즐치   7.즐판   8.즐문토기   9.즐풍목우   10.즙액
11.즙재   12.생즙   13.담즙   14.과실즙   15.즙모
16.즙선   17.복지   18.사회복지   19.노인복지   20.지체
21.지간   22.지골   23.사지   24.지각   25.지실
26.지극   27.지척   28.지척지지   29.지구   30.진지
31.발진   32.습진   33.진언   34.진책   35.질책
36.질타   37.질곡   38.질염   39.질책   40.서질
41.경질   42.질탕   43.차질   44.질시   45.질투
46.질축   47.조짐   48.짐작   49.집장   50.징명
51.징수   52.청징   53.교차   54.교차로   55.차상
56.야차   57.차석   58.차탄   59.차질   60.협착
61.착박   62.협착증   63.착취   64.착유   65.착유
66.굴착기   67.굴착   68.천착   69.찬술   70.찬문
71.찬정   72.찬진   73.찬집   74.신찬   75.반찬
76.찬물   77.찬용   78.소찬   79.성찬   80.찬탈
81.찬집   82.편찬   83.마찰   84.국사편찬

1.안찰   2.안찰기도   3.찰과상   4.역참   5.병참
6.참호   7.참람   8.참칭   9.참회   10.참회록
11.참서   12.도참   13.참언   14.길흉   15.참언
16.참훼   17.참소   18.창우   19.창의   20.창부
21.창녀   22.창루   23.공창   24.사창가   25.창궐
26.창피   27.창포   28.비창   29.창검   30.죽창
31.창종   32.창병   33.두창   34.만신창이   35.선창
36.공창   37.조병창   38.창만   39.창포   40.팽창
41.창만   42.창일   43.목채   44.목책   45.철책
46.철책선   47.처량   48.처우   49.처풍   50.처절
51.척추   52.척추동물   53.척강   54.척수   55.척수막
56.척골   57.훼척   58.훼척골립   59.척박   60.척토
61.세척   62.척서   63.척탕   64.척제   65.척사
66.척전   67.척살   68.천공기   69.천공   70.천착
71.관천   72.천기   73.천식   74.천명   75.천단
76.천황   77.천명   78.천양   79.철요   80.철판
81.요철   82.철자법   83.서류철   84.점철

1.철환천하   2.전철   3.첨위   4.첨의   5.첨지
6.첨군자   7.첨소   8.아첨   9.첨유   10.첨지
11.추첨   12.당첨   13.첩자   14.수첩   15.화첩
16.첩지   17.첩부   18.첩약   19.첩보   20.살수대첩
21.첩경   22.민첩   23.첩보   24.가첩   25.수첩
26.통첩   27.청첩   28.중첩   29.첩운   30.첩운
31.첩서   32.첩어   33.첩종   34.체루   35.체읍
36.체념   37.요체   38.구미속초   39.초두   40.말초
41.말초적   42.말초신경   43.초식   44.초해문자   45.초연
46.박초   47.초석   48.은초   49.초면   50.초흑
51.초췌   52.초부   53.초동   54.파초선   55.파초
56.산호초   57.암초   58.초산   59.식초   60.촉탁
61.촉망   62.위촉장   63.위촉   64.촌탁   65.무용총
66.사신총   67.패총   68.천마총   69.총론   70.총서
71.총중   72.총생   73.논총   74.총아   75.총신
76.총욕   77.총우   78.총애   79.촬요   80.촬영
81.추어   82.추어탕   83.추장   84.철추

1.추살   2.추미   3.반추동물   4.추격   5.척추
6.척추동물   7.입추지지   8.원추   9.방추   10.칭추
11.추기경   12.중추원   13.추기   14.중추신경   15.방추
16.낭중지추   17.추락   18.격추   19.출당   20.출척
21.췌안   22.췌용   23.초췌   24.췌연   25.췌괴
26.발췌   27.췌장   28.췌육   29.췌거   30.췌사
31.췌언   32.취처   33.가취   34.취약   35.취박
36.취렴   37.취병   38.취미   39.비취색   40.비취금
41.비취옥   42.측은   43.측연   44.사치   45.치모
46.치소   47.치질   48.치루   49.치교   50.치밀
51.치매   52.치우   53.치자   54.천치   55.백치
56.치돌   57.구치   58.기치   59.치열   60.칙령
61.칙서   62.침성   63.침저   64.침술   65.침구술
66.수지침   67.정문일침   68.칩거   69.경칩   70.칭추
71.칭심   72.천평칭   73.불타   74.아미타불   75.타기
76.조타수   77.타수   78.낙타   79.타락   80.타액
81.타기   82.타성   83.타기   84.태타

1.타원   2.타원형   3.탁용   4.발탁   5.발탁인사
6.탁령   7.목탁   8.감탄고토   9.순탄   10.평탄
11.탄복   12.탄탄대로   13.탄로   14.허심탄회   15.파탄
16.경제파탄   17.탄복   18.기탄   19.탐탐   20.호시탐탐
21.탑재   22.탑승   23.탑승객   24.탕건   25.질탕
26.호탕   27.방탕   28.탕아   29.음탕   30.호탕
31.소탕   32.탕평   33.탕감   34.탕진   35.도태
36.자연도태설   37.사태   38.산사태   39.해태   40.청태
41.태형   42.태장   43.태권   44.태권도   45.탱주
46.탱중   47.지탱   48.터파   49.터회   50.터포
51.터득   52.목욕통   53.휴지통   54.기통선   55.화통
56.연통   57.필통   58.원통   59.우체통   60.애통
61.통절   62.퇴골   63.대퇴   64.대퇴부   65.퇴색
66.퇴비   67.퇴적   68.퇴적층   69.철퇴   70.퇴락
71.퇴세   72.퇴옥   73.퇴운   74.투기   75.질투
76.봉투   77.상투적   78.사특   79.파촉   80.삼파전
81.파초   82.파충류   83.소파   84.비파

1.노파   2.산파역   3.파행   4.파행적   5.파행국회
6.괴팍   7.판공비   8.범패   9.패연   10.패택
11.패물   12.패용   13.패륜아   14.패륜   15.패찰
16.명패   17.문패   18.상패   19.패반   20.패관
21.패사   22.패설   23.패관문학   24.팽배   25.팽창
26.팽창률   27.팽대   28.팽만   29.팽윤   30.팽팽
31.편취   32.편마   33.편달   34.주마가편   35.폄강
36.폄하   37.폄적   38.포폄   39.부평초   40.폐하
41.폐사   42.포말   43.수포   44.포영   45.포효
46.포세   47.포정   48.포주   49.포창   50.도포
51.포홀   52.청포   53.창포   54.포도   55.포망
56.조세포탈   57.포탈   58.포유류   59.포육   60.반포지효
61.포전   62.약포   63.포복   64.포구   65.포육
66.포해   67.포상   68.포장   69.포폄   70.폭포
71.폭포수   72.폭포선   73.폭양   74.표사유피   75.표절
76.표탈   77.표략   78.표독   79.표한   80.표연
81.표박   82.품신   83.품의   84.품고

1.품결   2.품성   3.풍간   4.풍영   5.풍자
6.피로연   7.피력   8.필단   9.필목   10.궁핍
11.결핍   12.핍박   13.핍진   14.하자보수   15.하자
16.승하   17.하이   18.하마   19.하해   20.대하
21.하채   22.자하문   23.학질   24.학소   25.해학
26.만학천봉   27.구학   28.한례   29.희한   30.한부
31.한용   32.표한   33.한척   34.상한   35.직할
36.관할구역   37.관할   38.함수속초   39.함척   40.함장
41.국기함   42.사서함   43.함영   44.함육   45.함양
46.의식함양   47.함성   48.고함   49.고함   50.함봉
51.봉함   52.함구무언   53.함고   54.함수   55.함륵
56.함매   57.함자   58.성함   59.직함   60.함거
61.함치   62.대합   63.합자   64.홍합   65.합어
66.향합   67.찬합   68.항문   69.탈항   70.항태
71.해태   72.해타   73.해후   74.해로   75.해락
76.백년해로   77.해백   78.해서   79.해학   80.해어
81.해화   82.진해제   83.진해   84.해수

1.해천   2.해골   3.해괴   4.해괴망측   5.탄핵
6.탄핵권   7.향도   8.향자   9.향연   10.향설
11.향식   12.향응   13.취허   14.폐허   15.헐가
16.간헐적   17.간헐   18.간헐천   19.간헐류   20.현혹
21.현기증   22.현학   23.현란   24.의협심   25.협객
26.무협지   27.협사   28.협공   29.협사   30.협살
31.협부   32.협세   33.협박   34.협소   35.협의
36.협착   37.협심증   38.협궤열차   39.협골   40.협근
41.홍협   42.형관   43.형극   44.형개   45.혜성
46.혜성가   47.혜망   48.혜소   49.어혜   50.식혜
51.호박   52.호리   53.호미   54.호가호위   55.구미호
56.호시   57.호선   58.괄호   59.산호   60.산호초
61.호도   62.호구   63.호구지책   64.애매모호   65.혼공
66.혼권   67.혼신   68.혼용   69.혼연일체   70.황홀경
71.황홀   72.홀기   73.홍소   74.홍동   75.홍교
76.홍예문   77.홍쟁   78.환복   79.환액   80.환욕
81.환달   82.환해풍파   83.환관   84.환기

1.소환   2.아비규환   3.환과고독   4.교환   5.광활
6.활엽수   7.교활   8.활리   9.봉황   10.봉황문
11.방황   12.황감   13.황겁   14.황망   15.황공
16.황송   17.황황   18.휘황찬란   9.황급   20.황황
21.황홀   22.황홀경   23.황망   24.당황   25.회굉
26.회홍   27.회회   28.회명   29.회삭   30.회색
31.회언   32.회유   33.교회   34.배회   35.배회고면
36.회충   37.회뢰   38.회자   39.증회   40.육회
41.생선회   42.회화   43.회구   44.육효   45.포효
46.효소   47.발효   48.효모균   49.효시   50.불후
51.해후   52.사자후   53.후관   54.후기   55.후각
56.훈위   57.훈색   58.훤소   59.훤화   60.훼목
61.화훼   62.훼장삼척   63.휘보   64.어휘   65.만휘군상
66.휘동성   67.휘하부대   68.휘기   69.금휼   70.구휼
71.흉한   72.흉용   73.흉흉   74.흔쾌   75.흔연
76.흔적   77.흔적기관   78.흠신   79.흠결   80.흠격
81.흠향   82.흡족   83.흡의   84.흡연

1.흡람   2.미흡   3.흡사   4.희생   5.희생양
6.희생자   7.희생타   8.힐난   9.힐문   10.힐책
11.곤손   12.곤봉체조   13.간질   14.금고형   15.곤봉
16.곤룡포   17.가상   18.사간원   19.곤상   20.가락국
21.두견   22.망건   23.견노   24.견사   25.경오
26.격문   27.강경   28.견책   29.음경   30.포경금지
31.경건   32.경전하사   33.교결   34.구취   35.교룡
36.구수회의   37.교산   38.구기자   39.교목   40.구륵법
41.교송   42.단구법   43.교천   44.쌍구법   45.규시
46.나례가   47.구역   48.끽연실   49.규지   50.한라산
51.규경   52.생금   53.규곽   54.농혈   55.금대
56.설기   57.편달   58.기념제   59.담연   60.차단기
61.민담   62.권태기   63.나포   64.길거   65.암담
66.담천   67.남여   68.봉군   69.신랄   70.능막
71.요람   72.계륵   73.납향   74.미륵불   75.납촉
76.늠름   77.호랑   78.능란   79.낭패   80.능상
81.율연   82.봉수대   83.단백질분해효소

1.능막염   2.납월   3.구륵법   4.납서   5.능렬
6.밀랍인형   7.능가   8.시랑   9.능형   10.낭자
11.늑골   12.난약피금

【정답】 - 한자어 쓰기

▶ 359쪽

1.呵責 2.幢竿支柱 3.苛虐 4.苛斂誅求 5.特磬
6.袈裟佛事 7.金哥 8.出嫁外人 9.袈裟 10.奸臣賊子
11.御駕 12.艱難辛苦 13.拱揖 14.工場稼動 15.嘉尙
16.奸漢 17.叩門

▶ 360쪽

1.哥哥 2.衰職 3.奸巧 4.股慄 5.竿頭
6.嫁期 7.幢竿 8.膏藥 9.開墾 10.稼穡
11.耕墾 12.袴褶 13.朴哥 14.鴻鵠 15.揀擇
16.稼行 17.分揀

▶ 361쪽

1.稼得 2.拱手 3.恪謹 4.諫言 5.推敲
6.石澗 7.昆季 8.澗谷 9.汩沒 10.棍杖
11.奸邪 12.瘤症 13.頸椎 14.包莖手術 15.梗槪
16.刎頸之交 17.磬石

▶ 362쪽

1.頸動脈 2.苛酷 3.强硬策 4.風磬 5.傾國之色
6.動悸 7.心悸亢進 8.嘉禮 9.膏粱珍味 10.叩謝
11.痼疾病 12.拷打 13.昆蟲類 14.拷問 15.禁錮終身
16.無辜 17.呱呱之聲

▶ 363쪽

1.股肱 2.股肱之臣 3.嘉歎 4.呵呵大笑 5.膏血
6.叩頭謝罪 7.嫁娶 8.股關節 9.袴衣 10.甲殼類
11.桎梏 12.稼動率 13.正鵠 14.恪勤勉勵 15.癲癇
16.勘當 17.劫運 18.堪能

▶ 364쪽

1.喝破 2.手匣 3.永劫 4.堪輿 5.恐喝
6.紙匣 7.葛巾 8.箇中 9.虔恪 10.卑怯
11.竭力 12.怯聲 13.褐色 14.羹粥 15.倨傲
16.溝渠 17.蜜柑

▶ 365쪽

1.渠輩 2.柑子 3.手巾 4.疳瘦 5.乾澁
6.疳瘡 7.劫迫 8.紺色 9.楷書 10.紺靑
11.偈句 12.紺碧 13.怯心 14.俯瞰 15.膈痰
16.劫奪 17.怯懦 18.勘處

▶ 366쪽

1.堪耐 2.脛骨 3.閘門 4.生薑 5.鼻腔
6.薑桂之性 7.芥子 8.腔腸動物 9.灌漑施設 10.悲憤慷慨
11.箇數 12.糟糠之妻 13.凱歌 14.草芥 15.慷慎
16.拍手喝采 17.渠帥

▶ 367쪽

1.倨慢 2.喝道聲 3.褐夫 4.飼育場 5.釀出
6.腱反射 7.頭巾 8.憧憬心 9.敬虔 10.捕鯨船
11.癎病 12.鳥瞰圖 13.怯夫 14.凱旋門 15.敵愾心
16.胸膈 17.橫擊膜 18.巫覡

▶ 368쪽

1.劫風 2.鞏固 3.嬌態 4.顆粒 5.轟沈
6.外廓 7.括約筋 8.輪廓 9.匡濟 10.棺槨
11.匡定 12.木槨 13.愛嬌 14.藿羹 15.膀胱
16.藿耳 17.譴告 18.勘案

▶ 369쪽

1.繭蠶 2.勘斷 3.勁健 4.難堪 5.根莖
6.膀胱炎 7.藿田 8.壙中 9.棺柩 10.曠野
11.石棺 12.曠芒 13.木棺 14.曠古 15.灌木
16.占卦 17.灌腸

▶ 370쪽

1.卦辭 2.灌頂 3.師卦 4.刮摩 5.八卦
6.刮目 7.罫線 8.括線 9.罫線紙 10.括瓜
11.兩面罫紙 12.包括 13.乖戾 14.槪括 15.乖離
16.括約 17.乖愎

► **383쪽**
1.搗精 2.輦下 3.寮舍 4.傀儡 5.掉頭
6.淘金 7.寮友 8.囹圄 9.電鈴 10.葡萄
11.陋名 12.漁撈 13.屠殺 14.目睹 15.賭博
16.賭租 17.滔天 18.堡壘

► **384쪽**
1.虜獲 2.蹂躪 3.擄掠 4.波濤 5.燎火
6.亡羊補牢 7.壟斷 8.祈禱 9.膏粱珍味 10.禿筆
11.一目瞭然 12.禿山 13.螳螂在後 14.冒瀆 15.默禱
16.疼痛 17.受賂嫌疑 18.憧憬

► **385쪽**
1.垂簾聽政 2.瞳孔 3.高齡者 4.就學年齡 5.山麓氷河
6.不逞之徒 7.瞳子 8.兜鍪 9.臀部 10.橙色
11.經綸家 12.螺絲 13.巡邏 14.懶怠 15.癩病
16.烙印 17.酪酸 18.淪落

► **386쪽**
1.酪産物 2.琉璃瓶 3.蒸溜水 4.搗精料 5.濾過器
6.伴侶者 7.伴侶 8.綸音 9.鸞駕 10.潑剌
11.黎明期 12.戰慄 13.技倆 14.禿頭 15.波瀾
16.憧憧 17.閭閻 18.橙子 19.悖戾

► **387쪽**
1.撞球 2.黎明 3.駱駝 4.黎民 5.麻袋
6.烙刑 7.胴體 8.礫岩 9.鸞鳥 10.輦輿
11.懶性 12.珠簾 13.偵邏 14.螺醢 15.淘汰
16.殲襲 17.逆睹 18.鈴鐸

► **388쪽**
1.賭地 2.屠殺場 3.學齡 4.不逞 5.聾啞
6.祝禱 7.捕虜 8.山麓 9.葡萄糖 10.淪落街
11.碌碌 12.年齡 13.屠蘇酒 14.舞蹈會 15.天然痘
16.傀儡軍 17.鍍金液 18.籠絆

► **389쪽**
1.誠金遝至 2.寥寥 3.自家撞着 4.瀆職事件 5.波瀾萬丈
6.牢獄 7.堅牢 8.賂物 9.磊落 10.生氣潑剌
11.瞳孔反射 12.禱祠 13.同寮 14.濾過裝置 15.搗精工場
16.燎原 17.明瞭 18.螳螂拒轍

► **390쪽**
1.苛斂誅求 2.螺鈿漆器 3.疾風怒濤 4.漁撈水域 5.無聊
6.陋醜 7.琉璃 8.溜槽 9.滔滔 10.殺戮
11.癩患者 12.棠毬子 13.酪農業 14.沈淪 15.禿山洞
16.禿筆法 17.蒸溜 18.兜率天

► **391쪽**
1.經綸 2.地域感情擡頭 3.稜角 4.稜線 5.稜威
6.綾羅 7.綾紗 8.綾扇 9.怜悧 10.痢疾
11.俚言 12.俚諺 13.俚歌 14.暗暗裡 15.罹病
16.罹患 17.罹災民 18.吝嗇 19.燐火

► **392쪽**
1.燐酸 2.燐酸鹽 3.燐酸肥料 4.燐肥 5.鱗甲
6.鱗介 7.鱗紋 8.片鱗 9.淋漓 10.淋疾
11.淋巴 12.淋巴腺 13.顆粒 14.粒子 15.笠子
16.笠帽 17.人權蹂躪

► **393쪽**
1.輓詩 2.寞寞 3.寂寞 4.寞寞窮山 5.卍字
6.卍字窓 7.挽留 8.挽引 9.挽歌 10.蔓草
11.草笠 12.輓章 13.瞞過 14.瞞着 15.欺瞞
16.蔓生 17.蔓延 18.蔓性植物 19.輓歌

► **394쪽**
1.饅頭 2.彎月 3.煤氣 4.萌芽 5.塗抹
6.洋襪 7.惘然 8.邁進 9.蒙昧 10.冷麵
11.夢寐 12.抹消 13.煤煙 14.罵倒 15.高邁
16.萌動 17.眄視 18.緬羊 19.三昧 20.器皿

1.溟沐　2.無知蒙昧　3.螟蛾　4.分袂　5.消耗
6.牡牛　7.一抹　8.戰歿　9.杳然　10.描寫
11.描法　12.竹杖芒鞋　13.饅頭皮　14.彎曲　15.抹殺
16.抹消登記　17.摸索　18.泡沫　19.愚昧

► 396쪽
1.描畫　2.猫頂懸鈴　3.毋害　4.拇指　5.巫堂
6.風靡　7.誣告　8.撫摩　9.愛撫　10.懷撫
11.蚊陣　12.琥珀　13.明媚　14.薔薇　15.靡寧
16.巫女　17.煩悶　18.靜謐　19.金箔紙

► 397쪽
1.糟粕　2.剝製　3.澎湃　4.陪行　5.陪臣
6.陪審　7.徘徊症　8.帛書　9.氾濫原　10.蕃盛
11.藩籬　12.藩臣　13.藩國　14.出帆　15.梵鐘
16.梵唄　17.泛舟　18.魂魄　19.劈頭

► 398쪽
1.劈鍊　2.巨擘　3.雙璧　4.菩堤樹　5.癖積
6.開闢　7.瞥眼間　8.花瓶　9.藥瓶　10.藩屛
11.寶瓶　12.堡砦　13.洑稅　14.癖好　15.全鰒
16.匐枝　17.輻射熱　18.奴僕

► 399쪽
1.捧納　2.捧上　3.捧招　4.面駁　5.指揮棒
6.鐵棒　7.烽火　8.搏動　9.樸直　10.搏擊
11.上膊　12.縛擒　13.束縛　14.棍棒　15.雜駁
16.反駁　17.撲滅　18.打撲傷　19.龍虎相搏

► 400쪽
1.湖畔　2.絆緣　3.斑白　4.斑疹　5.跋辭
6.槃遊　7.涅槃　8.頒給　9.蟠龍　10.巖壁登攀
11.攀緣　12.跋文　13.跋步　14.虎斑石　15.旱魃
16.勃然　17.撥亂　18.活潑

► 401쪽
1.醱酵　2.彷佛　3.脂肪　4.枋底　5.中枋木
6.紙榜　7.標榜　8.膀胱　9.毁謗　10.尨大
11.四人幫　12.胚芽米　13.胚葉　14.筆鋒　15.銳鋒
16.最先鋒　17.芙蓉

► 402쪽
1.斧鉞　2.吩囑　3.俯伏　4.花盆　5.駙馬
6.訃告　7.訃音　8.孵卵器　9.剖檢　10.賻儀金
11.解剖　12.吩咐　13.忿爭　14.六腑　15.盆地
16.雰圍氣　17.焚香　18.噴霧　19.噴水

► 403쪽
1.噴出　2.糞尿　3.人糞　4.石膏繃帶　5.大陸棚
6.翡翠　7.匕首　8.妣位　9.顯妣　10.庇蔭
11.補庇　12.秕政　13.砒霜　14.砒素　15.琵琶
16.柴扉　17.蜚蠊　18.緋緞　19.硼砂

► 404쪽
1.翡翠色　2.誹譽　3.脾·胃　4.痲痹　5.裨·益
6.補裨　7.沸騰點　8.困憊　9.鄙見　10.臂環
11.臂力　12.譬喩　13.嬪妾　14.嬪宮　15.殯宮
16.殯所　17.嚬笑　18.憑考　19.證憑

► 405쪽
1.信憑性　2.祠堂　3.忠烈祠　4.後嗣　5.羅紗
6.些少　7.麝香　8.移徙　9.奢侈　10.簑笠
11.泄寫　12.一瀉千里　13.蔓　14.削　15.定
16.珊瑚礁　17.驛馬煞　18.撒布

► 406쪽
1.薩　　2.水　　3.滲　　4.滲　　5.
6.澁味　7.澁劑　8.靑孀　9.孀娥　10.翔集
11.爽快　12.豪爽　13.滲泄　14.國璽　15.犧牲
16.牲犢　17.甥姪婦　18.抒情

► 407쪽

1.胥吏　2.鼠竊狗偸　3.同壻　4.黍酒　5.棲息
6.兩棲類　7.犀利　8.曙光　9.夏爐冬扇　10.鼠生員
11.鼠賊　12.壻郞　13.干潟地　14.島嶼　15.扇風機
16.曙天　17.煽情的　18.膳物　19.膳賜品

► 408쪽

1.羨慕　2.腺病　3.汗腺　4.泄症　5.逍遙吟詠
6.浚渫　7.浚渫船　8.屑塵　9.搔爬手術　10.閃忽
11.殲滅　12.覺醒　13.春宵　14.逍風　15.排泄
16.梳洗　17.生疏　18.搔癢　19.瑣屑

► 409쪽

1.塑造　2.碎身　3.遡上　4.蕭寂　5.蕭颯
6.簫鼓　7.贖良　8.袖手傍觀　9.代贖　10.惶悚
11.粉碎　12.遡及　13.灑落　14.灑帚　15.戍兵
16.狩獵　17.巡狩碑　18.贖死　19.羞恥

► 410쪽

1.羞惡之心　2.骨髓　3.髓腦　4.兄嫂　5.季嫂
6.瘦削　7.瘦瘠　8.竪立　9.應酬　10.報酬
11.純粹　12.粹然　13.蒐輯　14.穗狀　15.發穗
16.刺繡　17.繡帳　18.錦繡　19.讐仇

► 411쪽

1.夙成　2.夙志　3.菽麥　4.義塾　5.塾舍
6.竹筍　7.醇化　8.馴致　9.膝下　10.政丞
11.軟枾　12.匙楪　13.匙箸　14.豺虎　15.猜疑
16.媤宅　17.弑逆　18.弑害　19.諡號　20.拭拂

► 412쪽

1.拭淸　2.皆旣月蝕　3.侵蝕　4.侵蝕作用　5.熄滅
6.迅速　7.訊問　8.薪木　9.臥薪嘗膽　10.宸斷
11.姙娠　12.蜃氣樓　13.灰燼　14.悉心　15.什物
16.訊賓　17.俄然　18.聾啞　19.啞鈴

► 413쪽

1.官衙　2.衙前　3.堊室　4.白堊館　5.愕視
6.顎骨　7.下顎骨　8.按脈　9.按劍　10.按驗
11.晏起　12.鞍裝　13.鞍馬之勞　14.斡旋　15.庵子
16.闇市場　17.快宿　18.快忿　19.秧苗

► 414쪽

1.移秧　2.移秧期　3.鴛鴦　4.昂貴　5.昂奮
6.崖碑　7.磨崖　8.曖昧　9.曖昧模糊　10.隘路
11.靄靄　12.扼喉　13.腋氣　14.腋干　15.縊殺
16.櫻桃　17.鶯衫　18.鶯語　19.冶金

► 415쪽

1.冶容　2.冶遊　3.揶揄　4.好好爺　5.恙憂
6.隔靴搔癢　7.潰瘍　8.攘夷　9.攘奪　10.釀造場
11.囹圄　12.禦寒　13.臆測　14.臆算　15.臆塞
16.偓齪　17.堰堤　18.奄然　19.儼恪　20.儼然

► 416쪽

1.繹騷　2.曳光彈　3.經筵　4.捐世　5.後裔
6.造詣　7.妖艶　8.火焰　9.艶聞　10.焰焰
11.曳引　12.慶筵　13.撚絲　14.穢德　15.詣闕
16.防牌鳶　17.伍長　18.寤寐不忘　19.深奧

► 417쪽

1.奧旨　2.懊惱　3.壅塞　4.壅蔽　5.訛傳
6.訛音　7.渦動　8.渦線　9.渦形　10.蝸牛
11.阮丈　12.頑强　13.頑固　14.頑蒙　15.宛轉
16.婉曲　17.婉美　18.腕力　19.枕腕法

► 418쪽

1.枉法　2.枉臨　3.矮屋　4.猥濫　5.猥雜
6.夭折　7.夭夭　8.執拗　9.窈窕　10.窯戶
11.登窯　12.僥倖　13.饒富　14.饒舌　15.凹地
16.邀招　17.擾亂　18.騷擾　19.涌泉

▶ 419쪽

1.舞踊塚　2.虞侯　3.耕耘機　4.聳聽　5.芙蓉
6.迂餘曲折　7.寓居　8.寓話詩　9.嵎夷　10.虞犯
11.鹿茸　14.隕星茸　12.虞祭　13.聳動　15.殞命
16.殞立　17.類人猿　18.犬猿之間　19.冤鬼

▶ 420쪽

1.萎靡　2.柚子　3.宥和　4.蹂躪　5.愉快
6.揶揄　7.直喩法　8.諭示　9.開諭　10.鍮器
11.眞鍮　12.快癒　13.癒着　14.阿諛　15.遊永
16.戎衣　17.戎狄　18.絨緞

▶ 421쪽

1.蔭官　2.蔭補　3.揖讓　4.膺受　5.友誼
6.情誼　7.椅子　8.擬作　9.擬聲語　10.毅然
11.餌藥　12.弛緩　13.姨母　14.爾汝　15.爾時
16.翌日　17.靭帶　18.蚯蚓　19.咽喉炎

▶ 422쪽

1.湮滅　2.佚民　3.溢血　4.孕胎　5.剩餘
6.剩數　7.仔詳　8.膾炙　9.炙鐵　10.煮醬
11.靑瓷　12.陶瓷器　13.瑕疵　14.蔗糖　15.甘蔗
16.藉藉　17.慰藉料　18.孔雀　19.鵲報

▶ 423쪽

1.勺水不入　2.簪纓　3.灼灼　4.儀仗　5.短杖
6.咀嚼筋　7.棧橋　8.盞臺　9.箴諫　10.箴戒
11.芍藥花　12.玉簪　13.炸發　14.倚仗　15.綽綽
16.杖刑　17.漿果　18.醬油　19.醬味

▶ 424쪽

1.醬太　2.工匠　3.巨匠　4.檣竿　5.薔薇
6.殘宰　7.書齋　8.三滓　9.錚錚　10.官邸
11.觝觸　12.狙擊　13.狙擊兵　14.咀嚼　15.豬突的
16.躊躇　17.匙箸　18.形迹　19.北狄　20.嫡室

▶ 425쪽

1.嫡出　2.嫡庶　3.謫仙　4.謫中　5.銓注
6.剪除　7.煎悶　8.花煎　9.輾轉反側　10.改悛
11.奠都　12.釋奠　13.塡塞　14.塡刻　15.充塡
16.沈澱劑　17.沈澱物　18.箋註　19.處方箋

▶ 426쪽

1.餞送　2.篆刻　3.篆額　4.篆字　5.廛房
6.鐵物廛　7.纏帶　8.纏足　9.毛氈　10.顫動
11.顚末　12.顚覆　13.癲癇　14.截斷　15.截片
16.粘力　17.粘土　18.粘性　19.霑潤

▶ 427쪽

1.町步　2.酒酊　3.押釘　4.挺身隊　5.錠劑
6.裝幀　7.影幀　8.靖國　9.靖難功臣　10.悌友
11.梯田　12.啼鳥　13.啼泣　14.蹄齧　15.麟蹄郡
16.爪痕　17.眺望權　18.阻隘　19.積阻

▶ 428쪽

1.粗惡　2.粗安　3.粗收入　4.凋落　5.糟粕
6.六曹　7.法曹人　8.漕運　9.漕倉　10.遭遇
11.遭難　12.浴槽　13.淨化槽　14.稠密　15.嘲笑
16.棗栗　17.詔書　18.詔勅　19.肇秋

▶ 429쪽

1.躁急　2.躁急症　3.藻類　4.海藻類　5.挫氣
6.猝地　7.蹤迹　8.慫慂　9.腫氣　10.腫脹
11.接踵　12.簇子　13.誅殺　14.誅戮　15.呪術
16.詛呪　17.胄裔　18.明紬　19.紬繹

▶ 430쪽

1.蠢爾　2.櫛板　3.做恭　4.做工　5.使嗾
6.廚房　7.庖廚　8.竣工　9.竣事　10.蠢動
11.桀紂　12.櫛麟　13.輻輳　14.櫛風沐雨　15.汁滓
16.膽汁　17.果實汁　18.福祉　19.老人福祉

► 431쪽
1.肢幹　2.四肢　3.枳實　4.咫尺　5.眞摯
6.發疹　7.嗔言　8.叱責　9.桎梏　10.帙冊
11.更迭　12.蹉跌　13.嫉妬　14.兆朕　15.什長
16.澄水　17.交叉　18.叉狀　19.嗟惜　20.窄迫

► 432쪽
1.搾取　2.窄乳　3.掘鑿　4.撰述　5.撰定
6.撰集　7.飯饌　8.饌用　9.盛饌　10.纂輯
11.摩擦　12.按擦　13.擦過傷　14.兵站　15.僭監
16.懺悔　17.讖書　18.讖言　19.讒毁

► 433쪽
1.讒訴　2.倡義　3.娼女　4.公娼　5.猖獗
6.菖蒲　7.槍劍　8.瘡腫　9.頭瘡　10.船艙
11.造兵廠　12.膨脹　13.漲滿　14.木寨　15.鐵柵
16.凄涼　17.凄切　18.脊椎　19.脊强　20.脊髓

► 434쪽
1.脊髓膜　2.毁瘠　3.瘠薄　4.洗滌　5.滌蕩
6.攙杻　7.攙殺　8.穿孔　9.貫穿　10.喘息
11.擅斷　12.闡明　13.凸凹　14.凹凸　15.書類綴
16.轍環天下　17.僉位　18.僉知　19.謔笑　20.阿諂

► 435쪽
1.諂諛　2.抽籤　3.帖子　4.畫帖　5.貼付
6.捷報　7.捷徑　8.牒報　9.受牒　10.請牒
11.疊雲　12.疊書　13.疊鐘　14.涕泣　15.要諦
16.梢頭　17.末梢的　18.稍食　19.硝煙　20.朴硝

► 436쪽
1.硝石　2.炒麵　3.憔悴　4.論叢　5.寵臣
6.暗礁　7.食醋　8.囑望　9.委囑　10.天馬冢
11.貝塚　12.叢論　13.叢中　14.樵童　15.芭蕉
16.寵遇　17.撮要　18.鰍魚　19.酋長

► 437쪽
1.芻米　2.反芻動物　3.萃卦　4.立錐之地　5.膵臟
6.樞機卿　7.樞機　8.紡錘　9.墜落　10.黜黨
11.悴顔　12.憔悴　13.脊椎　14.方錐　15.贅居
16.贅言　17.嫁娶　18.脆弱　19.翠屏

► 438쪽
1.翡翠色　2.勅書　3.惻然　4.喘悔　5.頂門一鍼
6.驚蟄　7.天癡　8.癡者　9.白癡　10.驅馳
11.熾烈　12.翡翠玉　13.砧杵　14.鍼灸術　15.痔疾
16.緻巧　17.秤錘　18.佛陀　19.舵機

► 439쪽
1.舵手　2.駝酪　3.唾棄　4.惰氣　5.楕圓
6.擢用　7.拔擢　8.木鐸　9.順坦　10.坦腹
11.綻露　12.破綻　13.憚服　14.耽耽　15.搭載
16.搭乘客　17.跌宕　18.放蕩　19.淫蕩

► 440쪽
1.掃蕩　2.蕩減　3.淘汰　4.沙汰　5.海苔
6.笞刑　7.跆拳　8.撑柱　9.堆積　10.攄懷
11.攄得　12.休紙桶　13.火筒　14.筆筒　15.郵遞筒
16.慟絶　17.大腿　18.褪色　19.支撑

► 441쪽
1.鐵槌　2.頹勢　3.頹運　4.嫉妬　5.常套的
6.三巴戰　7.芭蕉　8.搔爬　9.老婆　10.跛行
11.跛行的　12.辦公費　13.沛然　14.佩物　15.悖倫兒
16.牌札　17.門牌　18.稗飯　19.稗史

► 442쪽
1.稗官文學　2.膨大　3.澎潤　4.道袍　5.鞭撻
6.貶降　7.貶謫　8.浮萍草　9.斃死　10.水泡
11.咆哮　12.庖丁　13.庖稅　14.騙取　15.菖蒲
16.逋亡　17.逋脫　18.哺育　19.圃田

加(가) 減(감)	輕(경) 重(중)	寬(관) 猛(맹)	起(기) 陷(함)	動(동) 止(지)	蠻(만) 狄(적)	夫(부) 婦(부)	山(산) 川(천)
加(가) 除(제)	啓(계) 閉(폐)	光(광) 陰(음)	飢(기) 飽(포)	東(동) 西(서)	輓(만) 推(추)	夫(부) 妻(처)	山(산) 河(하)
可(가) 否(부)	繼(계) 絕(절)	廣(광) 狹(협)	吉(길) 凶(흉)	頭(두) 尾(미)	賣(매) 買(매)	浮(부) 沈(침)	山(산) 海(해)
嫁(가) 娶(취)	古(고) 今(금)	巧(교) 拙(졸)	諾(낙) 否(부)	鈍(둔) 敏(민)	俛(면) 仰(앙)	父(부) 母(모)	殺(살) 活(활)
干(간) 戈(과)	姑(고) 舅(구)	敎(교) 習(습)	難(난) 易(이)	得(득) 喪(상)	明(명) 滅(멸)	父(부) 子(자)	上(상) 下(하)
干(간) 滿(만)	姑(고) 婦(부)	敎(교) 學(학)	南(남) 北(북)	得(득) 失(실)	明(명) 暗(암)	分(분) 合(합)	孀(상) 鰥(환)
簡(간) 細(세)	高(고) 卑(비)	舅(구) 甥(생)	男(남) 女(녀)	登(등) 降(강)	母(모) 子(자)	匕(비) 箸(저)	翔(상) 踊(용)
艱(간) 易(이)	考(고) 妣(비)	君(군) 民(민)	內(내) 外(외)	登(등) 落(락)	矛(모) 盾(순)	悲(비) 樂(락)	詳(상) 略(략)
甘(감) 苦(고)	苦(고) 樂(락)	君(군) 臣(신)	奴(노) 婢(비)	冷(냉) 暖(난)	夢(몽) 醒(성)	悲(비) 歡(환)	賞(상) 罰(벌)
剛(강) 柔(유)	辜(고) 功(공)	屈(굴) 伸(신)	駑(노) 驥(기)	冷(냉) 煖(난)	問(문) 答(답)	悲(비) 喜(희)	生(생) 滅(멸)
江(강) 山(산)	高(고) 低(저)	弓(궁) 矢(시)	濃(농) 淡(담)	冷(냉) 熱(열)	文(문) 武(무)	翡(비) 翠(취)	生(생) 沒(몰)
強(강) 弱(약)	高(고) 下(하)	倦(권) 勤(근)	糞(분) 尿(뇨)	冷(냉) 溫(온)	文(문) 言(언)	肥(비) 瘠(척)	生(생) 死(사)
開(개) 閉(폐)	曲(곡) 直(직)	貴(귀) 賤(천)	多(다) 寡(과)	良(양) 否(부)	物(물) 心(심)	臂(비) 脚(각)	生(생) 殺(살)
去(거) 來(래)	昆(곤) 弟(제)	戟(극) 盾(순)	多(다) 少(소)	斂(염) 散(산)	美(미) 醜(추)	誹(비) 譽(예)	序(서) 跋(발)
去(거) 留(류)	攻(공) 守(수)	勤(근) 慢(만)	單(단) 複(복)	勞(노) 使(사)	班(반) 常(상)	飛(비) 踊(용)	先(선) 後(후)
巨(거) 細(세)	供(공) 需(수)	勤(근) 惰(타)	斷(단) 續(속)	老(노) 童(동)	發(발) 着(착)	貧(빈) 富(부)	善(선) 惡(악)
乾(건) 坤(곤)	公(공) 私(사)	勤(근) 怠(태)	旦(단) 夕(석)	老(노) 少(소)	方(방) 圓(원)	賓(빈) 主(주)	成(성) 敗(패)
乾(건) 濕(습)	功(공) 過(과)	今(금) 昔(석)	當(당) 落(락)	老(노) 幼(유)	背(배) 向(향)	氷(빙) 炭(탄)	盛(성) 衰(쇠)
巫(무) 覡(격)	功(공) 罪(죄)	擒(금) 縱(종)	當(당) 否(부)	陸(육) 海(해)	煩(번) 簡(간)	士(사) 民(민)	醉(취) 醒(성)
京(경) 鄕(향)	攻(공) 防(방)	及(급) 落(락)	大(대) 小(소)	利(이) 害(해)	腹(복) 背(배)	師(사) 弟(제)	細(세) 大(대)
慶(경) 弔(조)	空(공) 陸(륙)	肌(기) 骨(골)	貸(대) 借(차)	吏(이) 民(민)	本(본) 末(말)	死(사) 生(생)	宵(소) 晨(신)
硬(경) 軟(연)	戈(과) 盾(순)	起(기) 結(결)	都(도) 農(농)	理(이) 亂(란)	鳳(봉) 凰(황)	死(사) 活(활)	疏(소) 阻(조)
經(경) 緯(위)	官(관) 民(민)	起(기) 伏(복)	動(동) 靜(정)	離(이) 合(합)	[illegible]	朔(삭) 晦(회)	疏(소) 密(밀)

♣ **다음 반의어(反義語)를 익혀 보시오.**

紹(소) ↔ 絶(절)	勝(승) ↔ 負(부)	抑(억) ↔ 揚(양)	優(우) ↔ 劣(열)	膾(회) ↔ 炙(자)	朝(조) ↔ 野(야)	中(중) ↔ 外(외)	添(첨) ↔ 減(감)
損(손) ↔ 得(득)	勝(승) ↔ 敗(패)	言(언) ↔ 文(문)	雨(우) ↔ 晴(청)	自(자) ↔ 他(타)	燥(조) ↔ 濕(습)	衆(중) ↔ 寡(과)	添(첨) ↔ 削(삭)
損(손) ↔ 益(익)	匙(시) ↔ 箸(저)	言(언) ↔ 行(행)	雌(자) ↔ 雄(웅)	昨(작) ↔ 今(금)	祖(조) ↔ 孫(손)	增(증) ↔ 減(감)	晴(청) ↔ 曇(담)
送(송) ↔ 受(수)	始(시) ↔ 末(말)	與(여) ↔ 野(야)	遠(원) ↔ 近(근)	將(장) ↔ 兵(병)	存(존) ↔ 亡(망)	增(증) ↔ 削(삭)	晴(청) ↔ 陰(음)
送(송) ↔ 迎(영)	始(시) ↔ 終(종)	然(연) ↔ 否(부)	鴛(원) ↔ 鴦(앙)	將(장) ↔ 士(사)	存(존) ↔ 滅(멸)	增(증) ↔ 刪(산)	清(청) ↔ 濁(탁)
受(수) ↔ 給(급)	是(시) ↔ 非(비)	炎(염) ↔ 涼(량)	有(유) ↔ 無(무)	將(장) ↔ 卒(졸)	存(존) ↔ 沒(몰)	增(증) ↔ 損(손)	推(추) ↔ 挽(만)
受(수) ↔ 拂(불)	伸(신) ↔ 縮(축)	榮(영) ↔ 枯(고)	恩(은) ↔ 讎(수)	長(장) ↔ 短(단)	存(존) ↔ 無(무)	贈(증) ↔ 答(답)	推(추) ↔ 輓(만)
受(수) ↔ 與(여)	信(신) ↔ 疑(의)	榮(영) ↔ 辱(욕)	恩(은) ↔ 怨(원)	長(장) ↔ 幼(유)	存(존) ↔ 廢(폐)	智(지) ↔ 愚(우)	推(추) ↔ 引(인)
夭(요) ↔ 壽(수)	新(신) ↔ 古(고)	盈(영) ↔ 虛(허)	隱(은) ↔ 見(견)	低(저) ↔ 昂(앙)	尊(존) ↔ 卑(비)	知(지) ↔ 行(행)	春(춘) ↔ 秋(추)
手(수) ↔ 足(족)	新(신) ↔ 舊(구)	迎(영) ↔ 餞(전)	隱(은) ↔ 現(현)	嫡(적) ↔ 庶(서)	尊(존) ↔ 侍(시)	遲(지) ↔ 速(속)	出(출) ↔ 缺(결)
授(수) ↔ 受(수)	臣(신) ↔ 民(민)	豫(예) ↔ 決(결)	隱(은) ↔ 顯(현)	前(전) ↔ 後(후)	綜(종) ↔ 析(석)	眞(진) ↔ 假(가)	出(출) ↔ 納(납)
收(수) ↔ 給(급)	實(실) ↔ 否(부)	銳(예) ↔ 鈍(둔)	陰(음) ↔ 陽(양)	田(전) ↔ 畓(답)	縱(종) ↔ 擒(금)	眞(진) ↔ 僞(위)	出(출) ↔ 沒(몰)
需(수) ↔ 給(급)	心(심) ↔ 身(신)	寤(오) ↔ 寐(매)	音(음) ↔ 義(의)	絶(절) ↔ 嗣(사)	縱(종) ↔ 橫(횡)	進(진) ↔ 來(래)	出(출) ↔ 入(입)
收(수) ↔ 支(지)	心(심) ↔ 體(체)	玉(옥) ↔ 石(석)	音(음) ↔ 訓(훈)	正(정) ↔ 反(반)	坐(좌) ↔ 立(립)	進(진) ↔ 退(퇴)	忠(충) ↔ 奸(간)
水(수) ↔ 陸(륙)	深(심) ↔ 淺(천)	溫(온) ↔ 冷(랭)	異(이) ↔ 同(동)	正(정) ↔ 副(부)	坐(좌) ↔ 臥(와)	桎(질) ↔ 梏(곡)	忠(충) ↔ 逆(역)
水(수) ↔ 火(화)	雅(아) ↔ 俗(속)	溫(온) ↔ 涼(량)	人(인) ↔ 天(천)	正(정) ↔ 邪(사)	左(좌) ↔ 右(우)	集(집) ↔ 配(배)	取(취) ↔ 貸(대)
瘦(수) ↔ 肥(비)	安(안) ↔ 否(부)	翁(옹) ↔ 壻(서)	因(인) ↔ 果(과)	正(정) ↔ 誤(오)	罪(죄) ↔ 罰(벌)	集(집) ↔ 散(산)	取(취) ↔ 捨(사)
首(수) ↔ 尾(미)	安(안) ↔ 危(위)	緩(완) ↔ 急(급)	日(일) ↔ 月(월)	正(정) ↔ 僞(위)	罪(죄) ↔ 刑(형)	贊(찬) ↔ 反(반)	娶(취) ↔ 嫁(가)
叔(숙) ↔ 姪(질)	哀(애) ↔ 樂(락)	往(왕) ↔ 來(래)	任(임) ↔ 免(면)	淨(정) ↔ 穢(예)	主(주) ↔ 客(객)	陟(척) ↔ 降(강)	聚(취) ↔ 散(산)
順(순) ↔ 逆(역)	哀(애) ↔ 歡(환)	往(왕) ↔ 返(반)	入(입) ↔ 落(락)	精(정) ↔ 粗(조)	主(주) ↔ 僕(복)	天(천) ↔ 壤(양)	治(치) ↔ 亂(란)
乘(승) ↔ 降(강)	愛(애) ↔ 惡(오)	往(왕) ↔ 復(복)	姉(자) ↔ 妹(매)	早(조) ↔ 晚(만)	主(주) ↔ 從(종)	天(천) ↔ 地(지)	親(친) ↔ 疏(소)
昇(승) ↔ 降(강)	愛(애) ↔ 憎(증)	凹(요) ↔ 凸(철)	子(자) ↔ 女(녀)	朝(조) ↔ 暮(모)	晝(주) ↔ 宵(소)	淺(천) ↔ 深(심)	沈(침) ↔ 沔(면)
乘(승) ↔ 除(제)	爺(야) ↔ 孃(양)	用(용) ↔ 捨(사)	子(자) ↔ 母(모)	朝(조) ↔ 夕(석)	晝(주) ↔ 夜(야)	鐵(철) ↔ 石(석)	沈(침) ↔ 浮(부)

♣ 다음 반의어(反義語)를 익혀 보시오.

快 쾌	鈍 둔	海 해	陸 륙	薄 박	厚 후
吞 탄	吐 토	向 향	背 배	學 학	訓 훈
吐 토	納 납	噓 허	吸 흡	譽 예	毀 훼
投 투	打 타	虛 허	實 실	背 배	胸 흉
敗 패	興 흥	玄 현	素 소	白 백	黑 흑
廢 폐	立 립	賢 현	愚 우	亡 망	興 흥
廢 폐	置 치	顯 현	微 미	怒 로	喜 희
褒 포	貶 폄	顯 현	密 밀	悲 비	喜 희
表 표	裏 리	兄 형	弟 제		
豊 풍	凶 흉	刑 형	罪 죄		
彼 피	我 아	形 형	影 영		
彼 피	此 차	呼 호	應 응		
皮 피	骨 골	呼 호	吸 흡		
夏 하	冬 동	好 호	惡 오		
學 학	問 문	弧 호	矢 시		
寒 한	煖 란	昏 혼	明 명		
寒 한	暖 란	昏 혼	曙 서		
寒 한	暑 서	和 화	戰 전		
寒 한	熱 열	禍 화	福 복		
寒 한	溫 온	闊 활	狹 협		
閑 한	忙 망	皇 황	民 민		
鹹 함	淡 담	會 회	散 산		
海 해	空 공	橫 횡	豎 수		

♣ 다음 반의한자어(反義漢字語)를 익혀 보시오.

可決(가결) ⇔ 否決(부결)	開放(개방) ⇔ 閉鎖(폐쇄)	豫算(예산) ⇔ 決算(결산)
架空(가공) ⇔ 實在(실재)	個別(개별) ⇔ 全體(전체)	決定(결정) ⇔ 保留(보류)
加熱(가열) ⇔ 冷却(냉각)	概算(개산) ⇔ 精算(정산)	結合(결합) ⇔ 分離(분리)
加重(가중) ⇔ 輕蔑(경멸)	蓋然(개연) ⇔ 必然(필연)	謙遜(겸손) ⇔ 傲慢(오만)
却下(각하) ⇔ 受理(수리)	客觀(객관) ⇔ 主觀(주관)	經度(경도) ⇔ 緯度(위도)
幹線(간선) ⇔ 支線(지선)	客體(객체) ⇔ 主體(주체)	輕薄(경박) ⇔ 重厚(중후)
干涉(간섭) ⇔ 放任(방임)	巨大(거대) ⇔ 微小(미소)	經常(경상) ⇔ 臨時(임시)
干潮(간조) ⇔ 滿潮(만조)	倨慢(거만) ⇔ 謙遜(겸손)	輕率(경솔) ⇔ 愼重(신중)
間歇(간헐) ⇔ 持續(지속)	巨富(거부) ⇔ 極貧(극빈)	輕視(경시) ⇔ 重視(중시)
感性(감성) ⇔ 理性(이성)	拒否(거부) ⇔ 承諾(승낙)	硬直(경직) ⇔ 柔軟(유연)
減少(감소) ⇔ 增加(증가)	拒否(거부) ⇔ 承認(승인)	高尚(고상) ⇔ 卑俗(비속)
感情(감정) ⇔ 理性(이성)	拒絶(거절) ⇔ 承諾(승낙)	高尚(고상) ⇔ 低俗(저속)
減退(감퇴) ⇔ 增進(증진)	拒絶(거절) ⇔ 承認(승인)	高雅(고아) ⇔ 卑俗(비속)
剛健(강건) ⇔ 優柔(우유)	建設(건설) ⇔ 破壞(파괴)	高雅(고아) ⇔ 低俗(저속)
剛健(강건) ⇔ 柔弱(유약)	乾燥(건조) ⇔ 濕潤(습윤)	高遠(고원) ⇔ 卑近(비근)
強硬(강경) ⇔ 軟弱(연약)	傑作(걸작) ⇔ 拙作(졸작)	故意(고의) ⇔ 過失(과실)
強硬(강경) ⇔ 柔和(유화)	儉素(검소) ⇔ 浪費(낭비)	固定(고정) ⇔ 流動(유동)
強固(강고) ⇔ 薄弱(박약)	儉素(검소) ⇔ 奢侈(사치)	高調(고조) ⇔ 低調(저조)
強大(강대) ⇔ 弱小(약소)	儉約(검약) ⇔ 浪費(낭비)	苦痛(고통) ⇔ 快樂(쾌락)
降臨(강림) ⇔ 昇天(승천)	儉約(검약) ⇔ 奢侈(사치)	困難(곤란) ⇔ 容易(용이)
強靭(강인) ⇔ 懦弱(나약)	結果(결과) ⇔ 動機(동기)	公開(공개) ⇔ 隱蔽(은폐)
強制(강제) ⇔ 任意(임의)	原因(원인) ⇔ 結果(결과)	供給(공급) ⇔ 需要(수요)
強風(강풍) ⇔ 微風(미풍)	決裂(결렬) ⇔ 合意(합의)	共鳴(공명) ⇔ 反駁(반박)

♣ 다음 반의한자어(反義漢字語)를 익혀 보시오.

空腹(공복) ⇔ 滿腹(만복)	權利(권리) ⇔ 義務(의무)	緊張(긴장) ⇔ 解弛(해이)
空想(공상) ⇔ 現實(현실)	歸納(귀납) ⇔ 演繹(연역)	緊縮(긴축) ⇔ 緩和(완화)
攻勢(공세) ⇔ 守勢(수세)	獨占(독점) ⇔ 均霑(균점)	吉兆(길조) ⇔ 凶兆(흉조)
共用(공용) ⇔ 專用(전용)	勤勉(근면) ⇔ 懶怠(나태)	樂觀(낙관) ⇔ 悲觀(비관)
共有(공유) ⇔ 專有(전유)	勤勉(근면) ⇔ 怠惰(태타)	樂園(낙원) ⇔ 地獄(지옥)
公平(공평) ⇔ 偏頗(편파)	近接(근접) ⇔ 遠隔(원격)	樂天(낙천) ⇔ 厭世(염세)
過激(과격) ⇔ 穩健(온건)	近海(근해) ⇔ 遠洋(원양)	暖流(난류) ⇔ 寒流(한류)
過多(과다) ⇔ 僅少(근소)	錦衣(금의) ⇔ 布衣(포의)	難解(난해) ⇔ 容易(용이)
寬大(관대) ⇔ 嚴格(엄격)	禁止(금지) ⇔ 解禁(해금)	濫讀(남독) ⇔ 精讀(정독)
灌木(관목) ⇔ 喬木(교목)	禁止(금지) ⇔ 許可(허가)	濫用(남용) ⇔ 節約(절약)
官尊(관존) ⇔ 民卑(민비)	急激(급격) ⇔ 緩慢(완만)	朗讀(낭독) ⇔ 默讀(묵독)
貫徹(관철) ⇔ 挫折(좌절)	急性(급성) ⇔ 慢性(만성)	內容(내용) ⇔ 外觀(외관)
光明(광명) ⇔ 暗黑(암흑)	及第(급제) ⇔ 落第(낙제)	內容(내용) ⇔ 形式(형식)
巧妙(교묘) ⇔ 拙劣(졸렬)	急進(급진) ⇔ 漸進(점진)	內憂(내우) ⇔ 外患(외환)
郊外(교외) ⇔ 都心(도심)	急行(급행) ⇔ 緩行(완행)	內包(내포) ⇔ 外延(외연)
拘禁(구금) ⇔ 釋放(석방)	肯定(긍정) ⇔ 否定(부정)	老鍊(노련) ⇔ 未熟(미숙)
拘束(구속) ⇔ 放免(방면)	旣決(기결) ⇔ 未決(미결)	濃厚(농후) ⇔ 稀薄(희박)
拘束(구속) ⇔ 釋放(석방)	起立(기립) ⇔ 着席(착석)	訥辯(눌변) ⇔ 能辯(능변)
求心(구심) ⇔ 遠心(원심)	奇拔(기발) ⇔ 平凡(평범)	能動(능동) ⇔ 被動(피동)
口語(구어) ⇔ 文語(문어)	奇數(기수) ⇔ 偶數(우수)	凌蔑(능멸) ⇔ 推仰(추앙)
具體(구체) ⇔ 抽象(추상)	飢餓(기아) ⇔ 飽食(포식)	多元(다원) ⇔ 一元(일원)
君子(군자) ⇔ 小人(소인)	記憶(기억) ⇔ 忘却(망각)	單純(단순) ⇔ 複雜(복잡)
屈服(굴복) ⇔ 抵抗(저항)	緊密(긴밀) ⇔ 疎遠(소원)	單式(단식) ⇔ 複式(복식)

♣ 다음 반의한자어(反義漢字語)를 익혀 보시오.

반의어		반의어		반의어	
短縮(단축)	⇔ 延長(연장)	模倣(모방)	⇔ 創造(창조)	天才(천재)	⇔ 白癡(백치)
曇天(담천)	⇔ 晴天(청천)	模型(모형)	⇔ 原型(원형)	閑散(한산)	⇔ 繁忙(번망)
當番(당번)	⇔ 非番(비번)	無能(무능)	⇔ 有能(유능)	凡人(범인)	⇔ 超人(초인)
唐慌(당황)	⇔ 沈着(침착)	文明(문명)	⇔ 野蠻(야만)	保守(보수)	⇔ 進步(진보)
大乘(대승)	⇔ 小乘(소승)	物質(물질)	⇔ 精神(정신)	保守(보수)	⇔ 革新(혁신)
對話(대화)	⇔ 獨白(독백)	微官(미관)	⇔ 顯官(현관)	普遍(보편)	⇔ 特殊(특수)
獨創(독창)	⇔ 模倣(모방)	未熟(미숙)	⇔ 成熟(성숙)	本業(본업)	⇔ 副業(부업)
同居(동거)	⇔ 別居(별거)	敏速(민속)	⇔ 遲鈍(지둔)	本質(본질)	⇔ 現象(현상)
動搖(동요)	⇔ 安定(안정)	敏捷(민첩)	⇔ 遲鈍(지둔)	富貴(부귀)	⇔ 貧賤(빈천)
鈍感(둔감)	⇔ 敏感(민감)	密集(밀집)	⇔ 散在(산재)	不當(부당)	⇔ 妥當(타당)
鈍濁(둔탁)	⇔ 銳利(예리)	薄土(박토)	⇔ 沃土(옥토)	扶桑(부상)	⇔ 咸池(함지)
得意(득의)	⇔ 失意(실의)	反共(반공)	⇔ 容共(용공)	敷衍(부연)	⇔ 省略(생략)
登場(등장)	⇔ 退場(퇴장)	反目(반목)	⇔ 和睦(화목)	富裕(부유)	⇔ 貧窮(빈궁)
等質(등질)	⇔ 異質(이질)	返濟(반제)	⇔ 借用(차용)	否認(부인)	⇔ 是認(시인)
漠然(막연)	⇔ 確然(확연)	反抗(반항)	⇔ 服從(복종)	不調(부조)	⇔ 快調(쾌조)
末尾(말미)	⇔ 冒頭(모두)	潑剌(발랄)	⇔ 萎縮(위축)	分離(분리)	⇔ 合體(합체)
埋沒(매몰)	⇔ 發掘(발굴)	發生(발생)	⇔ 消滅(소멸)	分散(분산)	⇔ 集中(집중)
滅亡(멸망)	⇔ 隆盛(융성)	發信(발신)	⇔ 受信(수신)	分析(분석)	⇔ 綜合(종합)
滅亡(멸망)	⇔ 隆興(융흥)	傍系(방계)	⇔ 直結(직결)	分析(분석)	⇔ 統合(통합)
明朗(명랑)	⇔ 憂鬱(우울)	放心(방심)	⇔ 操心(조심)	分裂(분열)	⇔ 統一(통일)
名目(명목)	⇔ 實質(실질)	背恩(배은)	⇔ 報恩(보은)	紛爭(분쟁)	⇔ 和解(화해)
明示(명시)	⇔ 暗示(암시)	白髮(백발)	⇔ 紅顏(홍안)	分解(분해)	⇔ 合成(합성)
名譽(명예)	⇔ 恥辱(치욕)	白晝(백주)	⇔ 深夜(심야)	不備(불비)	⇔ 完備(완비)

♣ 다음 반의한자어(反義漢字語)를 익혀 보시오.

不運(불운)	⇔	幸運(행운)		碩學(석학)	⇔	淺學(천학)		
不況(불황)	⇔	好況(호황)		仙界(선계)	⇔	紅塵(홍진)		
卑怯(비겁)	⇔	勇敢(용감)		善用(선용)	⇔	惡用(악용)		
非難(비난)	⇔	稱讚(칭찬)		先祖(선조)	⇔	後裔(후예)		
非凡(비범)	⇔	平凡(평범)		先天(선천)	⇔	後天(후천)		
悲哀(비애)	⇔	歡喜(환희)		性急(성급)	⇔	悠長(유장)		
辭任(사임)	⇔	就任(취임)		洗練(세련)	⇔	稚拙(치졸)		
死藏(사장)	⇔	活用(활용)		歲暮(세모)	⇔	年頭(연두)		
死後(사후)	⇔	生前(생전)		消極(소극)	⇔	積極(적극)		
事前(사전)	⇔	事後(사후)		所得(소득)	⇔	損失(손실)		
削減(삭감)	⇔	添加(첨가)		騷亂(소란)	⇔	靜肅(정숙)		
削除(삭제)	⇔	添加(첨가)		束縛(속박)	⇔	自由(자유)		
散文(산문)	⇔	韻文(운문)		續行(속행)	⇔	中止(중지)		
相剋(상극)	⇔	相生(상생)		送信(송신)	⇔	受信(수신)		
相對(상대)	⇔	絶對(절대)		手動(수동)	⇔	自動(자동)		
詳述(상술)	⇔	略述(약술)		守節(수절)	⇔	毁節(훼절)		
上昇(상승)	⇔	下降(하강)		收縮(수축)	⇔	膨脹(팽창)		
喪失(상실)	⇔	獲得(획득)		羞恥(수치)	⇔	榮光(영광)		
相違(상위)	⇔	類似(유사)		收賄(수회)	⇔	贈賄(증회)		
生家(생가)	⇔	養家(양가)		淑女(숙녀)	⇔	紳士(신사)		
生産(생산)	⇔	消費(소비)		瞬間(순간)	⇔	永劫(영겁)		
生成(생성)	⇔	消滅(소멸)		瞬時(순시)	⇔	永劫(영겁)		
生食(생식)	⇔	火食(화식)		瞬息(순식)	⇔	永劫(영겁)		

順境(순경)	⇔	逆境(역경)
順坦(순탄)	⇔	險難(험난)
順行(순행)	⇔	逆行(역행)
拾得(습득)	⇔	遺失(유실)
媤宅(시댁)	⇔	親家(친가)
室女(실녀)	⇔	總角(총각)
實際(실제)	⇔	理論(이론)
惡材(악재)	⇔	好材(호재)
安靜(안정)	⇔	興奮(흥분)
昂騰(앙등)	⇔	下落(하락)
愛好(애호)	⇔	嫌惡(혐오)
抑制(억제)	⇔	促進(촉진)
逆轉(역전)	⇔	好轉(호전)
憐憫(연민)	⇔	憎惡(증오)
連勝(연승)	⇔	連敗(연패)
劣惡(열악)	⇔	優良(우량)
永劫(영겁)	⇔	轉瞬(전순)
永劫(영겁)	⇔	刹那(찰나)
永劫(영겁)	⇔	片刻(편각)
榮轉(영전)	⇔	左遷(좌천)
迎接(영접)	⇔	餞送(전송)
靈魂(영혼)	⇔	肉體(육체)
溫暖(온난)	⇔	寒冷(한랭)

♣ **다음 반의한자어(反義漢字語)를 익혀 보시오.**

往復(왕복) ⇔ 片道(편도)	人造(인조) ⇔ 天然(천연)	差別(차별) ⇔ 平等(평등)
夭折(요절) ⇔ 長壽(장수)	一般(일반) ⇔ 特殊(특수)	慘敗(참패) ⇔ 快勝(쾌승)
溶解(용해) ⇔ 凝固(응고)	立體(입체) ⇔ 平面(평면)	處女(처녀) ⇔ 總角(총각)
優待(우대) ⇔ 虐待(학대)	自動(자동) ⇔ 他動(타동)	處子(처자) ⇔ 總角(총각)
偶然(우연) ⇔ 必然(필연)	自律(자율) ⇔ 他律(타율)	縮小(축소) ⇔ 擴大(확대)
友好(우호) ⇔ 敵對(적대)	子正(자정) ⇔ 正午(정오)	稱讚(칭찬) ⇔ 詰難(힐난)
迂廻(우회) ⇔ 捷徑(첩경)	咀呪(저주) ⇔ 祝賀(축하)	暴騰(폭등) ⇔ 暴落(폭락)
原理(원리) ⇔ 應援(응원)	低下(저하) ⇔ 向上(향상)	酷暑(혹서) ⇔ 酷寒(혹한)
怨恨(원한) ⇔ 恩惠(은혜)	抵抗(저항) ⇔ 投降(투항)	加害者(가해자) ⇔ 被害者(피해자)
違法(위법) ⇔ 合法(합법)	絶讚(절찬) ⇔ 酷評(혹평)	感情的(감정적) ⇔ 理性的(이성적)
隆起(융기) ⇔ 沈降(침강)	精巧(정교) ⇔ 粗惡(조악)	開放的(개방적) ⇔ 閉鎖的(폐쇄적)
隆起(융기) ⇔ 陷沒(함몰)	精密(정밀) ⇔ 粗雜(조잡)	巨視的(거시적) ⇔ 微視的(미시적)
融解(융해) ⇔ 凝固(응고)	定着(정착) ⇔ 漂流(표류)	高踏的(고답적) ⇔ 世俗的(세속적)
應答(응답) ⇔ 質疑(질의)	弔客(조객) ⇔ 賀客(하객)	具體的(구체적) ⇔ 抽象的(추상적)
依存(의존) ⇔ 自立(자립)	存續(존속) ⇔ 廢止(폐지)	根幹的(근간적) ⇔ 末梢的(말초적)
依他(의타) ⇔ 自立(자립)	縱斷(종단) ⇔ 橫斷(횡단)	根本的(근본적) ⇔ 彌縫的(미봉적)
利己(이기) ⇔ 犧牲(희생)	陳腐(진부) ⇔ 斬新(참신)	內在律(내재율) ⇔ 外在律(외재율)
異端(이단) ⇔ 正統(정통)	眞實(진실) ⇔ 虛僞(허위)	大丈夫(대장부) ⇔ 拙丈夫(졸장부)
異例(이례) ⇔ 通例(통례)	鎭靜(진정) ⇔ 興奮(흥분)	門外漢(문외한) ⇔ 專門家(전문가)
離陸(이륙) ⇔ 着陸(착륙)	進取(진취) ⇔ 退嬰(퇴영)	背日性(배일성) ⇔ 向日性(향일성)
異說(이설) ⇔ 定說(정설)	進化(진화) ⇔ 退化(퇴화)	白眼視(백안시) ⇔ 靑眼視(청안시)
異說(이설) ⇔ 通說(통설)	秩序(질서) ⇔ 混沌(혼돈)	不文律(불문율) ⇔ 成文律(성문율)
人爲(인위) ⇔ 自然(자연)	集合(집합) ⇔ 解散(해산)	不法化(불법화) ⇔ 合法化(합법화)

♣ 다음 반의한자어(反義漢字語)를 익혀 보시오.

相對的 상 대 적	⇔	絶對的 절 대 적	門前成市 문 전 성 시 ⇔ 門前雀羅 문 전 작 라
成文律 성 문 율	⇔	不文律 불 문 율	松柏之質 송 백 지 질 ⇔ 蒲柳之質 포 류 지 질
消極的 소 극 적	⇔	積極的 적 극 적	芝蘭之交 지 란 지 교 ⇔ 市道之交 시 도 지 교
劣等感 열 등 감	⇔	優越感 우 월 감	始終一貫 시 종 일 관 ⇔ 龍頭蛇尾 용 두 사 미
唯物論 유 물 론	⇔	唯心論 유 심 론	我田引水 아 전 인 수 ⇔ 易地思之 역 지 사 지
債權者 채 권 자	⇔	債務者 채 무 자	流芳百世 유 방 백 세 ⇔ 遺臭萬年 유 취 만 년
靑一點 청 일 점	⇔	紅一點 홍 일 점	前虎後狼 전 호 후 랑 ⇔ 錦上添花 금 상 첨 화
渴而穿井 갈 이 천 정	⇔	居安思危 거 안 사 위	智者一失 지 자 일 실 ⇔ 千慮一得 천 려 일 득
剛毅木訥 강 의 목 눌	⇔	巧言令色 교 언 영 색	
居安思危 거 안 사 위	⇔	亡羊補牢 망 양 보 뢰	
輕擧妄動 경 거 망 동	⇔	隱忍自重 은 인 자 중	
高臺廣室 고 대 광 실	⇔	一間斗屋 일 간 두 옥	
高山流水 고 산 유 수	⇔	市道之交 시 도 지 교	
苦盡甘來 고 진 감 래	⇔	興盡悲來 흥 진 비 래	
曲突徙薪 곡 돌 사 신	⇔	亡羊補牢 망 양 보 뢰	
管鮑之交 관 포 지 교	⇔	市道之交 시 도 지 교	
近墨者黑 근 묵 자 흑	⇔	麻中之蓬 마 중 지 봉	
錦上添花 금 상 첨 화	⇔	雪上加霜 설 상 가 상	
弄瓦之慶 농 와 지 경	⇔	弄璋之慶 농 장 지 경	
凌雲之志 능 운 지 지	⇔	靑雲之志 청 운 지 지	
凍氷寒雪 동 빙 한 설	⇔	和風暖陽 화 풍 난 양	
麻中之蓬 마 중 지 봉	⇔	近朱者赤 근 주 자 적	
亡羊補牢 망 양 보 뢰	⇔	有備無患 유 비 무 환	

♣ 다음 동의어(同義語)를 익혀 보시오.

價(가) 値(치)	街(가) 道(도)	艮(간) 止(지)	監(감) 察(찰)	改(개) 悛(전)	檢(검) 按(안)	決(결) 潰(궤)	慶(경) 福(복)
加(가) 增(증)	街(가) 路(로)	艱(간) 苦(고)	甲(갑) 殼(각)	漑(개) 灌(관)	檢(검) 閱(열)	決(결) 斷(단)	慶(경) 祝(축)
添(첨) 加(가)	街(가) 巷(항)	艱(간) 困(곤)	剛(강) 健(건)	蓋(개) 覆(복)	檢(검) 察(찰)	決(결) 判(판)	慶(경) 賀(하)
呵(가) 喝(갈)	駕(가) 御(어)	艱(간) 難(난)	剛(강) 堅(견)	開(개) 啓(계)	劫(겁) 迫(박)	潔(결) 白(백)	憬(경) 悟(오)
呵(가) 譴(견)	刻(각) 銘(명)	諫(간) 諭(유)	剛(강) 勁(경)	開(개) 闢(벽)	怯(겁) 怖(포)	潔(결) 齋(재)	敬(경) 虔(건)
呵(가) 罵(매)	恪(각) 謹(근)	間(간) 隔(격)	剛(강) 毅(의)	坑(갱) 塹(참)	偈(게) 頌(송)	潔(결) 淨(정)	敬(경) 遜(손)
呵(가) 叱(질)	恪(각) 愼(신)	間(간) 隙(극)	康(강) 寧(녕)	倨(거) 慢(만)	憩(게) 息(식)	結(결) 構(구)	景(경) 光(광)
呵(가) 責(책)	殼(각) 皮(피)	竭(갈) 盡(진)	慷(강) 慨(개)	倨(거) 傲(오)	擊(격) 叩(고)	結(결) 紐(뉴)	更(경) 迭(질)
家(가) 室(실)	覺(각) 寤(오)	勘(감) 檢(검)	江(강) 河(하)	居(거) 留(류)	擊(격) 撞(당)	結(결) 縛(박)	梗(경) 概(개)
家(가) 屋(옥)	覺(각) 悟(오)	勘(감) 校(교)	疆(강) 境(경)	居(거) 住(주)	擊(격) 搏(박)	結(결) 束(속)	梗(경) 塞(색)
家(가) 宅(택)	刊(간) 刻(각)	勘(감) 査(사)	疆(강) 界(계)	巨(거) 大(대)	擊(격) 撲(박)	結(결) 約(약)	瓊(경) 玉(옥)
家(가) 戶(호)	墾(간) 耕(경)	勘(감) 審(심)	疆(강) 域(역)	舉(거) 動(동)	格(격) 式(식)	缺(결) 乏(핍)	競(경) 爭(쟁)
暇(가) 隙(극)	奸(간) 邪(사)	堪(감) 耐(내)	紀(기) 綱(강)	舉(거) 擢(탁)	激(격) 烈(렬)	訣(결) 別(별)	經(경) 過(과)
柯(가) 條(조)	奸(간) 僞(위)	勘(감) 忍(인)	綱(강) 維(유)	距(거) 離(리)	隔(격) 阻(조)	兼(겸) 倂(병)	經(경) 歷(력)
歌(가) 曲(곡)	奸(간) 慝(특)	感(감) 覺(각)	腔(강) 腸(장)	車(차) 輛(량)	堅(견) 強(강)	謙(겸) 遜(손)	經(경) 理(리)
歌(가) 謳(구)	姦(간) 淫(음)	憾(감) 怨(원)	講(강) 釋(석)	乾(건) 枯(고)	堅(견) 固(고)	謙(겸) 讓(양)	經(경) 營(영)
歌(가) 樂(악)	懇(간) 誠(성)	憾(감) 恨(한)	講(강) 誦(송)	乾(건) 燥(조)	牽(견) 挽(만)	京(경) 都(도)	耕(경) 墾(간)
歌(가) 詠(영)	懇(간) 切(절)	柑(감) 橘(귤)	講(강) 解(해)	建(건) 立(립)	牽(견) 曳(예)	傾(경) 倒(도)	莖(경) 幹(간)
歌(가) 謠(요)	揀(간) 選(선)	減(감) 削(삭)	降(강) 下(하)	虔(건) 恭(공)	牽(견) 引(인)	傾(경) 斜(사)	警(경) 覺(각)
歌(가) 唱(창)	揀(간) 擇(택)	減(감) 省(생)	強(강) 健(건)	虔(건) 誠(성)	甄(견) 陶(도)	儆(경) 戒(계)	警(경) 戒(계)
苛(가) 虐(학)	簡(간) 略(략)	減(감) 損(손)	強(강) 硬(경)	虔(건) 肅(숙)	絹(견) 紗(사)	卿(경) 尹(윤)	鏡(경) 鑑(감)
苛(가) 酷(혹)	簡(간) 札(찰)	監(감) 觀(관)	強(강) 勁(경)	檢(검) 督(독)	絹(견) 紬(주)	境(경) 界(계)	驚(경) 訝(아)
街(가) 衢(구)	簡(간) 擇(택)	監(감) 視(시)	愾(개) 憤(분)	檢(검) 査(사)	譴(견) 謫(적)	境(경) 域(역)	驚(경) 愕(악)

♣ 다음 동의어(同義語)를 익혀 보시오.

驚駭(경해)	告諭(고유)	糧穀(양곡)	恐懼(공구)	過誤(과오)	關鍵(관건)	怪訝(괴아)	驕倨(교거)
契券(계권)	孤獨(고독)	鵠的(곡적)	恐慄(공률)	過剩(과잉)	關鎖(관쇄)	怪異(괴이)	驕慢(교만)
契約(계약)	拷打(고타)	困窘(곤군)	恐悚(공송)	顆粒(과립)	關與(관여)	愧羞(괴수)	驕傲(교오)
季末(계말)	故舊(고구)	困窮(곤궁)	恐怖(공포)	冠帽(관모)	館閣(관각)	愧慙(괴참)	驕逸(교일)
季節(계절)	敲擊(고격)	困憊(곤비)	恐惶(공황)	官尹(관윤)	刮磨(괄마)	愧恥(괴치)	驕恣(교자)
悸慄(계율)	枯渴(고갈)	困悴(곤췌)	攻擊(공격)	官爵(관작)	刮削(괄삭)	拐騙(괴편)	丘壟(구롱)
溪川(계천)	枯萎(고위)	困乏(곤핍)	攻伐(공벌)	寬宥(관유)	括結(괄결)	魁首(괴수)	丘陵(구릉)
界域(계역)	枯凋(고조)	昆裔(곤예)	攻討(공토)	寬綽(관작)	光明(광명)	魁帥(괴수)	丘阜(구부)
繫縛(계박)	考究(고구)	昆後(곤후)	空虛(공허)	慣習(관습)	光色(광색)	宏廓(굉곽)	久遠(구원)
繫束(계속)	考慮(고려)	棍棒(곤봉)	貢納(공납)	棺柩(관구)	光耀(광요)	宏大(굉대)	仇讎(구수)
繼嗣(계사)	膏肪(고방)	棍杖(곤장)	貢獻(공헌)	款誠(관성)	光彩(광채)	僑寓(교우)	仇敵(구적)
繼續(계속)	膏油(고유)	汨沒(골몰)	鞏固(공고)	款項(관항)	光輝(광휘)	嬌艶(교염)	仇匹(구필)
繼承(계승)	苦難(고난)	骨骸(골해)	寡少(과소)	灌沃(관옥)	匡矯(광교)	巧妙(교묘)	具備(구비)
計算(계산)	苦辛(고신)	供給(공급)	戈戟(과극)	管理(관리)	匡正(광정)	攪亂(교란)	區別(구별)
計數(계수)	辜罪(고죄)	供與(공여)	戈矛(과모)	管簫(관소)	壙穴(광혈)	攪撓(교요)	區分(구분)
計策(계책)	雇傭(고용)	共同(공동)	果敢(과감)	管掌(관장)	廣漠(광막)	敎誨(교회)	區域(구역)
階級(계급)	顧眄(고면)	功勳(공훈)	果實(과실)	管轄(관할)	廣博(광박)	敎訓(교훈)	嘔吐(구토)
階段(계단)	高峻(고준)	孔穴(공혈)	科目(과목)	觀覽(관람)	廣闊(광활)	橋梁(교량)	垢滓(구재)
階層(계층)	高卓(고탁)	工作(공작)	誇矜(과긍)	觀視(관시)	廣大(광대)	狡猾(교활)	寇盜(구도)
古昔(고석)	高亢(고항)	工匠(공장)	課程(과정)	觀察(관찰)	乖戾(괴려)	矯正(교정)	寇掠(구략)
告白(고백)	哭泣(곡읍)	工造(공조)	過去(과거)	貫徹(관철)	乖悖(괴패)	矯直(교직)	寇賊(구적)
告示(고시)	曲鞠(곡국)	恐怯(공겁)	過謬(과류)	貫穿(관천)	乖僻(괴벽)	矯絞(교교)	寇奪(구탈)
告喩(고유)	曲撓(곡뇨)	恐悸(공계)	過失(과실)	貫通(관통)	傀儡(괴뢰)	狡獪(교회)	拘擒(구금)

拘拿 (구나)	軀體 (구체)	窟穴 (굴혈)	潰瘍 (궤양)	閨房 (규방)	急促 (급촉)	忌憚 (기탄)	記錄 (기록)
救援 (구원)	驅馳 (구치)	宮家 (궁가)	潰裂 (궤열)	均等 (균등)	給賜 (급사)	忌嫌 (기혐)	記識 (기지)
救濟 (구제)	龜裂 (균열)	宮闕 (궁궐)	詭詐 (궤사)	均調 (균조)	給與 (급여)	忌諱 (기휘)	譏弄 (기롱)
救恤 (구휼)	鞠養 (국양)	宮殿 (궁전)	詭僞 (궤위)	均平 (균평)	矜衒 (긍현)	技倆 (기량)	譏謗 (기방)
拘杞 (구기)	鞠育 (국육)	穹天 (궁천)	軌轍 (궤철)	克堪 (극감)	矜恤 (긍휼)	技術 (기술)	譏嘲 (기조)
構造 (구조)	君王 (군왕)	穹昊 (궁호)	歸還 (귀환)	克勝 (극승)	企望 (기망)	技藝 (기예)	起立 (기립)
構築 (구축)	君主 (군주)	窮極 (궁극)	貴重 (귀중)	剋勝 (극승)	伎巧 (기교)	旗幟 (기치)	起發 (기발)
毆打 (구타)	窘窮 (군궁)	窮塞 (궁색)	鬼神 (귀신)	極甚 (극심)	伎倆 (기량)	旣已 (기이)	飢饉 (기근)
毆擊 (구격)	窘急 (군급)	窮盡 (궁진)	叫喚 (규환)	極端 (극단)	伎藝 (기예)	棄捐 (기연)	飢餓 (기아)
求乞 (구걸)	窘迫 (군박)	倦憊 (권비)	叫吼 (규후)	極盡 (극진)	冀望 (기망)	棄擲 (기척)	麒麟 (기린)
求索 (구색)	窘塞 (군색)	倦惰 (권타)	揆度 (규탁)	根本 (근본)	冀願 (기원)	機械 (기계)	緊要 (긴요)
溝渠 (구거)	群黨 (군당)	倦怠 (권태)	糾結 (규결)	覲謁 (근알)	嗜慾 (기욕)	欺瞞 (기만)	懦弱 (나약)
溝瀆 (구독)	群黎 (군려)	勸勵 (권려)	糾明 (규명)	覲接 (근접)	嗜好 (기호)	欺誣 (기무)	拏捕 (나포)
溝壑 (구학)	群衆 (군중)	勸勉 (권면)	糾察 (규찰)	覲見 (근현)	器具 (기구)	欺詐 (기사)	拿捕 (나포)
矩度 (구도)	軍旅 (군려)	勸獎 (권장)	糾彈 (규탄)	謹愼 (근신)	器皿 (기명)	欺騙 (기편)	納入 (납입)
究竟 (구경)	軍兵 (군병)	圈牢 (권뢰)	規格 (규격)	擒捉 (금착)	器什 (기집)	畿甸 (기전)	女娘 (여랑)
究考 (구고)	軍士 (군사)	權稱 (권칭)	規例 (규례)	禁錮 (금고)	基址 (기지)	祈禱 (기도)	年齡 (연령)
苟且 (구차)	郡邑 (군읍)	權衡 (권형)	規範 (규범)	禽鳥 (금조)	奇怪 (기괴)	祈祝 (기축)	年歲 (연세)
謳詠 (구영)	郡縣 (군현)	眷顧 (권고)	規式 (규식)	金鐵 (금철)	寄附 (기부)	綺綾 (기릉)	念慮 (염려)
謳謠 (구요)	屈曲 (굴곡)	蹶起 (궐기)	規律 (규율)	錦綺 (금기)	寄寓 (기우)	羈絆 (기반)	努力 (노력)
謳吟 (구음)	屈枉 (굴왕)	闕失 (궐실)	規則 (규칙)	急迫 (급박)	崎嶇 (기구)	耆老 (기로)	奴僕 (노복)
謳唱 (구창)	屈撓 (굴요)	机案 (궤안)	規度 (규탁)	急速 (급속)	崎嶮 (기험)	肌膚 (기부)	奴隸 (노예)
購買 (구매)	屈折 (굴절)	潰崩 (궤붕)	逵路 (규로)	急急 (급급)	己身 (기신)	肌肉 (기육)	怒哮 (노효)

♣ 다음 동의어(同義語)를 익혀 보시오.

駑鈍(노둔)	遝至(답지)	蹈踐(도천)	登陟(등척)	戀愛(연애)	牢獄(뇌옥)	籬藩(이번)	名稱(명칭)
濃厚(농후)	堂室(당실)	逃亡(도망)	等級(등급)	漣波(연파)	雷震(뇌진)	離別(이별)	命令(명령)
農耕(농경)	撞突(당돌)	逃避(도피)	等類(등류)	連續(연속)	料量(요량)	吝嗇(인색)	明朗(명랑)
訥澁(눌삽)	代替(대체)	道路(도로)	謄寫(등사)	囹圄(영어)	料度(요탁)	淋灑(임쇄)	明瞭(명료)
溺沒(익몰)	大巨(대거)	道理(도리)	懶慢(나만)	玲瓏(영롱)	聊賴(요뢰)	摩擦(마찰)	明白(명백)
但只(단지)	擡擧(대거)	都市(도시)	懶惰(나타)	鈴鐸(영탁)	遼遠(요원)	痲痺(마비)	酩酊(명정)
單獨(단독)	刀劍(도검)	都邑(도읍)	懶怠(나태)	零落(영락)	樓閣(누각)	磨耗(마모)	侮蔑(모멸)
團員(단원)	到達(도달)	陶瓷(도자)	羅列(나열)	靈魂(영혼)	樓館(누관)	魔鬼(마귀)	募集(모집)
斷決(단결)	到着(도착)	敦篤(돈독)	樂欣(낙흔)	領率(영솔)	漏泄(누설)	彎曲(만곡)	摸擬(모의)
斷絶(단절)	圖畫(도화)	敦厚(돈후)	駱駝(낙타)	領受(영수)	陋隘(누애)	彎屈(만굴)	模範(모범)
斷截(단절)	堵墻(도장)	動搖(동요)	欄檻(난함)	例規(예규)	流浪(유랑)	挽引(만인)	毛髮(모발)
末端(말단)	屠戮(도륙)	同等(동등)	浪漫(낭만)	典例(전례)	留住(유주)	蔓延(만연)	矛戈(모과)
端正(단정)	屠殺(도살)	同一(동일)	冷涼(냉량)	隸僕(예복)	瘤贅(유췌)	末尾(말미)	矛戟(모극)
鍛鍊(단련)	島嶼(도서)	憧憬(동경)	掠奪(약탈)	勞務(노무)	陸地(육지)	忘失(망실)	貌樣(모양)
撻笞(달태)	徒黨(도당)	洞窟(동굴)	良好(양호)	擄掠(노략)	輪廻(윤회)	煤煙(매연)	糢糊(모호)
達成(달성)	徒輩(도배)	洞里(동리)	諒知(양지)	老翁(노옹)	律法(율법)	邁進(매진)	沐浴(목욕)
達通(달통)	淘汰(도태)	洞穴(동혈)	廬庵(여암)	虜獲(노획)	隆盛(융성)	脈絡(맥락)	蒙昧(몽매)
擔任(담임)	渡涉(도섭)	疼痛(동통)	旅客(여객)	祿俸(녹봉)	隆昌(융창)	盟誓(맹세)	廟祠(묘사)
潭沼(담소)	波瀾(파란)	瞳睛(동정)	閭里(여리)	祿祉(녹지)	凌蔑(능멸)	萌芽(맹아)	描寫(묘사)
潭淵(담연)	盜賊(도적)	董正(동정)	閭閻(여염)	綠靑(녹청)	稜角(능각)	勉勵(면려)	杳冥(묘명)
談說(담설)	盜竊(도절)	屯陣(둔진)	黎黑(여흑)	論議(논의)	俚鄙(이비)	面貌(면모)	舞佾(무일)
談言(담언)	賭博(도박)	遁避(둔피)	憐憫(연민)	壟畔(농반)	俚俗(이속)	滅亡(멸망)	茂盛(무성)
談話(담화)	跳躍(도약)	鈍頑(둔완)	戀慕(연모)	弄玩(농완)	利益(이익)	冥闇(명암)	貿易(무역)

478

♣ 다음 동의어(同義語)를 익혀 보시오.

文書 (문서)	妨害 (방해)	氾濫 (범람)	本源 (본원)	悲哀 (비애)	思慮 (사려)	上昇 (상승)	說話 (설화)
文章 (문장)	彷彿 (방불)	法度 (법도)	俸祿 (봉록)	批評 (비평)	思想 (사상)	商賈 (상고)	殲滅 (섬멸)
文彩 (문채)	彷徨 (방황)	法律 (법률)	奉仕 (봉사)	比較 (비교)	思惟 (사유)	喪失 (상실)	纖細 (섬세)
紊亂 (문란)	放蕩 (방탕)	法式 (법식)	奉獻 (봉헌)	琵琶 (비파)	斜傾 (사경)	想念 (상념)	攝理 (섭리)
門戶 (문호)	方矩 (방구)	法典 (법전)	付託 (부탁)	誹謗 (비방)	査閱 (사열)	爽快 (상쾌)	姓氏 (성씨)
物件 (물건)	方道 (방도)	法則 (법칙)	扶助 (부조)	譬諭 (비유)	査察 (사찰)	狀態 (상태)	成就 (성취)
物品 (물품)	方隅 (방우)	璧玉 (벽옥)	芙蓉 (부용)	費用 (비용)	沙汰 (사태)	相互 (상호)	省略 (생략)
彌久 (미구)	方正 (방정)	碧綠 (벽록)	負荷 (부하)	飛翔 (비상)	社會 (사회)	祥瑞 (상서)	世界 (세계)
微細 (미세)	紡績 (방적)	碧靑 (벽청)	賦與 (부여)	貧困 (빈곤)	舍屋 (사옥)	色彩 (색채)	世代 (세대)
微小 (미소)	紡織 (방직)	變改 (변개)	部隊 (부대)	貧窮 (빈궁)	舍宅 (사택)	生産 (생산)	洗滌 (세척)
美麗 (미려)	膀胱 (방광)	變更 (변경)	部類 (부류)	賓客 (빈객)	詐欺 (사기)	甥姪 (생질)	消滅 (소멸)
迷惑 (미혹)	邦國 (방국)	變易 (변역)	附屬 (부속)	憑藉 (빙자)	辭說 (사설)	書籍 (서적)	消耗 (소모)
敏捷 (민첩)	防禦 (방어)	變革 (변혁)	附着 (부착)	憑證 (빙증)	辭讓 (사양)	書冊 (서책)	素朴 (소박)
剝剽 (박표)	俳優 (배우)	變化 (변화)	分配 (분배)	事務 (사무)	邪慝 (사특)	胥吏 (서리)	素質 (소질)
搏擊 (박격)	徘徊 (배회)	兵士 (병사)	分別 (분별)	事業 (사업)	飼育 (사육)	逝去 (서거)	訴訟 (소송)
伴侶 (반려)	排斥 (배척)	兵卒 (병졸)	分析 (분석)	些少 (사소)	刪削 (산삭)	釋放 (석방)	逍遙 (소요)
返還 (반환)	胚胎 (배태)	病患 (병환)	分割 (분할)	使令 (사령)	山岳 (산악)	善良 (선량)	損傷 (손상)
頒布 (반포)	配匹 (배필)	保護 (보호)	吩咐 (분부)	使役 (사역)	散漫 (산만)	旋回 (선회)	損失 (손실)
拔擢 (발탁)	煩悶 (번민)	堡壘 (보루)	墳墓 (분묘)	奢侈 (사치)	珊瑚 (산호)	船舶 (선박)	損害 (손해)
發起 (발기)	煩數 (번삭)	報告 (보고)	忿怒 (분노)	寺刹 (사찰)	算數 (산수)	選拔 (선발)	悚懼 (송구)
發射 (발사)	蕃盛 (번성)	報償 (보상)	崩壞 (붕괴)	師傅 (사부)	殺戮 (살륙)	選別 (선별)	衰弱 (쇠약)
發展 (발전)	繁殖 (번식)	報酬 (보수)	朋友 (붕우)	思考 (사고)	森林 (삼림)	選擇 (선택)	壽命 (수명)
醱酵 (발효)	飜譯 (번역)	福祉 (복지)	卑賤 (비천)	思念 (사념)	滲透 (삼투)	泄瀉 (설사)	守衛 (수위)

♣ 다음 동의어(同義語)를 익혀 보시오.

授(수)·與(여)	習(습)·慣(관)	衙(아)·府(부)	穢(예)·濁(탁)	憂(우)·愁(수)	隱(은)·匿(닉)	孕(잉)·胎(태)	戰(전)·鬪(투)
收(수)·斂(렴)	始(시)·初(초)	阿(아)·諂(첨)	銳(예)·利(리)	憂(우)·患(환)	隱(은)·遁(둔)	仔(자)·細(세)	轉(전)·移(이)
收(수)·拾(습)	施(시)·設(설)	安(안)·寧(녕)	藝(예)·術(술)	迂(우)·闊(활)	吟(음)·詠(영)	刺(자)·戟(극)	銓(전)·衡(형)
收(수)·穫(확)	時(시)·期(기)	安(안)·全(전)	裔(예)·冑(주)	云(운)·謂(위)	音(음)·聲(성)	自(자)·己(기)	竊(절)·盜(도)
樹(수)·林(림)	柴(시)·薪(신)	按(안)·察(찰)	傲(오)·慢(만)	運(운)·動(동)	音(음)·韻(운)	諮(자)·問(문)	接(접)·續(속)
樹(수)·木(목)	猜(시)·忌(기)	眼(안)·目(목)	娛(오)·樂(락)	運(운)·搬(반)	依(의)·據(거)	資(자)·質(질)	停(정)·留(류)
殊(수)·異(이)	試(시)·驗(험)	顏(안)·面(면)	梧(오)·桐(동)	怨(원)·恨(한)	宜(의)·當(당)	殘(잔)·餘(여)	停(정)·止(지)
狩(수)·獵(렵)	伸(신)·張(장)	斡(알)·旋(선)	誤(오)·謬(류)	願(원)·望(망)	意(의)·思(사)	丈(장)·夫(부)	偵(정)·探(탐)
瘦(수)·瘠(척)	呻(신)·吟(음)	約(약)·束(속)	溫(온)·暖(난)	偉(위)·大(대)	意(의)·義(의)	將(장)·帥(수)	征(정)·伐(벌)
睡(수)·眠(면)	愼(신)·重(중)	藥(약)·劑(제)	壅(옹)·塞(색)	危(위)·殆(태)	意(의)·志(지)	帳(장)·幕(막)	整(정)·齊(제)
竪(수)·立(립)	申(신)·告(고)	楊(양)·柳(류)	完(완)·全(전)	委(위)·任(임)	衣(의)·服(복)	粧(장)·飾(식)	正(정)·直(직)
羞(수)·恥(치)	神(신)·靈(령)	養(양)·育(육)	頑(완)·固(고)	委(위)·託(탁)	弛(이)·緩(완)	薔(장)·薇(미)	靜(정)·寂(적)
蒐(수)·輯(집)	訊(신)·問(문)	御(어)·街(가)	旺(왕)·盛(성)	幼(유)·稚(치)	移(이)·徙(사)	障(장)·碍(애)	帝(제)·王(왕)
蒐(수)·集(집)	身(신)·體(체)	抑(억)·壓(압)	猥(외)·濫(람)	油(유)·脂(지)	移(이)·轉(전)	獎(장)·勵(려)	祭(제)·祀(사)
輸(수)·送(송)	辛(신)·苦(고)	言(언)·辭(사)	妖(요)·艶(염)	蹂(유)·躪(린)	仁(인)·慈(자)	災(재)·殃(앙)	製(제)·作(작)
熟(숙)·練(련)	迅(신)·速(속)	言(언)·語(어)	搖(요)·動(동)	遊(유)·戲(희)	咽(인)·喉(후)	財(재)·貨(화)	製(제)·造(조)
巡(순)·邏(라)	失(실)·敗(패)	嚴(엄)·肅(숙)	擾(요)·亂(란)	遺(유)·失(실)	因(인)·緣(연)	咀(저)·呪(주)	題(제)·目(목)
巡(순)·廻(회)	審(심)·査(사)	掩(엄)·蔽(폐)	要(요)·求(구)	肉(육)·身(신)	引(인)·導(도)	抵(저)·抗(항)	嘲(조)·弄(롱)
純(순)·潔(결)	尋(심)·訪(방)	榮(영)·華(화)	要(요)·緊(긴)	肉(육)·體(체)	忍(인)·耐(내)	著(저)·作(작)	早(조)·速(속)
純(순)·粹(수)	心(심)·性(성)	永(영)·遠(원)	勇(용)·敢(감)	潤(윤)·澤(택)	認(인)·識(식)	貯(저)·蓄(축)	眺(조)·望(망)
崇(숭)·高(고)	深(심)·奧(오)	英(영)·特(특)	勇(용)·猛(맹)	融(융)·通(통)	認(인)·知(지)	觝(저)·觸(촉)	租(조)·稅(세)
崇(숭)·尚(상)	什(집)·器(기)	詠(영)·歌(가)	容(용)·貌(모)	融(융)·和(화)	妊(임)·娠(신)	寂(적)·寞(막)	稠(조)·密(밀)
濕(습)·潤(윤)	兒(아)·童(동)	曳(예)·引(인)	宇(우)·宙(주)	恩(은)·惠(혜)	賃(임)·貸(대)	戰(전)·爭(쟁)	組(조)·織(직)

480

♣ 다음 동의어(同義語)를 익혀 보시오.

詔(조)	勅(칙)	贈(증)	與(여)	錯(착)	誤(오)	出(출)	生(생)	敗(패)	亡(망)	標(표)	榜(방)	歡(환)	喜(희)
調(조)	和(화)	贈(증)	呈(정)	參(참)	與(여)	黜(출)	斥(척)	敗(패)	北(배)	表(표)	皮(피)	恍(황)	惚(홀)
遭(조)	遇(우)	支(지)	撐(탱)	慘(참)	酷(혹)	充(충)	滿(만)	澎(팽)	湃(배)	豊(풍)	饒(요)	皇(황)	帝(제)
存(존)	在(재)	智(지)	慧(혜)	倉(창)	庫(고)	衝(충)	突(돌)	膨(팽)	脹(창)	豊(풍)	足(족)	荒(황)	廢(폐)
尊(존)	貴(귀)	知(지)	識(식)	創(창)	始(시)	侵(침)	犯(범)	便(편)	安(안)	皮(피)	革(혁)	回(회)	歸(귀)
卒(졸)	兵(병)	脂(지)	肪(방)	創(창)	作(작)	沈(침)	沒(몰)	編(편)	纂(찬)	瑕(하)	疵(자)	會(회)	社(사)
拙(졸)	劣(렬)	珍(진)	寶(보)	菖(창)	蒲(포)	沈(침)	黙(묵)	鞭(편)	撻(달)	學(학)	習(습)	休(휴)	息(식)
終(종)	結(결)	眞(진)	實(실)	採(채)	擇(택)	墮(타)	落(락)	貶(폄)	下(하)	海(해)	洋(양)	凶(흉)	惡(악)
終(종)	了(료)	辰(진)	宿(수)	菜(채)	蔬(소)	卓(탁)	越(월)	平(평)	均(균)	邂(해)	逅(후)	興(흥)	起(기)
終(종)	末(말)	進(진)	陟(척)	撤(철)	收(수)	彈(탄)	劾(핵)	平(평)	坦(탄)	顯(현)	現(현)	希(희)	望(망)
綜(종)	合(합)	進(진)	出(출)	鐵(철)	鋼(강)	探(탐)	索(색)	包(포)	容(용)	嫌(혐)	惡(오)	喜(희)	悅(열)
座(좌)	席(석)	進(진)	就(취)	尖(첨)	端(단)	貪(탐)	慾(욕)	包(포)	圍(위)	脅(협)	迫(박)	稀(희)	少(소)
挫(좌)	折(절)	叱(질)	責(책)	靑(청)	綠(록)	怠(태)	慢(만)	包(포)	含(함)	刑(형)	罰(벌)	詰(힐)	責(책)
周(주)	圍(위)	嫉(질)	妬(투)	憔(초)	悴(췌)	土(토)	壤(양)	匍(포)	匐(복)	形(형)	容(용)		
州(주)	郡(군)	疾(질)	病(병)	招(초)	聘(빙)	土(토)	地(지)	捕(포)	虜(로)	形(형)	態(태)		
朱(주)	紅(홍)	疾(질)	患(환)	超(초)	過(과)	討(토)	伐(벌)	捕(포)	捉(착)	荊(형)	棘(극)		
珠(주)	玉(옥)	秩(질)	序(서)	超(초)	越(월)	統(통)	領(령)	捕(포)	獲(획)	惠(혜)	澤(택)		
誅(주)	戮(륙)	窒(질)	塞(색)	促(촉)	急(급)	統(통)	帥(수)	泡(포)	沫(말)	豪(호)	宕(탕)		
躊(주)	躇(저)	斟(짐)	酌(작)	促(촉)	迫(박)	鬪(투)	爭(쟁)	胞(포)	胎(태)	豪(호)	俠(협)		
中(중)	央(앙)	集(집)	團(단)	村(촌)	落(락)	把(파)	握(악)	葡(포)	萄(도)	婚(혼)	姻(인)		
重(중)	複(복)	集(집)	會(회)	寵(총)	愛(애)	波(파)	浪(랑)	逋(포)	逃(도)	鴻(홍)	雁(안)		
增(증)	加(가)	差(차)	別(별)	追(추)	從(종)	芭(파)	蕉(초)	庖(포)	廚(주)	貨(화)	幣(폐)		
憎(증)	惡(오)	差(차)	異(이)	蓄(축)	積(적)	販(판)	賣(매)	暴(포)	虐(학)	廓(확)	大(대)		

♣ 다음 동의한자어(同義漢字語)를 익혀 보시오.

架空 (가공)	≒	虛構 (허구)	計劃 (계획)	≒	意圖 (의도)	根底 (근저)	≒	基礎 (기초)
可憐 (가련)	≒	惻隱 (측은)	故國 (고국)	≒	祖國 (조국)	琴瑟 (금슬)	≒	比翼 (비익)
各別 (각별)	≒	特別 (특별)	高名 (고명)	≒	有名 (유명)	琴瑟 (금슬)	≒	連理 (연리)
覺悟 (각오)	≒	決心 (결심)	告白 (고백)	≒	披瀝 (피력)	急進 (급진)	≒	過激 (과격)
看病 (간병)	≒	看護 (간호)	苦心 (고심)	≒	苦衷 (고충)	飢饉 (기근)	≒	飢餓 (기아)
干城 (간성)	≒	棟梁 (동량)	古稀 (고희)	≒	從心 (종심)	期待 (기대)	≒	囑望 (촉망)
感染 (감염)	≒	傳染 (전염)	古稀 (고희)	≒	七旬 (칠순)	器量 (기량)	≒	才能 (재능)
改良 (개량)	≒	改善 (개선)	骨肉 (골육)	≒	血肉 (혈육)	懶怠 (나태)	≒	怠慢 (태만)
改悛 (개전)	≒	反省 (반성)	共鳴 (공명)	≒	首肯 (수긍)	納得 (납득)	≒	了解 (요해)
倨慢 (거만)	≒	傲慢 (오만)	功績 (공적)	≒	業績 (업적)	內訌 (내홍)	≒	內紛 (내분)
拒否 (거부)	≒	拒絶 (거절)	貢獻 (공헌)	≒	寄與 (기여)	冷淡 (냉담)	≒	薄情 (박정)
去就 (거취)	≒	進退 (진퇴)	過激 (과격)	≒	急進 (급진)	冷情 (냉정)	≒	沈着 (침착)
乾坤 (건곤)	≒	天地 (천지)	瓜滿 (과만)	≒	破瓜 (파과)	達辯 (달변)	≒	能辯 (능변)
乞身 (걸신)	≒	乞骸 (걸해)	寡妻 (과처)	≒	荊妻 (형처)	達成 (달성)	≒	成就 (성취)
乞骸 (걸해)	≒	請老 (청로)	敎唆 (교사)	≒	使嗾 (사주)	遝至 (답지)	≒	殺到 (쇄도)
儉約 (검약)	≒	節約 (절약)	交涉 (교섭)	≒	折衷 (절충)	大家 (대가)	≒	巨星 (거성)
決意 (결의)	≒	決心 (결심)	交涉 (교섭)	≒	折衝 (절충)	獨占 (독점)	≒	專有 (전유)
缺點 (결점)	≒	短點 (단점)	驅迫 (구박)	≒	虐待 (학대)	突變 (돌변)	≒	豹變 (표변)
缺乏 (결핍)	≒	不足 (부족)	九泉 (구천)	≒	黃泉 (황천)	凍梨 (동리)	≒	卒壽 (졸수)
缺陷 (결함)	≒	瑕疵 (하자)	權輿 (권여)	≒	濫觴 (남상)	同意 (동의)	≒	贊成 (찬성)
境界 (경계)	≒	區劃 (구획)	權輿 (권여)	≒	嚆矢 (효시)	等閑 (등한)	≒	疎忽 (소홀)
傾國 (경국)	≒	國色 (국색)	龜鑑 (귀감)	≒	模範 (모범)	背恩 (배은)	≒	忘德 (망덕)
經驗 (경험)	≒	體驗 (체험)	歸鄕 (귀향)	≒	歸省 (귀성)	罵倒 (매도)	≒	詰責 (힐책)

♣ 다음 동의한자어(同義漢字語)를 익혀 보시오.

明晢(명석) ≒ 聰明(총명)	水魚(수어) ≒ 知音(지음)	一門(일문) ≒ 一族(일족)
無視(무시) ≒ 黙殺(묵살)	熟讀(숙독) ≒ 精讀(정독)	一致(일치) ≒ 合致(합치)
未開(미개) ≒ 原始(원시)	瞬間(순간) ≒ 刹那(찰나)	毫末(호말) ≒ 秋毫(추호)
未然(미연) ≒ 事前(사전)	承諾(승낙) ≒ 許諾(허락)	資産(자산) ≒ 財産(재산)
尾行(미행) ≒ 追跡(추적)	視界(시계) ≒ 視野(시야)	仔細(자세) ≒ 昭詳(소상)
敏捷(민첩) ≒ 迅速(신속)	市井(시정) ≒ 閭閻(여염)	自然(자연) ≒ 天然(천연)
半百(반백) ≒ 知命(지명)	示唆(시사) ≒ 暗示(암시)	專心(전심) ≒ 沒頭(몰두)
半百(반백) ≒ 艾老(애로)	室女(실녀) ≒ 處女(처녀)	制壓(제압) ≒ 鎭壓(진압)
反逆(반역) ≒ 謀反(모반)	失望(실망) ≒ 落膽(낙담)	初春(초춘) ≒ 孟春(맹춘)
發達(발달) ≒ 進步(진보)	尋常(심상) ≒ 平凡(평범)	還甲(환갑) ≒ 華甲(화갑)
白眉(백미) ≒ 出衆(출중)	斡旋(알선) ≒ 周旋(주선)	中心(중심) ≒ 核心(핵심)
白眉(백미) ≒ 壓卷(압권)	廉價(염가) ≒ 低價(저가)	支配(지배) ≒ 統治(통치)
碧空(벽공) ≒ 蒼空(창공)	永久(영구) ≒ 永遠(영원)	進步(진보) ≒ 向上(향상)
變遷(변천) ≒ 沿革(연혁)	永眠(영면) ≒ 他界(타계)	尺土(척토) ≒ 寸土(촌토)
不滅(불멸) ≒ 不朽(불후)	營養(영양) ≒ 滋養(자양)	天命(천명) ≒ 宿命(숙명)
不運(불운) ≒ 悲運(비운)	領土(영토) ≒ 版圖(판도)	天賦(천부) ≒ 天稟(천품)
鼻祖(비조) ≒ 始祖(시조)	流離(유리) ≒ 飄泊(표박)	淸濁(청탁) ≒ 好惡(호오)
氷人(빙인) ≒ 月老(월로)	唯美(유미) ≒ 耽美(탐미)	草屋(초옥) ≒ 茅屋(모옥)
使命(사명) ≒ 任務(임무)	潤文(윤문) ≒ 推敲(퇴고)	吐哺(토포) ≒ 握髮(악발)
寺院(사원) ≒ 寺刹(사찰)	潤澤(윤택) ≒ 豊富(풍부)	華甲(화갑) ≒ 回甲(회갑)
狀況(상황) ≒ 情勢(정세)	異域(이역) ≒ 海外(해외)	換骨(환골) ≒ 奪胎(탈태)
逍遙(소요) ≒ 散策(산책)	認可(인가) ≒ 許可(허가)	活潑(활발) ≒ 快活(쾌활)
俗世(속세) ≒ 塵世(진세)	一律(일률) ≒ 一劃(일획)	詰難(힐난) ≒ 指彈(지탄)

♣ 다음 동의한자어(同義漢字語)를 익혀 보시오.

漢字語		漢字語		漢字語	
車同軌 (거동궤)	≒ 書同文 (서동문)	傾國之色 (경국지색)	≒ 羞花閉月 (수화폐월)	道不拾遺 (도불습유)	≒ 太平聖代 (태평성대)
姑息策 (고식책)	≒ 彌縫策 (미봉책)	驚弓之鳥 (경궁지조)	≒ 懲羹吹菜 (징갱취채)	道聽塗說 (도청도설)	≒ 流言蜚語 (유언비어)
槐安夢 (괴안몽)	≒ 南柯夢 (남가몽)	傾城之色 (경성지색)	≒ 沈魚落雁 (침어낙안)	同氣相求 (동기상구)	≒ 草綠同色 (초록동색)
金蘭契 (금란계)	≒ 水魚親 (수어친)	經世致用 (경세치용)	≒ 利用厚生 (이용후생)	同病相憐 (동병상련)	≒ 類類相從 (유유상종)
桃源境 (도원경)	≒ 別天地 (별천지)	鯨戰蝦死 (경전하사)	≒ 間於齊楚 (간어제초)	東山高臥 (동산고와)	≒ 梅妻鶴子 (매처학자)
未曾有 (미증유)	≒ 破天荒 (파천황)	膏粱珍味 (고량진미)	≒ 山海珍味 (산해진미)	凍足放尿 (동족방뇨)	≒ 下石上臺 (하석상대)
別乾坤 (별건곤)	≒ 理想鄕 (이상향)	孤立無援 (고립무원)	≒ 四面楚歌 (사면초가)	董狐之筆 (동호지필)	≒ 太史之簡 (태사지간)
比翼鳥 (비익조)	≒ 連理枝 (연리지)	姑息之計 (고식지계)	≒ 臨時方便 (임시방편)	磨斧作針 (마부작침)	≒ 積土成山 (적토성산)
相思病 (상사병)	≒ 花風病 (화풍병)	空前絶後 (공전절후)	≒ 前無後無 (전무후무)	莫上莫下 (막상막하)	≒ 難兄難弟 (난형난제)
瞬息間 (순식간)	≒ 一刹那 (일찰라)	管中窺豹 (관중규표)	≒ 坐井觀天 (좌정관천)	莫逆之友 (막역지우)	≒ 知己之友 (지기지우)
戀愛病 (연애병)	≒ 懷心病 (회심병)	刮目相對 (괄목상대)	≒ 日就月將 (일취월장)	亡國之歎 (망국지탄)	≒ 麥秀之嘆 (맥수지탄)
雲雨樂 (운우락)	≒ 巫山夢 (무산몽)	口蜜腹劍 (구밀복검)	≒ 笑裏藏刀 (소리장도)	亡羊補牢 (망양보뢰)	≒ 渴而穿井 (갈이천정)
月旦評 (월단평)	≒ 月朝評 (월조평)	九死一生 (구사일생)	≒ 起死回生 (기사회생)	面壁九年 (면벽구년)	≒ 愚公移山 (우공이산)
一瞬間 (일순간)	≒ 瞬息間 (순식간)	群鷄一鶴 (군계일학)	≒ 囊中之錐 (낭중지추)	面從腹背 (면종복배)	≒ 陽奉陰違 (양봉음위)
全無識 (전무식)	≒ 判無識 (판무식)	難攻不落 (난공불락)	≒ 金城湯池 (금성탕지)	明鏡止水 (명경지수)	≒ 雲心月性 (운심월성)
街談巷說 (가담항설)	≒ 道聽塗說 (도청도설)	難兄難弟 (난형난제)	≒ 伯仲之勢 (백중지세)	明若觀火 (명약관화)	≒ 不問可知 (불문가지)
佳人薄命 (가인박명)	≒ 紅顔薄命 (홍안박명)	老萊之戲 (노래지희)	≒ 斑衣之戲 (반의지희)	目不識丁 (목불식정)	≒ 魚魯不辨 (어로불변)
刻骨難忘 (각골난망)	≒ 結草報恩 (결초보은)	老生之夢 (노생지몽)	≒ 黃粱之夢 (황량지몽)	反哺之孝 (반포지효)	≒ 烏鳥私情 (오조사정)
刻舟求劍 (각주구검)	≒ 守株待兔 (수주대토)	綠林豪傑 (녹림호걸)	≒ 梁上君子 (양상군자)	白骨難忘 (백골난망)	≒ 結草報恩 (결초보은)
百尺竿頭 (백척간두)	≒ 累卵之危 (누란지위)	累卵之危 (누란지위)	≒ 風前燈火 (풍전등화)	輔車相依 (보거상의)	≒ 脣亡齒寒 (순망치한)
康衢煙月 (강구연월)	≒ 鼓腹擊壤 (고복격양)	多錢善賈 (다전선고)	≒ 長袖善舞 (장수선무)	夫唱婦隨 (부창부수)	≒ 女必從夫 (여필종부)
隔世之感 (격세지감)	≒ 今昔之感 (금석지감)	丹脣皓齒 (단순호치)	≒ 月態花容 (월태화용)	粉骨碎身 (분골쇄신)	≒ 盡忠竭力 (진충갈력)
見利思義 (견리사의)	≒ 見危授命 (견위수명)	對牛彈琴 (대우탄금)	≒ 馬耳東風 (마이동풍)	捨生取義 (사생취의)	≒ 殺身成仁 (살신성인)

山海珍味 산 해 진 미	≒ 龍味鳳湯 용 미 봉 탕
塞翁之馬 새 옹 지 마	≒ 轉禍爲福 전 화 위 복
雪膚花容 설 부 화 용	≒ 丹脣皓齒 단 순 호 치
孫康映雪 손 강 영 설	≒ 車胤聚螢 차 윤 취 형
首丘初心 수 구 초 심	≒ 胡馬望北 호 마 망 북
首鼠兩端 수 서 양 단	≒ 左顧右眄 좌 고 우 면
袖手傍觀 수 수 방 관	≒ 吾不關焉 오 불 관 언
不立文字 불 립 문 자	≒ 以心傳心 이 심 전 심
羊頭狗肉 양 두 구 육	≒ 表裏不同 표 리 부 동
漁父之利 어 부 지 리	≒ 犬兎之爭 견 토 지 쟁
五車之書 오 거 지 서	≒ 汗牛充棟 한 우 충 동
玉石俱焚 옥 석 구 분	≒ 玉石同碎 옥 석 동 쇄
燎原之火 요 원 지 화	≒ 破竹之勢 파 죽 지 세
因果應報 인 과 응 보	≒ 種豆得豆 종 두 득 두
一瀉千里 일 사 천 리	≒ 九天直下 구 천 직 하
一衣帶水 일 의 대 수	≒ 指呼之間 지 호 지 간
張三李四 장 삼 이 사	≒ 匹夫匹婦 필 부 필 부
甲男乙女 갑 남 을 녀	≒ 善男善女 선 남 선 녀
紙上兵談 지 상 병 담	≒ 卓上空論 탁 상 공 론
智者一失 지 자 일 실	≒ 千慮一失 천 려 일 실

♣ 다음 전의어(轉義語:본디의 뜻에서 바뀌어 변한 말)의 독음(讀音)을 쓰시오. ▶정답은 504쪽

1.脚光 (   )

무대의 앞쪽 아래에 장치하여 배우를 비추는 광선. 사회적 관심이나 흥미, 주목.

2.角逐 (   )

뿔을 쫓음. 서로 경쟁하여 어떤 지위를 얻고자 하는 일.

3.干城 (   )

방패와 성. 나라를 지키는 믿음직한 군대나 인물.

4.黔驢 (   )

검주의 나귀가 울음이 커서 범을 놀라게 했는데, 힘이 별나지도 발길질도 신통치 않음을 보고 범에게 잡혀 먹힘. 보잘 것 없는 솜씨와 힘.

5.傾國 (   )

나라를 기울이게 함. 뛰어나게 아름다운 여인.

6.鷄肋 (   )

닭갈비. 그다지 큰 소용은 없으나 버리기는 아까움.

7.股肱 (   )

다리와 팔. 임금이 가장 신임하는 신하.

8.膏粱 (   )

기름진 고기와 좋은 곡식. 맛있는 음식.

9.高枕 (   )

베개를 높이 함. 근심 없이 편안히 지냄.

10.推敲 (   )

시문을 지을 때 고치고 다듬는 것. 당나라의 시인 가도가 推자를 敲자로 바꿀까 고민하다가 한유를 만나 推로 결정하였다는 고사.

11.古稀 (   )

예로부터 드묾. 70살.

12.骨肉 (   )

뼈와 살. 혈육.

13.瓜期 (   )

오이가 익을 무렵에 관리가 임지에서 돌아오겠다는 고사에서 유래. 여자나이 16세. 남자나이 64세를 이름.

14.瓜滿 (   )

오이가 익어 넘쳐남. 벼슬에서 물러날 때.

15.觀火 (   )

불을 봄. 분명함.

16.光陰 (   )

햇빛과 그늘. 시간. 세월.

17.掛冠 (   )

관을 벗어 성문에 걸어둠. 관리가 벼슬을 내놓고 물러남.

18.槐夢 (   )

괴안국의 꿈. 헛된 한때의 부귀영화.

19.肱脊 (   )

팔과 등골뼈. 임금이 가장 신임 하는 신하.

20.驅馳 (   )

말을 몰고 돌아다님. 매우 바쁘게 돌아다님.

21.權輿 (   )

저울대와 수레 바탕. 사물의 시초.

22.克己 (   )

자기를 이김. 욕심을 눌러 이김.

23.錦歸 (   )

비단옷을 입고 고향으로 돌아감. 출세하여 고향에
돌아감.

24.琴瑟 (   )

거문고와 비파의 조화. 부부간의 사랑.

25.杞憂 (   )

기나라 사람의 근심. 앞일에 대한 쓸데없는 걱정.

1.南面　　　（　　　　　　　　）

얼굴을 남쪽으로 함. 임금이 되어 나라를 다스림.

2.濫觴　　　（　　　　　　　　）

잔을 띄움. 사물의 처음이나 기원.

3.狼狽　　　（　　　　　　　　）

이리. 뜻한 일이 실패하거나 어긋나 딱한 처지가 됨.

4.綠林　　　（　　　　　　　　）

푸른 숲. 화적이나 도적의 소굴.

5.壟斷　　　（　　　　　　　　）

깎아 세운 듯한 높은 언덕. 이익이나 권리를 독차지함.

6.籠絡　　　（　　　　　　　　）

대로 엮은 새장 속의 발을 묶인 새. 가두거나 속박함.

7.牢籠　　　（　　　　　　　　）

우리 속의 가축과 대로 엮은 새장 속의 새. 가거나 속박함.

8.累卵　　　（　　　　　　　　）

계란을 포개 쌓음. 대단히 위태로움.

9.茶飯事　　　（　　　　　　　　）

차 마시고 밥 먹는 일. 예삿일.

10.斷末魔　　　（　　　　　　　　）

숨이 끊어질 때의 모진 고통. 임종.

11.簞瓢　　　（　　　　　　　　）

대나무 도시락 밥과 표주박의 물. 청빈하고 소박한 생활.

12.螳螂力　　　（　　　　　　　　）

수레바퀴를 가로 막는 사마귀의 힘. 아주 미약한 힘.

13.圖南　　　（　　　　　　　　）

남쪽으로 가려고 기도함. 웅대한 일을 계획하고 있음.

14.桃源　　　（　　　　　　　　）

복숭아 꽃이 핀 수원지. 이상향. 별천지.

15.塗炭　　　（　　　　　　　　）

진흙 속에 빠지고 숯불에 탐. 몹시 어렵고 고통스러움.

16.東郭履　　　（　　　　　　　　）

동곽의 신발. 매우 가난함.

17.棟梁　　　（　　　　　　　　）

마룻대와 들보. 한 집안이나 한 나라를 맡을 만한 인재.

18.凍梨　　　（　　　　　　　　）

언 배의 껍질. 90살.

19.冬扇　　　（　　　　　　　　）

겨울의 부채. 철에 맞지 아니함.

20.銅臭　　　（　　　　　　　　）

동전에서 나는 냄새. 돈으로 벼슬을 사거나 수전노가 됨.

21.頭角　　　（　　　　　　　　）

짐승의 머리에 있는 뿔. 뛰어난 학식이나 재능.

22.杜撰　　　（　　　　　　　　）

두묵이란 사람이 시를 지음. 전거나 출처가 확실하지 않아 틀린 곳이 많은 작품.

23.登龍門　　　（　　　　　　　　）

용문을 오름. 출세를 위한 관문.

24.望九　　　（　　　　　　　　）

90살을 바라봄. 81살.

25.望百　　　（　　　　　　　　）

100살을 바라봄. 91살.

♣ 다음 전의어(轉義語)의 독음(讀音)을 쓰시오.

1. 望八　(　　　　　)

80살을 바라봄. 71세.

2. 矛盾　(　　　　　)

창과 방패. 두 가지 이치가 서로 어긋나 맞지 않음.

3. 木鐸　(　　　　　)

나무로 만든 방울. 세상 사람들을 각성시키고 가르쳐 인도하는 사람.

4. 蒙塵　(　　　　　)

머리에 먼지를 뒤집어 씀. 임금이 난리를 피하여 안전한 곳으로 떠남.

5. 巫山雲　(　　　　　)

무산의 구름. 남녀가 사랑을 나눔.

6. 未亡人　(　　　　　)

아직 따라 죽지 못한 사람. 남편이 죽고 홀로 남은 여자.

7. 彌縫策　(　　　　　)

꿰매어 깁는 계책. 임시방편의 계책.

8. 米壽　(　　　　　)

米자에 숨겨진 숫자의 나이. 88살. 농사일은 88번의 손질이 필요함.

9. 半壽　(　　　　　)

半자에 숨겨진 숫자의 나이. 81살.

10. 跋扈　(　　　　　)

민초를 짓밟고 권세나 세력을 휘둘러 함부로 날뜀.

11. 白眉　(　　　　　)

흰 눈썹. 여럿 가운데에서 가장 뛰어난 사람이나 훌륭한 물건이나 작품.

12. 魄散　(　　　　　)

넋이 흩어짐. 몹시 놀람.

13. 白壽　(　　　　　)

99살. 百자에서 一자를 빼면 白자가 된데서 유래.

14. 白眼視　(　　　　　)

흰눈동자로 흘겨봄. 남을 업신여기거나 무시함.

15. 伏龍　(　　　　　)

엎드려 있는 용. 숨어살며 세상에 나오지 않은 뛰어난 선비.

16. 覆轍　(　　　　　)

엎어진 수레바퀴. 앞서 가던 사람이 실패한 자취.

17. 鳳兒　(　　　　　)

봉황새의 새끼. 장차 큰 인물이 될 만한 소년.

18. 鳳雛　(　　　　　)

봉황의 새끼. 아직 세상에 드러나지 아니한 영웅.

19. 駙馬　(　　　　　)

천자가 타는 수레에 딸린 말. 임금의 사위.

20. 拂鬚塵　(　　　　　)

남의 수염에 붙은 티끌을 털어 줌. 아첨함.

21. 不肖　(　　　　　)

닮지 않음. 어버이의 덕망에 미치지 못하는 어리석은 사람.

22. 不惑　(　　　　　)

미혹되지 않음. 40살.

23. 鵬圖　(　　　　　)

붕새의 도모. 한없이 큰 포부.

♣ **다음 전의어(轉義語)의 독음(讀音)을 쓰시오.**

1.比翼　（　　　　　　　　）

날개를 같이함. 부부의 금슬이 좋음.

2.獅子吼　（　　　　　　　　）

사자의 울부짖음. 부처의 위엄 있는 설법. 열변을 토하는 연설.

3.蛇足　（　　　　　　　　）

뱀의 발. 쓸데없는 짓.

4.傘壽　（　　　　　　　　）

傘자에 숨겨진 숫자의 나이.　80세.

5.三昧境　（　　　　　　　　）

잡념을 떠나서 오직 하나의 대상에만 정신을 집중하는 경지.

6.三徙　（　　　　　　　　）

세 번을 이사함. 자식의 교육에 정성을 다함.

7.桑年　（　　　　　　　　）

桑자에 숨겨진 숫자의 나이. 48세.

8.嘗膽　（　　　　　　　　）

쓸개를 맛봄. 월왕 구천이 쓸개를 핥으며 복수를 맹세함.

9.鼠竊　（　　　　　　　　）

쥐새끼가 물건을 훔침. 좀도둑.

10.笑中刀　（　　　　　　　　）

웃음 속의 칼. 겉으로는 웃으나 속으로는 해치려함.

11.首鼠　（　　　　　　　　）

구멍에서 머리를 내민 쥐. 머뭇거리며 진퇴, 거취를 못 정함.

12.守株　（　　　　　　　　）

그루터기를 지킴. 융통성이 없는 어리석은 사람.

13.菽麥　（　　　　　　　　）

콩과 보리. 세상물정을 모르는 어리석은 사람.

14.市虎　（　　　　　　　　）

저잣거리의 호랑이. 여러 사람이 한입으로 하는 거짓말은 쇠도 녹임.

15.食言　（　　　　　　　　）

입밖에 낸 말을 먹음. 약속을 지키지 않음.

16.宸襟　（　　　　　　　　）

대궐의 옷깃. 임금의 마음.

17.蜃氣樓　（　　　　　　　　）

이무기가 토해낸 기운이 만들어 놓은 건물. 홀연히 나타나 짧은 시간 동안 유지되다가 사라지는 아름답고 환상적인 일이나 현상 따위.

18.薪米　（　　　　　　　　）

땔나무와 쌀. 생활의 재료.

19.握髮　（　　　　　　　　）

감고 있던 머리를 거머쥐고 손님을 맞음. 정사에 바쁨.

20.雁書　（　　　　　　　　）

기러기를 이용한 편지. 먼 곳에서 온 소식이나 편지.

21.眼中釘　（　　　　　　　　）

눈엣가시. 눈에 거슬리는 사람.

22.壓卷　（　　　　　　　　）

맨 위의 책이 아랫 책을 누름. 제일 잘 된 책이나 작품.

23.艾年　（　　　　　　　　）

머리털이 쑥처럼 희어진 나이. 50살.

24.梁肉　（　　　　　　　　）

좋은 곡식과 고기. 좋은 음식.

25.如反掌　（　　　　　　　　）

손바닥을 뒤집음. 일이 매우 쉬움.

♣ 다음 전의어(轉義語)의 독음(讀音)을 쓰시오.

1.逆鱗　(　　　　　　　)

거슬러 난 비늘. 임금의 분노.

2.連理枝　(　　　　　　　)

두 나무의 가지가 서로 맞닿아 결이 서로 통함.
부부의 사이가 좋음.

3.燃眉　(　　　　　　　)

눈썹에 불이 붙음. 매우 급함.

4.煙霞　(　　　　　　　)

안개와 노을. 고요한 산수의 경치.

5.盈昃　(　　　　　　　)

해와 달도 차면 기욺. 흥성하면 쇠퇴함이 따름.

6.五車書　(　　　　　　　)

다섯 수레에 실을 만한 책. 아주 많은 책.

7.蝸角　(　　　　　　　)

달팽이의 더듬이. 세상이 좁음.

8.蝸角觝　(　　　　　　　)

달팽이 더듬이 위에서 겨룸. 작은 나라끼리의 싸움.

9.臥龍　(　　　　　　　)

누워있는 용. 숨어 세상에 나오지 않는 뛰어난
선비.

10.完璧　(　　　　　　　)

흠이 없는 완전한 구슬. 결함이 없이 완전함.

11.鴛鴦　(　　　　　　　)

원앙새의 암수. 사이좋은 부부.

12.衣鉢　(　　　　　　　)

가사와 바리때. 불교에서 스승으로부터 전하는
교법(敎法)이나 부교의 깊은 뜻.

13.而立　(　　　　　　　)

자립함. 30세.

14.耳順　(　　　　　　　)

귀가 순함. 60세.

15.籬鷃　(　　　　　　　)

울타리 사이로만 드나드는 세가락메추라기. 식견
이 좁은 사람.

16.一髮　(　　　　　　　)

한 가닥의 머리털. 극히 작음.

17.一字師　(　　　　　　　)

한 글자를 가르쳐 준 스승. 핵심을 짚어주는 스
승.

18.蔗境　(　　　　　　　)

점점 더 좋은 경계가 펼쳐짐. 이야기 따위가 점점
재미있어 짐.

19.刺股　(　　　　　　　)

허벅지를 찌름. 졸음을 극복하고 열심히 공부함.

20.長川　(　　　　　　　)

긴 내. 밤낮으로 쉬지 않고 연달아 흐름.

21.折角　(　　　　　　　)

뿔을 부러뜨림. 상대방의 기세를 누르거나 콧대
를 납작하게 만듦.

22.切磨　(　　　　　　　)

옥을 깎고 갊. 덕행과 학문을 닦음.

23.折箭　(　　　　　　　)

화살을 부러뜨림. 힘을 한 군데로 모으면 강해
짐.

24.折檻　(　　　　　　　)

난간이 부러짐. 강경하게 간하거나 꾸짖음.

♣ **다음 전의어(轉義語)의 독음(讀音)을 쓰시오.**

1. 點額 (   )
   이마에 점이 찍힘. 시험에 낙제함.

2. 點睛 (   )
   점을 찍어 눈동자를 그림. 가장 중요한 부분을 완성함.

3. 井蛙 (   )
   우물 안 개구리. 견문이 좁고 세상 형편에 어두운 사람.

4. 蹄涔 (   )
   짐승 발자국 속에 조금 괴어 있는 물. 아주 적음.

5. 提孩 (   )
   손으로 잡아 끌 수 있는 어린애. 2, 3살의 아이.

6. 糟糠 (   )
   술지게미와 쌀겨. 가난한 사람이 먹는 초라한 음식.

7. 鑿枘 (   )
   둥근 구멍과 모난 자루. 사물이 서로 맞지 않음.

8. 卒壽 (   )
   卒자에 숨겨진 숫자의 나이. 90살.

9. 踵武 (   )
   발자국을 따라 밟음. 뒤를 이음.

10. 從心 (   )
    마음을 좇음. 70살.

11. 左袒 (   )
    왼쪽 소매를 벗음. 남을 편들어 동의함.

12. 櫛雨 (   )
    머리털을 바람으로 빗질하고 빗물로 머리를 감음. 오랜 세월을 객지에서 방랑하며 고생함.

13. 舐犢 (   )
    어미소가 송아지를 사랑하여 혀로 핥아 줌. 자식에 대한 어버이의 지극한 사랑.

14. 知音 (   )
    소리를 알아줌. 마음이 서로 통하는 친한 벗.

15. 咫尺 (   )
    여덟 치와 한 자. 아주 가까운 거리.

16. 知天命 (   )
    천명을 앎. 50세.

17. 秦火 (   )
    진나라의 불태움. 진시황이 유가와 제자백가의 서책을 불태움.

18. 桎梏 (   )
    수갑과 차꼬. 자유가 없는 고통스런 상태.

19. 蹉跌 (   )
    발을 헛디디어 넘어짐. 하던 일이나 계획이 틀어짐.

20. 滄桑 (   )
    푸른 바다와 뽕나무 밭. 세상 일의 변천이 심함.

21. 千里眼 (   )
    천 리 밖의 것을 볼 수 있는 시력. 뛰어난 통찰력.

22. 鐵面皮 (   )
    쇠로 만든 낯가죽. 염치가 없고 뻔뻔스러운 사람.

23. 靑眼視 (   )
    푸른 눈으로 봄. 좋게 보고 잘 대함.

24. 楚歌 (   )
    초나라의 노래. 사방 어디에도 도와줄 이 없는 외롭고 곤란한 지경.

25. 焦眉 (   )
    눈썹을 태움. 매우 급함.

26. 錐囊 (   )
    송곳 주머니. 재능이 뛰어난 사람.

1. 秋扇 (　　　　　)
가을의 부채. 철이 지나서 쓸모없이 된 물건.

2. 秋毫 (　　　　　)
가을 털. 조금인 것.

3. 逐鹿 (　　　　　)
사슴을 쫓음. 서로 경쟁하여 어떤 지위를 얻고자 하는 일.

4. 春秋 (　　　　　)
봄과 가을. 나이. 역사.

5. 破鏡 (　　　　　)
깨어진 거울. 부부가 헤어짐.

6. 破天荒 (　　　　　)
천지가 혼돈하여 개척되지 아니함을 깨뜨림. 이전에 아무도 못한 일을 처음으로 해냄.

7. 幣帛 (　　　　　)
비단. 예물.

8. 蒲柳質 (　　　　　)
부들과 버들 같은 연약한 체질. 몸이 약하여 병에 걸리기 쉬운 체질.

9. 風燈 (　　　　　)
바람 앞의 등불. 매우 위태함.

10. 披肝膽 (　　　　　)
간과 쓸개를 열어 보임. 서로 속마음을 털어놓고 친하게 사귐.

11. 解語花 (　　　　　)
말을 알아듣는 꽃. 아름다운 여인.

12. 懸梁 (　　　　　)
들보에 매닮. 졸음을 극복하고 열심히 공부함.

13. 血肉 (　　　　　)
피와 살. 겨레붙이.

14. 荊妻 (　　　　　)
가시나무 비녀를 꽂은 아내. 남에게 자기의 아내를 낮추어 이르는 말.

15. 糊口 (　　　　　)
입에 풀칠을 함.

16. 毫釐 (　　　　　)
저울 눈금의 毫와 釐. 아주 적은 분량.

17. 壺中天 (　　　　　)
항아리 속의 세계. 별천지.

18. 紅一點 (　　　　　)
푸른 잎새 속의 한송이의 붉은 꽃. 뭇 남자들 틈에 끼어 있는 한 사람의 여자.

19. 畫餅 (　　　　　)
그림의 떡. 아무 소용이 없음.

20. 花風病 (　　　　　)
꽃바람 병. 상사병.

21. 還甲 (　　　　　)
갑자년이 되돌아 옴. 만60세.

22. 換骨 (　　　　　)
뼈대를 바꿈. 더 좋게 바뀜.

23. 黃口 (　　　　　)
누런 입. 철없는 사람.

24. 膾炙 (　　　　　)
날고기와 구운 고기. 칭찬을 받으며 사람의 입에 자주 오르내림.

25. 效顰 (　　　　　)
찡그리는 것을 본받음. 자신의 처지도 모르면서 잘난 남의 흉내를 내다가 웃음거리가 됨.

♣ 다음 전의어(轉義語)의 독음(讀音)을 쓰시오.

1.嚆矢　　（　　　　　　　　）

　　전쟁을 시작할 때 사용하는 우는 화살. 어떤 사물
　　이나 현상이 시작되어 나온 맨 처음.

2.喜壽　　（　　　　　　　　）

　　희자에 숨겨진 숫자의 나이. 77세.

♣ 다음 전의어(轉義語)의 독음(讀音)을 쓰시오.

1.嚆矢　　（　　　　　　　　）

　　전쟁을 시작할 때 사용하는 우는 화살. 어떤 사물
　　이나 현상이 시작되어 나온 맨 처음.

♣ 다음 한자성어(漢字成語)의 독음(讀音)을 쓰시오.　　　　►정답은 505쪽

1.苛斂誅求　　（　　　　　　　）
세금을 가혹하게 거두어들이고 재물을 무리하게 빼앗음.

2.家貧落魄　　（　　　　　　　）
집안이 가난하여 뜻을 얻지 못하고 실의에 빠짐.

3.竿頭之勢　　（　　　　　　　）
대막대기 끝에 선 매우 위태로운 형세. 누란지세(累卵之勢).

4.奸臣賊子　　（　　　　　　　）
간사한 신하와 부모를 거스리는 자식. 난신적자(亂臣賊子).

5.渴而穿井　　（　　　　　　　）
목이 말라야 비로소 우물을 팜. 망양보뢰(亡羊補牢).

6.竭澤而漁　　（　　　　　　　）
연못의 물을 말려서 고기를 잡음. 눈앞의 이익만 꾀함.

7.甘井先竭　　（　　　　　　　）
단 우물이 먼저 마름. 감천선갈(甘泉先竭).

8.甘呑苦吐　　（　　　　　　　）
달면 삼키고 쓰면 뱉음.

9.康衢煙月　　（　　　　　　　）
태평한 세상의 평화로운 풍경. 고복격양(鼓腹擊壤).

10.強弩之末　　（　　　　　　　）
강대한 힘일지라도 마지막에는 쇠약해짐.

11.剛毅木訥　　（　　　　　　　）
강직, 의연, 질박, 어눌을 말함. ⇔교언영색(巧言令色).

12.蓋棺事定　　（　　　　　　　）
시체를 관에 넣고 뚜껑을 덮은 후에야 일을 결정함.

13.開門揖盜　　（　　　　　　　）
문을 열어 도둑에게 예를 갖춤.

14.改善匡正　　（　　　　　　　）
고쳐서 좋고 바르게 함.

15.去頭截尾　　（　　　　　　　）
어떤 일의 요점만 간단히 말함.

16.乾坤一擲　　（　　　　　　　）
운명을 걸고 단판걸이로 승부를 겨룸.

17.隔靴搔癢　　（　　　　　　　）
신을 신고서 발바닥을 긁음. 성에 차지 않아 안타까움.

18.見蚊拔劍　　（　　　　　　　）
모기를 보고 칼을 뺌. 사소한 일에 크게 성내어 덤빔.

19.鯨戰蝦死　　（　　　　　　　）
고래 싸움에 새우 등 터짐. 강자끼리 서로 싸우는 통에 아무 상관도 없는 약한 자가 해를 입음.

20.溪壑之慾　　（　　　　　　　）
시냇물이 흐르는 산골짜기의 욕심. 끝없이 흐르고자 하는 욕심.

21.股肱之臣　　（　　　　　　　）
다리와 팔같이 중요한 임금이 신임하는 신하.

22.叩頭謝罪　　（　　　　　　　）
머리를 조아리며 잘못을 빎.

23.膏粱珍味　　（　　　　　　　）
기름진 고기와 좋은 곡식으로 만든 맛있는 음식.

♣ 다음 한자성어(漢字成語)의 독음(讀音)을 쓰시오.

1.孤臣冤淚 (   )

　　임금의 사랑이나 신임을 받지 못하는 외로운 신하의 원통한 눈물.

2.曲突徙薪 (   )

　　굴뚝을 구부리고 땔나무를 다른 곳으로 옮겨 재앙을 미연에 방지함. 유비무환(有備無患). 망양보뢰(亡羊補牢).

3.孔子穿珠 (   )

　　공자가 구슬을 꿴. 불치하문(不恥下問).

4.管中窺豹 (   )

　　대롱 속으로 표범을 엿봄. 정중지와(井中之蛙).

5.刮目相對 (   )

　　남의 학식이나 재주가 놀랄 만큼 부쩍 늘어 눈을 비비고 상대편을 봄.

6.曠日彌久 (   )

　　헛되이 세월을 보내며 일을 오래 끎.

7.曠前絶後 (   )

　　앞에는 비었고, 뒤에는 끊어짐.

8.蛟龍得水 (   )

　　교룡이 물을 얻음. 좋은 기회를 얻음.

9.驕兵必敗 (   )

　　교만해진 병정의 태도로는 반드시 적에게 패함.

10.矯枉過正 (   )

　　굽은 것을 바로 잡으면서 정도를 지나침.

11.敎子採薪 (   )

　　자식에게 땔나무 캐오는 법을 가르침.

12.狡兔三窟 (   )

　　영리한 토끼는 세 개의 숨은 굴을 파 놓음.

13.狗尾續貂 (   )

　　담비 꼬리가 모자라 개의 꼬리로 이음.

14.救火投薪 (   )

　　불을 끄려고 섶나무를 집어 던짐.

15.群盲撫象 (   )

　　장님 여럿이 코끼리를 만짐. 사물을 좁은 소견나 주관으로 잘못 판단함.

16.君子豹變 (   )

　　군자는 허물을 고쳐 올바로 행함이 아주 빠르고 뚜렷함.

17.窮寇勿迫 (   )

　　피할 곳 없는 도적을 쫓지 말 것.

18.捲土重來 (   )

　　땅을 말아 일으킬 것 같은 기세로 다시 옴.

19.貴鵠賤鷄 (   )

　　고니를 귀하게 여기고 닭을 천하게 여김.

20.龜背刮毛 (   )

　　거북의 등에서 털을 깎음.

21.隙駒光陰 (   )

　　몹시 빨리 지나가는 세월.

22.金蘭之誼 (   )

　　쇠처럼 단단하고 난초 향기처럼 그윽한 사귐. 관포지교(管鮑之交).

23.金石牢約 (   )

　　쇠나 돌처럼 굳고 변함 없는 약속. 금석지약(金石之約).

24.汲水功德 (   )

　　목마른 사람에게 물을 길어다 주는 공덕.

25.氣焰萬丈 (   )

　　기세가 대단하여 멀리까지 뻗침.

♣ 다음 한자성어(漢字成語)의 독음(讀音)을 쓰시오.　　　►정답은 505쪽

1.杞人之憂　(　　　　　)

　기나라 사람의 근심. 앞일에 대한 쓸데없는 걱정.

2.落穽下石　(　　　　　)

　함정에 빠진 사람에게 돌을 떨어뜨림.

3.南橘北枳　(　　　　　)

　강남의 귤을 강북에 심으면 탱자가 됨.

4.狼子野心　(　　　　　)

　이리의 야성. 신의가 없는 사람은 쉽게 교화할 수 없음.

5.囊中之錐　(　　　　　)

　뛰어난 재주를 가진 사람은 주머니 속의 송곳처럼 저절로 사람들에게 알려짐. 군계일학(群鷄一鶴).

6.囊中取物　(　　　　　)

　주머니 속의 물건을 얻음. 탐낭취물(探囊取物).

7.駑馬十駕　(　　　　　)

　느리고 둔한 말도 준마의 하룻길을 열흘에는 갈 수 있음.

8.訥言敏行　(　　　　　)

　말은 느려도 실제 행동은 재빠르고 능란함.

9.凌雲之志　(　　　　　)

　구름을 깔보는 지조. 속세를 떠나 초탈하려는 마음. 청운지지(靑雲之志).

10.簞食豆羹　(　　　　　)

　대나무 그릇에 담긴 밥과 나무 그릇에 떠놓은 국. 변변치 못한 음식.

11.戴盆望天　(　　　　　)

　머리에 동이를 이고 하늘을 바라보려 함. 한 번에 두 가지 일을 함께 하기 어려움.

12.戴天之讎　(　　　　　)

　한 하늘을 이고 살지 못할 원수. 불공대천(不共戴天).

13.屠龍之技　(　　　　　)

　용을 잡는 재주. 쓸데 없는 재주.

14.豚蹄一酒　(　　　　　)

　돼지 발굽과 술 한 잔. 작은 물건으로 많은 물건을 구하려고 하는 것을 비꼬아 하는 말.

15.冬扇夏爐　(　　　　　)

　겨울의 부채와 여름의 화로.

16.東馳西走　(　　　　　)

　동쪽으로 달리고 서쪽으로 달림.

17.董狐之筆　(　　　　　)

　사실을 숨기지 아니하고 그대로 씀.

18.杜漸防萌　(　　　　　)

　싹이 나오지 못하게 막음.

19.登樓去梯　(　　　　　)

　다락에 오르게 하고 사다리를 치움. 사람을 꾀어서 어려운 처지에 빠지게 함.

20.麻姑搔痒　(　　　　　)

　마고 선녀가 긴 손톱으로 가려운 데를 긁음.

21.磨斧作針　(　　　　　)

　도끼를 갈아 바늘을 만듦. 우공이산(愚公移山). 마부위침(磨斧爲針). 마부작침(磨斧作鍼).

22.萬彙群象　(　　　　　)

　우주에 있는 온갖 사물과 현상. 삼라만상(森羅萬象).

23.網漏吞舟　(　　　　　)

　그물이 새면 배를 삼킴.

24.亡羊補牢　(　　　　　)

　양을 잃고 우리를 고침. 사후약방문(死後藥方文). ⇔ 유비무환(有備無患). 거안사위(居安思危).

25.芒刺在背　(　　　　　)

　가시를 등에 지고 있음. 마음이 아주 조마조마 하고 불편함.

♣ 다음 한자성어(漢字成語)의 독음(讀音)을 쓰시오.

1.麥秀黍油　　　（　　　　　）

보리의 이삭과 기장의 윤기.

2.明珠闇投　　　（　　　　　）

명주를 어둠 속에서 남에게 던져줌.

3.明珠彈雀　　　（　　　　　）

새를 잡는데 명주를 씀.

4.毛骨悚然　　　（　　　　　）

두려움에 온몸의 털이 곤두서고 뼈마디가 시림.

5.夢寐之間　　　（　　　　　）

잠을 자며 꿈을 꾸는 동안. 몽매간(夢寐間).

6.猫項懸鈴　　　（　　　　　）

쥐가 고양이 목에 방울을 닮. 실행할 수 없는 헛된 논의.

7.母望之福　　　（　　　　　）

뜻하지 않게 얻는 복.

8.無病自灸　　　（　　　　　）

질병이 없는데 스스로 뜸질을 함.

9.巫山之夢　　　（　　　　　）

남녀의 정사(情事). 운우지락(雲雨之樂). 운우지정(雲雨之情).

10.門前雀羅　　　（　　　　　）

문 밖에 새 그물을 쳐놓을 만함. 찾아오는 사람이 많음. 문전성시(門前成市).

11.米珠薪桂　　　（　　　　　）

식량은 주옥 보다, 땔감은 계수나무 보다 비쌈.

12.酒袋飯囊　　　（　　　　　）

술과 밥의 주머니. 먹고 마실 줄만 알지 일할 줄은 모름.

13.班門弄斧　　　（　　　　　）

노반이라는 목수 앞에서 도끼 다루는 솜씨를 자랑함.

14.斑衣之戲　　　（　　　　　）

나이 70인 노래자가 색동옷 입고 부모님을 즐겁게 해드림. 노래지희(老萊之戲).

15.反哺之孝　　　（　　　　　）

까마귀 새끼가 커서 늙은 어미에게 먹이를 물어다 줌.

16.杯盤狼藉　　　（　　　　　）

잔과 접시들이 어지럽게 흩어져 있음.

17.白駒過隙　　　（　　　　　）

인생은 문틈으로 흰 말이 지나가는 것을 봄과 같음.

18.偕老同穴　　　（　　　　　）

살아서는 같이 늙고 죽어서는 한 무덤에 묻힘. 백년해로(百年偕老).

19.百折不撓　　　（　　　　　）

어떠한 난관에도 결코 굽히지 않음. 백절불굴(百折不屈).

20.百尺竿頭　　　（　　　　　）

백 자나 되는 높은 장대 위에 올라섬. 몹시 어렵고 위태로운 지경. 누란지위(累卵之危).

21.病入骨髓　　　（　　　　　）

병이 고치기 어렵게 몸속 깊이 듦.

22.捧腹絶倒　　　（　　　　　）

배를 잡고 몸을 굽히고 자빠질 정도로 웃음. 포복절도(抱腹絶倒).

23.駙馬都尉　　　（　　　　　）

임금의 사위에게 주는 칭호. 분후(粉侯).

24.負荊請罪　　　（　　　　　）

가시나무를 짊어지고 죄를 청함. 염파와 인상여의 고사.

25.粉骨碎身　　　（　　　　　）

뼈가 가루가 되고 몸이 부서지도록 노력함. 견마지로(犬馬之勞).

♣ 다음 한자성어(漢字成語)의 독음(讀音)을 쓰시오.　　　　▶정답은 505쪽

1.焚書坑儒　（　　　　　）

중국 진시황이 학자들의 정치적 비판을 막으려고 의약, 복서, 농업에 관한 서적만 남기고 다 불태우고, 선비들을 구덩이에 묻어 죽인 일. 진화(秦火).

2.佛頭著糞　（　　　　　）

부처님 머리에 붙은 똥. 경멸이나 모욕을 당함.

3.不撓不屈　（　　　　　）

한번 먹은 마음이 흔들리거나 굽힘이 없음.

4.不寒而慄　（　　　　　）

춥지 아니한데 떪. 몹시 두려워함.

5.髀肉之嘆　（　　　　　）

넓적다리가 살찜을 한탄함. 재능을 발휘할 때를 얻지 못하여 헛되이 세월을 보내는 것을 한탄함.

6.徙家忘妻　（　　　　　）

이사를 갈 때 아내를 잊고 두고 감. 무엇을 잘 잊음.

7.徙木之信　（　　　　　）

나라를 다스리는 사람은 백성을 속이지 않아야 하고 백성의 신임을 받아야 함.

8.山溜穿石　（　　　　　）

산에서 떨어지는 물방울이 바위를 뚫음. 우공이산(愚公移山).

9.上下撐石　（　　　　　）

아랫돌 빼서 윗돌 괴고, 윗돌 빼서 아랫돌을 굄.

10.雪泥鴻爪　（　　　　　）

구름과 진흙, 돌아가는 기러기 발자국이 다시 올 때는 그 형적이 없음. 서로 간의 차이가 너무 심함.

11.舌芒於劍　（　　　　　）

혀가 칼보다 날카로움.

12.城狐社鼠　（　　　　　）

성안에 사는 여우와 사당에 사는 쥐. 간신배나 관청의 세력에 기대어 사는 무리.

13.蕭規曹隨　（　　　　　）

한나라 소하가 만든 법령을 조참이 실행함. 앞사람이 만들어 놓은 제도를 답습함.

14.首鼠兩端　（　　　　　）

쥐가 구멍 속에서 머리를 내밀고 나갈까 말까를 결정하지 못하는 상태를 말함.

15.袖手傍觀　（　　　　　）

팔짱을 끼고 보고만 있음.

16.羞惡之心　（　　　　　）

사람의 본성에서 우러나오는 옳지 못함을 부끄러워하고 착하지 못함을 미워하는 마음. 의(義)의 실마리.

17.繡衣夜行　（　　　　　）

비단옷 입고 밤에 다님. 금의야행(錦衣夜行).

18.水滴穿石　（　　　　　）

물방울이 바위를 뚫음. 우공이산(愚公移山).

19.羞花閉月　（　　　　　）

꽃도 부끄러워하고 달도 숨을 정도의 미인. 경국지색(傾國之色).

20.菽麥不辨　（　　　　　）

콩인지 보리인지 사리 분별을 못함.

21.膝甲盜賊　（　　　　　）

남의 글이나 저술을 베껴 마치 제가 지은 것처럼 하는 사람. 문필도적(文筆盜賊).

22.實陣無諱　（　　　　　）

사실대로 진술하고 숨기는 바가 없음. 이실직고(以實直告).

23.心在鴻鵠　（　　　　　）

바둑을 두면서 마음은 기러기나 고니가 날아오면 쏘아 맞출 것만 생각함.

24.十匙一飯　（　　　　　）

열 숟가락의 밥이 한 그릇을 만들 듯, 여러 사람이 힘을 합하면 한 사람을 돕기 쉬움.

♣ 다음 한자성어(漢字成語)의 독음(讀音)을 쓰시오.　　　　►정답은 505쪽

1.十顚九倒　　　（　　　　　　　）
열 번 구르고 아홉 번 거꾸러짐.

2.十寒一曝　　　（　　　　　　　）
열흘 동안 춥다가 하루 볕이 쬠. 하던 일이 자주 끊김.

3.阿鼻叫喚　　　（　　　　　　　）
아비와 규환의 지옥. 여러 사람이 비참한 지경에 빠져 울부짖는 참상.

4.握髮吐哺　　　（　　　　　　　）
감고 있던 머리를 거머쥐고 먹던 것을 뱉고 영접함.

5.暗衢明燭　　　（　　　　　　　）
어두운 거리에 밝은 등불. 삶의 지혜를 제공하는 책.

6.暗中摸索　　　（　　　　　　　）
은밀한 가운데 일의 실마리나 해결책을 찾아내려 함.

7.曖昧模糊　　　（　　　　　　　）
말이나 태도 따위가 희미하고 흐려 분명하지 아니함.

8.夜行被繡　　　（　　　　　　　）
밤에 비단옷을 입고 다님. 금의야행(錦衣夜行).

9.掩目捕雀　　　（　　　　　　　）
눈을 가리고 참새를 잡으려 함.

10.掩耳盜鈴　　　（　　　　　　　）
귀를 막고 방울을 훔침.

11.與民偕樂　　　（　　　　　　　）
임금이 백성과 함께 즐김. 여민동락(與民同樂).

12.與狐謀皮　　　（　　　　　　　）
여우에게 가죽을 내어 놓으라고 꼬임.

13.捐金沈珠　　　（　　　　　　　）
재물을 가벼이 보고 부귀를 탐하지 않음.

14.鳶飛魚躍　　　（　　　　　　　）
솔개가 날고 물고기가 뜀. 온갖 동물이 생을 즐김.

15.煙霞痼疾　　　（　　　　　　　）
안개와 노을처럼 고요한 산수의 경치를 몹시 사랑하고 즐기는 성질. 천석고황(泉石膏肓).

16.曳尾塗中　　　（　　　　　　　）
벼슬을 하지 않고 한가롭게 지냄.

17.寤寐不忘　　　（　　　　　　　）
자나 깨나 잊지 못함. 오매사복(寤寐思服).

18.吳牛喘月　　　（　　　　　　　）
오땅의 물소가 더위를 두려워한 나머지 밤에 달이 뜨는 것을 보고도 해인가 헐떡거림.

19.玉石俱焚　　　（　　　　　　　）
옥과 돌이 함께 불에 탐. 옥석혼효(玉石混淆).

20.玉石同櫃　　　（　　　　　　　）
옥과 돌이 같은 궤에 있음.

21.玉石同碎　　　（　　　　　　　）
옥과 돌이 함께 부수어짐.

22.蝸角之爭　　　（　　　　　　　）
달팽이의 더듬이 위에서 싸움. 작은 나라끼리의 싸움.

23.臥薪嘗膽　　　（　　　　　　　）
섶에 몸을 눕히고 쓸개를 맛봄. 원수를 갚거나 마음 먹은 일을 이루기 위하여 온갖 어려움과 괴로움을 참고 견딤.

24.玩物喪志　　　（　　　　　　　）
쓸데없는 물건을 가지고 놀면서 소중한 자기의 본심을 잃음.

25.完璧歸趙　　　（　　　　　　　）
빌린 물건을 온전히 하여 돌려보냄.

26.玩火自焚　　　（　　　　　　　）
무모한 일로 남을 해치려다 결국 자신이 해를 입음.

499

♣ 다음 한자성어(漢字成語)의 독음(讀音)을 쓰시오.

1.矮子看戲　（　　　　　　）

키 작은 사람의 연극 보기.

2.燎原之火　（　　　　　　）

벌판을 태우며 나가는 불.

3.雨後竹筍　（　　　　　　）

비가 온 뒤에 여기저기 솟는 죽순. 어떤 일이 한 때에 많이 생겨남.

4.雲上氣稟　（　　　　　　）

속됨을 벗어난 고상한 기질과 성품.

5.願賜骸骨　（　　　　　　）

늙은 재상이 벼슬을 내놓고 은퇴하기를 임금에게 청원하던 일.

6.鴛鴦之契　（　　　　　　）

원앙의 만남. 금실이 좋은 부부의 사이.

7.怨入骨髓　（　　　　　　）

원한이 뼛속에 사무침.

8.流言蜚語　（　　　　　　）

사실여부가 분명치 않은 사람 사이에 흐르는 말과 날라 다니는 소문. 가담항설(街談巷說).

9.肉山脯林　（　　　　　　）

고기가 산을 이루고 육포가 숲을 이룸.

10.意馬心猿　（　　　　　　）

생각은 말처럼 달리고 마음은 원숭이처럼 설렘.

11.人爲淘汰　（　　　　　　）

생물 집단에서 좋은 것, 우성인 것만 살아남도록 인위적으로 만듦. ⇔자연도태(自然淘汰).

12.一瀉千里　（　　　　　　）

어떤 일이 거침없이 빨리 진행됨. 구천직하(九天直下).

13.一曝十寒　（　　　　　　）

하루 볕 쬐고 십일 동안 추움.

14.臨時防牌　（　　　　　　）

무너진 성벽을 급한 대로 우선 방패로 막음. 고식지계(姑息之計).

15.自家撞着　（　　　　　　）

같은 사람의 말이나 행동이 앞뒤가 서로 맞지 아니함.

16.自繩自縛　（　　　　　　）

자기의 줄로 자기 몸을 옭아 묶음.

17.自業自縛　（　　　　　　）

자기가 저지른 일의 결과로 자기가 옭힘. 자업자득(自業自得).

18.自然淘汰　（　　　　　　）

자연계에서 그 생활 조건에 적응하는 생물은 생존하고, 그렇지 못하면 저절로 사라지는 일.

19.長頸烏喙　（　　　　　　）

관상에서, 목이 길고 입이 뾰족한 상.

20.長袖善舞　（　　　　　　）

소매가 길면 춤을 잘 출 수 있음. 다전선고(多錢善賈).

21.賊反荷杖　（　　　　　　）

도둑이 도리어 매를 듦.

22.前車覆轍　（　　　　　　）

앞 수레가 엎어진 자국으로, 이전 사람의 그릇된 일이나 행동의 자취.

23.前倨後恭　（　　　　　　）

전에는 거만하다가 나중에는 공손함.

24.輾轉反側　（　　　　　　）

누워서 몸을 이리저리 뒤척이며 잠을 이루지 못함.

25.前虎後狼　（　　　　　　）

앞문에서 호랑이를 막고 있으려니까 뒷문으로 이리가 들어옴.

♣ 다음 한자성어(漢字成語)의 독음(讀音)을 쓰시오.　　　　▶정답은 505쪽

1.截長補短　　（　　　　　　）
　　긴 것을 잘라서 짧은 것을 보충함.

2.切齒扼腕　　（　　　　　　）
　　이를 갈고 팔을 걷어붙이며 몹시 분해함.

3.頂門一鍼　　（　　　　　　）
　　정수리에 침을 놓은 것처럼 따끔한 충고.

4.挺身出戰　　（　　　　　　）
　　앞장서서 나가 싸움.

5.濟河焚舟　　（　　　　　　）
　　배를 타고 물을 건넌 후 배를 태워버림. 배수진(背水陣).

6.糟糠之妻　　（　　　　　　）
　　몹시 가난하여 지게미와 쌀겨로 끼니를 이을 때의 아내.

7.爪牙之士　　（　　　　　　）
　　손톱과 어금니 같은 선비. 충성으로 임금을 모시는 신하.

8.粗衣惡食　　（　　　　　　）
　　거친 옷을 입고 좋지 않은 음식을 먹음.

9.終南捷徑　　（　　　　　　）
　　중국 종남산은 벼슬길에 오르는 지름길. 노장용이 조정의 관심을 끌기 위해 종남산에 들어가 은둔생활을 하다가 바로 조정의 부름을 받고 기뻐하자, 사마승정이란 사람이 비꼬아 한 말에서 유래.

10.左顧右眄　　（　　　　　　）
　　왼쪽을 돌아보고 오른쪽을 돌아봄. 수서양단(首鼠兩端).

11.主客顚倒　　（　　　　　　）
　　주인과 손님의 위치가 서로 뒤바뀜.

12.走馬加鞭　　（　　　　　　）
　　달리는 말에 채찍질하여 더욱 잘하도록 장려함.

13.竹頭木屑　　（　　　　　　）
　　대나무 조각과 나무 부스러기. 쓸모가 적은 물건.

14.櫛風沐雨　　（　　　　　　）
　　머리털을 바람으로 빗질하고 몸은 빗물로 목욕함.

15.珍羞盛饌　　（　　　　　　）
　　진귀한 반찬으로 가득 차린 음식.

16.盡忠竭力　　（　　　　　　）
　　충성을 다하고 힘을 다함. 견마지로(犬馬之勞).

17.懲羹吹菜　　（　　　　　　）
　　뜨거운 국에 데어서 냉채를 후후 불고 먹음.

18.采薪之憂　　（　　　　　　）
　　병이 들어서 땔나무를 할 수 없음.

19.徹天之冤　　（　　　　　　）
　　하늘에 사무치는 크나큰 원한.

20.出爾反爾　　（　　　　　　）
　　행복과 불행, 좋음과 나쁨이 너에게서 나와서 너에게로 돌아감.

21.吹毛求疵　　（　　　　　　）
　　상처를 찾으려고 털을 불어 헤침. 억지로 남의 허물을 들추어 냄.

22.惻隱之心　　（　　　　　　）
　　사람의 본성에서 우러나오는 불쌍히 여겨 언짢아하는 마음. 인(仁)의 실마리.

23.癡人說夢　　（　　　　　　）
　　어리석은 사람이 꿈 이야기를 함. 허황된 말을 지껄임.

24.七顚八起　　（　　　　　　）
　　일곱 번 넘어지고 여덟 번 일어남. 꾸준히 노력함.

25.七顚八倒　　（　　　　　　）
　　일곱 번 구르고 여덟 번 일어남. 실패만하고 고생함.

1.七縱七擒　　（　　　　　　）

촉의 제갈량이 맹획을 7번 사로잡고 7번 놓아 줌.

2.針小棒大　　（　　　　　　）

작은 일을 크게 불리어 떠벌림.

3.唾面自乾　　（　　　　　　）

타인이 나의 얼굴에 침을 뱉으면 절로 그 침이 마를 때까지 기다림. 처세는 인내가 필요함.

4.貪賂無藝　　（　　　　　　）

뇌물을 탐함에 그 끝이 없음.

5.免死狐悲　　（　　　　　　）

토끼가 죽으니 여우가 슬퍼함. 같은 무리의 불행을 슬퍼함.

6.吐哺握發　　（　　　　　　）

민심을 수렴하고 정무를 보살피기에 잠시도 편안함이 없음.

7.投鞭斷流　　（　　　　　　）

채찍을 던져 흐르는 강물을 막음. 병력이 많고 강대함.

8.投筆從戎　　（　　　　　　）

붓을 던지고 창을 쫓아 종군함.

9.波瀾萬丈　　（　　　　　　）

물결이 만 길임. 파란중첩(波瀾重疊).

10.悖入悖出　　（　　　　　　）

사리에 어긋나게 비정상적인 방법으로 얻은 재물은 비정상적으로 다시 나감.

11.鞭長莫及　　（　　　　　　）

돕고 싶지만 능력이 미치지 못함.

12.弊袍破笠　　（　　　　　　）

해어진 옷과 부서진 갓. 초라한 차림새.

13.蒲柳之質　　（　　　　　　）

갯버들의 자질처럼 몸이 잔약하여 병에 걸리기 쉬운 체질.

14.抱薪求禍　　（　　　　　　）

땔나무를 안고 불에 뛰어드는 것은 도리어 화를 구하는 것임.

15.豹死留皮　　（　　　　　　）

표범은 죽어서 가죽을 남김.

16.夏爐冬扇　　（　　　　　　）

여름의 화로와 겨울의 부채. 선사하는 물건이 철에 맞지 않음.

17.緘口無言　　（　　　　　　）

입을 다물고 아무 말도 하지 아니함.

18.向隅之歎　　（　　　　　　）

좋은 때를 만나지 못한 것을 한탄함..

19.虛心坦懷　　（　　　　　　）

품은 생각을 터놓고 말할 만큼 아무 거리낌이 없고 솔직함.

20.懸梁刺股　　（　　　　　　）

머리카락을 노끈으로 묶고 허벅다리를 찌르며 학업에 힘씀.

21.狐假虎威　　（　　　　　　）

여우가 호랑이의 위세를 빌려 호기를 부림.

22.狐丘之戒　　（　　　　　　）

호구의 노인이 손숙오에게 남에게 원한을 사는 일이 없도록 조심하라고 일러줌에서 유래.

23.糊口之策　　（　　　　　　）

입에 풀칠하는 계책.

24.虎狼之國　　（　　　　　　）

호랑이처럼 포악하고 신의가 없는 나라.

25.毫毛斧柯　　（　　　　　　）

수목을 어릴 때 베지 않으면 마침내 도끼를 사용함.

1.狐死首丘　（　　　　　　　　　）

여우가 죽을 때 머리를 제가 살던 굴을 향함. 수구초심(首丘初心).

2.虎視眈眈　（　　　　　　　　　）

범이 눈을 부릅뜨고 먹이를 노려봄.

3.狐疑不決　（　　　　　　　　　）

의심이 많아 결단을 내리지 못함. 여우는 얼음 위를 걸을 때 이상한 소리가 나면 곧 얼음이 갈라질 것을 예감하고 가던 길을 되돌아온다는 데서 유래.

4.惑世誣民　（　　　　　　　　　）

세상을 어지럽히고 백성을 미혹하게 하여 속임.

5.魂飛魄散　（　　　　　　　　　）

혼백이 어지러이 흩어질 정도로 몹시 놀라 넋을 잃음.

6.渾然一致　（　　　　　　　　　）

의견이나 주장 따위가 완전히 하나로 일치함.

7.畫龍點睛　（　　　　　　　　　）

무슨 일을 하는데에 가장 중요한 부분을 완성함. 남북조 시대 때 양나라의 장승요가 용을 그린 후 마지막으로 눈동자를 그려 넣었더니 실제 용이 되어 홀연히 구름을 타고 하늘로 날아 올라갔다는 고사에서 유래.

8.華胥之夢　（　　　　　　　　　）

고대 중국의 황제가 낮잠을 자다가 화서라는 나라에 가서 그 나라의 어진 정치를 보고 깨어나 통치의 도를 깊이 깨달았다는 데서 유래.

9.和氏之璧　（　　　　　　　　　）

화씨의 구슬로, 천하의 귀중한 보배.

10.畫中之餅　（　　　　　　　　　）

그림의 떡으로, 먹거나 얻을 수가 없음.

11.歡呼雀躍　（　　　　　　　　　）

기뻐서 크게 소리를 치며 날뜀.

12.黃粱之夢　（　　　　　　　　　）

노생이 메조 밥을 짓는 동안에 80세까지 부귀영화를 꿨다는 꿈. 한단지몽(邯鄲之夢).

13.懷璧有罪　（　　　　　　　　　）

분수에 맞지 않는 귀한 물건을 지니고 있으면 훗날 화를 초래할 수 있음.

14.繪事後素　（　　　　　　　　　）

그림 그리는 일은 흰 바탕이 있은 이후에 함.

15.橫說竪說　（　　　　　　　　　）

조리가 없이 말을 이러쿵저러쿵 지껄임.

16.孝悌忠信　（　　　　　　　　　）

어버이에 대한 효도, 형제끼리의 우애, 임금에 대한 충성, 벗 사이의 믿음을 말함.

17.諱疾忌醫　（　　　　　　　　　）

병을 숨기고 의사를 꺼려함. 자신의 결점을 감추고 고치려 하지 않음.

【정답】 - 전의어 독음 쓰기

▶ 486쪽

1.각광 2.각축 3.간성 4.검려 5.경국
6.계륵 7.고굉 8.고량 9.고침 10.퇴고
11.고희 12.골육 13.과기 14.과만 15.관화
16.광음 17.괘관 18.괴몽 19.굉려 20.구치
21.권여 22.극기 23.금귀 24.금실 25.기우

▶ 487쪽

1.남면 2.남상 3.낭패 4.녹림 5.농단
6.농락 7.뇌롱 8.누란 9.다반사 10.단말마
11.단표 12.당랑력 13.도남 14.도원 15.도탄
16.동곽리 17.동량 18.동리 19.동선 20.동취
21.두각 22.두찬 23.등용문 24.망구 25.망백

▶ 488쪽

1.망팔 2.모순 3.목탁 4.몽진 5.무산운
6.미망인 7.미봉책 8.미수 9.반수 10.발호
11.백미 12.백산 13.백수 14.백안시 15.복룡
16.복철 17.봉아 18.봉추 19.부마 20.불수진
21.불초 22.불혹 23.붕도

▶ 489쪽

1.비익 2.사자후 3.사족 4.산수 5.삼매경
6.삼사 7.상년 8.상담 9.서절 10.소중도
11.수서 12.수주 13.숙맥 14.시호 15.식언
16.신금 17.신기루 18.신미 19.악발 20.안서
21.안중정 22.압권 23.애년 24.양육 25.여반장

▶ 490쪽

1.역린 2.연리지 3.연미 4.연하 5.영측
6.오거서 7.와각 8.와각저 9.와룡 10.완벽
11.원앙 12.의발 13.이립 14.이순 15.이안
16.일발 17.일자사 18.자경 19.자고 20.장천
21.절각 22.절마 23.절전 24.절함

▶ 491쪽

1.점액 2.점정 3.정와 4.제잠 5.제해
6.조강 7.착예 8.졸수 9.종무 10.종심
11.좌단 12.즐우 13.지독 14.지음 15.지척
16.지천명 17.진화 18.질곡 19.차질 20.창상
21.천리안 22.철면피 23.청안시 24.초가 25.초미
26.추낭

▶ 492쪽

1.추선 2.추호 3.축록 4.춘추 5.파경
6.파천황 7.폐백 8.포류질 9.풍등 10.피간담
11.해어화 12.현량 13.혈육 14.형처 15.호구
16.호리 17.호중천 18.홍일점 19.화병 20.화풍병
21.환갑 22.환골 23.황구 24.회자 25.효빈

▶ 493쪽

1.효시 2.희수

【정답】 - 한자성어 독음 쓰기

▶ 494쪽

1.가렴주구 2.가빈낙백 3.간두지세 4.간신적자
5.갈이천정 6.갈택이어 7.감정선갈 8.감탄고토
9.강구연월 10.강노지말 11.강의목눌 12.개관사정
13.개문읍도 14.개선광정 15.거두절미 16.건곤일척
17.격화소양 18.견문발검 19.경전하사 20.계학지욕
21.고굉지신 22.고두사죄 23.고량진미

▶ 495쪽

1.고신원루 2.곡돌사신 3.공자천주 4.관중규표
5.괄목상대 6.광일미구 7.광전절후 8.교룡득수
9.교병필패 10.교왕과정 11.교자채신 12.교토삼굴
13.구미속초 14.구화투신 15.군맹무상 16.군자표변
17.궁구물박 18.권토중래 19.귀곡천계 20.귀배괄모
21.극구광음 22.금란지의 23.금석뇌약 24.급수공덕
25.기염만장

▶ 496쪽

1.기인지우 2.낙정하석 3.남귤북지 4.낭자야심
5.낭중지추 6.낭중취물 7.노마십가 8.눌언민행
9.능운지지 10.단사두갱 11.대분망천 12.대천지수
13.도룡지기 14.돈제일주 15.동선하로 16.동치서주
17.동호지필 18.두점방맹 19.등루거제 20.마고소양
21.마부작침 22.만휘군상 23.망루탄주 24.망양보뢰
25.망자재배

▶ 497쪽

1.맥수서유 2.명주암투 3.명주탄작 4.모골송연
5.몽매지간 6.묘항현령 7.무망지복 8.무병자구
9.무산지몽 10.문전작라 11.미주신계 12.주대반낭
13.반문농부 14.반의지희 15.반포지효 16.배반낭자
17.백구과극 18.해로동혈 19.백절불요 20.백척간두
21.병입골수 22.봉복절도 23.부마도위 24.부형청죄
25.분골쇄신

▶ 498쪽

1.분서갱유 2.불두저분 3.불요불굴 4.불한이율
5.비육지탄 6.사가망처 7.사목지신 8.산류천석
9.상하탱석 10.설니홍조 11.설망어검 12.성호사서
13.소규조수 14.수서양단 15.수수방관 16.수오지심
17.수의야행 18.수적천석 19.수화폐월 20.숙맥불변
21.슬갑도적 22.실진무휘 23.심재홍곡 24.십시일반

▶ 499쪽

1.십전구도 2.십한일폭 3.아비규환 4.악발토포
5.암구명촉 6.암중모색 7.애매모호 8.야행피수
9.엄목포작 10.엄이도령 11.여민해락 12.여호모피
13.연금침주 14.연비어약 15.연하고질 16.예미도중
17.오매불망 18.오우천월 19.옥석구분 20.옥석동궤
21.옥석동쇄 22.와각지쟁 23.와신상담 24.완물상지
25.완벽귀조 26.완화자분

▶ 500쪽

1.왜자간희 2.요원지화 3.우후죽순 4.운상기품
5.원사해골 6.원앙지계 7.원입골수 8.유언비어
9.육산포림 10.의마심원 11.인위도태 12.일사천리
13.일폭십한 14.임시방패 15.자가당착 16.자승자박
17.자업자박 18.자연도태 19.장경오훼 20.장수선무
21.적반하장 22.전거복철 23.전거후공 24.전전반측
25.전호후랑

▶ 501쪽

1.절장보단 2.절치액완 3.정문일침 4.정신출전
5.제하분주 6.조강지처 7.조아지사 8.조의악식
9.종남첩경 10.좌고우면 11.주객전도 12.주마가편
13.죽두목설 14.즐풍목우 15.진수성찬 16.진충갈력
17.징갱취채 18.채신지우 19.철천지원 20.출이반이
21.취모구자 22.측은지심 23.치인설몽 24.칠전팔기
25.칠전팔도

활용(活用)학습

- 1급 예상문제(10회분)

제 1 회 한 자 능 력 검 정 시 험 1급 예 상 문 제

(시험시간 : 90분. 시험문항 : 200문제. 합격문항 : 160문제이상) 성명 ___________

1. 다음 漢字語의 讀音을 쓰시오.(1~50)

(1) 苛酷	(2) 示唆
(3) 休憩室	(4) 嫌忌
(5) 鍛鍊	(6) 彷徨
(7) 族譜	(8) 吝嗇
(9) 强硬	(10) 粘膜
(11) 雰圍氣	(12) 迷惑
(13) 花卉	(14) 委囑
(15) 殺戮	(16) 褒貶
(17) 臺灣	(18) 迅速
(19) 痕迹	(20) 窘乏
(21) 鑄造	(22) 木覓山
(23) 猥藝	(24) 惻隱
(25) 諧謔	(26) 藍輿
(27) 透視	(28) 緩慢
(29) 血液型	(30) 搔癢
(31) 攪亂	(32) 酩酊
(33) 濕地	(34) 交叉路
(35) 頹落	(36) 鞍裝
(37) 造詣	(38) 蓮根
(39) 猖獗	(40) 獻呈
(41) 防波堤	(42) 甕津
(43) 孕胎	(44) 釀出
(45) 締結	(46) 撒布
(47) 躁急	(48) 間歇川
(49) 惹起	(50) 梵鐘

2. 다음 漢字의 訓과 音을 쓰시오.(51~82)

(51) 槿	(52) 恤
(53) 杲	(54) 腦
(55) 勘	(56) 麵
(57) 墮	(58) 呈
(59) 鼠	(60) 菓
(61) 紊	(62) 凰
(63) 屢	(64) 萃
(65) 塡	(66) 毅
(67) 顎	(68) 繕
(69) 庠	(70) 驛
(71) 饌	(72) 囊
(73) 溶	(74) 擘
(75) 驕	(76) 膽
(77) 飄	(78) 煮
(79) 嗣	(80) 賂
(81) 嘉	(82) 頹

3. 다음 설명에 맞는 漢字語를 漢字로 쓰시오.(83~122)

청의 강희제는 조선[83]의 심마니들이 백두산[84]을 드나들면서 살인행위를 한다는 보고[85]를 받고 "압록강[86]과 토문강 일대는 우리나라 지방에 속한다. 그러나 길이 멀어서 아직 경계[87]를 분명히 정하지 못했다" 고 말하고 국경을 확정지으라고 지시했다. 그리하여 1712년 목극등 총관이 조선 조정에 국경선 실측[88]을 제의[89]해왔다. 조선에서는 예조[90]참판인 박권을 접반사(接伴使)로 삼고 함경 감사[91] 이선부와 현지의 수령[92], 군관 등을 동행케 했다.

두 나라 대표는 실측을 위해 혜산진에서 백두산 정상[93]을 향해 올라갔다. 이때 박권과 이선부는 힘이 부쳐 가지 못했고, 군관과 통역관[94]만 백두산에 올랐다. 목극등은 천지의 남쪽 비탈에 이르러 경계를 표시할 지점을 지정[95]했다. 일방적인 결정[96]이었다. 하지만 목극등은 비에 두 대표 이름을 새겨야 하는 형식요건이 필요했다. 목극등은 무산으로 내려와 박권과 상의[97]한 끝에, 두 강의 상류에 목책과 흙, 돌을 쌓아 경계를 표시[98]하자고 합의했다. 그 경비[99]는 청에서 부담[100]하고 작업은 우리 쪽에서 맡기로 했다.

　정계비[101]를 설치한 곳은 함경북도 무산군 삼장면으로 해발 2,200m 지점[102]이다. 백두산 정상에서 남쪽으로 4km쯤 내려온 곳이다. 그 비문[103]은 "오랄총관 목극등이 황제의 지시를 받들어 변경[104]을 조사[105]하려 여기에 이르러 살펴보니 서쪽으로 흐르는 물은 압록강이 되고 동쪽으로 흐르는 물은 토문강이 되기에 분수령[106] 위에 돌을 새겨 기록해 둔다" 이다. 그런데 끝에 박권의 이름은 빠지고 대신 군관과 통역관의 이름만이 병기[107]되었다.

　문제의 발단은 토문강에 있었다. 백두산 천지에서 발원[108]한 갈래는 송화강 상류인 이도강으로 합류[109]하는데 이를 청나라 사람들은 토문강이라 부른다. 토문강을 경계로 할 경우 바로 토문강 남쪽에 해당[110]하는 북간도 일대는 우리 영토가 되는 것이다. 또 정계비 서쪽에 있는 임강을 발원지로 삼는다면 압록강 건너편인 통화, 환인, 봉성 등 서간도 일대도 포함[111]된다.

　아무튼 북평사인 홍치중이 공사[112]를 지휘하여 토문강 상류 곳곳에 목책을 설치하기도 하고, 돌각담을 쌓기도 하고, 흙둑을 설치하기도 했다. 그런데 목극등은 토문강을 두만강으로 착각[113]했던 모양이다. 이 경계 표시로 목극등은 처벌[114]을 받았다. 하지만 현지인들은 토문강과 두만강을 구분해 불렀으며 바로 토문강을 두 나라 경계로 여겼던 것이다. 한편 청나라 사람들은 두만강을 도문강(圖們江)이라 불렀다. 조선이 식민지[115]가 된 뒤 정계비는 방치[116]되었다. 남쪽에서 백두산을 등반하는 사람들이 둘러보는 정도였다. 1931년 일제[117]가 만주[118]를 점령[119]한 뒤 정계비는 사라졌다. 누가 없앴는지 미궁[120]에 빠져 있다. 일제는 만주를 차지한 뒤 굳이 조선과 만주의 경계 표시가 필요치 않다고 생각했을 것이다. 그러나 그 사진[121]과 기록은 엄연히 남아 있어 역사적 자료[122]가 되고 있다.

– 이이화,「한국사 바로보기」

(83) 조선 (　　　　) 　　(84) 백두산 (　　　　)

(85) 보고 (　　　　) 　　(86) 압록강 (　　　　)

(87) 경계 (　　　　) 　　(88) 실측 (　　　　)

(89) 제의 (　　　　) 　　(90) 예조 (　　　　)

(91) 감사 (　　　　) 　　(92) 수령 (　　　　)

(93) 정상 (　　　　) 　　(94) 통역관 (　　　　)

(95) 지정 (　　　　) 　　(96) 결정 (　　　　)

(97) 상의 (　　　　) 　　(98) 표시 (　　　　)

(99) 경비 (　　　　) 　　(100) 부담 (　　　　)

(101) 정계비 (　　　　) 　　(102) 지점 (　　　　)

(103) 비문 (　　　　) 　　(104) 변경 (　　　　)

(105) 조사 (　　　　) 　　(106) 분수령 (　　　　)

(107) 병기 (　　　　) 　　(108) 발원 (　　　　)

(109) 합류 (　　　　) 　　(110) 해당 (　　　　)

(111) 포함 (　　　　) 　　(112) 공사 (　　　　)

(113) 착각 (　　　　) 　　(114) 처벌 (　　　　)

(115) 식민지 (　　　　) 　　(116) 방치 (　　　　)

(117) 일제 (　　　　) 　　(118) 만주 (　　　　)

(119) 점령 (　　　　) 　　(120) 미궁 (　　　　)

(121) 사진 (　　　　) 　　(122) 자료 (　　　　)

4. 다음 漢字와 뜻이 反對 또는 相對되는 漢字를 쓰시오.(123~132)

(123) (　　　　) － 雄 　　(124) (　　　　) － 後退

(125) 表面 － (　　　　) 　　(126) (　　　　) － 戈

(127) 償金 － (　　　　) 　　(128) (　　　　) － 易

(129) 深 － (　　　　) 　　(130) (　　　　) － 坤

(131) 美女 － (　　　　) 　　(132) 出席 － (　　　　)

5. 다음 漢字語의 (　)속에 알맞은 漢字를 쓰시오.(133~147)

(133) (　)爐點雪 　　(134) 南柯一(　)

(135) 寸(　)殺人 　　(136) 見蚊(　)劍

(137) 百家爭(　) 　　(138) 斷(　)之戒

(139) 粉骨(　)身 　　(140) 滄海一(　)

(141) (　)出鬼沒　　　(142) 手不(　)卷

(143) 同病相(　)　　　(144) (　)父之利

(145) 切齒(　)心　　　(146) 表(　)不同

(147) (　)草報恩

6. 다음 漢字의 部首를 쓰시오.(148~157)

(148) 亞 (　)　　　(149) 舊 (　)

(150) 飛 (　)　　　(151) 丑 (　)

(152) 脚 (　)　　　(153) 執 (　)

(154) 幻 (　)　　　(155) 琴 (　)

(156) 舟 (　)　　　(157) 奏 (　)

7. 다음 漢字와 같은 뜻의 漢字를 (　)속에 넣어 漢字語를 만드시오.(158~167)

(158) 珍(　)　　　(159) (　)悟

(160) 茂(　)　　　(161) (　)擄

(162) (　)訪　　　(163) 智(　)

(164) (　)衆　　　(165) 商(　)

(166) 募(　)　　　(167) (　)引

8. 다음 漢字와 소리는 같으나, 뜻이 다른 漢字語를 쓰시오.(168~177)

(168) 憂愁. (　) - 여럿 가운데서 뛰어남

(169) 誨諭. (　) - 어루만져 잘 달래 따르게 함

(170) 鳥類. (　) - 밀물과 썰물로 인한 바닷물의 흐름

(171) 答辭. (　) - 실제로 현장에 가서 보고 조사함

(172) 斜面. (　) - 죄를 용서해 형벌을 면제함

(173) 初代. (　) - 남을 청하여 대접함

(174) 地圖. (　) - 어떤 목적이나 방향에 따라 가르쳐 이끎

(175) 申告. (　) - 어려움에 처하여 몹시 고생함

(176) 胃腸. (　) - 사실과 다르게 거짓으로 꾸밈

(177) 丹書. (　) - 일의 시초. 실마리

9. 다음 漢字語의 뜻을 쓰시오.(178~187)

(178) 矛盾 :

(179) 揮毫 :

(180) 濫觴 :

(181) 涉獵 :

(182) 鷄肋 :

(183) 僻字 :

(184) 蠶食 :

(185) 瓜年 :

(186) 鵬程 :

(187) 爛熟 :

10. 다음 漢字語 중 첫 音節이 長音인 것을 고르시오.(188~197)

(188) ①諒解 ②奪取 ③搜査 ④施設

(189) ①滿期 ②滿發 ③滿足 ④滿點

(190) ①遮斷 ②遮陽 ③遮光 ④遮額

(191) ①宿泊 ②誇張 ③分辨 ④召集

(192) ①違法 ②冥想 ③製造 ④添加

(193) ①回收 ②半島 ③慰勞 ④婚事

(194) ①盜賊 ②逃亡 ③圖書 ④道理

(195) ①着眼 ②橫暴 ③未來 ④司直

(196) ①舞姬 ②撫摩 ③無給 ④無爲

(197) ①栽培 ②測定 ③充分 ④畜舍

11. 다음 漢字의 略字를 쓰시오.(198~200)

(198) 殘　　　　　(199) 擇

(200) 黨

➡ 정답은 539쪽

1. 다음 漢字語의 讀音을 쓰시오.(1~50)

(1) 龜裂	(2) 靯鞴
(3) 風靡	(4) 停泊
(5) 扇風機	(6) 落款
(7) 推戴	(8) 蒙昧
(9) 刺傷	(10) 沸騰
(11) 躊躇	(12) 歪曲
(13) 嗜好	(14) 藩籬
(15) 措置	(16) 衛字
(17) 訃告	(18) 驚蟄
(19) 瞻星臺	(20) 誘拐
(21) 發芽	(22) 趨勢
(23) 穿鑿	(24) 誕降
(25) 凌駕	(26) 鴛鴦衾
(27) 喚起	(28) 冒瀆
(29) 萎縮	(30) 蠢動
(31) 搭乘客	(32) 飼料
(33) 疑訝	(34) 疊韻
(35) 慘劇	(36) 稠密
(37) 生薑	(38) 幻覺劑
(39) 閱覽	(40) 臆測
(41) 稗說	(42) 斜線
(43) 屠殺場	(44) 繫辭
(45) 間隙	(46) 稀疎
(47) 謫居	(48) 輕蔑
(49) 珠簾	(50) 幣帛

2. 다음 漢字의 訓과 音을 쓰시오.(51~82)

(51) 閘	(52) 獵
(53) 繭	(54) 譬
(55) 腕	(56) 蓑
(57) 突	(58) 綻
(59) 羞	(60) 麓
(61) 彦	(62) 湍
(63) 酵	(64) 駐
(65) 蹈	(66) 娩
(67) 凝	(68) 簪
(69) 攀	(70) 衙
(71) 斬	(72) 擒
(73) 廚	(74) 愼
(75) 濃	(76) 覇
(77) 聊	(78) 頸
(79) 斃	(80) 宵
(81) 凌	(82) 剪

3. 다음 설명에 맞는 漢字語를 漢字로 쓰시오.(83~122)

패군지장(敗軍之將)은 할 말이 없다지만 쫓겨난 임금은 후세에 유물[83] 유적마저 보존[84]할 수 없었다. 궁예(弓裔)와 진훤(甄萱·성으로 사용할 때는 견을 진으로 발음[85])이 바로 그렇다.

궁예는 신라에 맞서 나라를 세우고 오지인 철원에 도읍[86]을 정했다. 궁예는 후고구려를 표방[87]하면서 고구려 옛 영토[88]의 회복[89] 의지를 강렬[90]하게 보인 것이다. 진훤은 처음에는 신라의 군사[91]를 거느리고 반기[92]를 들었으나 나라를 세울 무렵에는 백제의 고토를 회복한다고 표방하고 나라 이름을 후백제라 했다. 그는 전주에 도읍을 정했다. 백제의 은의[93]를 입은 것도 아니었으나 백제 유민[94]의 복수심을 자극하여 지배력[95]을 키우려 한 것이다. 그러나 그들이 나라를 세운 철원과 전주에는 두 사람의 흔적이 거의 남아 있지 않았다. 왜일까.

고려는 왕건을 영웅[96]으로 받들면서 사정없이 궁예를 폭군[97]으로 만들었다. 진실의 여부[98]를 누구도 단언[99]할 수없을 것이다. 철원은 13년간 왕도 구실을 했다. 송악으로 천도[100]한 뒤에 철원은 왕도가 있었던 곳으로 대접[101]을 받지 못해 버려진 곳이나 다름없었다. 궁예를 기리는 사당[102] 같은 것도 세워주지 않았다. 다만 방어를 위해 쌓은 산성[103](궁예성)이나 궁궐[104]이 있었던 궁성지, 궁예가 물을 마셨다는 어수정(御水井) 따위가 퇴락[105]한 채로 남아있을 뿐이었다. 오히려 민중[106]의 입으로 전해지는 구비[107] 전설[108]들이 많이 남아 있다. 안산[109]을 고암산으로 잘못 정해 300년 버틸 왕조[110]를 30년도 못 가게 되었다든지, 궁예가 망할 적에 남은 군사를 이끌고 통곡[111]했다는 울음산 전설, 궁예의 한탄[112]이 서려 있다는 한탄강 전설 따위가 아련하게 입으로 전해지고 있다.

진훤은 상대적[113]으로 궁예보다 나은 평가[114]를 받았다. 말년에 아들 신검과 갈등[115]을 빚어 개경[116]으로 도망[117]쳐서, 오히려 적이었던 왕건을 도와 상보(尙父)로 대우[118]를 받은 덕분인지는 모르겠다. 그의 묘가 지금도 황산(현재의 논산)에 전해지고 있다. 진훤은 전주를 도읍지로 34년 동안 버텼다. 하지만 전주에서는 그의 흔적을 거의 찾아볼 수 없다. 다만 전주의 군사 요새지[119]로 꼽히는 남고산에 진훤이 처음 쌓았다는 산성이 그나마 흔적을 알려줄 뿐이다. 또 그가 유폐[120]되었던 금산사에 성문이 남아 있다. 후손들조차 영락[121]하여 조상을 기리는 일을 벌이지 못하고 있다. 두 임금은 쫓겨난 탓으로 이렇게 푸대접을 받았고, 그 행적[122]조차 제대로 평가를 받지 못하고 있다.

– 이이화, 「한국사 바로보기」

(83) 유물 (　　　　)　　(84) 보존 (　　　　)

(85) 발음 (　　　　)　　(86) 도읍 (　　　　)

(87) 표방 (　　　　)　　(88) 영토 (　　　　)

(89) 회복 (　　　　)　　(90) 강렬 (　　　　)

(91) 군사 (　　　　)　　(92) 반기 (　　　　)

(93) 은의 (　　　　)　　(94) 유민 (　　　　)

(95) 지배력 (　　　　)　　(96) 영웅 (　　　　)

(97) 폭군 (　　　　)　　(98) 여부 (　　　　)

(99) 단언 (　　　　)　　(100) 천도 (　　　　)

(101) 대접 (　　　　)　　(102) 사당 (　　　　)

(103) 산성 (　　　　)　　(104) 궁궐 (　　　　)

(105) 퇴락 (　　　　)　　(106) 민중 (　　　　)

(107) 구비 (　　　　)　　(108) 전설 (　　　　)

(109) 안산 (　　　　)　　(110) 왕조 (　　　　)

(111) 통곡 (　　　　)　　(112) 한탄 (　　　　)

(113) 상대적 (　　　　)　　(114) 평가 (　　　　)

(115) 갈등 (　　　　)　　(116) 개경 (　　　　)

(117) 도망 (　　　　)　　(118) 대우 (　　　　)

(119) 요새지 (　　　　)　　(120) 유폐 (　　　　)

(121) 영락 (　　　　)　　(122) 행적 (　　　　)

4. 다음 漢字와 뜻이 反對 또는 相對되는 漢字를 쓰시오.(123~132)

(123) (　　　) – 密　　(124) (　　　) – 假名

(125) 禽 – (　　　)　　(126) (　　　) – 劣等

(127) 喜劇 – (　　　)　　(128) (　　　) – 此

(129) 勝利 – (　　　)　　(130) (　　　) – 買

(131) 姑 – (　　　)　　(132) 陽極 – (　　　)

5. 다음 漢字語의 (　)속에 알맞은 漢字를 쓰시오.(133~147)

(133) (　　)卵有骨　　(134) 出(　　)入相

(135) 窮(　　)之策　　(136) 武陵(　　)源

(137) 衆口難(　　)　　(138) 厚(　　)無恥

(139) 袖手(　　)觀　　(140) 苛斂誅(　　)

(141) (　　)藥苦口　　(142) 破邪(　　)正

(143) 去頭截(　　)　　(144) (　　)柔不斷

(145) 桑田(　　)海　　(146) 千(　　)一失

(147) (　　)前絶後

6. 다음 漢字의 部首를 쓰시오.(148~157)

(148) 員 (　　) 　　　(149) 化 (　　)

(150) 幹 (　　) 　　　(151) 音 (　　)

(152) 缺 (　　) 　　　(153) 塗 (　　)

(154) 雉 (　　) 　　　(155) 穴 (　　)

(156) 叛 (　　) 　　　(157) 耐 (　　)

7. 다음 漢字와 같은 뜻의 漢字를 (　)속에
　넣어 漢字語를 만드시오.(158~167)

(158) 菜(　　　) 　　　(159) (　　　)濯

(160) 敦(　　　) 　　　(161) 飢(　　　)

(162) (　　　)繫 　　　(163) 盜(　　　)

(164) (　　　)放 　　　(165) 揭(　　　)

(166) 妥(　　　) 　　　(167) (　　　)殃

8. 다음 漢字와 소리는 같으나, 뜻이 다른
　漢字語를 쓰시오.(168~177)

(168) 開館. (　　　　) - 전체를 대강 살펴봄

(169) 修習. (　　　　) - 어지러운 마음이나 사
　　　　　　　　　　　태를 거두어 바로잡음
(170) 煽情. (　　　　) - 많은 것 중에 골라서
　　　　　　　　　　　정함
(171) 將棋. (　　　　) - 내장의 여러 기관

(172) 眞情. (　　　　) - 흥분이나 아픔을 가라
　　　　　　　　　　　앉힘
(173) 相互. (　　　　) - 상점이나 회사의 이름

(174) 支給. (　　　　) - 매우 급함

(175) 館長. (　　　　) - 일을 맡아서 다룸

(176) 壽石. (　　　　) - 석차 등의 제 1위

(177) 警備. (　　　　) - 어떤 일을 하는데 드는
　　　　　　　　　　　비용

9. 다음 漢字語의 뜻을 쓰시오.(178~187)

(178) 正鵠 :

(179) 震檀 :

(180) 鐵面皮 :

(181) 檢閱 :

(182) 敷衍 :

(183) 枚擧 :

(184) 僑胞 :

(185) 駿馬 :

(186) 共匪 :

(187) 彫琢 :

10. 다음 漢字語 중 첫 音節이 長音인 것을
　　고르시오.(188~197)

(188) ①模倣 ②狂奔 ③貯蓄 ④傳播

(189) ①難解 ②難局 ③難處 ④難關

(190) ①掃灑 ②掃蕩 ③掃射 ④掃除

(191) ①患難 ②挑發 ③編成 ④家畜

(192) ①渴症 ②對話 ③糾合 ④活躍

(193) ①絶代 ②着手 ③積善 ④理致

(194) ①復古 ②朗誦 ③同率 ④文明

(195) ①火災 ②和議 ③話法 ④花菜

(196) ①亞聖 ②淸潔 ③作曲 ④傳播

(197) ①勞役 ②繁盛 ③復興 ④埋立

11. 다음 漢字의 略字를 쓰시오.(198~200)

(198) 聲 　　　　　　　　(199) 號
(200) 點

▶ 정답은 539쪽

1. 다음 漢字語의 讀音을 쓰시오.(1~50)

(1) 趣旨　　　　　　(2) 涅槃

(3) 豊饒　　　　　　(4) 鬱陵島

(5) 盟誓　　　　　　(6) 憑藉

(7) 蹈襲　　　　　　(8) 恐喝

(9) 啼泣　　　　　　(10) 掠奪

(11) 豺狼　　　　　　(12) 憔悴

(13) 賄賂　　　　　　(14) 滅菌

(15) 死刑囚　　　　　(16) 誹謗

(17) 撮影　　　　　　(18) 膺懲

(19) 銓衡　　　　　　(20) 汗蒸幕

(21) 熊膽　　　　　　(22) 産婆

(23) 麻袋　　　　　　(24) 嘲弄

(25) 荒蕪地　　　　　(26) 胚芽

(27) 膨脹　　　　　　(28) 養蠶

(29) 運搬　　　　　　(30) 狼狽

(31) 蜜蠟　　　　　　(32) 懲毖錄

(33) 舞姬　　　　　　(34) 瘦瘠

(35) 櫛比　　　　　　(36) 狹窄

(37) 虜獲　　　　　　(38) 囹圄

(39) 修繕　　　　　　(40) 蛋白質

(41) 逼迫　　　　　　(42) 寂寞

(43) 犧牲　　　　　　(44) 謄寫

(45) 爵祿　　　　　　(46) 託兒所

(47) 括弧　　　　　　(48) 演奏

(49) 埋葬　　　　　　(50) 華僑

2. 다음 漢字의 訓과 音을 쓰시오.(51~82)

(51) 鑿　　　　　　(52) 閨

(53) 臀　　　　　　(54) 褒

(55) 撫　　　　　　(56) 雅

(57) 炊　　　　　　(58) 諫

(59) 糊　　　　　　(60) 冤

(61) 蒼　　　　　　(62) 虐

(63) 奢　　　　　　(64) 禦

(65) 穩　　　　　　(66) 轟

(67) 稿　　　　　　(68) 迅

(69) 嫡　　　　　　(70) 紛

(71) 賠　　　　　　(72) 齡

(73) 僑　　　　　　(74) 酸

(75) 塚　　　　　　(76) 勳

(77) 嗜　　　　　　(78) 鞍

(79) 猫　　　　　　(80) 咳

(81) 曠　　　　　　(82) 遭

3. 다음 설명에 맞는 漢字語를 漢字로 쓰시오.(83~122)

생존[83] 경쟁은 변이[84]에 대하여 어떻게 작용[85]하는 것일까? 인간의 손에 달려 있으며 그렇게도 강력[86]하다는 것을 알게 된 도태의 원리[87]는 자연계[88]에서도 적용[89]되는가?

그러나 우리가 사육[90] 동물[91]들 가운데서 거의 일반적[92]으로 볼 수 있는 변이성은 인간의 힘에 의해서 직접적[93]으로 만들어지는 것은 아니다. 다시 말해서, 인간은 변종[94]을 창조[95]할 수도 없고 또한 그 출현[96]을 막을 수도 없는 것이다. 단지 이렇게 하여 생긴 것을 보존하여 누적[97]시킬 수 있을 뿐이다. 인간은 무의식적[98]으로 생물을 새로이 변화하는 생활 상태[99]에 노출[100]시켜 그 결과 변이성이 생기게 되는 것이지만, 그러나 이러한 생활 조건[101]의 변화는 자연하에서도 일어날 수 있으며, 또 실제로 일어나고 있는 것이다. 모든 생물은 그들 서로 간 또는 그들

생활의 물리적 조건에 대하여 한없이 복잡[102]하고 밀접[103]한 적합성을 가지고 있으며, 따라서 이러한 구조[104]의 다양성[105]은, 변화하는 생활 상태에 있는 각 생물에서는 매우 유리하다는 점을 유념[106]해 주기 바란다.

그런데 인간에게 유익[107]한 변이가 틀림없이 일어나는 것을 볼 때, 각 생물에 있어서 거대하고도 복잡한 생활 투쟁[108]을 위해 뭔가 유익한 다른 변이가 수천 세대가 흐르는 동안에 가끔 일어난다고 상상[109]할 수는 없을까? 만일 그런 일이 일어난다면, 우리는 (생존이 가능한 수보다 훨씬 많은 개체[110]가 탄생[111]한다는 사실을 잊지 않는다면) 비록 미미하긴 하지만 다른 것보다 뭔가 이점[112]을 더 가지고 있는 개체는 생존의 기회[113]와 번식[114]의 기회를 가장 많이 갖는다고 생각할 수는 없는 것일까?

한편, 지극히 사소[115]한 정도[116]이긴 해도 유해한 변이는 엄격[117]하게 제거[118]된다는 것도 틀림없는 것 같다. 이와 같이 유리한 개체적 차이[119]의 변이와 보존 및 유해한 변이의 제거를 나는 '자연 도태' 또는 '최적자[120] 생존'이라고 부른다. 유익하지도 않고 유해하지도 않은 변이는 자연 도태의 작용을 받지 않고 일정하지 않은 요소[121]로서 남겨지든가 또는 어떤 생물이 본성이나 생활 상태의 본성에 따라서 결국 고정[122]될 것이다.

다윈 – 「자연 도태 또는 최적자 생존」 중

(83) 생존 (   )　　(84) 변이 (   )

(85) 작용 (   )　　(86) 강력 (   )

(87) 원리 (   )　　(88) 자연계 (   )

(89) 적용 (   )　　(90) 사육 (   )

(91) 동물 (   )　　(92) 일반적 (   )

(93) 직접적 (   )　　(94) 변종 (   )

(95) 창조 (   )　　(96) 출현 (   )

(97) 누적 (   )　　(98) 무의식적 (   )

(99) 상태 (   )　　(100) 노출 (   )

(101) 조건 (   )　　(102) 복잡 (   )

(103) 밀접 (   )　　(104) 구조 (   )

(105) 다양성 (   )　　(106) 유념 (   )

(107) 유익 (   )　　(108) 투쟁 (   )

(109) 상상 (   )　　(110) 개체 (   )

(111) 탄생 (   )　　(112) 이점 (   )

(113) 기회 (   )　　(114) 번식 (   )

(115) 사소 (   )　　(116) 정도 (   )

(117) 엄격 (   )　　(118) 제거 (   )

(119) 차이 (   )　　(120) 최적자 (   )

(121) 요소 (   )　　(122) 고정 (   )

4. 다음 漢字와 뜻이 反對 또는 相對되는 漢字를 쓰시오.(123~132)

(123) (   ) – 靜　　　　(124) (   ) – 炭

(125) 增加 – (   )　　　(126) (   ) – 遠視

(127) 君 – (   )　　　　(128) (   ) – 福

(129) 正答 – (   )　　　(130) (   ) – 失敗

(131) 抑 – (   )　　　　(132) 長點 – (   )

5. 다음 漢字語의 ( )속에 알맞은 漢字를 쓰시오.(133~147)

(133) (   )世誣民　　　(134) 宋襄之(   )

(135) 炎(   )世態　　　(136) 曲學(   )世

(137) 千篇一(   )　　　(138) 牽(   )附會

(139) 亡羊(   )牢　　　(140) 十匙一(   )

(141) (   )弓之鳥　　　(142) (   )公移山

(143) 合從連(   )　　　(144) (   )頭蛇尾

(145) 江湖(   )波　　　(146) 支(   )滅裂

(147) (   )然之氣

6. 다음 漢字의 部首를 쓰시오.(148~157)

(148) 兆 (   )　　　　(149) 更 (   )

(150) 麻 (　　) 　　　(151) 以 (　　)

(152) 孝 (　　) 　　　(153) 瓦 (　　)

(154) 魯 (　　) 　　　(155) 衝 (　　)

(156) 牽 (　　) 　　　(157) 赦 (　　)

7. 다음 漢字와 같은 뜻의 漢字를 (　)속에 넣어 漢字語를 만드시오.(158~167)

(158) 尺(　　) 　　　(159) (　　)驗

(160) 姿(　　) 　　　(161) 模(　　)

(162) (　　)濟 　　　(163) 戱(　　)

(164) (　　)穫 　　　(165) 俊(　　)

(166) 把(　　) 　　　(167) (　　)亡

8. 다음 漢字와 소리는 같으나, 뜻이 다른 漢字語를 쓰시오.(168~177)

(168) 公布. (　　　　) – 두려움. 무서움.

(169) 士氣. (　　　　) – 백토로 빚어 구워 만든 그릇

(170) 噴水. (　　　　) – 자신의 처지에 맞는 한도

(171) 建造. (　　　　) – 물기가 증발하여 없어짐

(172) 化粧. (　　　　) – 시체를 불살라 장사지 내는 일

(173) 假說. (　　　　) – 전선, 다리 등을 건너질 러 설치함

(174) 災禍. (　　　　) – 돈이나 값나가는 물건

(175) 死守. (　　　　) – 총이나 활을 쏘는 사람

(176) 副賞. (　　　　) – 몸에 상처를 입음

(177) 仁政. (　　　　) – 옳다고 믿고 정함

9. 다음 漢字語의 뜻을 쓰시오.(178~187)

(178) 煩惱 :

(179) 嚆矢 :

(180) 謁見 :

(181) 棟梁 :

(182) 飛躍 :

(183) 約款 :

(184) 麒麟兒 :

(185) 敎唆 :

(186) 煉獄 :

(187) 露天 :

10. 다음 漢字語 중 첫 音節이 長音인 것을 고르시오.(188~197)

(188) ①獎勵 ②依託 ③弘報 ④中庸

(189) ①便紙 ②便安 ③便宜 ④便利

(190) ①點檢 ②點心 ③點線 ④點數

(191) ①壓倒 ②擴散 ③柱式 ④弄談

(192) ①乾坤 ②避身 ③僞造 ④偏愛

(193) ①夫婦 ②婦人 ③富者 ④部處

(194) ①論據 ②黨派 ③冷情 ④法治

(195) ①疑心 ②儀禮 ③依存 ④意識

(196) ①放出 ②防空 ③密度 ④心性

(197) ①映畫 ②影像 ③療養 ④要求

11. 다음 漢字의 略字를 쓰시오.(198~200)

(198) 驅 　　　　　　(199) 擴

(200) 觀

➡ 정답은 540쪽

(시험시간 : 90분. 시험문항 : 200문제. 합격문항 : 160문제이상) 성명 _______________

1. 다음 漢字語의 讀音을 쓰시오.(1~50)

(1) 惱殺		(2) 堡壘	
(3) 爽快		(4) 購讀	
(5) 飜覆		(6) 鳥瞰圖	
(7) 邂逅		(8) 絨緞	
(9) 鳳凰		(10) 圭角	
(11) 抛物線		(12) 充塞	
(13) 畫帖		(14) 拿捕	
(15) 糾明		(16) 胸襟	
(17) 逝去		(18) 編輯	
(19) 抄錄		(20) 開墾	
(21) 徽章		(22) 讒訴	
(23) 訛傳		(24) 舞蹈會	
(25) 閣僚		(26) 冶匠	
(27) 俳優		(28) 筆筒	
(29) 宦官		(30) 撫摩	
(31) 唾液		(32) 輪廓	
(33) 巡邏		(34) 註釋	
(35) 庖廚		(36) 楊貴妃	
(37) 殘滓		(38) 束縛	
(39) 噴水臺		(40) 准尉	
(41) 掛圖		(42) 贖罪	
(43) 淋漓		(44) 結紐	
(45) 籠球		(46) 淳厚	
(47) 傳貰房		(48) 毁損	
(49) 錦繡		(50) 咀嚼	

2. 다음 漢字의 訓과 音을 쓰시오.(51~82)

(51) 攄		(52) 串	
(53) 奧		(54) 彿	
(55) 繫		(56) 琢	
(57) 溺		(58) 殉	
(59) 擅		(60) 痼	
(61) 幇		(62) 嚼	
(63) 靡		(64) 腎	
(65) 寇		(66) 鹹	
(67) 痕		(68) 做	
(69) 瞳		(70) 漫	
(71) 纖		(72) 埃	
(73) 審		(74) 吝	
(75) 遞		(76) 搬	
(77) 羨		(78) 猾	
(79) 矩		(80) 叱	
(81) 釀		(82) 剝	

3. 다음 설명에 맞는 漢字語를 漢字로 쓰시오.(83~122)

인간은 옛날부터 자신이 하고 싶지 않은 일을 대신[83] 해 줄 기계[84]를 꿈꾸어 왔다. 이런 꿈들이 산업용[85] 로봇 등과 같은 현실적인 도구[86]로 개발된 것은 1962년 미국[87]에서의 일이다. 이렇듯 지금 이 사회 전체는 새로운 문명[88]이 탄생하는 진통[89]을 겪고 있는데 이 문명이야말로 제 3의 물결인 것이다.

제 3의 물결은 제 2의 물결의 상징[90]이었던 공장[91]에도 큰 변혁[92]을 가져왔다. 실리콘을 만드는 미국의 한 공장은 그 좋은 예이다. 번영[93]을 계속하는 고도[94]의 기술[95] 센터라고 일컬어지며, 새로운 산업으로 각광[96]받는 이 공장은 공원[97]처럼 아름다운 정원[98]을 가지고 있다. 또 어떤 공장에서는 지금까지의 공장과는 달리 탁 트인 공간[99]을 가지고 있으며, 근로자[100]들은 유니폼을 입지 않고 자유로운 옷차림을 하고 있다. 근무[101] 시간은 완전히 자유 시간 제로서 정해진 작업량만 완수[102]하면 어떤

　　형식의 근무도 <u>무방</u>[103]하다. 여기에는 대량 생산을 위
한 콘베어 벨트에묶인 지난 날 공장 근로자의 모습은
찾아볼 수가 없다.과거의 블루 칼라로서는 상상도 할
수 없을 변화이다. 이러한 장면에서 <u>참신</u>[104]함을 느낄
수 있는 것은 작업 내용이 새로운 산업이라는 이유에서
만은 아니다. 노동에 대한 생각 자체가 달라진 것이다.
제 2의 물결의 영향권에 있는 <u>회사</u>[105]에 있어서는 공장
의 기계나 건물이 <u>자산</u>[106]이므로 <u>종업원</u>[107]은 인건비 곧
<u>비용</u>[108]일 뿐이었다. 그러나 제 3의 물결에서는 그와 반
대로 기계나 건물 쪽이 경비이며 인간은 최대의 자산이
된다. <u>창조적</u>[109] 인간이야말로 무엇보다 큰 재산이 되는
것이다.
　　제 2의 물결에 속한 사업의 특징은 장기간에 걸쳐 똑
같은 <u>부품</u>[110]을 만들어 100만 <u>단위</u>[111]의 동일한 <u>규격</u>[112]
부품을 생산하는 점이다. <u>소비자</u>[113]는 <u>획일적</u>[114]인 상품
을 <u>구매</u>[115]할 도리밖에 없었고, 개성 있는 물건을 구하
려면 <u>전문점</u>[116]에 가서 많은 돈을 주고 사는 수밖에 없
었다. 그렇지만 제 3의 물결의 다종 소량 시대에 들어
오면 소비자는 규격화된 상품에 <u>만족</u>[117]하지 않고 창조
적 소비자가 되고 싶어한다. 소비자 의식, 생활 <u>양식</u>[118]
의 다양화는 다종 소량 생산을 더욱더 <u>촉진</u>[119]시킨다.
이 <u>경향</u>[120]은 <u>유통</u>[121] 구조에도 <u>반영</u>[122]되어 급속히 변해
가는 소비자의 다양화에 따라가기 위해서 세일즈의 방
법에도 새로운 전환을 가져오게 했다.

엘빈 토플러 – 「제 3의 물결」 중

(83) 대신 (　　　) 　　(84) 기계 (　　　)

(85) 산업용 (　　　) 　　(86) 도구 (　　　)

(87) 미국 (　　　) 　　(88) 문명 (　　　)

(89) 진통 (　　　) 　　(90) 상징 (　　　)

(91) 공장 (　　　) 　　(92) 변혁 (　　　)

(93) 번영 (　　　) 　　(94) 고도 (　　　)

(95) 기술 (　　　) 　　(96) 각광 (　　　)

(97) 공원 (　　　) 　　(98) 정원 (　　　)

(99) 공간 (　　　) 　　(100) 근로자 (　　　)

(101) 근무 (　　　) 　　(102) 완수 (　　　)

(103) 무방 (　　　) 　　(104) 참신 (　　　)

(105) 회사 (　　　) 　　(106) 자산 (　　　)

(107) 종업원 (　　　) 　　(108) 비용 (　　　)

(109) 창조적 (　　　) 　　(110) 부품 (　　　)

(111) 단위 (　　　) 　　(112) 규격 (　　　)

(113) 소비자 (　　　) 　　(114) 획일적 (　　　)

(115) 구매 (　　　) 　　(116) 전문점 (　　　)

(117) 만족 (　　　) 　　(118) 양식 (　　　)

(119) 촉진 (　　　) 　　(120) 경향 (　　　)

(121) 유통 (　　　) 　　(122) 반영 (　　　)

4. 다음 漢字와 뜻이 反對 또는 相對되는 漢字를 쓰시오.(123~132)

(123) (　　　) - 供給 　　(124) (　　　) - 反對

(125) 衆 - (　　　) 　　(126) (　　　) - 防

(127) 急行 - (　　　) 　　(128) (　　　) - 怠

(129) 勞 - (　　　) 　　(130) (　　　) - 凶年

(131) 首 - (　　　) 　　(132) 重量 - (　　　)

5. 다음 漢字語의 (　)속에 알맞은 漢字를 쓰시오.(133~147)

(133) (　　)雪之功 　　(134) 自家撞(　　)

(135) 千(　　)一遇 　　(136) 怒髮(　　)冠

(137) 夫唱婦(　　) 　　(138) 晝(　　)夜讀

(139) 一筆(　　)之 　　(140) 換骨奪(　　)

(141) (　　)世之感 　　(142) 養虎(　　)患

(143) 九折羊(　　) 　　(144) (　　)世盜名

(145) 立身(　　)名 　　(146) 封(　　)罷職

(147) (　　)坤一擲

6. 다음 漢字의 部首를 쓰시오.(148~157)

(148) 垂 (　　) 　　(149) 句 (　　)

(150) 競 (　　) 　　(151) 丙 (　　)

(152) 齒 (　　) 　　(153) 衍 (　　)

(154) 膚 (　　) 　　(155) 辰 (　　)

(156) 雍 (　　) 　　(157) 哉 (　　)

7. 다음 漢字와 같은 뜻의 漢字를 (　)속에
　　넣어 漢字語를 만드시오.(158~167)

(158) 健(　　　) 　　(159) (　　　)讚

(160) 溫(　　　) 　　(161) 扶(　　　)

(162) (　　　)謠 　　(163) 崩(　　　)

(164) (　　　)麗 　　(165) 念(　　　)

(166) 睡(　　　) 　　(167) (　　　)翰

8. 다음 漢字와 소리는 같으나, 뜻이 다른
　　漢字語를 쓰시오.(168~177)

(168) 周知. (　　　　) - 근본이 되는 취지

(169) 花郞. (　　　　) - 그림 등 미술품을 전시
　　　　　　　　　　　　하는 시설

(170) 商術. (　　　　) - 자세하게 진술함

(171) 祈禱. (　　　　) - 어떤 일을 꾸며내려고
　　　　　　　　　　　　꾀함

(172) 遺命. (　　　　) - 저승과 이승

(173) 迎鼓. (　　　　) - 성함과 쇠함

(174) 油田. (　　　　) - 이리저리 떠돎

(175) 決勝. (　　　　) - 고대에 끈을 묶어 문
　　　　　　　　　　　　자, 숫자를 표시하던 것

(176) 餞送. (　　　　) - 대대로 외워서 전함

(177) 口號. (　　　　) - 어려움에 처한 사람을
　　　　　　　　　　　　도와 보호함

9. 다음 漢字語의 뜻을 쓰시오.(178~187)

(178) 杞憂 :

(179) 零細 :

(180) 斬新 :

(181) 籠城 :

(182) 海拔 :

(183) 碩學 :

(184) 傭兵 :

(185) 賜姓 :

(186) 歐美 :

(187) 療飢 :

10. 다음 漢字語 중 첫 音節이 長音인 것을
　　고르시오.(188~197)

(188) ①桃花 ②慶事 ③喜劇 ④祝杯

(189) ①肝氣 ②肝腸 ③肝油 ④肝臟

(190) ①手巾 ②手話 ③手足 ④手帖

(191) ①騎兵 ②抽出 ③範圍 ④竊盜

(192) ①支拂 ②怠慢 ③攻擊 ④相互

(193) ①改革 ②名聲 ③獨走 ④德望

(194) ①引受 ②返還 ③郵票 ④餘裕

(195) ①銅錢 ②同盟 ③東歐 ④童謠

(196) ①判事 ②販賣 ③離別 ④李朝

(197) ①政權 ②調査 ③抵當 ④智慧

11. 다음 漢字의 略字를 쓰시오.(198~200)

(198) 遞 　　　　　(199) 彌

(200) 譽

➡ 정답은 540쪽

제 5 회 한 자 능 력 검 정 시 험 1급 예 상 문 제

(시험시간 : 90분. 시험문항 : 200문제. 합격문항 : 160문제_{이상}) 성명 ________

1. 다음 漢字語의 讀音을 쓰시오. (1~50)

(1) 樞機　　　　　　(2) 膏血

(3) 奢侈　　　　　　(4) 前轍

(5) 斑點　　　　　　(6) 雁行

(7) 渴症　　　　　　(8) 島嶼

(9) 爬蟲類　　　　　(10) 訥辯

(11) 葡萄　　　　　　(12) 漆板

(13) 儺禮　　　　　　(14) 誤謬

(15) 羞辱　　　　　　(16) 叱責

(17) 敵愾心　　　　　(18) 晦冥

(19) 繭絲　　　　　　(20) 罷漏

(21) 鼎立　　　　　　(22) 庠序

(23) 魚物廛　　　　　(24) 翡翠

(25) 拙戰　　　　　　(26) 驚愕

(27) 衒學　　　　　　(28) 繁殖

(29) 傀儡　　　　　　(30) 曳引船

(31) 豚舍　　　　　　(32) 凄凉

(33) 嗚咽　　　　　　(34) 欺瞞

(35) 窮僻　　　　　　(36) 揖讓

(37) 頑强　　　　　　(38) 鹹水

(39) 削除　　　　　　(40) 撞球

(41) 典當鋪　　　　　(42) 紅疫

(43) 落札　　　　　　(44) 轟音

(45) 棍棒　　　　　　(46) 傍聽客

(47) 剽竊　　　　　　(48) 矜恤

(49) 諮問　　　　　　(50) 濃霧

2. 다음 漢字의 訓과 音을 쓰시오. (51~82)

(51) 顚　　　　　　(52) 貶

(53) 絡　　　　　　(54) 憩

(55) 歪　　　　　　(56) 俯

(57) 嗤　　　　　　(58) 巷

(59) 寐　　　　　　(60) 尿

(61) 謬　　　　　　(62) 握

(63) 舅　　　　　　(64) 匙

(65) 浚　　　　　　(66) 臘

(67) 賄　　　　　　(68) 輔

(69) 諒　　　　　　(70) 殯

(71) 桎　　　　　　(72) 齊

(73) 苛　　　　　　(74) 爽

(75) 斡　　　　　　(76) 遮

(77) 匿　　　　　　(78) 稍

(79) 帆　　　　　　(80) 捏

(81) 柱　　　　　　(82) 喧

3. 다음 설명에 맞는 漢字語를 漢字로 쓰시오.

(83~122)

대한민국 헌법[83] 제 1장 - 총강

제1조

① 대한민국은 민주공화국[84]이다.

② 대한민국의 주권[85]은 국민에게 있고, 모든 권력은
국민으로부터 나온다.

제2조

① 대한민국의 국민이 되는 요건[86]은 법률[87]로 정한다.

② 국가는 법률이 정하는 바에 의하여 재외국민을 보
호할 의무[88]를 진다.

제3조

대한민국의 영토[89]는 한반도[90]와 그 부속[91]도서로 한다.

제4조

대한민국은 통일을 지향하며, 자유민주적 기본질서[92]에
입각한 평화적 통일정책[93]을 수립하고 이를 추진[94]한다.

제5조

① 대한민국은 국제평화의 <u>유지</u>[95]에 노력하고 <u>침략적</u>[96] 전쟁을 <u>부인</u>[97]한다.

② 국군은 국가의 <u>안전보장</u>[98]과 <u>국토방위</u>[99]의 <u>신성</u>[100]한 의무를 수행함을 <u>사명</u>[101]으로 하며, 그 정치적 중립성은 <u>준수</u>[102]된다.

제6조

① 헌법에 의하여 <u>체결</u>[103], 공포된 <u>조약</u>[104]과 일반적으로 <u>승인</u>[105]된 <u>국제법규</u>[106]는 국내법과 같은 효력을 가진다.

② 외국인은 국제법과 조약이 정하는 바에 의하여 그 지위가 보장된다.

제7조

① <u>공무원</u>[107]은 국민전체에 대한 <u>봉사자</u>[108]이며, 국민에 대하여 <u>책임</u>[109]을 진다.

② 공무원의 신분과 정치적 중립성은 법률이 정하는 바에 의하여 보장된다.

제8조

① <u>정당</u>[110]의 설립은 자유이며, 복수정당제는 보장된다.

② 정당은 그 목적. 조직과 활동이 민주적이어야 하며, 국민의 정치적 의사형성에 <u>참여</u>[111]하는 데 필요한 조직을 가져야 한다.

③ 정당은 법률이 정하는 바에 의하여 국가의 보호를 받으며, 국가는 법률이 정하는 바에 의하여 정당의 <u>운영</u>[112]에 필요한 자금을 <u>보조</u>[113]할 수 있다.

④ 정당의 목적이나 활동이 민주적 기본질서에 <u>위배</u>[114]될 때에는 정부는 <u>헌법재판소</u>[115]에 그 <u>해산</u>[116]을 <u>제소</u>[117]할 수 있고, 정당은 헌법재판소의 <u>심판</u>[118]에 의하여 해산된다.

제9조

국가는 <u>전통문화</u>[119]의 <u>계승</u>[120], 발전과 민족문화의 <u>창달</u>[121]에 <u>노력</u>[122]하여야 한다.

(83) 헌법 (　　　)　　　(84) 공화국 (　　　)

(85) 주권 (　　　)　　　(86) 요건 (　　　)

(87) 법률 (　　　)　　　(88) 의무 (　　　)

(89) 영토 (　　　)　　　(90) 한반도 (　　　)

(91) 부속 (　　　)　　　(92) 기본질서 (　　　)

(93) 정책 (　　　)　　　(94) 추진 (　　　)

(95) 유지 (　　　)　　　(96) 침략적 (　　　)

(97) 부인 (　　　)　　　(98) 안전보장 (　　　)

(99) 국토방위 (　　　)　　　(100) 신성 (　　　)

(101) 사명 (　　　)　　　(102) 준수 (　　　)

(103) 체결 (　　　)　　　(104) 조약 (　　　)

(105) 승인 (　　　)　　　(106) 국제법규 (　　　)

(107) 공무원 (　　　)　　　(108) 봉사자 (　　　)

(109) 책임 (　　　)　　　(110) 정당 (　　　)

(111) 참여 (　　　)　　　(112) 운영 (　　　)

(113) 보조 (　　　)　　　(114) 위배 (　　　)

(115) 헌법재판소 (　　　)　　　(116) 해산 (　　　)

(117) 제소 (　　　)　　　(118) 심판 (　　　)

(119) 전통문화 (　　　)　　　(120) 계승 (　　　)

(121) 창달 (　　　)　　　(122) 노력 (　　　)

4. 다음 漢字와 뜻이 反對 또는 相對되는 漢字를 쓰시오.(123～132)

(123) (　　　) － 西歐　　　(124) (　　　) － 憎

(125) 始 － (　　　)　　　(126) (　　　) － 野黨

(127) 同姓 － (　　　)　　　(128) (　　　) － 鄕

(129) 斷 － (　　　)　　　(130) (　　　) － 暖

(131) 送舊 － (　　　)　　　(132) 公立 － (　　　)

5. 다음 漢字語의 (　)속에 알맞은 漢字를 쓰시오.(133～147)

(133) (　　　)土重來　　　(134) 勿失好(　　　)

(135) 萬(　　　)蒼波　　　(136) 切磋(　　　)磨

(137) 天方地(　　　)　　　(138) 近(　　　)者赤

(139) 見危(　　　)命　　　(140) 靑出於(　　　)

(141) (　　　)門不出　　　(142) 綠陰(　　　)草

(143) 氣高萬(　　　)　　　(144) (　　　)河口辯

(145) 一敗(　　　)地　　　(146) 四(　　　)無親

(147) (　　　)國之色

6. 다음 漢字의 部首를 쓰시오.(148~157)

(148) 余 (　　) 　　(149) 黃 (　　)

(150) 歸 (　　) 　　(151) 加 (　　)

(152) 丈 (　　) 　　(153) 耕 (　　)

(154) 翰 (　　) 　　(155) 而 (　　)

(156) 禹 (　　) 　　(157) 興 (　　)

7. 다음 漢字와 같은 뜻의 漢字를 (　)속에
　넣어 漢字語를 만드시오.(158~167)

(158) 念(　　　) 　　(159) (　　　)墓

(160) 畢(　　　) 　　(161) 恩(　　　)

(162) (　　　)藝 　　(163) 抱(　　　)

(164) (　　　)域 　　(165) 脅(　　　)

(166) 慈(　　　) 　　(167) (　　　)帥

8. 다음 漢字와 소리는 같으나, 뜻이 다른
　漢字語를 쓰시오.(168~177)

(168) 羞恥. (　　　　) - 계산하여 얻은 수의 값

(169) 單調. (　　　　) - 쇠붙이를 불에 달군 다
음 두드려 물건을 만듦

(170) 地球. (　　　　) - 어떤 상태를 오랫동안
버팀

(171) 剛斷. (　　　　) - 연설이나 강의할 때 올
라서는 자리

(172) 初喪. (　　　　) - 그림 등에 나타난 어떤
사람의 얼굴이나 모습

(173) 整地. (　　　　) - 조용히 멈춤

(174) 汽船. (　　　　) - 어떤 일이 일어나려는
그 직전

(175) 營舍. (　　　　) - 영화 필름이나 슬라이
드 따위를 비춤

(176) 勇氣. (　　　　) - 물건을 담는 그릇

(177) 資源. (　　　　) - 어떤 일을 자기 스스로
하고자 나섬

9. 다음 漢字語의 뜻을 쓰시오.(178~187)

(178) 淘汰 :

(179) 鼻祖 :

(180) 龜鑑 :

(181) 緩衝 :

(182) 墨守 :

(183) 禁苑 :

(184) 法網 :

(185) 露呈 :

(186) 撫摩 :

(187) 膠着 :

10. 다음 漢字語 중 첫 音節이 長音인 것을
　고르시오.(188~197)

(188) ①樂譜 ②獻身 ③牧畜 ④紛糾

(189) ①審問 ②審理 ③審判 ④審美眼

(190) ①美德 ②美國 ③美製 ④美軍

(191) ①疏遠 ②郊外 ③伸長 ④濫發

(192) ①驅逐 ②贊成 ③生涯 ④架空

(193) ①印度 ②源泉 ③血管 ④現在

(194) ①限界 ②認知 ③不能 ④安保

(195) ①田畓 ②電氣 ③轉換 ④傳達

(196) ①眞實 ②中庸 ③總額 ④徹底

(197) ①同僚 ②具體 ③對句 ④君臣

11. 다음 漢字의 略字를 쓰시오.(198~200)

(198) 戀 　　　　　　　(199) 藥

(200) 廳

▶ 정답은 541쪽

1. 다음 漢字語의 讀音을 쓰시오.(1~50)

(1) 閭巷
(2) 敷衍
(3) 仔細
(4) 菩提樹
(5) 偏頗
(6) 隘路
(7) 駑鈍
(8) 坑道
(9) 祠堂
(10) 綻露
(11) 汝矣島
(12) 窺視
(13) 荊棘
(14) 角觝
(15) 溝渠
(16) 瓦解
(17) 鞭撻
(18) 陶窯
(19) 跋扈
(20) 浚渫
(21) 柴扉
(22) 畢竟
(23) 粗惡
(24) 聾啞
(25) 硯滴
(26) 鼓膜
(27) 懺悔錄
(28) 顯妣
(29) 馴致
(30) 藿羹
(31) 俚諺
(32) 徹夜
(33) 旋盤
(34) 震怒
(35) 調劑
(36) 疑懼心
(37) 檻車
(38) 燦爛
(39) 末梢
(40) 殞命
(41) 圓錐
(42) 眷顧
(43) 肇國
(44) 殘酷
(45) 消耗品
(46) 濫獲
(47) 斥候
(48) 糞尿
(49) 肝膽
(50) 掘鑿

2. 다음 漢字의 訓과 音을 쓰시오.(51~82)

(51) 灑
(52) 敷
(53) 莖
(54) 凸
(55) 犧
(56) 譽
(57) 檣
(58) 瞻
(59) 僻
(60) 搗
(61) 汽
(62) 戮
(63) 粗
(64) 雰
(65) 惹
(66) 賁
(67) 徹
(68) 繁
(69) 鼓
(70) 穢
(71) 謗
(72) 戴
(73) 峴
(74) 窺
(75) 疎
(76) 慟
(77) 饗
(78) 誹
(79) 痴
(80) 睹
(81) 漑
(82) 膺

3. 다음 설명에 맞는 漢字語를 漢字로 쓰시오.(83~122)

전쟁[83]의 과정[84]에서 신라의 주역[85]은 김유신(金庾信), 고구려의 주역은 연개소문(淵蓋蘇文)이었다. 김유신은 당시에나 후세에도 민족의 영웅[86]으로 받들어졌다. 그가 죽었을 때 화려한 의장[87]을 갖추어 장사[88] 지내게 했다. 더욱이 그의 사후, 흥덕왕은 흥무대왕(興武大王)으로 추봉[89]하고 그의 묘를 왕릉[90]처럼 꾸미게 했다. 말이 묘이지 여느 왕릉을 능가하는 규모[91]로 만들어졌다.

그에 얽힌 설화[92]도 여러 가지로 미화하여 전승[93]되고 있다. 또 민간신앙[94]에서는 그를 장군신[95]으로 받들어 산신 또는 서낭신으로 모셔놓고 있었다. 이런 설화와 장군신은 전국적으로 퍼져 있었다. 김유신의 영웅설화는 고귀[96]한 혈통[97]을 가지고 소년시절에는 지혜[98]롭고, 청년시절에는 용맹[99]스러웠으며, 장년에는 국가에 큰 공을 세웠으며, 만년[100]에는 영화[101]를 누리다가 죽은 것으로 그려져 있다. 현대에도 그의 동상[102]이 곳곳에 세워지고 <u>전기</u>[103]가 쏟아져 나와 삼국 통일의 영웅으로 우러름을 받고 있다.

이와 달리 연개소문은 김부식이 쓴 '삼국사기'에는 <u>포악</u>[104]한 독재자로 그려져 있었다. 그의 성도 당나라 고조(高祖)의 이름자인 연(淵)을 피해서인지 천(泉)으로 기록되기도 했다. 그는 고구려 최고관직인 막리지의 아들로 태어나 자신도 막리지에 올랐다. 그는 반대파를 <u>과감</u>[105]하게 <u>숙청</u>[106]하면서 사람들을 마구 죽인 것으로 기록되어 있으며 마음대로 왕을 시해하고 새 왕을 <u>추대</u>[107]했다고도 한다. 하지만 천리장성을 쌓아 당나라에 강력하게 맞서 싸우면서 북방민족과 <u>단합</u>[108]한 사실도 <u>기재</u>[109]했다. 아무튼 그가 죽고 난 뒤 그의 아들들은 <u>내분</u>[110]을 겪어 스스로 무너졌다.

<u>구한말</u>[111] 민족사학자들은 연개소문을 민족 영웅으로 되살렸다. 박은식의 '천개소문전'에는 이렇게 말했다.

"지금 북경 봉천 등지에서 개소문의 역사와 <u>연희</u>[112]를 만들어서 세인의 이목을 <u>진동</u>[113]케 하거늘 우리나라 사람들은 그의 평생을 서술한 문자도 없다. 그의 <u>풍채</u>[114]를 <u>묘사</u>[115]한 <u>화첩</u>[116]도 없고 그의 <u>무예</u>[117]와 <u>검술</u>[118]을 연희하는 <u>희극</u>[119]도 없을 뿐만 아니라 한번 입에 올리면 <u>흉적</u>[120]이라 꾸짖을 뿐이니, 하나로서 백 가지를 덮고 죄로서 공을 가리는 것이 옳은가?"

박은식은 연개소문의 대륙적 기상과 외세와 맞선 <u>기걸</u>[121]찬 삶을 적었다. 박은식의 눈으로 볼 때 연개소문은 누구보다도 뛰어난 민족영웅이었다. 인물의 역사적 평가는 이렇게 다를 수도 있고 <u>왜곡</u>[122]될 수도 있다.

— 이이화, 「한국사 바로보기」

(83) 전쟁 (   ) (84) 과정 (   )

(85) 주역 (   ) (86) 영웅 (   )

(87) 의장 (   ) (88) 장사 (   )

(89) 추봉 (   ) (90) 왕릉 (   )

(91) 규모 (   ) (92) 설화 (   )

(93) 전승 (   ) (94) 민간신화 (   )

(95) 장군신 (   ) (96) 고귀 (   )

(97) 혈통 (   ) (98) 지혜 (   )

(99) 용맹 (   ) (100) 만년 (   )

(101) 영화 (   ) (102) 동상 (   )

(103) 전기 (   ) (104) 포악 (   )

(105) 과감 (   ) (106) 숙청 (   )

(107) 추대 (   ) (108) 단합 (   )

(109) 기재 (   ) (110) 내분 (   )

(111) 구한말 (   ) (112) 연희 (   )

(113) 진동 (   ) (114) 풍채 (   )

(115) 묘사 (   ) (116) 화첩 (   )

(117) 무예 (   ) (118) 검술 (   )

(119) 희극 (   ) (120) 흉적 (   )

(121) 기걸 (   ) (122) 왜곡 (   )

4. 다음 漢字와 뜻이 反對 또는 相對되는 漢字를 쓰시오.(123~132)

(123) (   ) – 文官 (124) (   ) – 愚

(125) 榮 – (   ) (126) (   ) – 逆接

(127) 高級 – (   ) (128) (   ) – 落選

(129) 師 – (   ) (130) (   ) – 腹

(131) 自 – (   ) (132) 主體 – (   )

5. 다음 漢字語의 (   )속에 알맞은 漢字를 쓰시오.(133~147)

(133) (   )天動地 (134) 天衣無(   )

(135) 含(   )蓄怨 (136) 臥薪(   )膽

(137) 三顧草(   ) (138) 一(   )不亂

(139) 明若(   )火 (140) 後生可(   )

(141) (   )木求魚 (142) 進退(   )谷

(143) 身言書(   ) (144) (   )虎之勢

(145) 虎死(   )皮 (146) 不(   )晝夜

(147) (   )水之陣

6. 다음 漢字의 部首를 쓰시오.(148~157)

(148) 黑 (　　) 　　　(149) 報 (　　)

(150) 去 (　　) 　　　(151) 商 (　　)

(152) 友 (　　) 　　　(153) 致 (　　)

(154) 弄 (　　) 　　　(155) 秉 (　　)

(156) 比 (　　) 　　　(157) 哭 (　　)

7. 다음 漢字와 같은 뜻의 漢字를 (　)속에
　넣어 漢字語를 만드시오.(158~167)

(158) 堅(　　　) 　　　(159) (　　　)藤

(160) 勉(　　　) 　　　(161) 倉(　　　)

(162) (　　　)蓄 　　　(163) 盟(　　　)

(164) (　　　)回 　　　(165) 潤(　　　)

(166) 冠(　　　) 　　　(167) (　　　)遠

8. 다음 漢字와 소리는 같으나, 뜻이 다른
　漢字語를 쓰시오.(168~177)

(168) 分期. (　　　　　) － 기운을 내어 힘차게 일
　　　　　　　　　　　　　어남

(169) 校舍. (　　　　　) － 남을 부추켜 못된 일을
　　　　　　　　　　　　　하게 함

(170) 柔道. (　　　　　) － 사람이나 물건을 어떤
　　　　　　　　　　　　　장소나 상태로 이끔

(171) 斷片. (　　　　　) － 길이나 짧은 영화나 소
　　　　　　　　　　　　　설 따위

(172) 謫仙. (　　　　　) － 착한 행실을 많이 함

(173) 叢記. (　　　　　) － 총명한 기질

(174) 說話. (　　　　　) － 말로 인해 겪게 되는
　　　　　　　　　　　　　불행한 일

(175) 圖式. (　　　　　) － 바르고 꾸밈

(176) 至近. (　　　　　) － 원뿌리에서 갈라져 나
　　　　　　　　　　　　　온 잔뿌리

(177) 盛儀. (　　　　　) － 정성스런 마음

9. 다음 漢字語의 뜻을 쓰시오.(178~187)

(178) 刹那 :

(179) 偏頗 :

(180) 似而非 :

(181) 掌握 :

(182) 批准 :

(183) 錫杖 :

(184) 茅屋 :

(185) 駐屯 :

(186) 自炊 :

(187) 巢窟 :

10. 다음 漢字語 중 첫 音節이 長音인 것을
　　고르시오.(188~197)

(188) ①塗裝 ②賓客 ③勇敢 ④隔離

(189) ①強震 ②強大 ③強迫 ④強國

(190) ①片道 ②片肉 ③片面 ④片紙

(191) ①透徹 ②訓練 ③埋伏 ④牽引

(192) ①謀叛 ②算數 ③派遣 ④錯誤

(193) ①住宅 ②排球 ③證人 ④査定

(194) ①魔力 ②磨耗 ③摩擦 ④馬術

(195) ①空虛 ②公務 ③孔子 ④功績

(196) ①雅名 ②惡用 ③鹽分 ④逆轉

(197) ①呼吸 ②航海 ③增殖 ④支持

11. 다음 漢字의 略字를 쓰시오.(198~200)

(198) 價 　　　　　　　　(199) 盡

(200) 亂

■ 정답은 541쪽

1. 다음 漢字語의 讀音을 쓰시오.(1~50)

(1) 標榜	(2) 狙擊
(3) 焦燥	(4) 眞摯
(5) 棟樑	(6) 隔離
(7) 股肱	(8) 烙印
(9) 破瓜	(10) 解剖
(11) 叔姪	(12) 勘當
(13) 隱喩法	(14) 苗板
(15) 漕運	(16) 燈盞
(17) 羨望	(18) 哀悼
(19) 御駕	(20) 珊瑚礁
(21) 網羅	(22) 播遷
(23) 胚囊	(24) 深奧
(25) 雪糖	(26) 嚮導
(27) 凹凸	(28) 賜藥
(29) 諡號	(30) 雨傘
(31) 包攝	(32) 跆拳道
(33) 巫覡	(34) 銀杏
(35) 迂廻路	(36) 殯殿
(37) 涵養	(38) 鹽酸
(39) 倭寇	(40) 常駐
(41) 騷動	(42) 殮襲
(43) 厭症	(44) 輻射熱
(45) 陷穽	(46) 滯拂
(47) 闇市場	(48) 精髓
(49) 勳爵	(50) 蔓延

2. 다음 漢字의 訓과 音을 쓰시오.(51~82)

(51) 蠻	(52) 煞
(53) 仇	(54) 羹
(55) 訥	(56) 庸
(57) 簒	(58) 皿
(59) 硬	(60) 恙
(61) 愎	(62) 虹
(63) 諜	(64) 稻
(65) 穆	(66) 佾
(67) 迂	(68) 靖
(69) 輝	(70) 藩
(71) 簾	(72) 款
(73) 悉	(74) 釣
(75) 叢	(76) 靴
(77) 鬱	(78) 笞
(79) 雀	(80) 翔
(81) 辣	(82) 譴

3. 다음 설명에 맞는 漢字語를 漢字로 쓰시오.(83~122)

　　조선 후기의 정치사는 당쟁[83]이란 이름으로 서술[84]해야 할 정도였다. 곧 당쟁은 정치의 중심과제[85]가 되어 끊임없이 논쟁을 벌이고 때로는 살육을 불러왔던 것이다. 그 원인을 두 가지로 요약[86]할 수 있겠다. 첫째는 군자당과 소인당의 구분이었다. 정치집단으로서 군자는 군자끼리 모이고 소인은 소인끼리 모이므로 인간 자질[87]에 따라 구분된다는 것이다. 따라서 자기네가 속한 집단을 군자, 상대 집단을 소인으로 몰아붙였다. 다음은 정치적 이권을 차지하기 위한 투쟁[88]으로 보았다. 벼슬자리는 한정되어 있고 지망자[89]가 많아 서로 차지하려고 피나는 투쟁을 벌인 탓으로 당쟁이 유발[90]되고 집단을 이루어 지속된다는 것이다. 대체로 이 두 가지 원인[91]에 따라 당쟁이 몇백년 동안 전개되었고 고질이 되어 쉽사리 치유될 수 없었다.

　　당쟁은 관료[92]사회에서만 진행된 것이 아니었다. 예비[93] 관료집단인 사람에게로 번져나갔다. 이런 현상은 너무도 자연스러운 과정이 되었다. 이른바 선비들은 스승이나 선배의 당색에 따라 자신의 색깔을 규정[94]지었다. 우리 스승이 어느 당파이니 나도 그 당파에 속해야 하는 것이 의리를 지키는 것으로 여겼다. 그리하여 사람이 모이는 곳인 서원[95]은 당쟁의 소굴[96]이 되었다. 또 서원 출신의 선비들이 과거[97]에 합격해 성균관[98]에 들게 되면 다시 당색을 가른다. 성균관 유생[99]들이 정작 벼슬을 받으면 자연스레 특정 당파에 가담[100]하는 것이다.

이런 관료사회의 분위기는 또 문중으로 파고들었다. 위 고을에 집성촌[101]을 이루고 있는 이씨와 아래 고을에 집성촌을 이루고 있는 김씨들은 노론과 소론으로 갈라져 평소에도 대화를 나누지도 않고, 심한 경우 길가에서 만나도 인사를 하지도 않았다. 이들은 서로 혼맥[102]을 끊었으며 조상이 당쟁에 연루[103]되어 피해라도 입었으면 원수 사이가 되었다. 때로는 한 문중이라도 당색을 달리했으며 한 형제가 갈라지는 경우도 있었다.

당쟁은 가정생활에도 파급[104]되었다. 의복, 호칭[105], 제사의 격식[106]과 절차[107]를 당색에 따라 달리했다. 노론은 옷깃을 길게, 소론은 옷깃을 짧게 했으며 며느리가 시아버지를 부르는 호칭에 있어서도 노론은 영감이나 마님, 남인이나 소론은 아버님, 어머님으로 불렀다. 제수[108]를 차리는 절차나 제문의 문구도 달리했다. 그러므로 길가에서도 그 걸음걸이나 차림이나 말소리만 들어도 당색을 구분할 수 있을 지경이었다.

흔히 당쟁은 조선시대의 파벌[109]을 조성하고 분열을 가져와 국력을 끊임없이 소모했다고 보기도 하고 서로 감시[110]하고 견제하여 붕당[111]정치를 이룩했다고 보기도 한다. 하지만 현실개혁을 도모한 많은 실학자들은 당쟁의 피해를 끊임없이 제기[112]했다. 당쟁을 가장 강력하게 타파[113]하려한 군주는 영조였다. 영조는 당쟁으로 왕권이 약화되고 인재 등용의 방해[114]를 받고 사회가 유리[115]된다고 보았다. 당쟁이 정치를 지배하는 풍토에서는 임금은 한낱 조연[116]에 불과하다고 생각했다.

그리하여 탕평정책을 폈다. 탕평은, 왕도는 넓은 바다의 물결처럼 골고루 스며들어 치우침이 없음을 나타낸 용어이다. 따라서 그 요체는 문벌이나 당파를 떠나 고른 인재등용에 있었다. 곧 적재적소[117]에 인재를 배치하는 것이다. 이렇게 되면 벼슬자리는 문벌의 독점을 막고 지역차별[118]도 함께 해소[119]되는 결과를 얻게 된다. 영조는 모든 기록에서 노론, 소론, 남인, 북인 따위 용어를 일절 쓰지 못하게 했다. 그리하여 그 성향에 따라 준론(峻論)·완론(緩論), 탁류(濁流)·청류(淸流) 따위의 용어가 쓰여졌다.

영조의 의지는 강렬했다. 영조는 그 실효[120]를 거두려 1772년 탕평과라는 이름의 과거시험을 보여 11명의 급제자를 뽑았다. 그는 급제자의 답안지[121]를 일일이 살펴보았다. 실직을 임용할 때에도 문벌보다 지역출신을 안배[122]하려 했다. 또 탕평비를 곳곳에 세우고 탕평채라는 음식을 만들어 먹게 할 정도로 강력한 의지를 천명했다. 영조의 탕평정책은 불완전하나마 상당한 성과를 거뒀고, 마지막 과제를 정조에게 넘겨주었다.

　　　　　　　　　　　　　　　　－ 이이화, 「한국사 바로보기」

(83) 당쟁 (　　　　　)　　　(84) 서술 (　　　　　)

(85) 과제 (　　　　　)　　　(86) 요약 (　　　　　)

(87) 자질 (　　　　　)　　　(88) 투쟁 (　　　　　)

(89) 지망자 (　　　　)　　　(90) 유발 (　　　　　)

(91) 원인 (　　　　　)　　　(92) 관료 (　　　　　)

(93) 예비 (　　　　　)　　　(94) 규정 (　　　　　)

(95) 서원 (　　　　　)　　　(96) 소굴 (　　　　　)

(97) 과거 (　　　　　)　　　(98) 성균관 (　　　　)

(99) 유생 (　　　　　)　　　(100) 가담 (　　　　　)

(101) 집성촌 (　　　　)　　　(102) 혼맥 (　　　　　)

(103) 연루 (　　　　　)　　　(104) 파급 (　　　　　)

(105) 호칭 (　　　　　)　　　(106) 격식 (　　　　　)

(107) 절차 (　　　　　)　　　(108) 제수 (　　　　　)

(109) 파벌 (　　　　　)　　　(110) 감시 (　　　　　)

(111) 붕당 (　　　　　)　　　(112) 제기 (　　　　　)

(113) 타파 (　　　　　)　　　(114) 방해 (　　　　　)

(115) 유리 (　　　　　)　　　(116) 조연 (　　　　　)

(117) 적재적소 (　　　)　　(118) 지역차별 (　　　)

(119) 해소 (　　　　　)　　　(120) 실효 (　　　　　)

(121) 답안지 (　　　　)　　　(122) 안배 (　　　　　)

4. 다음 漢字와 뜻이 反對 또는 相對되는 漢字를 쓰시오.(123~132)

(123) (　　　) - 白色　　　(124) (　　　) - 孫

(125) 原因 - (　　　)　　　(126) (　　　) - 着陸

(127) 民營 - (　　　)　　　(128) (　　　) - 受

(129) 晴 - (　　　)　　　　(130) (　　　) - 妻

(131) 貴 - (　　　)　　　　(132) 可決 - (　　　)

5. 다음 漢字語의 ( )속에 알맞은 漢字를 쓰시오.(133~147)

(133) (   )龍點睛   (134) 百八煩(   )

(135) 臨(   )掘井   (136) 置之(   )外

(137) 乘勝長(   )   (138) 輕(   )妄動

(139) 會者(   )離   (140) 無味乾(   )

(141) (   )上空論   (142) 路柳(   )花

(143) 金科玉(   )   (144) (   )三李四

(145) 醉生(   )死   (146) 堂(   )風月

(147) (   )丘初心

6. 다음 漢字의 部首를 쓰시오.(148~157)

(148) 鹽 (   )   (149) 司 (   )

(150) 契 (   )   (151) 冊 (   )

(152) 高 (   )   (153) 輿 (   )

(154) 旨 (   )   (155) 角 (   )

(156) 鴻 (   )   (157) 脣 (   )

7. 다음 漢字와 같은 뜻의 漢字를 ( )속에 넣어 漢字語를 만드시오.(158~167)

(158) 間(   )   (159) (   )目

(160) 朱(   )   (161) 貧(   )

(162) (   )習   (163) (   )磨

(164) (   )裕   (165) 眞(   )

(166) 帳(   )   (167) (   )辰

8. 다음 漢字와 소리는 같으나, 뜻이 다른 漢字語를 쓰시오.(168~177)

(168) 深思. (   ) - 자세히 조사하여 가려 내거나 정함

(169) 競技. (   ) - 서울을 중심으로 한 가까운 주변 지역

(170) 孵化. (   ) - 자기 주관 없이 남의 의견에 따름

(171) 低地. (   ) - 막아서 못하게 함

(172) 頂上. (   ) - 어떤 결과에 이르기까지의 사정

(173) 思料. (   ) - 가축등의 먹이

(174) 漫畵. (   ) - 늦은 철에 피는 꽃

(175) 中伏. (   ) - 거듭함. 겹침

(176) 心臟. (   ) - 뜻이 깊고 함축성이 있음

(177) 首班. (   ) - 어떤 일과 함께 일어나거나 따름

9. 다음 漢字語의 뜻을 쓰시오.(178~187)

(178) 樵童 :

(179) 琴瑟 :

(180) 經筵 :

(181) 飜案 :

(182) 錯視 :

(183) 闕漏 :

(184) 比丘尼 :

(185) 卜債 :

(186) 沐雨 :

(187) 閥閱 :

10. 다음 漢字語 중 첫 音節이 長音인 것을 고르시오.(188~197)

(188) ①壯觀 ②鋼鐵 ③福祿 ④睡眠

(189) ①素材 ②素朴 ③素地 ④素質

(190) ①考慮 ②考察 ③考案 ④考試

(191) ①宣誓 ②漂流 ③漏落 ④演奏

(192) ①限度 ②淸濁 ③嫌忌 ④遊泳

(193) ①傷害 ②上昇 ③相互 ④常識

(194)　①當時　②誘引　③散漫　④禮節

(195)　①浦口　②捕捉　③包含　④砲兵

(196)　①禁忌　②金銀　③今年　④禽獸

(197)　①營業　②英雄　③完全　④緩行

11. 다음 漢字의 略字를 쓰시오.(198~200)

(198) 獻　　　　　　　　(199) 萬

(200) 靜

➡ 정답은 542쪽

(시험시간 : 90분. 시험문항 : 200문제. 합격문항 : 160문제이상) 성명 ______________

1. 다음 漢字語의 讀音을 쓰시오.(1~50)

(1) 塗抹　　　　　　(2) 葛藤

(3) 玲瓏　　　　　　(4) 徘徊

(5) 袈裟　　　　　　(6) 菜蔬

(7) 侵蝕　　　　　　(8) 軋轢

(9) 論駁　　　　　　(10) 妖怪

(11) 驅逐　　　　　　(12) 天然痘

(13) 翌年　　　　　　(14) 欣快

(15) 揷畵　　　　　　(16) 浪漫

(17) 巢窟　　　　　　(18) 阿膠

(19) 緻密　　　　　　(20) 灑掃

(21) 長蛇陣　　　　　(22) 盆栽

(23) 萌芽　　　　　　(24) 凝結

(25) 洗滌　　　　　　(26) 煎餅

(27) 根莖　　　　　　(28) 哺乳類

(29) 蹂躪　　　　　　(30) 誅戮

(31) 衷誠　　　　　　(32) 殷墟

(33) 痲痺　　　　　　(34) 狂奔

(35) 櫛文土器　　　　(36) 詰難

(37) 醜聞　　　　　　(38) 鹿茸

(39) 嬌態　　　　　　(40) 粉塵

(41) 篆刻　　　　　　(42) 銳敏

(43) 壅拙　　　　　　(44) 塹壕

(45) 解析　　　　　　(46) 胃潰瘍

(47) 沐浴　　　　　　(48) 棲息

(49) 捕捉　　　　　　(50) 捲簾

2. 다음 漢字의 訓과 音을 쓰시오.(51~82)

(51) 頑　　　　　　(52) 釀

(53) 覓　　　　　　(54) 屑

(55) 誅　　　　　　(56) 錦

(57) 邀　　　　　　(58) 齋

(59) 拓　　　　　　(60) 蔑

(61) 沸　　　　　　(62) 沃

(63) 闕　　　　　　(64) 駁

(65) 蟄　　　　　　(66) 賭

(67) 挽　　　　　　(68) 邂

(69) 履　　　　　　(70) 憾

(71) 倂　　　　　　(72) 戲

(73) 吼　　　　　　(74) 鋪

(75) 餐　　　　　　(76) 疊

(77) 詭　　　　　　(78) 扇

(79) 佩　　　　　　(80) 拐

(81) 晴　　　　　　(82) 粒

3. 다음 설명에 맞는 漢字語를 漢字로 쓰시오.(83~122)

남쪽의 고구려[83] 유적[84]은 임진강, 한강[85], 금강[86] 일대[87]에 널려 있다. 특히 한강 일대는 오랫동안 고구려와 백제[88], 신라[89]와의 전쟁이 벌어진 곳이어서 유적이 많다. 바로 백제의 수부[90]였던 풍납토성[91]과 몽촌토성의 건너편인 아차산 일대에서 고구려 유적이 많이 발굴[92]되어 주목[93]을 받았다.

1989년 여름 아차산에 큰 산불이 났다. 그러자 여기저기 인공으로 돌을 쌓은 흔적이 뚜렷이 드러났다. 이때 자주 아차산을 오르내리던 사학자[94] 김민수씨는 15개의 보루성터와 연결[95] 산성의 흔적을 찾아냈다. 그는 이를 주목하여 구리문화원[96]에 조사를 요청[97]했다. 그는 늘 아차산에 고구려 유적이 있을 것이라고 믿고 있었다. 그리하여 구리문화원에서는 아차산 유적의 발굴을 위해 서울대학교 박물관[98]에 의뢰[99]했다. 1998년부터 아차산, 용마산,

망우산 일대에서 확인[100]된 15개의 보루성 중에서 아차 산의 두 군데 유적을 조사 발굴했다.

　　먼저 해발[101] 185.8m인 아차산의 최고봉[102]인 제4보 루성 과 그 아래 시루봉의 초소[103]를 발굴했다. 이 발굴 에서 깜짝 놀랄일이 벌어졌다. 바로 1,500여년 동안 땅 속에 묻혀 있던 유물들이 수줍게 모습을 드러낸 것이 다. 각종 유물이 1,500점에 달했다. 한반도 지역[104]에서 고구려 유물로는 가장 많은 유물이 발굴된 것이다. 특 히 물을 저장[105]했던 우물터는 진흙으로 단단하게 만든 구조물[106]이 원형[107] 그대로 드러났다. 이를 통해 고구려 군사조직[108]이나 생활상[109]을 알아낼 수 있는 기초[110] 자 료[111]가 되었다. 또 아차산 일대가 백제와 오래 대치[112] 하면서 최전방 기지[113]의 보루를 곳곳에 쌓은 곳임을 확 인했다.

　　현재 나머지 보루성들은 발굴을 하지 않고 있으며 더 욱이 등산객들에게 방치되어 있다. 수많은 등산객들은 다시 덮어둔 제4보루성을 마구잡이로 짓밟고 다닌다. 또 오랫동안 헬리콥터 이·착륙[114] 시설[115]과 토치카 따 위의 군사 시설을 만들어 두어 유적을 훼손[116]하고 있 다. 그런데도 지금까지 보호[117]시설과 사적지[118] 지정이 이루어지지 않고 있다. 구리시민을 중심으로 앞으로 모 든 보루성을 발굴하여 복원[119]하며 아차산 아래에 박물 관 건립[120]과 고구려 테마공원의 설립운동[121]을 벌이고 있다. 이것이 실현[122]될 때에 고구려의 원형이 고스란히 우리 눈에 살아 들어올 것이다.

– 이이화, 「한국사 바로보기」

(83) 고구려 (　　　　) 　(84) 유적 (　　　　　)

(85) 한강 (　　　　) 　(86) 금강 (　　　　)

(87) 일대 (　　　　) 　(88) 백제 (　　　　)

(89) 신라 (　　　　) 　(90) 수부 (　　　　)

(91) 토성 (　　　　) 　(92) 발굴 (　　　　)

(93) 주목 (　　　　) 　(94) 사학자 (　　　　)

(95) 연결 (　　　　) 　(96) 문화원 (　　　　)

(97) 요청 (　　　　) 　(98) 박물관 (　　　　)

(99) 의뢰 (　　　　) 　(100) 확인 (　　　　)

(101) 해발 (　　　　) 　(102) 최고봉 (　　　　)

(103) 초소 (　　　　) 　(104) 지역 (　　　　)

(105) 저장 (　　　　) 　(106) 구조물 (　　　　)

(107) 원형 (　　　　) 　(108) 조직 (　　　　)

(109) 생활상 (　　　　) 　(110) 기초 (　　　　)

(111) 자료 (　　　　) 　(112) 대치 (　　　　)

(113) 기지 (　　　　) 　(114) 착륙 (　　　　)

(115) 시설 (　　　　) 　(116) 훼손 (　　　　)

(117) 보호 (　　　　) 　(118) 사적지 (　　　　)

(119) 복원 (　　　　) 　(120) 건립 (　　　　)

(121) 설립운동 (　　　　) (122) 실현 (　　　　)

4. 다음 漢字와 뜻이 反對 또는 相對되는 漢字를 쓰시오.(123~132)

(123) (　　　) – 無耶　　(124) (　　　) – 富

(125) 尊 – (　　　)　　(126) (　　　) – 守備

(127) 利益 – (　　　)　(128) (　　　) – 夜間

(129) 添 – (　　　)　　(130) (　　　) – 下降

(131) 矛 – (　　　)　　(132) 吉兆 – (　　　)

5. 다음 漢字語의 (　)속에 알맞은 漢字를 쓰시오.(133~147)

(133) (　　)大妄想　　(134) 目不識(　　)

(135) 麥(　　)之歎　　(136) 百年(　　)老

(137) 男負女(　　)　　(138) 才(　　)德薄

(139) 十年(　　)壽　　(140) 好事多(　　)

(141) (　　)瓜得瓜　　(142) 四面(　　)歌

(143) 危機一(　　)　　(144) (　　)掌難鳴

(145) 金城(　　)池　　(146) 明(　　)止水

(147) (　　)田鬪狗

6. 다음 漢字의 部首를 쓰시오.(148~157)

(148) 舌 (　　　)　　　(149) 嘉 (　　　)

(150) 歪 (　　　)　　　(151) 胄 (　　　)

(152) 來 (　　　)　　　(153) 率 (　　　)

(154) 狀 (　　　)　　　(155) 厚 (　　　)

(156) 密 (　　　)　　　(157) 革 (　　　)

7. 다음 漢字와 같은 뜻의 漢字를 (　)속에
　　넣어 漢字語를 만드시오.(158~167)

(158) 批(　　　)　　　(159) (　　　)黨

(160) 打(　　　)　　　(161) 齒(　　　)

(162) (　　　)愁　　　(163) (　　　)徙

(164) (　　　)聞　　　(165) 侮(　　　)

(166) 巧(　　　)　　　(167) (　　　)恕

8. 다음 漢字와 소리는 같으나, 뜻이 다른
　　漢字語를 쓰시오.(168~177)

(168) 誣告. (　　　　　) - 별다른 연고가 없음

(169) 長壽. (　　　　　) - 군사를 지휘하는 장군

(170) 弱冠. (　　　　　) - 계약이나 조약에서 정
　　　　　　　　　　　　해진 하나하나의 조항

(171) 寶刀. (　　　　　) - 신문이나 방송으로 새
　　　　　　　　　　　　소식을 널리 알림

(172) 主幹. (　　　　　) - 어떤 간행물을 일주일
　　　　　　　　　　　　마다 한 번씩 펴냄

(173) 速成. (　　　　　) - 사물의 본질을 이루는
　　　　　　　　　　　　고유한 특징이나 성질

(174) 傍助. (　　　　　) - 파도나 해일을 막음

(175) 模寫. (　　　　　) - 계책을 세우는 사람

(176) 遺棄. (　　　　　) - 생활 기능을 갖춤

(177) 商社. (　　　　　) - 사람이 죽은 불행한 일

9. 다음 漢字語의 뜻을 쓰시오.(178~187)

(178) 蠻勇 :

(179) 羽書 :

(180) 鷹視 :

(181) 菽麥 :

(182) 杏壇 :

(183) 彌久 :

(184) 才媛 :

(185) 弄璋 :

(186) 干城 :

(187) 衣鉢 :

10. 다음 漢字語 중 첫 音節이 長音인 것을
　　　고르시오.(188~197)

(188) ①封墳 ②移替 ③精銳 ④效果

(189) ①喪妻 ②商家 ③喪失 ④喪事

(190) ①種子 ②種類 ③種族 ④種樹

(191) ①拙戰 ②隱蔽 ③普通 ④招聘

(192) ①懲戒 ②垂直 ③藝術 ④該當

(193) ①社會 ②史書 ③辭讓 ④詐欺

(194) ①轉學 ②專用 ③切實 ④節度

(195) ①複數 ②服從 ③放送 ④方向

(196) ①約束 ②弱骨 ③禮遇 ④豫備

(197) ①筋力 ②根據 ③斤數 ④近接

11. 다음 漢字의 略字를 쓰시오.(198~200)

(198) 團　　　　　　　　(199) 鐵

(200) 藝

▶ 정답은 542쪽

제 9 회 한자능력검정시험 1급 예상문제

(시험시간 : 90분. 시험문항 : 200문제. 합격문항 : 160문제이상) 성명 ______

1. 다음 漢字語의 讀音을 쓰시오.(1~50)

(1) 柾梏　　　　　　(2) 軌道

(3) 皐陶　　　　　　(4) 潑剌

(5) 拉致　　　　　　(6) 糊塗

(7) 擬聲語　　　　　(8) 商圈

(9) 昇遐　　　　　　(10) 瞳孔

(11) 吟遊　　　　　(12) 卑怯

(13) 矜誇　　　　　(14) 纖維

(15) 快恣　　　　　(16) 尖端

(17) 喧譁　　　　　(18) 融資

(19) 窒塞　　　　　(20) 大陸棚

(21) 腕章　　　　　(22) 駱駝

(23) 奈何　　　　　(24) 液汁

(25) 延建坪　　　　(26) 訊鞫

(27) 斃死　　　　　(28) 充塡

(29) 牒報　　　　　(30) 燒酒

(31) 纏帶　　　　　(32) 後裔

(33) 闡明　　　　　(34) 畸形兒

(35) 呪術　　　　　(36) 沈滯

(37) 卜債　　　　　(38) 販促

(39) 薔薇　　　　　(40) 罵倒

(41) 大腿骨　　　　(42) 製鋼

(43) 瀜貊　　　　　(44) 旱災

(45) 覺醒　　　　　(46) 釋迦牟尼

(47) 勅令　　　　　(48) 曇天

(49) 嚬蹙　　　　　(50) 派閥

2. 다음 漢字의 訓과 音을 쓰시오.(51~82)

(51) 凱　　　　　　(52) 邁

(53) 塵　　　　　　(54) 懦

(55) 拉　　　　　　(56) 摯

(57) 趨　　　　　　(58) 黜

(59) 菌　　　　　　(60) 餌

(61) 誨　　　　　　(62) 穗

(63) 薪　　　　　　(64) 冕

(65) 雌　　　　　　(66) 赦

(67) 黎　　　　　　(68) 酊

(69) 聚　　　　　　(70) 圄

(71) 辦　　　　　　(72) 隷

(73) 斟　　　　　　(74) 抛

(75) 騷　　　　　　(76) 乖

(77) 闢　　　　　　(78) 澣

(79) 萌　　　　　　(80) 蹶

(81) 弒　　　　　　(82) 嘲

3. 다음 설명에 맞는 漢字語를 漢字로 쓰시오.(83~122)

　국내에서 생산 가능한 재화[83]의 수입[84]을 높은 관세[85]나 절대적[86] 금지[87]에 의해 제한[88]하는 것은 이 재화를 생산하는 국내 산업에게 국내 시장의 독점[89]을 다소간 보장[90]해준다. 외국으로부터의 가축[91]·소금에 절인 식품[92]의 수입 금지는 영국의 목축[93] 업자에게 푸주 고기에 대한 국내 시장의 독점을 보장해 주었다. 곡물[94] 수입에 부과[95]되는 높은 관세(상당히 풍족[96]한 때는 수입 금지와 같다.)는 곡물 생산자에게 동일한 이득을 준다. 동일한 방식으로 다른 많은 분야[97]의 제조업자도 영국에서 자국인에 대해 완전히 또는 거의 완전히 독점을 얻었다. 영국으로의 수입이 절대적으로 또는 일정한 조건 하에서 금지된 재화들의 다양성은 관세법에 정통하지 못한 사람들이 상상하는 것보다 훨씬 많다. 국내 시장의 이와 같은 독점은 이것을 누리는 특정[98] 산업에게 종종 큰 자극을 줄 뿐만 아니라, 독점이 없었을 경우 그 것으로 향했을 것보다 더 큰 노동·자본[99]을 그 산업에 보낸다는 사실은 의심할 바 없다. 그러나 그것이 총노동을 증가시키거나 가장 유리한 방향으로 이끄는 경향이 있는가는 그렇게 분명하지는 않다.

　사회의 총노동은 그 사회의 자본이 고용[100]할 수 있는 것을 초과[101]할 수 없다. 각 개인에 의해 고용되는 노동자의 수가 그의 자본과 일정한 비율[102]을 유지[103]하는 것처럼 한 거대한 사회의 모든 구성원에 의해 계속 고용될 수 있는 노동자의 수는 그 사회의 총자본과 일정한 비율을 유지하며 그 비율을 넘어설 수는 없다. 무역[104]에 대한 어떠한 규제[105]도 자본이 유지할 수 있는 것을 초과해 그 사회의 노동량[106]을 증대시킬 수는 없다. 규제는 (규제가 없었을 경우와는) 다른 방향으로 노동의 일부를 전환[107]시킬 수 있을 뿐이며, 이러한 인위적인 방향 설정[108]이 노동이 스스로 향했을 방향보다 사회에 더욱 유익할 것인가는 결코 확실[109]하지 않다.

　각 개인은 그가 지휘[110]할 수 있는 자본을 가장 유리한 방법으로 사용하려고 힘쓴다. 그의 관심사[111]는 사실 자기 자신의 이익[112]이지 사회의 이익은 아니다. 그러나 자기 자신의 이익을 추구[113]하는 것이 자연스럽게 또는 오히려 필연적으로 그로 하여금 (사회에 가장 유익한) 투자[114]를 선호[115]하게 한다. 각 개인은 가능하면 가까운 곳에, 될 수 있는 한 국내 산업을 지원[116]하도록 자기의 자본을 투자하도록 노력한다. 그리고 국내 산업의 지원에 자기의 자본을 사용하는 각 개인은 노동 생산물이 가능한 최대의 가치[117]를 갖도록 노동을 지휘하려고 반드시 애쓴다. 사실 그는 공공[118]의 이익을 증진[119]시키려고 의도[120]한 것도 아니며 그가 얼마나 기여[121]하는지도 알지 못한다. 해외[122] 산업보다 국내 산업의 지원을 선호함으로써 그는 오직 자신의 이득을 의도한 것이다. 그는 이렇게 함으로써 (다른 많은 경우와 같이) '보이지 않는 손(invisible hand)'에 이끌려 그가 전혀 의도하지 않은 목적을 증진시키게 된다. 그는 자기 자신의 이익을 추구함으로써 종종 그 자신이 진실로 사회의 이익을 증진시키려고 의도하는 경우보다 더욱 효과적으로 그것을 증진시킨다.

애덤 스미스 – 「보이지 않는 손」

(83) 재화 (　　　　)　　(84) 수입 (　　　　)

(85) 관세 (　　　　)　　(86) 절대적 (　　　　)

(87) 금지 (　　　　)　　(88) 제한 (　　　　)

(89) 독점 (　　　　)　　(90) 보장 (　　　　)

(91) 가축 (　　　　)　　(92) 식품 (　　　　)

(93) 목축 (　　　　)　　(94) 곡물 (　　　　)

(95) 부과 (　　　　)　　(96) 풍족 (　　　　)

(97) 분야 (　　　　)　　(98) 특정 (　　　　)

(99) 자본 (　　　　)　　(100) 고용 (　　　　)

(101) 초과 (　　　　)　　(102) 비율 (　　　　)

(103) 유지 (　　　　)　　(104) 무역 (　　　　)

(105) 규제 (　　　　)　　(106) 노동량 (　　　　)

(107) 전환 (　　　　)　　(108) 설정 (　　　　)

(109) 확실 (　　　　)　　(110) 지휘 (　　　　)

(111) 관심사 (　　　　)　　(112) 이익 (　　　　)

(113) 추구 (　　　　)　　(114) 투자 (　　　　)

(115) 선호 (　　　　)　　(116) 지원 (　　　　)

(117) 가치 (　　　　)　　(118) 공공 (　　　　)

(119) 증진 (　　　　)　　(120) 의도 (　　　　)

(121) 기여 (　　　　)　　(122) 해외 (　　　　)

4. 다음 漢字와 뜻이 反對 또는 相對되는 漢字를 쓰시오.(123~132)

(123) (　　　) - 薄德　　(124) (　　　) - 淡

(125) 明 - (　　　)　　(126) (　　　) - 借

(127) 教師 - (　　　)　　(128) (　　　) - 妹

(129) 集合 - (　　　)　　(130) (　　　) - 怨恨

(131) 慶 - (　　　)　　(132) 前期 - (　　　)

5. 다음 漢字語의 (　)속에 알맞은 漢字를 쓰시오.(133~147)

(133) (　　)炭之間　　(134) 磨斧爲(　　)

(135) 舉(　　)齊眉　　(136) 勸善(　　)惡

(137) 主客顚(　　)　　(138) 夏(　　)冬扇

(139) 瓜田不(　　)履　　　(140) 自繩自(　　)

(141) (　　)掌大笑　　　(142) 屋上(　　)屋

(143) 博而不(　　)　　　(144) (　　)越同舟

(145) 抱腹(　　)倒　　　(146) 心(　　)一轉

(147) (　　)角殺牛

6. 다음 漢字의 部首를 쓰시오.(148~157)

(148) 鹿 (　　)　　　(149) 季 (　　)

(150) 各 (　　)　　　(151) 且 (　　)

(152) 堉 (　　)　　　(153) 盾 (　　)

(154) 突 (　　)　　　(155) 酉 (　　)

(156) 靑 (　　)　　　(157) 寶 (　　)

7. 다음 漢字와 같은 뜻의 漢字를 (　　)속에
　　넣어 漢字語를 만드시오.(158~167)

(158) 訴(　　)　　　(159) (　　)造

(160) 永(　　)　　　(161) 監(　　)

(162) (　　)畵　　　(163) 匪(　　)

(164) (　　)關　　　(165) 樣(　　)

(166) 輔(　　)　　　(167) (　　)滯

8. 다음 漢字와 소리는 같으나, 뜻이 다른
　　漢字語를 쓰시오.(168~177)

(168) 飛翔. (　　　　) - 정상적인 상태가 아님

(169) 孤兒. (　　　　) - 고상하고 우아함

(170) 官吏. (　　　　) - 어떤 일을 맡아서 관할
　　　　　　　　　　　하고 처리함

(171) 靈前. (　　　　) - 먼저 있던 자리보다 더
　　　　　　　　　　　좋은 자리로 옮김

(172) 取捨. (　　　　) - 식사를 마련함

(173) 豪酒. (　　　　) - 오스트레일리아의 한자
　　　　　　　　　　　식 표기

(174) 調帶. (　　　　) - 낚시터

(175) 同視. (　　　　) - 어린이를 위한 시

(176) 社稷. (　　　　) - 법에 따라 일의 옳고
　　　　　　　　　　　그름을 가리는 사람

(177) 藥師. (　　　　) - 간략하게 줄여서 적은
　　　　　　　　　　　역사

9. 다음 漢字語의 뜻을 쓰시오.(178~187)

(178) 鼎立 :

(179) 蜃氣樓 :

(180) 扶桑 :

(181) 尖兵 :

(182) 壟斷 :

(183) 穩當 :

(184) 棋譜 :

(185) 銘菓 :

(186) 硯池 :

(187) 懷妊 :

10. 다음 漢字語 중 첫 音節이 長音인 것을
　　고르시오.(188~197)

(188) ①追敍 ②細密 ③聯邦 ④卒倒

(189) ①射亭 ②射擊 ③射程 ④射手

(190) ①簡略 ②簡潔 ③簡易 ④簡單

(191) ①隣接 ②宗廟 ③贈與 ④預金

(192) ①直徑 ②匹馬 ③要塞 ④振動

(193) ①願望 ②園藝 ③元祖 ④圓形

(194) ①審問 ②尋訪 ③甚難 ④心身

(195) ①焚香 ②奮鬪 ③粉末 ④分析

(196) ①思索 ②四方 ③私立 ④師弟

(197) ①山城 ②傘下 ③酸素 ④散步

11. 다음 漢字의 略字를 쓰시오.(198~200)

(198) 鑄　　　　　　(199) 濕

(200) 劍

▶ 정답은 543쪽

1. 다음 漢字語의 讀音을 쓰시오.(1~50)

(1) 顚覆	(2) 隱匿
(3) 恍惚	(4) 宮闕
(5) 天涯	(6) 攄得
(7) 斡旋	(8) 零細
(9) 推敲	(10) 看做
(11) 摩擦	(12) 湖畔
(13) 絃樂器	(14) 慙愧
(15) 書架	(16) 掌握
(17) 雌雄	(18) 釋奠
(19) 魁偉	(20) 隣境
(21) 胥吏	(22) 蒸溜水
(23) 癡呆	(24) 鍵盤
(25) 奴僕	(26) 刪削
(27) 步幅	(28) 耘耔
(29) 酪農業	(30) 俸祿
(31) 編纂	(32) 膾炙
(33) 倭式	(34) 稜線
(35) 孵卵	(36) 侯爵
(37) 表彰	(38) 姙娠
(39) 腰痛	(40) 寵愛
(41) 釀造場	(42) 賦役
(43) 駿馬	(44) 描寫
(45) 饌盒	(46) 堪耐
(47) 潰滅	(48) 郵遞局
(49) 擾亂	(50) 粉碎

2. 다음 漢字의 訓과 音을 쓰시오.(51~82)

(51) 艶	(52) 企
(53) 肖	(54) 邏
(55) 宕	(56) 剩
(57) 魅	(58) 嶼
(59) 敲	(60) 融
(61) 胄	(62) 札
(63) 排	(64) 療
(65) 蹴	(66) 軀
(67) 紡	(68) 鎭
(69) 罹	(70) 歇
(71) 孵	(72) 廠
(73) 耽	(74) 滓
(75) 摩	(76) 阜
(77) 諱	(78) 秧
(79) 頒	(80) 荊
(81) 朕	(82) 喫

3. 다음 설명에 맞는 漢字語를 漢字로 쓰시오.(83~122)

최근에 일반인들이 생물학 및 생명공학[83]에 관하여 가장 많이 접하는 말이 '게놈 프로젝트'일 것이다. 하지만, 이에 수반[84]되는 기초 지식[85]에 대해서는 언급[86]하는 곳이 그리 흔하지 않은 것 또한 사실[87]이다. 여기에서는 '게놈프로젝트'에 대한 전반적[88]인 기초 사항[89]과 그 계획[90]의 완료[91]에 따른 영향[92]을 살펴보고자 한다.

얼마 전에 우리나라를 방문[93]했던 '제 3의 물결'의 작가 앨빈 토플러는 다음 '제 4의 물결'은 인터넷을 이용한 디지털과 생명공학에 의한 혁명[94]이 될 것이라고 예측[95]했다. 20세기 기계, 전자[96]분야 등 기술문명의 발달[97]은 우리의 삶 자체를 바꾸어 놓았을 뿐 아니라 생물학[98]의 기반[99]마저도 뿌리 채 바꾸어 놓았다. 예를 들어, 각 생물 조직의 관찰[100]이 가능한 초정밀 전자 현미경[101]의 등장은 세포[102]의 조직 관찰에 머물렀던 생물학을

염색체[103]의 구조 뿐 아니라 분자의 구조마저 파악[104]할 수 있게 하였으며,각종 정밀[105] 분석[106] 기기의 발달은 우리에게 익숙지 않은 ng(10-9g) 단위[107]의 물질을 다룰 수 있는 힘을 주었다. 이에 힘입어 과학자들은 과거와는 다른 방식[108]으로 접근하여 생물체를 이루는 분자적인 구조에까지 그 연구범위[109]를 넓히게 되었다.

생물학은 1953년 왓슨과 크릭이라는 두 젊은 과학자에 의해서 생물체의 유전[110] 전달[111] 물질인 DNA의 구조가 밝혀지면서 새로운 전기[112]를 맞이하게 되었으며, 모든 생명현상이 DNA에 암호화[113]되어 있는 유전자와 유전자에서 발현되는 단백질에 의해서 조절[114]됨을 알고 유전자에 대한 연구가 진행되었는데, 특히 1983년 헌팅턴병(주1), 1987년 근디스트로피(주2) 등의 유전병을 일으키는 유전자가 실제로 확인된 후, 여러 가지 병(특히, 유전병)의 발생이 유전자의 변이에 의해 일어남을 알게 되면서 각 유전자를 만드는 암호가 담겨있는 DNA의 서열[115]을 확인하려는 작업에 활기를 띄게 되었고, 이에 따라 생명체의 DNA의 서열을 모두 밝히려는 계획이 수립[116]되었는데, 이것이 바로 '게놈프로젝트'이다.

(…중략…)

이와 같은 '게놈프로젝트'는 크게 두 가지 방법으로 이루어져 왔는데, 하나는 인간의 DNA를 10배로 준비[117]해서 작은 단위의 절편으로 자른 다음, 이 절편들을 순서대로 맞추어 늘어놓고(과학자들은 염색체 지도를 만든다고 표현한다) 순서대로 서열을 읽는 방법과, 다른 하나는 인간의 DNA를 무작위[118]로 자른 다음 무작위로 자른 절편의 서열을 무조건 읽은 후 그림 조각 맞추듯이 서열을 끼워 맞추는 방법이다. 미정부[119] 주도[120]의 '게놈프로젝트'는 전자의 방법으로 진행되었으나, 셀레라라는 민간 벤처 회사에서 슈퍼컴퓨터의 등장과 퍼킨엘머라는 회사에서 개발한 자동 DNA서열 분석기의 등장에 힘입어 후자의 방법을 사용하여 그 기한[121]을 4년 가까이 앞당기게 되었으며, 이에 자극을 받은 미정부 주도의 게놈사업단 역시 초안[122]의 발표 기한을 앞당기기에 이르렀다.

최내윤 - 「게놈 프로젝트가 우리에게 미칠 영향」
(서울 예술대학 5월 학보)

(83) 생명공학 (   )　(84) 수반 (   )

(85) 지식 (   )　　(86) 언급 (   )

(87) 사실 (   )　　(88) 전반적 (   )

(89) 사항 (   )　　(90) 계획 (   )

(91) 완료 (   )　　(92) 영향 (   )

(93) 방문 (   )　　(94) 혁명 (   )

(95) 예측 (   )　　(96) 전자 (   )

(97) 발달 (   )　　(98) 생물학 (   )

(99) 기반 (   )　　(100) 관찰 (   )

(101) 현미경 (   )　(102) 세포 (   )

(103) 염색체 (   )　(104) 파악 (   )

(105) 정밀 (   )　　(106) 분석 (   )

(107) 단위 (   )　　(108) 방식 (   )

(109) 범위 (   )　　(110) 유전 (   )

(111) 전달 (   )　　(112) 전기 (   )

(113) 암호화 (   )　(114) 조절 (   )

(115) 서열 (   )　　(116) 수립 (   )

(117) 준비 (   )　　(118) 무작위 (   )

(119) 미정부 (   )　(120) 주도 (   )

(121) 기한 (   )　　(122) 초안 (   )

4. 다음 漢字와 뜻이 反對 또는 相對되는 漢字를 쓰시오.(123~132)

(123) (   ) - 經度　　(124) (   ) - 夕

(125) 甘 - (   )　　(126) (   ) - 對答

(127) 單數 - (   )　　(128) (   ) - 兵卒

(129) 盛 - (   )　　(130) (   ) - 冷

(131) 玉 - (   )　　(132) 任職 - (   )

5. 다음 漢字語의 (   )속에 알맞은 漢字를 쓰시오.(133~147)

(133) (   )牛充棟　　(134) 赤手空(   )

(135) 韋(   )三絶　　(136) 畵蛇(   )足

(137) 首鼠兩(　　)   (138) 珍(　　)盛饌

(139) 龍尾(　　)湯   (140) 天眞爛(　　)

(141) (　　)眉之急   (142) 鼓腹(　　)壤

(143) 同價紅(　　)   (144) (　　)亡齒寒

(145) 口蜜(　　)劍   (146) 孤(　　)奮鬪

(147) (　　)小棒大

6. 다음 漢字의 部首를 쓰시오.(148~157)

(148) 其 (　　)   (149) 香 (　　)

(150) 囊 (　　)   (151) 憩 (　　)

(152) 條 (　　)   (153) 魔 (　　)

(154) 勳 (　　)   (155) 乞 (　　)

(156) 衷 (　　)   (157) 龍 (　　)

7. 다음 漢字와 같은 뜻의 漢字를 (　)속에 넣어 漢字語를 만드시오.(158~167)

(158) 境(　　)   (159) (　　)繼

(160) 討(　　)   (161) 跳(　　)

(162) (　　)育   (163) 鍛(　　)

(164) (　　)謬   (165) (　　)面

(166) 網(　　)   (167) (　　)傭

8. 다음 漢字와 소리는 같으나, 뜻이 다른 漢字語를 쓰시오.(168~177)

(168) 所願. (　　　　) － 친분 관계가 서로 멂

(169) 嘉尙. (　　　　) － 사실이 아닌 것을 사실처럼 가장해 생각함

(170) 寬容. (　　　　) － 습관적으로 자주 씀

(171) 壁紙. (　　　　) － 도시에서 멀리 떨어져 으슥하고 외진 곳

(172) 切開. (　　　　) － 신념이나 신의를 굽히거나 변하지 않는 태도

(173) 慰靈. (　　　　) － 명령을 위반함

(174) 類書. (　　　　) － 전해오는 까닭과 내력

(175) 調治. (　　　　) － 어떤 문제를 해결하기 위해 필요한 대책

(176) 堂姪. (　　　　) － 당분이 들어간 물질

(177) 輔相. (　　　　) － 남에게 끼친 재산상의 손해를 금전으로 갚음

9. 다음 漢字語의 뜻을 쓰시오.(178~187)

(178) 秋毫 :

(179) 崩御 :

(180) 合併 :

(181) 揷畵 :

(182) 權柄 :

(183) 幻滅 :

(184) 營繕 :

(185) 前哨戰 :

(186) 落塵 :

(187) 雌伏 :

10. 다음 漢字語 중 첫 音節이 長音인 것을 고르시오.(188~197)

(188) ①卑賤 ②貪慾 ③城郭 ④婚姻

(189) ①行實 ②行軍 ③行動 ④行進

(190) ①料食 ②料金 ③料量 ④料理

(191) ①愚鈍 ②聰明 ③顧客 ④態度

(192) ①牆外 ②和暢 ③禁煙 ④忌避

(193) ①中世 ②衆議 ③週日 ④周邊

(194) ①年次 ②聯合 ③研磨 ④連結

(195) ①禍根 ②華麗 ③化粧 ④和音

(196) ①聰明 ②銃口 ③叢集 ④總帥

(197) ①齒科 ②稚拙 ③治安 ④致仕

11. 다음 漢字의 略字를 쓰시오.(198~200)

(198) 讀   (199) 稱

(200) 壓

➡ 정답은 543쪽

【1급 예상문제 정답】

<제1회>

(1) 가혹　(2) 시사　(3) 휴게실
(4) 혐기　(5) 단련　(6) 방황
(7) 족보　(8) 인색　(9) 강경
(10) 점막　(11) 분위기　(12) 미혹
(13) 화훼　(14) 위촉　(15) 살륙
(16) 포펌　(17) 대만　(18) 신속
(19) 흔적　(20) 군핍　(21) 주조
(22) 목멱산　(23) 외설　(24) 측은
(25) 해학　(26) 남여　(27) 투시
(28) 완만　(29) 혈액형　(30) 소양
(31) 교란　(32) 명정　(33) 습지
(34) 교차로　(35) 퇴락　(36) 안장
(37) 조예　(38) 연근　(39) 창궐
(40) 헌정　(41) 방파제　(42) 옹진
(43) 잉태　(44) 각계　(45) 체결
(46) 살포　(47) 조급　(48) 간헐천
(49) 야기　(50) 범종

(51) 무궁화 근　(52) 근심할 휼
(53) 높을 앙　(54) 머릿골 뇌
(55) 살필 감　(56) 밀가루 면
(57) 떨어질 타　(58) 드릴 정
(59) 쥐 서　(60) 과자 과
(61) 문란할 문　(62) 봉황 황
(63) 여러 루　(64) 모을 췌
(65) 메울 전　(66) 굳셀 의
(67) 턱 악　(68) 기울 선
(69) 학교 상　(70) 역말 역
(71) 차려낼 찬　(72) 주머니 낭
(73) 녹을 용　(74) 엄지손가락 벽
(75) 교만할 교　(76) 베낄 등
(77) 회오리바람 표　(78) 삶을 자
(79) 이을 사　(80) 뇌물 뢰
(81) 아름다울 가　(82) 무너질 퇴

(83) 朝鮮　(84) 白頭山　(85) 報告　(86) 鴨綠江　(87) 境界
(88) 實測　(89) 提議　(90) 禮曹　(91) 監司　(92) 首領
(93) 頂上　(94) 通譯官　(95) 指定　(96) 決定　(97) 相議
(98) 標示　(99) 經費　(100) 負擔　(101) 定界碑　(102) 地點
(103) 碑文　(104) 邊境　(105) 調査　(106) 分水嶺　(107) 倂記
(108) 發源　(109) 合流　(110) 該當　(111) 包含　(112) 工事
(113) 錯覺　(114) 處罰　(115) 植民地　(116) 放置　(117) 日帝
(118) 滿洲　(119) 占領　(120) 迷宮　(121) 寫眞　(122) 資料

(123) 雌　(124) 前進　(125) 裏面　(126) 干　(127) 罰金
(128) 難　(129) 淺　(130) 乾　(131) 醜女 / 美男　(132) 缺席

(133) 紅　(134) 夢　(135) 鐵　(136) 拔　(137) 鳴
(138) 機　(139) 碎　(140) 粟　(141) 神　(142) 釋
(143) 憐　(144) 漁　(145) 腐　(146) 裏　(147) 結

(148) 二　(149) 臼　(150) 飛　(151) 一　(152) 肉
(153) 土　(154) 幺　(155) 玉　(156) 舟　(157) 大

(158) 寶　(159) 覺　(160) 盛　(161) 掠. 奪　(162) 尋
(163) 慧　(164) 群　(165) 賈　(166) 集　(167) 牽

(168) 優秀　(169) 懷柔　(170) 潮流　(171) 踏査　(172) 赦免
(173) 招待　(174) 指導　(175) 辛苦　(176) 僞裝　(177) 端緒

(178) 말이나 행동의 앞뒤가 서로 맞지 않음
(179) 붓을 휘둘러 글씨를 쓰거나 그림을 그림
(180) 사물의 시초. 기원
(181) 널리 이곳저곳을 다니며 찾음 / 책을 이것저것 읽음
(182) 큰 소용은 못되지만 버리기에는 아까운 사물
(183) 흔히 쓰이지 않는 낯선 글자
(184) 점차적으로 조금씩 침략해 먹어 들어감
(185) 결혼하기에 적당한 여자의 나이 / 벼슬의 임기가 다 된 해
(186) 붕새가 날아가는 거리. 즉 아득히 먼 길
(187) 신체, 기술, 문화 등이 충분히 발달하여 있음

(188) ④　(189) ②　(190) ①　(191) ②　(192) ③
(193) ②　(194) ④　(195) ③　(196) ①　(197) ①

(198) 殘　(199) 択　(200) 党

<제2회>

(1) 균열　(2) 말갈　(3) 풍미
(4) 정박　(5) 선풍기　(6) 낙관
(7) 추대　(8) 몽매　(9) 자상
(10) 비등　(11) 주저　(12) 왜곡
(13) 기호　(14) 번리　(15) 조치
(16) 함자　(17) 부고　(18) 경칩
(19) 첨성대　(20) 유괴　(21) 발아
(22) 추세　(23) 천착　(24) 탄강
(25) 능가　(26) 원앙금　(27) 환기
(28) 모독　(29) 위축　(30) 준동
(31) 탑승객　(32) 사료　(33) 의아
(34) 첩운　(35) 참극　(36) 조밀
(37) 생강　(38) 환각제　(39) 열람
(40) 억측　(41) 패설　(42) 사선
(43) 도살장　(44) 계사　(45) 간극
(46) 희소　(47) 적거　(48) 경멸
(49) 주렴　(50) 폐백

(51) 밝힐 천　(52) 사냥할 렵
(53) 고치 견　(54) 비유할 비
(55) 팔뚝 완　(56) 도롱이 사
(57) 부딪힐 돌　(58) 터질 탄
(59) 부끄러울 수　(60) 산기슭 록
(61) 선비 언　(62) 여울 단
(63) 술 괼 효　(64) 머무를 주
(65) 밟을 도　(66) 낳을 만
(67) 엉길 응　(68) 비녀 잠
(69) 더위잡을 반　(70) 자랑할 현
(71) 벨 참　(72) 사로잡을 금
(73) 부엌 주　(74) 삼갈 신
(75) 짙을 농　(76) 으뜸 패
(77) 애오라지 료　(78) 목 경
(79) 넘어질 폐/죽을 폐　(80) 밤 소
(81) 능가할 릉/업신여길 릉　(82) 가위 전

(83) 遺物　(84) 保存　(85) 發音　(86) 都邑　(87) 標榜
(88) 領土　(89) 回復　(90) 强烈　(91) 軍士　(92) 反(叛)旗
(93) 恩義　(94) 遺民　(95) 支配力　(96) 英雄　(97) 暴君
(98) 與否　(99) 斷言　(100) 遷都　(101) 待接　(102) 祠堂
(103) 山城　(104) 宮闕　(105) 頹落　(106) 民衆　(107) 口碑
(108) 傳說　(109) 案山　(110) 王朝　(111) 痛哭　(112) 恨歎
(113) 相對的　(114) 評價　(115) 葛藤　(116) 開京　(117) 逃亡
(118) 待遇　(119) 要塞地　(120) 幽閉　(121) 零落　(122) 行蹟(跡,績)

(123) 疏　(124) 實名　(125) 獸　(126) 優等　(127) 悲劇
(128) 彼　(129) 敗北　(130) 賣　(131) 婦　(132) 陰極

(133) 鷄　(134) 將　(135) 餘　(136) 桃　(137) 防
(138) 顔　(139) 傍　(140) 求　(141) 良　(142) 顯
(143) 尾　(144) 優　(145) 碧　(146) 慮　(147) 空

(148) 口　(149) 匕　(150) 干　(151) 音　(152) 缶
(153) 土　(154) 隹　(155) 穴　(156) 又　(157) 而

(158) 蔬　(159) 洗　(160) 厚 / 篤　(161) 餓　(162) 連
(163) 賊　(164) 釋 / 追　(165) 揚　(166) 當　(167) 災

(168) 槪觀　(169) 收拾　(170) 選定　(171) 臟器　(172) 鎭靜
(173) 商號　(174) 至急　(175) 管掌　(176) 首席　(177) 經費

(178) 과녁의 한가운데가 되는 점 / 목표 또는 핵심이 되는 것
(179) 우리나라를 예스럽게 이르는 말
(180) 뻔뻔하고 염치없는 사람
(181) 검사하고 열람함
(182) 덧붙여서 자세하게 설명함
(183) 하나하나 들어서 얘기함
(184) 외국에 가서 사는 동포
(185) 썩 잘 달리는 좋은 말
(186) 공산당 소속으로 활약하는 게릴라군
(187) 보석 등을 새기거나 쫌 / 시문의 자구를 아름답게 다듬음

(188) ③　(189) ②　(190) ④　(191) ①　(192) ②
(193) ④　(194) ②　(195) ①　(196) ①　(197) ③

(198) 声　(199) 号　(200) 点

<제3회>

(1) 취지 (2) 열반 (3) 풍요
(4) 울릉도 (5) 맹서 (6) 빙자
(7) 도습 (8) 공감 (9) 제읍
(10) 약탈 (11) 시랑 (12) 초췌
(13) 회뢰 (14) 멸균 (15) 사형수
(16) 비방 (17) 촬영 (18) 응징
(19) 전형 (20) 한증막 (21) 웅담
(22) 산파 (23) 마대 (24) 조롱
(25) 황무지 (26) 배아 (27) 팽창
(28) 양잠 (29) 운반 (30) 낭패
(31) 밀랍 (32) 징비록 (33) 무희
(34) 수척 (35) 즐비 (36) 협착
(37) 노획 (38) 영어 (39) 수선
(40) 단백질 (41) 핍박 (42) 적막
(43) 희생 (44) 등사 (45) 작록
(46) 탁아소 (47) 괄호 (48) 연주
(49) 매장 (50) 화교

(51) 뚫을 착 (52) 안방 규
(53) 언뜻 볼 별 (54) 기릴 포
(55) 어루만질 무 (56) 우아할 아
(57) 불땔 취 (58) 간할 간
(59) 풀 호 (60) 원통할 원
(61) 푸를 창 (62) 모질 학
(63) 사치할 사 (64) 막을 어
(65) 편안할 온 (66) 수레 울릴 굉
(67) 짖 고 (68) 빠를 신
(69) 정실 적 (70) 어지러울 분
(71) 물어줄 배 (72) 나이 령
(73) 더부살이할 교 (74) 실 산
(75) 무덤 총 (76) 공 훈
(77) 좋아할 기 (78) 안장 안
(79) 고양이 묘 (80) 기침 해
(81) 빌 광 (82) 만날 조

(83) 生存 (84) 變異 (85) 作用 (86) 强力 (87) 原理
(88) 自然界 (89) 適用 (90) 飼育 (91) 動物 (92) 一般的
(93) 直接的 (94) 變種 (95) 創造 (96) 出現 (97) 累積
(98) 無意識的 (99) 狀態 (100) 露出 (101) 條件 (102) 複雜
(103) 密接 (104) 構造 (105) 多樣性 (106) 留念 (107) 有益
(108) 鬪爭 (109) 想像 (110) 個體 (111) 誕生 (112) 利點
(113) 機會 (114) 繁殖 (115) 些少 (116) 程度 (117) 嚴格
(118) 除去 (119) 差異 (120) 最適者 (121) 要所 (122) 固定

(123) 動 (124) 氷 (125) 減少 (126) 近視 (127) 臣
(128) 禍 (129) 誤答 (130) 成功 (131) 揚 (132) 短點

(133) 惑 (134) 仁 (135) 凉 (136) 阿 (137) 律
(138) 强 (139) 補 (140) 飯 (141) 傷 (142) 愚
(143) 衡 (144) 龍 (145) 煙 (146) 離 (147) 浩

(148) 儿 (149) 曰 (150) 麻 (151) 人 (152) 子
(153) 瓦 (154) 魚 (155) 行 (156) 牛 (157) 赤

(158) 度 (159) 試 (160) 態 (161) 倣 (162) 救
(163) 弄 (164) 收 (165) 傑 / 秀 (166) 握 (167) 逃

(168) 恐怖 (169) 沙器 (170) 分數 (171) 乾燥 (172) 火葬
(173) 架設 (174) 財貨 (175) 射手 (176) 負傷 (177) 認定

(178) 마음이 시달려서 괴로움
(179) 사물이 비롯된 맨 처음
(180) 지체 높은 사람을 찾아 뵘
(181) 마룻대와 들보 / 집안이나 나라에 기둥이 될 만한 인물
(182) 높이 뛰어오름 / 급격히 발전되거나 향상됨
(183) 계약, 조약 등에서 정해진 하나하나의 조항
(184) 슬기와 재주가 남달리 뛰어난 젊은이
(185) 남을 부추겨 못된 일을 하게 함
(186) 가톨릭에서 죄를 지은 사람의 영혼이 천국에 들어가기 전에 불로 죄를 씻는다는 곳
(187) 지붕 등으로 가리지 않은 곳

(188) ① (189) ① (190) ② (191) ④ (192) ②
(193) ③ (194) ③ (195) ④ (196) ① (197) ②

(198) 駆 (199) 拡 (200) 观

<제4회>

(1) 뇌쇄 (2) 보루 (3) 상쾌
(4) 구독 (5) 번복 (6) 조감도
(7) 해후 (8) 융단 (9) 봉황
(10) 규각 (11) 포물선 (12) 충색
(13) 화첩 (14) 나포 (15) 규명
(16) 흉금 (17) 서거 (18) 편집
(19) 초록 (20) 개간 (21) 휘장
(22) 참소 (23) 와전 (24) 무도회
(25) 각료 (26) 야장 (27) 배우
(28) 필통 (29) 환관 (30) 무마
(31) 타액 (32) 윤곽 (33) 순라
(34) 주석 (35) 포주 (36) 양귀비
(37) 잔재 (38) 속박 (39) 분수대
(40) 준위 (41) 쾌도 (42) 속죄
(43) 임리 (44) 결뉴 (45) 농구
(46) 순후 (47) 전세방 (48) 훼손
(49) 금수 (50) 저작

(51) 펼 터 (52) 곳 곳 / 익숙할 관 / 꿰미 천
(53) 깊숙할 오 (54) 비슷할 불
(55) 맬 계 (56) 쫄 탁
(57) 빠질 닉 (58) 따라죽을 순
(59) 멋대로 할 천 (60) 고질 고
(61) 도울 방 (62) 씹을 작
(63) 쓰러질 미 (64) 콩팥 신
(65) 도둑 구 (66) 짤 함
(67) 흉터 흔 (68) 지을 주
(69) 눈동자 동 (70) 질펀할 만
(71) 가늘 섬 (72) 티끌 애
(73) 막힐 군 (74) 인색할 린
(75) 갈마들 체 (76) 옮길 반
(77) 부러워할 선 (78) 교활할 활
(79) 곱자 구 (80) 꾸짖을 질
(81) 술빚을 양 (82) 벗길 박

(83) 代身 (84) 機械 (85) 産業用 (86) 道具 (87) 美國
(88) 文明 (89) 陣痛 (90) 象徵 (91) 工場 (92) 變革
(93) 繁榮 (94) 高度 (95) 技術 (96) 脚光 (97) 公園
(98) 庭園 (99) 空間 (100) 勤勞者 (101) 勤務 (102) 完遂
(103) 無妨 (104) 斬新 (105) 會社 (106) 資産 (107) 從業員
(108) 費用 (109) 創造的 (110) 部品 (111) 單位 (112) 規格
(113) 消費者 (114) 劃一的 (115) 購買 (116) 專門店 (117) 滿足
(118) 樣式 (119) 促進 (120) 傾向 (121) 流通 (122) 反映

(123) 需要 (124) 贊成 (125) 寡 (126) 攻 (127) 緩行 / 徐行
(128) 勤 (129) 使 (130) 豊年 (131) 尾 (132) 輕量

(133) 螢 (134) 着 (135) 載 (136) 衝 (137) 隨
(138) 耕 (139) 揮 (140) 胎 (141) 隔 (142) 遺
(143) 腸 (144) 欺 (145) 揚 (146) 庫 (147) 乾

(148) 土 (149) 口 (150) 立 (151) 一 (152) 齒
(153) 行 (154) 肉 (155) 辰 (156) 隹 (157) 口

(158) 康 (159) 稱 / 譽 (160) 暖(煖) (161) 助 (162) 歌
(163) 壞 (164) 華 (165) 怒 (166) 眠 (167) 書

(168) 主旨 (169) 畫廊 (170) 詳述 (171) 企圖 (172) 幽明
(173) 榮枯 (174) 流轉 (175) 結繩 (176) 傳誦 (177) 救護

(178) 쓸데없는 걱정
(179) 규모가 아주 작고 빈약함
(180) 전혀 새로움
(181) 성문을 굳게 닫고 성을 지킴 / 한자리에 줄곧 머물며 버팀
(182) 바다의 평균 수면을 기준으로 하여 잰 어느 지점의 높이
(183) 학식이 깊고 학문이 많음. 또는 그런 사람
(184) 보수를 주고 병사를 고용함. 또는 그런 병사
(185) 임금이 공신에게 성(姓)을 내려주는 일
(186) 유럽과 아메리카
(187) 시장기를 면할 정도로 음식을 조금 먹음

(188) ② (189) ④ (190) ① (191) ③ (192) ③
(193) ① (194) ② (195) ④ (196) ④ (197) ③

(198) 逓 (199) 弥 (200) 誉

<제5회>

(1) 추기　(2) 고혈　(3) 사치
(4) 전철　(5) 반점　(6) 안행
(7) 갈증　(8) 도서　(9) 파충류
(10) 눌변　(11) 포도　(12) 칠판
(13) 나례　(14) 오류　(15) 수욕
(16) 질책　(17) 적개심　(18) 회명
(19) 견사　(20) 파루　(21) 정립
(22) 상서　(23) 어물전　(24) 비취
(25) 졸전　(26) 경악　(27) 현학
(28) 번식　(29) 괴뢰　(30) 예인선
(31) 돈사　(32) 처량　(33) 오열
(34) 기만　(35) 궁벽　(36) 읍양
(37) 완강　(38) 함수　(39) 삭제
(40) 당구　(41) 전당포　(42) 홍역
(43) 낙찰　(44) 굉음　(45) 곤봉
(46) 방청객　(47) 표절　(48) 긍휼
(49) 자문　(50) 농무

(51) 넘어질 전　(52) 떨어뜨릴 폄
(53) 이을 / 얽힐 락　(54) 쉴 게
(55) 비뚤어질 왜　(56) 숙일 부
(57) 비웃을 치　(58) 거리 항
(59) 잠잘 매　(60) 오줌 뇨
(61) 그릇될 류　(62) 잡을 악
(63) 시아버지 구　(64) 수저 시
(65) 깊을 준　(66) 섣달 랍
(67) 뇌물 회　(68) 도울 보
(69) 믿을 량　(70) 죽을 운
(71) 차꼬 질　(72) 가지런할 제
(73) 가혹할 가　(74) 시원할 상
(75) 돌 알　(76) 막을 차
(77) 숨길 닉　(78) 점점 초
(79) 돛 범　(80) 이길 날
(81) 굽을 왕　(82) 떠들썩할 훤

(83) 憲法　(84) 共和國　(85) 主權　(86) 要件　(87) 法律
(88) 義務　(89) 領土　(90) 韓半島　(91) 附屬　(92) 基本秩序
(93) 政策　(94) 推進　(95) 維持　(96) 侵略的　(97) 否認
(98) 安全保障　(99) 國土防衛　(100) 神聖　(101) 使命　(102) 遵守
(103) 締結　(104) 條約　(105) 承認　(106) 國際法規　(107) 公務員
(108) 奉仕者　(109) 責任　(110) 政黨　(111) 參與　(112) 運營
(113) 補助　(114) 違背　(115) 憲法裁判所　(116) 解散　(117) 提訴
(118) 審判　(119) 傳統文化　(120) 繼承　(121) 暢達　(122) 努力

(123) 東歐　(124) 愛　(125) 終　(126) 與黨　(127) 異姓
(128) 京　(129) 續　(130) 寒　(131) 迎新　(132) 私立

(133) 捲　(134) 機　(135) 頃　(136) 琢　(137) 軸
(138) 朱　(139) 授　(140) 藍　(141) 杜　(142) 芳
(143) 丈　(144) 懸　(145) 塗　(146) 顧　(147) 傾

(148) 人　(149) 黃　(150) 止　(151) 力　(152) 一
(153) 未　(154) 羽　(155) 而　(156) 内　(157) 臼

(158) 慮　(159) 墳　(160) 竟　(161) 惠　(162) 技
(163) 擁　(164) 區 / 地　(165) 迫　(166) 愛　(167) 將

(168) 數值　(169) 鍛造　(170) 持久　(171) 講壇　(172) 肖像
(173) 靜止　(174) 機先　(175) 映寫　(176) 容器　(177) 自顧

(178) 경쟁에 져서 밀려남
(179) 어떤 일을 가장 먼저 시작한 사람. 원조
(180) 본받을 만한 모범. 본보기
(181) 급박한 충격이나 충돌을 중간에서 완화시킴
(182) 자기의 주장이나 의견을 굳게 지킴
(183) 궁궐 안의 동산과 정원
(184) 범죄자에 대한 법률의 제재를 물고기에 대한 그물에 비유하여 이른 말
(185) 어떤 사실을 드러냄
(186) 남을 달래어 위로함
(187) 어떤 사태가 그대로 고정되어 좀처럼 변화가 없게 됨

(188) ②　(189) ③　(190) ①　(191) ④　(192) ②
(193) ④　(194) ①　(195) ②　(196) ③　(197) ③

(198) 恋　(199) 薬　(200) 庁

<제6회>

(1) 여항　(2) 부연　(3) 자세
(4) 보리수　(5) 편파　(6) 애로
(7) 노둔　(8) 갱도　(9) 사당
(10) 탄로　(11) 여의도　(12) 규시
(13) 형극　(14) 각저　(15) 구거
(16) 와해　(17) 편달　(18) 도요
(19) 발호　(20) 준설　(21) 시비
(22) 필경　(23) 조악　(24) 농아
(25) 연적　(26) 고막　(27) 참회록
(28) 현비　(29) 순치　(30) 곽갱
(31) 이언　(32) 철야　(33) 선반
(34) 진노　(35) 조제　(36) 의구심
(37) 함거　(38) 찬란　(39) 말초
(40) 운명　(41) 원추　(42) 권고
(43) 조국　(44) 잔혹　(45) 소모품
(46) 남획　(47) 척후　(48) 분노
(49) 간담　(50) 굴착

(51) 물뿌릴 쇄　(52) 펼 부
(53) 줄기 경　(54) 볼록할 철
(55) 희생 희　(56) 기릴 예
(57) 돛대 장　(58) 볼 첨
(59) 치우칠 벽　(60) 찧을 도
(61) 김 기　(62) 죽일 륙
(63) 거칠 조　(64) 안개 분
(65) 이끌 야　(66) 세낼 세
(67) 통할 철　(68) 번성할 번
(69) 북 고　(70) 더러울 예
(71) 헐뜯을 방　(72) 일 대
(73) 고개 현　(74) 엿볼 규
(75) 성길 / 멀 소　(76) 통곡할 통
(77) 대접할 향　(78) 헐뜯을 비
(79) 어리석을 치　(80) 볼 도
(81) 물댈 개　(82) 가슴 응

(83) 戰爭　(84) 過程　(85) 主役　(86) 英雄　(87) 儀仗
(88) 葬事　(89) 追封　(90) 王陵　(91) 規模　(92) 說話
(93) 傳承　(94) 民間神話　(95) 將軍神　(96) 高貴　(97) 血統
(98) 智慧　(99) 勇猛　(100) 晚年　(101) 榮華　(102) 銅像
(103) 傳記　(104) 暴惡　(105) 果敢　(106) 肅淸　(107) 推戴
(108) 團合　(109) 記載　(110) 內紛　(111) 舊韓末　(112) 演戲
(113) 震動　(114) 風采　(115) 描寫　(116) 畵帖　(117) 武藝
(118) 劍術　(119) 戲劇　(120) 凶賊　(121) 奇傑　(122) 歪曲

(123) 武官　(124) 賢　(125) 辱　(126) 順接　(127) 低級
(128) 當選　(129) 弟　(130) 背　(131) 他　(132) 客體

(133) 驚　(134) 縫　(135) 愼　(136) 嘗　(137) 廬
(138) 絲　(139) 觀　(140) 畏　(141) 緣　(142) 維
(143) 判　(144) 騎　(145) 留　(146) 撤　(147) 背

(148) 黑　(149) 土　(150) 厶　(151) 口　(152) 又
(153) 至　(154) 廾　(155) 禾　(156) 比　(157) 口

(158) 固　(159) 葛　(160) 勵　(161) 庫　(162) 貯
(163) 誓　(164) 旋　(165) 澤　(166) 帽　(167) 遙 / 遼

(168) 奮起　(169) 敎唆　(170) 誘導　(171) 短篇　(172) 積善
(173) 聰氣　(174) 舌禍　(175) 塗飾　(176) 支根　(177) 誠意

(178) 매우 짧은 시간. 순간
(179) 한 편으로 치우쳐 공정하지 못함
(180) 겉으로는 그럴듯해 보이나 실제로는 전혀 다르거나 아닌 것
(181) 판세나 권력 따위를 휘어잡음
(182) 신하의 상주를 임금이 재가함 / 조약의 체결에 대해 국가가 최종적으로 확인하고 동의함
(183) 중이 들고 다니는 지팡이
(184) 띠나 이엉 따위로 이은 허술한 집
(185) 군대가 어떤 곳에 머무름
(186) 손수 밥을 지어먹음
(187) 범죄 집단의 본거지

(188) ③　(189) ③　(190) ④　(191) ②　(192) ②
(193) ①　(194) ④　(195) ③　(196) ①　(197) ②

(198) 価　(199) 尽　(200) 乱

<제7회>

(1) 표방　(2) 저격　(3) 초조
(4) 진지　(5) 동량　(6) 격리
(7) 고굉　(8) 낙인　(9) 파과
(10) 해부　(11) 숙질　(12) 감당
(13) 조운　(14) 묘판　(15) 조운
(16) 등잔　(17) 선망　(18) 애도
(19) 어가　(20) 산호초　(21) 망라
(22) 파천　(23) 배낭　(24) 심오
(25) 설탕　(26) 향도　(27) 요철
(28) 사약　(29) 시호　(30) 우산
(31) 포섭　(32) 태권도　(33) 무격
(34) 은행　(35) 우회로　(36) 빈전
(37) 함양　(38) 염산　(39) 왜구
(40) 상주　(41) 소동　(42) 염습
(43) 염증　(44) 복사열　(45) 함정
(46) 체불　(47) 암시장　(48) 정수
(49) 훈작　(50) 만연

(51) 오랑캐 만　(52) 죽일 살 / 덜 쇄
(53) 원수 구　(54) 국 갱
(55) 말더듬을 눌　(56) 떳떳할 용
(57) 빼앗을 찬　(58) 그릇 명
(59) 굳을 경　(60) 병 양
(61) 괴팍할 팍　(62) 무지개 홍
(63) 염탐할 첩　(64) 벼 도
(65) 화목할 목　(66) 춤 일
(67) 멀 우　(68) 편안할 정
(69) 빛날 휘　(70) 울타리 번
(71) 주렴 렴　(72) 정성 관/항목 관
(73) 다 실　(74) 낚시 조
(75) 모을 총　(76) 신 화
(77) 답답할 울　(78) 불기 칠 태
(79) 참새 작　(80) 날 상
(81) 매울 랄　(82) 꾸짖을 견

(83) 黨爭　(84) 敍述　(85) 課題　(86) 要約　(87) 資質
(88) 鬪爭　(89) 志望者　(90) 誘發　(91) 原因　(92) 官僚
(93) 豫備　(94) 規定　(95) 書院　(96) 巢窟　(97) 科擧
(98) 成均館　(99) 儒生　(100) 加擔　(101) 集姓村　(102) 婚脈
(103) 連累　(104) 波及　(105) 呼稱　(106) 格式　(107) 節次
(108) 祭需　(109) 派閥　(110) 監視　(111) 朋黨　(112) 提起
(113) 打破　(114) 妨害　(115) 遊離　(116) 助演　(117) 適材適所
(118) 地域差別 (119) 解消　(120) 實效　(121) 答案紙　(122) 按排

(123) 黑色　(124) 祖　(125) 結果　(126) 離陸　(127) 國營
(128) 授　(129) 雨　(130) 夫　(131) 賤　(132) 否決

(133) 畵　(134) 惱　(135) 渴　(136) 度　(137) 驅
(138) 擧　(139) 定　(140) 燥　(141) 卓　(142) 墻
(143) 條　(144) 張　(145) 夢　(146) 狗　(147) 首

(148) 鹵　(149) 口　(150) 大　(151) 冂　(152) 高
(153) 車　(154) 日　(155) 角　(156) 鳥　(157) 肉

(158) 隔　(159) 眼　(160) 紅　(161) 困 / 窮 (162) 學 / 練
(163) 硏 / 鍊 (164) 富 / 餘 (165) 實　(166) 幕　(167) 誕

(168) 審査 (169) 京畿　(170) 附和　(171) 沮止　(172) 情狀
(173) 飼料 (174) 晩花　(175) 重複　(176) 深長　(177) 隨伴

(178) 땔나무를 하는 아이. 평범한 사람
(179) 거문고와 비파 / 부부 사이의 화목한 즐거움
(180) 고려, 조선 시대 때 임금 앞에서 경서를 강론하는 자리
(181) 안건을 뒤집음 / 남의 작품을 줄거리는 바꾸지 않고 다른 표현 양식을 써서 새롭게 고쳐 지음
(182) 착각해서 잘못 봄
(183) 빠져서 없어짐
(184) 출가한 여자 중
(185) 점을 친 대가로 점쟁이에게 주는 돈
(186) 비를 흠뻑 맞음
(187) 나라에 공로가 많고 벼슬이 높음. 또는 그런 집안

(188) ①　(189) ②　(190) ④　(191) ③　(192) ①
(193) ②　(194) ③　(195) ②　(196) ①　(197) ④

(198) 獻　(199) 万　(200) 静

<제8회>

(1) 도말　(2) 갈등　(3) 영롱
(4) 배회　(5) 가사　(6) 채소
(7) 침식　(8) 알력　(9) 논박
(10) 요괴　(11) 구축　(12) 천연두
(13) 익년　(14) 흔쾌　(15) 삽화
(16) 낭만　(17) 소굴　(18) 아교
(19) 치밀　(20) 쇄소　(21) 장사진
(22) 분재　(23) 맹아　(24) 응결
(25) 세척　(26) 전병　(27) 근경
(28) 포유류　(29) 유린　(30) 주륙
(31) 충성　(32) 은허　(33) 마비
(34) 광분　(35) 즐문토기　(36) 힐난
(37) 추문　(38) 녹용　(39) 교태
(40) 분진　(41) 전각　(42) 예민
(43) 옹졸　(44) 참호　(45) 해석
(46) 위궤양　(47) 목욕　(48) 서식
(49) 포착　(50) 권렴

(51) 완고할 완　(52) 추렴할 각
(53) 찾을 멱　(54) 가루 / 달갑게 여길 설
(55) 벨 주　(56) 비단 금
(57) 맞이할 요　(58) 재계할 재
(59) 넓힐 척 / 밀칠 탁　(60) 업신여길 멸
(61) 끓을 비　(62) 기름질 옥
(63) 대궐 궐　(64) 섞일 박
(65) 숨을 칩　(66) 걸 도
(67) 당길 만　(68) 만날 해
(69) 신 리　(70) 한할 감
(71) 아우를 병　(72) 놀 희
(73) 울 후　(74) 펼 / 가게 포
(75) 먹을 찬　(76) 겹칠 첩
(77) 속일 궤　(78) 부채 선
(79) 찰 패　(80) 속일 괴
(81) 눈동자 정　(82) 쌀알 립

(83) 高句麗　(84) 遺蹟(跡)　(85) 漢江　(86) 錦江　(87) 一帶
(88) 百濟　(89) 新羅　(90) 首府　(91) 土城　(92) 發掘
(93) 注目　(94) 史學者　(95) 連結　(96) 文化院　(97) 要請
(98) 博物館　(99) 依賴　(100) 確認　(101) 海拔　(102) 最高峰
(103) 哨所　(104) 地域　(105) 貯藏　(106) 構造物　(107) 原形
(108) 組織　(109) 生活相　(110) 基礎　(111) 資料　(112) 對峙
(113) 基地　(114) 着陸　(115) 施設　(116) 毁損　(117) 保護
(118) 史蹟(跡)地 (119) 復元(原) (120) 建立　(121) 設立運動 (122) 實現

(123) 有耶　(124) 貧　(125) 卑　(126) 攻擊　(127) 損害
(128) 晝間　(129) 削　(130) 上昇　(131) 盾　(132) 凶兆

(133) 誇　(134) 丁　(135) 秀　(136) 偕　(137) 戴
(138) 勝　(139) 減　(140) 魔　(141) 種　(142) 楚
(143) 髮　(144) 孤　(145) 湯　(146) 鏡　(147) 泥

(148) 舌　(149) 口　(150) 止　(151) 月(肉)　(152) 人
(153) 玄　(154) 犬　(155) 厂　(156) 宀　(157) 革

(158) 評　(159) 徒　(160) 擊　(161) 牙　(162) 憂
(163) 移　(164) 聽　(165) 辱 / 茂 (166) 妙　(167) 容

(168) 無故 (169) 將帥　(170) 約款　(171) 報道　(172) 週刊
(173) 屬性 (174) 防潮　(175) 謀士　(176) 有機　(177) 喪事

(178) 사리를 분별하지 않고 함부로 날뛰는 용맹
(179) 군사상 급하게 전하는 격문
(180) 눈길을 한곳으로 모아 가만히 바라봄
(181) 콩과 보리 / 어리석고 못난 사람
(182) 학문을 닦는 곳
(183) 매우 오랫동안
(184) 재주 있는 젊은 여자
(185) 아들을 낳음
(186) 방패와 성벽 / 나라를 지키는 군인
(187) 스승인 중이 제자에게 주는 가사와 바리때 / 불교의 깊은 뜻

(188) ④　(189) ①　(190) ②　(191) ③　(192) ③
(193) ②　(194) ①　(195) ③　(196) ④　(197) ④

(198) 団　(199) 鉄　(200) 芸

<제9회>

(1) 질곡　(2) 궤도　(3) 고요
(4) 발랄　(5) 납치　(6) 호도
(7) 의성어　(8) 상권　(9) 승하
(10) 동공　(11) 음유　(12) 비겁
(13) 긍과　(14) 섬유　(15) 앙분
(16) 첨단　(17) 훤화　(18) 융자
(19) 질색　(20) 대륙붕　(21) 완장
(22) 낙타　(23) 내하　(24) 액즙
(25) 연건평　(26) 신국　(27) 폐사
(28) 충전　(29) 첩보　(30) 소주
(31) 전대　(32) 후예　(33) 천명
(34) 기형아　(35) 주술　(36) 침체
(37) 복채　(38) 판촉　(39) 장미
(40) 매도　(41) 대퇴골　(42) 제강
(43) 예맥　(44) 한재　(45) 각성
(46) 석가모니　(47) 칙령　(48) 담천
(49) 빈축　(50) 파벌

(51) 개가 개　(52) 갈 매
(53) 티끌 진　(54) 나약할 나
(55) 꺾을 랍　(56) 잡을 지
(57) 추장할 추　(58) 내칠 출
(59) 버섯 균　(60) 먹이 이
(61) 가르칠 회　(62) 이삭 수
(63) 섶 신　(64) 면류관 면
(65) 암컷 자　(66) 용서할 사
(67) 검을 려　(68) 술 취할 정
(69) 모을 취　(70) 가둘 어
(71) 힘쓸 판　(72) 종 례
(73) 술 따를 짐　(74) 던질 포
(75) 시끄러울 소　(76) 어그러질 괴
(77) 열 벽　(78) 빨 한
(79) 싹 맹　(80) 넘어질 궐
(81) 죽일 시　(82) 비웃을 조

(83) 財貨　(84) 輸入　(85) 關稅　(86) 絶對的　(87) 禁止
(88) 制限　(89) 獨占　(90) 保障　(91) 家畜　(92) 食品
(93) 牧畜　(94) 穀物　(95) 賦課　(96) 豊足　(97) 分野
(98) 特定　(99) 資本　(100) 雇用　(101) 超過　(102) 比率
(103) 維持　(104) 貿易　(105) 規制　(106) 勞動量　(107) 轉換
(108) 設定　(109) 確實　(110) 指揮　(111) 關心事　(112) 利益
(113) 追求　(114) 投資　(115) 選好　(116) 支援　(117) 價値
(118) 公共　(119) 增進　(120) 意圖　(121) 寄與　(122) 海外

(123) 厚德　(124) 濃　(125) 暗　(126) 貸　(127) 學生
(128) 姊　(129) 分散　(130) 恩惠　(131) 弔　(132) 後期

(133) 氷　(134) 針　(135) 案　(136) 懲　(137) 倒
(138) 爐　(139) 納　(140) 縛　(141) 拍　(142) 架
(143) 精　(144) 吳　(145) 絶　(146) 機　(147) 矯

(148) 鹿　(149) 子　(150) 口　(151) 一　(152) 士
(153) 目　(154) 穴　(155) 酉　(156) 靑　(157) 宀

(158) 訟　(159) 製　(160) 久　(161) 視　(162) 圖
(163) 賊　(164) 宮　(165) 態 / 相　(166) 佐　(167) 凝 / 停

(168) 非常　(169) 高雅　(170) 管理　(171) 榮轉　(172) 炊事
(173) 濠洲　(174) 釣臺　(175) 童詩　(176) 司直　(177) 略史

(178) 솥의 발 모양으로 세 세력이 벌여 섬
(179) 빛의 이상 굴절로 엉뚱한 곳에 물건의 상이 나타나는 현상
(180) 동쪽 바다의 해뜨는 곳에 있다고 하는 신령스런 나무
(181) 미리 앞에서 적의 움직임을 살피고 경계하는 병사
(182) 이익이나 권리를 독차지함
(183) 사리에 맞고 무리가 없음
(184) 바둑 두는 법을 모아 적은 책 / 바둑이나 장기의 대국 내용을 기호로 기록한 것
(185) 유명 제과업체에서 독특한 방법으로 만들어 상표를 붙인 좋은 과자류
(186) 벼루 앞쪽에 벼룻물을 담는 오목한 자리
(187) 아이를 뱀

(188) ②　(189) ①　(190) ③　(191) ④　(192) ④
(193) ①　(194) ③　(195) ②　(196) ②　(197) ④

(198) 鑄　(199) 湿　(200) 劍

<제10회>

(1) 전복　(2) 은닉　(3) 황홀
(4) 궁궐　(5) 천애　(6) 터득
(7) 알선　(8) 영세　(9) 퇴고
(10) 간주　(11) 마찰　(12) 호반
(13) 현악기　(14) 참괴　(15) 서가
(16) 장악　(17) 자웅　(18) 석전
(19) 괴위　(20) 인경　(21) 서리
(22) 증류수　(23) 치매　(24) 건반
(25) 노복　(26) 산삭　(27) 보폭
(28) 운자　(29) 낙농업　(30) 봉록
(31) 편찬　(32) 회자　(33) 왜식
(34) 능선　(35) 부란　(36) 후작
(37) 표창　(38) 임신　(39) 요통
(40) 총애　(41) 양조장　(42) 부역
(43) 준마　(44) 묘사　(45) 찬합
(46) 감내　(47) 궤멸　(48) 우체국
(49) 요란　(50) 분쇄

(51) 고울 염　(52) 꾀할 기
(53) 닮을 초　(54) 순행할 라
(55) 방탕할 탕　(56) 남을 잉
(57) 도깨비 발　(58) 섬 서
(59) 두드릴 고　(60) 녹을 융
(61) 투구 주　(62) 패 / 편지 찰
(63) 밀칠 배　(64) 병 고칠 료
(65) 찰 축　(66) 몸 구
(67) 길쌈 방　(68) 누를 진
(69) 근심 리　(70) 쉴 헐
(71) 알깔 부　(72) 공장 창
(73) 즐길 탐　(74) 찌꺼기 재
(75) 갈 / 만질 마　(76) 언덕 부
(77) 꺼릴 휘　(78) 모 앙
(79) 나눌 반　(80) 가시나무 형
(81) 나 짐　(82) 먹을 끽

(83) 生命工學　(84) 隨伴　(85) 知識　(86) 言及　(87) 事實
(88) 全般的　(89) 事項　(90) 計劃　(91) 完了　(92) 影響
(93) 訪問　(94) 革命　(95) 豫測　(96) 電子　(97) 發達
(98) 生物學　(99) 基盤　(100) 觀察　(101) 顯微鏡　(102) 細胞
(103) 染色體　(104) 把握　(105) 精密　(106) 分析　(107) 單位
(108) 方式　(109) 範圍　(110) 遺傳　(111) 傳達　(112) 轉機
(113) 暗號化　(114) 調節　(115) 序列　(116) 樹立　(117) 準備
(118) 無作爲　(119) 美政府　(120) 主導　(121) 期限　(122) 草案

(123) 緯度　(124) 朝　(125) 苦　(126) 質問　(127) 複數
(128) 將帥　(129) 衰　(130) 溫　(131) 石　(132) 罷職

(133) 汗　(134) 拳　(135) 編　(136) 添　(137) 端
(138) 羞　(139) 鳳　(140) 漫　(141) 焦　(142) 擊
(143) 裳　(144) 脣　(145) 腹　(146) 軍　(147) 針

(148) 八　(149) 香　(150) 口　(151) 心　(152) 木
(153) 鬼　(154) 力　(155) 乙　(156) 衣　(157) 龍

(158) 界　(159) 承　(160) 伐　(161) 羅　(162) 養 / 飼
(163) 鍊　(164) 誤　(165) 顔　(166) 羅　(167) 傀

(168) 疏遠　(169) 假想　(170) 慣用　(171) 僻地　(172) 節槪
(173) 違令　(174) 由緖　(175) 措置　(176) 糖質　(177) 報償

(178) 가을철의 짐승의 털 / 매우 조금
(179) 임금이 세상을 떠남
(180) 둘 이상의 국가나 기관을 하나로 합침
(181) 신문이나 책 속에 장면 묘사를 위해 삽입된 그림
(182) 권력으로 사람을 마음대로 다룰 수 있는 힘
(183) 이상이나 희망의 환상이 사라지고 현실을 접하는 허무함
(184) 건축물 따위를 새로 짓거나 수리함
(185) 본격적인 전투가 시작되기 전의 소규모 전투
(186) 핵이 폭발할 때 핵분열로 생기는 방사능을 지닌 먼지
(187) 남에게 굴복함 / 시기를 기다리며 가만히 숨어있음

(188) ①　(189) ①　(190) ②　(191) ④　(192) ③
(193) ②　(194) ③　(195) ①　(196) ④　(197) ④

(198) 読　(199) 称　(200) 圧

부록 (附錄) 학습

- 읽기장
- 부수자 일람표

呵	哥	嘉	嫁	稼	苛	袈	駕	恪
꾸짖을 가	성 가	아름다울 가	시집갈 가	심을 가	가혹할 가	가사 가	멍에 가	삼갈 각
殼	墾	奸	揀	澗	癎	竿	艱	諫
껍질 간	개간할 간	간사할 간	가릴 간	산골물 간	간질 간	낚싯대 간	어려울 간	간할 간
喝	竭	褐	勘	堪	柑	疳	瞰	紺
꾸짖을 갈	다할 갈	갈색 갈	헤아릴 감	견딜 감	귤 감	감질 감	굽어볼 감	감색 감
匣	閘	慷	糠	腔	薑	凱	愾	漑
갑 갑	수문 갑	슬플 강	겨 강	속빌 강	생강 강	개선할 개	성낼 개	물댈 개
箇	芥	羹	醵	倨	渠	巾	腱	虔
낱 개	겨자 개	국 갱	추렴할 거	거만할 거	개천 거	수건 건	힘줄 건	공경할 건
劫	怯	偈	檄	膈	覡	繭	譴	鵑
위협할 겁	겁낼 겁	불시 게	격문 격	가슴 격	박수 격	고치 견	꾸짖을 견	두견새 견
勁	憬	梗	痙	磬	脛	莖	頸	鯨
굳셀 경	깨달을 경	줄기 경	경련 경	경쇠 경	정강이 경	줄기 경	목 경	고래 경
悸	叩	呱	拷	敲	痼	股	膏	袴
두근거릴 계	두드릴 고	울 고	칠 고	두드릴 고	고질 고	넓적다리 고	기름 고	바지 고
辜	錮	梏	鵠	昆	棍	袞	汨	拱
허물 고	막을 고	수갑 곡	고니 곡	맏 곤	몽둥이 곤	곤룡포 곤	골몰할 골	팔짱낄 공

♣ 한자(漢字)의 훈음(訓音)을 가리고, 소리내어 읽어보시오.

1급-2

鞏	顆	廓	槨	藿	棺	灌	顴	刮
굳을 공	낱알 과	둘레 곽	외관 곽	콩잎 곽	널 관	물댈 관	광대뼈 관	긁을 괄
括	匡	壙	曠	胱	卦	罫	乖	拐
묶을 괄	바를 광	뫼구덩이 광	빌 광	오줌통 광	점괘 괘	줄 괘	어그러질괴	후릴 괴
魁	宏	肱	轟	咬	喬	嬌	攪	狡
괴수 괴	클 굉	팔뚝 굉	울릴 굉	물 교	높을 교	아리따울교	흔들 교	교활할 교
皎	蛟	轎	驕	仇	嘔	垢	寇	嶇
달밝을 교	교룡 교	가마 교	교만할 교	원수 구	게울 구	때 구	도적 구	험할 구
廐	枸	柩	毆	溝	灸	矩	臼	舅
마구 구	구기자 구	널 구	때릴 구	도랑 구	뜸 구	모날 구	절구 구	시아비 구
衢	謳	軀	鉤	駒	鳩	窘	穹	躬
네거리 구	노래 구	몸 구	갈고리 구	망아지 구	비둘기 구	군색할 군	하늘 궁	몸 궁
倦	捲	眷	蹶	机	櫃	潰	詭	几
게으를 권	거둘 권	돌볼 권	일어설 궐	책상 궤	궤짝 궤	무너질 궤	속일 궤	안석 궤
硅	窺	葵	逵	橘	剋	戟	棘	隙
규소 규	엿볼 규	아욱 규	길거리 규	귤 귤	이길 극	창 극	가시 극	틈 극
覲	饉	擒	衾	襟	扱	汲	亘	矜
뵐 근	주릴 근	사로잡을금	이불 금	옷깃 금	거둘 급	물길을 급	뻗칠 긍	자랑할 긍

1급-3

伎	嗜	妓	崎	朞	杞	畸	綺	羈
재간 **기**	즐길 **기**	기생 **기**	험할 **기**	돌 **기**	구기자 **기**	뙈기밭 **기**	비단 **기**	굴레 **기**
肌	譏	拮	喫	儺	懦	拏	拿	煖
살 **기**	비웃을 **기**	일할 **길**	먹을 **끽**	푸닥거릴 **나**	나약할 **나**	잡을 **나**	잡을 **나**	더울 **난**
捏	捺	衲	囊	撚	涅	砮	駑	膿
꾸밀 **날**	누를 **날**	기울 **납**	주머니 **낭**	비빌 **년**	열반 **녈**	쇠뇌 **노**	둔한말 **노**	고름 **농**
撓	訥	紐	匿	簞	緞	蛋	撻	疸
휠 **뇨**	말더듬거릴 **눌**	맺을 **뉴**	숨길 **닉**	소쿠리 **단**	비단 **단**	새알 **단**	때릴 **달**	황달 **달**
憺	曇	澹	痰	譚	遝	撞	棠	螳
참담할 **담**	흐릴 **담**	맑을 **담**	가래 **담**	클 **담**	뒤섞일 **답**	칠 **당**	아가위 **당**	버마재비 **당**
擡	袋	堵	屠	掉	搗	淘	滔	濤
들 **대**	자루 **대**	담 **도**	죽일 **도**	흔들 **도**	찧을 **도**	쌀일 **도**	물넘칠 **도**	물결 **도**
睹	賭	禱	葡	蹈	鍍	瀆	禿	沌
볼 **도**	내기 **도**	빌 **도**	포도 **도**	밟을 **도**	도금할 **도**	도랑 **독**	대머리 **독**	엉길 **돈**
憧	疼	瞳	胴	兜	痘	臀	遁	橙
동경할 **동**	아플 **동**	눈동자 **동**	큰창자 **동**	투구 **두**	역질 **두**	볼기 **둔**	숨을 **둔**	귤 **등**
懶	癩	螺	邏	烙	酪	駱	瀾	鸞
게으를 **라**	문둥이 **라**	소라 **라**	순라 **라**	지질 **락**	쇠젖 **락**	낙타 **락**	물결 **란**	난새 **란**

剌	辣	籃	臘	蠟	狼	倆	粱	侶
발랄할 랄	매울 랄	대바구니 람	섣달 랍	밀 랍	이리 랑	재주 량	기장 량	짝 려
戾	濾	閭	黎	瀝	礫	輦	斂	殮
어그러질 려	거를 려	마을 려	검을 려	스밀 력	조약돌 력	가마 련	거둘 렴	염할 렴
簾	囹	逞	鈴	齡	撈	擄	虜	碌
발 렴	옥 령	쾌할 령	방울 령	나이 령	건질 로	노략질할 로	사로잡을 로	푸른돌 록
麓	壟	瓏	聾	傀	牢	磊	賂	寥
산기슭 록	밭두둑 롱	옥소리 롱	귀먹을 롱	꼭두각시 뢰	우리 뢰	돌무더기 뢰	뇌물 뢰	쓸쓸할 료
寮	燎	瞭	聊	壘	陋	溜	琉	瘤
동관 료	횃불 료	밝을 료	애오라지 료	보루 루	더러울 루	처마물 류	유리 류	혹 류
戮	淪	綸	慄	勒	肋	凜	凌	稜
죽일 륙	빠질 륜	벼리 륜	떨릴 률	굴레 륵	갈빗대 륵	찰 름	업신여길 릉	모날 릉
綾	菱	俚	悧	痢	籬	罹	裡	釐
비단 릉	마름 릉	속될 리	영리할 리	이질 리	울타리 리	걸릴 리	속 리	다스릴 리
吝	燐	躙	鱗	淋	笠	粒	寞	卍
아낄 린	도깨비불 린	짓밟을 린	비늘 린	임질 림	삿갓 립	낟알 립	고요할 막	만 만
彎	挽	瞞	蔓	輓	饅	鰻	抹	沫
굽을 만	당길 만	속일 만	덩굴 만	끌 만	만두 만	뱀장어 만	지울 말	물거품 말

襪	芒	惘	寐	昧	煤	罵	邁	呆
버선 **말**	까끄라기 **망**	멍할 **망**	잘 **매**	어두울 **매**	그을음 **매**	꾸짖을 **매**	갈 **매**	어리석을 **매**
萌	棉	眄	緬	麪	暝	溟	皿	螟
움 **맹**	목화 **면**	곁눈질할 **면**	멀 **면**	국수 **면**	저물 **명**	바다 **명**	그릇 **명**	멸구 **명**
酩	袂	摸	牡	耗	糢	歿	描	杳
술취할 **명**	소매 **메**	더듬을 **모**	수컷 **모**	소모할 **모**	모호할 **모**	죽을 **몰**	그릴 **묘**	아득할 **묘**
渺	猫	巫	憮	拇	撫	毋	畝	蕪
아득할 **묘**	고양이 **묘**	무당 **무**	어루만질 **무**	엄지손가락 **무**	어루만질 **무**	말 **무**	이랑 **무**	거칠 **무**
誣	蚊	媚	薇	靡	悶	謐	剝	搏
속일 **무**	모기 **문**	아첨할 **미**	장미 **미**	쓰러질 **미**	답답할 **민**	고요할 **밀**	벗길 **박**	두드릴 **박**
撲	樸	珀	箔	粕	縛	膊	駁	拌
칠 **박**	순박할 **박**	호박 **박**	발 **박**	지게미 **박**	얽을 **박**	팔뚝 **박**	논박할 **박**	버릴 **반**
攀	斑	槃	畔	礬	絆	蟠	頒	勃
더위잡을 **반**	아롱질 **반**	쟁반 **반**	밭두둑 **반**	백반 **반**	얽어맬 **반**	서릴 **반**	나눌 **반**	노할 **발**
撥	潑	跋	醱	魃	坊	厖	幇	彷
다스릴 **발**	물뿌릴 **발**	밟을 **발**	술괼 **발**	가물 **발**	동네 **방**	삽살개 **방**	도울 **방**	헤맬 **방**
昉	枋	榜	肪	膀	謗	徘	湃	胚
밝을 **방**	다목 **방**	방붙일 **방**	기름 **방**	오줌통 **방**	헐뜯을 **방**	어정거릴 **배**	물결칠 **배**	아기밸 **배**

陪	帛	魄	蕃	藩	帆	梵	氾	泛
모실 **배**	비단 **백**	넋 **백**	불을 **번**	울타리 **번**	돛 **범**	불경 **범**	넘칠 **범**	뜰 **범**
劈	擘	璧	癖	闢	瞥	鼈	瓶	餅
쪼갤 **벽**	엄지손가락**벽**	구슬 **벽**	버릇 **벽**	열 **벽**	눈깜짝할**별**	자라 **별**	병 **병**	떡 **병**
堡	洑	菩	僕	匐	輻	鰒	捧	棒
작은성 **보**	보 **보**	보살 **보**	종 **복**	길 **복**	바퀴살 **복**	전복 **복**	받들 **봉**	막대 **봉**
烽	鋒	俯	剖	咐	埠	孵	斧	腑
봉화 **봉**	칼날 **봉**	구부릴 **부**	쪼갤 **부**	분부할 **부**	부두 **부**	알깔 **부**	도끼 **부**	육부 **부**
芙	訃	賻	駙	吩	噴	忿	扮	焚
연꽃 **부**	부고 **부**	부의 **부**	부마 **부**	분부할 **분**	뿜을 **분**	성낼 **분**	꾸밀 **분**	불사를 **분**
盆	糞	雰	佛	棚	硼	繃	匕	庇
동이 **분**	똥 **분**	눈날릴 **분**	비슷할 **불**	사다리 **붕**	봉사 **붕**	묶을 **붕**	비수 **비**	덮을 **비**
憊	扉	沸	琵	砒	秕	緋	翡	脾
고단할 **비**	사립문 **비**	끓을 **비**	비파 **비**	비상 **비**	쭉정이 **비**	비단 **비**	물총새 **비**	지라 **비**
臂	蜚	裨	誹	譬	鄙	妣	痺	嚬
팔 **비**	바퀴 **비**	도울 **비**	헐뜯을 **비**	비유할 **비**	더러울 **비**	죽은어미**비**	저릴 **비**	찡그릴 **빈**
嬪	殯	濱	瀕	憑	些	嗣	奢	娑
궁녀벼슬이름**빈**	빈소 **빈**	물가 **빈**	물가 **빈**	비길 **빙**	적을 **사**	이을 **사**	사치할 **사**	춤출 **사**

♣ 한자(漢字)의 훈음(訓音)을 가리고, 소리내어 읽어보시오.

1급 – 7

徙	瀉	獅	祠	紗	蓑	麝	刪	珊
옮길 사	쏟을 사	사자 사	사당 사	비단 사	도롱이 사	사향노루 사	깎을 산	산호 산

疝	撒	煞	薩	滲	澁	孀	爽	翔
산증 산	뿌릴 살	죽일 살	보살 살	스밀 삼	떫을 삽	홀어미 상	시원할 상	날 상

觴	璽	嗇	牲	甥	壻	嶼	抒	曙
잔 상	옥새 새	아낄 색	희생 생	생질 생	사위 서	섬 서	풀 서	새벽 서

棲	犀	胥	薯	黍	鼠	潟	扇	煽
깃들일 서	무소 서	서로 서	감자 서	기장 서	쥐 서	개펄 석	부채 선	부채질할 선

羨	腺	膳	銑	屑	泄	洩	渫	殲
부러워할 선	샘 선	선물 선	무쇠 선	가루 설	샐 설	샐 설	파낼 설	다죽일 섬

閃	醒	塑	宵	搔	梳	甦	疎	瘙
번쩍일 섬	깰 성	흙빚을 소	밤 소	긁을 소	얼레빗 소	깨어날 소	성길 소	피부병 소

簫	蕭	逍	遡	贖	遜	悚	灑	碎
퉁소 소	쓸쓸할 소	노닐 소	거스를 소	속죄할 속	겸손할 손	두려울 송	뿌릴 쇄	부술 쇄

嫂	戍	狩	瘦	穗	竪	粹	繡	羞
형수 수	수자리 수	사냥할 수	여윌 수	이삭 수	세울 수	순수할 수	수놓을 수	부끄러울 수

蒐	袖	讎	酬	髓	塾	夙	菽	筍
모을 수	소매 수	원수 수	갚을 수	뼛골 수	글방 숙	이를 숙	콩 숙	죽순 순

醇	馴	膝	丞	匙	媤	弒	柿	猜
전국술 순	길들일 순	무릎 슬	정승 승	숟가락 시	시집 시	윗사람죽일시	감 시	시기할 시
謚	豺	拭	熄	蝕	呻	娠	宸	燼
시호 시	승냥이 시	씻을 식	불꺼질 식	좀먹을 식	읊조릴 신	아이밸 신	대궐 신	불탄끝 신
薪	蜃	訊	迅	悉	什	俄	啞	衙
섶 신	큰조개 신	물을 신	빠를 신	다 실	열사람 십	아까 아	벙어리 아	마을 아
訝	堊	愕	顎	按	晏	鞍	斡	軋
의심할 아	흰흙 악	놀랄 악	턱 악	누를 안	늦을 안	안장 안	돌 알	삐걱거릴알
庵	闇	怏	昂	秧	鴦	崖	曖	隘
암자 암	숨을 암	원망할 앙	높을 앙	모 앙	원앙 앙	언덕 애	희미할 애	좁을 애
靄	扼	腋	縊	櫻	鶯	冶	揶	爺
아지랑이애	잡을 액	겨드랑이액	목맬 액	앵두 앵	꾀꼬리 앵	풀무 야	야유할 야	아비 야
葯	恙	攘	瘍	釀	癢	圄	瘀	禦
꽃밥 약	병 양	물리칠 양	헐 양	술빚을 양	가려울 양	옥 어	어혈질 어	막을 어
臆	堰	諺	儼	奄	掩	繹	捐	椽
가슴 억	둑 언	언문 언	엄연할 엄	문득 엄	가릴 엄	풀 역	버릴 연	서까래 연
筵	鳶	焰	艶	嬰	曳	穢	裔	詣
대자리 연	솔개 연	불꽃 염	고울 염	어린아이영	끌 예	더러울 예	후손 예	이를 예

伍	奧	寤	懊	蘊	壅	渦	蝸	訛
다섯사람 오	깊을 오	잠깰 오	한할 오	쌓을 온	막을 옹	소용돌이 와	달팽이 와	그릇될 와
婉	宛	玩	腕	阮	頑	枉	矮	巍
순할 완	완연할 완	즐길 완	팔뚝 완	성 완	완고할 완	굽을 왕	난쟁이 왜	높고클 외
猥	僥	凹	夭	拗	擾	窈	窯	邀
외람할 외	요행 요	오목할 요	일찍죽을 요	우길 요	시끄러울 요	고요할 요	기와가마 요	맞을 요
饒	涌	聳	茸	蓉	踊	寓	虞	迂
넉넉할 요	물솟을 용	솟을 용	풀날 용	연꽃 용	뛸 용	부칠 우	염려할 우	에돌 우
隅	嵎	殞	耘	隕	冤	猿	鴛	萎
모퉁이 우	산굽이 우	죽을 운	김맬 운	떨어질 운	원통할 원	원숭이 원	원앙 원	시들 위
喩	宥	愉	揄	柚	游	癒	諛	諭
깨우칠 유	너그러울 유	즐거울 유	야유할 유	유자 유	헤엄칠 유	병나을 유	아첨할 유	타이를 유
蹂	鍮	戎	絨	蔭	揖	膺	擬	椅
밟을 유	놋쇠 유	병장기 융	가는베 융	그늘 음	읍할 읍	가슴 응	비길 의	의자 의
毅	誼	姨	弛	爾	痍	餌	翌	咽
굳셀 의	정 의	이모 이	늦출 이	너 이	상처 이	미끼 이	다음날 익	목구멍 인
湮	蚓	靭	佚	溢	剩	孕	仔	炙
묻힐 인	지렁이 인	질길 인	편안 일	넘칠 일	남을 잉	아이밸 잉	자세할 자	구울 자

煮	瓷	疵	蔗	藉	勺	嚼	灼	炸
삶을 자	사기그릇 자	허물 자	사탕수수 자	깔 자	구기 작	씹을 작	불사를 작	터질 작
綽	芍	雀	鵲	棧	盞	箴	簪	仗
너그러울 작	함박꽃 작	참새 작	까치 작	사다리 잔	잔 잔	경계 잠	비녀 잠	의장 장
匠	杖	檣	漿	薔	醬	滓	齋	錚
장인 장	지팡이 장	돛대 장	즙 장	장미 장	장 장	찌끼 재	재계할 재	쇳소리 쟁
咀	狙	箸	詛	躇	邸	豬	觝	嫡
씹을 저	원숭이 저	젓가락 저	저주할 저	머뭇거릴 저	집 저	돼지 저	씨름 저	정실 적
狄	謫	迹	剪	塡	奠	廛	悛	栓
오랑캐 적	귀양갈 적	자취 적	가위 전	메울 전	제사 전	가게 전	고칠 전	마개 전
甎	澱	煎	癲	箋	箭	篆	纏	輾
담 전	앙금 전	달일 전	미칠 전	기록할 전	살 전	전자 전	얽을 전	돌아누울 전
銓	顚	顫	餞	截	粘	霑	幀	挺
사람가릴 전	엎드러질 전	떨 전	보낼 전	끊을 절	붙을 점	젖을 점	그림족자 정	빼어날 정
町	睛	碇	穽	酊	釘	錠	靖	啼
밭두둑 정	눈동자 정	닻 정	함정 정	술취할 정	못 정	덩이 정	편안할 정	울 제
悌	梯	蹄	凋	嘲	曹	棗	槽	漕
공손할 제	사다리 제	말발굽 제	시들 조	비웃을 조	무리 조	대추 조	구유 조	배로실어나를 조

爪	眺	稠	粗	糟	繰	肇	藻	詔
손톱 조	볼 조	빽빽할 조	거칠 조	지게미 조	고치켤 조	비롯할 조	마름 조	조서 조
躁	遭	阻	簇	猝	慫	腫	踪	踵
조급할 조	만날 조	막힐 조	가는대 족	갑자기 졸	권할 종	종기 종	자취 종	발꿈치 종
挫	做	胄	呪	嗾	廚	紂	紬	註
꺾을 좌	지을 주	자손 주	빌 주	부추길 주	부엌 주	주임금 주	명주 주	글뜻풀 주
誅	躊	輳	樽	竣	蠢	櫛	汁	葺
벨 주	머뭇거릴 주	몰려들 주	술통 준	마칠 준	꾸물거릴 준	빗 즐	즙 즙	기울 즙
咫	摯	枳	祉	肢	嗔	疹	叱	嫉
여덟치 지	잡을 지	탱자 지	복 지	팔다리 지	성낼 진	마마 진	꾸짖을 질	미워할 질
帙	桎	膣	跌	迭	斟	朕	澄	叉
책권차례 질	차꼬 질	음도 질	거꾸러질 질	갈마들 질	짐작할 짐	나 짐	맑을 징	갈래 차
嗟	蹉	搾	窄	鑿	撰	簒	纂	饌
탄식할 차	미끄러질 차	짤 착	좁을 착	뚫을 착	지을 찬	빼앗을 찬	모을 찬	반찬 찬
擦	僭	塹	懺	站	讒	讖	倡	娼
문지를 찰	주제넘을 참	구덩이 참	뉘우칠 참	역마을 참	참소할 참	예언 참	광대 창	창녀 창
廠	愴	槍	漲	猖	瘡	脹	艙	菖
공장 창	슬플 창	창 창	넘칠 창	미쳐날뛸 창	부스럼 창	부을 창	부두 창	창포 창

寨	柵	凄	擲	滌	瘠	脊	喘	擅
목책 **채**	울타리 **책**	쓸쓸할 **처**	던질 **척**	씻을 **척**	여윌 **척**	등마루 **척**	숨찰 **천**	멋대로할 **천**
穿	闡	凸	綴	轍	僉	籤	諂	帖
뚫을 **천**	밝힐 **천**	볼록할 **철**	엮을 **철**	바퀴자국 **철**	다 **첨**	제비 **첨**	아첨할 **첨**	문서 **첩**
捷	牒	疊	貼	涕	諦	憔	梢	樵
빠를 **첩**	편지 **첩**	거듭 **첩**	붙일 **첩**	눈물 **체**	살필 **체**	파리할 **초**	나무끝 **초**	나무할 **초**
炒	硝	礁	稍	蕉	貂	醋	囑	忖
볶을 **초**	화약 **초**	암초 **초**	점점 **초**	파초 **초**	담비 **초**	초 **초**	부탁할 **촉**	헤아릴 **촌**
叢	塚	寵	撮	墜	椎	樞	槌	芻
떨기 **총**	무덤 **총**	사랑할 **총**	모을 **촬**	떨어질 **추**	쇠뭉치 **추**	지도리 **추**	칠 **추**	꼴 **추**
酋	錐	錘	鎚	鰍	黜	悴	膵	萃
우두머리 **추**	송곳 **추**	저울추 **추**	쇠망치 **추**	미꾸라지 **추**	내칠 **출**	파리할 **췌**	췌장 **췌**	모을 **췌**
贅	娶	翠	脆	惻	侈	嗤	幟	熾
혹 **췌**	장가들 **취**	푸를 **취**	연할 **취**	슬플 **측**	사치할 **치**	비웃을 **치**	기 **치**	성할 **치**
痔	癡	緻	馳	勅	砧	鍼	蟄	秤
치질 **치**	어리석을 **치**	빽빽할 **치**	달릴 **치**	칙서 **칙**	다듬잇돌 **침**	침 **침**	숨을 **칩**	저울 **칭**
唾	惰	楕	舵	陀	駝	擢	鐸	吞
침 **타**	게으를 **타**	길고둥글 **타**	키 **타**	비탈질 **타**	낙타 **타**	뽑을 **탁**	방울 **탁**	삼킬 **탄**

♣ 한자(漢字)의 훈음(訓音)을 가리고, 소리내어 읽어보시오.

1급-13

坦	憚	綻	眈	搭	宕	蕩	汰	答
평평할 **탄**	꺼릴 **탄**	터질 **탄**	노려볼 **탐**	탈 **탑**	호탕할 **탕**	방탕할 **탕**	일 **태**	볼기칠 **태**
苔	跆	撑	攄	慟	桶	筒	堆	腿
이끼 **태**	밟을 **태**	버틸 **탱**	펼 **터**	서러워할 **통**	통 **통**	통 **통**	쌓을 **퇴**	넓적다리 **퇴**
褪	穨	套	妒	慝	婆	巴	爬	琶
바랠 **퇴**	무너질 **퇴**	씌울 **투**	성낼 **투**	사특할 **특**	할미 **파**	꼬리 **파**	긁을 **파**	비파 **파**
芭	跛	辦	佩	唄	悖	沛	牌	稗
파초 **파**	절름발이 **파**	힘들일 **판**	찰 **패**	염불소리 **패**	거스를 **패**	비쏟아질 **패**	패 **패**	피 **패**
澎	膨	愎	鞭	騙	貶	萍	斃	陛
물소리 **팽**	불을 **팽**	강팍할 **퍅**	채찍 **편**	속일 **편**	낮출 **폄**	부평초 **평**	죽을 **폐**	대궐섬돌 **폐**
匍	咆	哺	圃	泡	疱	脯	蒲	袍
길 **포**	고함지를 **포**	먹일 **포**	채마밭 **포**	거품 **포**	물집 **포**	포 **포**	부들 **포**	도포 **포**
襃	逋	庖	曝	瀑	剽	慓	豹	飄
기릴 **포**	도망갈 **포**	부엌 **포**	쪼일 **폭**	폭포 **포**	겁박할 **표**	급할 **표**	표범 **표**	나부낄 **표**
稟	諷	披	疋	乏	逼	瑕	蝦	遐
여쭐 **품**	풍자할 **풍**	헤칠 **피**	필 **필**	모자랄 **핍**	핍박할 **핍**	허물 **하**	두꺼비 **하**	멀 **하**
霞	壑	謔	瘧	悍	澣	罕	轄	函
노을 **하**	구렁 **학**	희롱할 **학**	학질 **학**	사나울 **한**	빨래할 **한**	드물 **한**	다스릴 **할**	함 **함**

♣ 한자(漢字)의 훈음(訓音)을 가리고, 소리내어 읽어보시오.

1급-14

喊	檻	涵	緘	銜	鹹	盒	蛤	缸
소리칠 함	난간 함	젖을 함	봉할 함	재갈 함	짤 함	합 합	조개 합	항아리 항
肛	偕	咳	懈	楷	諧	邂	駭	骸
항문 항	함께 해	기침 해	게으를 해	본보기 해	화할 해	우연히만날 해	놀랄 해	뼈 해
劾	嚮	饗	噓	墟	歇	眩	絢	衒
꾸짖을 핵	길잡을 향	잔치할 향	불 허	터 허	쉴 헐	어지러울 현	무늬 현	자랑할 현
俠	挾	狹	頰	荊	彗	醯	弧	狐
의기로울 협	낄 협	좁을 협	뺨 협	가시 형	살별 혜	식혜 혜	활 호	여우 호
琥	瑚	糊	渾	惚	笏	哄	虹	訌
호박 호	산호 호	풀칠할 호	흐릴 혼	황홀할 홀	홀 홀	떠들썩할 홍	무지개 홍	어지러울 홍
喚	宦	驩	鰥	猾	闊	凰	徨	恍
부를 환	벼슬 환	기뻐할 환	홀아비 환	교활할 활	넓을 활	봉황 황	헤맬 황	황홀할 황
惶	慌	煌	遑	徊	恢	晦	繪	膾
두려울 황	어리둥절할 황	빛날 황	급할 황	머뭇거릴 회	넓을 회	그믐 회	그림 회	회 회
蛔	誨	賄	哮	嚆	爻	酵	吼	嗅
회충 회	가르칠 회	재물 회	성낼 효	울릴 효	사귈 효	삭일 효	울부짖을 후	맡을 후
朽	逅	暈	喧	卉	喙	彙	諱	麾
썩을 후	만날 후	무리 훈	지껄일 훤	풀 훼	부리 훼	무리 휘	숨길 휘	기 휘

1급-15

恤	兇	洶	欣	痕	欠	歆	恰	洽
불쌍할 **휼**	흉악할 **흉**	용솟음칠 **흉**	기쁠 **흔**	흔적 **흔**	하품 **흠**	흠향할 **흠**	흡사할 **흡**	흡족할 **흡**
犧	詰							
희생 **희**	꾸짖을 **힐**							

부수자(部首字: 214자) 일람표(一覽表)

1획
一 한 일
丨 뚫을 곤
丶 점 주
丿 삐칠 별
乙 새 을
亅 갈고리 궐

2획
二 두 이
亠 머리부분 두
人亻 사람 인
儿 어진사람인
入 들 입
八 나눌 팔
冂 멀 경
冖 덮을 멱
冫 얼음 빙
几 걸상 궤
凵 입벌릴 감
刀 칼 도
力 힘 력
勹 감쌀 포
匕 숟가락 비
匚 상자 방
匸 감출 혜
十 열 십
卜 점 복
卩㔾 병부절
厂 언덕 한
厶 사사 사
又 손 우

3획
口 입 구
囗 에워쌀 위
土 흙 토
士 선비 사
夂 뒤져올 치
夊 천천히 걸을 쇠
夕 저녁 석
大 큰 대
女 계집 녀
子 아들 자
宀 집 면
寸 마디 촌
小 작을 소
尢 절름발이 왕
尸 누울 시
屮 싹날 철
山 메 산
巛 내 천
工 장인 공
己 몸 기
巾 수건 건
干 방패 간
幺 작을 요
广 집 엄
廴 연이어 걸을 인
廾 두손 공
弋 주살 익
弓 활 궁
彐彑 돼지머리 계
彡 무늬 삼
彳 걸을 척

4획
心 마음 심
戈 창 과
戶 지게문 호
手扌 손 수
支 나눌 지
攴攵 칠 복
文 글월 문
斗 말 두
斤 도끼 근
方 모 방
无 없을 무
日 해 일
曰 말할 왈
月 달 월
木 나무 목
欠 하품 흠
止 그칠 지
歹歺 남은뼈 알
殳 창 수
毋 말 무
比 견줄 비
毛 터럭 모
氏 뿌리 씨
气 기운 기
水氵氺 물 수
火灬 불 화
爪爫 손톱 조
父 아비 부
爻 점괘 효
爿 조각 장
片 조각 편
牙 어금니 아
牛牜 소 우
犬犭 개 견

5획
玄 검을 현
玉王 구슬 옥
瓜 외 과
瓦 기와 와
甘 달 감
生 날 생
用 쓸 용
田 밭 전
疋 발 소
疒 병들 녁
癶 걸을 발
白 흰 백
皮 가죽 피
皿 그릇 명
目 눈 목
矛 창 모
矢 화살 시
石 돌 석
示 보일 시
禸 짐승발자국 유
禾 벼 화
穴 구멍 혈
立 설 립

6획
竹 대 죽
米 쌀 미
糸 실 사
缶 장군 부
网罒罓 그물 망
羊 양 양
羽 날개 우
老耂 늙을 로
而 말이을 이
耒 쟁기 뢰
耳 귀 이
聿 붓 률
肉⺼ 고기 육
臣 신하 신
自 코 자
至 이를 지
臼 절구 구
舌 혀 설
舛 어그러질 천
舟 배 주
艮 괘이름 간
色 빛 색
艸⺿ 풀 초
虍 범무늬 호
虫 벌레 충
血 피 혈
行 다닐 행
衣⻂ 옷 의
襾 덮을 아

7획
見 볼 견
角 뿔 각
言 말씀 언
谷 골 곡
豆 콩 두
豕 돼지 시
豸 사나운짐승 치
貝 조개 패
赤 붉을 적
走 달릴 주
足 발 족
身 몸 신
車 수레 거(차)
辛 매울 신
辰 별 진
辵 갈 착
邑⻏ 고을 읍
酉 술 유
釆 분별할 변
里 마을 리

8획
金 쇠 금
長 긴 장
門 문 문
阜⻖ 언덕 부
隶 미칠 체
隹 새 추
雨 비 우
靑 푸를 청
非 아닐 비

9획
面 낯 면
革 가죽 혁
韋 다룸가죽 위
韭 부추 구
音 소리 음
頁 머리 혈
風 바람 풍
飛 날 비
食 밥 식
首 머리 수
香 향기 향

10획
馬 말 마
骨 뼈 골
高 높을 고
髟 털늘어질 표
鬪 싸울 투
鬯 기장술 창
鬲 오지병 격
鬼 귀신 귀

11획
魚 물고기 어
鳥 새 조
鹵 소금밭 로
鹿 사슴 록
麥 보리 맥
麻 삼 마

12획
黃 누를 황
黍 기장 서
黑 검을 흑
黹 바느질할 치

13획
黽 맹꽁이 맹
鼎 솥 정
鼓 북 고
鼠 쥐 서

14획
鼻 코 비
齊 가지런할 제

15획
齒 이 치

16획
龍 용 룡
龜 거북 귀

17획
龠 피리 약